Benjamin Constant
Œuvres complètes
───────
Correspondance générale
XV

Benjamin Constant
Œuvres complètes
Série Correspondance générale
XV

Comité d'Honneur

Président : Paul Delbouille
André Cabanis, Michel Delon, Etienne Hofmann, Doris Jakubec,
François Jequier, Kurt Kloocke†, Claude Reymond† et Dennis Wood†

Comité Directeur

Président : François Rosset
Vice-président : Giovanni Paoletti
Léonard Burnand, Jean-Daniel Candaux, Cecil Patrick Courtney,
Paul Delbouille, Lucien Jaume, Françoise Mélonio,
Guillaume Poisson, Paul Rowe, Dominique Triaire,
Laura Wilfinger et Markus Winkler

Commission de la Correspondance

Président : Paul Rowe
Jean-Daniel Candaux, Cecil Patrick Courtney,
François Rosset et Dominique Triaire

Benjamin Constant

Correspondance générale
XV
(1827)

Textes établis et annotés par
Cecil Courtney, Paul Rowe et Dominique Triaire

De Gruyter

Ce tome XV de la
Correspondance générale de Benjamin Constant
doit sa publication à la générosité de
la Fondation Leenaards

ISBN 978-3-11-137213-6
e-ISBN (PDF) 978-3-11-137698-1

Library of Congress Control Number: 2024940055

Bibliografische Information der Deutschen Nationalbibliothek

Die Deutsche Nationalbibliothek verzeichnet diese Publikation in der Deutschen Nationalbibliografie; detaillierte bibliografische Daten sind im Internet über http://dnb.dnb.de abrufbar.

© 2024 Walter de Gruyter GmbH, Berlin/Boston
Satz: pagina GmbH, Tübingen
Druck: CPI books GmbH, Leck
www.degruyter.com

Table des matières

Liste des illustrations 3
Introduction au quinzième volume 5
Abréviations et sigles bibliographiques 11
Chronologie 17

CORRESPONDANCE 1827 19

Appendices 441

A145 Marie-Catherine de Gail à Charles X, 27 avril 1827 441
A146 B. Cadenet aux membres de la Chambre des Députés,
 5 mai 1827 442
A147 Situation de la souscription chez Casimir Périer, 23 juillet 1827 444
A148 T. Ponteuil à Hyacinthe Caquelard-Laforge, 21 août 1827 . . 445
A149 T. Ponteuil à Hyacinthe Caquelard-Laforge, 8 septembre 1827 446
A150 T. Ponteuil à Hyacinthe Caquelard-Laforge, 17 septembre 1827 447
A151 T. Ponteuil à Hyacinthe Caquelard-Laforge, 3 octobre 1827 . 447

Répertoire 449

Tables et Index 461
 Table chronologique des lettres 461
 Table alphabétique des correspondants 472
 Index des noms propres 491

Liste des illustrations

1. Rodolphe Cuvier https://bibliotheques.mnhn.fr/medias/doc/expl oitation/IFD/MNHN_PO2956 33
2. Page de titre des *Discours de M. Benjamin Constant à la Chambre des Députés*, tome premier, Paris : Dupont, 1827. 255
3. Page de titre de *De la Religion, considérée dans sa source, ses formes et ses développements*, vol. III, Paris : Béchet aîné, 1827. . . 289
4. « Cathédrale de Strasbourg. Vue de la façade, prise du marché aux légumes », dessin de Chapuy, lithographie de Courtin, Strasbourg : F. G Levrault, 1827 (gallica.bnf.fr / BNU). 294
5. « Fabrique d'Indiennes de Mrs Hartmann & Fils, à Munster, (du Coté du Couchant) », dessin de J. Mieg, lithographie d'Engelmann, 1823 (gallica.bnf.fr / BNU). 334
6. « Benjamin Constant. Dessiné d'après nature à Munster 21e Nov^{bre} 1827 par H. Lebert », (Patrinum ; Lausanne, BCU, IC CIV-IC PTN–282060) 335
7. « Benjamin Constant, dessiné d'après nature à Strasbourg, 1827 », dessin de Beyer, lithographie d'Engelmann, Bibliothèque numérique patrimoniale de l'Université de Strasbourg. . . . 405

Introduction au quinzième volume

L'an 1827 est significatif dans la carrière politique de Benjamin Constant, d'abord par ses nombreuses interventions à la Chambre pour défendre la liberté de la presse, puis en fin d'année par le choix qu'il doit faire, après avoir été élu dans les deux circonscriptions, entre Paris et le Bas-Rhin. Les efforts de Constant en faveur de la souscription pour la publication de ses *Discours [...] à la Chambre des Députés*, et la publication du premier tome au mois de juillet servent à cimenter sa réputation politique à travers le pays, comme en témoignent les commandes qui arrivent de toutes parts. Cette renommée nationale est renforcée en Alsace par plusieurs semaines passées dans la région avant et après un séjour aux eaux de Bade pour soigner sa jambe et sa mauvaise santé générale. Le séjour en Alsace a sans aucun doute favorisé son élection et incité l'élu à opter en fin de compte pour le Bas-Rhin.

L'année politique commence avec la discussion d'un projet de loi sur le tarif de la poste aux lettres, le 1er février. Constant y intervient à plusieurs reprises parce que ces tarifs constituent un élément important dans le coût des journaux, gazettes et autres ouvrages périodiques, vendus à cette époque par souscription et envoyés par la poste. Toute augmentation des tarifs de la poste constitue donc un obstacle à la libre communication des idées et à la constitution d'un espace public national. Le 13 février, la Chambre passe à la fameuse loi dite « de justice et d'amour », qui touche encore plus directement à la liberté de la presse. Diverses mesures préventives, répressives et fiscales visent à soumettre non seulement les journaux mais aussi les pamphlets et brochures, moyens d'atteindre un lectorat moins aisé que celui des journaux, à un régime des plus sévères sans recourir directement à la censure. La réaction est vive à gauche comme à droite des deux Chambres, associant Chateaubriand et Constant dans la même cause, à laquelle se joint le monde du livre et de la presse. Les projets de loi seront votés par la Chambre des députés, mais dans le cas de la loi sur la presse, dans une version édulcorée et par une majorité réduite, et celle-ci sera en fin de compte retirée au mois d'avril face au risque sérieux d'un rejet par la Chambre des pairs.

Les *Archives parlementaires* recensent plus de 40 interventions de Constant dans les divers débats de la Chambre jusqu'au 29 mai, souvent nourries par des arguments puisés dans la correspondance, par exemple celle qu'il entretient avec le monde du livre dans la discussion des lois sur la presse, ou avec le pasteur Rodolphe Cuvier, de Nancy, pour défendre les droits des protestants au mois de mai. La pratique n'est ni nouvelle chez Constant, ni douteuse dans une législature représentative, mais elle est plus fréquente qu'avant, et la gamme des correspondants qui alimentent le discours de Constant est plus large, ne se limitant plus à quelques alliés proches comme par exemple Goyet de la Sarthe en 1819–1822.

Constant reste fidèle à sa réputation de défenseur de la jeunesse en 1827, surtout en dénonçant à la Chambre le 18 mai la présence d'agents provocateurs lors des troubles à l'école de médecine au mois de mai. Il s'ensuit un échange de lettres avec l'étudiant Émile Roques, publié dans *Le Constitutionnel*, où Constant résume son message ainsi : « Nous combattons, étudiez. Nous luttons : éclairez-vous. Nous défendons une cause sacrée qui est la vôtre : récompensez nos efforts par votre sagesse. ». Quelques jours plus tard, il reçoit de Strasbourg une lettre de remerciements signée par une foule d'étudiants, puis de temps à autre des lettres isolées, signes avant-coureurs de bien d'autres à venir.

Au mois de juin, Constant, Casimir Périer et la vingtaine de députés de la gauche de la « Chambre retrouvée » élue en 1824 seront rejoints par La Fayette, de retour des États-Unis depuis quelque temps et réélu en Seine-et-Marne à la place d'un député décédé. La vieille complicité entre Constant et le Héros des Deux Mondes est ainsi renouvelée à l'intérieur comme à l'extérieur de la Chambre et les séjours de Constant au château de La Fayette à La Grange se multiplient.

Avec Casimir Périer les rapports sont fréquents également, mais les lettres au banquier touchent aussi souvent aux finances de Constant qu'aux questions politiques. Les deux éléments se rejoignent d'ailleurs dans le grand rôle joué par Casimir Périer et son secrétaire Ponteuil dans la gestion des souscriptions de l'édition des *Discours*, visant autant à sortir l'homme de ses éternels embarras financiers et assurer qu'il reste éligible qu'à transmettre ses idées politiques aux électeurs. Ponteuil signale dans ses notes régulières et numérotées plus de mille souscriptions avant la fin de l'année.

La gauche perd après Foy en 1825 une autre grande personnalité, Jacques Manuel, évincé de la Chambre en 1823 et mort le 20 août 1827. Ses funérailles marqueront par leur éclat une dernière contribution à la cause. Constant, qui dans l'impossibilité de se frayer un chemin à travers la foule, n'avait pu parler à celles de Foy, est à Bade au moment de celles de Manuel. Mais le renouveau de la gauche est confirmé aux élections de novembre, où le visage de la Chambre est transformé. La gauche passe d'une vingtaine à presque 200 députés. Les ministériels comptent à peu près le même nombre. En l'absence d'une majorité, une droite divisée conserve une paradoxale mais réelle importance, car ses voix peuvent être décisives. Ces résultats signalent, après l'échec de la loi sur la presse, la fin du ministère Villèle, qui sera remplacé début 1828 par Martignac.

Le réseau international de Constant est présent par des lettres « allemandes » de Therese Huber, Philipp August Petri, Johann Friedrich Benzenberg, Johann Karl Nehrlich et Georg Sartorius. Il écrit à Wilhelm Ehlers et à Goethe lors de son séjour à Bade. Il est vrai que cette dernière lettre n'est qu'une lettre de recommandation en faveur de Jean-Jacques Coulmann et n'a pas été lue à Weimar. L'Angleterre est représentée par Henry Ritter, Helena Maria Williams et

John Cam Hobhouse. Constant est connu au Mexique : le colonel Jaureguiberry est chargé de lui transmettre les félicitations du président Guadalupe Victoria pour ses opinions politiques et Tomás Murphy Porro commande une vingtaine d'exemplaires des *Discours* pour ses compatriotes.

Avec le premier volume des *Discours*, l'autre grande publication de l'an 1828 est celle du troisième de *De la Religion* au mois d'août. Ce tome fait l'objet des échanges habituels entre éditeurs impatients de satisfaire aux demandes des souscripteurs et auteur surchargé par autres travaux. Une lettre de Béchet du 20 août annonce que le nouveau volume se vend nettement moins bien que le tome II, en attribuant cela à la mauvaise situation du commerce de la librairie en général. Certains lecteurs de *De la Religion* et des autres écrits sur la religion écrivent à l'auteur pour demander des éclaircissments ou pour réagir à ce qu'il dit. La lettre d'Isidore de Montmeyan du 17 juin étonne par la longueur avec laquelle elle traite la question de la perfectibilité des religions. Ferdinand d'Eckstein continue à rendre compte des différents tomes de l'ouvrage dans *Le Catholique* et dans un tirage à part. Les deux hommes échangent plusieurs lettres à peine courtoises en 1827, et se voient à Bade, occasion pour Constant de soupçonner « le baron » de l'espionner.

La santé de Constant préoccupe beaucoup ses correspondants et il s'en plaint souvent. Il réalise enfin le projet dont il parlait depuis longtemps d'un séjour aux eaux, en l'occurrence pour se faire soigner à Bade, séjour qu'il reprendra en 1828 et 1829. En 1827 il est absent de Paris du 8 août jusqu'au 9 novembre. La cure lui fait du bien – le 18 septembre, sa santé est « assez passable » et sa jambe assez forte pour qu'il puisse marcher avec une canne, mais il n'estime pas le fond de sa maladie guéri et pense devoir retourner à Bade l'année suivante « si je vis ». Le voyage de Bade permet à Charlotte de rendre visite à sa famille à Francfort, et à Constant de voir la sienne à Brevans. Mais il permet surtout de séjourner en Alsace, ce qui lui permettra en 1827, comme on l'a dit, de tisser les liens qui contribueront à son élection dans le Bas-Rhin, puis en 1828 et 1829 de venir au contact de ses mandataires.

En août 1827, Constant passe par Épernay et Verdun avant de s'arrêter quelques jours à Brumath chez son jeune ami Jean-Jacques Coulmann. Il profite de la proximité de Strasbourg pour y passer la nuit du 13 août, avant de retourner chez Coulmann. Le voyage, écrit-il à Louise d'Estournelles le 15 août, s'est passé sans incident, et l'accueil qui lui est réservé par ses hôtes est des plus enthousiastes : « si je disois les félicitations & les témoignages de bienveillance dont j'ai été entouré, j'aurais l'air d'inventer des choses fabuleuses ». Il réserve pour Casimir Périer l'idée du potentiel commercial de cet accueil : « D'après la bienveillance qu'on m'a témoignée, je crois qu'il serait facile de trouver beaucoup de personnes disposées à se procurer la collection de mes discours », écrit-il le 18 août, dès son arrivée aux eaux. Il est entouré non seulement de bienveillance mais de surveillance. Les rapports de police publiés par Glachant en 1906 ont depuis longtemps prouvé le bien-fondé de la plaisanterie qu'il adresse à Pierrette Davillier de Bade : « la police Badoise [...] me suit partout en me fesant des saluts jusqu'à terre et la Police de Strasbourg [...] me suit de même, mais sans me saluer, de peur de destitution... ». Il reste à Bade jusqu'au 29 septembre, sauf, semble-t-il, un court passage à Heidelberg à la mi-septembre. Au lieu de ne rester que deux ou trois nuits à Strasbourg avant de retourner à Paris via Brevans, comme il l'annonce dans un premier temps à sa demi-sœur, il passe tout le mois d'octobre en Alsace, d'abord dans le Bas-Rhin chez Coulmann, puis dans le Haut-Rhin où il se lie d'amitié avec la famille Hartmann à Munster. C'est aussi vers cette époque que commencent les échanges réguliers avec Louis Schertz à Strasbourg, et que se précise l'idée d'une candidature dans le Bas-Rhin, où les idées libérales, le protestantisme et la connaissance de l'allemand de Constant constituent des atouts électoraux. Se mettent donc en place les grands pôles des rapports à l'Alsace : après l'Alsacien de Paris, Coulmann, le commerce strasbourgeois avec Schertz et l'industrie du Haut-Rhin avec les Hartmann. Constant séjournera surtout chez Coulmann et les Hartmann lors de ses voyages de 1827, 1828 et 1829. Sa correspondance avec Coulmann est connue depuis longtemps par l'édition que ce dernier en fit lui-même. Celle avec Schertz est inédite, et le négociant strasbourgeois se révèlera dans un échange qui durera jusqu'à la mort de Constant un nouveau Goyet, qui tiendra Constant au courant des préoccupations politiques de son département comme l'avait fait précédemment le « grand électeur de la Sarthe ».

Dans les premiers mois du mandat de Constant, il s'agit surtout de questions commerciales et industrielles, liées notamment à la culture alsacienne du tabac, et au commerce traditionnel entre l'Alsace et l'espace rhénan. La province aspire à retrouver le statut particulier qu'elle avait sous l'Ancien Régime en matière de douanes, statut qui garantissait la liberté d'une industrie du tabac soumise au monopole de la Ferme générale ailleurs en France. La traite avec l'espace rhénan avait compté pour beaucoup dans les richesses produites. La Révolution avait libéré la culture et la vente du tabac dans toute la France, mais en 1810 Napoléon avait rétabli le monopole sous la Direction des Contributions indirectes. L'Alsace voulait donc retrouver ses avantages perdus en matière de production et de commerce international, et pensait trouver en Constant un défenseur de ses libertés économiques. Signalons pour l'anecdote qu'une question de douanes intéressait directement Constant en rentrant d'Allemagne, où il avait acheté, semble-t-il d'après une lettre de Chrétien-Théophile Stoeber du 24 septembre, un service de cristal. Le cristal étant article de contrebande, se posait le problème de le faire traverser le Rhin sans attirer l'attention des autorités. Le sort du service de Constant n'est malheureusement pas visible au miroir de ce que nous savons.

On retrouve de temps à autre dans les lettres de ce volume le grand style épistolier de Constant, surtout dans sa correspondance avec ses vieux amis, Juliette Récamier, Pierrette Davillier, ou Sismondi. La mort en fin d'année d'Auguste de Staël est un coup dur pour les anciens de Coppet, comme pour Rosalie de Constant et même Claude d'Estournelles, qui avait bénéficié de l'aide du fils de Germaine. Ce dernier continue à se plaindre de son sort dans « la Sybérie française » du Fort Queyras. Le couple d'Estournelles se dispute toujours, souvent par le truchement de Constant. Celui-ci prend certainement plus de plaisir à faire des efforts en faveur de l'éducation de son neveu Léonce au collège de Poligny. À l'automne, Louise reçoit à Brevans successivement son mari – un deuxième fils, Arnold, naîtra en mai 1828 – et Benjamin et Charlotte, visite que Constant qualifie de « séjour trop court [qui] compte parmi les jours heureux de ma vie ». Idylle de courte durée, parce que les disputes concernant l'acquisition par Constant de Brevans, ou la vente de la propriété, se relancent peu après. Louise voudrait quitter la maison paternelle pour suivre son fils à Poligny, et a besoin de fonds pour s'y installer ; Constant propose à contre-cœur d'acheter Brevans pour l'affermer, mais l'argent lui manque. Le boîteux met sa sœur en garde en disant qu'il se trouve obligé de renoncer à sa voiture, et les querelles sur le détail de la vente ne finissent pas avec l'année. Les rapports avec Charles de Rebecque, qui a des projets de mariage, sont moins tendus.

Fin 1827, Constant est entré dans la dernière ligne droite de sa carrière. Il a commencé son ultime mandat de député, et en matière d'ouvrages, il ne lui reste que des derniers volumes – le deuxième des *Discours* et le quatrième de *De la Religion* – ainsi que les *Mélanges de littérature et politique* à publier de son vivant. Cette ligne droite sera cependant très riche en combats politiques, en discours prononcés à la Chambre, en articles de presse et en lettres.

Nous remercions le personnel des bibliothèques et archives suivantes : Avignon, Musée Calvet ; Bruxelles, Archives générales du Royaume ; Cracovie, Biblioteka Jagiellońska ; Dole, Bibliothèque municipale ; Florence, Biblioteca nazionale centrale ; Genève, Bibliothèque de Genève ; Grenoble, Archives départementales de l'Isère ; La-Roche-sur-Yon, Archives départementales de la Vendée ; Lausanne, Bibliothèque cantonale et universitaire, et tout particulièrement Ramona Fritschi et Chiara Gizzi au service des manuscrits ; Leipzig, Universitätsbibliothek ; Mantes-la-Jolie, Archives municipales ; Mariemont, Musée royal ; Nantes, Bibliothèque municipale ; à Paris, Archives nationales, Bibliothèque de l'Arsenal, Bibliothèque nationale de France, Bibliothèque historique de la Ville de Paris, Bibliothèque de la Société d'histoire du protestantisme français, Bibliothèque Victor-Cousin à la Sorbonne, et Fondation Custodia ; Pescia, Biblioteche comunale ; Reims, Bibliothèque municipale ; Rouen, Bibliothèque municipale ; St-Gall, Kantonsbibliothek ; Strasbourg, Bibliothèque nationale et universitaire ; Turin, Biblioteche Civiche e Raccolte Storiche ; Vienne,

Österreichische Nationalbibliothek. Notre dette est grande à l'égard du personnel de l'Institut Benjamin Constant à l'Université de Lausanne. Nous remercions également Michelle Courtney, Jean-Daniel Candaux, Léa Kipfmüller, Kurt Kloocke, Guillaume Poisson, Rosemary Rodd, et enfin notre réviseur François Rosset.

Abréviations et sigles bibliographiques

ABC : *Annales Benjamin Constant*.
AC : Archives communales.
ACV : Archives cantonales vaudoises, Lausanne.
AD : Archives départementales.
ADS : Archives départementales de la Sarthe, Le Mans.
AGR : Archives générales du Royaume, Bruxelles.
Almanach du commerce : J. de La Tynna, S. Bottin, *Almanach du commerce de Paris, des départements de la France, et des principales villes du monde*, Paris : au bureau de l'Almanach du commerce, [publication annuelle].
Almanach royal : *Almanach royal, pour l'an [...] présenté à Sa Majesté*, Paris : Chez M.-P. Guyot, [publication annuelle].
AN : Archives nationales, Paris.
Annuaire de la magistrature : *Annuaire rétrospectif de la magistrature XIXe-XXe siècles* (https://annuaire-magistrature.fr).
Annuaire de l'état militaire : *Annuaire de l'état militaire de France*, Paris : Chez F. G. Levrault, [publication annuelle].
Annuaire du Bas-Rhin : *Annuaire du département du Bas-Rhin pour l'année 1827*, Strasbourg : Levrault, 1827.
Archives parlementaires : *Archives parlementaires de 1787 à 1860. Recueil complet des débats législatifs et politiques des Chambres françaises, deuxième série*, éd. M. J. Mavidal et M. Laurent, Paris : Libr. administrative de P. Dupont, 1862–1895, 92 vol.
Archives Rudler : Archives Rudler, Institut Benjamin Constant, Lausanne ; photocopies à Christ's College, Cambridge.
Barante, *Souvenirs* (1893) : *Souvenirs du baron de Barante de l'Académie française – 1782–1866*, publiés par son petit-fils Claude de Barante, Paris : Calmann Lévy, 1890–1901, 8 vol.
Barthélemy-Saint Hilaire (1895) : Jules Barthélemy-Saint Hilaire, *M. Victor Cousin – Sa vie et sa correspondance*, Paris : Hachette-Alcan, 1895, 2 vol.
BB : *Bulletin du Bibliophile et du Bibliothécaire*, Paris : Librairie Henri Leclerc [publication mensuelle].
BCRS : Bibloteche Civiche e Raccolte Storiche, Turin.
BCU : Bibliothèque cantonale et universitaire, Lausanne.
Berlinger (2011) : Marianne Berlinger, « Le *Catalogue* de Victor de Constant », *ABC*, 36 (2011), 243–262.

Berlinger et Hofmann (2004) : Marianne Berlinger et Anne Hofmann, « Documents inédits ou peu connus tirés des Archives du Château de Coppet », *ABC*, 28 (2004), 149–180.

BGE : Bibliothèque de Genève, Genève.

BHVP : Bibliothèque Historique de la Ville de Paris, Paris.

Bibliographie de la France : *Bibliographie de la France, ou Journal général de l'Imprimerie et de la Librairie*, Paris : Chez Pillet [publication hebdomadaire].

BM : Bibliothèque municipale.

BnF : Bibliothèque nationale de France, Paris.

BNU : Bibliothèque nationale et universitaire, Strasbourg

BlRf : *Bulletin des lois de la République française* [titre générique], Paris : Imprimerie nationale, [1794]–1931.

CG : la présente édition de la *Correspondance générale* de Benjamin Constant.

Chartier et Martin (1990) : Roger Chartier et Jean-Henri Martin, *Histoire de l'édition française*, Paris : Fayard, 4 vol., 1990, II, *Le livre triomphant 1660–1830*.

Chateaubriand (1838) : François-René de Chateaubriand, *Congrès de Vérone ; Guerre d'Espagne. Négociations ; Colonies espagnoles*, Paris : Delloye, 2 vol., 1838.

Chateaubriand, *Mémoires d'Outre-Tombe* : Chateaubriand, *Mémoires d'Outre-Tombe*, édit. Jean-Claude Berchet, Paris : Le Livre de Poche, 2001–2002, 4 vol.

Colet (1864) : *Lettres de Benjamin Constant à Mme Récamier* avec introduction et épilogue par Mme Louise Colet, Paris : E. Dentu, 1864.

Cordey (1974) : Benjamin Constant, *Cent lettres* choisies et présentées par Pierre Cordey, Lausanne : Bibliothèque romande, 1974.

Cordié (1953) : Carlo Cordié, « Alcune lettere inedite o poco note di Benjamin Constant », *Paideia*, VII (1953), 261–268.

Cordié (1954) : Carlo Cordié, *Ideali e figure d'Europa*, Pisa : Nistri-Lischi, 1954.

Coulmann (1869) : Jean-Jacques Coulmann, *Réminiscences*, Paris : Michel Lévy, 1862–1869, 3 vol.

Courtney (1966) : C. P. Courtney, « Benjamin Constant et Nathaniel May : documents inédits », *RHLF*, 66/1 (1966), 162–178.

Courtney (1975) : C. P. Courtney, « Alexander Walker and Benjamin Constant : a note on the English translator of *Adolphe* », *French Studies*, XXIX (1975), 137–150.

Courtney, *Affair* (1990) : *The Affair of Colonel Juste de Constant and related documents (1787–1796)*, published with an Introduction by C. P. Courtney, Cambridge : Dæmon Press, 1990.

Courtney, *Bibliography* (1981) : C.P. Courtney, *A Bibliography of Editions of the Writings of Benjamin Constant to 1833*, London : Modern Humanities Research Association, 1981 ; *Supplement*, Cambridge, privately printed, 1984 ; *Supplement*, second edition, Cambridge, privately printed, 1985 ; third edition, privately printed, 1986.

Courtney, Guide (1985) : C. P. Courtney, *A Guide to the Published Works of Benjamin Constant*, Oxford : The Voltaire Foundation, 1985. (Studies on Voltaire and the Eighteenth Century, 239).

Dahan (1991) : Alphonse Rabbe, *Album d'un pessimiste*, éd. Jacques-Remi Dahan, Paris : Corti, 1991.

Daru (1827) : Le comte Daru, *Notions statistiques sur la librairie*, Paris, Firmin Didot, 1827.

Delbouille, Benjamin Constant : Paul Delbouille, *Benjamin Constant (1767–1830) : les égarements du cœur et les chemins de la pensée*, Genève : Slatkine, 2015.

Dict. Acad. Fr. : *Dictionnaire de l'Académie française.*

DHBS : *Dictionnaire historique et biographique de la Suisse*, Neuchâtel : Attinger, 1921–1933, 7 vol. ; *Supplément*, Neuchâtel : Attinger, 1934.

Dictionnaire des parlementaires : *Dictionnaire des parlementaires français*, éd. Adolphe Robert, Edgar Bourloton et Gaston Cougny, Paris : Bourloton, 1889–1891, 5 vol.

Encyclopédie des gens du monde : *Encyclopédie des gens du monde, répertoire universel des sciences, des lettres et des arts*, Alexis Artaud de Montor dir., Paris : Treuttel et Würtz, 1833–1844, 22 vol.

Galley (1909) : Jean-Baptiste Galley, *Claude Fauriel*, Saint-Étienne : Imprimerie de la « Loire Républicaine », 1909.

Glachant (1906) : Victor Glachant, *Benjamin Constant sous l'œil du guet*, Paris : Plon-Nourrit, 1906.

Harpaz (1977) : Benjamin Constant, *Lettres à Madame Récamier (1807–1830)*, édition critique, avec introduction et commentaires par Ephraïm Harpaz, Paris : Klincksieck, 1977.

Harpaz (1992) : *Lettres : 1807–1830 ; Benjamin Constant et Madame Récamier*, édition critique refondue et augmentée par Ephraïm Harpaz, Paris : Klincksieck, 1992.

Hatin (1866) : Eugène Hatin, *Bibliographie historique et critique de la presse périodique française*, Paris : Didot, 1866.

ICC : *L'Intermédiaire des chercheurs et des curieux*, Paris [publication bimensuelle].

Journal général de la littérature (1823) : *Journal général de la littérature de France, [...] année 1823*, Paris : Treuttel et Würtz, 1823.

Launay (2013) : Françoise Launay, « Benjamin Constant et la rue d'Anjou, mystères dévoilés », *ABC*, 38 (2013), 137–154.

Lenormant (1882) : *Lettres de Benjamin Constant à Madame Récamier, 1807–1830*, publiées par l'auteur des *Souvenirs* de Mme Récamier, Paris : Calmann Lévy, 1882 [=1881]. Seconde édition, 1882.

Léonore : Base de données « Léonore » des dossiers nominatifs de la Légion d'honneur conservés à Paris, Archives nationales, ou à la Grande Chancellerie de la Légion d'honneur. (http ://www2.culture.gouv.fr/documentation/leonore/).

Letessier (1950) : Fernand Letessier, « Quelques faits Manceaux dans la vie et l'œuvre de Chateaubriand », *Bulletin de l'Association Georges Budé*, Nouvelle série, 11 (octobre 1950), 40–80.

Letessier (1966) : Fernand Letessier, « Trois notes historiques et littéraires, I. À propos de Benjamin Constant député de la Sarthe », *Revue historique et archéologique du Maine*, 46 (1966), pp. 84–90.

Littré : Émile Littré, *Dictionnaire de la langue française*, Paris : Librairie de L. Hachette, 1863–1872, 4 vol.

Mariemont : Musée royal de Mariemont, Belgique.

Menos (1888) : *Lettres de Benjamin Constant à sa famille, 1775–1830*, précédées d'une introduction, d'après des lettres et des documents inédits, par Jean-H. Menos, Paris : Savine, 1888.

Morisod (2010) : Jean-Claude Morisod, « Une lettre de Benjamin Constant à Jean-Jacques Paschoud », *ABC*, 35 (2010), 133–139.

NDBA : *Nouveau dictionnaire de biographie alsacienne* : Sld de Jean-Pierre Kintz, Strasbourg : Fédération des sociétés d'histoire et d'archéologie d'Alsace, 49 vols, 1982–2007.

NetDBA : version en ligne et mise à jour du *NDBA*. Fédération des sociétés d'histoire et d'archéologie d'Alsace (https://www.alsace-histoire.org/netdba/)

OCBC : la présente édition des *Œuvres complètes* de Benjamin Constant, série *Œuvres*.

Parinet (2004) : Élisabeth Parinet, *Une histoire de l'édition à l'époque contemporaine*, Paris : Éditions du Seuil, 2004.

Pellegrini (1932) : Carlo Pellegrini, « Lettere inedite di Benjamin Constant al Sismondi », *Pegaso*, 4 (1932), 641–660.

Pellegrini (1934) : Carlo Pellegrini, *Madame de Staël. Il gruppo cosmopolita di Coppet*, Firenze : Le Monnier, 1938 ; seconde édition, Bologna : Pàtron, 1974.

Pellegrini, *Epistolario* : G. C. L. Sismondi, *Epistolario*, raccolto, con introd. e note a cura di Carlo Pellegrini, Firenze : La nuova Italia, 1933–1975, 5 vol.

Quilci et Ragghianti : Leana Quilici et Renzo Ragghianti, « Lettres curieuses sur la Renaissance orientale des frères Humbolt, d'August Schlegel et d'autres », site http ://www.eliohs.unifi.it

Récamier (1860) : *Souvenirs et correspondance tirés des papiers de Madame Récamier*, Paris : Michel Lévy, 1860, 2 vol.

RHLF : *Revue d'histoire littéraire de la France*, Paris : Armand Colin, [publication trimestrielle].

Roulin (1955) : Benjamin et Rosalie de Constant, *Correspondance, 1786–1830*, publiée avec une introduction et des notes par Alfred et Suzanne Roulin, Paris : Gallimard, 1955.

Rudler, *Adolphe* (1919) : Gustave Rudler (éd.), *Adolphe, édition historique et critique*, Manchester : Imprimerie de l'Université, 1919.

Rudler (1913) : Gustave Rudler, « Lettres de B. Constant à M. et Mme Degérando », *Bibliothèque universelle et Revue suisse*, 49 (1913), 449–485.

Rudler (1924) : Gustave Rudler, « Quelques lettres écrites d'Angleterre à Benjamin Constant », *French Quarterly*, 6 (1924), 101–114.

Werdet (1860) : Edmond Werdet, *De la Librairie française*, Paris : E. Dentu, 1860.

Wood (1993) : Dennis Wood, *Benjamin Constant : a Biography*, London & New York : Routledge, 1993.

Chronologie

Pour compléter la présente chronologie, notamment pour les discours de Constant à la Chambre des députés qui n'ont pas fait l'objet d'une édition, ainsi que pour les articles publiés dans les journaux, on peut consulter Courtney, *Guide* (1985), pp. 265–268.

1827

1er février : début des débats parlementaires sur le projet de loi sur le tarif de la poste aux lettres (touche au port des journaux, gazettes et ouvrages périodiques).

13 février : début des débats parlementaires sur le projet de loi sur la presse, dite « loi de justice et d'amour ».

12 mars : la Chambre vote la « loi de justice et d'amour », par 233 voix contre 134, très fort score de l'opposition.

15 mars : promulgation de la loi sur le tarif de la poste aux lettres.

29 mars : Souscription pour l'impression de deux volumes contenant les Discours de M. Benjamin Constant à la Chambre des députés (Prospectus).

17 avril : Villèle abandonne la « loi de justice et d'amour ».

29 avril : revue de la garde nationale, suivie de la dissolution de la garde.

22 juin : clôture des Chambres.

25 juin : rétablissement de la censure, pour la période allant de la fin de la session parlementaire jusqu'aux élections du mois de novembre.

10 juillet : publication des *Discours de M. Benjamin Constant à la Chambre des Députés*, tome premier.

août : publication de *De la Religion,* tome III.

8 août : quitte Paris, nuit à Épernay.

9 août : passe par Verdun.

12 août : à Brumath, chez Coulmann, en compagnie de Charlotte ; y dîne avec Lichtenberger et Marchand.

13 août : à Strasbourg, couche à l'auberge de l'Esprit ; sérénade.

14–16 août : à Brumath, chez Coulmann.

16 août : départ pour Bade, en passant par Bischwiller.

24 août : funérailles de Manuel.

1er septembre : une ordonnance impose une amende de 500 F pour exercice illégal de la librairie ou de l'imprimerie.

29 septembre : arrive à Brumath, chez Coulmann, en provenance de Bade.

octobre : début des hostilités contre le dey d'Alger.

16 octobre : passe par Strasbourg en se rendant de Brumath à Colmar.

17 octobre : dîner à Colmar en l'honneur de BC et Jacques Koechlin.

18 octobre : à Munster, chez Frédéric Hartmann.

25 octobre : départ de Munster.

Fin octobre : passe par Brevans.

1er novembre : dîne chez le comte de Thiars au château de Pierre (Saône-et-Loire).

4 novembre : arrive à Dijon et y passe la nuit avant de reprendre la route de Paris.

5 novembre : ordonnances qui dissolvent la Chambre des députés, mettent fin à la censure, et nomment soixante-seize pairs.

6 novembre : chez La Fayette, au château de La Grange.

17–24 novembre : BC élu député de Paris et du Bas-Rhin. Il optera pour le Bas-Rhin).

novembre : émeutes à Paris, à la suite des élections, réprimées par la garde royale.

novembre : les libéraux ont à peu près le même nombre de députés que les ministériels ; l'opposition de droite, moins nombreuse et divisée en deux camps, peut cependant exercer une réelle influence dans une Chambre où il n'y a pas de majorité.

CORRESPONDANCE

XV
(1827)

4862
Guillaume Bellon à Benjamin Constant
2 janvier 1827

Monsieur,
Au moment où l'on annonçait des modifications au Jury[1], j'ai pensé qu'il serait peut-être utile de ramener l'attention sur les principes fondamentaux de la matière, et je me suis occupé d'extraire des discours d'Adrien Duport[2] tout ce qui était relatif à l'établissement des Jurés en matière criminelle.

Membre courageux du tribunat, vous avez, Monsieur, à une autre époque, fait entendre aussi d'énergiques accents en faveur de cette institution tutélaire[3] : vous l'avez défendue contre les attaques d'un pouvoir usurpateur : maintenant il vous reste, ainsi qu'à vos honorables amis, à la défendre contre les déceptions[4] du ministère et à proclamer les principes qui en font la base essentielle ; l'amour et la reconnaissance de vos concitoyens recueilleront vos éloquentes paroles.

Je me féliciterais de mon travail, si, en vous épargnant des recherches, il pouvait vous offrir quelques idées utiles, si vous le trouviez capable de répandre quelque lumière sur la discussion qui va s'ouvrir sur le Jury. Veuillez, Monsieur, agréer l'hommage des deux exemplaires[5] que j'ai l'honneur de vous adresser : c'est un faible temoignage de l'admiration que j'ai pour votre talent depuis nombre d'années. Je me serais empressé de vous les porter moi-même, si je n'avais dû craindre de vous dérober quelques instants d'un tems si précieux à la liberté publique et si glorieusement consacré aux intérêts et à l'honneur de la France.

Recevez, Monsieur, l'assurance de mon profond respect et de mon entier dévouement.

Votre très humble et très obeissant serviteur,
Bellon
avocat rue Taranne N° 6

2 J^{er} 1827

Manuscrit *Paris, BnF, N.a.fr. 18832, f. 46 ; 2 pp. ; orig. autogr.

Commentaire et Notes Guillaume Bellon (1801–1870) est reçu avocat à la cour royale de Paris en 1824 (*Almanach royal* (1828), p. 308). Il s'agit ici de la collection qu'il publiera des *Discours d'Adrien Duport sur l'établissement des jurés, la police de sûreté et la justice criminelle*, Paris : Verdière, 1827, puis en novembre 1827 une *Lettre aux électeurs de tous les départemens*, Paris : Gaultier-Laguionie (voir le *Journal du Commerce* du 14 novembre 1827, p. [2]) dans laquelle il citera BC, p. 6. Il fera carrière dans la préfectorale.

[1] Le 29 décembre 1826, le garde des Sceaux avait présenté à la Chambre des pairs un projet de loi sur un nouveau mode à suivre pour la composition et la formation du jury. La loi sera discutée par la Chambre des pairs au mois de janvier, puis présentée aux députés le 12 février et adoptée le 17

avril. BC ne sera pas très actif dans ces débats, se focalisant plutôt sur les lois concernant la presse.
² Adrien-Jean-François Duport (1759–1798), député de la noblesse à la Constituante et président de l'Assemblée nationale du 14 au 26 février 1791, connu pour ses projets de réforme judiciaire ; il parlait en faveur du jury en matière civile et criminelle.
³ BC le fit par exemple dans son discours du 5 pluviôse an IX (25 janvier 1801) sur le projet de loi concernant l'établissement de tribunaux criminels spéciaux (*OCBC*, IV, 209–246).
⁴ Au sens de *tromperie* (Littré).
⁵ L'ouvrage figure en effet dans la bibliothèque de BC (*OCBC, Documents*, I, 231–232).

4863

Benjamin Constant à Guillaume Bellon

3 janvier 1827

Monsieur
Je vous remercie & de l'envoi que vous avez bien voulu m'adresser[1] & de tout ce que vous y ajoutez d'obligeant. Je ne cesserai pas, tant que l'occasion m'en sera offerte ou la mission donnée, de m'efforcer de remplir mes devoirs, & le suffrage des bons citoyens & des hommes éclairés sera toujours la seule récompense que j'aspirerai à mériter & que je serai heureux d'obtenir.

En regrettant que vous ne m'ayez pas donné l'occasion de vous remercier en persone je vous prie d'agréer l'hommage de ma reconnoissance & de ma haute consideration

Benjamin Constant

Paris ce 3 Janvier 1827.

a Monsieur / Monsieur Bellon / Avocat / Rue Taranne N° 6.

Manuscrit *Lausanne, BCU, IS 4934 ; 4 pp., l'adresse p. 4 ; cachet postal : 4 Janvier 1827 ; timbre : LEV de 6.H. / E ; orig. autogr.

Texte   7 donné] *surcharge* laissé [?]

Note
[1] Voir la lettre précédente.

4864

Jules Alisse à Benjamin Constant

3 janvier 1827

Monsieur,
J'ai l'honneur de vous transmettre la nouvelle que nous recevons de l'encaissement de votre remise de LS800 " " sur Lausanne¹. Elle produit cette fois F1146 " "

Ainsi nous tenons F46 " " à votre disposition. Je désire que cet avis vous épargne la peine d'écrire à Lausanne, comme vous paraissiez le proposer
Agréez, Monsieur, l'expression de ma haute considération

Jules Alisse

3 Janv^r 1827

Manuscrit *Lausanne, BCU, Co 4741/1 ; 2 pp., p. 2 bl. ; orig. autogr.

Note
[1] Il s'agit de la rente viagère léguée à BC par Mme de Nassau. Voir à ce sujet la lettre 2543 du 6 novembre 1814 (*CG*, IX, 353).

4865

Louis-Jean-Baptiste-Cézaire Plinguet à Benjamin Constant

3 janvier 1827

Paris, 3 Janvier 1827.

Monsieur,
Votre nom devenu Européen, votre nom illustré par une si noble et si puissante éloquence, est depuis longtemps pour moi l'objet d'une sorte de culte. À ce titre, généreux défenseur des libertés publiques, qu'il me soit permis de vous faire hommage de mon examen analytique des causes du dépérissement des bois en France[1].

Cet opuscule est l'avant-coureur d'un ouvrage de longue haleine dont je m'occupe sérieusement. Il aura pour objet d'exposer les développemens les plus étendus sur la théorie de la productibilité des bois : on y trouvera des règles positives pour combiner, & pour soumettre aux lois du calcul, des aménagemens à la fois régénérateurs des fonds, & productifs pour les tréfonciers[2]. Enfin, il traitera subsidiairement de l'administration et de la régie proprement dite des biens ruraux[3].

Agréez, s'il vous plait, Courageux défenseur des libertés publiques, l'assu- 15
rance de la haute considération avec laquelle je suis
Votre très humble & très Obeissant serviteur
Plinguet
Quai des Ormes, n° 8
près le pont Marie 20

Monsieur Benjamin-Constant

Manuscrit   *Paris, BnF, N.a.fr. 18832, f. 47 ; 2 pp., p. 2 bl. ; orig. autogr.

Commentaire et Notes   Louis-Jean-Baptiste-Cézaire Plinguet (1765 ?-après 1832), fils unique et associé de Jean-Baptiste Gabriel Plinguet, ancien élève (comme son père) de l'École des ponts et chaussées (années 1784–1786), ingénieur du duc d'Orléans, officier des Eaux et Forêts de la maîtrise de Beaugency. Les Chambres s'occupaient début 1827 d'un projet de Code forestier ; BC prendra même la parole dans ces discussions, le 27 mars, sur des questions de principe et de garantie contre les abus de l'administration des forêts.

[1] Paraîtra quelques jours plus tard la quatrième édition de son *Examen analytique des causes du dépérissement des bois*, Paris : impr. de C. Farcy (*Bibliographie de la France* du 13 janvier 1827, p. 31) ; la deuxième édition avait paru en 1806. Il n'a pas été trouvé trace de la première édition.

[2] Propriétaire du fonds et du tréfonds* [*Le fonds qui est sous le sol, et qu'on possède comme le sol même] (Littré).

[3] Plinguet publiera un *Manuel de l'ingénieur-forestier, ou Technologie spéciale et sui generis expositive d'un corps de doctrines et d'un plan de régénération forestière tout-à-fait neuf*, Le Mans : Monnoyer, 1831.

4866

Jean-Gabriel-Martin Suriray Delarue à Benjamin Constant

3 janvier 1827

à Clairac, (Dép^t de Lot et Garonne) le 3 janvier 1827

Monsieur,
Dans une Session où nos Droits les plus importants vont être attaqués et remis en question, occupé de la défense éloquente et courageuse de ces droits fondamentaux, pourrez vous discuter, en même tems, les économies que je crois 5
possible d'opérer dans différentes branches de nos administrations intérieures ?

Les économies sont des sujets bien secondaires, dans l'avilissante révolution qui nous menace : Cependant, faudra-t-il que privés successivement de tous nos droits de toutes nos garanties, nous soyons encore dépouillés par le fisc ; et qu'accablés par ce Luxe de places inutiles, et par ces immenses traitemens, 10
véritables sinécures dont on fait des appâts pour les docilités Ministérielles, nous soyons chaque année écrasés par de nouveaux impots ?

Certes je ne me refuse point aux tribus nécessaires, pour entretenir la splandeur du Gouvernement, pour faire respecter sa puissance, pour maintenir l'ordre et la tranquilité publique ; mais plus je suis disposé à fournir à l'Etat ce qu'il est juste de lui donner ; moins je voudrois être foulé et dépouillé pour solder ce grand nombre d'Employés inutiles, dont les plus importants services sont d'augmenter le nombre des créatures Ministérielles, d'accroitre celui des Espions et *des Galopins électoraux*.

C'est dans l'intention de concourir Monsieur, à diminuer les dilapidations et la corruption que j'ai l'honneur de vous adresser le mémoire ci joint[1].

Souvent les écrits les moins bons, les plus mal conçus présent[ent] quelques idées utiles, font naitre quelques vues avantageuses. Si ce Mémoire pouvoit faire supprimer une seule place surabondante, ou arrêter une seule des nombreuses dilapidations ministérielles, il auroit rempli mon but ; et je m'estimerois heureux d'avoir provoqué une amélioration, par l'organe incorruptible d'un des plus zélés défenseurs de nos Libertés publiques.

Depuis que ce Mémoire est écrit, les Places d'inspecteurs Généraux des contributions indirectes ont été supprimées[2] ; ainsi c'est 120,000^f d'économies qui ont été faites ; il n'y a plus à en parler. Mais tout ce que j'ai l'honneur de vous mander concernant les autres places de la Régie ; tout ce qui est calculs relativement aux achats et à la culture du Tabac, est puisé dans les *Comptes rendus par la Régie*, Elle-même, ainsi rien à cet égard ne peut être contesté ; car il suffit de se faire représenter *ces Comptes rendus*, et les Arrêtés des Préfets pour se convaincre de la vérité des faits.

J'ai joint à la fin de ce Mémoire quelques observations sur la Loi du 28 avril 1816, concernant le Monopole du Tabac, ce Monopole finit, je crois, en 1827[3]. il m'a semblé nécessaire de vous signaler les articles qu'il seroit important de supprimer de cette Loi.

Si toutes ces observations Monsieur, qui sont confidentielles ; (car je ne veux pas me donner l'air d'un pétitionnaire, auprès d'une chambre, qui chaque année semble se jouer de ce droit sacré,) peuvent vous fournir quelques documents utiles, je me féliciterois d'avoir eu l'honneur de vous les adresser. Si au contraire vous n'y trouvez rien de bon brulez les ; il me restera toujours la satisfaction de les avoir écrites dans de bonnes vues.

L'envoi que j'ai l'honneur de vous faire Monsieur, de ces observations doit vous suggérer les questions suivantes :

Si l'arbitraire est aussi grand dans l'administration des Tabacs, relativement aux plantations, comment les Députés du Lot et Garonne n'en parlent ils pas ?

Pourquoi ne s'adresse-t-on pas à eux, pour faire cesser cet arbitraire ?

Le Lot et Garonne Monsieur, a cinq Députés. Trois de ces Députés, MM. Lafont, Martignac et Vassal[4], ont leurs propriétés dans des arrondissements, ou dans des communes qui n'ont point le droit de planter du Tabac ; ils ne connoissent donc pas les formalités exigées pour avoir la faculté de planter. Dailleurs comment M.M. Lafont et Martignac résisteroient-ils aux vœux ministériels ?

M.M. Drouilhet et Lacaussade[5] sont donc les seuls Députés de ce Dép[t] qui plantent du Tabac. ils devroient chercher à faire établir plus de fixité dans cette culture, et à lui voir donner plus d'extenction[6] : mais ces M.M. sont Députés, ils n'éprouvent point de véxations, on leur accorde plus qu'ils ne demandent ; et l'intérêt particulier satisfait, laisse peu de courage pour combattre en faveur du bien général.

Aux dernières Elections Monsieur, l'opinion publique, sans intrigues, sans injonctions et sans menaces, avoit daigné m'honorer de ses suffrages indépendants. J'étois le competiteur de Mr de Martignac, au collège Electoral de Marmande. Mais je n'avois pour moi que l'estime Général et l'opinion publique, tandis que mon heureux antagoniste joignoit à son talent, les protections du pouvoir, les promesses et les menaces de l'autorité. Aussi après avoir eu une majorité bien constatée en ma faveur, on travailla, on manœuvra si bien dans la nuit ; que le lendemain Mr de Martignac l'emporta[7].

Si les intrigues, en le faisant nommer, ont vaincu l'opinion publique Mr de Martignac devroit, au moins par reconnoissance, défendre les intérêts des pauvres contribuables qui se laissent aussi facilement séduire par des promesses, ou intimider par des menaces ! Mais comment réclamer contre les Ministres en faveur des contribuables, quand on convoite un Ministère qu'on nous présente comme une poire qu'on décend à la portée de la main dès qu'on a besoin de M[r] le rapporteur[8], et qu'on élève hors d'atteinte aussitôt que le rapport est fait ? Il faut donc de la soumission du dévoûment et de la patience.

J'ai l'honneur d'être avec une considération très distinguée

Monsieur
Votre très humble et très obeïss[t] serviteur
De Suriray Delarue
Ancien off[r] du Génie

Manuscrit *Lausanne, BCU, Co 4591 ; 4 pp., p. 4 bl. ; orig. autogr.

Texte 14 sa puissance] *ajouté dans l'interligne* 16 solder] solder ⟨cette⟩ 22 présent[ent]] *nous corrigeons* 77 d'atteinte] *il a écrit* d'attente

Commentaire et Notes Jean-Gabriel-Martin Suriray Delarue (1774–1850), ancien capitaine du génie militaire, était le frère d'Antoine-Gilbert-Maximilien, garde-magasin des tabacs à Bordeaux.

[1] Étaient jointes à la lettre des *Observations sur quelques Economies à faire dans les Dépenses de l'administration publique*, puis des *Observations sur la Loi du 28 avril 1816 du Monopole de la fabrication du Tabac*, 57 pp. Ces documents sont conservés avec la lettre, sous la même cote.

[2] Par ordonnance du 27 décembre 1823, « Le nombre des inspecteurs généraux de l'administration des contributions indirectes est réduit et demeure fixé à quatre » (*BlRf*, VIIe série, février 1824, t. XVII, p. 482).

³ La discussion « sur le projet de loi relatif au monopole du tabac », qui s'était déroulée à la Chambre des députés du 8 au 14 mai 1824, avait conclu à proroger le monopole jusqu'au 1ᵉʳ janvier 1831.
⁴ André Jacques Elisabeth Lafont de Cavagnac (1779–1844), député de la majorité ministérielle depuis 1821 ; Jean-Baptiste Sylvère Gaye de Martignac (1778–1832), député depuis 1821, sera chef du gouvernement en 1828 ; Jean-Baptiste François de Vassal de Montviel (1769–1854), député du centre droit depuis 1815.
⁵ Étienne Sylvestre Drouilhet de Sigalas (1778–1848) et Timothée Becays de la Caussade (1760–1852), députés de la majorité ministérielle depuis 1821.
⁶ Pour *extension* ; bien que rare, la forme apparaissait dans le vocabulaire juridique.
⁷ Sans que son « antagoniste » fût nommé, Martignac, « président du collège », obtint « 257 suffrages sur 345. » (*L'Écho du Midi* du 1ᵉʳ mars 1824, p. 3).
⁸ Le 29 décembre 1826, Martignac avait rapporté à la Chambre sur le projet de *Code forestier* (*Archives parlementaires*, XLIX, p. 87).

4867

Rosalie de Constant à Benjamin Constant

6 janvier 1827

Eh bien Benjamin ce 3ᵉ volume ? Voila une année finie l'autre commencée, les etrennes passées tout s'envole, tout fuit tout se succede excepté vos volumes, celui ci serait bien necessaire¹ pour soutenir ses ainés ainsi que le zele et les bons sentimens qu'ils ont excité, tandis que vos paroles a la tribune quoique belles et bonnes ne feront que hater la loi contre la presse² n'empecheront rien ne favoriseront rien tant que le pouvoir ne sera pas de leur coté, mais ce n'est pas pour gronder que j'ecris j'en aurais trop de sujets surtout de ce que vous ne m'avés rien dit depuis si longtems rien de Cellerier³ ni de ce que vous pouviés lui repondre &c, c'est pour profiter du depart d'Adrien⁴, l'esperance de la famille ici qui va voir le grand monde et que j'accompagne de mes vœux quoique fachée de lui voir quitter les etudes et meme la nullité du païs pour la nullité des gardes, et vous parler de la caisse de famille que son Pere veut fonder, cette idée me parait bien bonne et me semble un lien entre des parens eloignés qui s'estiment. Ceux d'entre nous qui sont sans enfans se rattachent cependant de cette maniere a l'avenir et a la posterité par ce qui peut soutenir leur nom celui de leurs Peres, chacun parait s'y preter volontiers je ne puis m'engager qu'a un petit legs je ne saurais que prendre sur mes 100 louis de rente tant qu'ils me sont necessaires pour vivre, mais a l'age ou je suis cette promesse ne peut etre fort renvoyée, pour vous qui aurés de si grandes affaires de si grands comptes avec la posterité vous pouvés bien charger vos enfans (vos livres) de faire quelque chose pour vos parens enfin c'est votre affaire, votre adhesion a la chose ne peut que lui donner de l'encouragement, comment est ma cousine ? J'espere qu'elle persiste dans ses bons projets en notre faveur[5], lorsqu'ils seront fixés j'espere que vous me le dirés le plustot possible afin que je vous aide si je puis et que je dispose ma vie a en passer le plus que je pourrai avec vous, je suis faible il me faut un peu de tems pour tout j'en jouirai mieux de la douceur de retrouver des amis auxquels je suis tendrement devouée.

R

Lausanne 6 janvier 1827

Je lis le Voyage de la Fayette en Amerique[6] je ne puis comprendre qu'a 60 ans on aye eu la force de supporter tant d'emotion d'eclat et de bonheur, cela est beau j'aime a penser qu'un homme a eu une telle année dans [sa] vie. Comment a-t-il pu s'en arracher ?

Manuscrit *Lausanne, BCU, Ms. 326, n° 31 ; 2 pp. ; orig. autogr.

Édition Roulin (1955), n° 209, pp. 295–296.

Texte 10 ici] *ajouté dans l'interligne* 12 de] *ajouté dans l'interligne* 32 [sa]] *omis par inadvertance*

Notes
[1] Le tome III de *De la Religion* sera mis en vente au mois d'octobre 1827.
[2] Le projet de loi sur la police de la presse fut présenté à la Chambre des députés le 29 décembre 1826 ; la discussion commença le 13 février 1827 et la loi « de justice et d'amour » fut adoptée le 12 mars par les députés, mais devant l'hostilité de la Chambre des pairs, Villèle préféra la retirer.
[3] Voir la lettre du 11 novembre 1826. Jacob Élisée Cellérier (1785–1862) avait publié *De l'origine authentique et divine de l'Ancien Testament*, Genève : A. Cherbuliez, 1826, que BC possédait dans sa bibliothèque (*OCBC, Documents*, I, 142), mais il peut s'agir aussi de son père, Jean-Isaac-Samuel (1753–1844), apprécié par Mme de Staël.
[4] Adrien Constant (1806–1876), fils d'Auguste, le cousin germain de Rosalie et de BC, allait s'engager dans les gardes suisses en France. Voir aussi *CG*, VI, 112.
[5] Rosalie songe certainement à un projet de cure, celui de l'été 1826 ayant échoué.
[6] *Voyage du général Lafayette aux États-Unis d'Amérique, en 1824 et 1825*, Paris : L'Huillier, 1826.

4868

Benjamin Constant à Marc-Antoine Jullien

7 janvier 1827

Monsieur
L'excès de travail auquel je suis forcé de me livrer pour mener de front les devoirs de la Chambre & la publication de mon livre, me contraignent pour cet hyver à renoncer à tout diner en ville & même à toutes sorties autres que celles que la nécessité exige. Agreez donc mes excuses & l'assurance de mon inviolable attachement

B Constant

Paris ce 7 Janv^r 1827

a Monsieur / Monsieur Jullien / directeur de la Revue encyclopedique / Rue d'Enfer St Michel / N° 18 à Paris

Manuscrit *Lausanne, BCU, IS 4519 ; 4 pp., pp. 2–3 bl., l'adresse p. 4 ; cachet postal : 9 Janvier 1827 ; timbre : E / LEV [ ] ; orig. autogr.

Commentaire Marc-Antoine Jullien (1775–1848) dirigeait la *Revue encyclopédique* qu'il avait fondée en 1819 (*CG*, X, 376). BC y avait publié en 1825 et 1826.

4869

Auguste de Constant d'Hermenches à Benjamin Constant

8 janvier 1827

Lausanne ce 8 Janv

Mon cher Cousin
Malgré toutes vos bontés pour nous lors de notre dernier sejour a Paris[1], Adrien ne veut point partir sans être porteur de quelques mots d'introduction au pres de vous. Ainsi que j'en avais reçu la promesse il a été nomē officier dans le 7me de la Garde[2]. J'espere que vous et votre aimable femme voudrés bien le traiter en neveu et lui permettre de s'adresser a vous, si son inexperience avait besoin de bonnes directions. Il est porteur d'un projet tendant a former une caisse de famille, dont le but est de réunir les papiers et titres de famille de maniere a ce que chacun sut ou trouver les pieces qui pourraient lui être necessaires et aussi a former un fond qui dans la suite des tems serviraît a aider des membres de la

famille qui n'auraient pas les moyens de donner une bonne éducation a leurs enfans. Vous verrés que tous les membres actuels ont signé et approuvé cette institution qui ne peut avoir que les meilleurs résultats. Charles consent a être boursier[3] et meme a faire une certaine somme, mais désire qu'on change l'ordre des articles et qu'on y ajoute quelques petites choses. Nous tenons tous beaucoup a y voir votre signature car toutes les familles n'ont pas des Benjamin a talens aussi distingués comme la famille Constant. Adieu mon cher cousin mille choses je vous prie a ma cousine et sur tout pardonnés moi de venir vous importuner pendant vos grands travaux

Votre tres devoué
de Constant d'H

Manuscrit   *Paris, BnF, N.a.fr. 18831, ff. 30–31 ; 4 pp., pp. 3–4 bl. ; orig. autogr.

Texte   13 que] *il a écrit* que que   17 toutes] *il a écrit* toute

Notes
[1] La lettre de Rosalie du 22 août 1826 (lettre 4790, *CG*, XIV, 435–436) nous apprend qu'Auguste Constant d'Hermenches était passé à Paris avec sa famille en été 1826.
[2] Le 23 novembre 1826, Adrien Constant de Rebecque (1806–1876) avait été nommé sous-lieutenant dans le 7e régiment de la Garde royale (1er Suisse) ; il y retrouvait son cousin Jean Frédéric Philippe de Gentils de Langallerie (*Annuaire de l'état militaire* (1827), pp. 174–175). Adrien sera connu plus tard comme photographe sous le nom Constant-Delessert.
[3] Charles, frère de Rosalie, cousin germain de BC et d'Auguste. *Boursier* est ici à prendre au sens archaïque de membre d'une communauté « où on fait bourse commune » (Trévoux).

4870

Georges-Louis Rouge à Benjamin Constant

8 janvier 1827

Lausanne le 8e Janvier 1827 –

Monsieur !
Ayant été un peu indisposé je n'ai pu mettre à votre affaire toute l'activité que j'aurois désiré, cependant après avoir écrit à Monsr de Loys[1], je l'ai vu lui-même ; il m'a dit qu'il hypothèqueroit la maison de Bourg[2] qui seroit amplement suffisante puisqu'elle est estimée au Cadastre au-delà de 30,000 fr. mais elle se trouve comprise dans une hypothèque générale donnée à Madame de Loys sa mère, pour le capital de £194,000 qui lui est du par l'hoirie, et cela avec beaucoup d'autres immeubles ; et d'après cela j'ai dit à Mr de Loys qu'il seroit nécessaire que Madame sa mère consentit à ce que vous prissiez rang avant elle

sur la dite maison. Je crois que Madame de Loys consentiroit à la chose s'il le faut, quoiqu'elle aimeroit bien je pense à éviter cet embarras. J'ai appris en même tems qu'outre l'hypothèque du Domaine de Valombreuse, vous aviez les maisons du Chêne[3] ; comme ces maisons ne sont affectées avant votre rente que pour le capital de £10,000 qui vous est aussi du, je pensois que pour éviter des frais, vous pourriez peut être vous contenter de cette hypothèque qui me paroit suffisante. Les maisons du grand Chêne valent environ £60,000, elles sont portées au Cadastre pour £19000. En cas d'incendie d'après la nouvelle loi sur l'assurance, le propriétaire recevroit le double savoir £38000. & outre cela resteroit la place qui en vaudroit au moins £12000. En telle sorte que quoiqu'il arrive, votre rente & vos £10,000 seroient pleinement couverts. Je viens donc vous demander si vous consentiriez à libérer purement & simplement Valombreuse, pour vous contenter des maisons du Chêne. Dans le cas où vous ne croirez pas devoir faire cette libération pure & simple, veuillez me dire en réponse si je dois accepter la maison de Bourg, et demander à Madame de Loys la cession du droit de priorité.

Charmé, Monsieur, d'avoir cette occasion de vous renouveller l'assurance de tous mes sentimens, particulièrement ceux de ma profonde vénération, & d'un dévouement sans borne.

G. Rouge

Vous avez comme à l'ordinaire fait l'admiration de tous les amis de la liberté par votre discours sur l'adresse, où vous avez en effet parlé comme un ange[4] ; & vous avez de la besogne taillée pour le jury et la presse ; je me réjouis d'autant plus si ce n'est de vous entendre, du moins de vous lire, que nous traiterons nous même pour la seconde fois la question du jury au Grand-Conseil cette année ; il y a malheureusement un fort parti contre[5].

Le même

A Monsieur / Monsieur Benjamin / Constant, membre de la / Chambre des Députés / Paris –

Manuscrit *Paris, BnF, N.a.fr. 18831, ff. 210–211 ; 4 pp., l'adresse p. 4 ; cachet postal : 12 Janvier 1827 ; timbre : SUISSE PAR PONTARLIER ; orig. autogr.

Commentaire et Notes Cette lettre fait suite à celle que Pauline de Loys avait envoyée à BC le 23 novembre 1826 (lettre 4836, *CG*, XIV, 488–489). La situation s'était envenimée entre les cousins et BC se résout à faire appel au notaire Rouge avec lequel il avait été en relation lorsqu'il avait dû prouver sa nationalité (voir la lettre 4281 de Rouge du 29 mai 1824, *CG*, XII, 333–336).

[1] Pauline de Loys avait deux fils : Jean-Louis et François.
[2] Quartier de Lausanne.
[3] Sur ces différents domaines, voir la lettre de Pauline de Loys du 8 août 1825 (lettre 4536, *CG*, XIV, 148–149).

⁴ L'*Opinion de M. Benjamin Constant sur le projet d'adresse* avait été publié dans *Le Constitutionnel* du 29 décembre 1826, pp. 2–3. Il prendra la parole sur le jury le 12 février 1827 et à de nombreuses reprises sur la « loi de justice et d'amour » (voir ci-dessus la lettre de Rosalie du 6 janvier).
⁵ La question fut abordée par le Grand Conseil le 25 mai 1826 : « Une discussion de plus de 5 heures sur la grande question du jury, a été terminée par l'adoption de cette institution en principe, par une faible majorité. » (*Gazette de Lausanne* du 26 mai 1826, p. 3). Mais l'année suivante, quand le Conseil d'État présentera un projet de loi en ce sens, il sera rejeté à une grande majorité.

4871

Rodolphe Cuvier à Benjamin Constant

12 janvier 1827

Nancy, le 12 Janvier 1827
Le Président de l'Eglise réformée consistoriale
de Metz.
pasteur de l'Eglise de Nancy,
à Monsieur Benjamin Constant, membre de la Chambre des Députés,

Monsieur

Une loi épouvantable¹ qui nous menace comme français et surtout comme protestans, d'une oppression cent fois pire que celle du règne despotique de Louis XIV, vient de jeter la consternation dans toutes les ames. Permettez-moi de vous faire entendre le cri d'alarme de vos coreligionnaires. Avec une pareille loi nous devons nous attendre à voir renaître les tems de la revocation de l'edit de Nantes. Il nous sera impossible de rien imprimer. Aucun livre sortant d'une plume hérétique, n'aura l'autorisation de paraître. Sans doute ce point n'a point échappé aux infames rédacteurs du projet de loi. Prêtez-nous, Monsieur, le secours de votre éloquence et que votre amour pour le protestantisme aussi bien que votre patriotisme ranime votre courage que l'insuccès pourrait réfroidir si votre conscience et la grande majorité des français ne vous disoient que vous soutenez la bonne cause.

Il est un autre point du plus haut intérêt pour nos coreligionnaires, sur lequel je m'étais proposé d'appeler votre attention et quoique la chambre ne paroisse pas devoir avoir à s'occuper d'une matière qui s'y rattache, je veux néanmoins vous en entretenir parceque le tems presse. C'est notre situation sous le rapport de l'instruction publique. Dans l'état actuel des choses nous sommes dans la

1   Rodolphe Cuvier
    https://bibliotheques.mnhn.fr/medias/doc/exploitation/IFD/MNHN_PO2956

dépendance du ministre de l'instruction publique². Les sentimens dont le clergé romain se montre animé envers nous doivent nous inspirer de justes craintes. Déja la partialité de l'Evèque d'Hermopolis s'est montrée en plusieurs circonstances et particulièrement en mettant les ecoles primaires catholiques sous la dépendance exclusive des evèques, tandis qu'il s'est conservé la direction des nôtres par l'intermédiaire des recteurs. Il est urgent pour nous que cet ordre de choses cesse et que la direction générale de tout ce qui concerne pour nous l'instruction publique soit confiée à un fonctionnaire protestant, comme cela a eu lieu pour les facultés de théologie³. J'avais eu le projet d'adresser pour cela une petition à la chambre. J'y ai renoncé parcequ'étant parent de M. Cuvier, on aurait pu croire que cette demande était concertée avec lui. Je désirerais beaucoup que quelqu'un d'autre fit cette démarche. De jour en jour les prêtres deviennent plus nombreux dans les collèges. En plusieurs lieux et notamment à Nancy on choisit les maitres d'etudes parmi les séminaristes. Des établissemens tenus par des protestans vont nous être indispensables et comment obtenir d'un evèque l'autorisation nécessaire pour les former ? Un clergé fanatique armé du despotique et arbitraire monopole de l'université et de la loi vandale, pourra exercer sur nous la plus terrible oppression dont on puisse avoir l'idée, puisqu'elle pourra dans ses plus grands excès être revètue de formes légales.

Une autre considération qui concourt à faire voir combien ce changement est urgent, combien il est à désirer qu'il soit opéré avant que l'intolérance ait acquis plus de forces, c'est que déja le ministère actuel s'est montré en plusieurs occasions peu favorable aux protestans. Je citerai particulièrement l'ordonnance de Juillet ou d'Aout 1824 qui réorganise le Conseil d'etat⁴. Les conditions pour y être admis excluent tout membre de notre clergé, et comme on répugne de jour en jour davantage à confier des fonctions publiques à un protestant, le moment peut venir et viendra inévitablement où le Conseil d'etat ne comptera plus de protestant dans son sein, et comme aussi, c'est un conseiller d'etat qui doit diriger nos facultés de théologie, il s'ensuit qu'elles devront l'être par un catholique. Perspective bien rassurante pour nous ! Cependant nous aurions probablement moins à craindre d'un laïque et cette situation toute fâcheuse qu'elle serait, vaudrait mieux encore que la dépendance d'un Evèque.

Agréez, Monsieur, l'expression de la considération la plus distinguée et des sentimens avec lesquels j'ai l'honneur d'ètre, Monsieur,

votre très humble et obéissant serviteur
R. Cuvier

Manuscrit   *Lausanne, BCU, Fonds Constant I, Co 3667 ; 4 pp. ; orig. autogr.

Texte   *Les caractères en italique ont été imprimés.*

Commentaire et Notes   Sur Rodolphe Eberhard Nicolas Cuvier (1785–1867), pasteur à Nancy en 1809, puis président de l'Église réformée consistoriale de Metz en 1824, voir la lettre 4749 que BC lui adresse le 22 juin 1826 (*CG*, XIV, 381–382).

[1] Sur la loi « de justice et d'amour », voir ci-dessus la lettre de Rosalie du 6 janvier.

[2] Denis-Antoine-Luc Frayssinous (1765–1841), évêque d'Hermopolis en 1822, ministre des Affaires ecclésiastiques et de l'Instruction publique en 1824.

[3] Suite à la réponse de BC du 20 mars 1827, Cuvier reviendra en détail sur cette question dans sa lettre du 25 avril 1827. Par ordonnance du 26 août 1824, Georges Cuvier avait été nommé grand-maître de l'Université à l'égard des facultés de théologie protestante. Le père de Rodolphe Cuvier était cousin germain de Georges Cuvier.

[4] Voir les ordonnances du 26 août 1824 concernant le Conseil d'État (*BlRf*, VIIe série, n° 692, t. XIX, pp. 149–164).

4872

Alexandre Provost et Bruant fils à Benjamin Constant

12 janvier 1827

Sainte Suzanne 12 Janvier 1827.
Monsieur et célèbre Député,
Pleins de confiance en vos sentiments généreux, confiance que nous inspire votre mérite et votre belle conduite constitutionnelle, nous vous prions de présenter à la chambre des députés, cette pétition que nous avons l'honneur de lui adresser.

    Agréez, Monsieur et célèbre député, les Respects des pétitionnaires
Alex:dre Provost
Bruant fils

Manuscrit   *Paris, BnF, N.a.fr. 18832, f. 48 ; 2 pp., p. 2 bl. ; orig. autogr.

Commentaire   Le 27 janvier, la Chambre des pairs renvoie à la commission chargée de l'examen du projet de loi relatif à la composition et à la formation du jury une pétition du sieur Provost (*Archives parlementaires*, deuxième série, XLIX, p. 267). Il est possible que BC ait jugé qu'il fallait transmettre la pétition aux pairs plutôt qu'aux députés ; en tout cas il n'y a pas d'autre trace d'une pétition signée Provost ou Bruant, ni dans les journaux ni dans les *Archives parlementaires*. Sainte-Suzanne, aujourd'hui Sainte-Suzanne-et-Chammes, est une commune en Mayenne. La famille Provost y était notable « soit dans la magistrature locale, soit dans l'industrie florissante alors de la papeterie » ; un Bruant était propriétaire du dernier moulin à papier, fermé vers 1840. Voir Alphonse-Victor Angot et Ferdinand Gaugain, *Dictionnaire historique, topographique et biographique de la Mayenne*, Laval : Goupil, 1900–1910 (http://angot.lamayenne.fr/notice/T3C19_COMM0071).

4873

Benjamin Constant à un Correspondant non identifié

15 janvier 1827

[*Il a fait ce qu'il a pu pour son protégé.*] « Je saisis cette occasion pour vous envoyer des prospectus d'une entreprise dont beaucoup de bons citoyens ont conçu l'idée. Je suis sûr que votre amitié la favorisera, si vous le pouvez. Ma femme vous dit mille choses & moi je vous embrasse bien tendrement ».

Manuscrit L'orig. n'a pas été retrouvée ; les précisions que nous en donnons sont tirées du site de la Gazette Drouot, consulté le 12 mars 2021. 1 p. in–4. Paris, 15 janv. 1827.

Commentaire L'entreprise dont il est question ici n'a pas été identifiée. En l'absence du manuscrit, il a été impossible de vérifier la date indiquée par la *Gazette Drouot* ; si la date est bonne, il ne peut s'agir du bulletin de souscription des *Discours*, bulletin qui ne sera publié qu'en avril 1827 (*Bibliographie de la France* du 4 avril 1827, p. 294).

4874

Johann Friedrich Benzenberg à Benjamin Constant

16 janvier 1827

Düsseldorf ds 16ten Jan. 1827
An H. Benjamin Constant.
Mitglied der Deputierten-Kammer
in Paris

Wollen Sie wohl erlauben, daß der Verfasser über die Schrift *der Staats-Kanzler*[1] an Sie schreibt ? Ich habe eine Bitte an Sie, und diese betrifft das Geschworne Gericht, und das Gesetz das der König der Kammer mitgetheilt hat. In England müßen all Geschworne einig sein, und wenn sie nicht einig sind, so bleiben sie 24 Stunden beisammen, und der Vorgang gehet dann zu einer andern Asiese. In Nord-America müßen 10 vor die Schuld sein, und nur zwei Freisprechen, und das Urtheil wird vollzogen.

Wenn aber nur 9 schuldig sprechen und drei unschuldig so kommt des Beklagte in Freiheit.

In Frankreich ist es ganz anders.

Sechs gegen sechs sprechen frei.
Sieben gegen fünf, steht. Die Richter haben alsdann Ihr Urtheil, und sprechen frei oder verdammen.
Das scheint hart du seyn.
Ich bin im Jahr 1822 in Trier gewesen, und habe der Assise von Fonck beigewohnt, die Stimmen, die standen von 8 gegen 4 und Fonck wurde zum Tode verurtheilt[2]. In America hätten, wenn 9 gegen 3 gestanden Fonck müßen losgesprochen werden.
Fonck ist doch losgesprochen worden und zwar durch durch den Willen des Königs. Der Justiz-Minister[3] war vor die Freisprechung, ebenso der Fürst Witgenstein[4], und der Geheime Kabinetsrath Albrecht[5].
Die Assise dauerte an 6 Wochen. Das ist zu lange, und dieses kann niemand aushalten.
In England wo alle einig sein müßen, da dauert ein Asiese drei oder vier Tage. Die zwölf Geschwornen dürfen mit niemand außerhalb reden, und sind des Nachts im Hause eingesperrt. In England hat noch nie ein Aßise 6 Wochen gedauert, wie wir dieses bei Foaldes[6] und bei Fonck gehabt haben.
Die Düsseldorfer Landstände sind zwei Monate beisammen gewesen, und haben ihre Sitzungen geschlossen. Nämlich 4 Fürsten, 25 Ritterguts-Besitzer, 25 Städter und 25 Bauern. Die Landstände sind recht brav gewesen. 59 haben vor das französische Recht gestimt, und nur 20 vors preussische[7]. Für das französische haben gestimt, Fürst Salm-Dick[8], Graf Nesselrode[9], Freiherr von Milius[10], u.s.w. Wenn Sie in Paris h. Doctor Koref sehen, so grüßen Sie ihn von mir.

Leben Sie recht wohl.
Benzenberg.

Manuscrit *Paris, BnF, N.a.fr. 18832, ff. 49-50 ; 4 pp., l'adresse p. 4 ; cachet postal : 20 Janvier 1827 ; timbre : Dusseld[orf] 16. Janu[ ] ; orig. autogr.

Texte   37 sehen] *ajouté en interligne*

Commentaire et Notes   Johann Friedrich Benzenberg (1777-1846) était un publiciste libéral allemand, notamment mais sous couvert de l'anonymat auteur de *Die Verwaltung des Staatskanzlers Fürsten von Hardenberg*, écrit publié en 1820 dans les *Zeitgenossen* puis dans un tirage à part en 1821. BC avait traduit l'écrit en question dans sa brochure *Du triomphe inévitable et prochain des principes constitutionnels en Prusse* de mars 1821, mais l'avait attribué par erreur au docteur Koreff. Il s'en est suivi une polémique dans les journaux français, à laquelle Benzenberg avait participé par une lettre au *Journal des débats*, publiée le 29 avril 1821. Il y affirmait être l'auteur réel de l'écrit et expliquait quelques éléments où sa position se différenciait de celle de BC. Voir sur cet épisode *OCBC*, XV, 753-810. Le ton de la présente lettre suggère que Benzenberg n'en tenait pas rancune à BC. Il s'adresse à lui à un moment où il est question dans les Chambres de la loi sur la composition et la formation du jury.

[1] Dans *Die Verwaltung des Staatskanzlers Fürsten von Hardenberg*, Benzenberg avait parlé du jury en passant, comme l'une des institutions que Hardenberg avait voulu conserver dans les nouvelles provinces pour les offrir « au reste du royaume comme un exemple instructif », comme l'avait traduit BC (*OCBC*, XV, 792).

² Le procès de Peter Anton Fonck, condamné à mort pour meurtre en 1822, avait fait beaucoup de bruit dans la presse allemande. Benzenberg publia lui-même des lettres sur le procès (*Briefe über die Assise in Trier*, Cologne, 1822). Parmi les questions soulevées par le procès était celle des mérites respectifs des systèmes prussien, français et anglais en matière de jury. Rappelons que la Rhénanie se servait à partir de 1808, et jusque dans le vingtième siècle, du Code d'instruction criminelle français.
³ Friedrich Leopold von Kircheisen (1749–1825), ministre prussien de la Justice de 1810 à 1825.
⁴ Wilhelm Ludwig, Fürst du Sayn-Wittgenstein und Hohenstein (1770–1851), ministre de la Maison royale de Prusse.
⁵ Daniel Ludwig Albrecht (1765–1835), l'un des conseillers les plus proches du roi de Prusse comme de Hardenberg.
⁶ Benzenberg pense sans doute au second procès de la célèbre affaire Fualdès, qui se déroula à Albi entre le 25 mars et le 5 mai 1818. Un premier procès, en août et septembre 1817, des accusés du meurtre de l'ancien procureur impérial Joseph-Bernardin Fualdès avait été annulé pour vice de forme. Le troisième concernera de nouveaux accusés en décembre 1818 et janvier 1819. Les rebondissements du second procès surtout en avaient fait une grande affaire médiatique, au point de laisser des traces dans l'œuvre d'un Balzac, d'un Hugo, et même du Flaubert de *Bouvard et Pécuchet*.
⁷ Le Congrès de Vienne avait donné le Grand-duché de Berg, où se trouvait Düsseldorf, à la Prusse en 1815, d'où la discussion, dans l'assemblée de la province, du maintien du système de droit français ou du passage au système prussien.
⁸ Joseph zu Salm-Reifferscheidt-Dyck (1773–1861), époux de Constance de Salm, avec qui BC avait échangé des lettres en 1824 (voir *CG*, XIII).
⁹ Parmi les nombreux comtes de Nesselrode, peut-être Franz Bertram Graf von Nesselrode (1783–1847)
¹⁰ Non identifié.

Traduction   Düsseldorf le 16 janvier 1827
À M. Benjamin Constant. Membre de la Chambre des députés à Paris
    Voulez-vous autoriser l'auteur du livre intitulé Le Chancelier d'État à vous écrire ? J'ai une question à vous poser, et elle concerne le jury, et la loi que le Roi a communiquée à la Chambre. En Angleterre, le jury doit se prononcer à l'unanimité, et s'il ne le fait pas, les jurés restent ensemble pendant 24 heures et le procès passe ensuite à une autre cour. En Amérique du Nord, 10 doivent voter coupable et seulement deux acquittés pour que le verdict soit exécuté.
    Mais si seulement 9 votent coupable et trois votent innocent, l'accusé est libéré.
    En France, c'est très différent.
    Six contre six et c'est l'acquittement.
    À sept contre cinq, on s'arrête. Les juges exercent alors leur jugement, et acquittent ou condamnent.
    Cela semble sévère.
    J'étais à Trèves en 1822 et j'ai assisté aux assises de Fonck, les votes furent de 8 contre 4 et Fonck fut condamné à mort. En Amérique, si c'était 9 contre 3, Fonck aurait été acquitté.
    Fonck a été absous tout de même, par la volonté du roi. Le ministre de la justice était en faveur de l'acquittement, tout comme le prince Wittgenstein et le conseiller du cabinet secret Albrecht.
    Les assises ont duré 6 semaines. C'est trop long et personne ne peut supporter cela.
    En Angleterre, où chacun doit s'entendre, les assises durent trois ou quatre jours. Les douze jurés ne sont pas autorisés à parler à qui que ce soit à l'extérieur, et sont confinés à domicile la nuit. En Angleterre, les assises n'ont jamais duré 6 semaines, comme chez Foaldes et chez Fonck.
    L'assemblée du pays de Düsseldorf s'est réunie pendant deux mois et a clôturé ses sessions. À savoir 4 ducs, 25 chevaliers, 25 citadins et 25 fermiers. L'assemblée a été assez courageuse. 59 ont voté pour la loi française et seulement 20 pour la loi prussienne. Le prince Salm-Dick, le comte Nesselrode, le baron von Milius, etc. ont voté pour la française. Si vous voyez à Paris M. le docteur Koref, saluez-le pour moi.
    Adieu.

4875

Les ouvriers-relieurs de plusieurs ateliers parisiens à Benjamin Constant

16 janvier 1827

Paris, le 16 janvier 1827
A Monsieur Benjamin Constant
Membre de la Chambre des Députés.

Monsieur
Pleins de respect et de reconnaissance pour le noble défenseur de nos droits, les
ouvriers relieurs osent vous prier par l'organe de leur confrère, de vouloir bien
présenter leur pétition à la chambre. Surs de votre bonté et de votre courage, ils
espèrent que vous daignerez l'accepter.
    Agréez aussi les hommages respectueux de ceux qui ont l'honneur d'être,
de Monsieur,
Les très humbles et très dévoués serviteurs.
Les ouvriers relieurs des ateliers de M.M. Purgold, Thouvenin, Duplanil,
Bibolet, Jénin, Messier, et Simier[1].

Manuscrit   *Paris, BnF , N.a.fr. 18832, f. 51 ; 2 pp., p. 2 bl. ; orig.

Commentaire et Note   La pétition d'ouvriers-relieurs dont il est question ici n'est pas un cas isolé : le rapporteur de la commission des pétitions, Paul de Châteaudouble, présente à la Chambre des députés lors de la séance du 31 janvier 1827, plusieurs pétitions d'ouvriers du monde du livre, dont « des ouvriers-relieurs de Paris ». Ces pétitions se ressemblaient beaucoup « pour la forme et pour le fond » en exprimant leurs craintes sur le projet de loi relatif à la presse. Elles sont renvoyées à la commission spéciale chargée de l'examen du projet de loi sur la presse. De nouvelles pétitions sont traitées de la même manière le 3 février (*Archives parlementaires*, deuxième série, XLIX, pp. 325, 390).

[1] Tous ces ateliers figurent dans la liste des relieurs de l'*Almanach du commerce de Paris* de 1827, p. 200, à l'exception de Jénin. On y trouve cependant un Ginain. Bibolet est présenté comme relieur du prince de Talleyrand, et Simier comme celui du roi.

4876

Benjamin Constant à Rosalie de Constant

19 janvier 1827

J'ai recu, chère Rosalie, les lettres que vous & Auguste avez remises à Adrien[1]. Je commence par vous prier de me faire tenir son adresse, car il ne nous a pas trouvés quand il est venu, & tout en laissant deux belles cartes bien élégantes, il a oublié de laisser une indication du lieu où il demeure.

Je vous écris bien à la hate & seulement un mot, car jamais home n'a été plus écrasé d'affaires que je ne le suis. Mon 3e vol. est à l'impression & voilà que la plus abominable loi sur la presse que jamais St Dominique & Mahmoud[2] eussent pu inventer m'oblige à être souvent dans les bureaux où je n'allais jamais & à la chambre. Ce sera bien pis quand la discussion commencera[3], & il faut pourtant que je fasse en sorte de faire paraître mon volume avant cette execrable loi si elle passe.

Je ne vous écris donc que pour vous prier de dire à Auguste que j'adhère à l'établissement de famille qu'il propose, & je lui enverrai mon consentement en bonne forme des que j'aurai un moment à moi. Mais ce ne sera guères avant un mois ou six semaines, car je n'ai matériellement pas une heure à moi.

Adieu chère Rosalie Mille choses à Auguste & à Charles. Pardonnez moi mon laconisme. Ma femme vous dit mille & mille choses.
ce 19 Janvier 1827

à Mademoiselle / Mademoiselle Rosalie de Constant / à Lausanne, / Canton de Vaud, / Suisse.

Manuscrit   *Genève, BGE, Ms. Constant 36/2, ff. 292–292 bis ; 4 pp. ; timbre : PORT-PAYÉ ; orig. autogr.

Éditions   1. Menos (1888), n° 247, pp. 574–575. 2. Roulin (1955), n° 210, p. 296.

Notes

[1] Voir ci-dessus la lettre de Rosalie du 6 janvier et celle d'Auguste du 8. Dans son *Carnet de notes*, au début de 1827, BC indique un ou une Constant parmi les « Lettres à écrire » (*OCBC*, XVII, 612).

[2] BC suit sans doute Voltaire qui fait de saint Dominique le fondateur de l'Inquisition (*Dictionnaire philosophique*, art. « Inquisition »), mais ce n'est qu'après sa mort qu'elle fut confiée aux dominicains. Difficile d'identifier « Mahmoud » : songe-t-il au sultan ottoman régnant, Mahmut II (1784–1839) ? Voir aussi l'allusion au « plus infâme projet de loi sur la presse que jamais inquisiteur ou calife aient inventé » dans la lettre à Sartorius du 19 janvier, ci-dessous.

[3] La discussion commencera le 13 février 1827.

4877

Benjamin Constant à Jacques-Frédéric Lecointe et Étienne Durey

19 janvier 1827

Messieurs,
M. Fattelay[1] de Dole m'a laissé en dépôt un roman dont il m'a dit vous avoir parlé & que vous lui avez témoigné l'intention d'acheter après le nouvel an. Veuillez me faire savoir si cette intention est toujours la même.

Agreez mes salutations

B Constant

ce 19 Janvier 1827
rue d'Anjou St Honoré
N°. 15

Messieurs / Lecointe & Durey / Libraires / Quai des Augustins N° 49

Manuscrit *Collection particulière ; 4 pp., pp. 2–3 bl., l'adresse p. 4 ; cachet postal ; 19 janvier 1827 ; orig. autogr.

Texte *D'une autre main, sur la page d'adresse :* B. Constant / Paris

Commentaire et Note Jacques-Frédéric Lecointe (1791–1851) et Étienne Durey exerçaient comme libraires brevetés depuis 1820 (*Almanach du commerce* (1827), p. 126).
[1] Le patronyme ne figure pas dans le catalogue de la BnF. Un Jean Fatelay (1777-date inconnue), gendarme en retraite à Pagney, non loin de Dole, figure dans la base Léonore (LH//935/7), mais rien ne prouve que ce soit l'auteur en question.

4878

Benjamin Constant à Georg Friedrich Sartorius

19 janvier 1827

Je profite, Monsieur & ancien ami, de l'occasion que me présente M Boode fils[1] pour me rappeler à votre souvenir. M. Boode va étudier trois ans à Göttingue. Lié avec sa famille, je serai bien reconnoissant des bontés que vous aurez pour lui. Je ne le serai pas moins d'être mis aux pieds de M^{de} Sartorius[2], dont je n'ai pas oublié les graces & la bienveillance. Placé, au moment où je vous écris, entre le plus infâme projet de loi sur la presse que jamais inquisiteur ou calife aient inventé, & le desir de faire paraître un volume avant cette loi, si elle passe, à la honte de mes collègues & pour le malheur de notre pauvre France, je n'ai pas le tems d'écrire longuement & je me borne à vous assurer que ni le tems ni la distance ne diminuent l'attachement que je vous ai voué pour la vie.

B Constant

Paris rue d'Anjou St Honoré n° 15
ce 19 Janvier 1827

Monsieur / le Professeur Sartorius / à Göttingue

Manuscrit   *Coburg, Kunstsammlungen der Veste Coburg, Inv. N^r II, 155 ; 2 pp., l'adresse p. 2 ; orig. autogr.

Commentaire et Notes   Sur Georg Friedrich Christoph von Sartorius von Waltershausen (1765–1828), professeur d'histoire à Göttingen en 1802, voir *CG*, IX, 50.
[1] Eduard Gustaaf Boode (1774–1837) et son épouse, Catharina Bourda (1780–1837), eurent plusieurs fils, mais il s'agit probablement ici du plus jeune, Augustus Deodatus (1806–1869).
[2] Caroline von Voigt (1779–1830) avait épousé Sartorius en 1805.

4879

Benjamin Constant à un Correspondant non identifié

19 janvier 1827

Monsieur
Ceux des parens de ma femme qui habitoient le Hardenberg près Gottingue sont morts. Cette terre appartient à mon beau frère qui est a Vienne[1]. J'y supplée par une lettre au Professeur Sartorius qui est un homme tres distingué & qui fera tout ce qui dependra de lui pour M. Boode[2].

Veuillez faire agréer mes hommages à toute la famille et recevoir vous même l'assurance de mon sincère attachement

B Constant

ce 19 Janvier

Manuscrit   *Lausanne, BCU, Ms. 318 ; 2 pp., p. 2 bl. ; orig. autogr.

Commentaire et Notes   Voir la lettre précédente. Les hommages de Constant à la famille incitent à penser que le destinataire de la lettre est un membre de la famille Boode.
[1] Ernst Christian von Hardenberg (1754–1827), frère de Charlotte, résidait alors à Vienne.
[2] Sans doute Augustus Deodatus Boode. Voir la lettre précédente, note 1.

4880

Benjamin Constant à Louis-Guillaume Ternaux

20 janvier 1827

Monsieur cher ancien Collègue

M Planche[1] professeur au College de France s'est adressé à moi pour me prier d'obtenir une entrée à l'Athénée[2] en faveur d'un jeune homme très studieux auquel il s'intéresse & qui me parait digne en effet de tout encouragement ; je vous envoye par le jeune homme lui même Mr Rongier[3] étudiant en droit la lettre de M Planche m'en remettant à votre bonté pour la jeunesse, & ne pouvant moi même juger de ce qui est possible.

Agréez Monsieur & cher Collègue l'assurance de mon parfait attachement & de ma haute consideration

B Constant

Paris ce 20 Janvier 1827

Monsieur / Monsieur Ternaux / place Victoire / N° 6

Manuscrit *Lausanne, BCU, Ms. 295 ; 4 pp., pp. 2–3 bl., l'adresse p. 4 ; orig. autogr.

Texte
D'une autre main, en tête de lettre : Mr Rongier, éleve en droit Rue St Lazare N° 76.
De la main de Ternaux, au bas de la lettre (quelques mot effacés) : Sur la recommandation de Monsieur Benjamin Constant j'estime que l'on doit accorder a M Rongier ce que l'on [ ] En pareil cas [ ] C'est un [ ] dans l'abonnement. G. Ternaux

Commentaire et Notes Sur Ternaux, voir au Répertoire.
[1] Joseph Planche (1762–1853), lexicographe et professeur de rhétorique au collège de Bourbon (devenu Collège de France par un *lapsus calami* de BC).
[2] Sur l'ouverture de l'Athénée Royal, voir la lettre 4847 à Tissot du 8 décembre 1826 (*CG*, XIV, 499). Le programme de l'année 1827 avait paru dans plusieurs journaux (*Le Moniteur universel* du 28 novembre 1826, p. 1601).
[3] Non identifié.

4881

Nicolas-Thomas-François Manche de Broval à Benjamin Constant

25 janvier 1827

Le Chev^{er} de Broval est chargé par Mgr le Duc d'Orléans, de faire ses complimens à Monsieur de Constant et de le prévenir que sa recommandation a porté S. A. R. à destiner un secours au Sr Würtz auquel il va être payé.

Il saisit avec empressement cette occasion pour offrir à Monsieur de Constant ses fidèles hommages qu'il a plusieurs fois essayé de lui renouveller en personne.
Palais Royal,
25. Janvier 1827.

Manuscrit *Paris, BnF, N.a.fr. 18831, f. 97 ; 2 pp., p. 2 bl. ; orig.

Texte 5 qu'il a plusieurs fois essayé de lui renouveller en personne.] *mots ajoutés d'une autre main*

Commentaire Dans son *Carnet de notes*, au début de 1827, BC indique Orléans parmi les « Lettres à écrire » (*OCBC*, XVII, 612).

4882

Benjamin Constant à Firmin Didot

avant février 1827

Je vous envoye Monsieur les 3 1^{eres} feuilles[1] en vous en demandant encore une épreuve, mais il n'y a plus aucun changement à faire & vous aurez au bout de deux heures ces epreuves bonnes à tirer.

Vous ne m'avez envoyé qu'une epreuve de la 4e feuille[2], j'aurais besoin de l'avoir à double afin d'en conserver une pour la consulter au besoin.

Je vous ferai tenir demain, la feuille 4 si j'en ai une epreuve a double & les placards corrigés.

J'attends la fin du 10e livre[3]

Quand voulez-vous de la copie ?

Agréez mes complimens
BC

Manuscrit   *Lausanne, BCU, IS 1079 ; 2 pp., p. 2 bl. ; orig. autogr.

Texte   *Note sous la signature* : « Benjamin Constant / 1827 – Imprimerie Firmin Didot ».

Commentaire et Notes   Cette lettre se place sans doute entre celle de Béchet du 26 décembre 1826 signalant le début de la composition du tome III de *De la Religion* (lettre 4857, *CG*, XIV, 509) et celle que BC adresse à Firmin Didot le 8 février 1827 : BC envoie ici « les 3 1^{eres} feuilles » et le 8 février, il a « cinq bonnes feuilles ». Comme le montre la lettre de Béchet du 26 décembre 1826, le destinataire est l'imprimeur du tome III de *De la Religion*, même s'il est difficile de savoir à quel Didot BC s'adresse ici exactement : Hyacinthe (qui écrit à BC le 14 janvier 1825, lettre 4438, *CG*, XIV, 29–30) ou son frère Ambroise, voire leur père, Firmin.

[1] Soit les pp. 1–48. Comme annoncé dans la *Bibliographie de la France*, le volume comptera 30 feuilles (ou cahiers).

[2] Les pp. 49–64.

[3] La rédaction de la suite était déjà bien engagée (ce que confirment les éditeurs des *OCBC*, XX, 32) puisque le Livre X, *Des dogmes particuliers au polythéisme sacerdotal*, paraîtra à titre posthume dans le tome IV, pp. 113–200, imprimé lui aussi chez Didot (Courtney, *Bibliography* (1981), 58a (4) et 58a (5)).

4883

Charles de Rebecque à Benjamin Constant

4 février 1827

4 fevrier 1827

Une personne de Dôle sur laquelle vous avez une grande influence peut seule m'aider a former un établissement qui ferait mon bonheur a venir en me sauvant des ennuis de l'isolement total ou je suis depuis bien des années. Je viens vous suplier mon cher frère de vouloir bien être mon protecteur dans cette circonstance et j'ose esperer que vous ne me refuserez pas.

La personne auprès de qui j'ai besoin de votre protection est Mr Huot[1], procureur du Roi près du Tribunal de Dole, il exerce une grande influence sur Mr Sireguy[2] père d'une jeune personne a laquelle je suis attaché depuis longtems et qui m'est aussi très attachée. Le père, original dans toute l'acception du mot, se rejette sur la difference de croyance religieuse et nous refuse son consentement. Nous voulons avant d'arriver aux sommations employer tous les moyens de douceur et nous avons pensé Melle Sireguy et moi que si vous étiez assez bon pour charger Mr Huot de cette affaire comme si vous y preniez un vif interet elle se terminerait a notre avantage. Je n'ai jamais eu de relation intime avec Mr Huot mais je ne le crois pas mon ennemi, il fera dans cette circonstance tout ce qui lui sera possible pour vous plaire j'en suis persuadé. Ainsi si vous ne voyez aucun inconvénient pour vous dans cette demarche je vous suplie de la faire.

Je vous dois enfin mon très cher frère quelques details sur la famille de Mlle Sireguy. Son père propriétaire dans un village voisin de Dole, apartient à l'ancienne magistrature de la cour des comptes de cette ville, de fausses spéculations ont beaucoup diminué sa fortune, néanmoins il jouit encore de beaucoup d'aisance. Sa fille agée de 26 ans est bien sous tous les rapports, et tout le monde en fait l'éloge. Il y a encore deux frères dont l'un est chirurgien exerçant son état a la campagne et jouissant de l'estime publique, l'autre est employé dans les forges. Du coté de sa mère Melle Sireguy appartient a la famille d'un notaire de Cuiseaux (Saone et Loire) ainsi du moins s'il n'y a rien d'illustre dans sa famille il n'y a rien de répugnant.

Vous trouverez peut être ma lettre bien longue et ma demande bien indiscrette mais cette demande me sera pardonnée par vous lorsque vous reflechirez a la triste position ou je suis et le besoin que j'éprouve de me créer une famille qui ne me rejette pas.

Agreez je vous prie mon très cher frère mes remercimens pour le service que je vous demande et croyez a ma tendre amitié.

Ch^es de Constant Rebecque

J'ai vu Léonce il y a peu [de] jours. On est content de lui au collège[3]. Il a beaucoup grandi.

A Monsieur / Monsieur Benjamin Constant membre / de la Chambre des Députés / rue d'Anjou St Honoré N° 15 / *à Paris*

Manuscrit *Lausanne, BCU, Fonds Constant I, Co 146 ; 4 pp., p. 3 bl. ; cachet postal : 8 Février 1827 ; orig. autogr.

Texte 36 [de]] *mot oublié par inadvertance*

Notes
[1] Sur Servais Huot, voir la lettre 4185 de d'Estournelles du 7 janvier 1824 (*CG*, XIII, 229–231). Dans sa réponse du 14 février, BC refusera de donner suite.
[2] Il s'agissait peut-être de Jean-Louis Siregui, propriétaire à Moissey au nord de Dole et marié à Marie Louise Griffand, dont la fille, Anne Louise était née le 1er janvier 1802.
[3] Léonce était au collège de Poligny : voir la lettre 4814 à Louise du 31 octobre 1826 (*CG*, XIV, 461).

4884

Dehors à Benjamin Constant

5 février 1827

à Monsieur Benjamin Constant Député du Departemont de la Seine

Monsieur
C'est en vous, généreux défenseur du Peuple ; que des soldats qui gémissent sous le poids du malheur ont placé leurs plus chères espérances : et quel autre que vous est plus digne d'être le depositaire de leur confiance ? Vous seul pouvez prendre la défense de ces infortunés ; vous dont les lumières ont su allier les intérets de vos concitoyens avec ceux du souverain, et consolider le bonheur des uns avec celui de l'autre. Que n'attendons nous pas de cette mâle éloquence, qui vous fait admirer de la France et de l'Europe entières ! Je n'ignore pas, que tres souvent, votre voix s'est élevée pour le bien du soldat : et c'est à vos nobles efforts que nous sommes redevables de la belle administration de l'armée. Mais parmi elle, il éxiste une petite partie pour laquelle on aurait du depuis longtems prendre des mesures plus convenables : (Je veux parler des compagnies de discipline Pionniers[1].) Je n'ignore pas non plus, que plus d'une fois vous avez cherché à procurer quelqu'adoucissement au sort de ces guerriers, chez qui l'honneur n'est point muet. Mais, soit par les trop grandes occupations de la chambre, ou tout autre motif, on a négligé de fixer leur destinée. Cependant, la honte est leur partage, et peu s'en faut qu'on ne les assimile à ces vils galériens qu'avec juste raison la société repousse de son sein : pour eux il n'est point de tems limité à leurs peines, et l'on voit tres souvent, les meilleurs soldats de l'armée, trainer dans l'oisiveté un tems précieux pendant lequel ils auraient pu rendre de tres grands services à leur Prince et à leur Patrie. Quel crime ont-ils donc commis, pour se voir ainsi traités ? J'ose le dire à peine. Quoi ! pour avoir reproché à leurs officiers leur injustice, ou pour avoir un peu trop recherché leurs plaisirs ; des soldats se verront condamnés à passer dans une compagnie de discipline un tems consacré au service du Roi et de la France ! Combien il en éxiste parmi eux, qui ont déja versé leur sang pour leur Pays ? Naguère encore ! ne les vit-on point en Espagne, sous le noble petit fils d'Henri quatre[2], donner des preuves de leur courage : on les néglige pourtant, et ceux mêmes dont ils devaient le plus attendre semblent les avoir oubliés.

Que le Roi apprenne donc par vous-même, noble appui de tous les Français, combien est grand le nombre des militaires qui ont déja figuré dans ces sortes de Compagnies ! Qu'il sache, que si l'on persévère à les y envoyer d'une manière aussi arbitraire, les rangs de l'armée seront bientôt dégarnis de leurs premiers sujets sous le rapport de la valeur et de la fidélité ! Jusqu'ici ils ont été jugés par leurs propres chefs ; ce qui est une grande faute dans la hiérarchie des lois militaires, qui ne veulent point que l'on soit juge et partie. Ah ! Monsieur, si l'on ne prend des mesures plus convenables, et plus sages, qui sait si ces guerriers quoiqu'animés de leur beau zèle, éxaspérés par les souffrances qu'ils ont endurées ; ne tourneraient point contre leur Patrie ingrate le même fer dont ils s'étaient armés pour sa défense.

Daignez être notre interprète, dans cette auguste assemblée, qui chaque jour veille sur le sort de tous les Français ; et nous nous flattons que tous vos honorables Collègues prendront part à nos peines, et s'empresseront d'y mettre un terme.

Bientôt nous partagerons le bonheur de nos frères d'armes, et si le Roi et la France ont encore besoin de nos bras, on nous verra prodiguer jusqu'a la dernière goutte de notre sang, pour les défendre. Nous n'aurons plus à rougir, rentrés dans nos foyers, de nous voir déclarés incapables de servir dans une armée dont nous partageames les dangers et la gloire.

J'ôse espérer que vous voudrez bien m'honorer d'une réponse, afin de pouvoir verser quelques consolations dans le cœur de mes compagnons d'infortune.

Agreez, M^r, l'assurance du profond respect de
Votre tres humble et tres obéissant serviteur

Dehors
4e Cie de Pionniers à Valenciennes[3] (Nord)

Valenciennes le 5. février 1827

P. S. Je me propose, si vous le trouvez bon, de vous envoyer un résumé éxact de la manière dont on dirige ces sortes de compagnies ; et il vous sera aisé de juger par là, que bien loin de ramener des soldats égarés, on ne fait que les irriter, et les éloigner du sentier de l'honneur.

A Monsieur / Monsieur Benjamin Constant / Député du dép^t de la Seine / A Paris

---

Manuscrit   *Paris, BnF, N.a.fr. 18832, ff. 54-55 ; 4 pp., l'adresse p. 4 ; cachet postal : 7 Février 1827 ; timbre : P57P VALENCIENNES ; orig. autogr.

Texte   **39** leur] *surcharge* plus   **49** dans] *le texte porte* dans ⟨dans⟩   **53** M^r,] *en interligne*   **55** Dehors] *La lecture de la dernière lettre de la signature n'est pas certaine.*

Notes
[1] Les compagnies de pionniers recevaient, selon l'ordonnance royale du 1er avril 1818, les soldats qui, sans avoir commis de délits qui les rendaient justiciables des conseils de guerre, persistaient dans leur mauvaise conduite (*Le Moniteur universel* du 12 avril 1818, p. 1).

² L'expédition d'Espagne en 1823 avait été commandée par Louis-Antoine d'Artois, duc d'Angoulême (1775-1844), devenu dauphin en 1824.
³ La 4ᵉ compagnie de pionniers à Valenciennes faisait effectivement partie des huit « Compagnies de discipline » de l'armée (*Annuaire de l'état militaire* (1827), p. 372).

4885

Benjamin Constant à Firmin Didot

8 février 1827

Monsieur
Maintenant que la discussion sur la Presse va s'ouvrir, je suspends tout ce qui a rapport à mon livre jusqu'à ce qu'elle soit terminée chez nous, pour en reprendre la continuation & l'achever, pendant [que] la discussion aura lieu aux Pairs¹. Si vous voulez bien me seconder, je suis sur que le tout pourra paraître avant la décision des Pairs sur ce projet, & je le désire d'autant plus que les amendemens de la C^on ne sont point adoptés par le ministère, ce qui laisse tous les ouvrages sous le coup de l'art. 1ᵉʳ du projet ministériel².

Pour arriver à ce but, voici ce que j'espère de votre complaisance, c'est de me donner autant de placards que vous pourrez du livre sept & sil étoit possible, des deux livres suivans qui termineront le volume³. Ces trois livres, moins difficiles que le précédent n'exigeront que peu de corrections & presque point de remaniemens, de sorte que nous pourrons aller très vite. Vous avez, je crois, de ce livre 7 les six 1ᵉʳˢ chap. Si je me trompais, veuillez me le faire savoir⁴. Je puis vous envoyer sans interruption toute la suite, jusqu'à la fin du livre 9 ; & s'il vous étoit possible de faire mettre le tout en placards, pendant les 15 jours de notre discussion, nous finirions en peu de jours, aussitot que je pourrais me remettre à ce travail. Je compte d'autant plus sur votre obligeance dans cette circonstance que l'interruption est causée par mon désir de servir les intérêts de la libra[i]rie.

J'ai cinq bonnes feuilles. J'attends la 6ᵉ qui m'est nécessaire pour avoir sous les yeux le Ch. de l'Inde en entier⁵. J'ai la 7ᵉ en epreuves & vous m'avez promis la 8ᵉ. Mais ce sont surtout les Placards qui importent⁶. Nous avancerons beaucoup si vous me les envoyez à fur & à mesure parce qu'il est possible qu'après la discussion générale, je trouve quelques heures à y consacrer.

Agréez mille & mille complimens

B Constant

Paris ce 8 février 1827.

Manuscrit *St Gallen, Kantonsbibliothek St. Gallen, Vadianische Sammlung der Ortsbürgergemeinde, VadSlg NL 202 : 24 :198f ; 2 pp., p. 2 bl. ; orig. autogr.

Texte   *D'une autre main, en tête de la première page* : Cat. [*peut-être* Cop.] 8 ce soir   **4** [que]] *le mot a été oublié*   **12** que] *ajouté dans l'interligne*   **20** libra[i]rie] *le texte porte, peut-être par anglicisme,* librarie

Commentaire et Notes   La présente fait suite à celle de BC à Firmin Didot ci-dessus, ne laissant aucun doute sur le destinataire.

[1] La Chambre des députés examinera le projet de loi « concernant la presse » du 13 février jusqu'à son adoption le 12 mars ; il n'arrivera pas devant la Chambre des pairs, étant retiré par ordonnance royale du 17 avril 1827.

[2] « Nul écrit de vingt feuilles et au-dessous ne pourra être mis en vente, publié ou distribué, de quelque manière que ce soit, pendant les cinq jours qui suivront le dépôt prescrit par l'article 14 de la loi du 21 octobre 1815 et par l'article 29 de la loi du 26 mai 1819. / Le délai sera de dix jours pour les écrits de plus de vingt feuilles. » Quand le garde des Sceaux donna lecture de cet article à la Chambre, le 29 décembre 1826, BC s'exclama : « C'est la censure ! » (*Archives parlementaires*, XLIX, p. 120).

[3] Le tome III de *De la Religion* réunira les livres sixième, septième et huitième.

[4] Le livre septième comprendra dix chapitres.

[5] Les cinq premières feuilles (ou cahiers) couvrent les pp. 1–80. « Le Ch. de l'Inde » éclatera dans la version définitive puisqu'il se répartira entre les chapitres V et VI du livre sixième, allant de la fin de la feuille 6 au début de la feuille 15 (pp. 94–235).

[6] Pour mémoire : le placard est une « Épreuve imprimée d'un seul côté de la feuille, et sans que la composition ait été divisée en pages. » ; l'épreuve est « Une feuille d'impression sur laquelle l'auteur ou une autre personne indique les corrections, les changements que devra faire l'imprimeur. » (*Dict. Acad. fr.*, 1835). Autrement dit, le *placard* est un document de travail pour l'auteur, quand l'*épreuve* est l'étape ultime (en principe) avant tirage.

4886

M. Cochois à Benjamin Constant

8 février 1827

Monsieur Benjamin-Constant,
Nous avons l'honneur de vous adresser une pétition contre le projet de Loi sur la police de la presse qui a été présenté à la Chambre des Députés, avec prière de vouloir bien la déposer sur le Bureau de Monsieur le president.

   Les Signataires étant persuadés d'avance que vous ne refuserez pas votre appui à la demande qu'ils font, vous prient de recevoir l'expression de leur reconnaissance et l'assurance du profond respect
   avec lequel ils ont l'honneur d'être
   Monsieur,

                              Vos très humbles Serviteurs,
                     pour les Signataires de la susdite pétition
                                                     Cochois
Quimper, Le 8 février 1827.

Manuscrit   *Paris, BnF, N.a.fr. 18832, f. 58 ; 2 pp., p. 2 bl. ; sign. orig. autogr.

Commentaire   Aucune information n'a pu être trouvée sur le signataire de la présente, mais « M. Benjamin Constant a remis hier à M. le président de la chambre des députés une pétition signée des compositeurs, imprimeurs, reliurs et papetiers de la ville de Quimper. » (*Le Constitutionnel* du 17 février 1827, p. 2).

4887

Benjamin Constant à Louis-Ferdinand Bonnet

9 février 1827

Monsieur et honorable collègue,
Sorti de très bonne heure aujourd'hui, et n'ayant lu l'article du Courrier sur votre rapport[1] que hors de chez moi, je n'ai pu vous écrire qu'en rentrant ce soir : Je me hâte de le faire parce que j'éprouve le besoin de vous déclarer que sans adopter les conclusions de la Commission dont vous avez été rapporteur & en me reservant de combattre à la fois & ces conclusions & le projet pervers & sauvage d'un ministère qui travaille avec acharnement à perdre la France, je désapprouve hautement les personnalités dirigées contre vous dans cet article. Entre la discussion & l'outrage, entre l'examen & l'invective, il y a une distance que je suis d'autant plus affligée de voir franchie par l'auteur de l'article en question que dans ma conviction intime il nuit à notre cause au lieu de la servir. Je tiens à ce que vous en soyez convaincu, et parce que votre longue & honorable carrière devrait vous garantir de toute attaque injuste & violente, & parce que de plus, en défendant mes droits à la tribune quand ils étaient contestés[2], vous avez acquis à ma reconnaissance des titres que je ne méconnaitrai ni n'oublierai jamais.
    Agréez l'expression de cette reconnaissance et de ma haute considération.
                                                                Benjamin Constant
Paris ce 9 février 1827

À Monsieur / Monsieur Bonnet / Député de la Seine / Rue du Sentier N° 14.

Manuscrit   Non retrouvé ; *transcription dactylographique, Institut Benjamin Constant, Fonds Le Grand Roy, classeur 4.3.1.

Édition   Berlinger (2011), p. 258 (extrait).

Commentaire et Notes   Louis-Ferdinand Bonnet (1760–1839), député ministériel de la Seine de 1820 à 1822 et de 1824 à 1827, était le rapporteur de la « loi de justice et d'amour » sur la presse.
[1] Un article du *Courrier français* du 9 février, p. 2, avait dénoncé le « rapport fait [...] par M.

Bonnet [qui] n'est qu'une espèce de variante du projet, dans laquelle on semble s'être attaché à montrer combien l'école ministérielle est habile à diversifier les formes de l'iniquité, de l'arbitaire et de l'absurde » avant de citer longuement « quelques considérations qu'on nous adresse » et qui contenaient plusieurs attaques dirigées contre Bonnet.

² Bonnet avait pris la parole en faveur de BC le 21 mai 1824, lors de la discussion à la Chambre sur son éligibilité.

4888

Benjamin Constant à Juliette Récamier

10 février 1827

Vous pensez bien, Madame, que je serais heureux de vous voir & écouter Corinne[1] : mais je suis forcé d'être prêt, sur la loi vandale, pour Mardi prochain[2], & la séance d'aujourdhui réduit à deux matinées le tems que je puis consacrer à ce travail. Il m'est donc impossible de m'accorder le plaisir que vous m'offrez pour dimanche. Mais si je savais quand on vous trouve le soir, je serais bien empressé de me dédommager de ce que je perds. Il me semble qu'en vous revoyant je reverrais un ciel plus jeune que celui qui pese sur moi, & je jouïs d'avance des sentiments que vous me rendrez la faculté d'éprouver

Mille tendres hommages

B Constant

Paris ce 10 février 1827

à Madame / Madame Récamier / à l'Abbaye aux bois / rue de Sèvres

---

Manuscrit *Paris, BnF, N.a.fr. 13265, ff. 315–316 ; 4 pp., pp. 2–3 bl., l'adresse p. 4 ; cachet postal : 11 Février 1827 ; orig. autogr.

Éditions 1. Colet (1864), n° 73, p. 186. 2. Lenormant (1882), n° 154, p. 326. 3. Harpaz, (1977), n° 174, pp. 277–278. 4. Harpaz (1992), n° 187, pp. 355–356.

Commentaire et Notes Dans son *Carnet de notes*, au début de 1827, BC indique Récamier parmi les « Lettres à écrire » (*OCBC*, XVII, 612).

[1] Plutôt qu'une lecture du roman de Mme de Staël, ne s'agit-il pas d'« écouter » la Corinne d'*Il Viaggio a Reims* de Rossini (1825) ?

[2] C'est effectivement le mardi 13 février que s'ouvriront les débats sur le projet de loi touchant la police de la presse.

4889

Pierre Gueffier à Benjamin Constant
11 février 1827

Monsieur,

Je sens que j'abuse ici de votre zèle à défendre les libertés nationales, en vous communiquant quelques réflexions sur le projet de loi sur la police de la Presse, qui, je le crois, n'ont encore été faites, au moins dans les journaux.

Le projet présenté tue l'imprimerie tout d'un coup.

Le projet amendé par la commission, en rendant la position des imprimeurs plus critique, tue l'imprimerie petit à petit.

3e art. du projet[1] sera puni des peines portées par les art. 15 et 16 de la loi du 21 8bre 1814 tout imprimeur qui imprimerait un plus grand nombre de f^{lles} que le nombre énoncé, &c –

La commission a bien voulu nous expliquer qu'il y avoit erreur de la part du ministère, et que le mot *feuilles* devoit être remplacé par celui *exemplaires*.

Ici la loi est toute de rigueur – le nombre d'exemplaires[2].

Vous savez que de temps immémorial l'usage est établi dans l'imprimerie qu'on tire en plus du nombre demandé, quelques feuilles, en proportion de ce nombre, connus sous le nom de *passe* ou *chaperon*. (Sur 500 Ex. 25 f^{lles} ; sur 1000 Ex. 50 f^{lles}, et ainsi de suite une main[3] par rame.)

Que devra faire l'imprimeur si la loi n'exprime pas *ces mains de passe par rame*.

Fera-t-il sa déclaration à mille Ex., il tirera 1050, pour que toutes les feuilles abimées soit pour la mise en train, soit dans l'étendage[4], soit dans le transport, se trouvent ainsi remplacées ; en sorte qu'il est par là [en mesure] de fournir le nombre *mille* demandé. Mais ordinairement ces 50 f^{lles} en plus n'ont pas été toutes employées, en sorte qu'au lieu de 1000 Ex. l'édition fournira 1025 Ex.

L'imprimeur ne peut rien sortir de ses ateliers pendant les 5 jours demandés après le dépôt[5]. – l'ouvrage est saisi – les exemplaires sont comptés – on trouve 25 Ex. de plus que ne le porte la déclaration.

{Procès-Verbal de contravention contre l'imprimeur, jugement et perte du brevet.

L'imprimeur comprendra-t-il les mains de passe dans sa déclaration ; alors il aura déclaré 1050 Ex. au lieu de 1000 ; mais comme il est impossible que toutes les feuilles se trouvent au complet, par les motifs que j'ai donnés ci-dessus, j'admets que l'édition aura fourni 1025, 1020, 1030 Ex. – aucun exemplaire n'est sorti des ateliers pendant les 5 jours, l'ouvrage est saisi – on ne trouve pas les 1050 Ex. déclarés. – Procès-Verbal d'enlèvem^t des exemplaires manquans, présomption d'une vente clandestine – jugement et perte du brevet[6].

Dira-t-on que les tribunaux pourront reconnaître cet antique usage ; mais alors ce ne sera que facultatif de leur part, et ainsi l'imprimeur sera livré à l'arbitraire, selon les notes secrètes qu'on leur aura fait passer.

4ᵉ art. du Projet⁷. Tout déplacement ou transport d'une partie quelconque, &c

La commission, en disant que *les ateliers des sécheurs, assembleurs, brocheurs, pourront être considérés comme les ateliers de l'imprimeur ; et aussi que les ouvrages ne seront pas saisis de plein droit et mis au pilon*, rend notre position bien plus difficile que ne le fait le projet de loi.

D'après le projet, nous sommes les maîtres d'une édition, nous en sommes les surveillans ; et bien que cet article soit inexécutable, tout en infligeant une peine de 3000 f. à l'imprimeur en contravention, il en portait une aussi contre l'auteur ou l'éditeur, en saisissant de plein droit l'ouvrage et le mettant au pilon.

Il en résultait que le libraire ou l'auteur qui fait les frais d'un ouvrage, était lui-même intéressé à ce que l'imprimeur remplît exactement ses formalités afin de déséquestrer son ouvrage.

D'après la commission, l'auteur ou le libraire ne verront dans le délai des cinq jours qu'un temps perdu pour leurs intérêts, ils désireront, à n'en pas douter, que des ou les exemplaires soient portés chez l'assembleur ou chez le brocheur pour faire confectionner dans l'intervalle.

Et la commission voudroit que l'imprimeur répondît des faits autres que les siens ! ! ! De quel droit irions-nous faire l'inspection chez autrui pour nous faire représenter les exemplaires ? Le brocheur ou l'assembleur sont les hommes des libraires, je veux dire que c'est le libraire qui les fait travailler, et non l'imprimeur. Ils ne pourront donc pas, dans la crainte de perdre la pratique du libraire, qui l'occupe toute l'année, lui refuser les exemplaires qu'il iroit prendre chez lui avant l'expiration des cinq jours ! Et l'on voudroit nous rendre responsables d'un mal que nous ne pouvons pas éviter ! ! En vérité, cela est tellement absurde qu'il est impossible d'y croire. L'homme n'est responsable, suivant la loi, que des faits qui lui sont personnels, ou de ceux de ses enfants, domestiques, ou à ses gages. Ici rien de semblable n'existe.

Pardon, Monsieur, de mon griffonage. J'ai écrit très à la hâte ; vous aurez besoin de suppléer au décousu de ces réflexions

J'ai l'honneur d'être, Monsieur,

Votre très-humble serviteur
Gueffier
Imprimeur à Paris, rue Guénégaud, N° 31.

Paris, ce 11 février 1827.

Manuscrit   *Lausanne, BCU, Fonds Constant I, Co 3953 ; 2 pp. ; orig. autogr.

Texte
22 [en mesure]] *mots oubliés*   **51** déséquestrer] *leçon incertaine*

Commentaire et Notes   Pierre Gueffier († 1859), imprimeur-libraire depuis l'an XIII (*Almanach du commerce* (1827), p. 117). De ses presses sortait *Le Figaro* depuis sa fondation en 1826. BC avait remis le 7 janvier 1827 au président de la Chambre une pétition « des ouvriers de l'imprimerie de M. Gueffier » (*Le Constitutionnel* du 7 janvier 1827, p. 3).

[1] « Sera puni des peines portées par les articles 15 et 16 de la loi du 21 octobre 1814 tout imprimeur qui imprimerait un plus grand nombre de feuilles que le nombre énoncé dans la déclaration qu'il aura faite en exécution de l'article 14 de la même loi. »

[2] Art. 3 amendé : « […] tout imprimeur qui tirera un plus grand nombre d'exemplaires, ou de parties quelconques d'exemplaires, que le nombre qu'il aura énoncé dans la déclaration qu'il aura dû faire en exécution de l'article 14 de la même loi. » (*Archives parlementaires*, XLIX, p. 448).

[3] Assemblage de vingt-cinq feuilles de papier. La rame de papier contient cinq cents feuilles (Littré).

[4] Assemblage de cordes tendues d'un mur à l'autre, à peu de distance du plancher supérieur d'une chambre, sur lesquelles les Imprimeurs font sécher les feuilles imprimées (*Dict. Acad. fr.*, 1762).

[5] Voir la lettre à Firmin Didot du 8 février 1827, note 2.

[6] L'argumentation sera exactement reprise par BC à la Chambre le 24 février (*Archives parlementaires*, XLIX, pp. 742–743).

[7] « Tout déplacement ou transport d'une partie quelconque de l'édition hors des ateliers de l'imprimeur, avant l'expiration du délai fixé par l'article 1er, sera considéré comme tentative de publication. / La tentative du délit de publication sera poursuivie et punie, dans ce cas, de la même manière que le délit. » La commission avait ajouté le 7 février l'amendement suivant : « Sont compris sous la désignation d'ateliers de l'imprimeur, les ateliers extérieurs où les feuilles d'impression seront séchées, satinées, pliées et brochées. » L'article 4 sera discuté le 24 février ; BC n'interviendra pas (*Archives parlementaires*, XLIX, pp. 744 et suiv.).

4890

Jean-Baptiste Thomine à Benjamin Constant

vers le 12 février 1827

Monsieur

La librairie n'a plus d'espoir que dans la courageuse deffense que vous, Monsieur, & vos honorables collegues opposeront a l'adoption du projet de loi sur la presse. Ce projet tout défiguré qu'il est par la commission, s'il venait a être adopté, presenterait une serie sans nombre de difficultées, d'interpretations, de matieres a procès, a chicanne de toutes especes. L'article 4 en offre particulierement un exemple frappant[1].

Il est dit *Sont compris sous la denomination d'ateliers extérieurs, les ateliers d'ouvriers assembleurs & brocheurs servant a la confection des ouvrages*, de l'imprimerie on pourra transporter dans les ateliers, les impressions, sans que ce déplacement soit considéré comme une tentative de publication. C'est ici qu'il existe une lacune bien importante a faire rectifier. Il est de notoriété publique qune grande partie des Libraires de Paris a des ateliers pour faire secher assembler & même brocher leurs livres, pourquoi leurs ateliers ne sont-ils pas compris au nombre de ceux ou les impressions pourront etre transportees a mesure quelles seront faites. Voudrait-on nous obliger a confier en depot une partie de notre fortune a des assembleurs & brocheurs, très braves gens du reste, mais n'offrant aucune responsabilité sils venaient a être volés ou incendiés, je dirai même plus, pouvant par eux même ou par leurs nombreux ouvriers, ceder a la seduction, en donnant a des étrangers des exemp^{res} d'ouvrage confiés a leur garde, avant le temps exigé pour le dépôt[2].

Une autre objection se presente en même temps, la loi adoptée sera promulguée de suite & par consequent en execution, mais alors il se trouvera plusieurs milliers d'ouvrages commencés & non terminés, par suite de l'habitude qu'ont les libraires de faire secher & assembler chez eux. Tous les ouvrages se trouveront divisés, partie chez l'imprimeur partie chez le libraire. Ce deplacement sera-t-il consideré comme une tentative de publication & dans le cas de saisie. La Loi est muette sur un point aussi important.

J'ai cru, Monsieur, dans l'interet de notre commerce, vous adresser ces observations qui pourront vous etre utiles lors de la discution qui commencera incessamment.

J'ai l'honneur Monsieur, d'etre Votre très humble Serv^r.

Thomine
Libraire rue de la harpe 78

Monsieur / Monsieur Benjamin Constant / Député de la Seine / rue D'anjou St Honoré / N° 15 Paris

---

Manuscrit   *Paris, BnF, N.a.fr. 18832, ff. 56–57 ; 4 pp., l'adresse p. 4 ; orig. autogr.

Texte   13 a] a⟨[*quelques lettres illisibles*]⟩   16 en depot] *en interligne*

Commentaire et Notes   Le projet de loi sur la presse avait été présenté aux députés le 29 décembre 1826. La discussion s'engagea le 13 février 1827 ; comme il est indiqué ici qu'elle va commencer « incessamment », la lettre dut être écrite peu avant. Jean-Baptiste Thomine exerçait comme libraire breveté depuis 1812 (*Almanach du commerce* (1827), p. 127).
[1] Voir ci-dessus la lettre de Gueffier du 11 février 1827.
[2] Où apparaît la crainte de la contrefaçon (voir ci-dessous la lettre d'Aimé Paris du 22 février 1827).

4891

Picard à Benjamin Constant

13 février 1827

Paris le 13 février 1827.
A Mr B. Constant Membre de la Chambre des députés.

Les membres de la légion d'honneur de l'arrond^t de s^t omer dép^t du pas de Calais ; viennent de m'adresser une pétition pour que je la fasse rémettre a la Chambre des députés¹.

N'y connoissant pèrsonne particulierement c'est a vous, Monsieur le député, zélé déffenseur de nos droits que je l'adresse avec priere de vouloir bien la présenter a la Chambre dont vous faite partie.

Veuillez agreer avec l'expréssion de ma reconnoissance l'assurance de mon profond réspèct.

Le Ch^r Picard² Capit^e en retraite

Manuscrit *Paris, BnF, N.a.fr. 18832, f. 59 ; 2 pp., p. 2 bl. ; orig. autogr.

Commentaire et Notes Il n'a pas été possible d'identifer Picard parmi les nombreux candidats dans la base Léonore.

¹ Lors de la séance de la Chambre des députés du 19 mars 1827, le rapporteur de la commission des pétitions communiqua : « Des membres de la Légion-d'Honneur, à Saint-Omer, demandent le paiement de la retenue qu'on leur a faite de la moitié de leur traitement depuis 1814 jusqu'en 1820. » (*Gazette de France* du 20 mars 1827, p. 3). La demande fut rejetée et BC n'intervint pas.

² Les trois points sous le nom laissent penser à une appartenance maçonnique.

4892

Benjamin Constant à Charles Constant de Rebecque

14 février 1827

Je n'ai pu vous répondre plutot, mon cher Charles, à cause des occupations de la Chambre ; je voudrais bien faire ce qui vous est agréable, mais il n'y a point de convenance à ce que j'ecrive à des gens que je ne connois pas, à un procureur du Roi surtout¹, sur lequel assurément ma position politique ne peut me donner aucune influence, & qui, je vous en répons, se croiroit compromis en correspondant avec moi. Si l'on m'écrivoit au sujet de l'affaire dont vous me parlez, je répondrais très volontiers & de la manière qui pourroit vous être la plus avantageuse : mais écrire spontanement à des inconnus & m'exposer à l'inconvénient de ne pas même obtenir une reponse, m'est impossible. Je l'ai fait déjà une fois pour vous, vis à vis d'un M. Liosard, je crois, que Louïse m'écrivoit être pour moi plein d'enthousiasme & malgré tout son enthousiasme, il n'a pas daigné me répondre². Ne me sachez donc pas mauvais gré de ne pas m'exposer de nouveau à une semblable impolitesse. D'ailleurs je vous le repète, un procureur du Roi, quelque bien disposé qu'il put être intérieurement, frémiroit de ma signature & avec raison. Car la moindre relation avec moi, dans le système actuel du Ministère, l'exposerait à être destitué.

Adieu mon cher Charles. Je retourne a mes affaires de librairie & de Chambre. J'en ai pardessus la tête. Mille sincères amitiés.

B Constant

ce 14

a Monsieur / Monsieur Charles de Rebecque / à Brévans / Dole / Jura

---

Manuscrit   *Lausanne, BCU, Fonds Constant I, Co 534 ; 4 pp., p. 3 bl., l'adresse p. 4 ; cachet postal : 18 FEVR 1827 ; orig. autogr.

Commentaire et Notes   BC répond à la lettre de Charles du 4 février 1827, ce qui permet d'établir avec confiance le millésime.

[1] Voir ci-dessus la lettre de Charles du 4 février.
[2] Il se peut que la crainte de se compromettre en correspondant avec un député de l'opposition ait détourné certains des politesses habituelles. Le « Liosard » désigne sans doute ce « M. Liard » apparu quelques années plus tôt (*CG*, XII, 317 et 364), dont le nom est déformé par la mémoire défaillante de BC. Le cas du Coutanceau évoqué dans la lettre de BC à Louise d'Estournelles du 31 octobre 1826 est analogue jusqu'à un certain point : BC s'était étonné que Coutanceau ne lui ait pas répondu – mais il semble qu'il connaissait déjà le Coutenceau en question, ce qui n'est pas le cas ici.

4893

Benjamin Constant à Eugène Cassin

14 février 1827

Il y a une fatalité pour les maudits billets de cette maudite Chambre. Au moment ou M. de Lasteyrie[1] & vous m'avez fait demander j'etais attaqué par M de Salaberry[2] a la Tribune & par conséquent obligé de l'écouter, puis je suis monté à la Tribune pour lui répondre. Cela fait j'ai vite été vous chercher, mais vous n'y étiez plus. Je vous en témoigne mon regret

Mille complimens & amities
B Constant

ce 14.

A Monsieur / Monsieur Cassin / rue de Surènes

Manuscrit   *Rouen, BM, Collection Blosseville 167 bis ; 4 pp., pp. 2–3 bl., l'adresse p. 4 ; orig. autogr.

Commentaire et Notes   BC écrit très probablement à Eugène Cassin (1796–1844) qui figure à partir de 1825 comme « agent de diverses sociétés savantes » et donne pour adresse 12, rue Taranne qui est aussi celle de la Société pour l'instruction élémentaire (*Almanach du commerce* (1825), pp. LXIV et 295). Charles Philibert de Lasteyrie, vice-président de cette Société, en avait confié l'agence à Cassin ; Degérando était secrétaire général. Le 14 février 1827, Salaberry avait attaqué personnellement BC lors des débats précédant le vote de la loi sur la presse du 12 mars 1827 (*Le Constitutionnel* du 15 février 1827, p. 1).

[1] Charles Philibert de Lasteyrie (1759–1849), philanthrope, industriel et agronome.
[2] Sur Charles-Marie d'Irumberry de Salaberry, voir *CG*, X, 183.

4894

Charles-Philippe Marchand à Benjamin Constant

14 février 1827

Strasbourg le 14 fevrier 1827

Monsieur le Député,

En me rappelant à votre bon souvenir et en vous remerçiant de l'appui que vous avez bien voulu accorder à une pétition qui avait beaucoup d'analogie avec celle que je prends la liberté de vous adresser aujourd'hui, j'ose compter encore sur votre éloquente protection[1].

Le renvoi de la précédente n'a produit aucun résultat : mg^r de Peyronnet était probablement trop occupé pour y songer et à la dernière session de la cour d'assises du Bas Rhin j'ai siégé comme Juré avec plusieurs cultivateurs qui ne comprenaient point le français.

Quant au second point c'est vraiment d'une justice rigoureuse et on ne conçoit rien à la jurisprudence de la Cour de cassation.

Agréez, Monsieur, l'assurance de mon respectueux attachement

Marchand
avocat

Monsieur Benjamin Constant

Manuscrit   *Lausanne, BCU, Fonds Constant I, Co 1352 ; 2 pp., p. 2 bl. ; orig. autogr.

Texte   5 encore] *en interligne*

Commentaire et Note   La « précédente » pétition avait été présentée à la Chambre le 27 mai 1826 (*Archives parlementaires*, XLVIII, pp. 291–292) ; elle était relative « à la formation et à la composition du jury » et « au fait que dans les départements du Rhin on appellerait des jurés qui ne comprennent pas la langue française ». Le rapporteur avait été interpellé par BC. Sur Marchand, voir *CG*, XI, 540.

[1] Il sera brièvement question de cette pétition à la Chambre le 31 mars 1827 (*Archives parlementaires*, L, p. 648). BC n'interviendra pas.

4895

Henry Ritter à Benjamin Constant

14 février 1827

Que je Vous dois de remercimens, Monsieur, des émotions que Votre éloquence, *du cœur*, m'a fait éprouver hier ! Si je me suis abstenu de vous en faire agréer, ce matin, l'expression, personnellement, c'est par la crainte de dérober à l'intérêt général, des momens que Vous lui consacrez avec tant de générosité – Puisse le succès le plus complet vous en offrir une juste récompense ! C'est, là, un des vœux les plus chers de mon âme ; que le mot de Protestant fit tressaillir[1] ! Etranger à Paris, puis-je espérer, que Vous ne trouverez pas déplacée une demande que j'ose hazarder, Monsieur ? Le vif désir que j'ai d'entendre encore un de Vos honorables Collègues dont le talent égale le dévouement, m'enhardit à Vous demander la faveur d'un Billet d'admission pour une des prochaines séances, où la Tribune sera occupée par Mr Casimir Périer, ou bien par Mr Méchin.

Je saisis, avec empressement, l'occasion qui se présente pour Vous prier d'agréer l'assurance de la profonde admiration

Monsieur
De Votre très humble & très obeïssant Serviteur
H. Ritter
Subrécargue du Navire l'Aimable Créole[2],
de Canton en Chine
Rue de Richelieu N° 25.

Paris le 14 février 1827.

Manuscrit   *Paris, BnF, N.a.fr. 18832, f. 60 ; 2 pp. ; orig. autogr.

Commentaire et Notes Henry Ritter, de nationalité anglaise, allait bientôt reprendre la mer : « En départ de *Nantes* vers la fin de juillet pour *Bourbon*, *Calcutta* et *Sumatra*, le navire le *Fils-de-France*, de plus de 800 tonneaux, d'une très grande marche, prendra fret et passagers qui seront très bien logés et auront une table excellente ; on pourra avoir des chambres de neuf pieds sur chaque face avec un grand sabord. S'adresser à Nantes, à *M. Thomas Dobrée*, armateur ; et à Paris, à *M. H. Ritter*, subrécargue, demeurant hôtel de Bretagne, rue de Richelieu, n. 25. » (*Journal du Commerce* du 21 juin 1827, p. [4]). Thomas Dobrée a donné son nom au musée de Nantes ; voir https ://www.musee-dobree.fr/jcms/navigation/l-histoire-du-musee/les-collectionneurs/thomas-i-dobree-fr-p1_319762 (consulté le 26 octobre 2022).

[1] Le 13 février, BC s'était exprimé ainsi : « La cause de la presse est celle des rentiers quand on leur fait banqueroute, des innocents quand on les arrête, ou qu'on les envoie enchaînés dans de lointains cachots ; des commerçants quand on les ruine par une politique fausse et déplorable ; des protestants quand, sous de vains prétextes, on suspend l'exercice de leur culte » (*Archives parlementaires*, XLIX, p. 550).

[2] L'*Aimable-Créole*, en provenance de la Guadeloupe, était arrivé à Nantes le 8 septembre 1826 (*Journal du Commerce* du 13 septembre 1826, p. [3]).

4896

Georges-Louis Rouge à Benjamin Constant

14 février 1827

Lausanne le 14 février 1827.

Monsieur !

Il y a déja plusieurs semaines que j'ai annoncé à Monsr de Loys[1] que vous libéreriez le domaine de Valombreuse en vous contentant de l'hypothèque des maisons du Chêne – moyennant qu'il n'y eût aucune créance avant vous, & je lui ai demandé à cet égard des explications que je n'ai pas encore reçues. Aussitôt que je les aurai je verrai à mettre la chose en règle. En attendant je dois vous dire que la créance de £10,000 dont j'ai eu l'honneur de vous parler, est une obligation hypothécaire reconnue par Madame de Nassau en votre faveur, sur les mains de Mr Charles Secretan[2] notaire le 30e mai 1812. et qui n'a point de rapport avec le testament. Veuillez je vous prie me dire si cette créance vous est encore due, ou bien quand & comment elle vous a été payée[3].

Au moment où je reçus votre lettre du 4 courant[4], je rencontrai Mons le général de La Harpe[5], auquel j'en fis part, il me dit que le plus simple étoit de faire mettre un avis sur le nouvelliste vaudois ; trouvant aussi la chose convenable, je fus chez le rédacteur qui y consentit ; nous convinmes de faire un petit article en trois lignes, annonçant simplement que les journaux avaient mal rendu votre discours[6], en vous faisant dire ce que vous n'aviez pas dit ni voulu dire ; que vous aviez parlé d'un fait passé dans les Grisons bien longtems avant la révolution ; mais qui aujourdhui ne pourroit avoir lieu. Comme j'étois très pressé, le rédacteur Mr Fischer[7] me dit qu'il feroit l'article dans ce sens, & je lui confiai votre lettre à cet effet. Puis par un tour de force et une indiscrétion impardonnable, en s'appropriant la lettre, il l'a transcrite en entier sur son journal ; (du moins pour ce qui concerne cet objet) ainsi que vous le verrez par le morceau ci-joint que j'ai découpé dans un des exemplaires de la dite feuille. Je lui en ai fait de violens reproches, mais malheureusement trop tard. J'en ai été extrêmement faché, particulierement en raison de la premiere partie de la dernière phrase[8], qui était excellente dans une lettre particulière, mais qui peut avoir des inconvéniens étant imprimée. Je vous en fais un millier d'éscuses, mais il ne me serait pas venu dans la pensée que Mr Fischer abusât à ce point de ma confiance. J'ai voulu vous en prévenir le premier, afin que si on vous adressoit quelque reproche à cet égard, vous fussiez à même de dire comment la chose s'étoit passée.

Je vous reitère, Monsieur, l'assurance de tous mes sentimens & d'un dévouement inaltérable

G Rouge

Monsieur / Monsieur Benjamin Constant / Membre de la Chambre / des Députés / à Paris

---

Manuscrit *Paris, BnF, N.a.fr. 18831, ff. 212–213 ; 4 pp., l'adresse p. 4 ; cachet postal : 18 Février 1827 ; timbres : SUISSE PAR PONTARLIER ; LAUSANNE ; orig. autogr.

Texte 16 qui y consentit.] y *ajouté, avant* consentit ⟨à la chose⟩

Notes
[1] Jean-Louis ou François de Loys.
[2] Il s'agit probablement de Charles Marc Secretan (1773–1842), notaire à Ecublens.
[3] Poursuite de l'interminable transfert de l'hypothèque garantissant la rente versée à BC (voir la lettre de Rouge du 8 janvier 1827).
[4] Tout ce paragraphe s'explique par l'article suivant : « M. Benjamin Constant nous adresse la réclamation suivante sur une erreur que plusieurs journaux de Paris ont commise en rendant compte de la séance de la chambre des députés du 4 février. Nous n'avons pas répété la phrase erronée des journaux de Paris, mais ces journaux étant fort répandus dans notre patrie, nous nous empressons d'accueillir la réclamation de M. B. Constant. *A M. le rédacteur du Nouvelliste Vaudois.* Je m'adresse à vous pour rectifier une erreur que les journaux ont commise, et dont je serais bien fâché qu'on me sût mauvais gré dans un pays où j'ai retrouvé tant de bienveillance. Plusieurs journaux, en saisissant au vol ce que j'ai improvisé hier, en réponse au président du conseil des ministres, me font dire en général de certains petits états de la Suisse, que lorsqu'un homme est plus riche que les autres, le peuple doit nous pouvons bien le taxer plus que nous ; ce n'est ni ce que j'ai dit, ni ce que j'ai voulu dire. J'ai voulu faire allusion à ce qui est arrivé quelquefois dans les Grisons, bien longtemps avant la révolution qui a placé la Suisse dans son état actuel. Alors, il est très-vrai que l'on a procédé une ou deux fois ainsi, et j'ai mémoire d'un fait pareil. Il n'est pas étonnant que les rédacteurs des journaux qui n'entendent que la moitié de ce que nous de l'opposition prononçons à la tribune, rendent mal ce que nous disons ; mais je serais au désespoir qu'on fit de mes paroles défigurées une application tout à fait fausse et qu'on me prêtât une idée que je n'ai jamais eue. Agréez, etc. BENJAMIN CONSTANT. Paris, 4 février 1827. » (*Le Nouvelliste Vaudois* du 13 février 1827, p. 51).

⁵ Frédéric-César de La Harpe (1754–1838) avait été en relation avec BC en 1814 (*CG*, IX, 251 et suiv.).
⁶ « M. le ministre a trouvé que, puisque les journaux pouvaient subsister avec 6,000 fr. par action, on pouvait réduire les bénéfices qu'ils font actuellement. Messieurs, cette manière de calculer le revenu d'un homme pour l'imposer me rappelle ces petits Etats démocratiques de la Suisse, où le peuple dit : Un tel est beaucoup plus riche que nous, nous pouvons bien le taxer et lui faire payer vingt fois plus que nous. On sent que ce raisonnement mènerait tout droit à la loi agraire. » (*Le Moniteur universel* du 4 février 1827, p. 168) ; *Le Constitutionnel* du 4 février, p. 4, avait rapporté dans des termes à peu près semblables. BC réagit dans *Le Constitutionnel* du 5 février, p. 4, par une lettre au rédacteur assez proche de celle qu'il envoya à Rouge, mais donnant un peu plus de précision à l'exemple des Grisons.
⁷ Henri Fischer (1787–1859), fils du fondateur du *Nouvelliste Vaudois* et rédacteur de 1824 à 1830.
⁸ La critique visant « les rédacteurs des journaux » pouvait avoir des suites…

4897

Jean-Baptiste-Louis de Hompesch-Rurich à Benjamin Constant

17 février 1827

Né dans une République (puisque c'est a Amsterdam que j'ai vu le jour en 1759) j'y ai été élevé dans des principes qui élèvent l'ame jusqu'à l'age de 17 ans, quoique d'une famille Allemande distinguée je puis même dire illustre & illustrée par les services que mes ancêtres & mon Père avaient rendus à la République de Sept provinces unies ; electrisé par ce sentiment libéral qui honorait mes Concitoÿens, je voulus partir avec Mr le marquis de Lafayette & Mr le vicomte de Noailles[1] qui se rendaient en Amerique pour m'associer à leur héroïque devouement ; mais l'absence de mon Père qui était en Allemagne decida ma mère a me refuser son consentement – Je n'en nourrissais pas moins l'espoir pendant plusieurs années, jusqu'a ce qu'enfin en 1781 j'obtins la permission de feu mon Père d'entrer au service de France dans le régiment d'infanterie allemande de la Marck qui fut embarqué a Brest & destiné a passer soit en Amérique ou aux Indes orrientales – aux iles Canaris seulement nous apprîmes notre destination & arrivames à la côte Coromandel ou nous debarquames a Portonovo – à la bataille de Gondalour[2] je reçus la commission de Capitaine par Mr le Comte de Bussÿ[3] – la Paix se fit & je quittais le regiment pour retour en Europe y retablir ma santé – c'est en 1784 que je debarquais à Brest & rejoignis mes pénates – pour rejoindre en 1785 le Régiment & les Drapaux à Strasbourg ou ils arrivèrent – Je restois attaché au Regiment jusqu'en 1791 en qualité de Capitaine Surnumeraire, mais apres le depart du Roi Louis XVI pour Varennes[4] & un décret de l'Empire d'Allemagne m'ayant obligé de quitter le Service de France j'envoyais ma démission & me retirais dans ma terre[5] – à l'arrivé des armées françaises je ne l'abandonnois ni en 1793 ni en 1794, où les armées républiquaines revinrent victorieuses de ses ennemis qui furent forcés a leur abandonner la rive gauche du Rhin[6] – Je me mariois un mois après leur arrivée[7] – devint citoyen français par le traité de Luneville[8] – occuppais successivement plusieurs emplois purement honorifiques comme ceux de Président municipal, de President cantonal de President du Conseil d'arrondissement d'Aix la chapelle de President du Collège electoral de l'arrondissement de Cologne – de membre du Conseil général du Departement de la Roër[9] & de Chef de la Légion de la garde nationale de l'arrondissement d'Aix la chapelle – J'etois heureux d'avoir la France pour patrie – & regrettais de ne plus être associé a cette belle France en 1814 & 15 époques auxquelles le Departement de la Roër devint prussien – depuis lors voÿant cette patrie adoptive (qui avait reunie toutes mes affections) si souvent la proie des factions, qui se disputaient pour ainsi dire l'annéantissement de sa gloire, je me félicitais de n'en plus faire partie intégrante ; sans pouvoir néanmoins faire des vœux pour son bonheur[10] –

Le cœur navré de toutes les injustices auxquelles elle est en proie depuis les restaurations successives en 1814 & 15 j'espérois tous les ans pr Elle un meilleur avenir – mais hélas ! depuis plus de quatre ans je vois anéantir mes plus belles espérances – L'indemnité aux emigrés la création des 3 pour cent – La septenalité de la Chambre de deputés : illegale sous tous les rapports – La loi de Tendance, La loi du sacrilège – celle projetée sur le droit d'aînesse – celle du Jurÿ, de l'augmentation des postes – celle enfin sur la police de la Presse – toutes ces lois[11] proposées, & rejettées en partie ou amandées par la chambre des Paires, sont & font la honte du ministère – les envahissement de la charte constitutionnelle (quoique sollemnellement jurée au Sacre de Rhims par le Roi Charles X) sont des attentats qui meriteraient le renvoi des ministres, pour ne pas rendre le Roi complice & parjure – Votre Discours Monsieur ! prononcé à la Séance du 13 de ce mois est sublime[12]. & je desire que la chambre rejette cette Loi vandale les discours de Messieurs Agier, de Bacot de Romans, de Bourdeau sont dignes de leurs auteurs – puissent tous les orateurs contre ce Projet destructeur de toute liberté confondre écraser & pulveriser le ministre Peyronnet & le faire rentrer au néant avec tous les Jesuites de robe longue ou courte ainsi que ces apostoliques[13] & congréganistes qui font le malheur de l'Espagne, du Portugal & finiront par rendre la France victime par l'influence de moines des Ultramontains & de cette sequelle de prêtres qui n'ont en vue que le regne de la superstition & de l'ignorance –

La religion chretienne est trop sublime dans sa morale pour etre dénaturée comme Elle l'est par ceux qui en denaturent les principes & en detruisent la base. Si je ne me signe pas Monsieur ! Je puis vous assurer que mes compatriotes éclairés partagent tous vos opinions & vos principes. & quoiqu'attachés au Gouvernement de notre très respectable Monarque[14], a cause des Vertus qui le distinguent & nous le rendent cher – nous sommes encore assez attachés à la France pour ne pas abhorrer le ministère actuel qui abuse du nom du Roi, pour faire le malheur de tous les français – Accordez je vous prie votre estime à l'anonyme qui vous a tracé ces lignes Elles sont les expressions d'un homme de bien votre admirateur & l'ami sincer de tous vos Collègues inscrits contre cet infame projet de loi sur la police de la Presse – Je les cheris, les estime & les respecte, et suis desespéré de ne pas pouvoir voter contre cette loi destructive du plus simple sens commun – Ce 17 fevrier 1827.

A Monsieur / Monsieur Benjamin Constant / membre de la Chambre des Deputés / *franche de port* À Paris

Manuscrit *Paris, BnF, N.a.fr. 18832, ff. 61–62 ; 4 pp., l'adresse p. 4 ; cachet postal : 23 Février 1827 ; timbre : JÜLICH / 19. [ ]EBR ; orig. autogr.

Texte **11** le] le ⟨s⟩   **39** pr Elle] *ajouté en interligne*   **40** plus de] *ajouté en marge*   **47** constitutionnelle] *il a écrit* constitionelle   **64** rendent] *il a écrit* rend

Commentaire et Notes   L'auteur de cette lettre est Jean-Baptiste-Louis de Hompesch-Rurich (1759–1833), capitaine au régiment de La Marck (Voir « PASSAGE pour Mr. le comte de Hompesch, Capitaine au Regiment de la Marck partant de Strasbourg pour aller à Cologne. Sign. Par le comte de Rochambeau. 1789 », *Katalog der reichhaltigen Gräflich von Hompesch'schen Bibliothek vom Schlosse Rurich (Rheinland)*, 1914, p. 136 [exemplaire de l'INHA, Paris, VP 1914/280]), président du collège électoral de l'arrondissement de Cologne (*Recueil des actes de la préfecture du département de la Roer*, [Aix-la-Chapelle] : Beaufort, 1809, p. 589), membre du conseil général du département de la Roër (*Mercure du département de la Roër* du 15 septembre 1811, p. 512).

[1] Louis Marie Antoine de Noailles (1756–1804) avait épousé en 1773 sa cousine, Anne de Noailles, belle-sœur de La Fayette. Il était mort de ses blessures en 1804 à La Havane, après avoir affronté victorieusement un navire anglais.

[2] Le régiment de La Marck, fondé en 1680, fut envoyé à l'île de France (Maurice) de 1781 à 1785 et prit part à la bataille de Gondelour en juin 1783.

[3] Charles Patissier de Bussy-Castelnau (1718–1785), commandant en chef des forces de terre et de mer dans l'océan Indien, était arrivé de l'île de France en Inde en mars 1783.

[4] Les 20–21 juin 1791.

[5] Dans le château de Rurich, en Prusse rhénane, au nord-est d'Aix-la-Chapelle.

[6] Après les déboires de 1793, les armées françaises avaient retrouvé le chemin de la victoire avec Hoche, Pichegru et Jourdan.

[7] Hompesch-Rurich épousa le 3 novembre 1794 Theresia Angelica von Arschot-Schoonhoven (1767–1836).

[8] Signé le 9 février 1801 entre la France et l'Autriche.

[9] Le département de la Roër, créé en 1797, avait été intégré au territoire français en 1801 ; il avait Aix-la-Chapelle pour chef-lieu et Cologne comme sous-préfecture ; il disparaîtra en 1814.

[10] On attendrait « sans pouvoir néanmoins *m'empêcher de* faire... »

[11] Ces lois (ou projets de loi) furent principalement présentées pendant les sessions de 1824 à 1826. Par « loi de Tendance », Hompesch désigne la loi sur la presse de 1822 qui instaurait des « délits de tendance ». Par « l'augmentation des postes », il entend les nouveaux tarifs de port imposés aux journaux proposés dans le projet de loi adopté par la Chambre le 5 février (voir *Le Moniteur universel* du 6 février 1827, p. 175).

[12] *Le Constitutionnel* du 14 février 1827 avait rendu compte de la séance du 13 au cours de laquelle se poursuivit la discussion sur le projet de loi concernant la presse. BC avait pris la parole (p. 4 et

Supplément), précédé par François Marie Agier (1780–1848), député des Deux-Sèvres, Claude René Bacot de Romand (1782–1853), député d'Indre-et-Loire, et Pierre Alpinien Bourdeau (1770–1845), député de Haute-Vienne ; aucun n'appartenait au groupe libéral.

13 « Parmi les qualifications nouvelles qui ont succédé à celles d'aristocrates, d'ultrà, de jésuites, nous avions oublié le titre d'*apostoliques*, dont quelques feuilles doctrinaires ont affublé depuis peu ceux qui s'intéressent à la conservation des monarchies, partout où l'esprit de révolte les menace. » (*La Quotidienne* du 10 décembre 1826, p. 4). Le terme s'appliquait souvent à l'Espagne.

14 Depuis 1797, le roi de Prusse était Frédéric-Guillaume III (1770–1840).

4898

Benjamin Constant à Nicolas-Thomas-François Manche de Broval

20 février 1827

Me permettez vous, Monsieur, en vous fesant hommage de deux exemplaires de mon opinion[1], de vous prier de transmettre ma demande à Madame de Dolomieu[2]. Elle a bien voulu me promettre hier un pot de *Golden Ointment* d'Angleterre[3] pour M^{de} B Constant qui a deja été guérie par ce remède d'une ophtalmie très grave que la rigueur de cet hyver a reproduite, & qui attend qu'on lui renvoye de cet onguent qu'elle a redemandé, mais qui peut être quelque tems à venir. Je lui ai dit la bonne intention de Madame de Dolomieu, elle en est bien reconnoissante, & me charge en la remerciant, ce qu'elle auroit fait elle-même, si elle pouvoit écrire, de lui dire que ce sera un véritable bienfait.

Agréez mes excuses de cette indiscrétion & l'assurance de mes fidèles hommages.

Benjamin Constant

Paris ce 20 février 1827.

Manuscrit *Lausanne, BCU, MS. 316 (1) ; 2 pp., p. 2 bl. ; orig. autogr.

Commentaire et Notes Sur Nicolas-Thomas-François Manche de Broval, voir au Répertoire.

[1] L'*Opinion sur le projet de loi relatif à la police de la presse*, Paris : Henry, qui reprenait le discours prononcé le 13 février 1827.

[2] Sur Christine-Zoé, marquise de Dolomieu, dame d'honneur de la duchesse d'Orléans, voir *CG*, XI, 575.

[3] La Singleton's eye salve, ou Golden Ointment, était une pommade ophtalmique. Le médicament était peut-être destiné à BC aussi (voir ci-dessous sa lettre à Louise du 27 février).

4899

Benjamin Constant à Victor-Joseph-Étienne de Jouy

20 février 1827

Mon cher Collègue
Vous êtes un ingrat. Je vous envoye tout ce que j'ecris, mes volumes que vous ne lisez peut-être pas, parce qu'ils sont trop gros & mes opinions que vous ne lisez probablement pas non plus parce que les journaux vous les font conoitre plus brièvement. Mais enfin je vous les envoye & c'est tout ce qu'un pauvre auteur peut faire : & vous publiez un roman qui fait fureur[1], & je le vois chez M^{de} de Pontécoulant[2], avant de savoir s'il a paru. C'est une horreur. En attendant voici mon speech contre la loi[3] qui vous baillonera ainsi que moi.

Mille amitiés sincères
B Constant

ce 20 fév^r

Monsieur de Jouy / de l'Académie Francaise / Rue des Trois Freres N° 11

Manuscrit   *Lausanne, BCU, Ms 315 ; 4 pp., pp. 2–3 bl., l'adresse p. 4 ; orig. autogr.

Texte   7 une] *il a écrit* un

Commentaire et Notes   Sur Joseph-Étienne de Jouy, voir *CG*, X, 236.

[1] *Cécile ou Les Passions*, Paris : chez l'éditeur, 1827, 5 vol., fut signalé dans la *Bibliographie de la France* du 24 février 1827, p. 170.

[2] Marie Anne Élisabeth Marais (1763–1844), épouse de Louis Gustave Le Doulcet, comte de Pontécoulant (1764–1853), pair de France.

[3] L'*Opinion sur le projet de loi relatif à la police de la presse* (voir la lettre précédente).

4900

Le Roux à Benjamin Constant

21 février 1827

Monsieur,
Mad^e LeRoux et une autre Dame désirant assister à une séance de la chambre des députés elles vous prient de leur en procurer l'entrée, si une troisième personne n'est pas de trop, j'accompagnerai ces Dames. S'il y a possibilité pour

la séance *d'aujourd'hui*, voulez-vous bien avoir la complaisance de me dire à
quelle heure nous devons nous rendre à la chambre ; Nous y serons éxactement
et plutot avant qu'après désirant être bien placés, si ça ne se peut pour aujour-
d'hui je vous prie de me donner un jour de cette semaine, n'importe le quel.
Nous préférerions remettre à un autre jour si avec des billets on était mieux
placés. Je compte beaucoup, comme vous voyez, sur votre complaisance, cependant je ne voudrais pas en abuser.

      J'ai bien l'honneur d'etre avec la plus haute considération,
                  Monsieur,
               Votre dévoué serviteur
                    LeRoux

21 fév^{ier} 1827

Manuscrit *Lausanne, BCU, Fonds Constant I, Co 1360 ; 2 pp. ; orig. autogr.

Commentaire L'auteur de cette lettre est ce même Leroux, « marchand de draps » et électeur de BC, qui comptait parmi les signataires de la lettre du 11 juillet 1826 (lettre 4767, *CG*, XIV, 403–404).

4901

Alphonse Rabbe à Benjamin Constant

21 février 1827

                  Paris le 21 février *1827*
Le Directeur de la Biographie des Contemporains,
A *M*onsieur Benjamin Constant, membre de la Chambre des Députés,

Monsieur,
Si vous prenez la peine de jetter les yeux sur le *prospectus* que j'ai l'honneur de
vous transmettre, vous reconnaîtrez, j'ose le croire, que les memes considérations par lesquelles je me suis déterminé à diriger cette nouvelle *Biographie
universelle des Contemporains*, peuvent me permettre de m'adresser quelquefois
aux personnes intéressées pour avoir des renseignemens sur leur compte[1]. L'impartialité la plus severe ne saurait courir aucun risque dans une semblable démarche auprès d'un homme tel que vous. Quelque soit le nombre de vos ennemis, j'ai lieu de croire, Monsieur, qu'il est loin encore d'egaler celui des
hommes sans passion qui rendent hommage à la constance courageuse de vos
efforts patriotiques comme à l'admirable puissance de votre talent. Je suis fran-

chement de ces derniers. Je viens donc vous prier de me signaler les erreurs de détail que nos devanciers, dans ces explorations difficiles, pourraient avoir faites a votre sujet, et de me mettre à portée de présenter un tableau fidèle de votre carrière politique. Je n'ai pas la prétention dans un si petit cadre, de vous elever un monument, mais je veux au moins qu'il soit rempli de manière à satisfaire vos amis sans blesser la vérité ni la justice.

J'apprends que Mr Laurent ex-avocat de Grenoble[2] et jusqu'ici l'un de nos collaborateurs, se propose de vous demander les renseignemens et les communications que je réclame moi même ; mais j'espere que vous jugerez convenable de les lui refuser lorsque vous saurez qu'ils seraient, entre ses mains, au moins inutiles. Les opinions ultrà montagnardes de Mr Laurent, sa prédilection marquée, sa tendresse pour les hommes les plus exécrables de la revolution, ces hommes qu'il faut détester d'autant plus qu'on chérit la liberté, ces opinions dis-je, me forcent, à partir de ce jour d'ecarter Mr Laurent du cercle des écrivains qui concourent à notre travail. Vous ne seriez sans doute pas très flatté Monsieur, que l'apologiste de Collot d'Herbois[3] se fit votre historien : or voilà que je trouve sur mon bureau une notice de Mr Laurent sur ce monstre, et j'avoue que je suis confondu de l'excès de mansuétude avec lequel il l'a traité. C'est par trop avoir peur de se tromper et quand on a osé flageller Napoléon, il ne faudrait pas être si délicat ou si timide avec Collot. (Je dois vous dire pour l'intelligence de cette derniere phrase) que Mr Laurent est auteur d'une hist. de Napoléon, livre dont la celebrité n'est peut-être pas allée jusqu'a vous[4].

Je vous prie d'agréer l'expression sincère de tous les sentimens avec lesquels
j'ai l'honneur d'etre
Monsieur
votre très humble serviteur
Alph. Rabbe

Manuscrit *Paris, BnF, N.a.fr. 18834, ff. 162–163 ; 4 pp., p. 4 bl. ; orig. autogr., en-tête imprimé.

Édition Dahan (1991), pp. 248–250.

Texte *Les caractères en italique dans l'en-tête ont été imprimés.* **17** me] *en interligne*

Commentaire et Notes Sur Alphonse Rabbe, voir au Répertoire et sa lettre à BC du 22 décembre 1823 (*CG*, XIII, 221). Il dirigeait la publication de la *Biographie universelle et portative des contemporains* dont la première livraison était sortie en avril 1826 (Dahan (1991), p. 209).

[1] Rabbe préparait la *Notice sur Benjamin Constant, extraite de la* Biographie universelle et portative des contemporains, Paris : au bureau, 1827. Un « prospectus nouveau » de la *Biographie universelle* sera signalé dans la *Bibliographie de la France* du 9 juin 1827, p. 474 : soit donc Rabbe soumet une version manuscrite de ce prospectus à BC, soit il lui envoie le premier prospectus (voir *Le Constitutionnel* du 6 février 1826, p. 4).

[2] Paul-Mathieu Laurent (1793–1877) avait été inscrit au barreau de Grenoble, puis de Privas avant de s'installer à Paris en 1824. Il fera une brillante carrière politique sous la deuxième République avant de se rallier à l'Empire.

³ Sur Collot d'Herbois, voir *CG*, II, 227. Le ton peu complaisant de la notice qui lui est consacrée dans la *Biographie* laisse penser que la rédaction avait été enlevée à Laurent.
⁴ *Histoire de Napoléon*, Paris : Aucher-Eloy, 1827, annoncée dans la *Bibliographie de la France* du 20 décembre 1826, p. 1070. L'ouvrage est rarissime ; la Bibliothèque de la Sorbonne en conserve un exemplaire sous la cote HFER 6=23.

4902

Nicolas-Thomas-François Manche de Broval à Benjamin Constant

22 février 1827

Monsieur,
J'ai voulu me charger dès avant-hier du pot de Golden Ointment pour Madame de Constant¹ ; mais Mme de Dolomieu l'avait déja remis au Dr Korepf qu'elle croit être son Médecin, et qui devait le lui porter. Nous vous remercions tous de votre aimable don, et pour moi vos Discours bien et correctement imprimés, sont un trésor. Veuillez bien dire à Madame de Constant combien nous faisons de vœux pour la guérison de ses yeux accoutumés à si bien voir. Je me mets à ses pieds en esprit et en vérité, en attendant que j'aye l'honneur de lui faire ma cour, et je vous renouvelle Monsieur, les fidèles hommages de mon admiration & de mon dévouement
De Broval
Palais r^l 22 fev^r 1827.

Manuscrit *Paris, BnF, N.a.fr. 18831, f. 98 ; 2 pp., p. 2 bl. ; orig. autogr.

Note
¹ Voir ci-dessus la lettre à Broval du 20 février 1827.

4903

Aimé Paris à Benjamin Constant

22 février 1827

Monsieur,
J'ai l'honneur de vous adresser, comme je vous l'ai promis hier, deux volumes¹ vendus par la direction de la librairie. Je les ai eus ce matin chez Mme Lévi libraire, quai des Augustins. Cette dame les tient de M. Audin² libraire, même

quai, et acquéreur immédiat des exemplaires déposés. Vous ferez des noms que je vous cite l'usage que vous croirez convenable. Mme Lévi m'a dit que M. Tézénas[3] chef du bureau de la librairie rend à M. Audin de très fréquentes visites.

M. Verdière, libraire quai des Augustins, lui a dit ce matin lorsqu'elle est allée de ma part emprunter la bibliographie de 1825 que M. Pélicier libraire, place du Palais Royal a acheté de la direction des exemplaires d'un ouvrage dont lui, M. Verdière, est éditeur, et que pour pouvoir mettre en vente ces exemplaires, il est venu, sans en cacher l'origine, chercher des couvertures semblables à celles qui recouvrent les exemplaires mis dans le commerce (M. Verdière avait fait couvrir d'une manière différente les ouvrages qu'il avait déposés.)

J'ajouterai un fait qui m'est personnel, et que je puis affirmer. J'ai publié en 1825 un ouvrage dont le texte était continu, mais dont chaque feuille paraissait à part[4]. J'avais fait imprimer le nombre de couvertures rigoureusement nécessaire pour les exemplaires à déposer ; mes souscripteurs recevaient leurs livraisons sous une couverture non imprimée ; j'ai trouvé chez un bouquiniste du quai St Michel plusieurs livraisons dont la couverture imprimée portait le n° administratif. Ayant fait le sacrifice des exemplaires déposés, et n'ayant pas besoin des livraisons incomplètes que je trouvais, je jugeai inutile de les acheter.

Quant aux exemplaires que je vous adresse, il est évident qu'ils viennent de la direction de la librairie, car quel intérêt aurait eu l'éditeur à mettre sur la couverture de ces volumes une note qui devait figurer bien plutôt sur un registre, dont le récépissé lui tenait lieu, et qui d'ailleurs diminuait la valeur vénale de l'ouvrage. Le Tome 5 porte au dos en chiffres fort fins l'indication du 11 9bre ; cette indication s'accorde parfaitement avec la page 761, n° 3677 de la Bibliographie de la France.

Maintenant que l'éveil est donné aux libraires qui achètent du dépôt, il serait plus difficile de se procurer des exemplaires ; mais avant-hier on en aurait eu à discrétion chez eux.

Je vous prierai, Monsieur de vouloir bien mettre de côté les trois volumes que je vous envoie ; ils m'ont été confiés, et j'ai promis de les rendre demain matin. Je les reprendrai à la fin de la séance.

J'ai l'honneur d'être avec une parfaite considération, Monsieur,
Votre très humble et très obéissant serviteur
Aimé Paris

Paris 22 février 1827

P. S. Si vous faites usage des documents que je vous adresse, je vous prierais de ne me nommer qu'autant que la chose serait indispensable[5] ; mais dans le cas où vous le jugeriez nécessaire, je suis prêt à affirmer que la personne qui m'a remis les deux volumes de M. Thiers n'a pas pu savoir à l'avance que j'en aurais

besoin ; je certifierai également qu'il est vrai que j'ai trouvé chez un libraire des 45
exemplaires de mon ouvrage qui ne pouvaient venir que de la direction de la
librairie, et que je n'ai rien ajouté à ce qui m'a été rapporté sur M.M. Audin et
Pélicier.

Manuscrit   *Paris, BnF, N.a.fr. 18832, f. 63 ; 2 pp. ; orig. autogr.

Texte   18 de couvertures] *en interligne*   20 sous] *écrit au-dessus de* ⟨avec⟩   45 un] un ⟨marchand⟩   46 direction de la] *en interligne*

Commentaire et Notes   Aimé Paris (1798–1866) s'est fait connaître par ses travaux sur la sténographie et la mnémotechnique. Cette lettre est en rapport avec l'amendement déposé le même jour par BC à la Chambre : « Lorsque l'auteur d'un ouvrage prouvera que, durant le temps, ou cinq jours après l'expiration du dépôt, une contrefaçon aura paru en France ou dans l'étranger, le directeur de la librairie sera condamné à payer à l'auteur ou à l'éditeur des dommages-intérêts proportionnés au préjudice que lui aura causé cette contrefaçon. » (*Archives parlementaires*, XLIX, p. 719). Il est bien évident qu'à partir du moment où des ouvrages sortaient du dépôt légal, ils pouvaient être contrefaits.

[1] Comme précisé plus bas, il s'agit de l'ouvrage d'Adolphe Thiers, *Histoire de la Révolution française*, Paris : Lecointe et Durey, dont les volumes V et VI avaient paru en 1825, signalés dans la *Bibliographie de la France* du 16 novembre 1825, p. 761 sous le n° 6377 (et non 3677).

[2] Mme Lévi et Jean-Marie-Vincent Audin (1793–1851), comme Charles-Hippolyte Verdière (1782–1875) et André-Benoît Pélicier (1778–1852), un peu plus bas, figurent dans la liste des « Libraires brévetés » à Paris en 1827 (*Almanach du commerce* (1827), pp. 124–127). Paris publiera des *Souvenirs du cours de Mnémotechnie* chez Mme Lévi en 1829.

[3] « M. Tézenas », chef du bureau Imprimerie et librairie, dépendant de la direction de la Police générale et de la Librairie au ministère de l'Intérieur (*Almanach royal* (1827), p. 182).

[4] Deux ouvrages de Paris publiés en 1825 répondent à la définition donnée : *Exposition et pratique des procédés mnémotechniques*, Paris : imp. de Farcy, et *Le Code civil mnémonisé en 50 leçons*, Paris : imp. de Farcy.

[5] Lors de la discussion de son amendement, BC affirmera être sûr que les cinq exemplaires déposés à la police ne parvenaient jamais ou rarement à leur destination. Il suggérera d'ailleurs au ministre de l'Intérieur de demander au conservateur de la Bibliothèque royale Van Praët si les exemplaires réservés à sa bibliothèque y parvenaient toujours. Il précisera : « J'atteste, non pas que M. Van Praët se soit jamais expliqué là-dessus, par des raisons qu'il est facile de concevoir (bruit), et qui ne lui feront aucun tort, mais que, beaucoup de personnages ayant demandé à la Bibliothèque du Roi des ouvrages qui auroient dû y être remis, on leur a répondu que la direction de la librairie ne les avoit pas encore envoyés, et que souvent elle ne les envoyoit pas tous. Voilà pourquoi j'ai prié M. le ministre de l'intérieur de demander à M. Van Praët des renseignemens sur ce fait. Je ne le tiens pas de M. Van Praët, mais de plusieurs imprimeurs que je nommerois volontiers à M. le ministre, s'il veut bien demander le rapport de la loi *draconienne* qui l'autorise à retirer leur brevet. Jusque-là, je ne veux point livrer à son arbitraire des hommes qui ont rempli un devoir en dénonçant un abus. » (*Journal des débats* du 23 février 1827, p. 4).

4904

Jean-Baptiste Thomine à Benjamin Constant

22 février 1827

Paris le 22 février 1827

Monsieur

J'ai deja eu l'honneur de vous adresser quelques reflexions qui pourront ne pas être deplacées lors de la discution de l'article 4 du projet de loi sur la presse[1]. A chaque minute il se presente de nouvelles observations a faire, parce que ce projet est réelement l'œuvre du Machiavelisme rafiné.

Le libraire le plus calme, celui qui jamais ne se trouve en contact avec l'autorité, celui qui n'imprime que des livres de science & d'arts, tremble a l'idée qu'avec la loi en question, on peut incriminer les intentions les plus pures, on peut ruiner le plus honnête homme. Une ou plusieurs feuilles sorties de l'imprimerie, peuvent être arrêtées par un agent de police, saisies et considerées comme une Tentative de publication avant le Terme du depot. Si cette loi avait été faite par quelqu'un connaissant la matiere, il aurait su, qu'avant qu'un livre soit terminé, il sort forcement de l'imprimerie, non pas une feuille de chacune de celles qui doivent composer un volume mais jusqu'a 10 & 15. J'en offre un exemple frappant, j'imprime un dictionnaire des Arts & Metiers[2], j'ai jusqu'a 8 & 10 auteurs selon la matiere a traiter ; autant d'auteurs autant d'epreuves, repetées jusqu'a 3 & 4 fois avant que le bon a tirer n'arrive, après que tout est corrigé & que la feuille est tirée, on en envoie (ce qu'on appelle bonne feuille) une a chaque auteur, pour qu'il prepare son errata s'il y a lieu, de manière qu'il peut sortir de l'imprimerie, jusqu'a 40 & 50 exemp^{res} d'une même feuille, & cela sans qu'il y aie nullement intention de publication. Jugez Monsieur quel vaste champ de difficultés pour une autorité, qui n'est rien moins que bienveillance pour le commerce la librairie ; on pourrait encore ajouter a ce que je viens de dire, que nos impressions avant d'être en notre possession, passent par les ateliers de l'imprimerie[3], de l'assembleur du satineur, du brocheur par consequent devant 3 a 400 ouvriers, parmi lesquels il y a des enfans de 10 a 12 ans, Ne peut il pas se trouver dans ce nombre, quelqu'un poussé par la seduction, par l'apas d'une somme proposée, a enlever furtivement des feuilles & les fournir a un agent provocateur, cela n'arrivera pas nous dira-t-on, cependant cela est possible. Voila les dangers auxquels la loi nous expose, N'oubliez pas je vous prie Monsieur de les faire valoir en temps et lieu.

Agréez je vous prie Monsieur, l'assurance des hommages respectueux,
de votre très humble serv.
Thomine
Libraire – rue Laharpe 78

Manuscrit   *Lausanne, BCU, Fonds Constant I, Co 3958 ; 2 pp. ; orig. autogr.

Texte   20 qu'il] qu'il ⟨peut⟩   27 ans,] ans, ⟨qui⟩   32 faire] faire ⟨faire⟩

Notes
[1] Voir ci-dessus sa lettre écrite vers le 12 février 1827.
[2] *Dictionnaire technologique, ou Nouveau dictionnaire universel des arts et métiers, et de l'économie industrielle et commerciale, par une société de savants et d'artistes*, Paris : Thomine et Fortic, 1822–1835, 24 vol. Dix volumes avaient été publiés.
[3] Le *Dictionnaire technologique* était imprimé par Huzard-Courcier, 12, rue du Jardinet. La rue de la Harpe n'était pas très éloignée, mais il suffisait d'un « agent provocateur »…

4905

Claude d'Estournelles à Benjamin Constant

23 février 1827

Fort Queyras, le 23 Février 1827.

Mon cher Beau frère,
Après toutes les marques de bonté, et assurances de bienveillance que j'ai reçues de vous, il m'est d'autant plus pénible d'être, depuis deux mois privé de toute espéce de nouvelle de vous[1], que je ne sçais à quoi l'attribuer, et aurais bien eu besoin de cette compensation dans l'horrible & douloureux hyver que j'endure içi. Pourvû que vous ne soÿez point malade, c'est tout ce que je souhaite ; car, je ne crois pas vous avoir fourni, du moins volontairement, le moindre sujet de déplaisir, ou j'en aurais un regret infini. – Bien que j'aÿe appris par diverses voÿes, l'éclât scandaleux et digne de pitié qui a eu lieu publiquement à Dole, le mois dernier, entre le monstre que le ciel a frappé de réprobation, & une personne que je n'ose nommer, je n'ai cru devoir encore, former aucune demande au tribunal, de 1ere instance[2], que je n'aÿe eu votre avis et votre réponse. Cet égard, cette marque de ma toute confiance en vous vous sont dûs : pourquoi faut-il que la durée de votre silence me desespère ? M. Bourgeois m'a fait deux billets de 150^f chacun, à 4 & 6 mois ; je doute encore qu'il soit exact à les paÿer ; mais, s'il les paÿe, je sçais que je dois remettre cette somme à sa première destination, et elle y sera sûrement remise.

J'ai reçu du 8, des notes et bulletins satisfaisans, du Principal du collège, de Léonçe, on est en général assez content de lui ; mais ce système *lent* d'éducation de l'ancien régime, ne me satisfait pas tant que *l'enseignement mutuel*³. J'ai envoÿé un mandat de 125^f p^r paÿement du second quartier de la pension, y compris, 10^f p^r les deux fois qu'il a occuppé la 1ère plaçe, en composition ; lui aÿant assuré autant, pour encouragement, à l'avenir. – En reconnoîssance du bien que vous m'avez fait, & fait au paÿs, je vous prie d'accepter le plus léger gage de souvenir : en conséquençe, vous recevrez bien emballé, sous toile cirée, et à votre addresse, un petit ballot qui n'a pu être le dernier courrier, il y a quatre jours, renfermé dans les dépêches ; mais le D^r l'a fait remettre, à ce qu'il m'écrit de Mont-Dauphin, au *Piéton*⁴, pour qu'il le remette au courrier d'Embrun, qui le fera suivre par la voÿe des courriers, jusques chez vous. Ce sont deux peaux de renard, de la plus grande beauté, et tués, il y a 15 jours sous mes fenêtres. Elles sont passées à la chaux.

Je suis toujours malade & souffrant depuis mon retour ; et je ne puis penser à habiter içi plus longtemps sans compromettre ma santé, telle est du moins la substance du certificat de médecine envoÿé dernièrement par la voÿe hyérarchique, au Ministère de la Guerre. Etre constamment privé de sommeil & d'appétit, souffrir plus que jamais des douleurs rhumatismales, par 5 pieds de neige de toute part, & 15 dégré de froid au dessous de zéro, est le triste sort d'un Syberien & de votre beau-frère.

Que le ciel veille à votre précieuse, et bien précieuse conservation ; vous que la France honore, que vos amis célebrent avec justice, & joie, & que la postérité revendiquera pour le bénéfice des hommes, et celui de l'histoire, ainsi que p^r l'entretien et la profusion des lumières, qui seules peuvent garantir de la barbarie, comme de l'abus du pouvoir, la pauvre humanité.

Je vous prie de présenter l'hommage de mon respect, à Madame, & de recevoir l'assurrançe nouvelle et très sincère des sentimens de reconnaîssance et d'inviolable attachement avec lesquels j'ai l'honneur d'être,

votre bien affectionné Beau-Frère,
Le Ch^{er} B. D Estournelles

A Monsieur / Monsieur Benjamin Constant, / Membre de la chambre des Députés, / N° 15 – Rüe d'Anjou St Honoré, / A Paris.

Manuscrit *Lausanne, BCU, Fonds Constant I, Co 827 ; 4 pp., p. 3 bl., l'adresse p. 4 ; cachet postal : 2 Mars 1827 ; timbre : 4 Queiras / MONT-DAUPHIN ; orig. autogr.

Texte **46** sentimens] *ajouté dans l'interligne*

Notes

[1] D'Estournelles avait rencontré son beau-frère à Paris fin novembre 1826 ; aucune lettre de celui-ci n'a été retrouvée depuis lors.

[2] Comme rien n'apparaît dans la presse, il s'agit certainement d'une affaire privée. Dans sa réponse du 2 mars, BC se dira « absolument » ignorant du sens de ce passage ; d'Estournelles n'y reviendra pas par la suite.

[3] La loi du 11 floréal an X prévoyait, pour les écoles secondaires, l'enseignement des langues latine et française, des « premiers principes de la géographie, de l'histoire et des mathématiques ». Sur l'enseignement mutuel, voir Sylviane Tinembart, « L'enseignement mutuel, une *innovation* pédagogique au début du XIXe siècle », *Encyclopédie d'histoire numérique de l'Europe* [https://ehne.fr/fr/node/12282], ISSN 2677-6588, consulté le 25/07/2023.

[4] Facteur rural, messager qui fait à pied le service de la poste dans les communes rurales (Littré).

4906

Jacques Laffitte à Benjamin Constant

24 février 1827

Paris 24 fevrier 1827

Monsieur Benjamin Constant, Paris.

Nous avons l'honneur, Monsieur, de vous remettre ci-joint l'extrait de votre compte chez nous arrêté au 31 décembre, pour le solde duquel il nous revient f 95788.25. dont nous vous débitons à compte nouveau.

Nous vous renouvellons, Monsieur, l'assurance de notre considération distinguée.

J Laffitte

Manuscrit *Lausanne, BCU, Fonds Constant I, Co 4742/7 ; 2 pp., p. 2 bl. ; orig., signat. autogr.

Commentaire Sur cet extrait de compte, voir le relevé du 8 février 1826 (A142, *CG*, XIV, 516–518). Dans son *Carnet de notes*, au début de 1827, BC indique Laffitte parmi les « Lettres à écrire » (*OCBC*, XVII, 612).

4907

Jacques-Frédéric Lecointe et Étienne Durey à Benjamin Constant

25 février 1827

Monsieur,
L'infatigable activité avec laquelle vous consacrez votre beau talent a la défense de la presse, nous enhardit à nous adresser a vous pour assurer le soutien de l'un des intérêts si menacés de la librairie, et Mr Felix Bodin[1] qui nous engage à cette démarche, nous fait espérer que vous l'acceuillerez avec bonté.

D'après quelques paroles de M Bonnet dans sa récapitulation de la discussion générale[2], nous avons lieu de craindre qu'il ne soit proposé un amendement pour atteindre le Format in 18 soit dans l'article additionnel de la commission, soit dans toute autre disposition ajoutée à l'article 5[3]. Probablement on ne manquera pas de citer à l'appui *la propagation et l'effet pernicieux des Résumés historiques*, ainsi que l'a fait Mr de Sallaberry[4] après d'autres orateurs ministériels qui ont fait valoir ce moyen dans quelques Bureaux.

Si le cas advenait, il serait peut être utile à la cause du format in 18 qui a le malheur de se trouver jointe à celle des Résumés, de remarquer un fait consigné dans notre dernier Prospectus ; c'est qu'aucun de ces ouvrages n'ait été l'objet d'une seule poursuite judiciaire, en outre le prix de ces volumes est assez élévé pour qu'ils ne rentrent point dans le plan de prohibition que M^r De Villèle d'après la commission a déclaré être la base future de l'article 5 ; en effet le prix est généralement de 2^{f}50 3^f et plus enfin pour ce qui touche le format in 18 en lui-même ; vous n'ignorez point, Monsieur, qu'il est essentiellement classique et consacré depuis longtems à reproduire les chefs d'œuvres du Siecle de Louis XIV.

Monsieur de Villèle parla nous a t-on dit, dans son Bureau d'un résumé de l'histoire générale de Voltaire[5] : comme d'une publication très dangereuse, vous en pourriez juger, Monsieur, si vous en aviez le tems. Ce volume recueilli par une personne qui a dirigé l'édition d'un Voltaire complet, est purgé avec soin des passages où la religion est attaquée directement. Mais il ne sera pas question de cela.

Nous profitons de cette occasion pour vous faire hommage de la part de M Felix Bodin de ses deux résumés qu'il vous présenta lors de leur première édition mais qu'il a beaucoup amélioré depuis[6]

En vous priant de nouveau d'excuser notre importunité et en vous témoignant notre reconnoissance pour les services que vous rendez à la Librairie.

Nous avons d'honneur d'etre

Monsieur
Vos très dévoués serviteurs
Lecointe & Durey
Libraires quai des Augustins N° 49

Paris 25 février 1827.

Manuscrit *Lausanne, BCU, Fonds Constant I, Co 3957 ; 2 pp. ; orig. autogr.

Notes
[1] Félix Bodin (1795–1837), membre de la Société de la Morale chrétienne, publiait ses ouvrages chez Lecointe et Durey depuis 1821.
[2] Louis Ferdinand Bonnet (1760–1839), rapporteur du projet de loi sur la presse, avait présenté « le résumé de la discussion » le 19 février 1827 (*Archives parlementaires*, XLIX, pp. 666 et suiv.). Voir la lettre que BC lui adresse le 9 février.
[3] « Tout écrit de cinq feuilles et au-dessous sera assujetti au timbre fixe. » L'article fixait ensuite le prix du timbre et les publications exemptées.
[4] Le 14 février, Salaberry avait attaqué « les résumés de la bibliothèque du dix-neuvième siècle » (*Archives parlementaires*, XLIX, p. 556) ; il faisait écho à la presse catholique : « car au moment où nous dénonçons la *Bibliothèque du 19ᵉ siècle*, voilà que l'on nous signale une autre entreprise du même genre à peu près et dans le même but. On publie des *Résumés historiques* qui sont encore empreints de cet esprit de haine contre les rois et contre les prêtres ; ces *Résumés* tendent à dénaturer l'histoire sous prétexte d'y introduire l'esprit philosophique. » (*L'ami de la religion et du roi* du 11 décembre 1824, t. 42, n° 1079, pp. 131–132). Bodin avait répliqué par une *Défense des résumés historiques*, Paris : Lecointe et Durey, 1824.
[5] *Résumé de l'Histoire générale, par Voltaire*, Paris : Lecointe et Durey, 1826. L'ouvrage était au format in–18 et introduit par Bodin.
[6] Bodin venait de publier un *Résumé de l'histoire de France jusqu'à nos jours*, Paris : Lecointe et Durey, 1826 (8ᵉ édition !) et un *Résumé de l'histoire d'Angleterre*, Paris : Lecointe et Durey, 1825 (4ᵉ édition, corrigée). Les deux figuraient dans la bibliothèque de BC (*OCBC, Documents*, I, 106).

4908

Cyrille-Jules Patu de Saint-Vincent à Benjamin Constant

26 février 1827

Monsieur

Quoique je diffère souvent d'opinion avec vous[1], je crois devoir vous signaler des faits que vous serez peut être bien aise de connaître.

Vous n'avez pas voulu nommer les libraires qui vous ont communiqué le fait que vous avez avancé concernant la direction de la librairie[2]. Mais moi, qui quoiqu'auteur ne crains rien de la loi de la presse, car je n'imprimerai rien qui puisse m'exposer, je vous autorise à faire ce que vous jugerez à propos de cette lettre.

Il y a dix huit mois ou deux ans, je me présentai à la bibliothèque royale pour demander s'il m'en souvient, le poëme de Bayard de Mr Dureau de la Malle[3], ouvrage (dont par parenthèse, Mr Dureau n'a pu obtenir l'annonce dans les journeaux parce qu'il n'a pas voulu composer l'article et faire lui-même son propre éloge.) il y avait cinq à six mois que l'ouvrage avait paru[4], et Mr Van-Praët[5] me répondit que la direction de la librairie ne l'avait point encore envoyé et qu'il y avait en général beaucoup de retard.

Auteur d'un ouvrage statistique sur le département de l'Orne, dont Mr Duplat peintre rue de la Harpe n° 45, lithographie les planches, nous avons été obligés de déposer *sept* exemplaires à la direction[6]. C'est de Mr Duplat qui a fait le dépot que je tiens ce fait. Je n'ai pas demandé d'autres explications, il est copropriétaire, il pourrait vous en donner.

Mais voici encore un second fait analogue au premier, et plus fort. *On* m'avait dit que c'était le plus défectueux des exemplaires que les employés de la direction envoyaient à la bibliothèque. À mon dernier voyage de Paris, je voulus m'assurer du fait, et jaloux de donner un bon exemplaire à la bibliothèque tant pour le public que pour la réputation de Mr Duplat et de notre ouvrage, je demandai les trois livraisons publiées et dont la premiere comptait déjà six mois d'existence. Même réponse de Mr Van-Praët qui me renvoie à Mr de Manne[7], qui répéta ce qui venait de m'être dit, que la direction mettait beaucoup de retard dans l'envoi de l'exemplaire destiné à la bibliothèque. Un des employés que je ne connais pas, ajouta qu'il *s'en égarait quelquefois dans les bureaux*. Avant de me retirer, je demandai à Mr de Manne de ne classer ces livraisons à leur dépôt qu'après que je les aurais vues, et échangées si comme on me l'avait fait craindre c'était l'exemplaire le plus défectueux qui était envoyé à la bibliothèque. A quoi Mr de Manne me répondit purement et simplement, qu[il était] fort à désirer que tous les auteurs priss[ent ce] soin, et que ce serait un bien pour la bibliothèque.

Voilà, Monsieur, ce que je sais, vous pouvez en user à votre discrétion.
J'ai l'honneur d'être
Votre très humble et très obéissant serviteur
De St Vincent

Mortagne 26 fevrier 1827

Port payé / A Monsieur / Mr Benjamin Constant, membre / de la chambre des députés rue / d'anjou St Honoré N° 15 / *A Paris*

Manuscrit *Paris, BnF, N.a.fr. 18832, ff. 64-65 ; 4 pp., l'adresse p. 4 ; cachet postal : 3 Mars 1827 ; timbres : C / PP ; LEV. de 3. h. / C ; orig. autogr.

Texte 34 qu[il était] fort à désirer que tous les auteurs priss[ent ce] soin] *mots emportés par une déchirure ; nous les rétablissons entre* [ ]

Commentaire et Notes   Sur Cyrille-Jules Patu de Saint-Vincent (1801–1867), avocat et archéologue, voir Pierre Jousset, *Jules Patu de Saint-Vincent*, Mortagne : imp. Daupeley, 1868.
[1] « Il appartenait à l'aristocratie par la naissance. Il était légitimiste par réflexion. Il était catholique, apostolique et romain, papiste plus que le pape peut-être » (Jousset, ouvr. cit., p. 2).
[2] Voir la lettre d'Aimé Paris à BC du 22 février 1827, note 5.
[3] Adolphe Dureau de La Malle (1777–1857), homme de lettres, archéologue, géographe, traducteur, avait publié *Bayart, ou la Conquête du Milanais*, Paris : C. Gosselin, 1824, 2 vol.
[4] La parenthèse a bousculé la syntaxe de la phrase.
[5] Joseph Van Praet (1754–1837) était garde des livres imprimés de la Bibliothèque royale depuis 1794. BC avait déjà été en relation avec lui en octobre 1825.
[6] Le *Voyage pittoresque et historique, dans les comtés du Perche et d'Alençon*, Paris : Chaillou-Potrelle, était en cours de publication (1826–1828). Pierre Louis Duplat (1795–1870), graveur et peintre paysagiste.
[7] Louis-Charles-Joseph de Manne (1773–1832) était conservateur et administrateur de la Bibliothèque royale depuis 1820.

4909

Benjamin Constant à Louise d'Estournelles

27 février 1827

Je suis assez malade, ma chère Louïse, ou du moins toujours prêt à le devenir, depuis une huitaine de jours, ma chère Louise. Je vous prie de n'attribuer qu'à cette cause & à la multiplicité de mes affaires, les retards de mes réponses. Je vous remercie de vos détails sur Léonce, auquel vous savez que je prends le plus tendre intérêt. Je lui écrirai, dès que j'aurai un instant à moi. Il y a quelques jours que j'ai écrit à Charles. J'espère qu'il n'aura pas trouvé mauvais que je n'aye pas cru pouvoir faire ce qu'il désiroit, & me mettre en avant vis à vis d'un fonctionnaire public que j'embarasserais fort, dans notre position respective & sur lequel par là même je ne puis avoir aucune influence[1].

Je n'ai aucune connoissance d'un Baron Adolphe de Constant-Villars. Le seul membre de la famille qui porte le nom de Villars, est le Lt Général qui commande à Bruxelles ; il n'a que deux fils, dont l'un s'appelle Juste, & l'autre Jules[2]. Ils sont tous deux au service du roi des Pays-bas : & je suis convaincu autant que je puis l'être sans un examen de faits que je ne connois pas, qu'il n'y a personne que je sache qui aît le droit de porter le nom d'Adolphe de Constant Villars.

Adieu, ma chère Louïse, j'ai mal aux yeux, à la tête, & à l'estomac : mais je ne vous en suis pas moins tout dévoué.

B.C.

P^{is} ce 27 Fev^r 1827

Manuscrit *Lausanne, BCU, Fonds Constant I, Co 361 ; 2 pp. ; orig. autogr.

Texte 7 d'un] *surcharge* des

Notes
[1] Voir ci-dessus la lettre à Charles du 14 février.
[2] Sur cette branche de la famille, voir *CG*, I, 439–440.

4910

Benjamin Constant à Claude d'Estournelles

2 mars 1827

Si je ne vous ai pas écrit depuis quelque tems, mon cher beaufrère, c'est uniquement parce que l'impression d'un volume qui est sous presse[1], & plus encore les travaux de la Chambre absorbent d'autant plus tous mes momens que je ne me porte pas bien, & qu'après avoir écrit ou parlé toute la matinée je sors abymé de fatigue. Mais croyez bien que quelque soit mon silence, il ne tiendra jamais à une diminution d'attachement envers vous qui ne sauroit jamais avoir lieu.

J'ignore absolument le sens du passage de votre lettre dans lequel vous parlez d'un éclat qui auroit eu lieu a Dole, & ne puis par conséquent rien répondre à ce que vous m'en dites[2].

La même raison qui m'a empéché de vous écrire a ralenti ma correspondance avec Louïse. Il y a pourtant quelques jours que j'ai recu une lettre d'elle & j'y ai répondu[3]. Elle me donnoit de bonnes nouvelles de la santé & des progrès de Léonce. En vous nommant cet enfant, votre esperance & la mienne, sous plus d'un rapport, je retrace suffisamment à votre mémoire les raisons que je vous ai souvent soumises pour ajourner tout changement à vos relations, jusqu'à ce que son état soit assuré. On m'a fait espérer, d'une manière assez positive, que, bien qu'il ne doive avoir l'age requis pour son admission au collège royal de la Fleche qu'en Décembre 1827, on pourra, en considération de vos services, l'y faire entrer en Octobre[4]. Le tems fixé n'est plus bien éloigné. Quand il arrivera, je ne serai pas en arrière dans tous les efforts qu'il faudra faire : mais je crois, sans entrer dans le fonds de la question, que tout ce qui attireroit[5] d'une manière toujours fâcheuse, auroit un mauvais effet.

J'en dis autant de toute tentative directe pour obtenir votre translation ailleurs qu'où vous êtes. Je ne méconnois point les désagrémens physiques de votre position actuelle : mais heureusement ce terrible hyver qui m'a fait autant de mal qu'à vous, quoique je sois à Paris, ce terrible hyver est passé, & après le mois d'octobre nous pourrons tout essayer pour vous procurer un séjour moins pénible.

Je vous remercie de ce que vous m'annoncez ; tout ce qui m'est une preuve de l'amitié qui existe entre nous m'est infiniment precieux, & vos deux renards seront accueillis s'ils arrivent avec tous les égards dus à leur mérite, & à celui qui les envoye.

Adieu mon cher beaufrère. Agréez mille tendres amitiés.
B Constant

Paris ce 2 Mars 1827

à Monsieur / Monsieur d'Estournelles / Lieutenant du Roi / au fort Queyras / Mont Dauphin.

Manuscrit *Lausanne, BCU, Fonds Constant I, Co 486 ; 4 pp., l'adresse p. 4 ; cachet postal : 11 MARS 1827 ; orig. autogr.

Texte *Note du destinataire en tête de la lettre* : 2 mars 1827. / Reçüe au château Queyras. le 11 Mars 1827 / Rép. le 11 Mars − [...].

Notes
[1] La correspondance avec Firmin Didot a montré que BC travaille activement aux épreuves du tome III de *De la Religion*, mais la suite constatera le lent avancement de ces travaux.
[2] Voir la lettre de d'Estournelles du 23 février 1827.
[3] Voir la lettre précédente.
[4] Voir la lettre à d'Estournelles du 14 novembre 1826.
[5] On attend un complément d'objet direct.

4911

Désachy à Benjamin Constant

2 mars 1827

A Monsieur Benjamin Constant, Membre de la Chambre des Députés.

Monsieur,
Un propriétaire et électeur du Sixième arrondissement de Paris[1], qui a eu le bonheur de contribuer à donner à la France un aussi digne & éloquent soutien de ses droits, desirant assister à quelques séances de la Chambre, qui offrent en ce moment tant d'intérêt, aux véritables amis de leur patrie, connaissant votre obligéance, ose venir vous supplier de lui adresser quelques billets d'entrée, pour les Jours que vous voudrez. Il serait à souhaiter qu'ils fussent pour plusieurs personnes.

Chaque français doit de la reconnaissance au Député fidèle qui défend ses intérèts avec un si rare talent ; moi monsieur, si vous m'accordez la demande que j'ai l'honneur de vous soumettre, je me reconnaitrai avec plaisir avoir une double obligation, au Député et à Monsieur Benjamin Constant.

Je suis avec un profond Respect,
Monsieur le Député,
Votre très humble et très devoué serviteur
Désachy.

Paris Le 2 mars 1827. rue du temple N° 137.

Manuscrit   *Paris, BnF, N.a.fr. 18832, f. 67 ; 2 pp. ; orig. autogr.

Texte   12 plaisir] plaisir ⟨vous avoir⟩

Commentaire et Note   Désachy était épicier, installé 139, rue de Temple (*Almanach du commerce* (1829), p. CXIV) ; il mourra en 1830 (*La Gazette de France* du 13 mai 1830, p. 4).

[1] BC avait été élu dans la 4ᵉ circonscription qui réunissait le 6ᵉ et le 8ᵉ arrondissement. La rue du Temple entrait alors dans le 6ᵉ arrondissement.

4912

Magnan (?) à Benjamin Constant

6 mars 1827

Administration de l'Étoile,
Rue Croix-des-Petits-Champs, N° 23.

Paris, le 6 mars *1827.*

Monsieur,

Le Constitutionnel & le Courrier ont publié le passage du discours que vous avès prononcé hier, a la Chambre des deputés, et dans lequel vous avès accusé *l'etoile*, d'avoir falsifié des paroles de M. Jefferson, relatives a la liberté de la presse.

Nous n'avons pas du garder le silence sur une Citation aussi inexacte, et nous vous adressons le N° de notre feuille, dans lequel se trouve la reponse et la rectification des faits[1].

Vous penserés sans doute, Monsieur, que la liberté de la presse ne permet pas que de semblables erreurs *de fait*, restent sans reponse, et vous croirés sans doute ne pouvoir refuser a *l'etoile*, la seule reparation qui lui conviene. C'est a

la tribune que vous avés fait la citation, et c'est a la tribune que vous jugerés dès 15
l'ors apropos de faire la rectification, car nous sommes convaincus qu'il n'y a eu
de votre part, que meprise ou distraction

   Nous avons l'honneur d'etre avec une consideration très distinguée
                   Monsieur
                Vos très humbles Serviteurs 20
                     Magnan

Monsieur Benjamin Constant deputé, rue d'Anjou St Honnoré n° 15.

Manuscrit   *Paris, BnF, N.a.fr. 18834, f. 106 ; 2 pp., p. 2 bl. ; orig. autogr.

Texte   *Ce qui est porté en italiques a été imprimé*   **21** Magnan] *leçon incertaine*

Commentaire et Note   Le 5 mars, BC avait parlé ainsi : « Non contents de faire allusion autant qu'ils l'ont pu à l'Angleterre, les ministres vous ont cité l'Amérique. Leurs journaux, notamment *l'Étoile*, leur organe constant, habituel, recommandé, salarié, imposé, ont osé citer contre la liberté de la presse l'un des hommes les plus honorables de cette heureuse contrée, le vénérable Jefferson, pour faire croire que, dans son opinion, les journaux étaient un instrument de destruction. » (*Archives parlementaires*, L, p. 99). *L'Étoile* répliqua le 7 mars en première page, dans des termes proches de ceux de la présente. Il ne semble pas que BC soit revenu sur ce point « a la tribune ».

[1] Vu la date de la lettre, dut être jointe l'épreuve du n° 5,195 qui parut le lendemain, 7 mars.

4913

Claude d'Estournelles à Benjamin Constant

11 mars 1827

Mon trés honoré et cher Beau frère,
La satisfaction que m'a causée votre lettre du 2 de ce mois[1], m'impose le devoir de vous prier d'en agréer l'expression de ma plus vive sensibilité. Votre bien précieuse bienveillance pour mon fils & pour moi, serait, s'il était possible, un lien plus fort encore qui m'attacherait à vous, par reconnaîssance, non moins que 5 par admiration.

 Daignez, je vous prie, accorder à cet enfant, rempli lui même d'attachement & de tendresse pour vous, la continuation de votre amitié, qu'il apprendra de plus en plus, j'ose croire fermement, & à apprécier, & à reconnaître justement.

 Non, jamais, je n'entreprendrai rien, soit pour Léonce, ou son avenir, que 10 d'un plein accord avec vous. Que dis-je ? ne l'ai-je pas été [ ] dois-je pas toujours être ? Mais vous savez que les médecins ont jugé & [m'ont] certifié qu'un changement de résidence m'est nécessaire & même indispensable.

Je suis très peiné, en apprenant que votre santé s'est ress[entie] de la rigueur de cet hyver, un temps plus doux succédera sans doute : il est loin de récréer nos contrées, les plus froides, & les plus âpres qu'il y ait en France. Les inspirations des sentimens que la mort seule peut éteindre, sont seules capables de triompher d'une aussi grande rigueur, surtout, quand, à la vivifiante espérance, se joint une nouvelle preuve de votre souvenir et de votre inestimable amitié.

Qu'il me serait doux de pouvoir vous convaincre de plus en plus, que personne plus que moi, n'a désiré, & ne souhaite s'en rendre digne ! Çy-joint un certificât, visé, du préposé içi à l'administration des postes, et d'après lequel, si vous n'avez pas encore reçu mon envoy du 21 février dernier[2], le plus faible gage de souvenir qu'il soit en mon pouvoir de vous donner en ce moment, du moins, il n'y a pas de ma faute, s'il ne vous est pas encore parvenu. – J'ai reçu de bonnes notes sur Léonce, & envoÿé le second quartier de sa pension à Mr Reffay, Principal, à Poligny[3]. [ ] vœux pour votre meilleure santé, votre conservation, et mes hommages respectueux à Madame.

Le Ch[er] B. D Estournelles

[For]t Queyras, H[tes] Alpes, 11 Mars 1827.

P. S. J'ai été obligé de garder plusieurs jours [ ] la communication étant pour la seconde fois inte[rrompue] par l'immense quantité de neiges, et le temps aff[reux] j'en ressens très douloureusement les effets, à un tel point que je ne puis le décrire. je ne puis ni ne dois sans compromettre ma santé demeurer içi plus.

Et certes je n'en diminuerai nullement les droits & l'espoir de mon fils à son admission à l'Ecole m[re]. Pour cette année, j'en doute, il n'est pas même en septième, depuis un mois je n'ai pas de ses nouvelles, & vous remercie de m'en avoir donné.

J'ai paÿé le port des pelleteries.

[*Annexe* :] Je soussigné distributeur des lettres de l'entrepôt du fort Queyras certifie avoir reçu, le 21 février dernier, de monsieur le chevalier Balluet Destournelles lieutenant de Roi commandant le susdit fort, un paquet contenant deux Peaux de Renard, à l'adresse de Monsieur Benjamin Constant membre de la chambre des Députés à Paris ; lequel Paquet est parti le même jour de ce Bureau et a été reçu à celui de Mont-Dauphin suivant l'avis que j'en ai reçu : en foi de tout-quoi j'ai délivré le présent au Fort-Queyras le 11 Mars 1827.

Bourcier

Le Lieutenant de Roi soussigné, certifie, que la signature, cy-contre, du Sr Barthélemy Bourçier, est véritable ; en foi de quoi, avons signé : Le Ch[er] Balluet DEstournelles, Au Fort Queÿras, H[tes] Alpes, le 11 Mars 1827.

A Monsieur / Monsieur Benjamin Constant, / Membre de la chambre des Députés, / N° 15, Rüe d'Anjou St Honoré, / A Paris.

Manuscrit *Lausanne, BCU, Fonds Constant I, Co 828 ; 2 pp., l'adresse p. 2 ; cachet postal : 30 Mars 1827 ; timbre : *Queiras* / MONT-DAUPHIN ; orig. autogr. L'annexe : 2 pp., p. 2 bl.

Texte *Le post-scriptum est porté verticalement en marge gauche.* **11** [ ]] *une déchirure a emporté plusieurs mots ou lettres ; nous les rétablissons, si possible, entre [ ]*

Notes
[1] Voir ci-dessus.
[2] Voir la lettre de d'Estournelles du 23 février 1827.
[3] Sur le collège de Poligny et son peu ordinaire principal, l'abbé Emmanuel Reffay de Sulignan, voir Eugène de Mirecourt, *Francis Wey*, Paris : Havard, 1855, pp. 19–22.

4914

Edgar Quinet à Benjamin Constant

11 mars 1827

Monsieur
Veuillez me permettre de vous offrir comme un bien faible hommage de mon profond respect la traduction de l'un des ouvrages de Herder[1]. Que ne puis-je mieux vous témoigner la reconnoissance que m'inspirent depuis ma première jeunesse les services que vous rendez à notre pays en l'eclairant et en le defendant. Il est comme moi des milliers d'hommes qui n'ont pu vous exprimer les sentimens qu'ils nourrissent en silence pour votre mémoire. Si un jour au nom de tous mes proches, il m'etoit donné de vous faire connoître moi-même dans quelle vénération votre nom est tenu parmi nous, ce seroit un des plus beaux jours de ma vie.
    J'ai l'honneur d'etre avec le plus profond respect
            Monsieur
      Votre très humble et très obeissant serviteur
              Edg. Quinet
Heidelberg (grand duché de Bade) Judengasse n° 228
le 11 mars 1827.

Manuscrit *Lausanne, BCU, Fonds Constant I, Co 982 ; 2 pp. ; orig. autogr.

Édition Rudler (1911), p. 941.

Texte **3** de] *surcharge* d'un **9** nom] *surcharge* mémoire

Commentaire et Note Le jeune Edgar Quinet (1803–1875) résidait à Heidelberg depuis janvier 1827. La relation avec BC avait pu être établie par Victor Cousin.

[1] *Idées sur la philosophie de l'histoire de l'humanité, par Herder. Ouvrage traduit de l'allemand et précédé d'une introduction par Edgar Quinet*, Paris : Levrault, 1827–1828, 3 vol. Les deux premiers volumes furent annoncés dans la *Bibliographie de la France* du 17 mars 1827, p. 228. Le troisième volume parut l'année suivante. Voir *OCBC, Documents*, I, 304.

4915

Alphonse Rabbe à Benjamin Constant

12 mars 1827

BIOGRAPHIE
UNIVERSELLE ET PORTATIVE
des
CONTEMPORAINS
1 vol. in–8°.
Rue Saint-André-des-Arcs, n° 65,
PARIS.

Paris le 12 février *18*

Le Directeur de la Biographie des Contemporains,
A Monsieur Benjamin Constant membre de la Chambre des Députés,

Monsieur,
Je trouve quelque part que, peu de temps avant le 9 thermidor, le fameux Commandant de l'armée parisienne, l'infame Henriot[1], avait demandé a la Convention nationale une loi pour ordonner le brulement de toutes les Bibliothèques et déterminer les livres qui pourraient être exclusivement laissés à l'usage des français[2]. N'ayant pas le Moniteur sous la main pour constater le fait, je me borne à vous envoyer cette indication et je souhaite qu'il puisse vous etre agréable de profiter du rapprochement qu'elle fournit pour en faire votre cour a Mons de Peyronnet et Consorts[3].

Comme je présume que la cloture de cette laborieuse discussion, ou vous venez de rendre encore a la chose publique de si éminens services, pourra vous permettre de disposer de quelques minutes en ma faveur, je viens vous prier, Monsieur, d'avoir la bonté de m'accorder une heure de l'une de vos matinées dans le courant de la semaine. La double impossibilité ou je me trouve de me procurer et de lire tout ce qui vous est relatif et tout ce que vous avez publié depuis trente ans, bien que j'en connaisse la plus considérable part, m'oblige de recourir à vos souvenirs personnels pour la solution de quelques difficultés relativem[ent] auxquelles je ne suis nullement satisfait par les précedentes Biographies[4].

J'ai l'honneur d'etre avec les sentimens du plus sincère dévouement, Monsieur,

votre très humble et très obéissant serviteur
Alph Rabbe

Manuscrit *Lausanne, BCU, Co 1126 ; 2 pp. ; orig. autogr.

Édition Dahan (1991), pp. 246–247.

Texte *Les caractères en italique dans l'en-tête ont été imprimés.* **28** relativem[ent]] *la marge gauche porte les traces d'un déchirement qui a emporté quelques lettres*

Commentaire et Notes Le mois indiqué par Rabbe est fort probablement erroné. La lettre du 12 mars de BC est de toute évidence une réponse directe à celle-ci (voir la lettre suivante). La question de « la cloture de cette laborieuse discussion, ou vous venez de rendre encore a la chose publique de si éminens services » amène à conclure que la réponse ne s'était pas fait attendre un mois entier. La remarque avait peu de sens le 12 février : BC considérait, certes, que l'article 8 du projet de loi sur la poste aux lettres, qui augmentait de plus de moitié le port des journaux, faisait de ce projet de loi « la préface, l'avant-coureur, l'auxiliaire d'une autre loi, dont nous aurons à nous occuper » (discours du 1er février 1828, *Archives parlementaires*, XLIX, p. 343), mais le projet fut adopté par la Chambre le 5 février – une semaine entière avant la date donnée dans la lettre. La discussion de cette « autre loi », celle sur la presse, commença d'ailleurs le 13 février, et Rabbe ne pouvait imaginer qu'elle laisserait du temps libre à BC. Par contre, cette discussion était sur le point de se conclure le 12 mars, comme le dit d'ailleurs BC dans sa réponse à la présente. Conclusion : cette lettre date en réalité du 12 mars 1827.

[1] François Hanriot ou Henriot (1761–1794), révolutionnaire français, proche de Marat, commandant général provisoire de la Garde nationale parisienne, emporté avec Robespierre qui le protégeait, le 9 thermidor an II.

[2] Il avait pu trouver l'information dans la *Biographie nouvelle des contemporains*, Paris : Émile Babeuf, 1823, t. IX, p. 138. Voir aussi la *Feuille de la République* du 20 thermidor an II, p. 4.

[3] Il ne semble pas que BC ait utilisé l'information dans ses interventions à la Chambre contre le projet de loi sur la presse.

[4] Rabbe allait donner en 1827 une *Notice sur Benjamin Constant, extraite de la* Biographie universelle et portative des contemporains, Paris : au bureau.

4916

Benjamin Constant à Alphonse Rabbe

12 mars 1827

Je suppose Monsieur que la discussion sera finie aujourdhui ou demain. J'ai ajourné a cette époque une quantité d'affaires que j'ai été forcé de négliger. Cependant je ne puis savoir si je pourrai m'absenter de la chambre lors des débats sur la traite[1]. Mais dans tous les cas, je serais tous les matins à vos ordres de 10 h. a midi[2].

Mille graces de votre renseignement sur Henriot. Les hommes de ce moment étoient bien dignes de marcher sur ses traces.

Agréez tous mes sinceres hommages
B Constant

ce 12 Mars

a Monsieur / Monsieur Rabbe / Paris

Manuscrit   *Bruxelles, AGR, Autographes de Stassart, n° 1267 ; 4 pp., p. 3 bl., l'adresse p. 4 ; orig. autogr.

Commentaire et Notes   C'est dans sa lettre du 12 mars 1827 que Rabbe fournissait un « renseignement » sur Henriot (ou Hanriot) ; celle-ci lui fait donc suite.
[1] La « discussion du projet de loi concernant la traite des noirs » commença dès le lendemain 13 mars (*Archives parlementaires*, L, p. 314).
[2] Rappelons que les séances de la Chambre des députés se tenaient l'après-midi.

4917

François Béchet à Benjamin Constant

13 mars 1827

Monsieur

A present que la fameuse loi d'amour et de justice malgré votre courageuse opposition, est passée à la chambre des deputés[1], j'espère que vous allez consacrer tout votre temps à la correction des épreuves que vous avez entre les mains pour terminer promptement votre 3eme volume. M. Didot m'a dit hier que toute la composition était finie qu'il n'attendait plus que des epreuves corrigées et des bons à tirer pour terminer avant la fin de ce mois. Je vous en supplie veuillez ne pas le faire attendre.

                                    Je suis avec consideration
                        Monsieur votre très humble serviteur
                                                Bechet ainé
13 mars 1827

Manuscrit   *Lausanne, BCU, Fonds Constant I, Co 3836 ; 2 pp., p. 2 bl. ; orig. autogr.

Texte   3 allez] allez ⟨vous⟩

Note
[1] Elle avait été votée la veille par 233 voix contre 134. Voir aussi la lettre à Firmin Didot du 8 février 1827.

4918

Benjamin Constant à Louis-Guillaume Ternaux

14 mars 1827

J'ai l'honneur d'adresser a mon honorable Collègue Monsieur Ternaux comme il l'a désiré deux billets pour la séance de demain. Il sait que les billets ne servent que pour le jour auquel ils sont destinés. Je saisis cette occasion de lui offrir l'hommage de mon devouement.

                                                Benjamin Constant
Paris ce 14 Mars 1827

a Monsieur / Monsieur Ternaux ainé / Place des Victoires / N° 6 / Paris

---

Manuscrit   *Lausanne, BCU, IS 4528 ; 4 pp., pp. 2–3 bl., l'adresse p. 4 ; orig. autogr.

Commentaire   Échange de bons procédés ? BC avait demandé à Ternaux des billets pour l'Athénée (voir sa lettre du 26 novembre 1825, lettre 4626, *CG*, XIV, 237–238). Dans son *Carnet de notes*, au début de 1827, BC indique Ternaux parmi les « Lettres à écrire » (*OCBC*, XVII, 613).

4919

Therese Huber à Benjamin Constant

15 mars 1827

Mon frère, je me fais conscience[1] de vous detourner un moment des intêrets saccrés qui vous occuppent ; des intêrets ou votre participation vous rend l'objet de l'admiration du monde cultivé et de l'enthousiasme de vos amis. Ce sont cependant ces raisons memes qui me deffendent de me refuser au désir ardent du porteur de ce billet : Mr Schwab[2] de Stouttgardt, Professeur de Philologie, de contempler en vous un des plus glorieux defenseurs de la Verité. L'Allemagne pretend à l'honneur d'avoir influé sur le developpement de votre esprit, c'est en faveur de ce souvenir que je vous suplie d'accorder à un excellent *Germanen*[3] de se présenter devant vous.

Thérèse Huber

Augsbourg ce 15 mars 1827

Manuscrit *Paris, Bnf, N.a.fr. 18831, f. 155 ; 2 pp., p. 2 bl. ; orig. autogr.

Texte 1 conscience] *elle a écrit* consience

Notes

[1] Se faire scrupule d'une chose, parce qu'on la juge contraire à la morale ou à la bienséance (*Dict. Acad. fr.*, 1992).

[2] Gustav Benjamin Schwab (1792–1850) était professeur de langues anciennes au lycée supérieur de Stuttgart depuis 1817. BC avait été, semble-t-il, en relation avec son père en 1803 (*CG*, V, 34–35).

[3] *Allemand*. Le choix de Therese Huber – qui aurait pu se servir de « Deutschen » – est significatif. « Germanen » renvoie à la « Germania » de Tacite, autorité dont se sert sans doute le professeur de langues anciennes, et de même à une certaine conception de la liberté, celle des forêts de la Germanie opposée à la civilisation oppressive de Rome. Le nationalisme allemand s'était volontiers servi de cette notion dans la lutte contre Napoléon, tout comme Germaine de Staël dans *De l'Allemagne*.

4920

Benjamin Constant à M. de Holten ?

17 mars 1827

Monsr Benjamin Constant a eu l'honneur de se présenter chez Monsieur de Holtèn. Il regrette de ne l'avoir pas trouvé, & il lui rappelle l'espérance qu'il a bien voulu donner à M^{de} Benjamin Constant de passer la soirée chez elle lundi prochain après demain 19 du courant. M. B. Constant ne sauroit assez lui dire combien il se félicite de cet honneur & de ce plaisir.

Il le prie d'agréer tous ses hommages
Paris 17 mars 1827.

Manuscrit *Paris, BnF, N.a.fr. 13627, f. 121 ; 2 pp., p. 2 bl. ; orig. autogr.

Texte 2 Holtèn] *lecture incertaine*

Commentaire Qui donc était invité chez les Constant au soir du lundi 19 mars 1827 ? Andreas Eberhard von Holten (1767–1838) ou son fils Carl Peter (1801–1889) ? mais aucune trace de leur séjour à Paris ; ou encore, au moment de la discussion du projet de loi sur la traite, Peter Carl Frederik von Scholten (1784–1854), officier danois, nommé gouverneur général de Saint-Thomas (auj. Îles Vierges des États-Unis) en 1827, dont BC aurait transcrit le nom à la française, et qui jouera un rôle déterminant dans l'abolition de l'esclavage (Léonore) ?

4921

Benjamin Constant à Casimir Périer

19 mars 1827

Comptant sur toute votre amitié, je vous prie de lire ceci avec attention, pour que vous sachiez quelle est l'idée qu'on vous communiquera demain, & comment je l'ai conçue, depuis qu'on me l'a communiquée.

La première pensée avoit été de me prier de réimprimer mes principaux discours, par une souscription qui, si elle étoit secondée, & alloit à quelques milliers de souscripteurs seroit un objet assez considérable.

Depuis, notre ami Tissot a modifié cette idée, & y a substitué celle d'une réimpression dont le produit seroit transformé en un don national, destiné à l'achat d'une propriété qui me mît à même d'acheter une propriété de plus & de rester éligible car depuis 1822 où je payais 1700 fr de contribution jusqu'à aujourdhui on m'a dégrévé jusqu'à me réduire à 1200 fr. & un dégrévement nouveau m'oterait les contributions requises.

Cette seconde idée est bien plus flatteuse que l'autre, est-elle aussi exécutable & ne provoquera-t-elle pas de l'opposition de la part de plusieurs de nos soi-disans amis ?

C'est là dessus que je vous prie de réfléchir. Ce que vous direz decidera la chose. Une souscription simple que mes électeurs pousseraient dans les départemens & que vous appuyeriez, sans qu'on en parlat dans les journaux, autrement que pour l'annoncer très simplement, ne souleverait aucune envie[1]. Mais il ne m'appartient de rien décider là dessus, n'ayant pas concu la première idée & ne pouvant indiquer a d'autres ce qu'ils veulent faire pour moi.

Je m'en remets donc en tout à votre amitié. Ce que vous témoignerez sera décisif. Je crois même à la bienveillance qu'on me témoigne qu'on vous en saura gré ; & je serai bien aise de resserrer ainsi notre union publique. Dans tous les cas recevez les demain, je vous en prie, & usez de l'ascendant que votre popularite vous donne pour faire ce qu'il y a de mieux.

Ils seront chez vous à onze heures demain matin.

Manuscrit   *Grenoble, AD de l'Isère, 11 J 41, f. 58 ; 4 pp., pp. 2–4 bl. ; orig. autogr.

Texte   17 les] *surcharge* leurs

Commentaire et Note   Après Tissot, le deuxième grand promoteur de l'édition des *Discours* apparaît : Casimir Périer. Cette lettre, qui s'inscrit dans les préparatifs de l'édition des *Discours*, précède les billets du 20, ci-après.

[1] La question sera tranchée dans le « Prospectus » ou la « circulaire » qui paraîtra le 4 avril (voir ci-dessous la lettre à Périer du 27 mars 1827) : « Le montant de la souscription […] sera consacré à l'achat d'une propriété qui deviendra, pour M. Benjamin Constant, un témoignage durable de la reconnaissance publique pour les honorables travaux par lesquels il a bien mérité de la France et de tous les peuples qui marchent sous ses auspices dans la carrière de la liberté. » (pp. 5–6). Il en sera fait état dans la presse par *Le Constitutionnel* du 9 juin 1827, p. 4.

4922

Benjamin Constant à Pierre-François Tissot

19 mars 1827

Je viens de voir notre excellent ami Caquelard[1] qui doit passer chez vous pour vous dire que je suis forcé de diner chez M de Broglie[2] pour un diner déjà arrangé & même déjà une fois ajourné par ma faute. Je vous porte ce billet afin que vous ne preniez pas la peine de venir jusqu'à 8 h. & ½, mais je vous propose, si je ne vous trouve pas, de passer chez moi avant d'aller rue neuve du Luxembourg³, demain à l'heure que vous voudrez avant celle du rendez-vous, ou bien, si vous pouvez me faire dire en un mot, j'irai chez vous à 9h, mais si vous m'écrivez, que ce ne soit pas par la petite poste, car je ne recevrai votre lettre que trop tard, & nous nous attendrions inutilement chacun chez nous.

Reconnoissance & mille amitiés

B Constant

Ce 19 mars 1827.

a Monsieur / Monsieur Tissot / Paris

Manuscrit *Lausanne, BCU, IS 4396 ; 4 pp., pp. 2–3 bl., l'adresse p. 4 ; orig. autogr.

Notes
[1] Sur Hyacinthe Caquelard-Laforge, voir au Répertoire.
[2] BC dîne donc chez le duc de Broglie et son épouse, Albertine, fille de Germaine de Staël et, comme le font penser plusieurs indices, de BC. Albertine ne figure que rarement dans la correspondance depuis la mort de Germaine ; Victor de Broglie partage cependant avec BC un intérêt dans la lutte contre la traite des esclaves.
[3] Adresse de Casimir Périer, chez qui allait avoir lieu une réunion le 20 mars, à 11h (voir les billets de BC à Casimir Périer à cette date, ci-dessous).

4923

Joseph de Verneilh-Puyraseau à Benjamin Constant

19 mars 1827

Mon cher ancien collègue :
Avant de retourner en Limousin, j'ai l'honneur de vous adresser le 3ᵉ et dernier vol. de mon histoire *Gallo-Aquitanique*[1], dont vous avez bien voulu dans le temps, agréer les premiers. Vous trouverez dans celui-ci des faits plus intéressans, en ce qu'ils se rapprochent d'avantage de notre époque ; vous y parcourrez ces champs de Coutras, où se distingua si honorablement l'un des vôtres[2]. En vous priant d'agréer ce nouvel hommage des loisirs de votre ancien collègue, je vous prie d'agréer mes félicitations tant sur le rétablissement de votre santé, ayant eu le plaisir de vous voir à la tribune, que sur votre inépuisable courage à défendre les restes de nos libertés. Que Dieu vous aide et vous seconde ! Espérons dans lui, dans les bonnes intentions de la couronne et dans la sagesse déjà éprouvée de la pairie[3].

Je vous prie, Monsieur et cher ancien collègue, de me garder une bonne place dans votre souvenir, et d'agréer cette nouvelle assurance de ma plus haute considération et pour votre noble caractère et pour votre talent distingué,

De Verneilh
Momentanément a Paris, rue de Bourbon n° 5⁴. Ce 19 mars 1827

Manuscrit   *Lausanne, BCU, Fonds Constant I, Co 1248 ; 2 pp. ; orig. autogr.

Commentaire et Notes   Joseph de Verneilh-Puyraseau (1756–1839) avait été député de la Dordogne, siégeant au centre gauche avec BC en 1817–1822.
[1] Il venait de publier le troisième volume de l'*Histoire politique et statistique de l'Aquitaine ou des pays compris entre la Loire et les Pyrénées, l'Océan et les Cévennes*, Paris : Guyot, 1822–1827 (*Bibliographie de la France* du 24 mars 1827, p. 252). L'ouvrage figurait dans la bibliothèque de BC (*OCBC, Documents*, I, 571).
[2] Antoine de Chandieu (1534–1591), ancêtre direct de BC par sa mère, participa à la bataille de Coutras en 1587 (voir *CG*, I, 444) ; Verneilh en fait le récit dans le tome troisième de son *Histoire*, pp. 154 et suiv.
[3] Vision juste : devant l'hostilité des pairs, Villèle retirera la loi sur la presse le mois suivant.
[4] C'est-à-dire à l'hôtel de Lille, tenu par Mme Grinchon (*Almanach du commerce* (1827), p. 114).

4924

Benjamin Constant à Rodolphe Cuvier

20 mars 1827

Monsieur
J'ai tardé longtems à vous répondre. Les efforts que j'ai faits contre l'execrable loi de la presse pourront m'excuser. Si vous faites présenter la pétition dont vous me parlez dans votre lettre[1], je l'appuyerai de tout mon pouvoir. Si non, je ne vois d'occasion que le Budget, & comme, avant qu'il vienne, nous avons du tems, je vous propose de me fournir des notes sur tout ce que vous désirez qui soit dit & je serai volontiers votre fidèle organe. Mais veuillez compléter les notes, si vous me faites l'honneur de m'en envoyer, pour que je prépare un travail complet. Je crois le moment favorable ; l'opinion est très vive & le Ministère assez effrayé.
    Agréez Monsieur l'assurance de mon devouement
        & de ma haute considération.
          Benjamin Constant
Paris ce 20 mars 1827

Manuscrit   *Lausanne, BCU, IS 4828 ; 2 pp. ; orig. autogr.

Commentaire et Note   La réponse de Cuvier du 25 avril révèle le destinataire de la présente.
[1] Voir ci-dessus la lettre de Cuvier du 12 janvier.

4925

Benjamin Constant à Casimir Périer

20 mars 1827

Vous n'oubliez pas cher Casimir que c'est aujourdhui vers onze heures que les personnes que je vous ai annoncées se présenteront chez [vous]. Je m'en remets à votre amitié, non seulement pour les encourager, mais pour leur indiquer la meilleure route à suivre, c'est à-dire celle qui rencontrera le moins d'obstacles. Je suis heureux de l'interet que vous y mettez. Mille tendres amitiés

B Constant

ce 20

a Monsieur / Monsieur Casimir Perrier / Député / Rue Neuve du Luxembourg / N° 27

Manuscrit   *Grenoble, AD de l'Isère, 11 J 41, f. 56 ; 4 pp., pp. 2–3 bl., l'adresse p. 4 ; orig. autogr.

Texte   2 [vous]] *le mot a été oublié*

Commentaire   Ce billet fait suite à la lettre à Périer du 19 mars : il s'agit de savoir sous quelle forme sera présentée la souscription qui permettra l'édition des *Discours* ; le billet suivant indique le mois. Le groupe des promoteurs s'est élargi : à Tissot et Périer se joignent des « personnes », sans doute des électeurs de BC.

4926

Benjamin Constant à Casimir Périer

20 mars 1827

N'oubliez pas cher Casimir qu ils seront chez vous ce matin à onze heures. Ils se réunissent tous à déjeuner chez l'un des leurs pour aller de là chez vous.

Vous avez été bien bon pour moi ce matin. Je vous en remercie bien.

Mille amities

B. Constant

Ce Mercredi

Monsieur / Casimir Perrier Député / rue Neuve du Luxembourg. / N° 27

Manuscrit   *Grenoble, AD de l'Isère, 11 J 41, f. 57 ; 4 pp., pp. 2–3 bl., l'adresse p. 4 ; orig. autogr.

Commentaire   La date de ce billet semble erronée : il est écrit, ainsi que les deux lettres précédentes, avant la parution du Prospectus, le 4 avril, or le 20 mars, date du rendez-vous chez Périer (voir le billet précédent), est un mardi – sauf à admettre, ce qui n'est pas impossible, que le rendez-vous prévu le 20 fut reporté au jour suivant.

4927

Benjamin Constant à Laurent-François Feuillet

23 mars 1827

Monsieur
Je prends la liberté de m'adresser a vous pour m'informer si les Recherches Asiatiques de la Société Anglaise de Calcutta se trouvent à la Bibliothèque de l'Institut, et si vous auriez l'extrême bonté de me preter les Tomes 12, 13, 14, & 15 de cet ouvrage[1].

Lors de mes lectures à l'Athénée, vous voulutes bien me promettre les secours de cette bibliothèque. Trop d'occupations politiques m'ont empêché jusqu'ici de profiter de cette offre obligeante. J'y recours maintenant avec confiance.

Dans le tems ou je travaillais à mon 1er vol. Messrs Bossange m'ont procuré plusieurs ouvrages, entrautres un Hésiode in 4°, grec avec une Traduction en vers Latins, qu'ils m'ont dit avoir emprunté de la Bibliothèque de l'Institut[2], si ma mémoire ne me trompe pas. Dans le cas où elle seroit fidèle, & ou vous auriez besoin de ce volume que j'ai peut être gardé trop longtems, j'aurais l'honneur de vous le renvoyer sans retard.

Agréez Monsieur l'hommage de ma reconnoissance & de ma haute considération
Benjamin Constant
Paris ce 23 Mars 1827

a Monsieur / Monsieur Feuillet / Rue de Sorbonne n° 1

Manuscrit   *Mantes-la-Jolie, AM, fonds Clerc de Landresse, ms. 930 ; 4 pp., l'adresse p. 4 ; orig. autogr.

Édition   Quilci et Ragghianti, n° 8.

Commentaire et Notes   Sur Feuillet, voir la lettre que lui adresse BC le 13 octobre 1825 (lettre 4586, *CG*, XIV, 198–199).

[1] Sur les *Asiatic Researches*, voir la lettre à Fauriel du 19 avril 1823 (lettre 4040, *CG*, XIII, 73–74). Le volume 12 avait été publié en 1816, le 13 en 1820, le 14 en 1822 et le 15 en 1825.

² En 1823, les Bossange n'avaient pu trouver le volume d'Hésiode recherché par BC (lettre 4110, 6 juillet 1823, *CG*, XIII, 148), avant de l'emprunter à la bibliothèque de l'Institut (voir ci-dessous la lettre de Feuillet du 24 mars) ; en 1825, BC avait demandé à le conserver (lettre 4586, *CG*, XIV, 198–199). Selon la description qu'il en donne ici, ce serait Ησιοδου του Ασκραιου Εργα και ημεραι – *Hesiodi Ascræi Opera et dies*, Firenze : Carli, 1808, conservé à la bibliothèque de l'Institut sous la cote 4° Q 11 A.

4928

Claude d'Estournelles à Benjamin Constant

24 mars 1827

Mon cher et bien aimé Beau frère,
Depuis ma dernière lettre du 11[1], laquelle a éprouvé forcément un retard pénible pour moi, par l'interruption, pendant quelques jours, de la communication, de toute part, par suite du temps affreux, & des avalanches, J'ai reçu, en date du 25 février, une lettre de mon fils, datée de Poligny et par laquelle il me mande qu'il jouït d'une bonne santé ; mais, faut-il vous le laisser ignorer ? non sans doute, cette lettre est un tissu de sarcasmes contre moi, et ne peut-être l'œuvre d'un enfant, moins encore de mon fils. Je le lui ai écrit par l'organe de son principal de Collège, Mr Reffay, ajoutant que j'étais persuadé qu'il n'eut pas permis son addresse mal mise, & son envoy, à moi, à Briançon, ce qui en a retardé la réception içi, s'il en avait eu connaîssance. Je ne vous parle de ce nouvel & immerité chef de chagrins, que par ma toute confiance en vous. – Je vous ai témoigné avec la même confiance, & une égalle franchise, combien, d'abord, je suis tout disposé à suivre vos conseils, & à les mettre à exécution ; mais, aussi, combien il est raisonable & équitable d'avoir égard, ne fût-ce que sous le rapport d'humanité, que les personnes qui me sont le plus étrangeres, respectent, à l'influence douloureuse, & même reconnüe dangereuse pour le maintien & la conservation de ma santé, très débilitée depuis que vous m'avez vu[2], par l'âpreté, la variabilité et l'effet continuel de ce climat, qu'il serait à souhaiter, que non seulement j'obtinsse, bien avant les mois d'octobre & de novembre, car alors il faudrait se résoudre à passer encore un hyver, ce à quoi je ne puis ni ne dois consentir, une autre résidence, mais aussi dans l'intérêt même des personnes aux quelles je puis être utile, directement, ou indirectement, le grade de Lieutenant-colonel, en même temps. Si vous aviez pour moi, pour Léonçe, pour Louise même, puisque j'attends d'après votre avis, l'extrême bonté de demander un rendez-vous, soit à M^r le Comte Du Cöetlosquet[3], Directeur G^l du Personnel, au Ministere de la Guerre, même ouvertement, comme justice, autant que comme grâce, soit même à M^r De C^t T^{rre}[4] et que vous voulûssiez bien insister sur

l'obtention, & de mon changement de résidence en même temps que sur ma promotion au grade de Lieutenant-Colonel, dans la même conjoncture, ce qui s'est vu, et est fondé sur l'ancienneté de mon grade, de 12 ans, d'officier supérieur, Chef d'escadron, vous me rendriez un éminent serviçe, qui plus tard, peut-être, serait encore plus difficile à obtenir ; et vous auriez contribué à l'avantage de trois personnes qui vous sont aussi dévoüés que sincèrement attachées.

Cy-joint le reçu du Directeur de la poste aux lettres de Mont-Dauphin, & de onze fr. p^r le port du petit ballot à votre addresse, & qu'il a arbitrairement gardé vingt jours. Vous devez l'avoir reçu en ce moment. Un seul mot, pour me donner du repos sur l'objet de la présente, je vous adjure, comme aussi de me croire avec toute la gratitude & l'affection que vous avez lieu d'attendre de moi inviolablement.

Votre beau frère
Le Ch^{er} Balluet D Estournelles

F^t Q^s le 24 mars 1827. H^{tes} A.

P. S. Que s'il y avait apparence de guerre, j'obtienne au moins, le commandement d'une place de guerre, et en première ligne. Longwy[5], par exemple, ou une autre, il y aurait, au moins là, une chançe pour acquérir honneur & avancem^t. Je m'addresse à vous, comme à un ange tutélaire : Vous y aurez sûrement égard, je ne puis en douter.

[*Annexe* :] j'ai reçu du sieur Comier[6] la somme de onze francs. de la part de Monsier le lieutenant du roi au Fort queyras
à Mont Dauphin le 24. Mars 1827

Salle directeur des postes

P^r solde de l'affranchissem^t, du Queyras à Paris, d'un petit ballot, contenant deux peaux de renard, & à l'addresse depuis le 23 Février 1827, de Mr B^n Constant, Membre de la ch^{bre} des Députés N° 15 rue d'Anjou S. H

A Monsieur / Monsieur B^n Constant, / Membre de la Chambre des Députés, / N° 15 Rüe d'Anjou St Honoré, / A Paris.

Manuscrit *Lausanne, BCU, Fonds Constant I, Co 829 ; 4 pp., l'adresse p. 4 ; cachet postal : [ ] 1827 ; timbre : P.4.P / EMBRU[N] ; orig. autogr. L'annexe : 2 pp., p. 2 bl.

Texte *Calculs d'une autre main sur la p. d'adresse.* **53** P^r solde de l'affranchissem^t,] *Ce paragraphe est de la main de d'Estournelles.*

Notes

[1] Voir ci-dessus.
[2] D'Estournelles avait revu BC à Paris fin novembre-début décembre 1826 (voir *CG*, XIV, 480–501).
[3] Sur le comte Charles Yves César Cyr du Coëtlosquet, voir la lettre de d'Estournelles du 27 janvier 1825 (lettre 4450, *CG*, XIV, 43–45).
[4] Lire Clermont-Tonnerre, ministre de la Guerre.
[5] Les fortifications de Longwy, ordonnées par Louis XIV, furent réalisées par Vauban à partir de 1679.
[6] La lecture du mot n'est pas certaine (ni la maîtrise de la langue du directeur des postes) : peut-être *courrier* ou *Bourcier*, le « distributeur des lettres » de Fort Queyras.

4929

Laurent-François Feuillet à Benjamin Constant

24 mars 1827

Paris le 24. Mars 1827.

Monsieur

Je me hâte de répondre à la demande que vous me faites l'honneur de m'adresser[1]. Nous avons la collection des Mémoires de Calcutta complète jusqu'à ce jour, et par conséquent les volumes que vous desirez consulter. Je me ferai un plaisir de les mettre à votre disposition, en vous priant cependant de ne les faire prendre que successivement, vol^e par vol^e, et de me les renvoyer dès que vous n'en aurez plus besoin. Les collections Académiques forment une partie importante de la Bibl^e de l'Institut, et il importe, pour les besoins journaliers, qu'elles y soient aussi complètes que faire se peut.

Je vous remercie, Monsieur, d'avoir bien voulu vous rappeler, dans cette circonstance, les offres que j'ai eu l'honneur de vous faire ; Je m'estimerais toujours fort heureux de pouvoir vous être bon à quelque chose.

Agréez, je vous prie, l'expression de la haute considération avec laquelle j'ai l'honneur d'être,

Monsieur,
Votre très humble et très obéissant serviteur.
L. Feüillet

P. S. Si vous n'avez plus besoin de l'Hésiode, vous me ferez plaisir de me le renvoyer. Après vous l'avoir demandé directement, à une époque que je crois assez éloignée, j'avois prié MM. Bossange de le rappeler à votre souvenir. La Bibl^e de l'Institut est ouverte tous les jours ; en y envoyant de une heure à cinq, vous êtes sûr qu'on m'y trouvera.

Manuscrit *Lausanne, BCU, Fonds Constant I, Co 1426 ; 2 pp. ; orig. autogr.

Note
1 Voir ci-dessus la lettre à Feuillet du 23 mars 1827.

4930

Benjamin Constant à Casimir Périer

25 mars 1827

J'ai été pour vous voir ce matin, mon cher Casimir, quoique je doive diner chez vous. Je voulais 1° avoir de vous les lois qui me sont necessaires pour vous appuyer demain¹. 2° vous parler de l'affaire que vous avez prise sous votre égide & qui reussira par vous. Tout est prêt de la part de Tissot ; & les electeurs qui ont concu l'idée pressent pour l'exécuter. J'irai de bonne heure vous donner tous les détails, avant diner, si vous avez cinq minutes de loisir.

Dans le cas ou vous rentreriez avant 4 heures ½ envoyez moi les loix en question pour que j'aïe d'autant plus de temps pour me préparer
Mille amitiés
B.C.

ce 25

Monsieur / Casimir Perrier / Paris

Manuscrit *Grenoble, AD de l'Isère, 11 J 41, f. 39 ; 4 pp., pp. 2–3 bl., l'adresse p. 4 ; orig. autogr.

Commentaire et Note Le projet d'édition des *Discours* (« l'affaire ») prend forme, ce qui fixe probablement la rédaction de la présente au mois de mars 1827 ; le 25 est un dimanche : BC peut rencontrer en fin d'après-midi Périer qui est sans doute en promenade.
1 Périer, puis BC n'interviendront à la Chambre que le mardi 27 mars sur le projet de Code forestier (*Archives parlementaires*, L, pp. 546 et suiv.).

4931

Benjamin Constant à Casimir Périer

27 mars 1827

Pardon, cher Casimir : j'espère que c'est pour la dernière fois que je vous dérange pour mon affaire & qu'elle sera mise en train de manière à ne vous donner aucun embarras. Soyez assez bon pour recevoir ce matin l'electeur[1] qui a vu Tissot hier & qui se présentera chez vous entre dix & onze heures. Il vous rendra compte de ce qui a été fait & des arrangemens qui ont été pris. Le Prospectus[2] doit être imprimé de manière à ce qu'on puisse en disposer demain sans retard. & on a pensé qu'il seroit bon que vous fussiez encore une fois au fait de toutes les mesures prises.

Mille sinceres amities

B Constant

Ce 27 Mars

a Monsieur / Monsieur Casimir Perrier / Paris

Manuscrit   *Grenoble, AD de l'Isère, 11 J 41, f. 40 ; 4 pp., p. 3 bl., l'adresse p. 4 ; orig. autogr.

Notes
[1] Sans doute Hyacinthe Caquelard-Laforge, « électeur du sixième arrondissement » qui avait déjà signé la lettre des citoyens du 10 juillet 1826 (lettre 4767, *CG*, XIV, 403–404) et qui participera activement à l'édition des *Discours* comme le montreront les lettres suivantes.
[2] Le « Prospectus » de souscription est annoncé dans la *Bibliographie de la France* du 4 avril 1827, p. 294. Un exemplaire est conservé dans le dossier des lettres à Casimir Périer, conservé par les AD de l'Isère sous la cote 11 J 41, f. 67 ; 8 p., pp. 7–8 bl.

4932

Benjamin Constant à Juliette Récamier

27 mars 1827

J'espérais, Madame, profiter dès aujourdhui de la permission contenue dans votre billet de hier, & je m'en faisais une grande joye : deux affaires & la prolongation de la séance m'enlèvent ce bonheur[1]. J'ai l'espoir de m'en dédommager demain ou après, & je serai bien heureux de vous parler de mes sentimens qui ne varieront jamais, & de mes regrets de ne vous les exprimer que si rarement.

Milles tendres hommages
B Constant

Ce 27 Mars. 1827

Madame / Madame Récamier / à l'Abbaye aux Bois / Rue de Sèvres / *Paris*

Manuscrit   *Paris, BnF, N.a.fr. 13265, ff. 317–318 ; coté d'une main ancienne : « 171 » ; 4 pp., pp. 2–3 bl. ; cachet postal : 28 mars 1827 ; timbre : B^{AU} DE POSTES CH^{BRE} / DES DÉPUTÉS DES DÉP^{ts} ; orig. autogr.

Éditions   1. Lenormant (1882), n° 155, pp. 326–327. 2. Harpaz (1977), n° 175, p. 278. 3. Harpaz (1992), n° 188, pp. 356–357.

Note

[1] Le 27 mars, la Chambre s'était « réunie dans ses bureaux avant la séance publique » afin de nommer les membres de plusieurs commissions, mais la séance, au cours de laquelle BC avait pris la parole, s'était terminée assez tôt, « à cinq heures et demie » (*Archives parlementaires*, L, p. 557). Vu le timbre, il se peut que BC ait écrit ce mot à la Chambre, pensant que les débats se prolongeraient.

4933

Léonce d'Estournelle à Benjamin Constant

27 mars 1827

Mon cher oncle

Jai eprouvé bien du chagrin en apprenant par maman que vous etiez malade depuis quelque tems. Je ne cesse d'addresser tous les jours au ciel les vœux les plus tendres pour votre prompt retablissement que je desire bien ardament. Maman m'a promi que toutes les fois que j'aurai de bons bulletins elle vous les envérois, je ferai tout mon possible afin qu'ils soient bons et afin d'avoir des prix a la fin de l'année et je m'empresserai de vous les envoyer pour vous prouver quel plaisir eprouve votre petit Leonce quand il peut vous contenter.

Adieu mon cher oncle
votre respectueux neveux.
Leonce Destournelles

A Monsieur / Monsieur Benjamin Constant / Deputé de la cour Royale / à Paris Rue D'Anjou N° 15 / *Paris*

Manuscrit   *Lausanne, BCU, Fonds Constant I, Co 1260 ; 4 pp., p. 3 bl. ; cachet postal : 27 Mars 1827 ; timbre : 38 / POLIGNY ; orig. autogr.

4934

Charles Béchet à Benjamin Constant

31 mars 1827

Paris, le 31 mars 1827
CHARLES-BÉCHET, *Libraire-Commissionnaire pour la France et l'Etranger, Editeur de la Collection complète des Lois, Décrets, Réglemens et Ordonnances, par J.B. DUVERGIER, Avocat à la Cour Royale,*
Quai des Augustins, N° 57.
A Monsieur Benjamin-Constant à Paris

Monsieur,
Un orgueil bien excusable, légitimera à vos yeux la démarche que je fais en ce moment ; Mr Tastu[1] vient de m'apprendre que vous êtes dans l'intention de publier un de vos nouveaux ouvrages ; je serai orgueilleux d'associer en quelque sorte, mon nom à la juste célébrité du vôtre, et c'est dans ce seul but que j'ai l'honneur de vous offrir mes humbles services en me mettant sur le rang de ceux de mes confrères, qui sollicitent sans doute, une pareille faveur[2].
   Je n'aurais jamais la prétention de mieux faire qu'un autre & cependant il n'est pas moins vrai de dire que de grandes rélations et une activité remarquable donnent à ma maison des avantages sur beaucoup d'autres.
   Permettez moi donc Monsieur, de vous exprimer le désir que j'eprouve de pouvoir obtenir votre honorable confiance ; tous mes soins seraient employés à la justifier et votre satisfaction serait ma plus douce recompense.
   J'ai l'honneur d'être avec un profond respect,
Monsieur,
Votre très humble et très obéissant serviteur,
Charles Bechet

Manuscrit   *Lausanne, BCU, Fonds Constant I, Co 3837 ; 2 pp. ; orig. autogr.

Texte   *Les caractères en italique ont été imprimés.*

Notes
[1] Joseph Tastu (1787–1849) était imprimeur et éditeur à Paris depuis 1821 ; il avait épousé Sabine-Casimire-Amable Voïart, « Mme Amable Tastu », écrivain que BC connaissait (voir la lettre 4512 qu'il lui écrit le 7 juillet 1825, *CG*, XIV, 121). Seul, un petit ouvrage de BC avait été imprimé

chez Tastu : un *Discours prononcé* [...] *dans la discussion générale du budget de 1827. Séance du 17 mai 1826* (Courtney, *Guide* (1985), B62).
² Sans doute Tastu avait-il eu vent du projet d'édition des discours de BC (voir ci-dessous la lettre à Tissot du 5 avril).

4935

Lebas, frères à Benjamin Constant

mars 1827

Paris le Mars 1827.
Monsieur.
Nous partageons vivement l'intérêt que vous portez à la famille Remy et qu'elle mérite sous tous les rapports.

Ses malheurs nous sont également connus ; et mieux que personne nous sommes à même d'apprécier les peines que le père, la mere et les enfans se donnent pour lutter contre leur mauvaise fortune.

Nous avions appris avec reconnaissance que vous aviez daigné faire en leur faveur dans le Constitutionnel, un appel à l'humanité ; chaque jour nous aspirions après cette annonce impatiemment attendue. Jugez de notre déplaisir en apprenant que ces délais indéfinis provenaient de ce que Monsieur de St Albin[1] avait eu le malheur d'égarer votre lettre si obligeante.

Si nous ne craignions pas d'abuser de vos momens précieux, nous vous prierions de vouloir bien mettre le comble à votre génerosité et à votre complaisance en leur confiant un duplicata de votre lettre dont la publicité apporterait bientôt, nous en sommes persuadés, quelqu'adoucissement à leur affreuse position.

Ils ont besoin plus que jamais de votre honorable protection. Veuillez la leur conserver. De notre côté nous nous unissons de tout cœur pour vous seconder dans cette entreprise génereuse et digne de votre noble caractere.

Nous avons l'honneur de vous saluer avec la plus parfaite consideration.

Lebas frères
Neg^{ts}
R. Le Bas père[2]
Baillargeau
Fagedel
Pellerin
Zolver[3]
Nég.

Coutel [ ]
Chev. de S^t ferdinand d'Espagne
A. Lachave
Victor Bernard[4]
off^{er} Sup^r
Bourbonne
Caravelle

Manuscrit *Paris, BnF, N.a.fr. 18832, f. 66 ; 2 pp. ; orig. autogr.

Texte **1** le] *un espace a été ménagé pour la date* **18** conserver.] conserver ⟨et⟩ **29** [ ]] *quelques abréviations illisibles*

Commentaire et Notes Rien n'apparaît dans *Le Constitutionnel* concernant la famille Remy.
[1] Peut-être Alexandre Rousselin de Corbeau de Saint-Albin.
[2] Des Lebas frères étaient fabricants de calicots et installés 16, rue du Sentier ; un Le Bas père (?) louait des carrosses, 38, rue Basse-du-Rempart (*Almanach du commerce* (1827), p. CLXXXVII).
[3] Un Zolver était distillateur, 22, rue des Arcis (*Almanach du commerce* (1827), p. CCCIX).
[4] Un Bernard, capitaine, habitait 90, rue de Vaugirard (*Almanach du commerce* (1827), p. XXXVIII). La lecture du prénom n'est pas certaine.

4936

Fortuné Pinet à Benjamin Constant

mars 1827

Monsieur,
Je vous engage à prendre connoissance de la lettre ci-jointe qui m'est adressée par M. Perier[1]. C'est un créancier de M. Durand et le seul avec vous et M. Laverrerie.

J'aurai l'honneur de passer chez vous un matin, vers le milieu de la semaine, pour conférer sur le résultat de vos réflexions. Je serai charmé de vous épargner tout dérangement.

J'ai l'honneur Monsieur, de vous saluer respectueusem^t
Pinet a[2]

[Annexe :]

Lyon le 5 Mars 1827.

Mon cher Pinet
Je suis ici depuis deux jours. J'ai vu le Sr Durand qui a eu le front de venir m'embrasser. Sans le brusquer je l'ai reçu très froidement, et me contenant pour

ne pas en venir à des explications qui m'eussent fait sortir de mes gonds, et qui eussent nui à mes interêts.

Durand m'a fait part des propositions et promesses qu'il vous avait chargé de communiquer à Mrs Laverrerie et Benjamin Constant. J'y adhère pour ma part. Maintenant il faut que ces messieurs, envoient sur le champ leur procuration ici afin que nous nous entendions pour mettre les promesses de Durand à l'epreuve. Il faudrait que vous vissiez ces messieurs sur le champ. Representez leur combien il est urgent qu'ils soient vite representés ici, parceque ma présence en imposent. Rédigez le projet d'arrangement, de manière à laisser le moins d'issue à l'astuce du Sr Durand. Si ces messieurs me passaient leur pouvoir en attendant, Je pourrais me faire remettre les manuscrits qu'a le Sr Durand, sauf à ne les vendre que d'un consentement commun. Ceci est important, car si l'on ne serre pas le bouton[3] quand j'y suis, Durand aura peut être des besoins, ou bien l'occasion lui fera disposer de ces manuscrits, dont nous pourrions profiter si nous nous hatons.

Durand s'engage par cet arrangement a payer chaque mois la moitié de ses appointemens qui se montent à trois cent francs. Il offrait de payer en remettant chaque fin du mois un bon à notre mandataire commun, un bon de 150 francs. J'ai trouvé plus commode et surtout plus prudent, que le trésorier mit son visa au bas de la convention et s'engagea à payer en tant que caissier la moitié par mois, lequel visa les parties s'engageroient à valoir comme un jugement de saisie arret etc.

Quand aux manuscrits il faudrait que ces messieurs ordonnassent vite, qu'on me les remit, sauf à en distribuer le prix par contribut[4] en ne les vendant que de leur consentement, le sieur Durand nous vendroit à tous trois solidairement tous ses manuscrits quelconques sous quelques titres et noms qu'ils fussent ; il serait réservé un tiers de la vente au sieur Durand.

J'ai arrêté mes comptes à 9000 f. malgré que j'ai dépensé beaucoup plus. Je m'estimerai fort heureux si j'en touche seulement le quart ! Les créances de Durand sont pour moi l'eau qui mouillait les lèvres de Tantale, j'en approche de bien près, je n'y croirais, malgré qu'il ait apparence de recevoir quelque chose, que lorsque je palperai les espèces.

Indiquez moi ainsi qu'a ses messieurs, les stipulations, par lesquels on pourrait le mieux forcer Durand a tenir ses engagemens. Il m'importe avant tout qu'on se presse.

Si Mr Benjamin Constant ne voulait me transmettre un pouvoir, ne me connaissant pas, il peut indépendamment de la confiance que doivent lui inspirer vos paroles, s'adresser à Mr Dubay député[5], par lettre, en lui indiquant le motif des renseignemens qu'il demande. Mr Dubay, connaît mes affaires avec Durand[6].

Quand à Mirabal qu'avez-vous fait ? Je croyais puisque vous ne m'en aviez pas parlé que le Sr Mirabal avait refusé seulement de payer le billet de 300 et non celui de 450, il n'en est pas ainsi ainsi que Mallet[7] me l'a dit à son retour de Paris. Avez vous pu dénicher ce Leyris, c'est la le point important. Vous en pourrez trouver l'adresse chez Berger Tailleur rue St Honoré n° 199. Mirabal a-t-il payé l'effet de 400 francs que je vous ai envoyé ?

Faites moi le plaisir de me répondre le plutôt possible. Écrivez à ces messieurs si vous n'avez pas le temps de les aller voir. Vous sentez qu'il importe de profiter de ma présence ici. Faites les stipulations les plus serrées que pos[sible] On n'offense pas Durand, en témoignant de la défian[ce]

Adieu, mon cher Pinet, je vous écris à la hate ; le temps presse ; Conservez moi toujours votre amitié, je ferai en sorte de m'en rendre digne, je n'eprouve qu'un regret, c'est de ne pouvoir vous témoigner ma reconnaissance pour le dévouement que vous me témoignez

Je suis encore ici, ou à Genève, pour 12 à 15 jours adressez moi vos lettres. Chez M^de Flandin[8] côte des Carmelites n° 35. Vous devez avoir appris par les journaux, l'évenement malheureux arrivé hier à Lyon. Le bateau à vapeur a sauté, un grand nombre de personnes a péri[9].

Adieu, une seconde fois mon bon ami,

S'il pouvait entrer dans vos arrangements de venir à Lyon dans ce moment voir vos parens, vous feriez un grand plaisir à celui qui se dit votre sincère ami

Perrier

Monsieur / Monsieur Pinet rue Bar-du-Bec n° 9. / A Paris

Manuscrit *Paris, BnF, N.a.fr. 18836, f. 93 ; 2 pp., p. 2 bl. ; orig. autogr. ; l'annexe : ff. 94–95, 4 pp., l'adresse p. 4 ; cachet postal : 8 Mars 1827 ; orig. autogr.

Texte   20 nous] *le second* nous *a été oublié*   34 tant] *il a écrit* tems   35 lequel] *la lecture de ce mot n'est pas certaine*   46 espèces.] *en marge verticalement :* Proportions   Benj. C.———   3000   Laverrerie——   5000   Perrier———   9000   17.   **57** Mallet] Mallet ⟨m'a écrit⟩   62 de] *il a répété* de   63 *des lettres ont été emportées avec le cachet*

Commentaire et Notes   Pour cette affaire, voir la lettre 4821 de Charles Durand du 9 novembre 1826 (*CG*, XIV, 467–469).
[1] Il ne s'agit pas de Casimir Périer.
[2] Peut-être par abréviation pour *avocat*.
[3] Presser vivement quelqu'un, le menacer même (Littré).
[4] Est-ce une abréviation de *contributeur*, *contribution* ?
[5] Louis Balthazar Dubay (1775–1859), député d'Ardèche.
[6] Il semble que dans le paragraphe suivant, il s'agisse d'affaires concernant seulement Perrier et Pinet.
[7] Sans doute l'un des frères Mallet, banquiers de BC.
[8] Une veuve Flandin, « moulinière » habitait effectivement 35, montée des Carmélites à Lyon en 1827 (Arch. Municipales de Lyon, 921 WP 113, f. 68).
[9] Voir par exemple le *Journal du Commerce de la ville de Lyon* du 7 mars 1827, pp. 1–2.

4937

Benjamin Constant à Casimir Périer

1er avril 1827

Je recois les deux lettres ci jointes[1], mon cher Casimir, & je compte assez sur votre amitié pour espérer que vous les lirez. J'en ai recu d'autres de libraires. Je vous les épargne. Mais il faut que votre excellente tête m'aide à deux choses, l'une à me décider sur l'imprimeur ou plutôt a me conformer à votre opinion en faveur de Didot[2], en évitant de mécontenter ceux qui désirent les autres, la seconde a organiser le mode & les lieux de souscription, car ceci me parait encore assez confus. Mon électeur, comme vous voyez, veut vous apporter ce qu'il a déjà ; mais si tout le monde recoit, il peut y avoir de la confusion.

Votre affaire de hier fait merveille : & les journaux l'ont parfaitement rendue. C'est un vrai bonheur qu'une occasion pareille & la coincidence de la chambre des Pairs est admirable[3].

Quelques personnes m'ont pressé de faire mettre l'annonce de ma publication dans les journaux[4]. Vous déciderez quand il en sera tems.

Soyez assez bon pour consacrer quelques minutes, car avec votre coup d'œil dans les affaires, il ne vous faut que cela, pour que je sache aujourdhui coment organiser le matériel.

    Mille tendres amities

                  B Constant

Manuscrit *Grenoble, AD de l'Isère, 11 J 41, f. 66 ; 2 pp., p. 2 bl. ; orig. autogr.

Commentaire et Notes La « chasse » aux souscriptions pour l'édition des *Discours* est lancée. L'intervention de Périer à la Chambre le 31 mars 1827 permet de dater la lettre qui fut écrite le lendemain.

[1] Il se peut que BC ait adressé à Périer la lettre de Charles Béchet, datée du 31 mars.
[2] Les *Discours* seront imprimés par Jean Pinard (voir ci-dessous la lettre de Tissot du 5 avril 1827).
[3] Périer avait soulevé une vive agitation à la Chambre en dénonçant comme « attentat inouï » une intervention armée de la part des autorités pour empêcher les jeunes gens de porter à bras le corps du duc de La Rochefoucauld-Liancourt lors de son enterrement : « Laissons à la chambre des pairs […] le soin de demander vengeance de l'insulte faite à l'un de ses membres les plus distingués ; et en annonçant à la France cette profanation de tout ce qu'il y a de plus sacré parmi les hommes, bornons-nous pour aujourd'hui à unir notre voix à celle de tous les cœurs généreux et de tous les amis de leur pays pour déplorer la perte du noble duc de Liancourt, qui fut, tout à la fois, l'honneur de l'ancienne et de la nouvelle France, et le bienfaiteur de l'humanité. » (*Le Constitutionnel* du 1er avril 1827, p. 4). Le même jour, la Chambre des pairs s'était émue de l'affaire.
[4] Elle paraîtra dans *Le Constitutionnel* du 9 juin 1827, pp. 3–4.

4938

Benjamin Constant à Pierre-François Tissot

1er avril 1827

Je n'ai rien de vous, mon cher collègue, & j'en suis fâché, d'abord parce que plusieurs électeurs, ayant désiré une réunion, j'attendais la liste de M Caquelard[1], & 2° parce que dinant avec Casimir Perrier, j'aurais voulu lui dire où en sont les choses. Après la demande qu'on lui a faite de se mettre à la tête de cette affaire[2], je crains s'il n'en entend plus parler qu'il ne croye que c'est une tentative manquée à laquelle il regretteroit de s'etre associé, comme moi d'y avoir consenti. Donnez-moi de vos nouvelles, ce matin si vous pouvez. Je ne sors pas de chez moi avant cinq heures & demie, & Casimir m'attend à diner pour tout régler

Mille amitiés
B Constant

ce 1er Avril

à Monsieur / Monsieur Tissot / Rue de Bourbon Villeneuve / N° 45

Manuscrit *Paris, BHVP, Ms. 3044, ff. 51–52 ; orig. autogr.

Commentaire et Notes Tissot demeure à l'adresse indiquée en 1827 (*Almanach du commerce* (1827), p . CCXCIII), et le contenu de la lettre s'insère très bien dans la correspondance de fin mars – début avril 1827.
[1] Voir la lettre à Périer du 27 mars. Dans son *Carnet de notes*, au début de 1827, BC indique Caquelard parmi les « Lettres à écrire » (*OCBC*, XVII, 612–613).
[2] L'édition des discours.

4939

Béchet aîné et Jean-Armand Pichon : circulaire

1er avril 1827

Paris, ce 1er Avril 1827.

M

J'ai l'honneur de vous donner avis que je viens de nouveau de céder mon Fonds de Librairie à M. Pichon, dont j'ai su apprécier le zèle, le dévoûment & l'activité au travail. La manière avantageuse dont il est connu des principaux Libraires de

Paris, & notamment de ceux chez lesquels il a été employé, m'assure qu'il se rendra de plus en plus digne de votre confiance et de la mienne.

Je vous prie de lui accorder la même bienveillance, dont vous avez bien voulu m'honorer jusqu'à ce jour ; je suis persuadé qu'il fera tous ses efforts pour la mériter.

Je laisse une partie de mes capitaux dans sa Maison, à la prospérité de laquelle je continuerai à donner mes soins pendant quelques années.

Désirant coopérer de tout mon pouvoir au succès de la Maison de mon Successeur, je l'autorise à ajouter mon Nom au sien, en conséquence, sa Raison de commerce sera *Pichon-Béchet*.

Je reste seule chargé de ma liquidation.

J'ai l'honneur de vous saluer,
Bechet ainé
LIBRAIRE QUAI DES AUGUSTINS, N. 47.

Paris, le 1ᵉʳ Avril 1827.

M

Sous les auspices de M. Béchet aîné, auquel je ne dois qu'à sa *bienveillance seule* la cession qu'il me fait aujourd'hui de sa Maison de Librairie et de la suite de ses affaires ; j'ai l'honneur de vous confirmer la Circulaire ci-jointe, en vous priant de vouloir bien m'honorer de la même confiance, dont vous l'avez honoré jusqu'à ce jour.

Je n'attends cette confiance que du zèle et de l'activité que j'apporterai au soin de vos intérêts et à l'exécution des ordres que vous voudrez bien me confier. Quoique depuis deux ans seulement dans une partie qui demande beaucoup d'expérience, j'ai été assez heureux pour faire mon noviciat dans trois des premières Maisons de Paris, telles que MM. Ponthieu, Baudouin frères[1] et notamment M. Charles-Béchet, chez lequel je sors d'être principal commis, et dont la réputation comme Commissionnaire et comme Libraire de Jurisprudence vous est connue.

Connaissant plus particulièrement ces deux genres de Librairie, ce sont ceux-là que je me propose d'exploiter, concurremment avec le gendre de M. Béchet.

D'ici à peu de temps, j'aurai l'honneur de vous adresser mon Catalogue, en vous invitant à y faire votre choix.

Le désir que j'ai d'accroître mes relations et de donner à ma Maison toute l'extension dont elle est susceptible, vous est un sûr garant de la douceur de mes prix et des conditions favorables qui serviront toujours de bases à mes relations.

M. Béchet m'autorisant à ajouter son nom au mien, ma raison de commerce sera *Pichon-Béchet* ; veuillez en prendre note ainsi que de ma Signature.

En l'attente de vos ordres et d'une longue suite de relations,

J'ai l'honneur d'être votre dévoué Serviteur.
Pichon-Bechet.
LIBRAIRE, QUAI DES AUGUSTINS, N. 47.

A Monsieur / Monsieur Benjamin-Constant / Député, Rue d'Anjou St Honoré 15.

Manuscrit   *Lausanne, BCU, Fonds Constant I, Co 3838 ; 4 pp., p. 2 bl., l'adresse p. 4 ; imprimé

Texte   36 gendre] *il a écrit* genre

Commentaire et Note   Sur cette opération, voir le *Feuilleton de la Bibliographie de la France* n° 9 du 28 avril 1827. Dès juin, paraissent dans la *Bibliographie de la France* des ouvrages édités par Pichon-Béchet. Jean-Armand Pichon allait être breveté libraire le 10 avril 1827. Béchet aîné avait cédé son fonds une première fois à son gendre Charles Béchet (voir sa lettre 4800 du 17 septembre 1826, *CG*, XIV, 447).

[1] Ulfrand Ponthieu, libraire à Paris depuis 1820, comptait parmi les éditeurs de *De la Religion*. Charles et Alexandre Baudouin, imprimeurs-libraires à Paris depuis 1820.

4940

Benjamin Laroche à Benjamin Constant

1er avril 1827

Paris, 1er avril 1827

Monsieur,
Je me hâte de répondre à la lettre beaucoup trop flatteuse que vous avez bien voulu m'écrire. En vous adressant soit à Mr de Barante, soit à M^r le duc de Broglie, au sujet de ma pétition, vous m'obligerez ; veuillez, s'il vous plait leur faire sentir que cette pétition n'est point une satire ; que bien qu'en vers, elle ne sort pas de la gravité du langage parlementaire ; et que d'ailleurs la poësie n'a rien qui doive répugner à une assemblée qui compte dans son sein des littérateurs distingués et même des poëtes.

Du reste, Monsieur, ce que vous ferez, sera bien fait ; je viens d'ordonner le tirage ; après demain vous recevrez plusieurs exemplaires, et vous mettres le comble à vos bontés, en voulant bien appuyer près du Constitutionnel et du Courier, la demande que je vais leur adresser, relativement à l'insertion d'extraits de ma pétition.

Veuillez agréer, Monsieur, l'assurance bien sincère de mon dévouement et de mon respect.

B. Laroche.

boulevard du temple, N° 21.

Manuscrit   *Lausanne, BCU, Fonds Constant I, Co 1143 ; 2 pp. p. 2 bl. ; orig. autogr.

Texte   4 écrire] *surcharge* adresser

Commentaire   Benjamin Laroche (1797–1852), écrivain politique et traducteur d'auteurs anglais, venait de publier *Pétition en vers. Pétition d'un homme de lettres à la Chambre des Pairs à l'occasion du projet de loi sur la police de la presse*, Paris : chez les libraires du Palais-royal, 14 p. (*Bibliographie de la France* du 11 avril 1827, p. 317). La destination de sa pétition explique le recours à Prosper de Barante et Victor de Broglie. Un Laroche « limonadier » était installé 21, boulevard du Temple (*Almanach du commerce* (1829), p. CCI).

4941

A. Lecourt à Benjamin Constant

4 avril 1827

Que je suis donc faché de manquer à l'honorable appel qui m'est fait ! Les projets les meilleurs sont souvent traversés : malade depuis 11. jours, je n'ose sortir. L'ord^{ce} médicale a muré ma porte. Je n'ai donc pour me consoler de ce petit événement, que la lecture du journal, qui ne vaut pas le livre vivant de nos libertés publiques, & l'orateur loyal & vertueux que nous avons choisi.   5

J'ai l'honneur d'être avec le plus profond respect
Monsieur & honorable député de la Seine,
                    Votre très humble & très obeissant serviteur
                                                                    A. Lecourt.
Ce 4. Avril 1827.   10

Manuscrit   *Paris, BnF, N.a.fr. 18832, f. 68 ; 2 pp., p. 2 bl. ; orig. autogr.

Commentaire   Sans doute un électeur qui avait été invité par BC à une réunion ou à une séance de la Chambre. Un Lecourt était pharmacien, rue Saint-Martin, dans la circonscription de BC (*Almanach du commerce* (1827), p. CXC) ; en février 1826, un Lecourt (le même ?) figure parmi d'autres électeurs auxquels BC destine des « Envois » (*OCBC*, XVII, 560).

4942

Benjamin Constant à Pierre-François Tissot

5 avril 1827

J'ai oublié de vous dire, mon cher Collègue, que M. Caquelard[1] m'a transmis des offres de l'imprimeur Boucher[2], qui ne m'ont point ébranlé sur la préférence à donner a vos jeunes gens[3], mais qui sont accompagnées d'une circonstance digne d'attention. Cet imprimeur offrait de souscrire pour cent exemplaires, & il y auroit eu à cela l'avantage de donner l'exemple à d'autres imprimeurs. Encore une fois, cela ne m'ébranle pas, mais je crois pouvoir exiger de vos jeunes gens une chose du même genre, quoique moindre : C'est que dès aujourdhui ils souscrivent chez M. Perrier pour 25 exemplaires. Ils s'en récupéreront bien sur le prix de l'impression, & cela fera un très bon effet. Vous m'avez dit qu'ils avoient de plus quelques souscriptions. Engagez-les à les remettre à M. Perrier. Plus on viendra à fur & à mesure, plus il verra le succès d'une affaire à laquelle son amitié pour moi lui a fait attacher son nom : & ce succès l'encouragera d'autant plus.

Vous m'avez dit que L'advocat[4] voulait entrer dans cette affaire. S'il veut passer chez moi nous en causerons.

        Croyez à ma reconnoissance & à mon attachement.

B.

Ce 5 Avril.

Avez-vous pensé à notre électeur Thomas, rue bleue, & à Laresche, au palais royal[5].

à Monsieur / Monsieur Tissot / Rue bourbon Villeneuve / N° 45

Manuscrit *Lausanne, BCU, IS 5212, f. 9 ; 4 pp., pp. 2–3 bl., l'adresse p. 4 ; cachet postal : 6 Avril 1827 ; orig. autogr.

Notes

[1] Voir les lettres à Périer du 27 mars et à Tissot du 1er avril.
[2] Anthelme Boucher, imprimeur (1818) et libraire (1819), était installé 34, rue des Bons-Enfants.
[3] L'imprimeur Jean Pinard qui prendra finalement en charge les discours, né en 1776, n'était pas particulièrement « jeune » (voir sa lettre du 9 juin, ci-dessous). Il pourrait donc s'agir d'Adolphe-Auguste Éverat, né en 1801, qui imprimait le bulletin de souscription au même moment.
[4] Pierre-François Ladvocat (1791–1854), libraire en 1821, qui sera l'un des éditeurs des romantiques.
[5] Un Thomas, « propriétaire », résidait bien 17, rue Bleue. Henri Laresche était un horloger reconnu, installé 13, rue de Valois-Palais-Royal (*Almanach du commerce* (1827), pp. CCXCII et CLXXXIII).

4943

Benjamin Constant à Casimir Périer

7 avril 1827 ?

N'oubliez pas, mon cher Casimir, que vous m'avez promis de me reunir avec M Didot (Firmin, rue Jacob n° 24) demain dimanche à diner. Pardon de mon importunité : mais je regarde cette affaire plus comme vôtre que comme mienne quant au succès, & je devrai tout à vôtre amitié.

à Monsieur / Monsieur Casimir Perrier, / Deputé, / Paris

Manuscrit *Grenoble, AD de l'Isère, 11 J 41, f. 65 ; 4 pp., pp. 2–3 bl., l'adresse p. 4 ; orig. autogr.

Commentaire Ce billet semble faire suite à la lettre du 1er avril à Casimir Périer ; elle aurait donc été écrite le 7 avril, veille du dimanche 8. La date reste toutefois incertaine, même si la recherche d'un imprimeur pour les *Discours* s'étend en mars-avril 1827.

4944

M. Perrier à Benjamin Constant

8 avril 1827

Lyon ce 8 Avril 1827.

A Mr Benjamin Constant

Monsieur

J'étais absent, lorsque la lettre que vous m'avez fait l'honneur de m'écrire, est parvenue à mon domicile ; A mon retour je me suis empressé de me rendre chez Mr Elisée Devillas[1] ; et je lui ai communiqué un acte provisoire que j'avais passé avec Durand avant mon absence ; vous en trouverez une copie dans cette feuille. Cet acte si l'on peut lui donner ce nom ; n'est que l'expression écrite des promesses de Mr Durand. Je ne vous dissimule pas que j'y compte peu, il m'a accoutumé aux déceptions.

Je n'ai pu déterminer les moyens d'assurer l'exécution de ces promesses, ni le mode de payement. L'Académie[2] sur laquelle reposent nos espérances, n'ayant pas reçu encore une organisation définitive et n'ayant fait aucun mouvement de fonds. J'ai du laisser le soin à mon ami Mr Quentin[3] avoué, d'en faire plus tard un article séparé.

Dans les cas de non-éxécution, vous pouvez compter que je ne ferai exécuter aucun jugement, avant d'avoir su de vous, si cela ne préjudicierait point à vos interêts. Je desirerai prouver à un illustre citoyen ; la haute admiration que je professe pour lui ; je ne puis que lui faire de stériles offres de service.

Veuillez, monsieur dans la réponse que vous ferez à Mr Devillas nous donner les conseils que votre prudence vous suggerera ; ils seront mon guide, dans le règlement de nos intérêts communs.

J'ai l'honneur d'être avec le plus profond respect
Monsieur
Votre très humble et obeissant serviteur
Perrier

Convention

Personnel

Les soussignés ... sont convenus de ce qui suit : Le Montant de la créance de Perrier sur Durand est fixée à la somme de neuf mille francs ; cette somme comprend le capital, les interêts, et les dommages et intérêts. Les interêts de cette somme commencent à courir du 1er Janvier 1827.

Durand reconnait la validité des titres que Perrier a sur lui jusqu'a concurrence de cette somme ; tous titres quels qu'ils soient seront déposés entre les mains de Mr Quentin avoué ; il en fera une note détaillée approuvée par Durand.

Général

Durand voulant se libérer graduellement fait à Perrier l'offre qu'il a déja faite à Mrs Benjamin Constant & Laverrerie de leur abandonner conjointement la moitié des appointemens que lui accorde L'academie Provinciale en sa qualité de sécrétaire perpétuel, plus les deux tiers des produits éventuels quelconques, exepté toutefois le prix des articles de L'Indépendant que Durand se reserve et que Perrier lui accorde.

1

Les appointements ci dessus se composent de trois cent francs par mois, comme sécrétaire perpétuel. Les produits éventuels se composent de tous les ouvrages que Durand pourra faire, que les ouvrages soient ou non adoptés par l'académie : Durand ne pouvant faire aucun ouvrage qui ne rentre dans ces deux cathégories : il n'y aura que les articles de L'Indépendant qu'il pourra faire imprimer, sans le consentement de Mrs Quentin et Morin auxquels Durand sera tenu de remettre ses manuscrits.

2

Les payemens mensuels se feront à dater du 1er mars, le premier terme étant éxigible à la fin de ce mois. Les appointemens de Janvier et de Février sont abandonnés à Durand.

3

Les Arbitres ci-après nommés détermineront le mode de recouvrement qui sera le plus convenable aux interêts des parties, il en sera fait par lesdits arbitres un article séparé agréé d'avance par les parties.

4

Dans le cas ou par un événement qu'on ne peut prévoir les moyens offerts par Durand pour l'acquittement de sa dette, viendraient à cesser, quelques seraient alors ses ressources et ses bénéfices, il fait l'abandon desdits bénéfices aux personnes ci-dessus en proportion de leur créance, jusqu'a son entière libération.

art. 5

Au fur et mesure des payemens qui seront faits entre les mains de Mr Quentin, les sommes perçues seront distribuées dans la proportion des créances fixées approximativement

Mr Benjamin Constant 3,000   Laverrerie 5,000   et Perrier 9,000.
            3/17   5/17   9/17.

art. 6

Moyennant l'observation des conditions ci-dessus aucune poursuite ne pourra être éxercée contre Durand pour les créances qui sont l'objet de cette convention

7

En cas de contestation Mr Quentin représentant Mr Perrier et Mr Morin avoué représentant Mr Morin lui-même pourront décider comme amiables compositeurs sans s'astreindre à aucune formalité de Justice, de toutes contestations qui pourront survenir. Leurs decisions seront en dernier ressort. En cas de partage, ils pourront s'adjoindre un tiers arbitre sans qu'il soit besoin d'autre acte. Ils pourront même adjoindre au présent acte ce qu'ils jugeront propre à en assurer l'exécution ou convenable aux interêts des parties, sauf à en donner éxécution aux parties interressées.

8

La présente convention sera soumise en ce qui concerne leurs droits à Messieurs Benjamin Constant & Laverrerie pour etre par eux approuvée ; En cas de non Ratification elle sera néamoins éxécutoire entre Perrier et Durand soussignes

Le 17 Mars 1827. Lyon.

Manuscrit   *Paris, BnF, N.a.fr. 18836, ff. 96–97 ; 4 pp., p. 2 bl., convention pp. 3–4 ; orig.

Commentaire et Notes   Pour cette affaire, voir ci-dessus la lettre de Fortuné Pinet de mars 1827.

[1] Jean-Élysée Devillas (1778–1845), négociant et poète lyonnais, membre du comité directeur de la Société biblique auxiliaire de Lyon.

[2] Sur les emplois de Durand, voir sa lettre du 9 novembre 1826 (lettre 4821, *CG*, XIV, 467–469).

[3] Jean Quantin ou Quentin, ainsi qu'Aimé Morin, cité plus bas, apparaissent bien dans la liste des avoués lyonnais (*Almanach historique et politique de la ville de Lyon*, Lyon : Rusand, 1828, pp. 37–38).

4945

Alexandre Cazin à Benjamin Constant

9 avril 1827

Monsieur,
Je vous avais prié d'envoyer de 2. à 4. heures chez moi, cependant je ne suis pas fâché que vous ayez envoyé beaucoup plutôt, parce que j'ai vu ce matin à 7. h. M. de Lescale qui m'a donné sa parole pour 5. mille francs que nous pourrons aller toucher demain mardi de 2. à 4. heures. Veuillez me prendre chez moi, pour cette démarche.

En même tems, je vous donnerai rendez vous pour les deux autres affaires convenues[1].

J'ai l'honneur de vous saluer

Cazin

ce 9 avril

Manuscrit   *Lausanne, BCU, Fonds Constant I, Co 1275 ; 2 pp. ; orig. autogr.

Commentaire et Note   Il y a un lundi 9 avril en 1821 et en 1827. Comme BC est souvent en correspondance avec Cazin en 1827, et pas du tout en 1821, il est fort probable que cette lettre s'insère entre celles du 25 octobre 1826 (lettre 4810, *CG*, XIV, 458) et du 1er juillet 1827, ci-dessous.

[1] Outre les affaires d'argent, Cazin s'occupait des opérations immobilières de BC ; voir ci-dessous ses lettres des 28 et 30 août 1827.

4946

Jean-Élysée Devillas à Benjamin Constant

9 avril 1827

Monsieur
Nous avons reçu la lettre que vous nous avéz fait l'honneur de nous ecrire le 20 mars dernier & nous remercions notre ami Mr Couderc[1] de nous avoir rappellés à votre souvenir dans cette circonstance : l'ecrivain a eu l'avantage de vous rencontrer bien souvent autrefois dans la société à Lausanne, à Coppet, à Lyon même pendant qu'elques instants depuis, eclairé par vos ecrits politiques qui lui ont appris la chose constitutionnelle mieux que tout ce qu'il a pu lire avant & après, il vous a suivi avec toute l'Europe dans cette belle carrière parlementaire, ou demeuré presque seul, sans possibilité de succès immédiat vous soutenéz encore le combat avec une si admirable constance. Une lettre de vous Monsieur, & une chance de vous être utiles nous ont paru une bonne fortune.

Nous avons différé qu'elques jours de vous répondre parce que Mr Perier à qui sur l'indication de Mr Pinet nous avons ecrit sur le champ, était à Genève & n'est venu nous voir qu'aujourd'hui. Voici la copie de la transaction qu'il a passée avec Mr Durand, plus un billet dans le quèl il vous fait connaitre son opinion sur votre commun débiteur, opinion que ns croyons malheureusement très fondée.

Maintenant, Monsieur, si vous voulez que nous signons pour vous cette transaction, vous voudrez bien nous envoyer votre procuration & vos titres, & Mr Brouzet de notre maison (actuellement à Paris rue des filles S. Thomas n° 20. grand hotel de Lyon) se chargera avec empressement de nous les apporter. Nous tiendrons ensuite la main à l'execution des promesses de votre debiteur ; Mr Perier dit qu'il a en portefeuille deux manuscrits dont il pourra peut-être faire qu'elque argent, il faut peu compter sur ses emolumens de secretaire perpetuel de l'Academie Provinciale qui n'a aucune espèce de consistance.

Nous vous réiterons Monsieur, l'offre empressée de nos services & vous prions d'agréer l'assurance de notre haute consideration.

Elysé Devillas

Lyon 9 avril 1827

Monsieur / Monsieur Benjamin Constant / rue d'Anjou S. Honoré n° 15 / Paris

---

Manuscrit *Paris, BnF, N.a.fr.18836, ff. 98–99 ; 4 pp., l'adresse p. 4 ; cachet postal : 12 Avril 1827 ; orig. autogr.

Commentaire et Note   Pour cette affaire, voir ci-dessus la lettre de Perrier du 8 avril. Jean-Élysée Devillas (1778–1845), négociant et poète, sera plus tard membre de l'Académie des sciences, belles-lettres et arts de Lyon, et de la Société littéraire, historique et archéologique de Lyon (https://cths.fr/an/savant.php ?id=101416, consulté le 21 décembre 2023). Voir aussi « Éloge de M. Devillas, par M. Eichoff », *Mémoires de l'Académie royale des sciences, belles-lettres et arts de Lyon* (1845), I, 504–510.
[1] Jean Couderc (1770–1852) était député du Rhône dans l'opposition libérale.

4947

Rosalie de Constant à Benjamin Constant

11 avril 1827

Voici venir le doux printems, vous n'en savés rien mon cher Benjamin les feuilles et les fleurs ne paraissent point dans votre Chambre, il n'y pousse que des loix bonnes pour dessecher toute la nature. On ne veut point s'amender avec vous quoi que vous disiés de raisonnable. Je ne sais si j'ai tort de vous plaindre car rien ne vous decourage de cette peinible lutte. Vous y sacrifiés tout le reste, point de 3e volume vous laissés refroidir l'interet et l'emotion que vous aviés excités. Rien sur la caisse de famille qui est le poeme d'Auguste et dont il a assés de peine de venir a bout, il parait que vous n'avés pas encor vu Adrien[1] qui est toujours a Versailles. Je crois que c'est a ma bonne cousine Charlotte que je dois m'adresser pour savoir un peu ou nous en sommes pour nos projets de cet Eté. Je vous dirais le contraire de ce qu'on dirait à Philomele venés dans un desert oublier des talens si beaux[2], savés vous a peu près quand finira cette session ne voulés vous pas reprendre l'idée d'une cure de bains pour vos santés, puis celle d'un repos a la campagne[3] ? Toutes celles que je vous avais indiquées l'année comme achetables sont vendues mais il s'en retrouvera assés d'autres. Il ne faut que voir et vouloir. Pour moi je languis de quitter la ville quelque champetre que soit Lausanne il y a des pierres des murs des maisons des decombres des humains entre moi et le printems. Je vais aller a St Jean d'abord apres Paques, j'y attendrai de vos nouvelles. Si vous repreniés l'idée d'Aix si vous vouliés passer quelque tems dans les environs de Geneve j'aimerais bien a vous aider, je reviendrais a Lausanne avec vous, le trajet par le bateau a vapeur est charmant[4], dans tous les cas je ne reste qu'un mois a St Jean. Si vous ne venés pas j'irai dessiner un peu dans les environs de Bex, c'est la qu'on est heureux quand on aime les belles et grandes choses, les bains de Bex sont très confortables ce sont des eaux legerement sulfureuses qui vous conviendraient peut etre, enfin mes chers amis je cours apres l'esperance de vous retrouver de quelque maniere. Dites moi ou nous en sommes a cet egard tachés de me dire

d'ici au 1ᵉʳ de mai ce que vous voulés faire adressés a Sᵗ Jean ou on serait charmé de vous voir et ne vous laissés pas engloutir tout a fait a⁵ tant d'ingrats lorsque l'amitié vous appelle.
Lausanne 11 avril

Manuscrit *Lausanne, BCU, Ms. 326, n° 32 ; 2 pp. ; orig. autogr.

Édition Roulin (1955), n° 211, pp. 297–298.

Texte 5 Vous y] *ces mots en surchargent d'autres, rendant la lecture incertaine* 15 l'année] *elle a sans doute oublié le mot* passée

Notes
[1] Sur la « caisse de famille », comme sur Adrien, BC avait pourtant répondu à Rosalie dans sa lettre du 19 janvier 1827.
[2] D'après La Fontaine : « Le désert est-il fait pour des talents si beaux ? » (Philomèle et Progné, *Fables III*, XV, v. 15).
[3] Les années passées, BC avait vainement projeté d'acheter la Chablière (1824) et d'aller en cure (1826). Voir aussi la lettre 4732 à Rosalie de fin mai ou début de juin 1826 (*CG*, XIV, 359–360).
[4] Voir la lettre 4772 de Rosalie du 16 juillet 1826 (*CG*, XIV, 411–413).
[5] On attendrait la préposition *par*.

4948

Benjamin Constant à Casimir Périer

vers le 12 avril 1827

Vous m'avez demandé cher Casimir des indications & des adresses pour quelques unes des Circulaires que vous voulez bien envoyer. Voici celles que j'ai pu recueillir, & qui sont toutes pour des gens qui mettront de l'interet à cette affaire. J'ai profité de votre conseil & suis resté chez moi hier & aujourdhui. Je n'irai pas encore à la Chambre demain. J'ai beaucoup souffert cette nuit, & je ne puis parler sans douleur même à voix basse. Mille amitiés
                  B. Constant.

Mʳ Bijeux[1], avocat, à Poitiers.
MM. Caumont[2], père & fils, à Rouen.
MM. Duhamel[3], frères, à Rouen.
MM. Lesage frères[4], Successeurs de M. Meunier à Rouen.
M. Blanc-pascal[5], à Nismes.
M. le Colonel Boissier[6], chez M. Hugues place du Marché à Nismes.
M. Cuvier[7], President du Consistoire de Metz, pasteur, à Nancy.

M. Merlet[8], Médecin à Ste Hermine, Vendée
M. Jolicle[9], avocat à Pontarlier.
M. Bonnin[10], rue Dominicaine, N° 31, à Marseille.
M. Veysset[11], imprimeur à Clermont, Puy de Dome.

J'en joins ci dessous trois autres, mais pour paris & je ne sai s'il vous conviendra d'en envoyer à Paris même. Aussi n'est ce qu'une indication, dont vous ferez ce que vous voudrez. L'une est pour un libraire avec lequel j'ai été en correspondance, pendant toute la discussion de la presse, & qui m'ecrivoit comme à son sauveur. Les deux autres pour des électeurs pleins de zèle. Cependant ne faites dans votre sagesse que ce qui est dans votre convenance, ce que votre instinct vous inspirera vaudra mieux que toute autre chose meme pour moi.

M. Thomine[12] libraire Rue de la Harpe
M. Desachy[13].
M Jardin Pepin[14] je n'ai pu trouver l'adresse de celui-ci.

Monsieur / Monsieur Casimir Perrier / Député / Paris

Manuscrit *Grenoble, ADI, 11 J 41, f. 28 ; 2 ff., l'adresse f. 2 ; photocopie de l'original

Texte 19 trois] *surligne* ⟨quatre⟩ mais] *en interligne* 29 M Jardin Pepin] *barré*
Devant les noms de la première liste jusqu'à Merlet, de la main de Ponteuil : 2e cir.
À la suite de tous les noms et de la même main : 10
Sauf Cuvier et Bonnin : 15 *et rien pour Jolicler*

Commentaire et Notes L'évocation de « toute la discussion de la presse », qui s'achève par le vote de la loi à la Chambre le 12 mars 1827, place cette lettre dans les jours qui suivent ; elle est également postérieure à la publication des « circulaires » le 4 avril ; enfin les problèmes de santé qui reparaissent dans la lettre suivante, doublés par l'absence de BC à la Chambre du 11 au 19 avril 1827, situent cette lettre vers la mi-avril.

[1] Narcisse Bigeu (1784–1864), avocat, avait participé à la défense dans le procès Berton en 1822 (*CG*, XII, 374).
[2] Banquiers à Rouen (*Almanach du commerce* (1827), p. 643).
[3] Peut-être « Duhamel (Guill.) et co. », commissionnaires en rouenneries (*Almanach du commerce* (1827), p. 650).
[4] Commissionnaires en rouenneries (*Almanach du commerce* (1827), p. 650).
[5] Voir Répertoire.
[6] Sur Henry Boissier, voir *CG*, XIII, 482.
[7] Voir Répertoire.
[8] Voir sa lettre de janvier 1825 (lettre 4454, *CG*, XIV, 54–56).
[9] Jolicler (A. Laurens, *Annuaire statistique et historique du département du Doubs*, Besançon : Deis, 1829, p. 342).
[10] Voir sa lettre du 2 février 1825 (lettre 4456, *CG*, XIV, 57–58).
[11] Auguste Veysset (1799–1865), imprimeur-libraire à Clermont-Ferrand depuis 1821.

[12] Voir ci-dessus sa lettre du 22 février 1827.
[13] Voir ci-dessus sa lettre du 2 mars 1827.
[14] Jardin-Pepin habitait 25, rue Croix-des-Petits-Champs (*Almanach du commerce* (1827), p. CVLXX) ; il avait été marchand de toiles (p. 222).

4949

Benjamin Constant à Casimir Périer

12 avril 1827

Je suis en fureur contre le Courrier, cher Casimir. Le Constitutionnel a tres bien rendu ce que vous avez dit & il s'est bien gardé de retrancher le mot d'opposition constitutionnelle, si essentiel dans votre replique[1]. Le Courrier au contraire supprime ce mot, & en n'insérant que celui de Royaliste, & ajoutant bravos prolongés à droite & au centre, fait ce qui est le plus propre à défigurer la tendance & l'effet de vos paroles[2]. Cela ne vaut assurément pas la peine de s'en inquiéter, mais ne pourriez vous pas en dire quelques mots un peu verds à Valentin Lapelouze, & lui faire sentir combien il est indigne de traiter ainsi les seuls hommes qui se dévouent dans un moment où il n'y a pas empressement à se dévouer. Ne vous en rapportez pourtant pas à moi. L'intérêt que j'y mets pour vous peut me rendre trop susceptible : mais ce n'en est pas moins une indignité au Courrier, & s'il n'y avoit dans la défense que nous prenons de ces gens que l'intérêt qu'ils méritent, il vaudroit autant les abandonner à leurs ennemis. Les uns ne valent pas mieux que les autres.

J'ai vu hier Tissot. L'affaire marche bien[3]. J'ai recu de Lyon, à propos d'une autre affaire la lettre ci jointe. Si cette maison de Villasse[4] n'est pas déjà au nombre de celles à qui vous avez envoyé des circulaires, peut-être jugerez-vous convenable de lui en faire adresser. Voici aussi une très bonne adresse pour la Sarthe. Monsieur Aguinet Mastellier[5], à St Remy des Monts, arrond^t de Mamers, Sarthe. (10)[6]

Je suis encore tout malade. Ma tête ni ma poitrine ne veulent se dégager. Adieu, cher Casimir

B. C.

Monsieur / Monsieur Casimir Perrier / Député / Paris

Manuscrit *Lausanne, BCU, IS 4517 ; 4 pp., p. 3 bl., l'adresse p. 4 ; orig. autogr.

Notes
[1] Dans la séance du 11 avril 1827, Périer avait parlé ainsi : « J'ai complètement expliqué hier ma

pensée par mes paroles, et je les maintiens ; il n'a dû rester à personne aucun doute sur nos intentions ; et puisqu'on parle de ce dont on est blessé, je dirai que je suis fort blessé de ce qu'en parlant d'une opposition royaliste, on ait l'air de penser qu'il y a une autre opposition qui n'est pas royaliste et constitutionnelle. Cela n'est pas, Messieurs, et il n'y a qu'une opposition toute constitutionnelle et royaliste. (Vifs applaudissemens.) » (*Le Constitutionnel* du 12 avril 1827, p. 4).

[2] « Mais, Messieurs, puisque nous en sommes à parler de ce qui a pu nous blesser réciproquement, je vous dirai que je trouve étrange qu'on appelle opposition royaliste les membres qui siègent d'un certain côté de cette chambre et qu'on refuse cette qualification à ceux qui siègent de l'autre côté. Nous sommes aussi l'opinion royaliste. Je demande pour moi et mes honorables amis qu'on ne fasse plus de ces distinctions injurieuses. Tous ceux qui siègent sur les bancs de l'opposition, tous ceux enfin qui siègent dans cette enceinte sont députés royalistes ! / Ces derniers mots sont accueillis de la droite et du centre par des bravos prolongés. » (*Le Courrier français* du 12 avril 1827, p. 4).

[3] Voir ci-dessus la lettre à Périer du 25 mars 1827.

[4] Voir ci-dessus la lettre de Jean-Élysée Devillas du 9 avril.

[5] Un Principe Germin Jean Aguinet, né en 1797, se marie le 20 septembre 1824 à Saint-Rémy-des-Monts.

[6] Ce nombre désigne le nombre de « circulaires » à envoyer ; voir la lettre à Périer du 5 mai 1827.

4950

Benjamin Constant à Casimir Périer

avant le 15 avril 1827

Ma femme désire vous parler, mon cher Casimir, pour régler l'affaire dont nous avons causé déjà. Je ne lui ai point dit que je vous eusse vu, parce que j'aime lui laisser arranger ses affaires à sa guise. Elle vous proposera, je crois, de garder la presque totalité de ses fonds jusqu'au 15 Avril, complaisance que vous m'avez promis d'avoir & qui est un vrai service. Ce sera la dernière fois que j'abuserai de votre amitié. Soïez assez bon pour ne point lui parler du compte qui existe entre nous, & qui sera réglé le 15 Avril avec tout le reste. Je vous donnerai un nouveau reçu si c'est nécessaire.

Mille remercimens & amitiés

BConstant

ce jeudi matin
ma

a Monsieur / Monsieur Casimir Perrier / Député / rue Neuve du Luxembourg / N° 27

Manuscrit *Grenoble, AD de l'Isère, 11 J 41, f. 36 ; 4 pp., pp. 2–3 bl., l'adresse p. 4 ; orig. autogr.

Texte
12 ma] *effacé au doigt*

Commentaire Il n'est pas aisé de dater ce billet : aucune transaction avec Casimir Périer en 1827 dans les Livres de dépenses (*OCBC*, VII, 486 et suiv.), mais dans la lettre à celui-ci du 24 décembre 1827, BC écrit que Charlotte le « debarassera de cette somme, [180.000 F] & prendra son remboursement » ; la présente est donc antérieure puisque Charlotte propose ici à Périer « de garder la presque totalité de ses fonds ». Peut-être aussi l'argent attendu par l'entremise de Cazin (lettre ci-dessus du 9 avril) devait-il servir à régler le « compte qui existe entre nous ».

4951

Benjamin Constant à Claude d'Estournelles

15 avril 1827

J'ai recu vos belles peaux de renard[1] mon cher beau frere Je vous en remercie bien sincèrement. Je vous ecris après plusieurs jours d'un violent catharre, & en sortant d'une transpiration de plusieurs heures qui en me fesant du bien m'a fort affaibli. Je ne prens donc la plume que pour vous accuser la reception de ces belles peaux & vous embrasser de tout mon cœur.

B.C

ce 15 avril 1827.

à Monsieur / Monsieur le Chevalier d'Estournelles / Lieutenant du Roi / Au fort Queyras / Mont Dauphin / Hautes Alpes

---

Manuscrit *Lausanne, BCU, Fonds Constant I, Co 487 ; 2 pp., l'adresse p. 2 ; cachet postal : 22 AVRIL [1827] ; timbre : P ; orig. autogr.

Texte *Note du destinataire en tête de la lettre* : 15 avril 1827. / Reçüe le 22. / Rép. le 23 Avril 1827 ; & annoncé deux autres / pelleteries de Renard.   **7** avril 1827.] *ajouté de la main du destinataire*

Note
[1] Voir la lettre de d'Estournelles du 23 février 1827.

4952

Alphonse Rabbe à Benjamin Constant

22 avril 1827

Paris le 22 avril *1827*
Le Directeur de la Biographie des Contemporains,
A Monsieur Benjamin Constant

Monsieur,
J'ai l'honneur de vous faire remettre l'epreuve de la notice qui vous est destinée dans la Biographie universelle[1]. Je m'étais d'abord flatté de faire quelque chose de plus complet et de moins mal ; mais tout m'a manqué ; le temps et la connaissance exacte de certains détails. Je vous avouerai que j'avais espéré des communications un peu plus abondantes lorsque j'allai vous voir dernièrement ; mais le temps vous manqua aussi pour me les donner.

Dois-je maintenant ajouter que j'ai écrit cette faible notice avec une grande sincérité d'estime pour vous, et que si le peu d'adresse de mon esprit avait trahi la loyauté de mes intentions, je voudrais tout d'abord en être averti ? Dites moi franchement, Monsieur je vous en prie, si vous y trouvez quelque chose à reprendre, a corriger. Je mettrai à profit vos remarques avec d'autant plus d'empressement que le seul but que je me suis proposé en me chargeant de votre notice a été d'etre un moment l'interprete du grand nombre de ceux qui comme moi honorent votre caractère et admirent vos talens.

Seriez vous assez bon pour me renvoyer cette epreuve avant cinq heures, aujourdhui ?

Agréez Monsieur, l'expression sincère de mon devouement.

Alph. Rabbe

Rue St Germain des Pres n° 15.

Manuscrit   *Paris, BnF, N.a.fr. 18834, f. 164 ; 2 pp. ; orig. autogr.

Édition   Dahan (1991), pp. 252–253.

Texte   3 *ce qui est porté en italiques a été imprimé*

Note
[1] Sur la « notice » de BC dans la *Biographie universelle et portative des contemporains*, voir la lettre de Rabbe du 21 février 1827.

4953

Benjamin Constant à Alphonse Rabbe

23 avril 1827

Je ne saurais assez vous remercier, Monsieur, de l'article de votre biographie que vous avez bien voulu m'envoyer en épreuve. Je joins ici de legères rectifications, plutôt parce que vous tenez au mérite de l'exactitude, même dans les détails, que par l'importance que j'y attache ; & ici je repondrai à une phrase de votre lettre, qui, si elle contenoit un reproche, en seroit un bien peu mérité.

Si vous n'avez pas trouvé dans notre courte conversation des communications aussi abondantes que vous le désiriez, ce n'a point été mauvaise volonté, & si le tems me l'avoit permis, j'aurais répondu avec le plus grand plaisir à toutes les interpellations & raconté tous les faits sur lesquels vous m'auriez demandé des éclaircissemens. Mais je ne sai parler de moi que quand on me questionne, parce que je ne me souviens de ma vie que quand on me la rappelle & dans les parties qu'on me rappelle. Ce qui m'est personnel a passé comme un rêve. La réalité a toujours été pour moi l'opinion, vraye ou fausse, l'idée juste ou erronée qui m'occupoit. Je n'ai jamais eu ce sentiment d'individualité qui fait qu'on s'intéresse à soi, de manière à ne jamais oublier les faits de sa propre histoire, je ne sai la mienne que comme celle des autres, sans eprouver quand on me la retrace aucune impression d'identité. C'est ce qui me rend si mauvais historien de moimême. Ceci n'est pas une prétention, & je suis loin de m'en faire un mérite, c'est au contraire un défaut, qui m'a beaucoup nui & me nuit encore : car il me donne cet air d'indifférence qu'on me reproche, cet embarras quand on me loue, & cet invincible ennui, quand une attaque trop violente m'oblige par pudeur humaine à la repousser.

Après cette explication, où vous verrez mon desir de ne pas vous laisser croire qu'il y ait eu de ma part soit réticence, soit ingratitude pour l'intérêt que vous me témoigniez, je passe aux rectifications qui, je le répète, n'ont d'importance que l'exactitude.

Vous dites ligne 3 que je suis né à Geneve. C'est à Lausanne[1].

Ligne 5. que ma famille a été expulsée par l'édit de Nantes. Notre expatriation remonte à l'abjuration d'Henri IV & aux persecutions religieuses qui la suivirent dans plusieurs provinces[2].

Ligne 8. que mon pere revint à Genève après avoir quitté le service de Hollande. Il vint au contraire se fixer à Dole, dept du Jura en France, où il est mort[3].

Ligne 9. qu'il fut nommé commandant des Milices genevoises. C'est mon oncle, celui dont il s'agit dans l'article précédent[4].

Ligne 65. vous cités très exactement une phrase de moi. Mais il m'est impossible de vous indiquer la date. Je sai qu'elle fut dite à l'occasion d'attaques contre la jeunesse en 1820[5].

Ligne 171. que mon écrit sur les effets de la terreur fut publié après le 18 fructidor. Il le fut avant, en guise de préface à une 2de édition des Réactions politiques, laquelle 2de édition parut en prairial an 5, c'est à dire environ quatre mois avant fructidor[6].

Ligne 260. qu'il est plus que douteux que j'aye eu part à la nomination de M. de Talleyrand. Les détails seroient trop longs. Mais le contraire de votre assertion approcheroit plus de la vérité[7].

Ligne 457. que je rentrai en France en étranger. Je refusai au contraire tout ce qui pouvoit me donner cette apparence. Je ne voulus m'attacher par aucune fonction au Prince de Suède, & je me hatai en arrivant à Paris de publier dans une lettre adressée au Journal des Débats en avril 1814 que je ne tenais à ce Prince que par la reconnoissance de l'Azyle qu'il m'avoit donné & que je n'avois jamais eu aucun titre ou aucune fonction[8].

Ligne 496. M. Crawford n'étoit pas ambassadeur d'Angleterre mais d'Amérique[9].

Ligne 510. qu'il eut été dangereux de ne pas déférer à l'invitation de l'empereur. J'ai consacré plusieurs lignes dans mes lettres sur les cent jours à prouver qu'il n'y auroit eu aucun danger à refuser : & en effet la marche de Napoléon depuis son retour le prouvoit clairement. Du reste il est exact que Fouché n'a été de rien dans cette affaire[10].

Ligne 834. J'ai expliqué dans mes lettres sur les cent jours ma participation à l'Acte additionel & le seul tort que j'aïe eu, celui de n'avoir pas résisté à ce titre qui liait cet acte aux Constitutions de l'Empire. Car du reste ce que j'y avois fait insérer, sur la presse, le jury, &^{ca} je n'ai nulle raison de le désavouer[11].

Ligne 910. le titre du journal de Goyet étoit le propagateur de la Sarthe[12].

Voilà Monsieur les très légères rectifications à un article dont je vous remercie de nouveau. Je me hâte de finir cette longue lettre parce que j'ai déjà trop tardé à vous renvoyer l'épreuve que vous désiriez avoir hier à 5 heures : mais il m'a été impossible de me livrer hier à ce petit travail[13]. Veuillez en excusant ce retard agréer l'assurance de ma sincère estime de ma reconnoissance & de ma haute considération.

Benjamin Constant

Paris ce 23 avril 1827

Manuscrit *Mariemont, Aut. 332b ; 4 pp., p. 4 bl. ; orig. autogr.

Édition Dahan (1991), pp. 253–257.

Texte
47 voulus] voulus ⟨point⟩   **66** il] *surligne* ⟨cela⟩

Commentaire et Notes   Comme l'épreuve a disparu, nous suivrons la leçon de la *Biographie universelle et portative des contemporains*, Paris : Au bureau de la biographie, 1826, t. premier. La 23ᵉ livraison contenant la « notice » de BC était signalée dans la *Bibliographie de la France* du 27 juin 1827, p. 521 ; cette « notice » fut imprimée séparément et entra sous ce format dans la bibliothèque de BC (*OCBC, Documents*, I, 479).

[1] Texte corrigé : « est né à Lausanne en 1767. » (p. 1073g).

[2] « Sa famille, française d'origine et protestante de religion, était une de celles que l'abjuration d'Henri IV avait condamnées à s'expatrier, car cette faute de ce grand roi fut suivie de persécutions religieuses dans quelques provinces. » (p. 1073g).

[3] « Son père, long-tems général au service de la Hollande, revint, vers la fin de sa vie, se fixer à Dole, où il est mort. » (p. 1073g).

[4] L'information a disparu de la « notice » de BC, mais n'a pas été reportée dans celle de Samuel Constant de Rebecque.

[5] « Nous sommes une génération de passage, s'écriait-il dans l'une des plus orageuses séances de 1820. Nous combattons pour que d'autres triomphent. » (p. 1073d). La date est erronée ; la phrase exacte était la suivante : « Nous sommes une génération de passage ; vieux amis de la liberté, fidèles défenseurs de ses principes, nous semons pour que d'autres recueillent ; nous luttons pour que d'autres triomphent. » (*Le Constitutionnel* du 11 février 1822, p. 2).

[6] « Deux nouveaux écrits, qui méritaient et qui obtinrent plus de succès que le premier, *Des réactions politiques* et des *effets de la terreur*, accrurent considérablement la renommée de M. Constant. Le second de ces deux écrits servait de prolégomène et de préface à l'autre ; dans la deuxième édition, laquelle parut en prairial de l'an 5. » (p. 1074g).

[7] « On a dit que son influence n'en était pas moins réelle, et qu'elle ne fut pas étrangère à la nomination de M. Talleyrand au ministère des relations extérieures. » (p. 1074d).

[8] « M. Benjamin Constant rentra dans la capitale de la France. Il n'est point vrai, comme on a voulu le dire, qu'il y rentra en étranger et à la suite du prince de Suède. Il refusa au contraire tout ce qui pouvait lui donner cette apparence, et ne voulut s'attacher par aucune fonction au prince de Suède. Il se hâta même, en arrivant à Paris, de publier dans une lettre adressée au journal des *Débats* (en avril 1814), qu'il ne tenait au prince que par reconnaissance de l'asile qu'il lui avait donné, et qu'il n'avait jamais eu auprès de lui aucun titre, ni aucunes fonctions. » (p. 1076g).

[9] « M. Benjamin Constant se rendit, avec M. de Lafayette, à la maison de campagne de M. Crawford, ancien ambassadeur des Etats-Unis. » (p. 1076d).

[10] Cette fois, Rabbe fut moins docile : « C'était une invitation et non pas un ordre. Il eût été dangereux de ne pas déférer à cette invitation, et M. Benjamin Constant se rendit aux Tuileries. Cette version, que nous présentons au lecteur comme la plus authentique, diffère en quelques circonstances de celles qui ont été connues jusqu'ici. Suivant la *Biographie Arnault*, M. Benjamin Constant, ayant demandé des passeports pour retourner en Allemagne, où l'attendait sa femme, reçut, au lieu de l'autorisation qu'il réclamait du ministre de la police, Fouché, une invitation, à la suite de laquelle eut lieu une longue conférence, où les nouvelles vues et les pensées constitutionnelles du grand homme furent présentées avec beaucoup d'adresse. Enfin une entrevue fut proposée, et tout à coup entraîné par l'espoir d'affermir ces résolutions salutaires, et séduit par l'espoir flatteur d'une influence qui pouvait s'exercer d'une manière si glorieuse pour lui et si avantageuse pour le pays, M. Benjamin Constant accepta cette proposition, vit l'empereur, et sortit complètement gagné à sa cause. Peu de jours après cette entrevue, les journaux annoncèrent la nomination de M. Benjamin Constant au poste de conseiller-d'état. Cette dernière partie du récit de nos prédécesseurs est exacte ; mais Fouché est de trop dans leur exposé, il fut tout-à-fait étranger à cette négociation. » (p. 1076d).

[11] « Rappelons ici que dans ses lettres sur les cent jours, M. Benjamin Constant se justifiant de la part qu'il avait prise à cet acte, ne prend condamnation que sur le tort de l'avoir laissé baptiser du nom malheureux *d'Acte additionnel aux constitutions impériales*, avouant du reste tout ce qu'il y fit insérer sur la liberté de la presse et sur le juri. » (pp. 1078–1079).

¹² « où l'infatigable dévouement du fameux Goyet, rédacteur du journal connu sous le nom de *propagateur de la Sarthe* » (p. 1079g).
¹³ Le 22 avril 1827 était un dimanche.

4954

Benjamin Constant à Louise d'Estournelles

24 avril 1827

Je viens de payer enfin votre traite de 400 fr. chere Louïse. Dites à Charles qui ne m'a pas répondu, que je le prie de tirer pour 300 francs¹, (les 120 fr. p^r le depot de 2000 fr. sont payables en Novembre) Je ne puis lui envoyer une traite ne sachant pas s'il n'a pas tiré sur moi de son coté. J'ai échappé avec peine à une fluxion de poitrine, qui m'a menacé pendant 15 jours. Je m'en suis tiré, mais ma poitrine est bien irritée, & j'ai cru qu'elle ne soutiendrait pas mon long discours de hier². Adieu chère Louïse, donnez moi de vos nouvelles, n'oubliez pas ma commission pour Charles & croyez à ma sincère amitié.

B.C.

ce 24 Avril 1827

Manuscrit *Lausanne, BCU, Fonds Constant I, Co 362 ; 2 pp., p. 2 bl. ; orig. autogr.

Notes
¹ « Semestre de Louïse & pension de Leonce » apparaissent bien dans les Livres de dépenses de BC à la date du 24 avril 1827, le « Sémestre de Charles », le 13 mai (*OCBC*, VII, 490–491).
² Le 23 avril 1827, BC avait pris la parole à la Chambre pour défendre un amendement sur une proposition relative au règlement (*Archives parlementaires*, LI, pp. 411–414).

4955

Claude d'Estournelles à Benjamin Constant

24 avril 1827

Mon bien cher Beau frère,
Votre lettre du 15, en m'apprennant que mon envoy de pelleteries, vous est parvenu¹, m'afflige et m'inquiète sur l'état de votre santé ; et je forme les vœux les plus sincères & les plus ardens pour que vous soÿiez incessamment & complettement rétabli de votre indisposition. Les nouvelles, que je ne connaîs

presque pas, n'aÿant pas de papier public, & mʳ Puy² n'aÿant pas reçu içi, le journal qu'il vous demandait par mon organe, m'ont été mises sous les ÿeux aujourdhuy, et par pur hazard. J'y ai lu, en date des 10, 11 & 12, dans le journal des débâts³, ce qui a sûrement été répété dans tous les journaux, et je n'en ai conçu qu'une plus vive inquiétude, & moins de surprise, d'après votre lettre, sur votre situation physique, & que je souhaite ardemment savoir beaucoup meilleure. – Vous reçevrez sous très peu de temps, un nouvel envoy, au moins égal en beauté, de deux autres pelleteries, de même nature ; plus, un quart de livre de fleurs de ce paÿs, et appellées, *Tuçilages*⁴, on en use comme du Thé, et elles sont très bienfaisantes, pour la poitrine ; il y aura aussi dans le même pli, & à votre addresse, un peu de *véronique* de l'an passé, en attendant que dans deux mois, je puisse vous en envoÿer de la nouvelle. Ces deux plantes sont si utiles pour la santé, que je me suis fait un devoir & un vrai plaisir, de prendre aussitôt les mesures nécessaires pour les réunir & vous les faire parvenir le plutôt possible. – Je n'ai encore aucune nouvelle de mon fils, depuis deux mois : sa dernière lettre, qui est du 25 février, et sûrement pas de ses œuvres, semblait m'annoncer un silence contre tout droit d'un père, & contre la bienséance. Il n'est pas étonnant, si l'on considère, que malgré ses promesses de m'addresser, chaque mois, un bulletin signé de lui, & mentionnant les progrès, la conduite, & l'état sanitaire de mon fils, Mʳ Reffay, principal du Collège, ne m'a ni répondu a deux lettres du 25 Janvier, & 16 Février dernier, ni même accusé réception de la somme de 125 francs que je lui ai envoÿée le même jour, 16 février, pour le paÿement du second trimestre de la pension de mon fils ; en sorte que je suis obligé de prier l'autorité locale, Mʳ De Branche⁵, le Préfet, à Poligny, & qui a beaucoup de bonté pour Léonçe, de me donner des nouvelles de ce cher enfant.

La conduite de Mʳ Reffay à l'égard de moi, est non seulement inconvenante, mais insupportable, et certainement j'y mettrai un terme, à tout prix, ne lui aÿant jamais fourni le moindre sujet de plainte.

J'apprends que Mʳ Galabert Lᵗ Colonel, a été présenté et a obtenu une audience particulière du Roi, le 14, aux Thuileries⁶. Si vous saviez son addresse, je vous serais obligé de me l'envoÿer.

M. De Longuerüe⁷, m'a mandé, entr'autres choses très aimables, les plus flatteuses & obligeantes que vous lui aviez dittes pour moi, je vous prie d'en agréer l'expression de ma sensibilité, avec mes vœux pour votre prompt rétablissement, votre plus grande satisfaction & votre gloire.

Je présente mes plus respectueux hommages & vœux, à Madame, et vous embrasse, comme je vous remercie, de tout cœur.

Le Chᵉʳ B. D.

Fᵗ Qˢ le 24 Avril 1827.

A Monsieur / Monsieur B. De Constant, / Membre de la chambre des Députés, N° 15 / Rue d'Anjou, St Honoré, / A Paris.

Manuscrit *Lausanne, BCU, Fonds Constant I, Co 830 ; 4 pp., p. 3 bl., l'adresse p. 4 ; cachet postal : 1 Mai 1827 ; timbre : 4 / Queiras / MONT-DAUPHIN ; orig. autogr.

Texte **10** vive] *surcharge* grande **32** mais insupportable,] *ajouté dans l'interligne* **34** Lt Colonel,] *ajouté dans l'interligne*

Notes
[1] Voir ci-dessus.
[2] Sur Simon Puy, voir la lettre 4718 de d'Estournelles du 16 mai 1826 (*CG*, XIV, 336–338).
[3] Le 30 mars, avaient eu lieu les obsèques dramatiques du duc de la Rochefoucauld-Liancourt (*Journal des débats* du 31 mars, p. [1]). BC avait pris la parole le 10 avril (*Journal des débats* du 11 avril, pp. 3–4), brièvement le 11 (*Journal des débats* du 12 avril, p. 4). Le 12, un article revenait sur les obsèques du duc de la Rochefoucauld-Liancourt (*Journal des débats* du 13 avril, pp. [1]–2).
[4] Lire *Tussilage*, plante traditionnellement utilisée dans les affections bronchiques.
[5] Jean Joseph Armand de Branges de Bourcia (né en 1783) était sous-préfet à Poligny (*Almanach royal* (1827), p. 369).
[6] Voir *Le Moniteur universel* du 15 avril 1827, p. [599]. Louis Galabert (1773–1841) avait eu « l'honneur de faire hommage à S. M. des plans et devis du canal des Pyrénées. »
[7] Il s'agit sans doute du colonel d'état-major Gabriel François Dehatte de Longueruë (1778–1852) qui allait être nommé le 2 juillet 1827 chef d'état-major de la 6e division militaire à Besançon. BC, qui avait peut-être demandé une mutation pour son beau-frère, répondra à celui-ci le 7 juin 1827.

4956

Jean-Baptiste Magenc à Benjamin Constant

24 avril 1827

Riscle, gers, le 24 avril 1827.
Magenc, notaire à Riscle
à Monsieur Benjamin Constant, doyen des membres de l'opposition à la chambre des députés

Monsieur
Les habitans des campagnes peuvent bien sentir les choses, mais souvent ils n'ont point l'avantage d'exprimer et rendre leurs pensées : c'est le défaut d'éducation et le manque de principes. Comptant sur vôtre indulgence, vous daignerez, je l'espère laisser la forme pour le fonds, et être bien persuadé de ma vive et sincère reconnaissance pour les éfforts que vous et vos honnorables collègues

avais fait pour la déffense de nos libertés et surtout celle de la presse. Ce projet de loi nous avait consternés : elle nous présageait les plus grands malheurs. À cette consternation a succedé une joie qui ne peut se décrire en apprenant que le Roi a retiré ce projet[1].

Puisse le ciel vous payer de tant de soins. Ce sont les vœux bien sincères d'un français qui vous prie d'agréer les sentimens du profond respect avec lesquels il a l'honneur d'être
Monsieur
        Vôtre très humble et très soumis serviteur
                 Magenc

Manuscrit   *Paris, BnF, N.a.fr. 18832, f. 69 ; 2 pp. ; orig. autogr.

Commentaire et Note   Jean-Baptiste Magenc fut notaire à Riscle (Gers) de 1796 à 1831. Voir aussi *Almanach du commerce* (1827), p. 455.
[1] « CHARLES, PAR LA GRACE DE DIEU, ROI DE FRANCE ET DE NAVARRE, etc. / A tous ceux qui ces présentes verront, salut. / Art. 1er. Le projet de loi, relatif à la police de la presse, est retiré. [...] Donné au château des Tuileries, le 17e jour du mois d'avril de l'an de grâce mil huit cent vingt-sept [...] » (*Le Moniteur universel* du 18 avril 1827, p. 614). Il est à remarquer que l'ordonnance royale, à la différence notable de plusieurs autres journaux, n'apparaît qu'en dernière page.

4957

Rodolphe Cuvier à Benjamin Constant

25 avril 1827

Nancy, le 25 avril 1827
*Le Président de l'Eglise réformée consistoriale
de Metz.*
pasteur de l'Eglise de Nancy,
à Monsieur Benjamin Constant, membre de la Chambre des Députés,

Monsieur,
J'ai l'honneur de vous envoyer ci-joint la pétition dont je vous entretenais dans ma dernière lettre[1]. Je laisse à votre jugement de décider s'il convient qu'elle soit présentée ou non, et si vous vous chargerez vous même de ce soin ou si vous la ferez déposer par quelqu'un. Dans le cas où vous jugeriez plus convenable de profiter de la discussion du budget pour élever cette question, je crois que vous pourriez exprimer la demande que vous feriez comme le vœu général des protestans.

J'ajoute ici quelques notes. Je désire qu'elles puissent un peu abréger votre travail.

L'urgence de la mesure que nous réclamons résulte de l'arbitraire des lois qui régissent l'université et de l'esprit intolérant et persécuteur du clergé romain sous l'influence duquel se trouve l'université. Le Ministre de l'instruction publique[2] sera toujours un Evêque, puisqu'il est en même tems ministre des affaires ecclésiastiques. Plusieurs recteurs sont prêtres et du train dont vont les choses, il est probable que dans un avenir peu éloigné les prêtres seuls seront nommés à ces fonctions[3]. Déja tous les proviseurs, à très peu d'exceptions près, sont ecclésiastiques ; on en compte aussi beaucoup parmi les Censeurs ; il y a même un collège, celui de Marseille, où l'économe est un prêtre ! Il se trouve également des prêtres parmi les professeurs ; ce sont eux qui remplissent a peu près toutes les chaires de philosophie[4]. On commence à choisir des séminaristes pour maitres d'études (c'est ce qui a eu lieu au collège de Nancy et le résultat naturel de cette mesure, c'est que les pensionnaires protestans s'en éloignent : de 6 ils sont réduits à deux). De jour en jour le nombre des ecclésiastiques s'accroit parmi les fonctionnaires chargés tant de la direction que de l'enseignement dans les collèges. Les statuts de l'université donnent au Ministre le droit d'instituer ou de destituer à volonté les professeurs, de les envoyer partout où bon lui semble, d'accorder ou de refuser, selon son bon plaisir, le brevet de maitre de pension, d'imposer arbitrairement des conditions à ceux qui les obtiennent, de retirer ces brevets, sans donner de motifs et sans rendre compte à personne. Les recteurs délivrent les brevets de capacité aux instituteurs primaires[5], et l'autorisation d'enseigner. Les aspirans doivent être examinés par un inspecteur d'académie, par un principal de collège ou par tout autre fonctionnaire de l'université, qu'il a plu au recteur de désigner.

On voit donc que les protestans sont, sous le rapport de l'instruction publique dans la dépendance presqu'exclusive de prêtres catholiques, puisque non seulement on ne nomme point de protestans aux fonctions de l'enseignement et encore moins de la direction dans les établissemens publics mais qu'on destitue successivement le très petit nombre de ceux qui sont employés dans l'université. Quelle sécurité peut il y avoir pour des parens à mettre leurs enfans dans des établissemens dirigés par des prêtres ? Qui peut répondre que les recteurs n'useront jamais de leur autorité pour nuire à nos écoles primaires, pour refuser arbitrairement des brevets de capacité et des autorisations d'enseigner, à des instituteurs de notre religion ? Qui peut répondre que jamais ceux qui examineront les aspirans, ne les jugeront sans prévention, ne recevront les ignares et ne repousseront les capables pour faire tort à nos écoles ? Il n'est pas nécessaire que ce mal ait été fait pour nous autoriser à réclamer une administration séparée ; il suffit qu'il soit possible et qui niera que l'esprit dont le clergé romain se montre animé envers nous, ne puisse tout faire craindre ? Qu'on se souvienne des entraves tyranniques apportées sous Louis XIV à l'education des enfans protestans et sans remonter si haut, on peut aisément se faire une idée de ce que méditent les prêtres quand on entend des Evêques, entr'autres celui de Dijon[6] dans son mandement de cette année, se déchainer contre la Charte, à cause de son art. 5. qui accorde liberté et protection égale à tous les cultes chrétiens.

Déja des faits positifs ont prouvé que ces craintes ne sont pas chimériques. En voici qui sont à ma connaissance. Il y a en France un inspecteur d'académie protestant ; c'est le seul ; on n'a pas encore osé le destituer ; mais il est, de fait, exclu à peu près de toute fonction. Messieurs Boissy d'Anglas ou les pasteurs de l'église réformée de Paris pourroient donner des renseignemens sur ce qui s'est passé à l'occasion de l'établissement d'une école protestante à Annonay, Dép^t de l'Ardèche : je ne suis pas bien sur si l'intolérance universitaire n'a pas obligé à renoncer à ce projet auquel s'intéressait feu M. le Comte Boissy d'Anglas[7]. M. Rosselloty, pasteur à Chatillon sur Loire, a été inquiété à cause du pensionnat qu'il dirige. Ce n'est qu'à force de démarches et de protections, entr'autres celle du maréchal Duc de Tarente[8], qu'il a pu obtenir l'autorisation de le continuer, et on lui a imposé la condition de ne recevoir que des élèves protestans[9]. La même condition a été imposée à M. Fontaine, instituteur protestant à Paris. Voir pour ce fait et le suivant un des derniers N^{os} de la Revue protestante[10]. Un sous-officier de l'école de Saumur, malade, a été converti par les soins du Directeur de l'école et de l'abbé Duc de Rohan[11]. Je crois me rappeler qu'il y a deux ou trois ans, un habile médecin de Montpellier a du à sa qualité de protestant de n'être pas nommé professeur à l'école de médecine de cette ville[12]. Dans le tems les journaux parlèrent de cette affaire. Les pasteurs de Paris pourroient peut-être donner des éclaircissemens sur cette affaire. Les Consistoires de Paris ont été dernièrement contrariés dans l'etablissement de nouvelles écoles primaires pour les enfans de leurs églises. Il faudrait s'adresser aux pasteurs pour connaitre les faits avec exactitude.

Voici des faits qui me touchent ou qui sont sous mes yeux. Un des premiers actes de M. d'Hermopolis après son entrée en fonctions, a été de me rayer de la liste des membres du Conseil académique dont je faisais partie depuis quatre ans. Dans un département qui compte sept paroisses protestantes, il semblait cependant assez convenable qu'il y eut un membre protestant dans cette compagnie[13]. En 1825 le ministre de l'instruction publique prit un arrêté dont l'article qui me concerne s'exprime ainsi : *les fonctions de pasteur protestant et de professeur dans le collège royal de Nancy devant cesser d'être cumulées, Mr. Cuvier (Rodolphe) obtient un congé d'un an.* Ce congé a été prolongé. Voila une exclusion bien nettement motivée sur la religion, c'est à dire l'intolérance hautement professée par un ministre du roi. Et dans quel moment exerçait il cet acte de persécution ? peu de mois après avoir nommé proviseur du collège de Nancy, un jeune abbé, chanoine de la cathédrale et vicaire général de M. de Forbin.

Lorsque ce nouveau proviseur a fait réimprimer le prospectus de son collège, il y a fait supprimer la phrase qui avertissait les parens protestans que leurs enfans étaient conduits au temple pour suivre les exercices de leur religion[14]. Si par hasard il arrivait qu'on vous citât le fait qu'un M. Cuvier est professeur d'histoire à la faculté de Strasbourg, vous pourriez répondre qu'il n'est que professeur *provisoire*, depuis trois ans que le professeur titulaire est mort, et que quoique il fasse ce cours avec distinction, S. Ex. ne le nomme pas définitivement[15]. Il est encore un autre fait dont vous pourrez faire usage et tirer les conséquences qui vous paraitront utiles. Par une suite de l'ordonnance royale de Juillet ou d'Aout 1824, qui réorganise le Conseil d'état et fixe les conditions d'admission dans ce corps[16], il pourra arriver que même nos facultés de théologie soient sous la direction d'un fonctionnaire catholique. Parmi les fonctions qu'il faut avoir remplies pour devenir conseiller d'état, notre clergé n'est point nommé. Par cette exclusion, où il ne serait peut-être pas injuste de voir de l'intolérance, aucun de nos ministres ne peut entrer au conseil d'état, et comme le choix des ministres du roi tombe rarement sur nos coreligionnaires, il arrivera que le Conseil d'état ne renfermera point de membre protestant auquel la direction de nos facultés de théologie puisse être confiée[17]. Je vous serai bien reconnaissant, Monsieur, de ne me laisser entrer que le moins possible dans cette affaire, lorsque vous parlerez à la Chambre, et de ne point donner lieu de penser que j'y aye eu quelque part. Je dépends encore de M. D'Hermopolis et vous savez qu'on doit redouter la vengeance de ces messieurs.

Agréez, Monsieur, de la haute considération et du respect avec lesquels j'ai l'honneur d'etre, votre très humble et obéissant serviteur

R. Cuvier

Manuscrit *Lausanne, BCU, Fonds Constant I, Co. 3668 ; 6 pp. ; orig. autogr.

Texte *Les caractères en italique dans l'en-tête ont été imprimés.*

Notes

[1] La lettre du 12 janvier 1827 à laquelle BC avait répondu le 20 mars 1827 ; il prendra la parole à la Chambre en faveur des protestants le 18 mai 1827 (*Archives parlementaires*, LII, pp. 129–131), utilisant des arguments présentés par Cuvier. Voir aussi Glachant (1906), pp. 348–362.

[2] Denis-Antoine-Luc Frayssinous (1765–1841), évêque d'Hermopolis en 1822, ministre des Affaires ecclésiastiques et de l'Instruction publique en 1824.

[3] Sur vingt-six académies, neuf avaient un prêtre pour recteur (dont celle de Paris qui avait le ministre à sa tête) ; à noter que ni l'académie de Nancy ni celle de Metz n'étaient administrées par un clerc (*Almanach royal* (1827), pp. 425–435).

[4] Pour vérifier les assertions de Cuvier (globalement justes), voir l'*Almanach royal* (1827), pp. 425–435.

[5] Sur les brevets de capacité, voir l'art. 11 de l'ordonnance du 29 février 1816 (*BlRf*, VIIe série, juillet 1816, t. II, pp. 299–300).

[6] BC reprendra l'argument : « Qu'on se souvienne des entraves tyranniques apportées, même avant la révocation de l'édit de Nantes, à l'éducation des jeunes protestants ; et sans remonter si haut, qu'on lise les mandements de plusieurs évêques, qui se déchaînent contre la Charte, à cause de

l'article 5, où elle consacre l'égale protection et l'égale liberté des cultes. » (*Archives parlementaires*, LII, p. 130). Jean-François Martin de Boisville (1755–1829), évêque de Dijon en 1822. L'article 5 de la Charte stipulait : « Chacun professe sa religion avec une égale liberté, et obtient pour son culte la même protection. »

7 « L'établissement d'une école protestante, à Annonay, département de l'Ardèche, a rencontré de longues difficultés. Je ne sais même si elles sont surmontées, et si cet établissement a enfin eu lieu ; mais les obstacles qu'on lui a opposées montrent l'aversion et la malveillance. » (ouvr. cit., p. 130). François-Antoine de Boissy d'Anglas (1756–1826) avait été membre du consistoire de l'Église réformée de France ; ses deux fils occupaient des postes importants dans l'administration.

8 Étienne-Jacques-Joseph-Alexandre MacDonald, duc de Tarente (1765–1840) résidait dans son château de Courcelles-le-Roy au sud de Châtillon-sur-Loire.

9 « Un pasteur, à Chatillon-sur-Loire, a été inquiété à cause du pensionnat qu'il dirige, et n'en a dû la continuation qu'aux instances d'un noble maréchal. » (ouvr. cit., p. 130). Jacques-Paul Rosselloty, « né vers 1790, était un disciple des doctrines du Réveil. Consacré en 1818, il fut d'abord pasteur de Châtillon-sur-Loire où son zèle eut aussitôt occasion de se manifester. [...] Non content de pourvoir l'Eglise d'un temple, en 1821, le jeune pasteur fonda à Châtillon un établissement destiné à former des instituteurs et institutrices, et à élever des orphelins. » (*Bulletin de la Société de l'Histoire du Protestantisme Français*, vol. LXXXVIII, avril-juin 1939, p. 221).

10 Voir la lettre « A Monsieur le Rédacteur » de « G. Fontaine, *instituteur* », parue dans la *Revue protestante* de décembre 1826, pp. 283–285 ; « la condition de ne recevoir que des élèves protestans » n'apparaît pas, mais Fontaine développe un argument qui sera repris par Cuvier : « on se demande quelle garantie peuvent avoir pour leurs enfans les parens protestans qui les placent dans les diverses institutions publiques », et de conclure : « Que la jeunesse fréquente assidument les écoles [protestantes] du dimanche » à Paris. Sur la *Revue protestante*, voir aussi la lettre 4585 à Charles Coquerel du 13 octobre 1825 (*CG*, XIV, 198).

11 Cuvier a lu trop vite : Fontaine évoque une conversion qui a eu lieu non à « l'école de Saumur », mais à l'École d'application de l'état-major, par l'action du « colonel directeur des études », Amédée de Clermont-Tonnerre (1781–1859), et du vicaire général du diocèse de Paris, Louis-François de Rohan-Chabot (1788–1833).

12 « Il y a deux ou trois ans qu'un habile médecin de Montpellier a dû à sa qualité de protestant de n'être pas nommé professeur à l'école de médecine de cette ville. » (*Archives parlementaires*, LII, p. 130).

13 « M. le ministre des affaires ecclésiastiques a rayé de la liste des membres du conseil académique un protestant président d'un consistoire dans un département où il y a sept paroisses protestantes. » (ouvr. cit., p. 130). Cuvier était encore professeur de Quatrième au collège royal de Nancy en 1825 (*Almanach royal* (1825), p. 414), mais il disparaît les années suivantes.

14 « En 1825, le même ministre a pris un arrêté portant que les fonctions de pasteur protestant et de professeur dans un collège royal ne pouvaient être cumulées, et cela au moment où il venait de nommer proviseur d'un collège un jeune abbé, chanoine de la cathédrale et vicaire général ; et quand ce nouveau proviseur a fait réimprimer le prospectus de son collège, il en a retranché la phrase qui garantissait aux parents protestants que leurs enfants seraient conduits au temple pour suivre les exercices de leur religion. » (ouvr. cit., pp. 130–131). Charles de Forbin-Janson (1785–1844) était évêque de Nancy depuis 1823. Le « jeune abbé » était Alexis Basile Alexandre Menjaud (1791–1861), nommé « proviseur au collège royal de Nancy » (*La Quotidienne* du 4 mai 1825, p. 2).

15 « Que si on me citait un seul fait relatif à la faculté de Strasbourg, où un protestant est professeur provisoire, je répondrais que ce fait est plutôt en ma faveur, car depuis trois ans que le titulaire est mort, celui qui le remplace, et qui fait son cours avec distinction, n'a pu obtenir sa nomination définitive. » (ouvr. cit., p. 131). Charles Christian Léopold Cuvier (1798–1881), parent du naturaliste et donc de l'auteur de la présente, chargé du cours d'histoire à la faculté des Lettres de Strasbourg en 1824, sera titularisé en 1829.

16 Cuvier avait déjà abordé ce point dans sa lettre du 12 janvier.

17 Cet argument ne sera pas repris par BC.

4958

Duprévost à Benjamin Constant

25 avril 1827

Monsieur,
Les journaux ayant annoncé l'intérêt que vous avés daigné prendre à la petition que j'ai eu l'honneur de vous adrèsser, je m'empresse de vous presenter l'homage affectueux de toute la vive reconnaissance dont je me sens penetré pour tout ce que vous avés déja eu la bonté de faire pour moi : elle m'est une assurance de tout ce que vous daignerés encore ajouter dans la suite d'une affaire qui interesse essentiellement le bien général.

Les personnes qui me felicitent, vous benissent en meme temps, et vous considerent avec juste raison comme le restaurateur de la Liberté individuelle ; ainsi, monsieur, vivés longtemps, vivés pour le salut public, pour l'honneur de nôtre belle france et pour le triomphe de la justice.

Je suis avec le sentimens les [plus] respectueux
Monsieur,

Vôtre très obeissant Serviteur
Duprévost. J.

à Orgon, dep^t bou du rhone
Le 25 avril 1827.

Manuscrit   *Paris, BnF, N.a.fr. 18832, f. 70 ; 2 pp., p. 2 bl. ; orig. autogr.

Texte   8 en meme temps,] *en interligne*   12 [plus]] *nous rétablissons un mot oublié entre* [ ]

Commentaire   La pétition du « sieur Duprévost, demeurant à Orgon » était arrivée à la Chambre le 18 avril 1827 et soutenait, selon le rapporteur, « l'opinion du prêt libre ». La chose, comme allait le montrer Casimir Périer, n'était pas si simple : le pétitionnaire « s'était plaint à M. le ministre des affaires ecclésiastiques, de ce qu'il n'avait pu obtenir de son pasteur l'absolution au moment du jubilé, parce qu'il avait confié, au tribunal de la pénitence, qu'il prêtait de l'argent à 5 pour 100 ». Le ministre avait écrit à l'archevêque d'Aix qui avait fini « par conseiller au pétitionnaire de placer son argent en rentes constituées, ou bien en 3 ou en 5 pour cent. » Périer souligna l'importance pour le pays de savoir s'il était permis ou non aux catholiques de « prêter leurs capitaux », mais l'ordre du jour fut prononcé (*Archives parlementaires*, LI, pp. 281–282). Aucun compte rendu dans la presse ne fait état d'une intervention de BC : peut-être la présente fut-elle adressée à Périer qui la confia à BC.

4959

Benjamin Constant à Ferdinand d'Eckstein

28 avril 1827

Monsieur,
Vous avez eu raison, dans la lettre que vous m'avez fait l'honneur de m'écrire, de compter sur ma franchise. Ma réponse, j'espère vous en donnera la preuve.

En ma qualité de Député, j'ai du examiner les comptes de M. le Ministre des affaires étrangères[1]. Mon devoir est de m'opposer à toute charge pesant inutilement sur les contribuables. Je dois le faire surtout quand les ministres se permettent de dépasser leur Budget. Je l'ai fait, & j'ai indiqué les moyens qu'avoit le Ministre de ne pas tomber dans cette irrégularité. Parmi ces moyens, le retranchement de faveurs personnelles seroit l'un des plus efficaces. Cela n'a point trait à ces faveurs en elles mêmes. S.M. peut accorder pour services rendus à sa Dynastie ou à sa personne des pensions que ce motif explique : mais ces pensions doivent être acquittées par la liste civile & non par des Ministres qui sont forcés pour y subvenir de manquer aux loix & d'ordonner des dépenses non autorisées. Ainsi, Monsieur, si la pension, dont vous me faites l'honneur de me parler, n'avoit pas été placée dans un Budget déjà excédé, je n'aurais pas fait la moindre observation. Le Ministre ayant, au contraire, été au delà de son Budget, j'ai du relever cet abus. Je n'ai point recherché, ni eu à rechercher qui cela regardait[2].

Quant aux doctrines que je crois professées par quelques écrivains d'ailleurs fort distingués, & attachés au Ministère des affaires étrangères, si j'avais pu entrer à la Tribune dans des détails qu'elle exclut, j'aurais dit que sans doute ces écrivains avoient quelquefois, sous certains rapports, défendu, avec beaucoup de talent, la liberté de la presse : & j'aurais reconnu notamment que votre système est plus large & plus cohérent que beaucoup d'autres : mais j'aurais été contraint d'ajouter que la baze de ce système est un pouvoir Théocratique, que, dans mon humble opinion je crois destructif de tout perfectionnement moral. Il m'eut été facile de le prouver, en reprenant vos articles très spirituels sur les journaux dans le Catholique[3]. Vous sentez que de tels développemens n'auroient pas été dans mon sujet ni tolérés à la Tribune.

Au reste, cette considération n'est entrée pour rien dans mes observations, toutes dirigées contre l'excédent de dépenses dans un ministère. J'ajouterai même, que si le pouvoir confère des faveurs, j'aime mieux qu'elles tombent sur mes adversaires que sur mes amis.

Etranger à toutes les intrigues, indifférent aux individus, je suis ma route, sans m'enquérir des personnes. Je ne me détourne pas, pour les éviter, quand je les y rencontre. Je ne me détournerais pas plus pour les chercher, si je ne les y rencontrais pas : & certes, je suis trop ami de la liberté, pour que des dissidences philosophiques ou littéraires puissent influer sur la manière dont je remplis ma mission politique.

J'ai l'honneur d'être Monsieur avec une haute considération
Votre très humble & très obéissant serviteur
Benjamin Constant

Paris ce 28 avril 1827

Manuscrit *Lausanne, BCU, IS 5212/10 ; 2 pp. ; orig. autogr.

Texte 28 été] *en interligne*

Commentaire et Notes Les lettres d'Eckstein du 29 et de BC du 30 avril, ci-dessous, permettent d'identifier le destinataire de celle-ci.
[1] Ange Hyacinthe Maxence de Damas (1785–1862) était ministre des Affaires étrangères depuis 1824.
[2] Le 26 avril, BC avait parlé ainsi : « Je ne m'appesantirais pas sur les 9,000 francs que le ministre des affaires étrangères demande […] si je n'avais une observation à faire sur une autre dépense qui, si elle était retranchée, mettrait M. le ministre à même de ne pas enfler si prodigieusement son budget : je veux parler des pensions qu'on m'assure être accordées à plusieurs écrivains qui préconisent la théocratie et le pouvoir absolu. » (*Archives parlementaires*, LI, p. 477).
[3] BC songeait sans doute à « Des Journaux littéraires, considérés sous leurs rapports avec les sciences, l'industrie, la philosophie, la poésie et l'histoire » (*Le Catholique*, 3, mars 1826, pp. 385–430), mais il avait peut-être déjà eu connaissance de « De la liberté de la presse dans ses rapports avec la religion et la monarchie » (*Le Catholique*, 17, mai 1827, pp. 273–356).

4960

Pierre-Louis-Pascal Jullian à Benjamin Constant

28 avril 1827

Bruxelles 28 avril.
Mon cher ami, la Personne qui vous remettra ma lettre est le Colonel Van-halen[1], beau frère du general Quiroga, et qui appartient a une famille Belge, nationalisée depuis un siècle en espagne, d'ou, après avoir été jetté dans les cachots de l'inquisition, et s'en etre miraculeusement sauvé, il est passé en Russie ; est devenu Major de cavalerie sous les ordres du G^l Yermoloff[2], Commandant de l'armée du Caucase, avec lequel il etait intimement lié, et est revenu en espagne, après la revolution de Janvier 1820[3]. Le Colonel Vanhalen, est un excellent officier, un ami dévoué des principes constitutionels et se rend a paris pour y faire imprimer ses memoires, qu'il publie en meme tems a Londres et a

Bruxelles[4]. Je l'ai adressé à M. Etienne[5], en priant celui ci de vouloir bien le diriger dans le choix d'un Libraire, permettés moi de vous faire la meme prière. Le Colonel Van-halen est digne, a tous egards, de l'interet que l'on peut lui temoigner, et il sera surtout fier du vôtre.

Je ne vous fais point de compliment, mon cher ami, sur l'energie et l'immense talent avec lequel vous avés combattu la loi infame et stupide, dont l'opinion publique a forcé enfin de faire justice : il faudrait vous adresser de ces complimens la a chacun de vos discours et de vos nouveaux efforts, en faveur des Libertés publiques.

L'interet des nouvelles d'angleterre va devenir toujours croissant[6] ; j'y ai formé des relations de la plus haute importance, et je ne doute pas que le rôle personel de l'opposition constitutionelle en france, n'acquière un nouveau dégré de consideration et d'influence, de la direction que prendront les affaires de ce pays, et de celle qu'il donnera au reste de l'europe.

Causés Russie, espagne, autriche, angleterre et amérique avec le C^l Van-halen
Agréez, mon cher, ancien et illustre ami, l'assurance de mes sentimens les plus distingués et les plus devoués

Jullian

P. S. Avés vous été satisfaits du supplement a la galerie historique des Contemporains, de Bruxelles, et en particulier de l'article qui vous est consacré[7] ? Vous m'obligerés beaucoup de me le faire savoir. Le colonel voudra bien se charger de votre Lettre.

Monsieur / Monsieur Benjamin de Constant / Rebecque, Membre de la chambre / Des députés, Rue D'anjou S^t / honoré N° 15 / *Paris.*

M Roger / hotel des Colonies / rue de Richelieu[8]

Manuscrit *Paris, BnF, N.a.fr.18831, ff. 171–172 ; 4 pp., l'adresse p. 4 ; orig. autogr.

Texte 6 de cavalerie] *en interligne* 21 la] *en interligne* 32 Lettre.] *le post-scriptum a été porté verticalement, en marge gauche* 35 Richelieu] *l'adresse a été portée à l'envers, en tête de page*

Commentaire et Notes Sur Pierre-Louis-Pascal Jullian, directeur de la *Galerie historique des contemporains,* voir au Répertoire.
[1] Juan Van Halen (1788–1864) était officier espagnol et avait combattu dans le Caucase en 1820. L'année suivante, il avait épousé Maria del Carmen, sœur d'Antonio Quiroga (1784–1841), maréchal espagnol d'esprit libéral, qui avait combattu les troupes françaises en 1823 avant de s'exiler en Angleterre.
[2] Aleksej Petrovič Ermolov (1777–1861), général, avait affronté Napoléon avant d'être envoyé dans le Caucase à la tête des troupes russes.

³ À partir du 1ᵉʳ janvier 1820, l'armée espagnole avait été secouée par des mouvements insurrectionnels. La constitution fut rétablie ouvrant la voie au triennat libéral auquel les troupes françaises mirent fin en 1823.
⁴ *Mémoires de D. Juan Van Halen*, Paris : Renouard, 1827, 2 vol. ; Liège : Lebeau-Ouwerx, 1827, 2 vol. ; *Narrative of Don Juan Van Halen's imprisonment in the dungeons of the Inquisition at Madrid* […], London : Colburn, 1827, 2 vol.
⁵ Sur Charles-Guillaume Étienne, voir la lettre 4689 que BC lui adresse le 21 mars 1826 (*CG*, XIV, 301).
⁶ George Canning (1770–1827) était devenu premier ministre le 12 avril. Ses opinions et sa conduite du ministère des Affaires étrangères de 1822 à 1827 (sympathies pour la cause de l'abolitionnisme, opposition aux interventions étrangères dans les affaires des États européens, soutien pour l'indépendance des anciennes colonies espagnoles en Amérique latine) promettaient une évolution libérale de la politique intérieure et extérieure britannique. Il aura beaucoup de difficulté à former un gouvernement face à l'opposition de la droite de son parti, les Tories, et mourra de la tuberculose le 8 août. Son mandat de Premier ministre sera le plus court de l'histoire, avant celui de Liz Truss en 2022.
⁷ *Supplément à la Galerie historique des contemporains*, Bruxelles : Tarlier, 1827, t. I, pp. 121–127.
⁸ C'est sans doute l'adresse de Van Halen à Paris ; il semble toutefois que Jullian ait mal compris : l'hôtelier se nommait Roche (*Almanach du commerce* (1827), p. 113).

4961

Ferdinand d'Eckstein à Benjamin Constant

29 avril 1827

Monsieur !

Il m'importe de vous éclairer entièrement sur ce qui me concerne.

Je reçois une pension, ou si l'on veut un traitement, comme attaché au Ministère des Affaires Etrangères et avec l'agrément de Sa Majesté. Ce n'est donc pas à vrai dire une faveur : c'est le prix d'un service pour les travaux qu'on me commande, ou qu'on peut m'ordonner. Si je pouvais, un seul instant, douter de la légalité de cette pension, j'y renoncerais : mais je doute que l'économie en vaille la peine.

Il n'y a que moi qui puisse me trouver compris parmi les écrivains dont vous avez parlé. Monsieur de Haller est placé aux Archives[1] : [il] reçoit le traitement de son grade. Je ne sache pas qu'il publie [des] pamphlets : il est absorbé par la traduction de son grand ouvrage[2]. C'est un vieillard, profondément instruit, fort paisible, d'une famille illustrée dans les sciences et les lettres, lui même homme de talent, quoiqu'on puisse penser de son système, que je ne partage pas entièrement. Sa conviction, ses malheurs le rendent respectable, même aux yeux de ses adversaires. Je puis en parler avec d'autant plus de désintéressement, que sur des points importans, Monsieur de Haller n'est certainement pas de mon opinion.

J'ai l'honneur d'être, Monsieur, avec une haute considération
Votre très humble & très obéissant serviteur
baron d'Eckstein.

Paris, ce 29 avril 1827.

Manuscrit *Lausanne, BCU, Fonds Constant I, Co 105 (1) ; 2 pp. ; orig. autogr.

Texte 10 [il]] *le papier est déchiré*

Notes
[1] Charles Louis de Haller (1768–1854) se présentait lui-même comme « publiciste au ministère des affaires étrangères et attaché à la division des archives » (Léonore). Il était le petit-fils d'Albrecht von Haller.
[2] Haller venait de publier la traduction du tome second de sa *Restauration de la science politique*, Lyon-Paris : Rusand, 1825.

4962

Benjamin Constant à Ferdinand d'Eckstein

30 avril 1827

Réponse
Monsieur,
Je dois considérer la peine que vous prenez de me donner des renseignemens relativement à votre position au Ministère des affaires étrangeres, comme une preuve que vous voulez bien attacher quelque importance à mon opinion, & sous ce rapport, je vous en remercie. Ma réponse à votre 1ere lettre reposoit sur ce que vous m'aviez fait l'honneur de m'écrire. Toute récompense pour des services personnels au Roi doit être inscrite comme pension au Ministère des finances, ou payée par la Cassette Royale ou la liste civile. Quant à M. de Haller, je ne puis que répéter que je ne m'occupe jamais des personnes, mais des faits, sans m'enquérir qui ces faits concernent. Du reste, je ne pense point avoir l'occasion de renouveller mes remarques, la loi des comptes étant comme adoptée.

J'ai l'honneur d'être, &c^a
Benjamin Constant

Paris ce 30 Avril 1827

Manuscrit *Lausanne, BCU, Fonds Constant I, Co 105(2) ; orig. autogr.

Texte 5 preuve] preuve ⟨de l'importance⟩

4963

Benjamin Constant à Jean-Pierre Henry

30 avril 1827

Mon cher général,
Je n'ai pas répondu plutot à votre lettre parce que je me flattais de pouvoir profiter de votre obligeante invitation. Mais un diné que j'ai fait hier m'a prouvé que j'avais encore besoin de grands ménagemens, & je suis forcé d'eviter tout ce qui m'exposerait à des tentations auxquelles je ne pourrais pas résister, car je ne dois ni boire du vin ni manger de la viande. Excusez-moi donc & présentez mes respects à M^{de} votre fille, en agréant vous-même mon sincère attachement, & ma haute consideration

Benjamin Constant

Paris ce 30 Avril 1827

a Monsieur / Monsieur le Lieutenant Général / Henry / rue des Lions St Paul N° 2

Manuscrit *Lausanne, BCU, IS 4932 ; 4 pp., pp. 2–3 bl. ; cachet postal : 30 Avril 1827 ; orig. autogr.

Commentaire Le baron Jean-Pierre Henry (1757–1835), chevalier de Saint-Louis, commandeur de la légion d'honneur et maréchal de camp, habitait bien à l'adresse indiquée par BC (*Almanach du commerce* (1827), p. CLXII ; Léonore, LH//1286/97).

4964

Louis-Benoît-Édouard Capuran à Benjamin Constant

fin avril 1827

Monsieur
Quoique je fusse tourmenté par le desir de vous voir encore une fois, le respect m'a retenu, et deposant ce paquet chez votre portier, je me suis eloigné avec emotion de votre demeure, dans la crainte de troubler votre repos, ou de vous faire perdre des instans qui doivent être tous consacrés au bien public.
    Voila, monsieur, la miserable comedie que vous eutes la bonté de lire l'année dernière, et dont vous avez sans doute perdu le souvenir depuis bien longtemps. Helas ! elle ne paraîtra pas sous vos auspices, quoi qu'il eut été si doux pour moi

de vous dedier mon premier ouvrage. Mais, comme je n'ai pas fait toutes les corrections que vous aviez eu la generosité de m'indiquer, je ne meritais pas la recompense tant desirée, et j'ai eu le courage de m'en priver pour ne pas vous exposer a rougir de mon hommage... et ne croyez pas, monsieur, qu'une sotte vanité m'ait fait negliger vos avis : j'en ai compris trop bien toute la force, puisqu'ils m'ont decouragé, en me faisant sentir que, si je voulais faire des *intrigans* une piece passable, il fallait la refaire presqu'en entier. Aussi au lieu de revenir sur un ouvrage terminé depuis longtemps, et que j'aurais fort mal corrigé puisque je ne pouvais le faire qu'avec degout, j'ai mieux aimé m'occuper d'un nouveau travail qui sera peut etre plus digne de vous être offert, grace aux leçons que vous m'avez jettées en passant, et que je me suis empressé de receuillir avec transport et reconnaissance. D'ailleurs, par un rare bonheur, j'ai trouvé chez un libraire votre tragedie de Wallstein qui est devenue extremement rare, et l'excellente préface de cette piece m'a fourni sur le theatre, et particulièrement sur la tragedie, des idées que je voudrais feconder, si mes forces me le permettaient.

Cependant mes pauvres *intrigans* sont imprimés et lancés dans le monde, seuls, sans appui, n'ayant d'autre passeport que le nom d'un père très obscur, et trop peu intrigant pour leur procurer par ses menées une petite reputation. Aussi ne doivent ils pas s'attendre a recevoir les eloges des journaux, a etre pronés par des cotteries auxiliaires, ou protegés par quelque grand seigneur, ce n'est pas là dailleurs mon ambition. Je m'estimerais fort heureux si le *Constitutionnel* daignait consacrer quelques lignes a mon ouvrage ; afin que mon père en lisant son journal, et en trouvant le nom de son fils imprimé au bas de quelque colonne, put eprouver un moment de bonheur. Mais je n'ai pas assez de credit pour solliciter et pour obtenir une pareille grace[1], et je craindrais de paraitre trop indiscret si j'implorais votre protection. Eh bien, monsieur, je m'abandonne a la generosité ou au dedain superbe de M.M. les redacteurs, et, quelle que soit la destinée de mon premier ouvrage, il me sera toujours bien cher puisqu'il m'aura procuré l'occasion de vous voir, et de vous exprimer une seconde fois mon admiration et ma reconnaissance. Veuillez accepter, monsieur, comme un bien faible gage de ces sentiments, l'exemplaire qui accompagne cette lettre.

Ed. Capuran
Rue de monsieur le prince N° 26

Manuscrit   *Paris, BnF, N.a.fr. 18832, f. 45 ; 2 pp. ; orig. autogr.

Commentaire et Note   La publication chez Béchet des *Intrigans*, comédie en cinq actes et en vers par Louis-Benoît Capuran, est annoncée dans la *Bibliographie de la France* du 28 avril 1827, p. 355, ce qui permet de dater approximativement la présente lettre. La pièce figure dans le catalogue de la bibliothèque de BC (*OCBC, Documents*, I, 133). La « misérable comédie que vous eutes la bonté de lire l'année dernière » : voir les lettres de Capuran du 30 mai et d'août 1826 (lettres 4730 et 4794, *CG*, XIV, pp. 355–356 et 440–442).
[1] Effectivement, il ne semble pas que la pièce de Capuran ait eu quelque écho dans la presse. Il ne

faut pas la confondre avec une autre comédie, intitulée Les Intrigans, qui fut donnée en 1827 au théâtre de l'Ambigu-Comique et dont l'auteur était Dumaniant.

4965

Benjamin Constant à Pierre-François Tissot

avril-mai 1827

J'ai recu mon cher Collegue votre bonne lettre, du contenu de laquelle, ainsi que de vos infatigables efforts, je vous remercie, comme vous pensez bien du plus profond de mon cœur. Mais plus il y a de chances favorables plus il faut tout coordonner avec les démarches & les vues de Casimir Perrier, & je viens d'avoir de lui des détails, qui rendent cela urgent & nécessaire. Il m'a dit n'avoir encore recu que 50 à 60 Souscriptions, ce qui ne cadre point avec ce qu'on vous a dit des versemens faits ou à faire. Je viens donc vous demander d'aller un de ces matins, avec Caquelard[1] & moi, chez Casimir, tant pour savoir où en sont ces souscriptions chez son caissier, que pour lui faire connoître toutes les bonnes chances que vous m'annoncez. Les lettres des Départemens sont très favorables. Mais encore une fois, il est pressant d'organiser quelque chose qui satisfasse Casimir & lui prouve que nous avons des bases solides pour nos espérances & que nous mettons de l'ordre dans nos operations. Fixez donc un jour & une heure qui ne soit pas en concurrence avec les heures de la Chambre. Ce qui est certain c'est que le Caissier de Casimir n'a recu qu'environ 700 fr. & que lui Casimir n'a vu absolument personne. Cela n'affaiblit point le zèle de son amitié, mais lui inspire des doutes sur le succès. D'après vos lettres, ce succès est assuré : mais prouvons le à [Casimir] & organisons le.

Mille sincères amitiés
B Constant

à Monsieur / Monsieur Tissot, / Rue Bourbon-Villeneuve / N° 45.

Manuscrit   *Lausanne, BCU, IS 5902, f. 22 ; 4 pp. ; l'adresse p. 4 ; orig. autogr.

Texte   **12** pour nos espérances] *en interligne*   **17** inspire] *il a écrit* inspirent   **18** [Casimir]] *déchiré par le cachet*

Commentaire et Note   Cette lettre concerne l'édition des *Discours* ; comme il y est question des premières souscriptions qui firent suite au prospectus diffusé à partir du 4 avril 1827 (voir la lettre à Casimir Périer du 27 mars 1827), elle date probablement du même mois.
[1] Sur Caquelard, infatigable soutien de BC, voir au Répertoire.

4966

Pierre-Alexandre Bonfils à Benjamin Constant

2 mai 1827

Nantes, le 2 mai 1827

Monsieur

J'ai lu dans les journaux que le ministre trouvant mauvais que vous fussiez revenu sur l'article des certificats de royalisme exigés pour être reçu notaire, allait prendre des informations pour savoir si les candidats nommés étaient indignes de la confiance du Roi[1]. Cette réponse est une escobarderie. Le fait est qu'il ne suffit pas toujours d'avoir les certificats de Royalisme et de *Religion*, car, lorsque j'ai voulu me faire renommer notaire j'appuyais ma demande 1° de ma 1ère commission 2° d'un certificat de moralité, de royalisme, et de religion délivré par le maire de la commune ou je suis né, d'un semblable délivré par le maire de la commune où j'ai exercé le notariat pendant 10 ans, enfin d'un autre du maire de Nantes[2]. Toutes mes pièces étaient parfaitement en règle, on n'avait rien à me reprocher tant pour ma capacité notariale que pour ma conduite. Néanmoins, après avoir réclamé longtems et fait un voyage à la capitale où on me dit qu'on avait rien à me reprocher, mais qu'on ne pouvait me faire connaître si je serais nommé ou rejeté, je reçus la lettre que je transcris littéralement.

Les Sables d'Olonne le 25 9bre 1825
« N° 2174
Monsieur

Je vous préviens que Mr le pr Général près la cour royale de Poitiers, m'annonce par sa lettre du 19 de ce mois, que Sa grandeur, Mgr le garde des sceaux, ayant trouvé que vous n'aviez point justifié de toutes les conditions requises pour succéder au Sieur Brochard, notaire décédé à la residence de Jard[3], votre réintegration dans vos premières fonctions ne saurait être proposée.

Recevez, monsieur, l'assurance de ma considération distinguée

pr le peur du Roi
Signé Dautriche[4]
Subt

à M. Bonfils (Alexandre) à Nantes »

Je n'ai jamais su ce qu'on pouvait me reprocher, ni ce que je ne pouvais justifier. J'avais appuyé ma demande des 3 certificats dont j'ai parlé, d'un double du traité passé avec le tuteur de la mineure Brochard, de ma commission, de la copie de ma démission. Le tribunal de Paimbœuf dans l'arrondissement duquel j'avais exercé le notariat m'avait toujours donné des preuves de considération. Voici copie du certificat qu'il m'a délivré :

« Nous soussignés, membres du Tribunal de première instance séant à Paimbœuf (Loire inférieure) attestons que pendant les dix années consécutives à dater du 1er janvier 1815 que M. Pierre Alexandre Bonfils a exercé les fonctions de notaire à Frossai, en cet arrondissement, nous n'avons entendus aucune plainte contre lui ; qu'il jouissait de la confiance entière du tribunal qui l'a plusieurs fois commis pour vaquer a des ventes ou a d'autres opérations, en foi de quoi nous lui avons délivré le présent pour lui valoir ce que de raison.

à Paimbœuf le 1er 8bre 1825 Signé : Joyau p^t Querbez Le procureur du Roi Perret, E. Rabot, Baudry Duplessis⁵ et Biclet g^{er}⁶. »

Si vous avez besoin des originaux de la lettre et du certificat, je vous les enverrai dès que vous m'en aurez manifesté le desir.

J'ai l'honneur d'être avec un profond respect,
Monsieur,

votre très humble et obéissant serviteur
Bonfils
rue de la Fosse N° 12 Bis

Manuscrit   *Lausanne, BCU, Fonds Constant I, Co 1361 ; 2 pp. ; orig. autogr.

Texte   33 l'arrondissement] *en interligne*

Commentaire et Notes   Pierre Alexandre Bonfils avait exercé comme notaire à Frossay de 1815 à 1824.

[1] Le débat sur ce point avec Peyronnet s'était déroulé à la Chambre le 10 avril 1827 (*Archives parlementaires*, LI, pp. 148–149).
[2] Louis Hyacinthe Levesque (1774–1840) était maire de Nantes depuis 1819 et député de Loire-Inférieure depuis 1824, siégeant avec la majorité ministérielle.
[3] Aristide Brochard était mort à Jard-sur-Mer le 25 janvier 1825.
[4] Sur les magistrats de la cour royale de Poitiers, voir *Almanach royal* (1827), p. 272.
[5] Sur les magistrats du tribunal de première instance de Paimbœuf, voir l'*Annuaire de la magistrature*.
[6] Pour *greffier*.

4967

Benjamin Constant à Casimir Périer

5 mai 1827

Voici, mon cher Casimir, la liste des ex Députés, telle que j'ai pu la relever, sur l'ancienne liste[1]. Malheureusement le Dep^t seul est indiqué. J'ai joint, autant que je l'ai pu, l'indication de leur demeure.

On vous portera encore demain 30 Souscriptions de Paris. Je me soumets à vos bons avis, & je crois que, malgré tous les retards, la chose ira grace à vous. J'aurais été vous voir à la Chambre si on ne m'avoit dit que vous étiez à la campagne[2]. Serez-vous chez vous demain soir ?

Mille amitiés

B Constant

Paris ce 5 May.

Voici une adresse d'un homme qui m'est fort devoué & qui je crois recevroit avec plaisir une circulaire

Mr Colin[3]
Avoué
à Gannat – 10[4]
Allier

Monsieur / Monsieur Casimir Perrier / Paris

Manuscrit   *Grenoble, AD de l'Isère, 11 J 41, f. 63 ; 4 pp., pp. 2–3 bl., l'adresse p. 4 ; orig. autogr.

Texte   **15** 10] *d'une autre main*

Commentaire et Notes   Encore une lettre concernant les souscriptions aux *Discours* de Constant, ce qui permet de la dater de 1827.

[1] Non retrouvée.
[2] Effectivement, aucune intervention de Périer à la Chambre le 5 mai, ni le 7 mai, ce qui autorise à penser qu'il ne rentra pas de la « campagne » le dimanche 6.
[3] Antoine Collin-Lacombe (1760–1834), avoué à Gannat, avait marié Bonaparte et Joséphine.
[4] Sans doute le nombre de « circulaires » à envoyer.

4968

Pierre-François Tissot à Benjamin Constant

5 mai 1827

J'avais fait hier tout ce que je vous avais promis, et je vous en parlerai. Je me suis transporté chez Ladvocat que je n'ai point trouvé[1]. Mais son associé a pris note du rendez vous que je lui donne pour demain à une heure chez moi, et de là chez vous. J'attends donc Ladvocat qui dans le cas où il ne pourrait venir que lundi m'ecrirait un mot avant neuf heures demain matin. Vous voyez que je suis ponctuel.

Vale
P. F. Tissot

5 mai 1827

Monsieur / Monsieur Benjamin Constant / rue d'anjou St. Honoré n° / 15 / Paris

---

Manuscrit *Lausanne, BCU, Fonds Constant I, Co 3582 ; 4 pp., pp. 2-3 bl., l'adresse p. 4 ; cachet postal : 6 Mai 1827 ; timbre : Lev. de 7. H. S. ; orig. autogr.

Texte 4 Ladvocat] ⟨Laddv⟩ Ladvocat

Note
[1] Voir la lettre de BC à Tissot du 5 avril, ci-dessus.

4969

Benjamin Constant à Casimir Périer

8 mai 1827

Comment êtes vous, aujourdhui, mon cher Casimir[1] ? J'aurais été vous voir, si je n'étais retenu chez moi par des libraires. Je vous verrai un instant en allant à la Chambre, où je dois être de bonne heure pour le cas d'une réponse ministérielle ; M. Caquelard doit être allé ou aller faire un versement chez vous & vous parler encore de l'insertion dans les journaux. Après l'effet de mon discours[2] je crois en effet que cette insertion pure & simple seroit bonne. Vous m'en donnerez votre avis.

Mille amitiés

B Constant

ce 8 May 1827

Monsieur / Monsieur Casimir Perrier / Député / Paris

Manuscrit *Grenoble, AD de l'Isère, 11 J 41, f. 5 ; 4 pp., pp. 2–3 bl., l'adresse p. 4 ; orig. autogr.
Notes
[1] Périer était-il souffrant ? Aucune intervention de sa part à la Chambre le 8 mai.
[2] Ce 8 mai, BC parla sur le budget de 1828 (*Archives parlementaires*, LI, pp. 660–664). On a vu que « l'insertion dans les journaux » serait réalisée par *Le Constitutionnel* du 9 juin 1827, pp. 3–4.

4970

Jean-Armand Pichon à Benjamin Constant

8 mai 1827

Paris, le 8 mai 1827

LIBRAIRIE DE PICHON-BÉCHET,
Successeur de Béchet ainé,
Éditeur des Œuvres de MM. de PRADT, ancien archevêque de Malines ; BENJAMIN CONSTANT, GUIZOT, LEGRAVEREND, BIGNON, madame GUIZOT ; des Œuvres de POTHIER, publiées par M. DUPIN AINÉ, Avocat ; du nouveau Manuel des Notaires ; de la Collection des Mémoires relatifs à la Révolution d'Angleterre, du Rôdeur Français, des Romans de M. le vicomte d'Arlincourt, etc., etc., Quai des Augustins, N° 47.
A Monsieur Benjamin Constant, député

Monsieur

Je sors de chez Monsieur Didot[1], & j'ai été à même de voir que notre tome 3 de la Religion, marche bien doucement. La lenteur avec laquelle cet ouvrage s'achève, me faire craindre de graves inconvéniens, dont je crois devoir vous faire part afin que vous y apportiez remède si celà se peut.

Le premier est que si nous ne sommes pas en mesure de mettre en vente avant la fin du mois courant, nous nous trouverons rejettés par les Rêglemens, à un an plus loin ; car vous n'ignorez pas que dans notre partie, nous rêglons nos comptes avec nos confrères tous les six mois d'un semestre à l'autre, de sorte que ce qui est fourni le 30 Juin, nous est réglé au 31 X^{bre}, comme ce qui a été fourni le 1er Janvier. Mais si nous ne pouvions pas mettre en vente, au moins un mois avant la fin du semestre je vous laisse à penser combien celà nous reculerait pour nos rentrées, surtout avec la province, qui ne règle à un an, que de la date du jour qu'elle reçoit.

Un second inconvénient, est l'émigration de Paris dans la belle saison, tout le monde va à la campagne & notre pauvre commerce est bien peu vivant pendant ces trois ou quatre mois. Mais un bien plus grand inconvénient encore, ce sont les échéances pour le papier d'impression, dont nous avons déja payé une partie & dont le terme de ce qui reste à payer pour cet objet, arrive tous les jours ; car j'en ai payé hier encore, pour mille francs.

Veuillez je vous en supplie, Monsieur prendre en considération notre position fâcheuse, & avoir la bonté de faire tout ce qui dépend de vous pour que nous puissions paraitre bientôt.

Je vous demande pardon d'entrer avec vous dans des détails aussi minutieux, mais tout ce que je vous dis est l'éxacte vérité, & j'ose espérer que vous voudrez bien y avoir egard.

      Dans cette attente,
        J'ai l'honneur d'etre avec un profond respect,
      Monsieur,
               Votre très humble serviteur
               Pichon-Béchet

A Monsieur / Monsieur Benjamin Constant / Député de la Seine / Rue d'Anjou St Honoré

Manuscrit   *Lausanne, BCU, Fonds Constant I, Co 3839 ; 4 pp., p. 3 bl., l'adresse p. 4 ; orig. autogr.

Texte   *Les caractères en italique ont été imprimés.*   **28** d'impression] *porté en marge gauche*

Commentaire et Note   Sur l'auteur de cette lettre, Jean-Armand Pichon, voir ci-dessus la circulaire du 1er avril 1827. La prière sera peu entendue puisque le troisième volume de *De la Religion* ne sera prêt à être imprimé qu'en juillet.

[1] Voir la lettre à Firmin Didot avant février 1827.

4971

Jaureguiberry à Benjamin Constant

9 mai 1827

Paris le 9 mai 1827

Monsieur

Le Président des Etats Unis Mexicains (Guadelupe Victoria[1]) à bien voulu m'honnorer de l'agréable mission de vous presenter les discours prononcés le 1er Janvier 1827 à l'occasion de l'ouverture des Chambres[2].

Le Président se flatte que vous daignerez voir dans cette démarche la preuve de son estime particuliere, & du cas qu'il fait, ainsi que la nation, de vos opinions politique, de votre caractère honorable, & de vos talents.

J'ai l'honneur d'etre

Monsieur

Votre tres humble & tres obeissant serviteur

Jaureguiberry

Colonel mexicain

Rue & hotel Coquilliere[3].

Monsieur Benjamin Constant
Paris

Manuscrit   *Lausanne, BCU, Fonds Constant I, Co 1362 ; 2 pp., p. 2 bl. ; orig. autogr.

Commentaire et Notes   Un traité avait été signé entre la France et le Mexique le 8 mai 1827 (Paris, Arch. Diplo., TRA18270004) ; une délégation mexicaine, dont faisait sans doute partie Jaureguiberry, était arrivée à Paris à la mi-avril, menée par le ministre des Affaires étrangères.

[1] Guadalupe Victoria (1786–1843) fut le premier président de la République du Mexique en 1824.

[2] Le « Discours du président des Etats-Unis du Mexique, adressé au congrès le 1er janvier 1827, à l'ouverture de sa session » est rapporté dans l'*Annuaire historique universel pour 1827*, Paris : Thoisnier-Desplaces, 1828, Appendice, pp. 172–176.

[3] L'hôtel Coquillière était situé 23, rue Coquillière (*Almanach du commerce* (1827), p. 113).

4972

Thomas W. Stonow à Benjamin Constant

9 mai 1827

Dear Sir

I beg leave to observe in answer to your note of today that the Gentleman[1] who made use of my name in presenting himself to you, became known to me by marrying into an English family of my acquaintance. He was formerly an officer of the Garde Royale, but left the service some time ago. I am ignorant of the object of his visit to you, but have reason to suppose it relates to some discovery he has made in Mechanics, the study of which occupies him much. I beg you Dr Sir to accept the assurance of my respect and esteem.

Tho. W. Stonow.

Wednesday 9 May

Manuscrit *Paris, BnF, N.a.fr. 18832, f. 71 ; 2 pp., p. 2 bl. ; orig. autogr.

Texte 9 Stonow] *leçon incertaine des trois dernières lettres*

Commentaire et Note Le 9 mai tombe un mercredi en 1804 puis en 1827. La deuxième possibilité est de loin la plus probable : en 1804, BC est en Allemagne. La leçon de la fin du patronyme de l'auteur est incertaine, d'autant plus que le patronyme Stonow existe mais est très peu répandu, et qu'aucune trace d'un T., T. W., Tho. W. ou Thomas W. Stonow n'a été retrouvée autour de 1827 ou 1804.

[1] Non identifié.

Traduction *Monsieur, je vous prie de me permettre de répondre à votre billet d'aujourd'hui que l'homme qui s'est présenté à vous de ma part, m'est connu par le mariage qu'il a fait dans une famille anglaise de ma connaissance. Il a servi comme officier dans la Garde royale, mais a quitté le service il y a quelque temps. J'ignore pourquoi il s'est rendu auprès de vous, mais j'ai quelques raisons pour supposer que cela concerne quelque découverte qu'il a faite dans les arts mécaniques, dont l'étude l'occupe beaucoup. Je vous prie Monsieur d'accepter l'assurance de mon respect et de mon estime. Tho. W. Stonow. Mercredi 9 mai.*

4973

Benjamin Constant à Achille-Joseph Sevestre de la Metterie

10 mai 1827

Je n'ai point oublié, Monsieur, que j'ai eu l'honneur de vous rencontrer chez M^{de} de Staël. Je désirerais bien pouvoir répondre au contenu de votre lettre d'une manière satisfaisante. Mais les personnes dont vous me parlez sont accablées de demandes du genre de celles dont vous me chargez d'être l'organe. Je leur soumettrai la vôtre, avec peu d'espoir malheureusement de réussir, car mes recommandations se sont multipliées au point de devenir très peu efficaces. Je saisirai pourtant toutes les occasions qui me paraîtront favorables. Croyez à mon désir du succès, & en pardonnant au laconisme de cette lettre, effet de mes occupations forcées, agréez l'assurance de mon vif désir de vous être utile, & de ma haute considération

Benjamin Constant

Paris ce 10 May 1827

a Monsieur / Monsieur Sevestre de la Mettrie / fauxbourg Namur / N° 129. / Bruxelles / R^{me} des Pays bas.

Manuscrit   *Lausanne, BCU, IS 5267 ; 4 pp., pp. 2–3 bl. ; timbre : FRANKRYK

Commentaire   Ayant voté la mort du roi, Achille-Joseph Sevestre de la Metterie (1753–1846), Jacobin, député d'Ille-et-Vilaine à la Convention en 1792, dut se réfugier en 1816 à Bruxelles où il fonda un pensionnat. Il demanda l'autorisation de rentrer à plusieurs reprises comme le démontre cette lettre, mais vainement jusqu'en 1830.

4974

Jean Hervé à Benjamin Constant

10 mai 1827

Philadelphie, 10 mai 1827.
Monsieur,
Le Docteur Laroche[1], Americain descendant de français, l'un des plus distingués de Philadelphie, m'a témoigné un vif désir de vous connaître : je profite de son occasion pour vous faire mes félicitations sur le talent et l'éloquence que vous avez déployés pour la défense de nos libertés. Si tous les efforts de votre logique

et la vigueur de vos raisonnements n'ont pu triompher d'une faction antinationale, la France n'en aura pas moins de reconnaissance pour un si digne mandataire. Les fureurs ministérielles et jésuitiques ne peuvent avoir qu'une existence éphémère : la Liberté finira par vaincre ses adversaires, et vous aurez la gloire d'y avoir puissamment contribué par vos nombreux écrits, appréciés dans les deux mondes, et par vos brillantes improvisations à la tribune.

Lorsque j'arrivai à New-York, M. Louvet[2], dont vous me parlâtes la dernière fois que j'ai eu l'avantage de vous voir, était parti pour la Nouvelle-Orléans où je crois qu'il a commencé la publication d'un journal.

Je présume séjourner quelques années aux Etats-Unis avant de retourner en France : Je me propose d'étudier les mœurs, les habitudes et la tendance politique des Américains

Je suis, Monsieur, avec reconnaissance, comme Français, et comme ami de la Liberté,

Votre dévoué compatriote
Hervé

108 Chesnut Street, at Philadelphia.

Manuscrit *Paris, BnF, N.a.fr. 18832, f. 72 ; 2 pp., p. 2 bl. ; orig. autogr.

Commentaire et Notes L'auteur est fort probablement Jean Hervé, né en 1804, originaire de la Sarthe, qui publia plusieurs articles à Philadelphie et Richmond de 1827 à 1833 (N. Desportes, *Bibliographie du Maine*, Le Mans : Pesche, 1844, p. 337). Il résida « pendant dix ans aux Etats-Unis » et se proposait de publier « une *Histoire* de l'origine et des progrès de ce grand empire, et dans laquelle il indiquera l'influence qu'exercent ses institutions politiques sur le développement de la richesse, de la population et de l'industrie. » (« Bulletin bibliographique », *Revue Britannique*, janvier 1836, pp. ix-x). L'ouvrage devait compter six volumes, mais il ne semble pas avoir jamais paru. La médiathèque Aragon du Mans conserve de Jean Hervé, *A discourse on the history and importance of the philosophy of the human mind*, Richmond : Samuel Shepherd, 1830.

[1] René La Roche (1795-1872) avait traduit des ouvrages de Cabanis et de Broussais. Il sera reçu membre correspondant de la Société de statistique de Marseille le 20 décembre 1827 (*Compte-rendu des travaux de la Société de statistique de Marseille*, Marseille : Achard, 1831, p. 62), puis de la Société de médecine de Lyon (*Journal du Commerce de la ville de Lyon* du 11 juillet 1828, p. [1]).

[2] Voir la lettre à Pierre-François Réal du 21 février 1825 (lettre 4463, *CG*, XIV, 63-64).

4975

Auguste-Hilarion de Kératry à Benjamin Constant

10 mai 1827

A Monsieur Benjamin Constant deputé de paris

Mon cher et ancien Collègue,
J'étais persuadé déja de l'amitié, dont vous voullez bien m'honorer ; les paroles que vous avez prononcées à la tribune dans la soirée de mardi, m'en sont une nouvelle preuve[1]. Dictées par une extrême bienveillance, elles ont droit à toute ma gratitude, bien que la cause de la patrie, que vous deffendez avec tant d'eclat, ait aussi le droit d'en réclamer une part, même en ce qui me concerne, il n'en est pas moins vrai qu'un suffrage qui m'est accordé, d'une manière aussi solennelle, par un homme de votre mérite, m'associe en quelque sorte à vos travaux. Certes vous ne pouviez, mon cher et ancien Collègue, me donner un plus grand encouragement. Aussi l'aurai-je présent à l'esprit devant la Cour Royale, qui doit me juger l'un de ces prochains jours, suivant ce que m'a annoncé M le procureur du Roi[2].

J'ai dit et je répéterai à M Mérilhou que vous avez quelque chose à lui communiquer rélativement à M Dudon[3].

Je vous souhaite de la santé, c'est le seul vœu que la nature m'ait autorisé à former en votre faveur. Salut donc et amitié,

Votre collegue aussi affectionné que reconnoissant Keratry
Paris 10 mai 1827.

Manuscrit   *Lausanne, BCU, Fonds Constant I, Co 2771 ; 2 pp., p. 2 bl. ; orig. autogr.

Commentaire et Notes   Sur Auguste-Hilarion de Kératry, voir au Répertoire.
[1] « Ces choses [attaques contre la Charte, les Chambres] s'impriment, se distribuent, et le ministère public, qui a traîné sur les bancs de la police correctionnelle un de nos anciens collègues, homme distingué, vertueux, intrépide, que nous honorons tous (rires ironiques à droite et au centre), le ministère public garde le silence. » (*Le Constitutionnel* du 9 mai 1827, p. 2) ; dans l'édition de ses discours, BC donnera en note le nom du collègue : « M. Kératry. » (*Discours*, Paris : Dupont, 1828, t. II, p. 607).
[2] L'affaire, qui impliquait Kératry et l'éditeur responsable du *Courrier français*, avait été jugée en première instance le 24 avril. Elle arrivera devant la chambre des appels de la police correctionnelle le 3 juillet 1827 ; *Le Courrier français* rendra compte de l'audience le lendemain sur six pages. Pour les détails de l'affaire, voir les *Pièces officielles du procès soutenu par M. Kératry* […] *et Me Mérilhou* […] *pour* Le Courrier français, Paris : Dupont, 1827.
[3] Sur Joseph Mérilhou, voir *CG*, XII, 29. Le 6 mars 1827, *Le Courrier français* avait publié un article qui présentait « dans son ensemble comme dans ses expressions : *imposture, mensonge, impudence*, un outrage public à un membre de la chambre des députés à raison de ses fonctions. » (*Journal du Commerce* du 5 avril 1827, p. [1]). Le « membre » était Jean-François-Pierre-Cécile Dudon (1778–1857), député ultra (lequel avait soulevé en 1824 la question de la nationalité de

BC, menaçant son élection). Un long « N. B. » inséré dans *Le Courrier français* du 4 juillet, pp. 6–7, fermant le compte rendu du procès et renvoyant à l'affaire Dudon, développe peut-être ce que BC souhaitait communiquer à Mérilhou.

4976

Helen Maria Williams à Benjamin Constant

10 mai 1827

Monsieur
Je suis arrivée depuis peu à Paris, apres un sejour de trois ans en Hollande où j'ai bien souvent entendu prononcer votre nom avec cet enthousiasme qu'il doit inspirer dans un pays libre – Ayant vu des calomnies dirigées contre moi dans certains journaux anglais[1], j'en ai repondu en mettant par ecrit mes souvenirs de la Révolution – et mon neveu, Charles Coquerel, les a donnés[2] les honneurs de la traduction[3] – Je prends la liberté Monsieur, de vous offrir un exemplaire, en vous priant d'agréer l'assurance de mes sentimens les plus distingués.
                                                                    Helena Maria Williams
ce 10 Mai
Hotel Valois Rue St André des Arts[4]

Manuscrit *Lausanne, BCU, Fonds Constant I, Co 1184 ; 2 pp., p. 2 bl. ; orig. autogr.

Commentaire et Notes Cette lettre date de 1827, comme le prouve la réponse de BC du 14 mai 1827, ci-dessous. Sur Helen Maria Williams et sa famille, voir sa lettre du 23 février 1823 (*CG*, XIII, 53).

[1] Notamment dans *The British Critic* et *The Monthly Review* (Natasha Aleksiuk Duquette, « Helen Maria Williams », *The Literary Encyclopedia,* https://www.litencyc.com/php/speople.php ?rec=true&UID=4732, publié le 21 mars 2002, consulté le 3 January 2024).

[2] La syntaxe est incorrecte, même si le sens se saisit aisément.

[3] *Souvenirs de la révolution française* […], par *Héléna-Maria Williams. Traduit de l'anglais (par C. C.)*, Paris : Dondey-Dupré, 1827 ; l'ouvrage était annoncé dans la *Bibliographie de la France* du 12 mai 1827, p. 398.

[4] Parmi les hôtels garnis de Paris, « Valois, [tenu par] *Barthelemy*, r. S. André-des-Arts, 38. » (*Almanach du commerce* (1827), p. 116).

4977

Jean-Armand Pichon à Benjamin Constant

11 mai 1827

Paris, le 11 Mai 1827
LIBRAIRIE DE PICHON-BÉCHET,
Successeur de Béchet ainé,
Éditeur des Œuvres de MM. de PRADT, ancien archevêque de Malines ; BENJAMIN CONSTANT, GUIZOT, LEGRAVEREND, BIGNON, madame GUIZOT ; des Œuvres de POTHIER, publiées par M. DUPIN AINÉ, Avocat ; du nouveau Manuel des Notaires ; de la Collection des Mémoires relatifs à la Révolution d'Angleterre, du Rôdeur Français, des Romans de M. le vicomte d'Arlincourt, etc., etc.,
Quai des Augustins, N° 47.
A Monsieur Benjamin Constant, Député de la Seine,

Monsieur

Je suis affligé d'avoir appris aujourd'hui, que vous alliez faire imprimer & publier vos discours, par une autre maison que la nôtre. Rien ne pouvait me faire plus de peine que cette nouvelle dont j'ai eu connaissance par le Prospectus[1].

Par la tête imprimée de cette lettre, vous voyez que nous nous glorifions d'être votre Editeur & certes nous attachons un grand prix à ce titre qui va nous être ravi. Vous ne pouvez peut être pas vous imaginer le tort que celà occasionne à une maison comme la nôtre & quelle atteinte celà peut porter à notre crédit, car lorsque l'on voit un auteur de votre mérite, quitter son Libraire, on s'imagine mille chose défavorables sur le compte de la maison.

Vous avez peut être quelques reproches à faire à Mr Béchet, mon associé[2], dont l'esprit tourmenté par des affaires de famille désagréables & par diverses tracasseries de tout genre, n'a pas donné tous les soins nécessaires à votre ouvrage sur la Religion. Mais Monsieur Béchet est un honnête homme, il paye bien, & sa maison à laquelle il vient de m'associer va renaitre & prendre toute l'activité possible. Nous possédons les mêmes élémens que nos confrères & le zêle que nous apportons maintenant aux affaires, nous promet la plus brillante réussite. Revenez donc sur vos pas, je vous en supplie pour la publication de vos discours & si vous avez totalement terminé avec Mr Ladvocat[3] ; Veuillez au moins faire en sorte que nous ayions une part dans cette affaire à laquelle nous desirons vivement être intéressés, comme Editeurs de tous les écrits que vous avez publiés jusqu'à ce jour.

J'ose me flatter que vous goûterez mes observations & que vous ne voudrez pas que nous soyions étrangers à la publication de vos discours.

Dans cet espoir, j'ai l'honneur de vous saluer avec le plus profond respect, & d'etre votre très humble serviteur.

Pichon-Béchet

P. S. je me repose toujours sur votre activité, pour faire paraitre votre tome 3. avant la fin du mois.

A Monsieur / Monsieur Benjamin Constant / Député de la Seine, / Rue d'Anjou St Honoré N° 15.

Manuscrit *Lausanne, BCU, Fonds Constant I, Co 3840 ; 4 pp., p. 3 bl., l'adresse p. 4 ; cachet postal : 11 Mai 1827 ; timbres : G / P.P. ; G / LEV. de 3 H. ; orig. autogr.

Texte *Les caractères en italique ont été imprimés.*

Notes
[1] Le bulletin de souscription des Discours venait d'être publié dans la *Bibliographie de la France* du 4 avril 1827, p. 294. À noter que le bulletin, ne donnant que le nom de l'imprimeur, laissait ouverte l'attribution de l'éditeur (voir Grenoble, AD de l'Isère, 11 J 41, f. 67).
[2] Sur cette association, voir la lettre de Béchet aîné du 1er avril 1827.
[3] C'est sans doute par ce canal que Pichon avait été informé : voir la lettre à Tissot du 5 avril 1827.

4978

Benjamin Constant à Auguste-Hilarion de Kératry

12 mai 1827

Vous n'aviez pas besoin j'espère mon cher collegue de ce que j'ai dit à la tribune pour être bien convaincu que je le pensais[1]. J'ai eu un grand plaisir à le dire, non que mon opinion fut nécessaire à votre cause qui triomphera par sa justice seule, mais parce que je m'honore de sentir ce que vous valez, & d'être uni à vous par l'estime & l'amitié. Je voudrais bien que vous fussiez des nôtres, & vous y arriverez surement[2].

Je suis aux ordres de M. Merilhou le matin avant onze heures, & je finis en hate, mais en vous réitérant l'assurance d'un attachement sincère & sans bornes.

B Constant

ce 12 May 1827

à Monsieur / Monsieur Kératry / Rue de Sèvres N° 8 / Paris

Manuscrit *Avignon, Bibl. municipale, autogr. Requien, 1ᵉ série, n° 2399 ; 4 pp., pp. 2–3 bl., l'adresse p. 4 ; cachet postal : 12 Mai 1827 ; orig. autogr.

Notes
[1] Voir la lettre de Kératry du 10 mai 1827.
[2] Kératry n'avait pas été réélu à la Chambre ; il regagnera un siège de député en novembre 1827.

4979

Benjamin Constant à Helen Maria Williams

14 mai 1827

Mademoiselle
Je m'empresse de vous exprimer ma reconnaissance, pour l'envoi de vos souvenirs[1], je lis avec empressement tout ce que vous publiez, tant a cause du mérite du style et des pensées que parceque je partage la plupart de vos opinions, et tous les vœux que vous faites pour la liberté. Malheureusement un mal d'yeux qui me force d'emprunter pour vous remercier une main étrangère, m'interdit pour le moment une lecture dont je me promets beaucoup de plaisirs et d'instruction, vous me permettrez j'espère d'aller vous faire ma court, et causer avec vous sur vôtre ouvrage.
                    Agréez Mademoiselle, l'hommage de mon respect
                                    Benjamin Constant
Paris ce 14 Mai 1827

Mademoiselle / Mademoiselle Hélène Marie Williams / Hôtel Valois, rue Sᵗ / André des arts / Paris

---

Manuscrit *Paris, BnF, N.a.fr. 13627, ff. 122–123 ; 4 pp., pp. 2–3 bl. ; cachet postal : 14 Mai 1827 ; sign. autogr.

Texte *Note d'une autre main en marge gauche* : Troisième pièce / de la Cote deuxième   **5** mal] mal ⟨Dieux⟩

Note
[1] Voir la lettre de Williams du 10 mai.

4980

Benjamin Constant à Casimir Périer

15 mai 1827

J'espérois Mon cher Casimir, me rencontrer chez vous ce matin avec Monsr Pinard[1], ami de Monsr Davilliers[2] et qui s'intéresse beaucoup à l'affaire à laquelle vous voulez bien vous intéresser aussi, Mes yeux qui sont encore dans un fort mauvais état m'empêchent absolument de m'exposer à la lumière, Soyez donc assez bon pour écouter Monsr Pinard avec bienveillance et intérêt, Ses idées rentrent assez dans les vôtres, puisqu'il veut une espèce de commité, dans lequel seroit Messieurs Davilliers André Cottier[3], &c^a

Je regrette d'autant plus, de ne pas assister à vôtre entrevue, que s'est la dernière fois que je veux vous entretenir de cette affaire. Adieu Mon cher Casimir

BC

Paris le 15 Mai 1827.

Monsieur, L'Avocat[4], qui s'occupe aussi de cette affaire, entre dans ce moment, et veux bien ce charger de la présente

---

Manuscrit *Grenoble, AD de l'Isère, 11 J 41, f. 6 ; 4 pp., pp. 3–4 bl. ; sign. autogr.

Notes
[1] Sur Jean Pinard qui imprimera les *Discours*, voir sa lettre du 9 juin, ci-dessous.
[2] BC parlera de « l'affaire » à Davillier dans sa lettre du 25 mai suivant.
[3] Sur les banquiers Dominique André et François Cottier, voir la lettre à Périer du 14 octobre 1825 (lettre 4589, *CG*, XIV, 202).
[4] Voir la lettre à Tissot du 5 avril 1827.

4981

Guillois de Fontenais à Benjamin Constant

16 mai 1827

à Monsieur Benjamin Constant, Député.

Monsieur,
Permettez a un ancien electeur, qui vous donnat sa voix, a un constitutionel libéral, de vous rappeler l'accusation qu'on doit porter contre les ministres.
    La garde nationale, tout Paris, la France entière, indignée, attend avec anxiété cet acte énergique des Députés de la Seine qui doivent, par leur courage patriotique venger Paris et la garde outragée.
    L'opinion de la France entière est, que le Roy connaisse enfin l'indignation que les ministres inspirent et le vœu, que chacun forme, pour qu'ils soyent chassés du pouvoir, comme anti-nationaux, dévoués et vendus aux jésuites.
    Veuillez, Monsieur le Député, acceuillir cette lettre en faveur du motif qui l'inspire.
    Votre respectueux serviteur
    Guillois de Fontenais
ancien commissaire des guerres de la vieille armée, Rüe d'Artois N° 8.
Paris, ce 16 May, 1827.

Manuscrit *Lausanne, BCU, Fonds Constant I, Co 1363 ; 2 pp., p. 2 bl. ; orig. autogr.

Commentaire Guillois de Fontenais ou Fontenois devait résider à une autre adresse pour voter en faveur de BC : en effet, la rue d'Artois, ouverte en 1823, appartenait au 1er arrondissement municipal, or l'arrondissement électoral de BC en 1824 était le 4e qui regroupait les 6e et 8e arrondissements municipaux. En 1820, Guillois résidait 173, rue Montmartre (*Almanach du commerce* (1820), p. 640/III), laquelle courait du 2e au 3e arrondissement municipal.

4982

Jean-Jacques Coulmann à Benjamin Constant

18 mai 1827

Au milieu de tant de faits équivalents je ne me suis pas occupé à me procurer l'expédition exacte des circulaires[1] que Monsieur Benjamin Constant me fait l'honneur de me demander, on n'en pourrait donc parler qu'interrogativement les dates du moins se trouvant dans les notes que j'ai encor. M. Corbière est homme à ne pas les démentir, ce qui est toujours plus aisé que de les défendre. Il y a quelque chose de plus mauvais que le ministère, c'est la chambre. Il a bien raison de lui faire des pensions.

Devouement respecteux
Coulmann

18. Mai 1827.

Manuscrit *Paris, Bnf, N.a.fr. 18831, f. 111 ; 2 pp., p. 2 bl. ; orig. autogr.

Texte   7 pensions] *leçon incertaine*

Note
[1] Dans une intervention à la Chambre du 18 mai, lors de la délibération sur les articles de la loi des finances concernant le budget du ministère des Affaires ecclésiastiques, chapitre des collèges royaux et instruction primaire, BC dénonce « une direction différente imprimée à l'instruction publique relative aux protestants, et contre des actes ministériels combinés avec cette direction, et qui sont hostiles contre cette croyance » en se servant d'exemples souvent fournis par la lettre de Rodolphe Cuvier du 25 avril, ci-dessus. Il parle à la même occasion et dans le même sens de « circulaires de 1821, 1825, 1826, [qui] ordonnent au préfet du Bas-Rhin de ne nommer aucun protestant aux fonctions municipales » (*Archives parlementaires*, LII, pp. 130–131). C'est ce dernier cas qui devait concerner Corbière, ministre de l'Intérieur.

4983

Benjamin Constant à Daniel-François-Désiré Leblond

19 mai 1827

Monsieur,
Je me serais fait un devoir de me rendre à votre citation à l'heure indiquée, si je n'y lisais, que je dois prendre avec moi les papiers qui sont en ma possession, prévoyant, d'après ce qui s'étoit passé, que je pourrais être sommé de les déposer, & sentant l'importance de ne pas m'en dessaisir sans en avoir une copie vidimée, je les ai remis à un notaire qui m'en a promis une expédition le plutot possible je vais le presser de me la delivrer. & si vous voulez bien m'indiquer une heure demain matin je me flatte que je pourrai vous les porter.
J'ai l'honneur d'être, Monsieur avec une h^{te} consideration
Votre très humble & tres obéissant serviteur
Benjamin Constant

Paris ce 19 May 1827.

Manuscrit   *Paris, Bnf, N.a.fr. 18830, f. 101 ; 2 pp., p. 2 bl. ; minute autogr.

Texte   **4** les] *ajouté en bas de page*   **5** déposer] déposer ⟨ces papiers⟩   **6** remis] remis ⟨en sortant de la chambre⟩ m'en] *corrige* m' une expédition le plutot possible je vais le presser de me la delivrer.] une expédition [...] de me la delivrer. *corrige* ⟨de m'expédier cette copie dans la journée. Je sors à l'instant, dès sept heures du matin, pour le presser de me la délivrer. Je doute pourtant vu les formalités nécessaires que je l'aye avant ce soir,⟩   **8** je me flatte que je pourrai] je me flatte que je pourrai *corrige* ⟨j'aurai l'honneur de⟩   **9** une h^{te} consideration] une h^{te} consideration *corrige* ⟨les sentiments les plus distingués⟩

Commentaire   Dans la suite de plus en plus orageuse de son intervention du 18 mai à la Chambre (voir la lettre précédente), BC avait évoqué les troubles qui venaient d'avoir lieu à l'école de médecine, et avancé que « des agents infâmes » se glissaient parmi la jeunesse « pour sévir non pas contre les instigateurs, mais contre ceux qu'ils auraient entraînés. » Des preuves lui avaient été immédiatement demandées : « Je tiens en main les preuves de ce fait, avait-il répondu. Oui, des espions excitent ces malheureux jeunes gens. [...] Voici les papiers saisis sur l'un de ces agents, qui a été arrêté par ces jeunes gens au milieu de ses provocations : je les ai reçus de ces jeunes gens eux-mêmes. » (*Archives parlementaires*, LII, p. 132). Le lendemain, BC avait été assigné à comparaître devant Leblond « pour déposer les pièces mentionnées dans son discours à la Chambre des Députés » (*Journal des débats* du 20 mai 1827, p. 2). Daniel-François-Désiré Leblond (1769–1834) était juge d'instruction au tribunal de première instance de Paris depuis 1816 (*Annuaire de la magistrature*).

4984

Daniel-François-Désiré Leblond à Benjamin Constant

19 mai 1827

TRIBUNAL DE Ire INSTANCE DU DÉPARTEMENT DE LA SEINE.
N° du P.
N° du G.
N° du J.

Paris, *le* 19 mai *an 1827*

M D. Leblond, *Juge d'Instruction,*
A Monsieur Benjamin Constant, Membre de la Chambre des Députés,

Monsieur,
Je vous en demande bien pardon, mais il me semble que vous n'avez pas suffisamment réflechi que les papiers dont il est question, déposés en mes mains, l'étaient entre celles d'un fonctionnaire public ; qu'en les recevant vous y eûssiez apposé votre signature & votre paraphe & qu'un procès verbal eût constaté ce dépôt, qu'ainsi ces papiers ne pouvaient jamais être altérés ou égarés, pas plus que chez un notaire.

Vous n'avez pas réflechi non plus suffisamment que j'ai le droit par la nature de mes fonctions, de me les faire apporter en original par tous dépositaires.

Le dépôt que vous en faites chez un notaire, n'est donc fait que pour entrainer des longueurs sans aucun but d'utilité.

Je vous invite en conséquence à vouloir bien retirer ces mêmes papiers des mains du notaire chez lequel vous les avez déposés & à vous présenter dans mon cabinet pour m'en faire la remise, s'il y a lieu & dans tous les cas, être entendu, J'aurai l'honneur de vous attendre jusqu'à une heure[1].

J'ai l'honneur d'etre avec une haute considération

Monsieur,
Votre très humble & très obéïssant serviteur
Leblond

Manuscrit *Lausanne, BCU, Fonds Constant I, Co 1436 ; 4 pp., p. 4 bl. ; orig. autogr.

Texte *Les caractères en italique ont été imprimés.*

Commentaire et Note *La Quotidienne* du 21 mai 1827, p. 3, rapporte de façon précise la suite des événements : « On assure que M. Benjamin Constant a déclaré au magistrat que ces papiers lui avaient été remis par un jeune homme venu chez lui au nom de plusieurs de ses camarades, et dont il n'a pas demandé le nom, afin de lui éviter les persécutions auxquelles ont souvent été en butte ceux dont il a parlé à la tribune. Il a ajouté que ces papiers étaient déposés chez M. Aumont, notaire, et qu'ils consistaient : / 1° En une carte d'électeur de 1822 ; / 2° Une liste d'ouvrages incriminés et devant être saisis ; / 3° Un ordre de conduire à la préfecture un nommé Carpentier ; / 4° Un reçu, donné à l'agent, du nommé Carpentier, conduit par lui à la préfecture. » Sur Aumont, voir la lettre à Guérin du 30 mai 1823 (CG, XIII, 102).

[1] « M. Benjamin Constant a comparu aujourd'hui devant M. Leblond, juge d'instruction, en vertu d'une assignation qu'il avait reçue ce matin, à l'effet de donner des renseignemens sur les faits énoncés hier dans son discours à la chambre des députés. » (*Le Constitutionnel* du 20 mai 1827, p. 2).

4985

Émile Roques à Benjamin Constant

19 mai 1827

Paris le 19 Mai 1827.

Monsieur,

Au nom de la jeunesse francaise dont vous vous êtes établi le protecteur, en mon nom particulier, permettez moi de vous présenter l'hommage de la reconnaissance que nous vous devons, défenseur infatigable des franchises nationales, à l'âge où tout autre jouirait d'un glorieux repos, vous avez jugé avec raison que les protestations éloquentes, à défaut de résultats positifs, pouvaient être utiles à la cause publique, enchaîner parfois la fougue des Contrerévolutionnaires, et retarder l'empiêtement de l'arbitraire sur le terrain encore mal assuré de nos libertés, dans les luttes fréquentes ouvertes avec une partialité ignoble entre la force et le talent, vous avez bien voulu élever votre voix respectable contre les calomnies qu'une faction à la fois égoïste et insensée prend plaisir à répandre contre la jeunesse française que vous avez sû apprécier. La jeunesse française, reconnaissante, vous en remercie. Elle sent profondément ce qu'elle vous doit, et ce qu'elle doit à ses calomniateurs. Je me flatte que, désormais, la règle de sa conduite sera calquée sur cette juste distinction. Elle profitera de vos sages conseils, confiante dans l'avenir, et se reposant sur la force des choses ; mais elle gardera le souvenir des atrocités exercées contr'elle, et les noms des Instigateurs de ces atrocités sont inscrits dans sa mémoire en caractères ineffaçables. Vous, notre Consolateur, vous, homme honorable, dont la vie politique offre des circonstances si difficiles surmontées toujours avec le bonheur d'une conscience pure, parce que cette conscience ne connaissait qu'une ligne de devoir dont vous ne déviâtes jamais, vous, enfin, notre appui, notre vénérable conseil, ne craignez plus que la jeunesse française s'expose désormais gratuitement aux charges furieuses d'une cohorte émissaire de la faction usurpatrice qui nous domine. Les Etudiants en Médecine ont agi sous l'inspiration d'une criante injustice, mais sans discernement. Moi, leur condisciple, je ne peux, quoiqu'animé des mêmes sentiments, que les désapprouver. L'ordre nous est plus nécessaire que jamais, et ce n'est plus que de l'ordre et des protestations légales que nous devons attendre notre salut.

Agréez, Monsieur, l'assurance de la haute considération de celui qui a l'honneur d'être, avec une grande reconnaissance
Votre très humble serviteur
Em. Roques
étud^t en droit.
Rue des Fossés Saint Germain des près, n° 18.

Manuscrit   *Paris, BnF, N.a.fr. 18832, f. 73 ; 2 pp. ; orig. autogr.

Édition   *Le Constitutionnel*, 24 mai 1827, pp. 1-2.

Texte   11 élever] *surcharge un mot illisible*   18 atrocités] Le Constitutionnel *imprime :* violences   19 atrocités] Le Constitutionnel *imprime :* violences sont] sont ⟨et demeureront⟩ sa] *surcharge* leur   26 mais sans discernement] Le Constitutionnel *imprime :* et par entrainement   31 Monsieur] *le texte du* Constitutionnel *s'arrête après* Monsieur

Commentaire   Cette lettre s'insère dans la suite des troubles à l'école de médecine et l'intervention de BC du 18 mai (voir le commentaire de la lettre à Leblond du 19 mai). Roques a transmis sa lettre, ainsi que la réponse de BC (ci-dessous) au *Constitutionnel*, qui publia l'échange le 24 mai, pp. 1-2, sous le titre « Les étudiants et M. Benjamin Constant », avec les menus changements signalés dans la rubrique « texte ». Il abrège le nom de Roques en « M. E. R. » dans un chapeau qui motive la publication de l'échange : « c'est la meilleure réponse qui puisse être faite aux calomnieuses insinuations que les feuilles salariées ne rougissent pas de renouveler à chaque instant contre l'élite de la nouvelle population de la France ; c'est la seule aussi qu'il convienne de faire aux outrages grossiers journellement prodigués à un éloquent défenseur des lois et des libertés publiques, à un digne mandataire de la nation ».

4986

Benjamin Constant à François-René de Chateaubriand

21 mai 1827

J'ai bien tardé, Monsieur, à vous rendre grâce de votre admirable discours. Une fluxion sur les yeux, des travaux pour la Chambre, et plus encore les épouvantables séances de cette Chambre, me serviront d'excuse. Vous savez d'ailleurs combien mon esprit et mon âme s'associent à tout ce que vous dites et sympathisent avec tout le bien que vous essayez de faire à notre malheureux pays. Je suis heureux de réunir mes faibles efforts à votre puissante influence, et le délire d'un ministère qui tourmente la France et voudrait la dégrader, tout en m'inquiétant sur ses résultats prochains, me donne l'assurance consolante qu'un tel état de choses ne peut se prolonger. Vous aurez puissamment contribué à y mettre un terme, et si je mérite un jour qu'on place mon nom bien après le vôtre dans la lutte qu'il faut soutenir contre tant de folie et de crime, je m'estimerai bien récompensé.

Agréez, Monsieur, l'hommage d'une admiration sincère, d'une estime profonde et de la plus haute considération.

Benjamin Constant.

Paris, ce 21 mai 1827.

Éditions 1. François-René de Chateaubriand, *Mémoires d'Outre-Tombe*, Paris : E. et V. Penaud frères, 12 vols, 1849–1850, VIII, 63–64. 2. Letessier (1950), p. 53. 3. Chateaubriand, *Mémoires d'Outre-Tombe*, éd. De J.-C. Berchet, Paris : Classiques Garnier, 1998, t. III, p. 162.

Commentaire Cette lettre, à laquelle Chateaubriand, en la donnant dans ses *Mémoires*, montre le prix qu'il attachait, fait suite à la publication de l'*Opinion de M. le vicomte de Chateaubriand, pair de France, sur le projet de loi relatif à la police de la presse*, Paris : Ladvocat, 2ᵉ éd. Cette édition venait de sortir (*Bibliographie de la France* du 12 mai 1827, p. 397) et l'auteur l'avait sans doute envoyée à BC.

4987

Benjamin Constant à Émile Roques

21 mai 1827

Monsieur,
J'ai été profondément touché de la lettre que vous avez bien voulu m'écrire. Je me trouve & me trouverai toujours heureux de défendre contre des violences brutales une jeunesse qui est l'espérance de notre patrie, & qui mérite à tant de titres, l'interet & l'affection de tous les hommes de bien. Mais ce qui m'est personnel dans votre lettre, quelque bonheur que j'aye du en ressentir, m'en a causé moins encore que l'assurance qu'elle renferme, que rien de ce qui peut servir de prétexte à vos calomniateurs ne se renouvellera. La carrière qui s'ouvre devant vous est si belle, tous les efforts de vos ennemis qui sont en même tems ceux de l'espèce humaine sont tellement frappés d'impuissance, vous êtes si certains de l'avenir, qu'il ne faut pas troubler le présent par des irrégularités & des désordres : & permettez à ma franchise de classer parmi les désordres toute résistance à des mesures fondées sur des loix, quelles qu'elles soïent. Aussi longtems que des loix existent, tous les citoyens doivent s'y soumettre. Il faut s'en remettre au tems & aux voyes légales pour les réformer. En les enfreignant, vous placeriez vos défenseurs même sur une terrein désavantageux, & ce qui seroit plus déplorable encore, vous vous exposeriez à des périls que n'excuseraient ni la pureté de vos intentions, ni l'inexpérience de votre age. Aussi longtems qu'il y a dans un pays des formes représentatives & une tribune, la liberté peut être froissée, elle ne sauroit périr. Vous avez plus que nous le tems d'attendre. Profitez de ce tems pour continuer à murir vos esprits, à étendre vos connoissances, [à] vous nourrir des idées généreuses que chaque siècle a transmises, en dépit de toutes les tyrannies, aux siecles qui le remplacoient. Nous sommes une génération de passage. Nés sous l'arbitraire, nous semons pour la liberté. C'est vous qui récolterez, & la récolte n'est pas éloignée. Il dépend de vous qu'elle aît lieu sans orages. Il est digne de vous que rien ne la trouble, que la force intellectuelle triomphe seule & par des moyens légaux de la force matérielle, dernière ressource de nos ennemis. Nous combattons, étudiez. Nous luttons : éclairez-vous. Nous défendons une cause sacrée qui est la votre : récompensez nos efforts par votre sagesse. Plus vous aurez, dans votre jeunesse, respecté les loix, aggrandi vos pensées, reuni de science & de lumières, plus, dans votre age mur, vous serez forts, quand vous nous remplacerez. N'affligez pas les jours qui nous restent, en mêlant à la joye que nous éprouvons de vous défendre, la profonde tristesse que nous ressentirions, s'il falloit vous blamer.

Votre lettre me persuade, Monsieur, que vous ne me saurez pas mauvais gré 35
de ma sincérité. Elle vous prouve ma sincère estime & la reconnoissance dont
vos temoignages d'affection m'ont pénetré. Je serai charmé de vous voir, & je
vous prie d'agréer l'assurance de l'attachement que je vous ai voué, ainsi qu'à
tous ceux dont vous vous êtes rendu l'interprête.

Benjamin Constant 40

Paris ce 21 May 1827
a Monsieur / Monsieur Em. Roques / Etudiant en droit / Rue des Fossés St Germain des prés / N° 18.

Manuscrit   1. *Nantes, Bibl. mun., Ms 2212/1 ; cachet postal : 21 Mai 1827 ; 4 pp., p. 3 bl., l'adresse p. 4 ; orig. autogr.   2. Paris, BnF, N.a.fr. 18832, ff. 74–75 ; 4 pp., p. 4 bl. ; copie.

Édition   *Le Constitutionnel*, 24 mai 1827, p. 2.

Texte   5 l'affection de tous les hommes] *impr.* l'affection des gens   22 [à]] *en tournant la page, la préposition a été oubliée dans la lettre*

Commentaire   Voici la réponse de BC à la lettre d'Émile Roques du 19 mai (ci-dessus). Rappelons que les deux lettres furent publiées dans *Le Constitutionnel* du 24 mai, pp. 1–2. Émile Roques fera allusion à cet échange dans sa lettre du 14 juin (ci-dessous).

4988

Léonard Moûlade à Benjamin Constant

23 mai 1827

Bordeaux Le 23 may 1827

Monsieur, Binjamain Constant, député, à Paris.
Il n'est pas de jours que l'envie me vienne d'ecrire, mais je suis dans un embarras extrême, ma plume se refuse à tracer le quatre mots, que je voudrais vous soumettre, la bonne renommée que vous avez, parmis les hommes célèbres, 5
resserre mon cœur, que mes bonnes intentions seront regardées trop au dessous
de vous, & vous inspireront plutôt de la pitié, que l'interet. Heureux cent fois
trop heureux, si j'avais le bonheur de voir le contraire, mais la douleur oppresse
si vivement mon cœur, de me voir dans une position aussi triste, que je n'ose
vous la depeindre, les mauvaises affaires depuis quelques années, & ma bonté 10
ont contribué à toute ma perte… Je cherche une main secourable. Serai-je assez
heureux de le trouver en vous monsieur, une place aussi modique qu'elle fut,
pourvu qu'elle me procure mon existence en attendant mieux. Soit où cela soit.

Je suis honnête, & je pourrais vous en convaincre, s'il etait necessaire, mais je ne suis pas heureux, voila le malheur, pour que les amis vous oublient, & deviennent vos ennemis, c'est assez l'ordinaire.

Si c'etait un effet de votre bonté, et de votre complaisance, de me faire obtenir un bureau de tabac, rue pont long[1] près la place dauphine à bordeaux, où tout autre place que vous pourriez me juger capable, comme Regisseur de biens, dans les environs de paris, le jeunes gens de la province sont laborieux, & intelligens. Si j'avais ce bonheur, ce serait un bien grand que celui de vous présenter mes hommages très respectueux, & vous faire mes sincères remerciements, & vous en temoigner toute ma reconnaissance.

Veuillez je vous en supplie en grace porter dans mon ame, la joie, & le bonheur. Je crois meriter la consideration & l'estime des honnêtes gens. Je suis d'un age à inspirer de la confiance.

Je vous ecrit comme si je vous connaissait, je vous aime & vous suis attaché. Pardon de l'expression familiere, & liberté qui vous paraîtra peut-être trop hardie, permettez que je vous fasse mes excuzes. Si j'avais l'honneur de vous voir, vous verriez bientôt ma bonté naturelle, toujours disposé à faire le bien. C'est là devise d'un bon cœur... Tout ce que je pourrai vous dire à cet egard, serait au dessus de mes forces. Il est si doux d'obliger quand on le peut & venir au secours du malheur, que j'implore de votre humanité, votre puissante protection, pour me sortir du precipice... Vous êtes habitué à faire de bonnes actions, mais jamais vous ne pourrez en faire de meilleure, et qui vous donne plus satisfaction dans ma conduite respectueuse à votre egard.

Le bureau que je vous indique, où tout autre choze, qu'il vous plaira, si vous daignez me porter quelque interet, comme je le desire de toute mon ame, j'en ai grand besoin je vous assure. Si j'obtiens de votre bonté cette douce faveur, jamais vivant sur la terre, n'aura plus de plaisir que de vous temoigner toute sa gratitude, dans cette douce attente.

J'ai l'honneur de vous saluer avec une très parfaite consideration, monsieur votre très humble, et très obeissant serviteur

Ld Moûlade j^{ne}

à Leonard Moûlade j^{ne}, rue ducasse[2] n° 19. à Bordeaux,

à Monsieur / Monsieur Benjamin Constant, / Député / (à *Paris*

Manuscrit *Paris, BnF, N.a.fr. 18832, ff. 76–77 ; 4 pp., l'adresse p. 4 ; cachet postal : 27 Mai 1827 ; timbre : BORDEAUX ; orig. autogr.

Texte 21 que] *en interligne* 33 de] *en interligne*

Commentaire et Notes L'auteur de cette lettre n'a pu être identifié.
[1] Aujourd'hui rue Georges-Bonnac. La place Dauphine est devenue la place Gambetta.
[2] La rue du Casse, aujourd'hui rue Gaspard-Philippe.

4989

Benjamin Constant à Jean-Antoine-Joseph Davillier

25 mai 1827

Monsieur,

On vous aura parlé de l'idée concue par beaucoup d'électeurs & de citoyens, qui désirent que je reunisse & que je publie mes discours prononcés à la Chambre. Je vous en aurais entretenu moi même, si je ne m'étais fait une loi d'éviter tout ce qui aurait eu l'air d'une sollicitation de souscrire qui est loin de ma pensée : mais je viens vous demander un autre genre de service, s'il ne vous disconvient pas. Mon collegue, C. Perrier suivant le désir des electeurs qui lui ont fait la 1ere communication a consenti à ce qu'on mit son nom sur le prospectus & à recevoir les abonnemens chez lui[1]. Veuillez me dire si vous trouveriez quelque inconvénient à permettre qu'on y ajoutât le votre. L'amitié que vous m'avez toujours témoignée & dont je suis si reconnoissant m'a presque fait un devoir de vous adresser cette demande, mais j'y joins l'instante prière, quelque avantage qui pût résulter pour moi de l'addition d'un nom aussi honorable & aussi cher à tous les bons citoyens, de ne faire que ce qui vous sera parfaitement agréable[2]

Recevez l'assurance de mon attachement inviolable & des sentimens d'estime & de haute considération que je vous ai voués pour la vie

B Constant

Paris ce 25 May 1827

Monsieur / Monsieur Davilliers ainé / Boulevard Poissoniere / N° 15

Manuscrit *Lausanne, BCU, IS 5028 ; 4 pp., p. 3 bl., l'adresse p. 4 ; orig. autogr.

Notes
[1] Le nom de Casimir Périer figure effectivement en p. 6 du bulletin de souscription des *Discours*, paru en avril (voir Grenoble, AD de l'Isère, 11 J 41, f. 67/6).
[2] Le prospectus, ici projeté, sera signalé dans la *Bibliographie de la France* du 9 juin 1827, p. 478 ; le nom de Davillier y apparaîtra, et de surcroît : « Déja un grand nombre de personnes ont souscrit aux discours de M. Benjamin Constant. Nous rappelons que la souscription est toujours ouverte, et qu'on peut se faire inscrire chez MM. Laffitte, Casimir Périer, Davillier, et au bureau du *Constitutionnel*. » (*Le Constitutionnel* du 5 juillet, p. 3).

4990

Le Directeur de la Police à Benjamin Constant

26 mai 1827

*Ministère
de
l'Intérieur.*

Le Directeur de la Police a l'honneur de prévenir Monsieur B. Constant que la demande qu'il avait faite d'un passeport a été autorisée dès qu'elle est parvenue de la Préfecture de Police où il pourra le prendre quand il voudra.

Il le prie d'agréer l'assurance de sa haute considération.
Paris 26 Mai 1827.

Manuscrit *Lausanne, BCU, Fonds Constant I, Co 1427 ; papier à en-tête imprimé ; 2 pp., p. 2 bl. ; orig.

Texte *Les caractères en italique ont été imprimés.*

Commentaire Le directeur de la Police était François Franchet d'Esperey (1778–1863). Le passeport avait sans doute été demandé en prévision du voyage en Alsace.

4991

Benjamin Constant à Léonce d'Estournelles

27 mai 1827

Je te remercie bien, mon cher Léonce, de ta bonne lettre du 17, & je te prie de remercier ta mère de son interet pour la santé de ma femme qui me charge de lui dire qu'elle y a été bien sensible. Elle se trouve un peu mieux, quoiqu'elle souffre encore : mais tout sujet d'inquiétude est passé.

Il y a longtems que j'aurais du & voulu t'ecrire. Ma maladie de cet hyver & beaucoup d'occupations m'en ont empéché. Je suis remis de l'une & délivré des autres pour quelques mois. Mais l'hiver prochain tout cela reviendra.

Fais moi le plaisir de dire à ta mere que les traites que je lui ai envoyées ne m'ont pas encore été présentées. Je voudrais qu'elles le fussent, avant mon départ pour les eaux, sans quoi je ne saurai comment faire pour les faire acquitter ne sachant quand elles arriveront.

Je ne partirai guères pour les eaux, si j'y vais, comme je l'espère, que vers le commencement de Juillet¹. Ce sera alors que j'aurai le plaisir d'embrasser tous les habitans de Brévans.

Voici un petit billet pour ta mere que je te prie de lui remettre.

Embrasse ton oncle Charles & crois à ma sincère amitié, si tu es sage & si tu rends satisfaite de toi ta mere qui t'aime tant.

B Constant

ce 27 May

Monsieur Léonce d'Estournelles / à Brevans / près Dole / Dep^t du Jura

Manuscrit   *Lausanne, BCU, Fonds Constant I, Co 531 ; 4 pp., p. 3 bl., l'adresse p. 4 ; timbre : B^AU DE POSTE DE LA CHAMBRE / DES DÉPUTÉS DES DEP^TS ; orig. autogr.

Commentaire et Note   Aucune lettre de Léonce à BC en date d'un 17 mai, et qui permettrait de dater cette réponse avec quelque certitude, n'est connue. Comme BC fait allusion à Charles sans parler d'Émilie, la lettre est sans doute antérieure au mariage du couple en avril 1828. Les maladies hivernales de BC et les projets de départ pour les eaux ne sont pas réservés à 1827, mais ces éléments y sont présents.

¹ BC quittera Paris au début du mois d'août 1827.

4992

François-René de Chateaubriand à Benjamin Constant

27 mai 1827

Paris le 27 mai 1827

Je suis bien faché monsieur, que vous vous soyiez donné la peine de m'écrire¹ : en vous envoyant mon discours, je n'avois d'autre dessein que de me rallier à ce drapeau des libertés publiques que vous défendez si bien et avec tant de courage.

Pourvu que nous puissions le garder jusqu'au jour où les générations qui nous suivent seront capables de le porter, la France est sauvée : mais l'intervalle est difficile à franchir.

Recevez, Monsieur, je vous prie, avec mes remercimens et mes compliments empressés l'hommage accoutumé de mon admiration pour vos talents

Chateaubriand

Manuscrit   *Lausanne, BCU, Fonds Constant I, Co 1055 ; 2 pp. ; orig. autogr.

Note

¹ Voir ci-dessus la lettre de BC du 21 mai à laquelle Chateaubriand répond ici.

4993

Joseph-Daniel Guigniaut à Benjamin Constant

27 mai 1827

Je suis venu pour avoir l'honneur de saluer Mr B. C. avec qui j'avais grand besoin de m'entretenir quelques instants : je regrette d'autant plus de ne pas le trouver que je ne pourrai revenir que vers la fin de la semaine prochaine, devant partir vendredi pour un petit voyage. Je le prie instamment de vouloir bien me renvoyer le plus tôt possible, *Goerres*[1] & les 10 pr. n^{os} du *Catholique*, qui me deviennent indispensables pour mes notes, où je suis maintenant en plein après avoir achevé mon texte en totalité. Je compte définitivement mettre sous-presse du 15 au 20 août. C'est de tout cela & surtout de ses propres travaux que j'aurais voulu causer à mon aise avec Mr B.C. Mille respectueux hommages à Madame,

JD Guigniaut

Ce Dimanche 27 mai.

Pour Monsieur / Benjamin Constant.

Manuscrit *Paris, BnF, N.a.fr. 18831, f. 138 ; 2 pp., l'adresse p. 2 ; orig. autogr.

Texte 5 le plus tôt possible,] le plus tôt possible, *en marge*

Commentaire et Note Le *Catholique* d'Eckstein commença à paraître en 1826. Cette lettre est donc postérieure au n° 10 qui parut en octobre. Par ailleurs, le deuxième tome (première partie) de la traduction de Creuzer par Guigniaut parut fin novembre 1829 (*Le Moniteur universel* du 1er décembre 1829, p. 1842), les volumes suivants à partir de 1835. La lettre fut donc écrite entre 1827 et 1829, mais le seul dimanche 27 mai tombe en 1827.

[1] Dans *De la Religion*, BC se réfère abondamment à l'ouvrage de Johann Joseph von Görres (1776–1848) : *Mythengeschichte der asiatischen Welt*, Heidelberg : Mohr und Zimmer, 1810, qu'il possédait dans sa bibliothèque (*OCBC, Documents*, I, 288). Guigniaut renverra au même ouvrage (*Religions de l'Antiquité*, Paris : Treuttel et Würtz, 1829, pp. 12 et suiv.).

4994

Benjamin Constant à Victor Cousin

28 mai 1827

Votre M. Tuttcheff[1] est venu deux fois pour me trouver, mon cher ami. J'en ai bien du regret. J'aurais été le chercher sans les séances de la Chambre, d'autres occupations, une santé mauvaise, & surtout de mauvais yeux qui me font fuir le jour tant que je le peux. On dit que vous vous portez à merveille. Je m'en réjouïs. Où trouve-t-on réuni ce que vous avez publié sur Eunape & les philosophes qu'il a racontés[2].

Mille tendres amitiés
BConstant

ce 28 mai 1827

a Monsieur / Monsieur V. Cousin / Professeur / Rue d'Enfer St Michel N° 14

Manuscrit *Paris, Bibl. Victor Cousin (Bibl. de la Sorbonne), Ms 223, n° 1387 ; 4 pp., pp. 2–3 bl., l'adresse p. 4 ; cachet postal : 28 Mai 1827 ; orig. autogr.

Notes
[1] Il s'agit sans doute de Fiodor Ivanovitch Tiouttchev (1803–1873) qui deviendra l'un des grands poètes russes ; il servait alors comme attaché de la mission diplomatique russe à Munich.
[2] Cousin venait de publier en avril *Eunape : pour servir à l'histoire de la philosophie d'Alexandrie*, Paris : Imprimerie royale, 29 p. Ce petit ouvrage avait été publié en déc. 1826-mars 1827 dans le *Journal des Savans* ; il est rarissime.

4995

Joseph-Daniel Guigniaut à Benjamin Constant

28 mai 1827

Oui, Monsieur, j'ai commis une erreur en réclamant de vous les 10 premiers N^{os} du Catholique, mais cette erreur n'est pas complète. Je m'en étais fié à ma mémoire, maintenant je viens de consulter mes notes qui m'apprennent qu'au lieu des 10 pr. n^{os} c'est le 1er volume c'est à dire les n°s 1, 2, 3 – plus le 10e N° que j'ai eu l'honneur de vous prêter. Je me rappelle, en effet, fort bien que Mr Guizot vous en avait aussi prêté quelques N^{os}, mais n'avait pas pu retrouver le 1er volume, ce qui vous engagea à me le demander, & par suite le 10e n° était le plus récent.

Je viens de faire la contre-épreuve de cette vérification dans ma bibliothèque & trouve en effet qu'il me manque juste et le 1er vol. et le 10e n°.`Veuillez donc vous assurer ou s'ils ne seraient point demeurés dans vos mains, ou si par mégarde vous n'auriez point rendu à M. Guizot le mien avec le sien. La plupart des N^os qui m'appartiennent sont faciles à reconnaître car ils portent mon nom, m'étant donnés par l'auteur.

Agréez, Monsieur, la vive assurance des sentiments de respect et de dévouement inaltérable avec lesquels j'ai l'honneur d'être
Votre très attaché
JD Guigniaut

Ce 28 may.

Manuscrit *Paris, BnF, N.a.fr. 18831, f. 139 ; 2 pp. ; orig. autogr.

Texte 9 &] & ⟨je⟩

Commentaire Voir ci-dessus la lettre de Guigniaut du 27 mai 1827.

4996

Étudiants de Strasbourg à Benjamin Constant

28 mai 1827

À Monsieur Benjamin Constant,
les Etudiants de l'Académie de Strasbourg,

Monsieur,
Les calomnies odieuses auxquelles la jeunesse française a été en butte depuis quelque temps ne l'ont point étonnée : elle ne les redoute pas ; l'honneur national et la conscience publique les ont jugées. Cependant il importait qu'une voix mâle et imposante vînt leur donner, à la face de l'Europe, un démenti solennel. Fort de la conscience du citoyen vertueux, vous vous êtes chargé de cette tâche noble, mais périlleuse.

Il est beau de dire des vérités courageuses ; il était plus beau encore de défendre ceux qui n'ont à vous offrir que leur reconnaissance.

C'est pour acquitter cette dette sacrée que nous vous remercions aujourd'hui, au nom d'une portion de la jeunesse française. Elle sait fort bien distinguer ses vrais amis de ceux dont la *sévère sollicitude*[1] ne tend qu'à la provoquer au désordre.

Qu'on ne nous conteste point la légitimité de notre reconnaissance : accusés, nous avons le droit de remercier notre éloquent défenseur.

Vous venez d'acquérir un nouveau titre à la gloire : organes d'une génération qui s'élève, nos hommages ressemblent à ceux de la postérité.

Jules Maugin[2] Zeys F[3] H. Osterrieth Gustave Bécourt[4] A. Bérot[5] G Wack Brossard[6] Gust Burckhardt[7] H. H. Curé[8] Lombard E A. Ancelon[9] A. Lereboullet[10] Thirion[11] [ ] F. Ancelon ainé[12] Aubry[13] L. Aronhirth C Grosse L. Belly Triponel Hacquard[14] Prieur-Louis[15] Pagel H. Lagarmitte[16] A. Mestmann Meny E. Wittmann De Quatrefages[17] Schützenberger[18] E Renaudin[19] M. Michard Sénéchal[20] A Braun[21] J Morel[22] Ch Meny Fallot[23] JMorel G. Goguel canada[24] Ls : Verenet Gissy[25] [ ] Lemp Schilling[26] H Grosse[27] Koehler[28] Roussel[29] Koeller Meirma J Munstins J.G Ritter. N. Huder[30] Lucien Beyo J. Schaeffer Schuller Bérot Bogner[31] Polti Jaust jeune [ ] Lacombelle Thirion Gillet Richoux[32] [ ] Boudet[33] JHD Klimrath[34] Lienhart[35] C. Bardin E. Marlier[36] Ferd. Hermann[37] C. Bert Ch de Videlange E[d] Jordy Wendling[38] Gerardin H. Bach J. Sommervogel[39] Ducreux J[n] Sallet Bricker L. Meyer[40] C. Schmidt[41] JJ. Souquet[42] Baulu Cazaux[43] IDautheville[44] Ant[ne] Théron[45] Cte Leiris[46] GViala Haag[47] F Dussaut[48] Boissard Martin[49] Bian Perruche Comte Jellé Baumgartner[50] Gust. Spach[51] Bauer[52] Gilliot Pflug Gant Pick[53] Fleck[54] Gerold[55]

Fait le 24 Mai 1827, et signé le 25, 26 & 28 Courant

Strasbourg le 28 Mai 1827.

Manuscrit   *Paris, BnF, N.a.fr. 18832, ff. 78–79 ; 4 pp. ; orig. autogr.

Texte   *Certaines signatures, signalées par [ ], sont illisibles, d'autres sont douteuses.*

Commentaire et Notes   Plusieurs de ces patronymes figureront aussi parmi ceux des rédacteurs de *La Bibliothèque allemande* ou de *La Nouvelle Revue germanique*, publiées à Strasbourg puis à Paris entre 1826 et 1837. Signalons par exemple Henri Lagarmitte, qui dirigera la rubrique allemande du *Globe* saint-simonien, et Henri Klimrath.

[1] Les étudiants lisent la presse libérale : le 19 mai, *Le Courrier français*, p. 4 et *Le Constitutionnel*, p. 6 citent ainsi la réponse de Corbière à BC lors de la séance orageuse du 18 (voir le commentaire de la lettre à Leblond du 19 mai) : « Je veux, je dois à mon tour m'adresser à cette malheureuse jeunesse, et dans ma sincère sollicitude, je lui dirai : Ah ! défiez-vous de ceux qui se disent vos amis ; n'ayez confiance qu'en ceux qui, à regret, vous montrent une sévérité nécessaire ». Le *Journal des débats* donne ceci, p. 4 : « C'est dans le moment ou l'on profère devant vous de telles paroles, qu'il me sera permis de m'adresser à cette malheureuse jeunesse qu'on égare, et de lui dire : Défiez-vous de ceux qui vous environnent, et qui vous excitent à des démarches insensées ; ayez confiance dans ceux qui, par leurs fonctions, sont obligés à employer de la sévérité contre les perturbateurs de l'ordre public, et défiez-vous de vos prétendus amis ». La version du *Moniteur universel* du 20 mai, p. 6 diffère encore, et sera retenue par les *Archives parlementaires*, LII, p. 133 : « Qu'il me soit permis de m'adresser à mon tour à cette jeunesse et de lui dire : Défiez-vous de vos prétendus amis qui cherchent à vous égarer, et mettez votre confiance dans ceux qui, à regret, vous montrent de la fermeté ».

[2] Jules Maugin soutiendra sa thèse de médecine en 1834 à Strasbourg (Catalogue de la Bibliothèque universitaire de Strasbourg).

[3] Peut-être Daniel Frédéric Zeys, auteur d'une thèse de droit en 1820 (Cat. BuS).

⁴ Ph. J. Gustave Bécourt soutiendra sa thèse de médecine en 1830 à Strasbourg (Cat. BuS).
⁵ Auguste Bérot soutiendra sa thèse de médecine en 1833 à Strasbourg (Cat. BuS).
⁶ Joseph Brossard soutiendra sa thèse de médecine en 1830 à Strasbourg (Cat. BuS).
⁷ Gustave Burckhardt soutiendra sa thèse de médecine en 1830 à Strasbourg (Cat. BuS).
⁸ Henri-Hyacinthe Curé soutiendra sa thèse de médecine en 1830 à Strasbourg (Cat. BuS).
⁹ Étienne-Auguste Ancelon (1806-1886) soutiendra sa thèse de médecine en 1828 à Strasbourg (Cat. BuS) et mènera une carrière politique après 1848.
¹⁰ Dominique Auguste Lereboullet (1804-1865) soutiendra sa thèse de médecine en 1832 à Strasbourg (Cat. BuS) et deviendra professeur de zoologie à la faculté des sciences de Strasbourg.
¹¹ L'un des deux Thirion est sans doute Charles qui soutiendra sa thèse de médecine en 1829 à Strasbourg (Cat. BuS).
¹² François Sylvestre Ancelon soutiendra sa thèse de médecine en 1828 à Strasbourg (Cat. BuS).
¹³ Charles Marie Barbe Antoine Aubry (1803-1883) soutiendra sa thèse de droit en 1829 à Strasbourg (Cat. BuS), et deviendra jurisconsulte (NetDBA).
¹⁴ Joseph-François Hacquard soutiendra sa thèse de médecine en 1831 à Strasbourg (Cat. BuS).
¹⁵ Louis Denis Prieur soutiendra sa thèse de médecine en 1831 à Strasbourg (Cat. BuS).
¹⁶ Henri Lagarmitte (1807-1834) soutiendra sa thèse de droit en 1828 à Strasbourg (Cat. BuS) et deviendra journaliste.
¹⁷ Armand de Quatrefages (1810-1892) soutiendra sa thèse de médecine en 1832 à Strasbourg (Cat. BuS). Il prononça un discours « à la cérémonie funèbre qui a eu lieu à Strasbourg, en l'honneur de Benjamin Constant le 16 Décembre 1830 ».
¹⁸ Sans doute Charles Schützenberger (1809-1881), qui deviendra professeur de médecine à Strasbourg (*NDBA*).
¹⁹ Louis François Émile Renaudin (1808-1865) soutiendra sa thèse de médecine en 1832 à Strasbourg (Cat. BuS).
²⁰ Louis-Joseph Sénéchal soutiendra sa thèse de droit en 1830 à Strasbourg (Cat. BuS).
²¹ Albert Braun (né en 1806 à Mulhouse) figure dans l'« État général des Étudians près la Faculté de Théologie et le Séminaire protestant de Strasbourg » en 1827 (A. Soulier, *Statistique des Églises réformées de France*, Paris : Servier, 1828, p. 267), soutiendra sa thèse de théologie en 1835 à Strasbourg (Cat. BuS) et deviendra pasteur à Mulhouse en 1839.
²² L'un des deux Morel est sans doute Jacques Charles qui soutiendra sa thèse de médecine en 1830 à Strasbourg (Cat. BuS).
²³ Georges Frédéric Fallot (1806-1895) obtiendra en 1830 le grade de bachelier en théologie à Strasbourg (Cat. BuS) et sera pasteur à Audincourt.
²⁴ Georges Frédéric Goguel, dit Canada (1808-1874) obtiendra en 1831 le grade de bachelier en théologie à Strasbourg (Cat. BuS) et deviendra pasteur à Jarnac en 1835.
²⁵ F. Gissy soutiendra sa thèse de droit en 1831 à Strasbourg (Cat. BuS).
²⁶ Sans doute Eduard Schilling qui soutiendra sa thèse de médecine en 1831 à Francfort-sur-le-Main (Cat. BuS).
²⁷ Sans doute H. L. Édouard Grosse qui soutiendra sa thèse de médecine en 1830 à Strasbourg (Cat. BuS).
²⁸ S'agit-il de Georges Koehler (1806-1884) ? Il a le bon profil d'âge pour figurer dans cette liste, et étudiait à Strasbourg – mais signer cette lettre n'aurait pas été avantageux pour la carrière du futur vicaire général du diocèse de Strasbourg (NetDBA).
²⁹ Peut-être Claude François Roussel qui soutiendra sa thèse de médecine en 1829 à Strasbourg (Cat. BuS).
³⁰ Nestor Huder (né en 1808) soutiendra sa thèse de droit en 1828 à Strasbourg (Cat. BuS).
³¹ Sans doute Jean-Frédéric Bogner qui soutiendra sa thèse de droit en 1829 à Strasbourg (Cat. BuS).
³² Peut-être N. J. Richoux qui soutiendra sa thèse de médecine en 1829 à Strasbourg (Cat. BuS).
³³ Jean Boudet-Fenouillet (né en 1794), originaire du Tarn-et-Garonne, figure dans A. Soulier, ouvr. cit., p. 269, soutiendra sa thèse de théologie en 1828 à Strasbourg (Cat. BuS) et deviendra pasteur à Orléans en 1830.

34 Jean Henri Daniel Klimrath (1807-1837) soutiendra sa thèse de droit en 1828 à Strasbourg (Cat. BuS) et publiera plusieurs ouvrages d'histoire du droit. Il écrira une *Notice sur feu M. Henri Lagarmitte*, Strasbourg : Levrault, 1834.
35 François Joseph Lienhart (1800-1872), avocat et futur conseiller général, serait parmi les plus âgés des signataires, ce qui rend cette identification incertaine.
36 Eugène Marlier soutiendra sa thèse de droit en 1827 à Strasbourg (Cat. BuS).
37 Ferdinand Hermann soutiendra sa thèse de droit en 1827 à Strasbourg (Cat. BuS).
38 Jean-Michel Wendling soutiendra sa thèse de droit en 1827 à Strasbourg (Cat. BuS).
39 Marie-Max. Jos. Sommervogel soutiendra sa thèse de droit en 1828 à Strasbourg (Cat. BuS).
40 Louis Meyer (1807-1869), futur curé et musicien qui étudiait au Grand Séminaire de Strasbourg en 1827 (NetDBA) ?
41 Charles Frédéric Schmidt (1807-1886), originaire de Nancy, figure dans A. Soulier, ouvr. cit., p. 267, soutiendra sa thèse de théologie en 1829 à Strasbourg (Cat. BnF) et deviendra pasteur à Nancy en 1831.
42 Jean-Jacques Souquet (né en 1805 à Montauban) figure dans A. Soulier, ouvr. cit., p. 268.
43 Jean Joseph Cazaux (né en 1791), originaire des Pyrénées-Orientales, figure dans A. Soulier, ouvr. cit., p. 269.
44 Jean Louis Isidore Dautheville (né à Privas en 1802) figure dans A. Soulier, ouvr. cit., p. 267, et soutiendra sa thèse de théologie en 1828 à Strasbourg (Cat. BuS).
45 Antoine Théron (né en 1803), originaire du Gard, figure dans A. Soulier, ouvr. cit., p. 268.
46 Calixte Leiris (né en 1803 à Nîmes) figure dans A. Soulier, ouvr. cit., p. 269, soutiendra sa thèse de théologie en 1827 à Strasbourg (Cat. BnF) et deviendra pasteur à Saussines (Hérault).
47 Peut-être Eugène Haag (1808-1868), étudiant à Strasbourg en théologie et co-auteur avec son frère de *La France protestante*.
48 Claude Frédélan Dussaut (né en 1801) soutiendra sa thèse de théologie en 1828 à Strasbourg (Cat. BuS) et deviendra pasteur en Lozère.
49 Étienne Martin (1800-1868) soutiendra sa thèse de théologie en 1828 à Strasbourg (Cat. BuS et A. Soulier, ouvr. cit., p. 268).
50 André Gustave Adolpe Baumgartner (1809-1859), qui entra en 1827 à Polytechnique (NetDBA) ?
51 Frédéric Gustave Spach (1809-1895), frère de l'archiviste et homme de lettres Louis Adolphe, faisait son droit à Strasbourg en 1827, avant de se destiner à une carrière dans l'administration de la ville (NetDBA).
52 Patronyme fort répandu. Il pourrait cependant s'agir de Frédéric Bauer (1802-1860) ; celui-ci fit pourtant ses études de médecine à Heidelberg puis à Paris avant de s'établir dans sa ville natale de Mulhouse (NetDBA).
53 Sans doute Frédéric Alphonse Pick (1808-1896), qui fit des études de droit avant de se tourner vers l'industrie et la littérature en allemand et en dialecte (NetDBA).
54 Sans doute F. Joseph Fleck qui soutiendra sa thèse de droit en 1829 à Strasbourg (Cat. BnF).
55 Sans doute Louis Emmanuel Théodore Gérold (1804-1893), pasteur, qui sera nommé en 1841 à la cure de Kolbsheim (Bas-Rhin).

4997

Benjamin Constant à un Correspondant non identifié

29 mai 1827

Je viens de nouveau prier mon cher collegue en politique & en morale de m'excuser si de nouveau je manque à la séance de ce soir. J'ai les yeux dans un état très douloureux. Le jour me fait mal & à plus forte raison les lampes. Je ne puis tout a plus qu'aller a la chambre qui grace au ciel finit aujourdhui ou demain. Puis je me retire dans l'obscurité le plus que je puis. Je compte sur l'amitié de mon collègue pour obtenir l'indulgence de la Société pour son indigne President[1]

B Constant

ce 29 May

Manuscrit *Lausanne, BCU, Fonds Constant I, Co 3231 ; orig. autogr.

Commentaire et Note Seule, la session de 1827, qui s'achève le 1er juin, permet de dater cette lettre.
[1] L'identité de la société que BC présidait n'a pas été établie. S'agissait-il de la Société de la morale chrétienne, de celle des amis de la liberté de la presse, de celle pour l'abolition de l'esclavage, ou pour les Grecs ?

4998

Aimé Mallevergne à Benjamin Constant

29 mai 1827

Monsieur,

Je lus, il y a quelques jours, une brochure intitulée : *Lettre d'un avocat à M^r De Villèle, sur l'acte d'accusation &ca*[1] Je vis avec peine qu'elle était dirigée contre les députés de l'opposition[2]. Elle me parut très faible ; et je n'y aurais pas répondu, si je n'avais appris qu'elle émane de la coterie du *Producteur*[3], qui ne vous pardonne pas de l'avoir trop bien qualifiée.

Je vous prie d'accepter un exemplaire de ma réponse[4]. Elle est courte comme la *lettre*. J'aurais craint, en lui donnant plus d'étendue, d'attacher trop d'importance à un objet qui n'en est pas digne.

Agréez, Monsieur, l'assurance de la considération très distinguée, avec laquelle

J'ai l'honneur d'être
Votre très humble serviteur,
A. Mallevergne
rue des quatre vents N° 8
Et^{dt} en droit

Paris ce 29 mai 1827

Manuscrit *Lausanne, BCU, Fonds Constant I, Co 1364 ; 2 pp., p. 2 bl. ; orig. autogr.

Commentaire et Notes Sur Aimé Michel Fabien Mallevergne (1804–1877), homme de loi, substitut du procureur général de Limoges en 1830, puis avocat général en 1838, voir l'*Annuaire de la magistrature*.

[1] Le 12 mai avait paru la *Lettre d'un avocat, ex-caporal dans l'ex-Garde Nationale de Paris, à M. le comte de Villèle, sur l'accusation dont Son Excellence est menacée*, Paris : Delaforest et Ponthieu, 16 p.

[2] « Ainsi vous serez très certainement accusé, Monsieur le comte ; Votre Excellence s'y attend : sa prévoyance habituelle l'en aurait suffisamment avertie, lors même que M. B. C. n'aurait pas eu la générosité de l'en instruire à la tribune. » (ouvr. cit., p. 6). La dimension ironique semble avoir échappé à Mallevergne ; la presse libérale ne s'y trompera pas : « brochure extrêmement piquante » (*Le Constitutionnel* du 16 mai 1827, p. 2), « une brochure qu'on dit devoir exciter vivement la curiosité publique » (*Le Courrier français* du 16 mai 1827, p. 2).

[3] Allusion au journal saint-simonien, *Le Producteur*, qui avait cessé de paraître en 1826, à moins que Mallevergne vise ici celui qu'il considère comme le « producteur » de la *Lettre*, soit Villèle lui-même.

[4] Non retrouvée.

4999

Charles Béchet à Benjamin Constant

31 mai 1827

Paris, le 31 Mai *1827*
CHARLES-BÉCHET, Libraire-Commissionnaire,
Acquéreur du fonds d'assortiment de Béchet aîné,
Quai des Augustins, N. 57.
A Monsieur Benjamin-Constant, Membre de la Chambre des Députés

Monsieur
On annonce la publication *du tome 3 de la Réligion*[1] & vous n'ignorez pas Monsieur, à quelle condition j'ai obtenu les deux premiers ; on voudrait aujourd'hui, me priver de l'avantage de les obtenir avec la même faveur, c'est à dire qu'on veut me forcer à en prendre d'avance *deux cents exemplaires* sinon, me priver de la remise dont j'ai joui précédemment.

Ce n'est pas sur le nombre *des deux cents exemplaires* que j'ai à me plaindre, puisque j'en ai vendu le triple du *Tome 2*, et à une époque où ma maison n'avait pu recévoir encor, le dégré d'extention qu'à force d'activité je suis parvenu à lui acquérir depuis ce moment ! Mais bien sur l'obligation que l'on veut m'imposer & qui me parait contraire à la saine justice.

Je pense Monsieur, qu'il suffira de vous soumettre une pareille prétention pour que vous ayez la bienveillance de la faire cesser ; un mot de votre part doit faire evanouir de pareilles difficultés & c'est plus particulièrement dans l'intérêt de l'ouvrage que je sollicite la liberté de ne pas m'engager dès ce moment a en prendre tel ou tel nombre, parce que j'ai la certitude de vendre beaucoup d'un ouvrage auquel je veux donner des soins assidus.

Un ouvrage quelconque a besoin d'être vendu et il y a de l'honneur à vendre le vôtre ; ayez donc la bonté Monsieur, de me faire accorder la faculté que je réclame & qu'on ne saurait me refuser sans injustice & je saurais prouver que je puis faire aussi bien que tout autre maison.

M. Casimir-Perrier auquel j'eus l'honneur de m'adresser pour obtenir que le nom de ma maison fut annoncé, comme un de ceux, où l'on devait souscrire pour la Collection *des discours prononcés par vous Monsieur, à la tribune nationale*, à eu la complaisance de me faire connaître le désir qu'il avait d'accèder à ma demande, mais qu'il ne le pouvait, puisque cela dépendait de vous. J'ose espèrer Monsieur, que vous m'accorderez cette faveur[2].

J'ai l'honneur d'être Monsieur, avec un respectueux devouement
Votre très humble & très obéissant serviteur
Charles Bechet

En ma qualité de successeur de mon beau-Père, j'ai au moins le droit de jouir de la même faveur que MM. Treuttel, Paschoud & autres qui n'en prennent qu'un très petit nombre d'exemplaires. J'offre d'en prendre cent exemplaires à la fois & cependant mon beau-père me renvoie à Mr Pichon & celui ci prétend que ce n'est pas lui qui à vendu ou qui à traité antérieurement avec moi ; De manière Monsieur, que si vous n'avez la bonté de décider, je me trouverai dans l'impossibilité de donner des soins à votre ouvrage.

Honorez moi d'un mot de réponse & croyez moi je vous prie
Votre respectueux serviteur
Charles Bechet

Monsieur / B. Constant rue d'Anjou / St Honoré n° 15 / Paris.

Manuscrit   *Lausanne, BCU, Fonds Constant I, Co 3841 ; 4 pp., l'adresse p. 4 ; cachet postal : 4 Juin 1827 ; orig. autogr.

Texte *Les caractères en italique ont été imprimés.*

Notes
[1] Il faudra patienter encore un peu : l'ouvrage sera annoncé dans la *Bibliographie de la France* du 18 août 1827, p. 683.
[2] Il ne semble pas que la « faveur » ait été accordée : dans le lancement de la souscription, le nom de Béchet n'apparaît pas (*Le Constitutionnel* du 9 juin 1827, p. 4).

5000

Alphonse Varnier à Benjamin Constant

31 mai 1827

Paris 31 mai 1827
A Monsieur B. Constant deputé :

Pardonnez au moment d'enthousiasme que j'éprouve ; mais après avoir lu votre lêttre de ce jour[1], il faut, où que je me satisfasse du plaisir d'aller vous remercier moi-même (ce qui seroit évidemment abuser des instans de repos que reclame votre santé) où il faut tout au moins, dans mon effort à me contenir, que je vous écrive l'expréssion d'un sentiment que les regles d'une convenance incommode m'empechent de vous temoigner autrement. Je prends ce dernier parti ; et voyez combien me rend docile le respect que vous m'imposez, puisque, pour y-rendre hommage, je me borne à terminer cette lêttre par une seule prière :
« Rappellez-vous à votre retour de la promesse que vous m'avez faite de me mander près de vous. »
Vous verrez aux questions que vous me poserez sur la vraie liberté, celle qui procure à l'homme le plus meritant la premiere place parmi les hommes, vous verrez, dis-je, que si je n'ai pas été doué de cet heureux esprit qui l'explique, je possède du moins celui qui l'écoute et le met à profit.
Que la providence veille sur vos jours, et vous ramène bientot en nos murs[2], muni d'assez de forces pour dissiper avec votre baguette magique le nuage épais qui couvre la France.
Je suis avec un dévoumont tout patriotique votre humble et zélé serviteur
Alph^{se} Varnier[3] de l'ex–7ième legion.
rue neuve St Mederic N° 41.

Manuscrit *Paris, BnF, N.a.fr. 18832, f. 80 ; 2 pp., p. 2 bl. ; orig. autogr.

Commentaire et Notes L'auteur peut être Alphonse Varnier qui dirigera en 1833 l'école normale primaire du département de la Gironde, ainsi que l'école particulière d'enseignement mutuel (*Le*

Guide de l'étranger à Bordeaux, Bordeaux : Fillastre, 1839, p. 510) ; le même semble l'auteur d'une *Instruction sur le mécanisme de l'enseignement mutuel*, Orléans : Huet-Perdoux, 1832.
[1] Non retrouvée.
[2] BC avait-il évoqué avec Varnier son prochain voyage en Alsace ?
[3] Le nom est suivi des trois points maçonniques.

5001

Benjamin Constant à Louise d'Estournelles

mai 1827

Vous êtes de droles de gens, vous & Charles. Il tire sur moi des lettres de change sans m'en prévenir, de sorte que je ne sais si je dois les payer ou non. Vous me prévenez que vous tirez sur moi pour le 10 avril au lieu du 1er May : je fais mes arrangemens en conséquence, & personne ne vient se faire payer. Enfin vos 400 fr. sont prêts. Quant à Charles, les 300 du semestre à payer le 1er May sont prêts également. Priez le seulement de se rappeler quelles traites il a données, pour qu'après avoir payé les 300 fr. soit à lui soit à d'autres, je n'aye pas le désagrément d'en refuser quelqu'une qui viendroit postérieurement.

Manuscrit *Lausanne, BCU, Fonds Constant I, Co 424 ; 2 pp., p. 2 bl. ; orig. autogr.

Texte 8 postérieurement.] *le bas de la page semble avoir été découpé*

Commentaire Le 24 avril 1827, BC paie 400 F correspondant au « Semestre de Louïse & pension de Leonce », puis 300 F, le 13 mai, pour le « Sémestre de Charles » (*OCBC*, VII, 490–491).

5002

Benjamin Constant à Casimir Périer

mai 1827

Puisque vous mettez tant de bonté dans cette affaire, cher Casimir, je vous envoye deux adresses auxquelles du reste vous avez peut-être songé. L'une est celle de notre ancien collègue Guilhem à Brest, l'autre celle de notre ancien collegue Delaroche du Havre. Je suppose que vous avez pensé à M. Tesseyre[1] à Grenoble qui est si bien dispose pour moi

Reconnoissance & amitié pour la vie

B. C.

Vous avez, j'espère, reçu les quittances.

à Monsieur / Monsieur Casimir Perrier / Paris

Manuscrit   *Grenoble, AD de l'Isère, 11 J 41, f. 64 ; 4 pp., pp. 2–3 bl., l'adresse p. 4 ; orig. autogr.

Texte   4 Delaroche] *sous le nom* Delaroche : 10 Tesseyre] *sous le nom* Tesseyre : 10

Commentaire et Note   Ce billet n'est pas daté, mais il s'inscrit dans le travail de promotion des *Discours* (voir la lettre à Périer du 5 mai).
[1] Jean-Pierre-Olivier Guilhem (1765–1830), député de centre gauche du Finistère en 1818–1822. Michel de La Roche ou Delaroche (1775–1852), député de gauche de Seine-Inférieure en 1819–1823. Camille Hyacinthe Teisseire (1764–1842), député de gauche de l'Isère en 1820–1823. Le chiffre 10 porté sous les noms « Delaroche » et « Tesseyre » indique le nombre de « circulaires » à leur envoyer.

5003

Charles-Antoine Jean à Benjamin Constant

mai 1827

Charles-Antoine Jean, prêtre résidant à Vaux-Sur-Blaise, arrondiss^t et Canton de Wassy, h^{te} Marne
à Monsieur Benjamin Constant, membre de la Chambre des députés à Paris.

Monsieur
Ma naissance datte du 30 janvier 1751. Mon âge et mes infirmités m'ayant absolument mis hors d'état de remplir les fonctions de pasteur, j'ai donné ma démission à mon Evêque[1] en lui demandant quelque secours ou une pension de retraîte. Il m'a repondu qu'en acceptant ma démission, il m'avoit rayé du tableau des fonctionnaires Ecclésiastiques. *Beneficium*, me dit-il, *propter officium*[2].

Me voilà donc livré à la Charité publique, après avoir servi l'Eglise pendant plus de 50 ans. Me [voilà] donc obligé d'aller tristement mourir dans un hôpital ou on ne reçoit gratuitement que les mendiants. Les militaires de tout grade, et même tous les employés du gouvernement obtiennent une retraîte après trente ans de services ; [il] n'y auroit que les prêtres à qui on refuseroit quelque secours ou une pension de retraite, après 50 ans de service. Dans le moment ou la Chambre va s'occuper du Budget et des affaires Ecclésiastiques[3] ; je vous supplie, Monsieur, de vous intéresser en faveur des prêtres agés et infirmes. Je m'adresse à vous avec confiance, persuadé que vous voudrez bien leur rendre cet important service. Agréez mes respectueuses salutations.

C A. Jean

prêtre, résidant à Vaux-Sur-Blaise, par Vassy, h^te Marne

Manuscrit   *Lausanne, BCU, Fonds Constant I, Co 4106 ; 2 pp. ; orig. autogr.

Texte   5 du] *en interligne*   11 [voilà]] *Le bord de la feuille a été découpé.*

Commentaire et Notes   En considérant qu'un prêtre était ordonné vers vingt-cinq ans, cette lettre fut écrite dans les années 1826–1827. Charles-Antoine Jean mourra à Vaux-sur-Blaise le 1er janvier 1832, âgé « de quatre vingt ans et onze mois » (Arch. départ. de Haute-Marne).

[1] Depuis 1823, l'évêque de Langres (Haute-Marne) était Gilbert Paul Aragonès d'Orcet (1762–1832).

[2] La gratification est en raison du service.

[3] Le budget des affaires ecclésiastiques fut discuté à partir du 17 mai 1827. BC intervint le 18, mais ne dit rien sur la retraite des prêtres âgés.

5004

François Rittiez à Benjamin Constant

mai 1827

Preuves de l'existence d'agents provocateurs dans les cours publics.

Dans les rassemblemens qui eurent lieu l'année dernière dans les environs du Palais du Luxembourg à l'occasion du Rejet du Projet de Loi sur le droit d'aînêsse par la Chambre des Pairs plusieurs etudians en droit & en médecine fûrent arrêtés[1].

Pour obtenir l'elargissement d'un des détenus on proposa une souscription ; pour completer la somme promptement, on jugea a propos de demander au vénérable Monsieur Andrieux[2] la permission d'annoncer cette souscription dans son cours. Sa reponse fût « qu'il ne croyait pas devoir le permettre ; mais que regardant cet acte comme une bonne œuvre, il voulait s'y associer » ; & il déposa entre les mains d'un eleve la somme de 50^#.

La générosité de cette conduite fût vivement sentie ; La proposition de lui décerner un temoignage de notre reconnaissance fut admise avec empressement.

Voila les faits qui ont précédé les actes de provocation que je vais signaler.

Les sommes versées à la 1ere Lecon de Mr Andrieux & la liste des souscripteurs furent remises à Mr Frederic *Charassier*^+ Etudiant en droit de 3e année.

Mr Guyon[2], & moi (Rittiez)[3] nous l'accompagnames pour faire le relevé des sommes que nous avions reçues : Dans le trajet un *officieux*, que nous ne connaissions d'aucune maniere vint nous accoster, nous temoigna le désir qu'il avait de s'adjoindre à nous pour l'acte que nous nous proposions, exalta les vertus & les talens de Monsieur Andrieux, souscrivit pour la somme de 3[#], vint sans être prie chez Charassier & là fit avec nous le relevé des sommes reçues & du nombre des souscripteurs.

Le peu d'usage de cet homme, son âge avancé (il peut avoir 28 ou 30 au moins). Ses regards investigateurs, sa mine servile & basse me firent concevoir des soupcons. Je lui demandai s'il etait etudiant, & quels cours il suivait : Il me repondit : « *qu'il suivait les cours de l'ecole de droit* »

L'interrogeant sur les noms des professeurs, sur le nombre d'années de droit, qu'il avait faites je le vis s'embarrasser, j'insistai en lui déclarant que j'etais etudiant en droit : alors il me repond d'une maniere évasive « *qu'a la vérite il allait aux cours de l'ecole de droit* ; mais qu'il suivait plus particulierement les cours de l'école de Medecine » & pour dernier mot « qu'en général il suivait *tous les cours indistinctement.* »

Après cet aveu il nous proposa de faire circuler nos listes dans les cours de l'école de Medecine, déclara qu'il se chargeait, *rien que par ses amis* d'obtenir une somme de 300[#] & nous engagea à lui remettre les listes, & l'argent qui etaient entre nos mains. Mon confiant ami se preparait à le faire je m'y opposai en observant « qu'il n'etait que dépositaire, & qu'il ne pouvait pas remettre un tel dépôt entre les mains d'un tiers sans autorisation. » En nous quittant il nous donna rendez-vous pour le surlendemain au Luxembourg. Alors je communiquai mes soupçons à Charassier & nous décidâmes d'eviter tout rapport avec un homme qui nous devenait éminemment suspect.[+]

2e Lecon de Mr Andrieux.

Le Lundi suivant nous complétâmes la somme que nous voulions obtenir : La nôtre *officieux* se présente, nous demande pour quels motifs nous ne nous sommes pas trouvés au rendez-vous du Luxembourg : nous éludons ses questions & je saisis cette occasion pour lui demander le resultat de sa souscription à l'ecole de Medecine ; voyant qu'il ne me repondait rien de satisfaisant je lui tournai le dos convaincu de plus en plus que cet homme etait un agent :

3e Lecon. Faits de Provocation au désordre.

Ici les faits que nous allons avancer seront affirmés par les auditeurs qui se trouvaient présens au cours de Monsieur Andrieux[3] : Si on demande des témoins 100, 200 s'il le faut attesteront la vérité

Quelques instans avant le cours quatre étudians en droit déposent sur la chaire de l'honorable professe[u]r le présent simple & modeste que nous voulions lui offrir.

Aussitôt app [ ] l'homme que j'ai déja signalé, s'approche de nous, & commence la scène qu'il devait jouer.

« *Il nous reproche d'avoir agi sans lui* » nous lui repondons que nous ne *le connaissions pas*, & que son intervention était *inutile*.

« Il traite notre conduite de *malhonnête* & d'*inconvenante.* »

« Il nous accuse d'etre causes qu'une foule de souscripteurs ne s'etaient pas réunis à nous » Nous lui repondons : « que nous n'avions pas besoin que tous les etudians eussent signé sur nos listes pour être convaincus qu'ils participaient de cœur à notre action : que d'ailleurs la somme que nous voulions réunir étant complete il etait inutile de prolonger la souscription. »

« Alors il attaque la modicité du présent » Nous répondons que nous ne voulions pas faire une offrande fastueuse, mais une offrande simple qui peignît nôtre reconnaissance ; & nous lui demandons les 300# qu'il a promis

Poussé dans ses dérniers retranchemens il parcourt les bancs de la salle, s'adresse à vingt personnes différentes en leur disant : qu'il fallait empêcher de faire l'offre de ce vase : que c'etait un présent indigne de Mr Andrieux.

Ses efforts n'emouvant personne, il monte sur un banc demande à parler & répète ce qu'il venait de dire à chacun personnellement.

Il est accueilli par des huées & des sifflets : Pourtant il fallait du tumulte : & ses moyens ne reussissaient pas : alors commencant une nouvelle tactique, il nous attaque par des injures : nous répondons par le plus froid mépris : de nouveau il remonte sur le banc & dit hautement que nous *avons mal employe les fonds*, que nous n'en avons rendu aucun compte. Dans ce moment un etudiant[+] le saisit à diverses reprises, le jette trois fois a bas du banc, trois fois il y remonte : mais les cris *à la porte* à la porte le *provocateur*, lui imposent silence.

Il revient aux personnalités & nous dit. *Vous avez manqué a l'honneur.* Sur un fait que je lui allègue il me repond par un *dementi* effronté : & fait même le geste de vouloir me frapper.

& c'est au moment de l'entrée du Professeur que cet homme voulait engager une lutte avec moi : la prudence de mes camarades arreta cette scène qui allait éclater & jetta le trouble & la confusion dans le cours. Au milieu de toutes ces interpellations il nous fit souvent celle de lui donner nos noms & nos adresses ; nous n'eûmes garde d'accéder à sa demande : Mais le dernier trait caracteristique de ce désir de tumulte Le voici : Au moment ou nôtre vénérable professeur attendri jusqu'aux larmes avait fait passer dans toutes les âmes les emotions vives & tendres que cette offrande de jeunes cœurs reconnaissans, lui avait fait éprouver, cet homme tente un dernier effort il se lève, veut parler, mais un murmure désapprobateur & la menace de le jetter a la porte le forcent de se taire.

Voila la conduite de cet homme pendant & avant le cours. Voyons le au sortir du cours Je l'avais traité hautement & publiquement de *mouchard* et d'*agent provocateur* quand il me menacait & je lui avais assigné le moment de la sortie pour avoir avec lui une *explication*.

Que fait-il, il s'esquive & nous évite : je le suis avec plusieurs de mes amis ; nous le joignons pres de l'odéon[4] : Un jeune homme l'accompagne. Connaissez vous cet homme lui demandons nous ? il nous répond négativement ; & se retire tout aussitôt en lui jettant un regard méprisant, & en nous apprenant qu'il avait été accosté dans la rue par l'individu que nous signalons.[+]

Nous entrons au Luxembourg & là je lui dis : « Si vous êtes homme d'honneur vous me devez reparation pour l'insulte que vous m'avez faite : Si vous me la refusez je vous tiens pour un lâche un agent de police, un espion, un mouchard. »

À ces apostrophes, cet homme repond qu'il *veut éviter un éclat fâcheux* : que Monsieur Andrieux serait peiné s'il savait qu'un duel eut eu lieu par rapport à lui : mais que *dans six mois* à nôtre retour des vacances il acceptera ma proposition. & alors il nous déclara se nommer *Second* : etudiant en Medecine & demeurer *Rue Mazarine N° 55*.

J'abrège, pourquoi rappeller tant de turpitude Après tant de lacheté & de perfidie nous n'eumes plus le moindre doute & nous quittames cet être dangereux en lui adressant les epithètes qu'il meritait & qu'il supportait avec calme & sang froid & comme un homme qui depuis long-tems est façonné à recevoir les humiliations & les outrages.

Voila les faits que nous signalons :

Maintenant qu'on nous dise donc quel est cet homme inconnu qui vient se meler à des jeunes gens qui le repoussent : Pourquoi s'aigrit-il a la vue du présent qu'il trouve mesquin : Pourquoi n'a t'il pas versé les 3# qu'il avait promis : ou sont donc les 300# qu'il devait obtenir de ses amis : mais au milieu de 300 jeunes gens présens au cours de M.r Andrieux personne ne le connait : Pourquoi rebuté par ceux auxquels il s'adresse en particulier, vient il elever sa voix dans un cours public : Pourquoi sifflé & hué par deux fois passe t'il aux injures personnelles : Pourquoi des injures veut il passer aux voix de fait : Pourquoi devant le professeur même fait il encore un dernier effort pour parler. Pourquoi ? C'est qu'il fallait du tumulte : C'est qu'il fallait empécher que les éleves ne témoignassent leur reconnaissance a leur vénérable Professeur ! Voila le Pourquoi

Mais que voulait il faire de nos adresses, & de nos noms, que voulait il faire de la liste des souscripteurs Pourquoi voulait il entrer en correspondance avec moi & plusieurs de mes camarades C'est que sans doute pour nous connaître il avait besoin de nos noms & de nôtre ecriture.

Y a t'il eu là provocation La preuve qu'il existe des agens provocateurs dans les écoles est elle assez démontrée : S'ils existaient il y a quelques mois dirat-on qu'ils sont écartés & que dans les dernieres scènes ils n'ont pas été employés : On le dira mais personne ne le croira.

Mais pousser les preuves jusqu'a la derniere évidence : Achevons & devoilons Mr *Second* : Cette année il a été cause à l'ecole de Medecine de trois scènes tumultueuses : Au milieu de milliers d'etudians il ne s'en est pas trouvé un seul qui le connût, pas un seul, & ce fait sera constaté par toute l'ecole de Medecine

On a écrit dans son pays ; dans son pays personne ne le connaît

Le Doyen de l'ecole de Medecine[5] interrogé sur ce qu'etait cet homme ; a repondu « qu'a la vérité il prenait des Inscriptions à la faculté, mais qu'il *avait fait plusieurs metiers* avant d'etre etudiant ! »

Ces détails, je les tiens d'un etudiant en medecine. Si l'on en demande des preuves plus fortes qu'on interroge 20, 30 etudians de la faculté de Medecine, qu'on interroge M.M. les Professeurs & ils repondront.

Ce Second a t'il provoqué dans la fin de l'année derniere les etudians au tumulte ; on ne peut en douter : Les injures, les cris, les menaces, il a tout employé pour y parvenir[6]. Il est attaché à l'ecole de Medecine dira t'on ? mais qu'importe ?

Ne sait on pas que la police peut entretenir facilement des agens, & les faire penetrer partout ?

Nous nous taisons & nous abstenons de toutes reflexions : nous voulions prouver *un acte de provocation* : nous l'avons etabli : nous avons démontré que des agens provocateurs existaient. Le tems devoilera leurs manœuvres aux derniers troubles, mais le passé peut faire juger du présent.

Nous répondons sur l'honneur de la verité de tous les faits que nous avons avancés.

Francois Rittiez Etudiant en droit de 3e année
D^t *Rue Planche-Mybray N° 14* Paris
A. Pistoye

Je prie l'honorable Monsieur Benjamin Constant de me pardonner la longueur & la minutie des details dans lesquels je suis entré : je pourrais peut être me justifier en disant que je n'ai été si long, que parce qu'il ne m'a pas été loisible d'etre plus court ; mais je dirai surtout que je n'ai voulu omettre aucune des circonstances quelques minutieuses qu'elles fussent sans les rapporter afin que de l'ensemble de tous les faits, l'honorable député put en tirer la preuve de provocation & n'avoir aucun doute sur le caractère & la conduite de l'agent provocateur que je signale.

F.R.

Mon ami a oublié de dire que Mr Second en pérorant était parvenu à faire crier a quelques personnes « Enlevez ! Enlevez » alors le vase en bronze que nous vouillons offrir était près de la chaire je le pris et le posai sur le bureau en disant « Venez le prendre » de nombreux applaudissemens partirent de tous les cotés de la salle quand on vit le présent que tous jugèrent digne de notre estimable professeur.

A. Pistoye 180
Témoin de tout ce qui s'est passé à la troisième leçon.
Etudiant en droit, Quai aux fleurs N° 3.

Temoin de la 1ere entrevue chez Mr Charassier. Fait important & omis. Passage d'un détachement de gendarmerie devant le collège de France au moment ou on tentait d'exciter le tumulte. 185

Guyon

Manuscrit   *Paris, BnF, N.a.fr. 18833, ff. 260–263 ; 6 pp., p. 6 bl. ; orig. autogr.

Texte   **1** PUBLICS.] *note de l'auteur en marge :* N^a (Nous ne prouvons pas qu'il y ait eu provocation dans les derniers troubles : mais nous prouvons qu'il existe des agens provocateurs & jusqu'au moment ou l'administration n'aura pas démontré que ces agens n'ont pas été provocateurs, on peut conclure hardiment que ce qu'ils ont fait il y a quelques mois qu'ils ont pu, & du le faire encore)   **16** *Charassier*⁺] *note de l'auteur en marge :* Actuellement avocat stagiaire a la Cour Royale de Lyon   **17** Guyon²] *note de l'auteur en marge :* 2. Etudiant en medecine actuellement a Paris (Rittiez)³] *note de l'auteur en marge :* Etudiant en droit de 3e année   **22** chez] chez ⟨Monsieur⟩   **25** moins)] *note de l'auteur en marge :* ⟨Pendant le tems qu'il fût avec nous il se permit d'examiner & feuilleter les livres de la bibliotheque de mon ami).⟩   **42** suspect.⁺] *note de l'auteur en marge :* Ces faits seront attestés par Mr Mr Guyon Charassier, Rittiez   **49** agent] *note de l'auteur en marge :* (⁺Temoins MM. Clément, Charassier ⟨Pistoie⟩, Etudians en droit)   **51** seront affirmés] *ajouté en marge*   **53** vérité] vérité ⟨de ce que nous alleguons.⟩   **57** app [ ]] app [ ] *un trou dans le papier a enlevé la fin du mot*   **58** jouer.] *note de l'auteur en marge :* (Temoins de cette 3e Scene. M.M. Pistoie, Charassier, Clément, Mathieu, Guyon Blanche Boulatygny &ct &ct Etudiants en droit & en medecine. S'il etait nécessaire tous signeraient la verité des faits allégués) Mieux, s'il le fallait, on ferait annoncer aux étudians qui se trouvaient à ce cours d'y apposer le leurs & certes ils s'empresseraient de le faire.   **61** d'*inconvenante.* »] d'*inconvenante.* » ⟨Nous lui rions au nez.⟩   **62** causes] causes ⟨qu'une foule⟩   **79** etudiant⁺] *note de l'auteur en marge :*⁺Hypolythe Mathieu etudiant en droit de 2e année.   **84** frapper.] *depuis* Poussé *un trait vertical dans la marge*   **88** interpellations] *écrit* interperllations   **103** signalons.⁺] *note de l'auteur en marge :*⁺(Témoins MM. de Pistoie & Desgosdins avocat stagiaire à la Cour Royale de Metz.)   **104** dis] dis ⟨fais ce dilemme « ou vous êtes un homme d'honneur ou vous êtes un mouchard, un vil provocateur⟩   **108** apostrophes] apostrophes ⟨virulentes⟩   **144** Le] Le ⟨*mot biffé illisible*⟩   **146** fait] *en interligne avant* d'etre etudiant] *ajouté en marge*   **165** Je prie […] F.R.] *paragraphe ajouté en marge*

Commentaire et Notes   Les trois signataires sont François Rittiez (1803–1870), avocat, qui reviendra sur l'épisode ici rapporté dans son *Histoire de la Restauration*, Paris : Schlesinger, 1854, t. II, p. 283, Alphonse-Charles de Pistoye (1806–1876) qui sera avocat à la cour de Paris en 1827, et Guyon, médecin, qui n'a pu être identifié.
Le projet de loi concernant le droit d'aînesse fut rejeté par la Chambre des pairs en février 1826 ; cette lettre, évoquant « les rassemblemens qui eurent lieu l'année dernière » à cette occasion, date donc de 1827. Et BC la reçut sans doute pour confirmer son discours prononcé à la Chambre le 18 mai 1827 dans lequel il dénonçait : « des espions excitent ces malheureux jeunes gens », « Ils m'ont remis ces papiers pour me prouver qu'il y avait des agents provocateurs. » (*Archives parlementaires*, LII, pp. 132, 134).
Plusieurs étudiants sont signalés dans les notes marginales de l'auteur (voir ci-dessus les notes textuelles). « Blanche » est peut-être Esprit Blanche (1796–1852), aliéniste, qui soignera Gérard de Nerval. « Boulatygny » est sans doute Sébastien Joseph Boulatignier (1805–1895) qui sera haut

fonctionnaire et homme politique, et « Desgodins » Louis Desgodins de Souhesmes (1805–1880) qui sera procureur impérial à Sedan, puis conseiller à la cour de Metz (Léonore). Frédéric Charassier (droit), Clément (droit), Hippolyte Mathieu (droit) n'ont pu être identifiés.
[1] Voir la relation des faits donnée par *Le Courrier français* du 12 avril 1826, p. 2, ou *Le Constitutionnel* du même jour, p. 2.
[2] Sur François-Guillaume Andrieux (1759–1833), voir *CG*, VIII, 524. Il enseignait la littérature française au Collège royal de France.
[3] Le cours d'Andrieux attirait plusieurs centaines d'auditeurs ; comme il concernait la littérature française, les étudiants pouvaient appartenir à différentes facultés ou « écoles ». Le Collège royal de France était situé place de Cambrai, aujourd'hui place Marcelin-Berthelot, proche du Luxembourg.
[4] À quelques centaines de mètres de la place Marcelin-Berthelot.
[5] Augustin Jacob Landré-Beauvais (1772–1840), élève de Philippe Pinel, membre de l'Académie de médecine en 1821, doyen de la faculté de médecine depuis 1823.
[6] Voir *Le Courrier français* du 3 décembre 1826, pp. 2–3.

5005

Gilbert Villeneuve à Benjamin Constant

mai 1827

Monsieur, Monsieur Benjamin-Constant de Rebecque, Député français

Monsieur et très Loyal député
Je prends la licence de vous faire parvenir quelques exemplaires d'un mémoire[1] que je viens de publier en faveur d'infortunés étrangers, victimes de préventions éphémères et des mesures préventives d'une juridiction à laquelle on ne peut trouver de qualification *Légale* sous un gouvernement constitutionnel.

J'avais, d'abord, l'intention de déposer, dans ma lettre d'envoi, le tribut de reconnaissance que vous doivent tous les français amis d'une sage liberté ; mais l'émotion que je ressens, en écrivant votre nom, est si forte qu'il me serait impossible de rendre les impressions qu'éprouve mon âme.

Le défenseur, le sauveur de Wilfrid Regnaud[2], voudrait-il bien trouver ou faire naître l'occasion de dire un mot à la Chambre pour ces malheureux espagnols ? Oh ! oui sans doute. Eux et moi nous sommes certains que vous ne négligerez pas cette nouvelle occasion de servir à la fois et des principes et l'humanité.

Veuillez, je vous en conjure, Monsieur et Loyal Député, intéresser vos honorables amis à la triste position de mes clients. M.M. Casimir Perrier, Méchin, Royer-Collard, Gautier[3] &[a] ne refuseront certes pas leur voix aux malheureux.

Excusez, je vous prie, l'embarras que j'éprouve, en vous écrivant. J'aurais dû peut être m'étendre d'avantage sur l'objet de l'envoi ; Mais, Monsieur, la simple lecture du précis vous suffira, sans doute, et je ne puis que vous prier d'agréer l'hommage de la reconnaissance et de l'admiration avec lesquelles

J'ai l'honneur d'être

Monsieur et Loyal député

Votre très humble et très respectueux serviteur et concitoyen

Gilbert-Villeneuve

avt

Manuscrit   *Lausanne, BCU, Fonds Constant I, Co 1438 ; 2 pp. ; orig. autogr.

Texte   **10** je ressens] je ressens ⟨j'epro⟩

Commentaire et Notes   En avril 1826, une goélette espagnole *La Minerva* avait été arraisonnée, « prévenue de piraterie et de traite des nègres », et conduite à Brest. Le capitaine, Juan Duran, et son équipage avaient fait appel à Gilbert Villeneuve (1791–1836), avocat à Brest. Comme l'affaire traînait depuis plus d'un an (*Journal des prisons, hospices, écoles primaires*, troisième année, n° 3 et 4, 1827, p. 124), celui-ci avait publié un mémoire, le même, très certainement, qu'il adresse ici à BC. L'affaire sera jugée et les Espagnols relâchés par ordonnance royale en date du 31 octobre 1827. Il ne semble pas que BC ait donné suite à cette requête.

[1] Juan Duran, Lorenzo Domingo y Catani, Vicente Ballasteros, Gilbert-Villeneuve, *Précis pour l'état-major et l'équipage de la Goëlette espagnole « la Minerva »*, Brest : impr. Rozais, s. d. [1827], IV–22 p.

[2] Sur Wilfrid Regnault, voir *CG*, X, 284 et sv.

[3] Tous appartenant à la Chambre des députés (1824–1827) : Casimir Périer (1777–1832), député de la Seine, Alexandre Méchin (1772–1849), député de l'Aisne, Pierre Royer-Collard (1763–1845), député de la Marne, Jean Élie Gautier (1781–1858), député de la Gironde.

5006

Benjamin Constant à Antoine-Léonard Chézy

1er juin 1827

Me permettez vous Monsieur de vous faire hommage de deux volumes très imparfaits sans doute, mais dont le sujet est digne d'attention ? Me permettrez-vous en même tems de vous demander si vous auriez l'extrême bonté de me prêter pour trois jours seulement les trois volumes que vous avez du Ramayan, avec la traduction anglaise[1]. J'en aurais le plus grand soin, & ne les garderai que trois jours

Agréez l'hommage de ma haute considération

B Constant

Paris ce 1er Juin 1827

a Monsieur / Monsieur Chézy / Professeur au College de France / au College de
France / Place Cambray

Manuscrit   *Cracovie, Biblioteka Jagiellonska, Sammlung Varnhagen ; 2 pp., l'adresse p. 2 ; orig. autogr.

Commentaire et Note   Antoine-Léonard Chézy (1773–1832), membre de l'Académie des Inscriptions et Belles-Lettres, professeur de sanscrit au Collège royal de France depuis 1815, avait publié récemment *Yajñadattabada, ou La mort d'Yadjnadatta, épisode extrait du Ramâyana* […], Paris : Didot, 1826, et *Théorie du Sloka, ou Mètre héroïque sanskrit*, Paris : Dondey-Dupré, 1827 ; les deux ouvrages se trouvaient dans la bibliothèque de BC (*OCBC, Documents*, I, 157).

[1] *The Ramayuna of Valmeeki, in the original Sungscrit, with a prose translation and explanatory notes by W. Carey and J. Marshman*, Serampore, 1806–1810, 3 vol., que BC utilisera dans le troisième tome de *De la Religion*.

5007

Johann Karl Nehrlich à Benjamin Constant

2 juin 1827

Hochverehrtester !
Ich bewundere Ihr Beredsamkeit, aber noch mehr die Aufrichtigkeit Ihrer Gesinnungen in allem, was das Beste der französischen Nation und zugleich das Beste der Menschheit betrifft. Nehmen Sie beyliegendes kleines Gedicht von meiner Hand als ein ruhrendes Zeichen meiner Dankbarkeit dafür an. *Ihnen* darf ich es wohl gestehen, daß ich schon verschiedene Aufsätze in die Deutsche Pariser Zeitung[1] einrücken ließ. Nächstens wird sich ein solcher Aufsatz darin finden, dessen Anfang ist : „Deutschland ist in in dem Streit der Meynungen verflochten wie jedes andere Land u.s.w." Ich wünschte, daß Sie aus freundlicher Erinnerung an mich dieser Aufsatz zu lesen wünschten. Mein Sohn, der junge Miniaturmaler Nehrlich[2] fand in Ihren Hause eine menschenfreundliche Aufnahme, wo auch Ihre Frau Gemahlin sich in ihren zarten Gesinnung erwieb. Sollte er nach seinem Rückkehr nach Paris wieder bescheiden der Zutritt in Ihr Haus suchen, so bitte ich, dem jungen Menschen wieder mit Ihnen zum wahrsten adlen Menschlichkeit zu begegnen. Er ist ohne dem Vater in der Fremde und bedarf dem leitenden und schützenden Hand.

Mit herzlicher Verehhrung
Ihr untertaner
Karl Nehrlich

Karlsruhe
d. 2. Juni 1827.

Manuscrit *Paris, BnF, N.a.fr. 18832, f. 53 ; 2 pp., p. 2 bl. ; orig. autogr.

Texte   4 kleines] *ajouté en interligne*

Commentaire et Notes   Johann Karl (ou Carl) Nehrlich (1773-1849) était un publiciste, professeur de dessin et collectionneur de chants populaires allemand. Clemens Brentano et Achim von Arnim publièrent de nombreux chants collectionnés par Nehrlich dans *Des Knaben Wunderhorn* (http ://www.thueringer-literaturrat.de/autorenlexikon/nehrlich-johann-karl/). Voir aussi Hartmut Rössel, « Karl Nehrlich. Ein Volksliedsammler zu Beginn des 19. Jahrhunderts », *Jahrbuch für Volksliedforschung*, 17. Jahrgang (1972), 171-180.

[1] La *Neue deutsche Pariser-Zeitung* paraît à partir de septembre 1825.

[2] Gustav Nehrlich (1807-1840), miniaturiste allemand qui avait étudié à Paris, vers l'âge de 18 ans, dans l'atelier du célèbre peintre Jean-Baptiste Isabey (1767-1855). Il quittera Paris, et s'installera à Munich en 1827. Voir sur lui *Gustav Nehrlich's Zeichnungen nach Goethe's Faust. Mit erläut. Worten von Heinrich Düntzer*, I Lieferung, Neuwied, Leipzig : Heuser, [1864], sans pagination.

Traduction   *Très cher !*

J'admire beaucoup votre éloquence, mais plus encore la sincérité de vos sentiments dans tout ce qui concerne le bien de la nation française et en même temps le bien de l'humanité. Veuillez accepter le petit poème ci-joint, qui est de ma main, comme un gage touchant de ma gratitude. Je peux bien vous avouer que j'ai déjà fait publier divers articles dans la Deutsche Pariser Zeitung. Vous y trouverez prochainement un tel essai, qui commence ainsi : « L'Allemagne est engagée dans la lutte des opinions comme n'importe quel autre pays, etc. » J'espère que vous souhaiterez lire cet essai en souvenir amical de moi. Mon fils, le jeune miniaturiste Nehrlich, a trouvé chez vous un accueil philanthropique, où votre femme a prouvé aussi sa tendre disposition. Si, après son retour à Paris, il cherche avec humilité à vous retrouver chez vous, je vous prie d'accueillir ce jeune homme dans la plus vraie et noble humanité. Il est à l'étranger sans son père et a besoin d'une main directrice et protectrice.

Avec un sincère respect, votre serviteur Karl Nehrlich

5008

T. Ponteuil à Benjamin Constant

4 juin 1827

Monsieur,
Je m'empresse d'avoir l'honneur de vous adresser, ci-jointe, six exemplaires de la circulaire de M. Cas. Perier, pensant, d'après ce que vous voulez bien me mander, que ce nombre pourra vous suffire.

Les versemens, soit en especes, soit en effets ou crédits (déduction faite de 350^{fr}) s'élèvent à ce jour à	5792^{fr}, 16^c
La caisse a reçu depuis ce total	14, –

Quelques correspondants annoncent avoir recu des souscriptions, dont ils enverront la note lorsqu'ils la regarderont comme complète.

Le correspondant de Cambray, en avisant de plusieurs exemplaires placés, a desiré l'envoi de quelques circulaires à d'autres habitans de cette ville : ces circulaires ont été envoyées.

On mande d'Orange que cinq exemplaires peuvent être regardées comme placés.

M. Dutilloy[1] de Lille annonce que les souscriptions s'élèveront, seulement pour ce qui le concerne, à environ 150. Le montant de 98 est déjà compris dans la recette effectuée.

On mande de Châlons sur Saone que 12 exemplaires sont placés et que l'on enverra la note et le produit lorsque quelques autres souscriptions que l'on espère encore seront réalisées.

Cinq exemplaires sont placés à Carpentras : on en espère quelques autres encore.

M. M. Lesage frères[2], à Rouen, mandent qu'ils ont déjà un assez grand nombre de souscripteurs : ils ont demandé encore 25 imprimés de quittances, qui ont été envoyés de suite, ce qui porterait à 40 au moins, selon toute probabilité, la totalité des souscriptions reçues par leurs soins.

A Tarare, 10 exemplaires ont été placés : le correspondant a demandé 20 autres quittances, qu'il compte placer et qui lui ont été adressées immédiatement.

M. Tezénas ainé, à Troyes, à qui 20 imprimés de quittances ont été envoyés le 11 avril, en a depuis demandé d'autres, ce qui donne lieu de compter qu'il aura receuillie une quarantaine de souscriptions.

D'autres correspondans annoncent qu'ils ont l'espérance fondée de placer les quittances dont l'envoi leur a été faite ; mais, me conformant, Monsieur, à vos intentions, je n'ai mentionné que les avis présentant des nombres annoncés et toute certitude.

D'autres maisons se sont bornés jusqu'à présent à accuser réception de la circulaire et à donner l'assurance qu'ils mettront tous leurs soins à en remplir l'objet.

En réunissant donc les nombres sur lesquels on peut compter positivement, et même en les établissant de manière à les affaiblir plutôt que de les exagérer, on peut porter à 160 la quantité d'exemplaires placés en ce moment et dont la maison recevra sous peu l'avis et le produit.

Très flatté d'avoir pu faire quelque chose qui vous soit agréable, je vous prie de vouloir bien disposer entièrement de moi et agréer l'expression des sentimens de haute considération avec lesquels j'ai l'honneur d'être,

Monsieur,

Votre très humble et très dévoué serviteur
T. Ponteuil.

Paris le 4 juin 1827.

Manuscrit *Lausanne, BCU, Fonds Constant I, Co 2645 ; 4 pp., p. 4 bl. ; orig. autogr.

Commentaire et Notes   Cette lettre commence une série détaillant les progrès de la souscription en faveur de l'édition des *Discours* de BC. Ponteuil, qui n'a pas été autrement identifié, travaillait au service de Casimir Périer, comme secrétaire particulier. Il était chargé particulièrement de la gestion des souscriptions en faveur de BC.

[1] Louis François Alexis Dutilloy (né en 1765), négociant et banquier à Lille (Léonore). Il sera le premier à souscrire « pour le monument à élever à la mémoire de M. Casimir Périer » (*Journal des débats* du 3 août 1832, p. 3).

[2] Voir la lettre de BC à Casimir Périer du 12 avril, note 4, ci-dessus.

5009

Benjamin Constant à Antoine-Léonard Chézy

5 juin 1827

Je vous avois annoncé, Monsieur, en commettant l'indiscrétion de vous demander le Ramayan, que j'aurais l'honneur de vous le renvoyer sous trois jours. La faiblesse de ma vue ne m'a pas permis d'en achever la lecture en ce peu de tems & je viens vous demander si je vous derangerais en gardant ce volume quatre jours de plus. Je joins à cette demande l'instante priere de me prêter les volumes suivans, lorsque j'aurai renvoyé le premier[1] : mais j'y joins surtout l'expression de ma reconnoissance dont je vous porterais moi même l'hommage si je ne craignais de vous importuner & l'assurance de ma très haute considération.

B Constant

ce 5 Juin

Monsieur / Monsieur Chezy / Membre de l'Academie des inscriptions / & belles lettres, Professeur au College / de France &c^a &c^a / Place Cambray

Manuscrit   *Cracovie, Biblioteka Jagiellonska, Sammlung Varnhagen ; orig. autogr.

Commentaire et Note   La présente lettre peut être datée par l'allusion au *Ramayan* qui la rapproche de la lettre de BC à Chézy du 1er juin 1827.

[1] Prudent, Chézy n'avait envoyé que le premier volume.

5010

Benjamin Constant à Claude d'Estournelles

7 juin 1827

J'ai été si occupé pendant le dernier mois de la session & si fatigué après, que je n'ai pu, mon cher beau-frère, répondre à votre lettre aussitot que je l'aurais désiré. J'ai eu aussi à terminer beaucoup d'affaires que j'avais négligées. Je compte partir incessamment pour Bade, dont on m'a ordonné les eaux. J'en ai grand besoin, pour mon estomac & pour mes yeux. En revenant, je passerai par la Suisse & par Brévans. Je ne mérite aucun des remercimens que vous m'adressez sur ce que j'ai dit de vous à M. de Longuerue[1]. J'ai exprimé simplement l'attachement que je vous porte & dont je voudrais bien vous donner des preuves plus utiles. Mais vous pouvez juger par les débats de ces derniers tems de mon crédit auprès des Ministres. Mon intervention suffirait pour gater toutes vos affaires.

Je vous écrirai encore avant mon départ. Mes yeux ne me permettent pas de longues lettres, mais j'y vois assez pour pouvoir vous assurer que les sentimens que je vous ai voués ne finiront qu'avec la vie.

BC.

Ce 7 Juin 1827

Vous savez la mort du Gal Baudhuy[2].

à Monsieur / Monsieur le Chevalier / Balluet d'Estournelles, / Lieutenant du Roi, / au fort Queyras / hautes Alpes

---

Manuscrit *Lausanne, BCU, Fonds Constant I, Co 488 ; 2 pp., l'adresse p. 2 ; cachet postal : 17 JUIN 1827 ; timbre : P ; orig. autogr.

Texte *Note du destinataire en tête de la lettre* : 7 juin 1827. / Reçüe le 17 Juin, 1827 / Rép. le même jour, / & envoÿé une caisse / contenant 5 objets. **12** avant] avant ⟨après⟩ **19** *d'une autre main, sous l'adresse* : Mont Dauphin.

Notes
[1] Voir la lettre de d'Estournelles du 24 avril 1827.
[2] Sur Bauduy, voir la lettre de d'Estournelles du 1er mars 1823 (*CG*, XIII, 56).

5011

Benjamin Constant à Louise d'Estournelles

7 juin 1827

Paris ce 7 juin.

J'ai laissé passer quelques jours après la fin de notre session sans vous écrire, ma chère Louïse. J'avais beaucoup d'affaires négligées à mettre en ordre. Je viens à présent vous parler des vôtres & vous donner mon itinéraire. Je reste ici jusqu'au 1er Juillet & peut être jusqu'au 15. Cela dépend de l'impression de mon 3e vol. sur la religion. Si, durant cet intervalle, mais avant le 1er Juillet vous pouvez m'adresser M. Ruffai[1], en m'écrivant son nom bien exactement, car je n'ai pu deviner s'il s'appelle Preffai, ou Ruffai, je me concerterai avec lui pour la demie bourse que vous désirez. Mon crédit n'est pas grand : j'ai échoué pour Charles, auprès de M. Benoist malgré une lettre très pressante[2]. Mais je ferai ce que je pourrai, & j'écrirai alors à M d'Estournelles, parce que, si j'obtiens la demie bourse, je serai sur un meilleur terrain vis à vis de lui.

Quant à moi, voici ma marche. Je vais directement prendre les eaux de Bade près de Strasbourg. J'en ai bien besoin. Mon estomac est dans un tel état que je ne puis presque rien manger sans des vomissemens que la moindre goutte de vin rend d'une violence extrême. Mes yeux baissent aussi & quelquefois je n'y vois pas pour lire. Ma cure & celle de ma femme qui ne se porte pas trop bien non plus durera trois semaines. Je reviendrai par la Suisse & je passerai par Brévans. Tout ceci est pourtant subordonné a vos convenances, ma chère Louïse ; d'après mon projet, je serais près de vous à la fin d'Aoust ou au commencement de Septembre. Mais si vous trouviez très important de me voir plutot, je me détournerai des à présent, pour vous faire ma visite. Seulement, je crains de manquer la bonne saison des eaux, en fesant un détour de près de 80 lieues, surtout puisqu'ayant à aller en Suisse, je me trouverai tout porté pour vous voir en revenant. Répondez moi de suite.

Je me suis occupé de votre roman mais sans succès[3]. Je l'ai d'ailleurs remis par votre ordre à la personne que vous m'avez envoyée & qui n'est plus revenue.

Adieu ma chère Louïse. Ou en est le mariage de Charles[4] ? Je vous embrasse tendrement.

B.C.

ce 7 Juin 1827

Manuscrit   *Lausanne, BCU, Fonds Constant I, Co 363 ; 2 pp. ; orig. autogr.

Texte   23 eaux,] eaux, ⟨de [...]⟩

Notes
[1] BC souhaitait obtenir une demi-bourse pour Léonce et rencontrer à cette fin Emmanuel Reffay de Sulignan, principal du collège de Poligny (voir les lettres à Louise du 22 juin et à d'Estournelles du 2 juillet [1827]).
[2] Voir la lettre à Louise du 24 octobre 1826 (lettre 4809, *CG*, XIV, 457).
[3] Il s'agit sans doute de *Félix* dont il est question dans la lettre à Louise du 6 mars 1823 (*CG*, XIII, 59).
[4] Voir ci-dessus la lettre de Charles du 4 février 1827.

5012

Benjamin Constant à Casimir Périer

7 juin 1827 ?

Etes vous de retour mon cher Casimir ? Ne repartez pas sans me faire dire un mot. Je voudrais causer avec vous, avant votre départ & le mien.

Mille amitiés
B. C.

ce 7 Juin
Monsieur / Monsieur Casimir Perrier / Rue Neuve du Luxembourg / N° 27 / Paris

---

Manuscrit   *Grenoble, AD de l'Isère, 11 J 41, f. 62 ; 4 pp., pp. 2–3 bl., l'adresse p. 4 ; orig. autogr.

Commentaire   La Chambre terminait ses travaux ordinairement en juillet ou août, sauf en 1825 (7 juin) et 1827 (1ᵉʳ juin) : il était loisible à BC de partir ensuite. La correspondance abondante entre les deux hommes en avril et mai incite à pencher en faveur de 1827.

5013

Jean Pinard à Benjamin Constant

9 juin 1827

Mr Pinard a l'honneur de prévenir Monsieur B. Constant qu'il recevra ce soir les petits Prospectus[1]. Ci-jointe une épreuve.
Une autre lui sera envoyée dans quelques heures.

Pour Mr Pinard
Raymond
Prote

ce 9 juin 1827

Manuscrit Les précisions concernant le manuscrit ont été égarées.

Commentaire et Note Jean Pinard (1776–1831), fils de Jean-Claude Pinard, imprimeur à Bordeaux (voir son acte de mariage avec Marie Dubedat à Bordeaux, section centre, en date du 23 prairial an VI), s'était établi en 1823 à Paris, 8, rue d'Anjou-Dauphine (auj. rue de Nesle).
[1] La parution de la *Souscription aux discours de M. Benjamin Constant* [...] *(Prospectus)* est signalée dans la *Bibliographie de la France* du 9 juin 1827, p. 478.

5014

Pierre-Louis-Pascal Jullian à Benjamin Constant

10 juin 1827

Brux. 10 juin

J'ai recu mon cher et ancien ami, votre lettre par le colonel Van Halen[1] ; je regrette vivement que la 1ere livraison du supplément à la galerie historique de Bruxelles[2] ne vous soit point encore parvenue. La voici. C'est la seule qui ait encore parue ; l'autre suivra dans un mois, et les deux dernieres formant les 2 volumes annoncés dans les six derniers mois de 1827. Vous verrés qu'on s'est efforcé d'y mettre a profit les documens qu'on a recus. Veuillés me dire ce que vous en pensés. *Je ne doute pas* que votre sufrage ne soit du plus grand prix pour l'auteur[3]. Le porteur est chargé de remettre la lettre et la brochure, a vous-même. Dites lui de repasser, si vous avés plustard quelque chose a mander ici.

J'ai recu les prospectus[4], j'en ferai l'usage que vous desirés.

Je vois avec peine que l'excès de vos travaux parlementaires et de cabinet vous fatigue cruellement. Votre écriture me l'aurait appris lorsque vous ne me l'auriés pas annoncé vous-même. Ne songeres vous donc point encore au repos, ou du moins a vous créer un travail volontaire et moins penible. Ce pays cy est excellent pour cela. Venés y par choix, avant peut être que le despotisme avilissant qui pèse sur la France ne vous y contraigne !

Voulés vous bien dire mille choses de ma part à Méchin[5], de qui j'attends quelques mots. Il y a beaucoup a esperer du coté de l'Angleterre ou M. Canning se fortifie de jour en jour, malgré l'*intrigue européenne* conjurée contre lui[6].

J.

Monsieur / Monsieur Benjamin Constant / membre de la chambre des / deputés *En son hotel* / Rue D'anjou S^t. Honoré N°. 15.

Manuscrit   *Paris, BnF, N.a.fr. 18831, f. 173 ; 2 pp., l'adresse p. 2 ; orig. autogr.

Texte   **6** derniers] *en interligne*   **7** ce que] *en interligne, au-dessus de* ⟨si⟩   **14** vous] *en interligne*   encore] *en interligne*

Commentaire et Notes   L'écriture permet d'identifier sans hésitation l'auteur : Pierre-Louis-Pascal Jullian (voir ci-dessus sa lettre du 28 avril 1827).

[1] Voir la lettre de Jullian du 28 avril 1827, note 1.
[2] Voir la même lettre, note 7, et le commentaire de la lettre 4663 de BC à Davillier du 5 janvier 1826 (*CG*, XIV, 275).
[3] Sans doute Philippe Lesbroussart (1781–1855), collaborateur du *Supplément à la Galerie historique des contemporains* et professeur de rhétorique à l'athénée royal de Bruxelles.
[4] Vu la date de la lettre, il s'agit de ceux qui annonçaient les *Discours* et qui avaient été imprimés le 4 avril 1827.
[5] Alexandre-Edme Méchin (1772–1849), député de l'Aisne et de la gauche de 1819 à 1831.
[6] Voir la lettre du 28 avril 1827, note 6. Les espoirs de Jullian du mois de juin se fondent sur la volonté de Canning de défendre la cause de l'indépendance de la Grèce, contre l'opposition de la Sainte-Alliance et de Metternich. Dans un « IIme Supplément » (128 p.), un très long article sera consacré au premier ministre britannique (pp. 14–74).

5015

Benjamin Constant à Victor-Joseph-Étienne de Jouy

11 juin 1827

Vous m'avez témoigné tant d'intérêt pour ma publication, mon cher collègue, que je m'adresse à vous, pour stimuler un peu notre excellent M. Davilliers[1]. Il est on ne peut mieux disposé, mais il n'y songe guères, & ne croit pas au succès qui est immanquable si mes amis veulent s'y intéresser. Indépendamment des envois qu'il m'a promis de faire, il pourrait en transmettre à ses amis ici (je parle des Prospectus) & a ses maisons de Bruxelles & même de Mexico[2]. Enfin faites, je vous prie, qu'il s'en occupe. C'est une affaire d'autant plus importante pour moi que si, comme tout l'annonce, la Chambre est dissoute[3], le plus petit dégrèvement peut me rendre inéligible. Je confie tout cela à votre bonté & je finis parce que mes yeux sont malades

Mille amitiés
B Constant

Ce 11 Juin

Monsieur / Monsieur de Jouy / Rue des trois freres / N° 11

Manuscrit *Reims, Bibl. mun. Collection Tarbé, XXIII, 258 ; 4 pp., pp. 2–3 bl., l'adresse p. 4 ; cachet postal : 11 Juin 1827 ; orig. autogr.

Notes
[1] Sur l'engagement de Davillier dans la publication des *Discours*, voir ci-dessus la lettre que BC lui adresse le 25 mai 1827.
[2] Sur les rapports de BC avec le Mexique en 1827, voir aussi les lettres de Jaureguiberry et de Tomás Murphy Porro dans le présent volume.
[3] L'ordonnance du roi portant dissolution de la Chambre des députés sera rendue le 5 novembre 1827.

5016

Benjamin Constant à un Correspondant non identifié

11 juin 1827

Monsieur
Je prends la liberté de vous adresser la reponse que je dois à ceux de MM les etudians de Strasbourg qui ont voulu m'écrire. Vous avez eu la bonté de me promettre de la leur faire tenir.
 Je saisis avec bien de l'empressement cette occasion de vous présenter l'hommage de mon attachement inviolable & de ma haute considération
B Constant

Paris ce 11 Juin 1827

Manuscrit *Vienne, Österreichische Nationalbibliothek, Autogr. 48/77 ; orig. autogr.

Commentaire Ce billet fait suite à la lettre du 28 mai 1827 que plusieurs dizaines d'étudiants avaient envoyée à BC.

5017

Benjamin Constant à Juliette Récamier

13 juin 1827

Des occupations, des maladies, un depart prochain pour les eaux, m'ont empéché, Madame, de profiter des momens que je pourrais passer près de vous, & qui auroient pour moi tant de charme. Je n'en crois pas moins à votre amitié & j'en abuse ; car je viens vous parler d'une chose dont je n'ai pas eu la première idée mais à laquelle je tiens beaucoup, puisqu'on en a eu l'idée. Beaucoup de gens qui partagent mon opinion sur le Ministère ont eu l'idée de faire imprimer une collection de mes discours. Jusqu'à-présent le succès est probable. Il m'est venu dans la pensée que vous pourriez y contribuer, & que peut-être vous aimeriez à y contribuer. Je vous envoye donc des prospectus.

Que faites-vous cet été : je vais aux eaux rétablir ma santé qui est assez mauvaise. Vous trouve-t-on toujours le matin ? Je ne veux pas partir sans vous voir.

Mille tendres hommages

B Constant

ce 13 Juin

Manuscrit *Paris, BnF, N.a.fr. 13265, ff. 323–324 ; coté d'une main ancienne : « 175 » ; 4 pp., pp. 2–4 bl. ; orig. autogr.

Éditions 1. Lenormant (1882), n° 158, p. 330. 2. Harpaz (1977), n° 176, pp. 279–280. 3. Harpaz (1992), n° 189, pp. 357–358.

Commentaire Harpaz a sans doute raison de dater cette lettre de 1827 plutôt que de 1828, millésime donné par Lenormant. Il n'explique pas son choix, mais la présente édition permet de consulter une autre lettre du 13 juin 1827, à un autre correspondant influent, Talleyrand, où BC poursuit le même objectif : faire distribuer des exemplaires du prospectus de l'édition de ses discours. Un tel envoi serait beaucoup moins probable en juin 1828, après la publication des deux volumes de l'édition.

5018

Benjamin Constant à Charles-Maurice de Talleyrand-Périgord

13 juin 1827

Monseigneur

Quelques citoyens, contens de mon zèle, ont conçu l'idée que vous verrez indiquée dans le prospectus dont je prens la liberté de vous envoyer des exemplaires[1]. Si votre altesse croit que la publication dont il s'agit puisse avoir quelque utilité, j'oserai sous ce point de vue, reclamer ses bons offices. Jamais il n'a été plus urgent peut être de répandre des doctrines constitutionnelles. Vous avez été l'un des premiers a les faire triompher en 1789, & ce sont vos traditions que nous défendons en 1827.

Je saisis cette occasion de vous renouveller mes hommages

Benjamin Constant

ce 13 Juin 1827

Manuscrit   *Lausanne, BCU, Fonds Constant I, Co 1 ; 4 pp, pp. 2–4 bl. ; orig. autogr.
Édition   *ICC*, n° 1720, vol. XCIII (1930), 43–44.
Note
[1] Voir ci-dessus la lettre de Pinard du 9 juin.

5019

Benjamin Constant à Charles de Constant

14 juin 1827

Permettez moi mon cher cousin de vous recommander M. Clogenson, ami de plusieurs de mes amis. Il cherche des lettres de Voltaire, mais independamment des succès de sa recherche, il me saura grand gré de lui avoir fait faire connoissance avec vous. Je suis fatigué, mal portant. Mes yeux n'y voïent plus guères. Mille choses à ma cousine & à toute votre famille de ma part & celle de ma 5 femme. Je vous embrasserai j'espère cet automne. Mille tendres amitiés

B Constant

Paris ce 14 Juin 1827

Monsieur / Charles de Constant / à St Jean / pres de Geneve / Suisse

---

Manuscrit   *Genève, BGE, Ms. Constant 34, ff. 111–112 ; 4 pp. ; orig. autogr.

Commentaire   Jean Clogenson (1785–1876) avait participé à l'édition des œuvres de Voltaire (Paris : Renouard, 1819–1825, 66 vol.). Juge au tribunal d'Alençon, il était conservateur de la bibliothèque de cette même ville et deviendra préfet (1830–1833), puis député (1835–1839) de l'Orne.

5020

Benjamin Constant à Nicolas-Thomas-François Manche de Broval ?

14 juin 1827

Vous aurez vu probablement dans les journaux l'idée venue a beaucoup de citoyens, contens de mon zèle, de faire imprimer la collection des discours que j'ai prononcés à la Tribune. La bienveillance que vous m'avez toujours témoignée, & celle dont Monseigneur le Duc d'Orléans m'a donné des preuves, m'engage, Monsieur, à vous envoyer le prospectus beaucoup trop flatteur, que les personnes qui ont conçu cette idée ont fait imprimer[1]. Voyez y je vous prie le desir de profiter de toutes les occasions de me rappeler à votre souvenir, & à celui de S.A.R. & de vous réitérer, le plus souvent que je puis, mes fidèles & reconnoissans hommages.

Benjamin Constant

ce 14 Juin 1827

Manuscrit *Firenze, Biblioteca nazionale centrale, Gonelli 10, 46 ; 2 pp., p. 2 bl. ; orig. autogr.

Texte *Note en tête de la lettre* : Ecrit le 8 juil^t

Commentaire et Note Il est permis de penser que BC s'adresse ici à son correspondant habituel auprès du duc d'Orléans, Nicolas-Thomas-François Manche de Broval.

[1] La lettre est accompagnée du Prospectus imprimé par Pinard (voir ci-dessus sa lettre du 9 juin).

5021

Benjamin Constant à Jean Pinard

14 juin 1827

Je suis désolé de ce qui arrive. Il s'est glissé par ma faute & parceque je m'en suis trop fié à mon copiste deux discours qu'il faut absolument retrancher, 1° parce qu'ils sont insignifians, & 2° parcequ'ils ne sont rapportés qu'en abrégé & à la 3me personne, ce qui fait un contraste choquant avec tout le reste. Heureusement ils prennent 8 pages entières[1] & si la fin du 2^d se trouve aussi au bas d'une page il n'y aura pas de remaniemens. Dans tous les cas, je prie Monsieur Pinard de faire completer de suite la feuille 9 en retranchant de ce qu'il prendra pour cela de la feuille 10 la fin du discours dont j'ai rayé ici la première partie & de me faire tenir le tout avec d'autres épreuves si faire se peut.

Mille complimens
B C

ce 14 Juin

Manuscrit *Lausanne, BCU, IS 5828 ; 2 pp., p. 2 bl. ; orig. autogr.

Note

[1] Soit un demi-cahier, chaque cahier comptant huit feuilles ou seize pages. La « feuille 9 » (pp. 129–144) donne la fin du discours « Sur le budget du ministère des Finances. (Séance du 8 juin 1819.) » dans ses huit premières pages (jusqu'à la p. 136) ; c'est donc les huit suivantes qui furent remplacées d'abord par le discours « Sur la loi du 15 mars relative à l'arriéré de la Légion-d'honneur. (Séance du 18 juin 1819.) », puis, p. 139, par l'« Opinion sur la pétition tendant à

demander à Sa Majesté le rappel des bannis. (Séance du 19 juin 1819.) ». Mais cette « Opinion » est doublement erronée : d'une part, la question fut traitée le 17 mai et non le 19 juin, d'autre part, BC ne la prononça jamais, la discussion ayant été fermée par la majorité de la Chambre. L'« Opinion » vint-elle opportunément combler la lacune laissée par les deux discours supprimés ? Au moins est-il certain qu'il faut les chercher parmi les nombreuses prises de parole de BC entre le 8 juin et le 10 juillet 1819, date du discours suivant.

5022

Émile Roques à Benjamin Constant

14 juin 1827

Paris Le 14 Mai 1827.

Monsieur,

J'ai reçu une lettre d'un électeur du sixième arrondissement de Paris, dont le nom est Aquelard Laforge[1] ; cet électeur me connaissant, dit-il, par la lettre que j'ai eu l'honneur de vous écrire pour vous faire agréer mes sentiments particuliers de reconnaissance, comme ceux de mes condisciples, et qu'il a lue dans le N° du *Constitutionnel* du 24 mai[2], m'écrit afin de m'exhorter à répandre, autant qu'il me sera possible, vos discours qu'on s'occupe en ce moment de publier. Cette exhortation, Monsieur, ne pouvait ajouter à la conviction que j'ai de l'utilité de vos discours ; j'en considère la publication comme un véritable bienfait octroyé à toutes les personnes qui s'intéressent à la propagation de toutes les idées saines et généreuses. Ainsi que j'ai eu l'honneur de vous le témoigner à ma dernière visite, ils serviront à combler une lacune importante qui se fesait sentir dans l'éducation constitutionnelle et morale de la jeunesse française. En votre qualité de député, appelé à traiter les questions les plus élevées de politique, d'économie politique, de législation et de morale, quand parfois vous n'avez pas résolu d'une manière absolument mathématique quelques unes de ces questions sur les quelles il est peut-être impossible de donner une semblable solution, vous les avez du moins simplifiées avec toute la sagacité et la profondeur d'un esprit de l'ordre le plus élevé dirigé par la voix d'une conscience pure. Telles étaient, Monsieur, les considérations qui m'avoient engagé, avant la réception de la lettre de Mr Aquelard Laforge, à donner à vos discours toute la publicité qu'il m'est permis. Je ne puis donc qu'applaudir au sentiment qui a probablement dicté cette lettre ; mais écrite par une personne qui m'est inconnue, et qui pourtant connait parfaitement mon adresse, elle a dû conduire mon esprit à quelques réflexions toutes naturelles. Je me suis donc demandé si cet électeur était du nombre de ceux qui, soudoyés par la police pour exploiter frauduleusement nos droits constitutionnels, cherchent, à défaut d'une semblable exploitation actuelle, à connaître par de secrètes investigations, les noms des amis des libertés publiques, afin de les récompenser ensuite selon leurs œuvres. Les initiales de mon nom, imprimées au bas d'une lettre, dans le Constitutionnel du 24 mai, auraient pu, me suis-je dit, le mettre sur la voie, et par suite lui faciliter le moyen de s'assurer de mon adresse. J'étais confirmé dans cette opinion par la raison qu'aucun almanach ne contient ni le nom de M. Aquelard Laforge, ni son adresse qu'il ne m'a pas fait connaître[3]. Mon seul recours, Monsieur, pour sortir de cet embarras, était donc de vous écrire, et de vous prier de me dire, si, sur sa sollicitation qui vous en aurait été adressée, vous auriez donné mon adresse à cet électeur. Cette solution du problème que je me suis posé me parait toute naturelle. L'ami des libertés publiques doit, on le conçoit bien, désirer que les idées justes et généreuses qui font la base de ses opinions deviennent une espèce de domaine national, et il ne saurait se refuser à leur donner une publicité qu'il ne cherche pas et qu'on sollicite de lui.

Je désire vivement, Monsieur, ne m'être pas trompé dans cette dernière conjecture. Cette solution, si elle est vraie, vaudra un ami de plus aux libertés publiques, et diminuera dans mon esprit le nombre des serfs attachés à la glèbe d'une ignominieuse servitude.

Dans ce cas, Monsieur, seriez vous assez bon pour me transmettre l'adresse de M. Aquelard Laforge, afin que je puisse répondre à la lettre que j'aurai eu l'honneur d'en recevoir.

Daigner m'excuser, Monsieur, si je prends la liberté de vous demander par lettre une semblable explication, mes occupations ne me permettant pas de sortir, et agréez les sentiments de vénération que je vous ai voués.

J'ai l'honneur d'être avec la plus parfaite considération votre très humble et
très obéissant serviteur
Em. Roques

Rue des Fossés Saint Germain des prés, N° 18.

Monsieur / Monsieur Benjamin Constant, membre / de la ch. des députés, rue d'Anjou St Honoré / N° 15 / *Paris*

Manuscrit *Lausanne, BCU, Fonds Constant I, Co 3593 ; 4 pp. ; cachet postal : 15 Juin 1827 ; orig. autogr.

Texte **18** questions] questions ⟨dont⟩

Commentaire et Notes La date est erronée : Roques ne pouvait faire état le 14 mai d'une lettre qui sera publiée le 24 mai. Le cachet postal donne le bon mois.
[1] Il a mal lu : la lettre lui a été adressée par Caquelard-Laforge, promoteur de l'édition des discours (voir les lettres à Tissot du 1er et du 5 avril 1827).
[2] La lettre de Roques figurait en première page du journal ; sur la réponse de BC, voir sa lettre du 21 mai.

³ Ayant mal lu son nom, il ne pouvait le trouver ; Caquelard-Laforge apparaît pourtant dans l'*Almanach du commerce* (1827), p. LXV.

5023

Benjamin Constant à Pierre Thoré-Cohendet

15 juin 1827

J'ai fait ce que j'ai pu pour votre protegé, mon cher ami. J'espère avoir réussi.

Je saisis cette occasion pour vous envoyer des prospectus d'une entreprise dont beaucoup de bons citoyens ont conçu l'idée. Je suis sur que votre amitié la favorisera, si vous le pouvez.

Ma femme vous dit mille choses & moi je vous embrasse bien tendrement.

Benjamin Constant

Paris, ce 15 Juin 1827

Édition *Letessier (1966), p. 90.

Commentaire Sur Thoré-Cohendet, voir la dernière lettre que BC lui avait adressée le 15 octobre 1822 (*CG*, XII, 554) ; voir aussi sa lettre à Victor Thoré le 29 mai 1824 (*CG*, XIII, 332–333).

5024

Georges-Paul Petou à Benjamin Constant

15 juin 1827

Monsieur et très honorable Collègue,
Vous me donnez une marque de confiance dont je suis reconnoissant ; en vous adressant à moi pour obtenir des souscripteurs a la Collection de vos discours.

J'ai fait passer les divers exemplaires de l'annonce aux deux cercles de Commerce que nous avons en cette ville.

Je ne m'en tiendrai pas là, mon cher collègue, je rappelerai à tous mes amis le noble but que l'on veut atteindre en propageant cette utile souscription.

Elle ne peut manquer de plaire aux amis des libertés publiques et aux nombreux admirateurs de votre beau talent.

Permettez moi de saisir cette nouvelle occasion qui se presente pour vous offrir
l'expression des sentiments d'attachement et de considération avec lesquels

J'ai l'honneur d'etre,
Monsieur et cher Collègue,
Votre très devoué s^r
Petou

Elbeuf, le 15 Juin 1827

J'invite Monsieur Casimir Perrier a m'inscrire pour six exemplaires p^r mon compte et vous prie de me faire passer un paquet de vos prospectus (une centaine)

TSVP

P. S. Je crois que mon honorable collègue Mr Bignon[1] en placeroit beaucoup a Rouen, a défaut, je vous offre tous mes services, ainsi qu'a Louviers, si vous ny avez personne – mais je crois me rappeler que la maison de Fontenay et Mr Delonchamps[2] sont de v/connoissance je pourrai vous en placer a Evreux.

Vous pourriez m'envoyer ce paquet de prospectus par la diligence de Mainot, Rue Coq héron[3]

A Monsieur / Monsieur Benjamin Constant, / Membre de la Chambre des Députés / *a Paris*

Manuscrit *Lausanne, BCU, Fonds Constant I, Co 3642 ; 4 pp., p. 3 bl., l'adresse p. 4 ; cachet postal : 16 Juin 1827 ; timbre : 74 / ELBEUF ; orig. autogr.

Texte **26** paquet] paquet ⟨d'annonces⟩

Commentaire et Notes Georges-Paul Petou (1772–1849), fabricant de drap, était maire d'Elbeuf et député de Seine-Inférieure depuis 1824. Dans son *Carnet de notes*, au début de 1827, BC indiquait Petou parmi les « Lettres à écrire » (*OCBC*, XVII, 612).

[1] Louis-Pierre-Édouard Bignon (1771–1841), député de Seine-Inférieure, siégeant à gauche.
[2] La filature Defontenay était tenue par deux frères, Augustin Félix, maire de Louviers, et Jacques ; la belle-mère de celui-ci avait épousé en seconces noces Charles Delaulne de Lonchamps (1767–1832), auteur dramatique et collaborateur d'Étienne de Jouy, retiré à Louviers.
[3] Mainot frères, entreprise de « voitures publiques » qui desservait Elbeuf ; elle était située 11, rue Coq-Héron (*Almanach du commerce* (1827), p. 801).

5025

Tomás Murphy Porro à Benjamin Constant

avant le 16 juin 1827

Monsieur

Je concourrai avec grand plaisir à l'intéressante publication de vos discours prononcés dans la Chambre, & je souscrirai volontiers chez Mr Lafitte pour dix exemplaires. Je suis sûr que lorsqu'on recevra au Mexique votre prospectus que je vais y envoyer par la première occasion, je recevrai des ordres pour augmenter la souscription.

En attendant je vous félicite de ce témoignage public rendu avec justice à vos talens & à vos efforts.

    Agréez, je vous prie, l'assurance de ma parfaite considération

                     T. Murphy

Ce Juin 1827

Monsr Benjamin Constant

Manuscrit   *Lausanne, BCU, Fonds Constant I, Co 3862 ; 2 pp., p. 2 bl. ; orig. autogr.

Texte   11 Ce] *la date ne figure pas*

Commentaire   Tomás (ou Thomas) Murphy Porro (1768–1830), homme politique et grand négociant international, avait été envoyé à Paris comme agent général du Mexique pour signer un traité de commerce avec la France (*Le Constitutionnel* du 16 juin, pp. 1–2). Sur ses activités, voir Leonardo López Luján et Marie-France Fauvet-Berthelot, « Espionaje y arqueología : la misión imposible de Tomás Murphy », *Arqueología Mexicana*, n° 135, septembre-octobre 2015, pp. 16–23. Ce billet fait suite à la parution du prospectus du 9 juin qui annonçait que Laffite, comme Périer, recevait les souscriptions. Il est antérieur à celui du même du 16 juin, et peut être rapproché de la lettre de BC à Jouy du 11 juin, ci-dessus, où il est question d'envoyer des prospectus au Mexique par l'intermédiaire la maison Davilliers. Dans son *Carnet de notes*, au début de 1827, BC indiquait Murphy parmi les « Lettres à écrire » (*OCBC*, XVII, 613).

5026

Tomás Murphy Porro à Benjamin Constant

16 juin 1827

M^r Th. Murphy a l'honneur de saluer Monsieur Benjamin Constant, & le prie de lui envoyer une autre demi-douz^e de Prospectus de ses discours, pour les faire passer au Mexique[1].

Outre les dix exemplaires que M. Murphy a souscrits chez M⁽ʳ⁾ Lafitte, il annoncera avec plaisir à M. Benjamin Constant, qu'il faut y ajouter la souscription suivante pour trois de ses amis, qui sont dans ce moment à Paris :
trois exemp⁽ˢ⁾ p⁽ʳ⁾ M⁽ʳ⁾ Louis Gordoa ;
un pour le marquis del Apartado ;
quatre pour M. J. S. Olmedo[2]
Ce 16 Juin 1827

M⁽ʳ⁾ Benjamin Constant

Manuscrit   *Lausanne, BCU, Fonds Constant I, Co 3579 ; 2 pp., p. 2 bl. ; orig. autogr.

Notes
[1] Comme suite à la lettre précédente.
[2] Luis Gonzaga Gordoa, homme politique mexicain. José Francisco Fagoaga Villaurrutia, 2ᵉ marquis de Apartado (1783–1842), riche propriétaire de mines. Le troisième est sans doute José Joaquín Eufrasio de Olmedo y Maruri (1780–1847), avocat et poète, premier vice-président de l'Équateur en 1830. Les trois noms figurent avec celui de Murphy Porro dans la liste des souscriptions dressée dans l'annexe de la lettre du 22 juin de Ferrère-Laffitte, ci-dessous.

5027

Claude d'Estournelles à Benjamin Constant

17 juin 1827

Fort Q⁽ˢ⁾ le 17 Juin 1827.

Mon cher beau-frère,
Une douloureuse indisposition, suite ou résultat de ma cruelle maladie de l'hyver dernier, et aussi de l'extrême froid qui a regné dans cette atmosphère, jusqu'à ce jour, m'ont empêché de me livrer à la consolation & au plaisir de vous écrire, jusqu'à ce jour. Depuis plusieurs [jours] la caisse préparée pour vous à votre adresse, a Paris, & contenant cinq objets divers, n'avait pu être expédiée, faute d'occasions. Une se présente, me paraît sure, & je la saisis avec empressement, pour vous donner avis de l'envoy, ce jourdhuy, par la médiation du S⁽ʳ⁾ Pélissier, commissionnaire, à Embrun, d'une petite caisse à votre adresse, & contenant outre les objets annoncés par ma dernière lettre[1], savoir, 2 peaux de renards, 9 paquets de violettes des Alpes & 4 de Tucilage, de même, & de cette année, tous deux, trois rouleaux aussi, de veronique des Alpes. De bons habitans, viennent à l'instant, m'en apporter de fraîches, pour vous, & cüeillies hier, même au Camp Salebre, dit, Camp de Catinat[2], à 2 portées de fusils d'ici. Je ne

puis, à regret sûrement, les joindre à cet envoy-çi ; 1° parceque la caisse est déja expédiée il y a peu d'heures ; 2° que ces mêmes herbes sont encore trop fraiches & pourraient contracter la moisissure pendant la route, ne devant être recüeillies, suivant l'usage, que le mois prochain ; mais c'est un effort de bonne volonté, relatif à vous, qui en a fait antiçiper la récolte. Je ne puis, ni ne veux me dispenser de vous en envoÿer l'échantillon cy-joint. Je ne puis non plus être insensible aux nouveaux & préçieux témoignage de bonne amitié, & de bien préçieuse bienveillance contenus en votre toute aimable lettre du 7. que je reçois à l'instant[3] ; ni différer de vous prier d'en agréer mes très sincères remerciemens. Vous aimez, vous sauvez les êtres infortunés, mon cher Benjamin, combien n'êtes vous pas digne d'envie, en réunissant des contrastes de toute part, & qui vous raportent une juste gratitude, quelque soit l'effet indirect. – Il y a outre, les peaux de renards, les violettes, le Tucilage, cinq chapelets, d'excellens champignons, reconnus tels & que je puis vous garantir de bonne qualité, d'après mon propre usage.

Que vous obteniez un salutaire effet des Eaux thermales, que vous ayiez aussi toute satisfaction raisonnable & que vous avez droit d'espérer & d'attendre, & que vous viviez longtemps pour la gloire de la patrie & pour la satisfaction & le bonheur de ce qui vous est cher, tel est mon vœu le plus pur, le plus sincère, & dont je vous offre l'hommage avec la cruelle pensée de l'amertume de mes souffrances et de mes privations. Je désire avoir mon fils à la fin de l'été, ou l'aller chercher à Poligny. Charles ni Louise n'y pourront rien changer, s'il ne me mésarrive comme à ce malheureux dont vous m'annonçez la triste & juste & fin & qui a tant nui au repos de votre sœur & au mien[4].

    Tout à vous de cœur, en vous priant d'un mot de réponse,
    Le ch^{er} B. D.

P. S. Ne serait-il pas indiscret de vous prier de m'addresser, soit directement le journal The Litterary London Gazette[5], soit, à l'addresse içi de Simon Puy, le courrier, p^r un seul trimestre ? J'ai reçu il y a un mois bientôt des nouvelles de Léonce ; & payé le troisième quartier de la pension scholaire à Poligny. Je n'en ai qu'un seul reçu pour le 1er.

A Monsieur / Monsieur Benjamin Constant, / Député du dép^t de la Seine, / N° 15, Rüe d'Anjou St Honoré, / *A Paris.*

Manuscrit   *Lausanne, BCU, Fonds Constant I, Co 831 ; 4 pp., p. 3 bl. ; cachet postal : 24 Juin 1827 ; timbre : 4 / EMBRUN ; orig. autogr.

Texte   6 [jours]] *mot oublié*   15 Salebre] *lecture incertaine, peut-être* Celebre   25 sauvez] *lecture incertaine*

Notes
[1] Voir sa lettre du 24 avril.
[2] Au nord-est d'Arvieux : « l'arête qui sépare le vallon de Souliers de la vallée d'Arvieux [...] se termine par un plateau de prairies qui porte encore le nom de camp de Catinat et où des détachements de l'armée de Berwick campaient lors de la campagne des Alpes de 1703 à 1713. » (J. Tivollier, *Monographie de la vallée du Queyras*, Gap : Jean et Peyrot, 1897, pp. 55–56).
[3] Voir ci-dessus.
[4] La mort de Bauduy annoncée par BC dans sa lettre du 7 juin.
[5] D'Estournelles, qui avait séjourné aux États-Unis et en Angleterre, cite de temps en temps quelques vers en anglais, ou fait allusion à la littérature anglaise. Il n'est donc pas étonnant qu'il veuille se procurer *The Literary Gazette, and Journal of Belles Lettres, Arts and Sciences*, hebdomadaire publié en 1827 sous le titre *London Literary Gazette*, fondé par Henry Colburn en 1817, année où Colburn éditait aussi *Adolphe*. La *Literary Gazette* eut dans les années 1820, sous la direction de William Jerdan, une large distribution, grâce notamment à son prix réduit et au fait qu'y étaient publiés de longs extraits des ouvrages dont il rendait compte. Voir Susan Matoff, « William Jerdan and *The Literary Gazette* », *The Wordsworth Circle*, 46.3 (2015), 190–197.

5028

Isidore d'Eymar de Montmeyan à Benjamin Constant

17 juin 1827

Aix (dep. des bouches du Rhône 17 juin 1827
Monsieur,
Quelques unes des idées emises dans l'article *réligion* que vous avez fourni à l'encyclopédie progressive[1] m'ont paru si extraordinaires que j'ai craint d'abord de ne les avoir pas bien saisies et quoiqu'une seconde lecture m'ait confirmé dans mon premier jugement, cet article contient des assertions tellement singulières que dans l'espèce d'incertitude où cette singularité même m'a jetté, j'ai cru qu'il pouvait m'être permis de vous en demander l'explication. L'idée fondamentale de cet article est, si je ne me trompe, que toute réligion est essentiellement perfectible ; c'est à l'examen de cette assertion et d'une autre assez extraordinaire aussi contenue dans votre cours de politique constitutionnelle où vous prétendez que la souveraineté appartient à celui qui a la justice et la raison de son côté que j'emploierai cette lettre et je réduirai je l'espère cette question à des points si précis qu'il vous sera facile, Monsieur, de me donner en y employant un tems très court les éclaircissemens que je prends la liberté de vous demander.

Que peut signifier dans un sens vraiment philosophique cette assertion : toute réligion est essentiellement perfectible ? Pour répondre à cette question rappellons nous d'abord ce que c'est que la réligion. C'est le rapport de l'homme avec Dieu, c'est la connaissance de l'être créateur et des lois qui sont imposées à la créature envers celui de qui elle a tout reçu. Cette connaissance peut être purement naturelle et c'est dans ces limites que voudraient la renfermer les purs déistes et en général tous les adversaires de la réligion chrétienne de quelque nom qu'ils se couvrent. Vous ne vous exprimez point d'une manière ouverte à cet égard, Monsieur, et l'on ne sait point, après avoir lû votre article si vous admettez une révélation de Dieu à l'homme et un corps de doctrines contenu dans les écritures, corps de doctrine auquel il n'est permis ni d'ajouter ni de retrancher. J'aurais trop d'avantage pour combattre votre assertion sur la perfectibilité des réligions en partant du principe d'une révélation divine, qui par cela même qu'elle est divine, doit nécessairement servir de règle à l'esprit humain. Je me place donc pour un moment sur le même terrain que le déiste et je dis que même en n'admettant aucune religion, votre assertion : que toutes les religions sont essentiellement perfectibles, est également insoutenable. Toute réligion se compose naturellement de ces 3 parties : Dogme, Morale, Culte. La partie dogmatique renfermera la connaissance de Dieu et de ses attributs et les rapports de l'homme à Dieu ; la partie morale contiendra les lois qui résultent de ces rapports soit de l'homme avec Dieu, soit de l'homme avec ses semblables. Or je vous le demande, Monsieur, de quelle perfectibilité de pareilles connaissances sont elles susceptibles ? Sans doute l'illustre Clarke[2] avoit plus medité sur la nature de Dieu et de ses attributs qu'un simple paysan ; il la connaissait d'une manière plus developpée, plus explicite ; mais s'est-il élevé plus haut que St Augustin[3] par exemple. C'est ce qu'on peut nier sans crainte de se tromper et j'ajouterai même qu'il n'a fait que paraphraser cette sublime définition de Moïse au nom même de la Divinité : Je suis celui qui est[4]. De nouveaux Clarke, de nouveaux Augustin découvriront ils par la contemplation la plus profonde de la nature divine, de nouveaux attributs ou quelqu'attribut plus fondamental que l'existence nécessaire ou l'ascéité[5]. On peut, je crois, raisonnablement en douter. Mais dans toutes les suppositions quand un génie supérieur à celui de St Augustin et de Clarke parviendrait à répandre plus de lumière encore sur la nature de Dieu et sur ses attributs, les connaissances nouvelles qu'il joindrait à celles qu'on a déjà sur cet auguste objet ne contredirait, ni ne pourrait contredire ce que l'on savait avant lui, mais n'en serait qu'un développement plus considérable. Au lieu qu'il me semble que vous prenez la perfectibilité comme un changement total ensorte que tel ou tel ensemble de connaissances réligieuses qui pouvait convenir à une époque de la société ne vaut plus rien à une autre époque ; n'est ce pas là abuser du langage ? Comment le Déisme par exemple peut il être considéré comme le développement du politéisme ? On ne perfectionne point un erreur, Monsieur, car perfectionner une erreur ce serait la rendre plus complette, ce qui est diamétralement opposé à la doctrine que vous soutenez. En un mot toute religion exprime les vrais rapports de l'homme à Dieu ou elle ne les exprime pas. Si elle les exprime elle peut bien recevoir quelques accroissemens de détails, quelques développemens contenus dans les principes qui expriment ces rapports, mais elle ne peut pas plus changer que la nature des choses. Si une réligion n'exprime pas les vrais rapports de l'homme avec Dieu, elle est fausse et non susceptible de perfectionnement, elle doit être changée et faire place à une meilleure.

La morale n'est pas moins immuable que les dogmes et l'on ne peut pas dire qu'elle soit susceptible de perfectibilité au sens où vous prenez ce mot, c'est-à-dire, comme je viens de l'etablir, de changement. En effet de toutes les parties de la morale, la plus importante celle qui sert de principe à toutes les autres nos devoirs envers Dieu étant fondées sur les rapports même de l'homme à Dieu ne sont pas plus susceptibles de changemens que ces rapports ; mais direz vous on peut connaitre plus ou moins complettement ces devoirs ; si cela veut dire qu'on peut faire une application plus exacte du grand principe qui lie la créature au créateur à toutes les questions particulières de morale qui peuvent se présenter, je l'accorderai et c'est dans ce sens que quelques moralistes ont mieux vu les uns que les autres toutes les conséquences des principes qui leur étaient communs et c'est dans le même sens qu'en partant des doctrines de la révelation certains casuistes ont été plus ou moins exacts dans leurs décisions ; mais encore une fois ce n'est pas là de la perfectibilité au sens où vous prenez ce mot et il est bien certain que la morale pas plus que les dogmes n'est susceptible de perfectibilité puisqu'elle est aussi fondée sur des rapports immuables.

Des trois parties qui composent toute religion il ne me reste plus qu'à parler du culte. Ce qui en fait l'essence c'est-à-dire le culte intérieur n'est pas non plus susceptible de perfectibilité ni de changement, puisqu'il dérive également des rapports de l'homme à Dieu. Quant au culte extérieur si nous fesons abstraction de la révélation il peut sans doute changer et même dans la réligion chrétienne tout ce qui n'a pas été prescrit par Jesus Christ, tout ce qui n'est pas fondé sur une revelation expresse peut aussi changer puisqu'alors ses differents rites n'ont été établis que d'après les mœurs et les habitudes dominantes à l'epoque où ils ont commencé et que ces mœurs et ces habitudes changeants il est conforme à la sagesse que ces rites subissent quelques modifications et c'est ainsi que la discipline de l'église dont l'esprit a toujours été le même a pu et a du varier mais dans tout cela où est la perfectibilité ?

Une chose me frappe en ce moment, Monsieur, c'est l'opposition complette de votre langage avec celui des premiers réformateurs. Il était question suivant eux de nous ramener au pur évangile de Jesus Christ tel qu'il avait été compris par les chrétiens des premiers siècles. Jamais Luther ni Calvin n'ont cru qu'il fut permis de rien ajouter à la révélation et c'est au contraire le reproche injuste qu'ils adressaient aux catholiques en les accusant de ne s'être pas tenus à la simplicité de l'évangile et d'avoir surchargé la parole divine d'additions humaines. Ils auraient dit comme Tertullien, nous n'avons rien à chercher après l'évangile[6], et se rappellant la décision de St Paul qui déclare aux chrétiens que quand un Ange descendrait du ciel pour leur enseigner un autre évangile que celui qu'il leur a enseigné, il doit être anathême[7], ils n'auraient pas mieux traité toute prétention de perfectionner la réligion ; et en effet, Monsieur, si même en fesant abstraction de la révélation il n'est point exact de dire que la réligion soit perfectible, combien cela est plus déraisonnable encore lorsque l'on admet une révélation divine cette revelation divine doit nécessairement servir de règle à l'esprit humain. Il ne peut lui être permis d'en rien retrancher. Direz vous qu'il peut du moins y ajouter ; mais alors ces additions ne seront qu'un développement des vérités révélées ou des principes fondamentaux de toute religion. Or dans les deux cas peut on appeler cela perfectibilité ? Et d'ailleurs comme je l'ai déjà remarqué à quoi s'appliquerait cette perfectibilité. La révelation nous a enseigné de nouveaux dogmes et en a proposé quelques autres d'une manière plus expresse et plus complette à notre croyance. C'est ainsi que tous les chrétiens ont généralement admis la trinité, le péché originel, l'incarnation, le dogme des peines éternelles. La perfectibilité dont vous parlez consisterait elle par hasard, M^r, à ne plus admettre ces dogmes qui sont la base du christianisme. Mais quelle serait la raison de ce changement de croyance. Quelques soi-disant chrétiens diraient ils aujourd'hui que ces dogmes étant opposés à la raison humaine ne peuvent faire partie d'une révélation divine, ou bien, sans les accuser d'être en contradiction évidente avec ce que l'esprit admet de plus certain, soutiendrait-on qu'ils ne sont pas contenus dans le dépôt des écritures ? Dans les deux hypothèses ce n'est pas là perfectionner la réligion, c'est la changer et croyez-vous, Monsieur, que la marche des sociétés puisse entrer pour rien dans ces altérations de croyance et que Dieu ait voulu que pendant 18 siecles tous les chrétiens se trompassent en voyant dans l'écriture ce qui n'y est pas et que ce soit également sa volonté au 19e qu'ils deviennent Sociniens[8]. Si vous insistiez sur la difficulté de saisir le véritable sens des écritures même à l'egard des principes les plus fondamentaux, qui ne voit que ce serait de votre part fournir un argument décisif en faveur de la nécessité d'une autorité qui fixe le sens de ces écritures. Car enfin, Monsieur, si Dieu s'est révélé à l'homme, et je suppose que vous admettez cette révélation, ça été sans doute pour lui offrir un moyen plus assuré de connaitre les vérités les plus essentielles et même pour lui en enseigner que sa raison n'aurait pu trouver. Or dans ce système socinien que vous semblez adopter, quelles vérités nouvelles Dieu enseigne-t-il à l'homme ? Quels moyens plus assurés lui donne-t-il de découvrir celles auxquelles sa raison pouvait parvenir, mais dont l'ignorance et les passions l'éloignent si souvent. Je sais que les Sociniens admettent encore une révélation et voient dans le fondateur du christianisme un homme inspiré de Dieu pour enseigner à la terre les vérités religieuses, et dans les écritures un ouvrage écrit sous l'influence de la divinité ; mais ne tenir compte d'aucune tradition, d'aucune autorité, retrancher même de[s] écritures les passages les plus formels lorsqu'ils établissent un dogme au dessus de la raison, telle est leur manière de procéder et l'on a même reproché justement à quelques uns d'eux de rejeter jusqu'à des principes d'une évidence naturelle. Or qui ne voit que dans une telle hypothèse la révelation divine eut été une chose inutile, car elle n'eut rendu plus certaines ni les verités que la raison pouvait trouver par elle-même puisque le Socinien est toujours maitre de retrancher du dépôt des écritures tel ou tel principe qui lui déplairait et que ceux même qu'il reconnait, il les adopte non pas sur l'autorité divine mais par l'approbation de sa raison, et que d'un autre côté elle n'eut rien appris à l'homme que sa raison ne put trouver d'elle-même. Ainsi le Socinien reconnait la révélation mais dans son système elle est parfaitement inutile et en retranchant de cette révélation tout ce qui lui déplait, il la réduit par le fait à rien.

Mais si nous ne trouvons pas dans le Socinianisme un perfectionnement de la religion où irons nous le chercher. Quel dogme nouveau est proposé à notre croyance depuis les 1ers siècles du christianisme ? Quel nouveau principe de morale a-t-on trouvé ? Qu'y a-t-il à retrancher de ce qui est reconnu faire partie du dépôt de la révélation ? Encor une fois, Monsieur, je ne conçois pas dans quel sens on pourrait attribuer la perfectibilité à la réligion. Direz-vous que c'est son culte qui s'est épuré ; mais comment les changemens que ses pratiques et ses cérémonies ont subi peuvent ils être considéré comme un perfectionnement ? Ces changemens sont le résultat des révolutions que la Société éprouve dans ses mœurs et dans sa constitution politique. Ils tiennent à l'esprit de condescendance de l'église, qui dans tout ce qui n'est pas absolument essentiel, pour diminuer le nombre des coupables permet ce qu'elle craindrait qui fut un sujet de rébellion. Mais je vous le demande à vous-même, Monsieur, le christianisme à son berceau n'a-t-il pas offert l'exemple de toutes les vertus et d'une police admirable et jamais dans aucun siècle pourra-t-on être mieux animé du véritable esprit de réligion et la discipline du christianisme sera-t-elle jamais plus sainte ?

Pour résumer cette discussion, toute religion comme je l'ai dit est comprise dans ces 3 parties dogme, morale, culte. Dans la réligion naturelle et dans la réligion révélée ni le dogme, ni la morale ne sont susceptibles de perfectibilité, à moins que vous n'entendiez par là la découverte de quelques conséquences de principes déjà connus et l'article entier qui est le sujet de ces remarques se refuse à cette interprétation. Quant au culte il peut sans doute changer au moins en partie, mais tout changement n'est pas un perfectionnement et d'ailleurs comme je viens de le remarquer jamais les rites et les cérémonies du christianisme n'ont été observées d'une manière plus sainte et plus auguste qu'à son origine. Ainsi conséquences nouvelles de principes déjà connus, changemens dans quelques rites et dans quelques cérémonies, voilà les deux seuls articles sur lesquels pourrait s'appliquer non pas cette loi de perfectibilité, mais plutôt une loi de changement en observant cependant que découvrir de nouvelles conséquences d'une vérité déjà admise ce n'est pas précisement changer c'est plutôt connaître plus complettement ou d'une manière plus explicite. Ainsi la loi de changement ne tombe reellement que sur les rites et les cérémonies.

Il m'a paru, Monsieur, que par la perfectibilité appliquée à la réligion vous entendiez un progrès vers la vérité tel que suivant vous une religion qui convenait à une époque de la société ne convient plus à une autre époque. Mais je vous avouerai franchement que rien ne me parait plus contraire à la raison qu'une telle doctrine, les obligations de l'homme à l'égard de son créateur ne sont elles pas les mêmes dans tout état de société. Ne peut-il pas parvenir à les connaître que la civilisation soit plus ou moin développée, que les lettres aient jetté un plus ou moins grand éclat, tout cela est accidentel à l'homme, si je puis m'exprimer ainsi. Tant que la raison et la révélation lui restent il sait tout ce qu'il doit croire, tout ce qu'il doit faire, tout ce qu'il doit espérer et la différence des etats de société ne pouvant influer ainsi que je l'ai déjà dit que sur les conséquences plus ou moins éloignées de principes toujours les mêmes, il me semble impossible d'appliquer à ces développemens plus complets, à ces connaissances plus explicites, cette loi de perfectibilité que vous voulez trouver dans la réligion. Si cependant telle n'avait point été votre pensée, je crois qu'alors l'article que vous avez fourni à l'encyclopedie progressive aurait besoin d'eclaircissemens et de correctifs ; ce sont ces eclaircissemens et ces correctifs que je prends la liberté de vous demander, Monsieur ; il s'agit d'établir clairement, si j'ai bien compris votre opinion, que la réligion soit naturelle, soit révélée n'est pas toujours la même et puisque toute religion n'est que le rapport de l'homme à Dieu, que ces rapports changent ou du moins la connaissance que nous en avons et qu'ainsi une religion qui n'exprimerait que de faux rapports et qui serait par conséquent une fausse religion est un acheminement pour arriver à la connaissance du vrai, sans qu'on puisse jamais se reposer dans cette connaissance qui doit par la suite faire place à quelque chose de plus vrai encore si je puis m'exprimer ainsi. Or une telle doctrine est en contradiction avec l'idée fondamentale de toute religion, car comme je viens de le dire, toute réligion exprimant les rapports de l'homme à Dieu et ces rapports étant nécessairement immuables, par une conséquence nécessaire toute religion est immuable dans tout ce qu'elle a d'essentiel. Ainsi de deux choses l'une : ou vous n'avez pas entendu, Monsieur, que les dogmes d'une réligion pussent changer suivant les tems et dès lors votre opinion n'a plus rien de particulier, ou si vous l'avez avancé par quel raisonnement pouvez vous combattre les preuves évidentes qui détruisent cette assertion ? C'est un article sur lequel il me semble que vous ne pouvez vous dispenser de répondre et de modifier votre doctrine ou de refuter les argumens par lesquels je viens d'essayer de la combattre et qui se présentent d'ailleurs si naturellement à l'esprit.

Examinons maintenant, Monsieur, votre doctrine sur la souveraineté telle qu'elle est exprimée dans la 1ere partie du cours de Politique constitutionnelle[9] ! Nulle puissance n'est absolue selon vous et les peuples comme les aristocraties et les monarques ont besoin d'avoir raison pour qu'ils soient en droit d'exiger l'obeissance. Si vous vous borniez par là à établir qu'un commandement contraire au droit naturel de quelqu'autorité qu'il émane n'est pas obligatoire et que l'on est même obligé de ne pas l'accomplir ce ne serait que la doctrine de tous les publicistes[10] ; mais vous allez plus loin et d'après vos paroles il me semble évident que vous donnez aux sujets le droit de résistance active contre le pouvoir (Peuples, aristocraties ou monarques). Or je vois je l'avoue dans cette doctrine la destruction de tout lien social. En effet, Monsieur, si dès que je suis opprimé ou que je crois l'être, ce qui a le même résultat sur mes déterminations j'ai le droit de m'armer contre la société, à proprement parler il n'y a plus de société. Pour le prouver supposez une agrégation d'hommes qui ne soient unis par aucun lien social, chacun de ces hommes sera tenu d'observer les lois naturelles, mais il ne dépendra de personne, il se trouvera à l'égard des hommes placés à côté de lui dans la même independance où est une nation à l'égard des autres nations. Si un de ces hommes propose quelque chose qui paraisse juste à toute l'aggrégation, chacun de ceux qui en font partie pourra s'y conformer sans rien perdre de son indépendance. Ainsi s'il était vrai, comme vous paraissez le soutenir, que dans l'etat de société les hommes ont le droit de s'armer et de faire la guerre au pouvoir, il serait vrai de dire que dans l'etat de société ils sont aussi indépendans, que s'il n'existait aucune forme de gouvernement, aucun pouvoir. Or une telle doctrine n'est-elle pas comme je viens de le dire destructive de tout lien social. C'est substituer à la souveraineté du peuple une sorte de souveraineté rationnelle que chaque individu peut réclamer et si une telle doctrine se répandait dans la société tout gouvernement serait impossible. En effet quel est l'avantage de l'etat de société, c'est de substituer au jugement particulier que pouvaient influencer l'erreur et les passions, la raison sociale personnifiée en quelque sorte dans l'être abstrait nommé pouvoir et d'employer les forces de la société à exécuter le jugement rendu par cette raison sociale. Ainsi les hommes en formant une société ont du être guidés par les considérations suivantes : s'il n'y a point de pouvoir qui juge en dernier ressort, s'il suffit d'avoir raison pour être affranchi de toute dépendance, nous serions exposés à toutes les aberrations à tous les faux jugemens de la raison individuelle et chacun croyant avoir la raison de son côté, chacun se plaignant d'être blessé dans ses droits, croira avoir un prétexte légitime de troubler la société en se fesant justice par la force. Or comme il vaut évidemment beaucoup mieux souffrir quelques inconvéniens qui résultent de l'etablissement d'un pouvoir qui a toujours raison dans ce sens qu'on ne peut jamais s'armer contre lui quoiqu'on ne soit pas toujours tenu de faire ce qu'il nous prescrit, que de s'en rapporter au jugement de la raison, que chacun pourrait prétendre avoir de son côté, par une fiction sublime on a considéré les volontés du pouvoir comme la raison sociale ; dès lors dans le plus grand nombre de circonstances, l'obligation si je puis m'exprimer ainsi, devient une chose de fait, tandis que dans le système contraire elle est livrée à une discussion sur laquelle l'erreur et les passions doivent avoir nécessairement une grande influence. Or pour qui a réfléchi sur la nature humaine qui ne voit que le second moyen est le seul praticable et que tout gouvernement serait impossible du jour ou chacun des gouvernés serait persuadé qu'il a le droit de résistance, c'est-à-dire qu'il rentre dans une independance parfaite et qu'il forme pour ainsi dire une société dans la société du moment qu'il souffre quelqu'injustice.

Direz vous, Monsieur, que j'étends trop loin les conséquences de vos principes ; que vous n'accordez pas d'abord un droit de résistance pour toute espèce d'injustice, mais seulement lorsque les règles les plus essentielles du droit naturel sont violées ; secondement que le droit de résistance ne place pas ceux à qui on l'accorde dans un etat d'indépendance parfaite et ne developpe pas une société dans la société. Ajouterez vous que soutenir qu'aucune injustice, qu'aucun abus d'autorité n'est un motif suffisant de s'armer contre le pouvoir, c'est livrer, les pieds et poings liés, les sujets à l'arbitraire du gouvernement. Voyons si ces objections ont quelque force et d'abord le principe que vous posez parait s'appliquer également et à de simples injustices et à la violation des principes du droit naturel. Car enfin celui qui est l'objet d'une injustice quelconque a évidemment le droit et la raison de son côté. Or si la souveraineté ou tout au moins le droit de résistance se trouve là où est la raison et la justice, celui qui a subi quelqu'injustice a le droit de résistance ; j'ajoute qu'il est même souverain et ceci s'applique à la seconde objection. Sans doute pour s'exprimer avec plus d'exactitude il faudrait dire non pas qu'il est souverain si par la souveraineté on entend le droit de commander à autrui, mais qu'il se trouve placé dans cet état d'independance parfaite où est une nation à l'égard d'une autre nation et certainement le droit de faire la guerre au pouvoir est ce qui constitue l'independance parfaite. Il ne sert de rien de dire que le droit de faire la guerre au pouvoir est renfermé dans de certaines limites, assujetti à certaines conditions. Car d'abord le droit qu'a une nation de faire la guerre à une autre nation n'est-il pas également assujetti à toutes les règles du droit naturel ? Or quelle autre restriction pouvez vous imposer à celui à qui vous accordez le droit de faire la guerre à la société. Car bien évidemment le droit de résistance active ou le droit de faire la guerre est le même. Je conclus que le droit de faire la guerre à la société, même en le restreignant au cas où l'on éprouve quelqu'injustice, équivaut à l'independance parfaite et fait de chaque homme autant de petites sociétés éventuelles, si je puis m'exprimer ainsi. Mais direz vous, Monsieur, faut il que des sujets n'aient aucun moyen de se délivrer d'un joug qui les accable et faut-il qu'ils souffrent patiemment toutes les injustices ? À cela je réponds que quoique les sujets n'aient jamais le droit de s'armer contre le pouvoir, le pouvoir n'a pas non plus celui d'opprimer et que l'abus qu'il fait de ses droits n'autorise pas, mais amène souvent un autre abus, la révolte et cette crainte bien fondée doit suffire pour le contenir. Car enfin si vous supposez tous les sujets assez parfaits pour n'obéir qu'aux lois de l'ordre et pour ne jamais se révolter même en supportant les plus grandes injustices, pour que tout soit égal vous devez d'un autre côté également supposer le pouvoir assez sage pour n'en point abuser et d'ailleurs un monarque qui ne trouverait point de ministre de ses injustices serait dans l'impuissance de faire aucun mal.

Dans l'opinion que je combats voyons comment on peut expliquer l'origine du pouvoir. Les hommes se réunissent et conviennent d'obéir à un monarque, à une aristocratie, à une république. Mais leur formule de soumission est celle-ci : Je vous obéirai tant que je croirai que vous aurez la justice pour vous. Du moment qu'à tort ou à raison je serai persuadé que mes droits sont violés je me reserve celui de faire la guerre a la société et de me placer dans une independance parfaite. Il me semble entendre deux plaideurs se contestant une propriété et disant : nous nous en rapporterons au jugement de tel tribunal, pourvu que le jugement de ce tribunal ne porte aucune atteinte aux droits de l'un et de l'autre et chacune des parties sera juge de la question de savoir si ses droits sont lesés par ce jugement. Or les hommes réunis en société sont si je puis m'exprimer ainsi des plaideurs éventuels et le pouvoir est le tribunal qu'ils ont établi pour juger souverainement de leurs contestations. Dès lors ces jugemens ne peuvent être soumis à aucune restriction. On objecte que dans les doctrines que je soutiens on en reconnait une puisqu'on admet qu'il n'est pas permis d'obéir à un ordre du pouvoir lorsqu'il viole le droit naturel. Mais cette restriction est conforme à la raison et n'a d'ailleurs rien de dangereux puisqu'elle ne dissout pas la société et ne met pas les hommes dans une independance absolue. Il est évident qu'un être moral et intelligent ne peut pas s'engager à obéir dans toutes les circonstances au pouvoir à moins que ce pouvoir ne fut infaillible et impeccable. Dieu intime ses volontés à l'homme par la voix de la conscience. Dieu est le premier souverain de l'homme dès lors aucun pouvoir subordonné ne peut l'affranchir de ses devoirs et tout ce qu'il pourrait lui commander de contraire ne doit pas être executé. Mais y a-t-il une loi naturelle qui m'oblige à me venger de toutes les injustices que l'on me fait et lorsque je reflechis que ce droit de se faire justice à soi même produirait au milieu de l'etat de société tous les inconvéniens de l'etat de pure nature, etat qui n'est après tout qu'une chimère ; ne dois-je pas conclure au contraire que c'est une loi naturelle quand j'eprouve quelqu'injustice de la part du pouvoir de ne pas me venger et de m'interdire ce recours à la force qui ne peut exister qu'en l'absence du pouvoir.

Je conclus de ces reflexions que c'est une doctrine évidemment chimérique d'admettre que celui qui est opprimé rentre dans une independance absolue. Or comme il est évident qu'on ne peut pas non plus soutenir que la majorité possède partout la souveraineté, sans quoi il n'existerait qu'une forme de gouvernement, le gouvernement républicain, il faudra donc en venir à reconnaitre que le pouvoir est là où les lois fondamentales l'ont placé, là ou le vœu primitif de tous les associés l'a fixé. Telle est l'axiome fondamental du droit politique, axiome reconnu par le plus grand nombre des publicistes.

Je crois avoir suffisamment établi, Monsieur, que toute religion n'est point essentiellement perfectible et que le pouvoir dans la société n'est point exclusivement à celui qui a la raison et la justice de son côté. J'espère que mes remarques vous paroitront concluantes et que dans la supposition contraire vous voudrez bien me faire connaitre les raisons qui vous empechent de les adopter, et comme c'est à un écrivain célèbre, à un philosophe distingué que je m'adresse, qu'il me soit permis, sans qu'on puisse me soupçonner d'un esprit d'inquisition, de vous demander, Monsieur, en terminant ma lettre quelle est, dans l'opinion de l'église à laquelle vous appartenez, le principe sur lequel s'appuye votre foi. L'ecriture et la tradition sont les deux bases sur lesquelles se fonde le catholique et l'infaillibilité de l'eglise qui est l'opinion qui sépare essentiellement celui ci de toutes les églises modernes est elle-même appuyée et sur les passages de l'ecriture et surtout sur une tradition non interrompue. Le protestant au contraire n'admet que l'autorité de l'ecriture sainte ; mais par quel motif croit-il à l'authenticité et à l'inspiration des livres saints ? Comment sait il par exemple que les Evangiles, les epitres de St Paul, sont des livres divinement inspirés ? N'est-ce pas la tradition elle-même qui l'en assure, en sorte que tout en ne voulant pas admettre la tradition, il est obligé d'y avoir recours pour donner à sa foi une base assurée. Je conçois en effet que le protestant comme le catholique puisse s'assurer de la vérité d'une révélation divine. Cette révélation est un fait qui a pour lui des preuves démonstratives. Mais que nous enseigne cette revelation ? Quels sont les livres qui en forment le dépôt ? Voilà où je crois que le protestant est forcé d'admettre d'un côté ce qu'il rejette de l'autre ; car enfin à moins d'en revenir au système d'inspiration particulière, comment peut il savoir que tel ou tel livre de l'écriture est divinement inspiré, sinon par une tradition non interrompue qui remonte jusqu'au fondateur du christianisme ; or s'appuyer sur cette tradition c'est reconnaitre ce principe : que toute opinion qui par une tradition suivie remonte jusqu'aux apôtres et par là jusqu'au fondateur du christianisme, ne peut qu'être une doctrine révélée de Dieu et pour mieux se convaincre que le protestant lui-même est obligé de s'appuyer sur la tradition, il suffit de songer à ce qu'il serait arrivé si les apôtres n'eussent pas écrit les instructions qu'ils avaient reçues de Jesus Christ même. Il est évident que dans cette supposition tout dogme révélé ne serait appuyé que sur une tradition non interrompue. Mais si je suis aussi certain par la tradition que St Paul enseignait de vive voix telle ou telle doctrine que je le suis qu'il a écrit des épitres à plusieurs églises et que ces épitres sont divinement inspirés, dans un cas comme dans l'autre le motif qui me fait croire, c'est-à-dire la tradition non interrompue étant le même, je dois admettre avec autant de confiance ce que la tradition m'apprend que St Paul a enseigné de vive voix, que ce que la tradition m'assure qu'il a écrit à différentes églises. Mais ce n'est pas tout ; non seulement le protestant me parait forcé à admettre l'autorité de la tradition qu'il veut cependant rejetter ; mais un autre principe sert encore à établir d'une manière démonstrative que l'autorité de l'Eglise, (question fondamentale entre le catholique et le protestant et tellement fondamentale que ce dogme une fois admis, toute controverse cesse nécessairement entre les différentes églises modernes et l'église catholique) a toujours été admise par les chrétiens et cela en remontant par une tradition non interrompue jusqu'aux apôtres.

Nulle question ne devait se présenter plus souvent que celle de l'autorité de l'église au milieu des controverses et des hérésies qui ont paru dès le commencement du christianisme. Or s'il y avait eu une époque où l'on ne crut pas dans l'église à l'autorité de l'église, comment cette autorité aurait-elle pu s'établir ? Direz vous, Monsieur, que c'est par des considérations abstraites qu'on est parvenu à la reconnaitre et que le besoin d'une autorité a fait croire à l'existence de l'autorité ? Mais si ce besoin etoit si grand, comment supposer d'un autre côté que Dieu en se révélant à l'homme n'eut pas établi une telle autorité et si vous ne la regardez pas comme nécessaire, comment la croyance à cette autorité a-t-elle pu s'établir ?

Il ne servirait de rien de se jetter ici dans les lieux communs sur l'influence du clergé, sur le pouvoir des prêtres. Car d'abord ce pouvoir comme pouvoir enseignant n'auroit pas toujours existé dans l'hypothèse que je combats et il y auroit eu une époque dans l'église ou l'on n'auroit pas cru à l'autorité du sacerdoce comme corps enseignant. Ensuite combien d'intérêts opposés se seraient élevés contre l'etablissement de cette doctrine, si elle n'avait pas été la doctrine des apôtres eux mêmes c'est-à-dire une doctrine divinement révélée.

Le principe même sur lequel elle s'appuye, c'est-à-dire la tradition apostolique, lui eut été opposé et cela avec une telle facilité, avec une telle clarté que toute tentative pour établir une telle doctrine si elle n'eut pas été reellement apostolique eut été entièrement inutile.

Je ne m'etendrai pas, Monsieur, sur les autres preuves que l'on donne de l'autorité de l'église, ni en particulier sur celle tirée de la necessité d'un tribunal qui serve à fixer le sens des écritures et à empêcher que les vérités révélées ne s'altèrent par toutes les bizarreries du sens particulier et de l'interprétation de chaque homme. Je me borne en ce moment à ces deux questions précises :

Sur quelle preuve s'appuye le protestant pour admettre l'authenticité et l'inspiration des livres saints ?

Si le principe de l'autorité de l'église comme tribunal infaillible n'est pas contenu dans les écritures et établi par une tradition qui remonte jusqu'aux apôtres, comment ce principe a-t-il pu jamais prendre racine au milieu des chrétiens et devenir un des articles les plus essentiels de la croyance des catholiques ?

Mon but en vous adressant ces deux dernières questions n'est point de vous entrainer malgré vous, Monsieur, dans une controverse réligieuse, mais de savoir si les catholiques et les protestants peuvent s'entendre, si l'on peut convenir de quelques principes et si depuis l'epoque de Claude et de Bossuet[11], la controverse ayant nécessairement conduit de part ou d'autre à des conséquences que l'on ne peut nier, ce que l'on est forcé d'avouer suffit pour décider ce qui reste en litige.

En m'adressant à un homme d'un talent si distingué je puis être sûr d'avance que la verité seule de l'opinion que je soutiens pourra l'entrainer et que tous les autres avantages seront de son côté.

Un auteur en publiant un ouvrage écrit en quelque sorte au public et comme une des personne à qui la lettre est adressée, je me suis cru autorisé à y repondre. J'espère que vous ne verrez, Monsieur, dans cette détermination que l'envie ou de provoquer les éclaircissemens qui me semblent nécessaires ou de ramener à une doctrine plus exacte un ecrivain dont le talent est fait pour orner la vérité et non pour donner de la séduction à l'erreur. On ne cherche en général à combattre que les ecrivains dont l'opinion a du poids et dont le suffrage peut entrainer celui de beaucoup d'autres.

C'est avec ces sentimens d'estime et d'admiration pour vos talens distingués que je suis,
Monsieur,

Votre très humble et très obéissant serviteur.

Isidore de Montmeyan

Manuscrit *Paris, BnF, N.a.fr. 18831, ff. 190–199 ; 20 pp., p. 20 bl. ; orig. autogr.

Texte 1 *La parenthèse n'a pas été fermée.* 51 cet auguste objet […] mais n'en serait] *corrige* ⟨ses augustes objets ne contrediraient, ni ne pourroient contredire […] mais n'en seraient⟩ 76 quelques] quelques ⟨uns des⟩ 81 n'est] *au-dessus de* ⟨ne sont⟩ 82 puisqu'elle est aussi fondée] *corrige* ⟨puisqu'ils sont fondés⟩ 85 dérive également des] *corrige* ⟨est également fondé sur les⟩ 144 *Il a écrit* de 255 le] *au-dessus de* ⟨son⟩ 275 du moment] *au-dessus de* ⟨lorsqu'il⟩ 292 cet] *au-dessus de* ⟨un⟩ 299 guerre] guerre ⟨dans⟩ 378 ou] *corrige* ⟨et⟩ 394 admettre] admettre ⟨la verité⟩ 403 une] *au-dessus de* ⟨d'⟩ 422 sur les] *corrige* ⟨aux⟩ 435 dans] *corrige* ⟨à⟩ 439 reste] *au-dessus de* ⟨restait⟩

Commentaire et Notes Isidore d'Eymar de Montmeyan (1790–1854), homme de lettres, avocat général à la cour impériale d'Aix, publiera plusieurs ouvrages prenant la défense de la religion chrétienne. Peu avant d'écrire à BC, il avait adressé à Félicité de Lamennais « deux lettres interminables […] discutant certaines affirmations de l'*Essai* [*sur l'indifférence en matière de religion*], le tout sans grand intérêt. » (*Correspondance générale*, éd. Louis Le Guillou, Paris : A. Colin, 1971,

t. III, p. 634). Montmeyan « rappellera toujours, parmi nous, [...] l'homme de bien, le chrétien fervent et éclairé qui fait consister tout le bonheur dans l'étude de la religion et la pratique de la vertu. » (*Gazette du Midi* du 26 juin 1854, p. [3]).

[1] L'article « RELIGION. Du développement progressif des idées religieuses. », daté de mai 1826, avait été publié par BC dans l'*Encyclopédie progressive*, Paris : au bureau de l'Encyclopédie progressive, 1826, 1ᵉ livraison, pp. 193–215. Voir aussi *OCBC*, XXIII, 221–238.

[2] Sur Samuel Clarke (1675–1729), philosophe et théologien anglais, voir *CG*, VIII, 480.

[3] Montmeyan publiera « en 1835, une traduction des vrais Soliloques de saint Augustin, sur la connaissance de Dieu et de l'âme, suivis du Traité sur l'immortalité de l'âme » (*Gazette du Midi* du 26 juin 1854, p. [3]).

[4] *Exode*, 3, 14.

[5] Plutôt *aséité*. Terme de scolastique, qui signifie l'existence par soi-même, et qui ne peut être dit par conséquent que de Dieu seul, ou, suivant les systèmes matérialistes, de la matière (Littré).

[6] « Nobis curiositate opus non est post Christum Jesum, nec inquisitione post Evangelium » (Tertullien, *De præscriptione hæreticorum*, VII, 12).

[7] *Épître aux Galates*, 1, 8.

[8] Dans un article très développé, Jacques André Naigeon donne les principes des Sociniens ou Unitaires : « 1°. que la divinité des Ecritures ne peut être prouvée que par la raison. 2°. Que chacun a droit, & qu'il lui est même expédient de suivre son esprit particulier dans l'interprétation de ces mêmes Ecritures, sans s'arrêter ni à l'autorité de l'Eglise, ni à celle de la tradition. 3°. Que tous les jugemens de l'antiquité, le consentement de tous les peres, les décisions des anciens conciles, ne font aucune preuve de la vérité d'une opinion ; d'où il suit qu'on ne doit pas se mettre en peine, si celles qu'on propose en matiere de religion, ont eu ou non des sectateurs dans l'antiquité. » (*Encyclopédie* de Diderot et d'Alembert, s. v. UNITAIRES).

[9] *Collection complète des ouvrages publiés sur le Gouvernement représentatif et la Constitution actuelle de la France, formant une espèce de Cours de politique constitutionnelle*, Paris : P. Plancher, 1818, premier volume, première partie.

[10] Celui qui écrit sur le droit public, qui est versé dans cette science (Littré).

[11] Sur la controverse entre Bossuet et le ministre protestant, Jean Claude (1619–1687), voir la *Conférence avec M. Claude, ministre de Charenton, sur la matière de l'Église, par Messire Jacques-Bénigne Bossuet*, Paris : Mabre-Cramoisy, 1682, ainsi que la *Reponse au livre de Monsieur l'Evesque de Meaux, intitulé Conference avec M. Claude*, Charenton : de Varennes, 1683.

5029

Claude d'Estournelles à Benjamin Constant

18 juin 1827

Mon cher Beau frère,

Tout ce qui me vient de vous, m'est extrêmement précieux ; et je m'empresse de vous remercier de votre très bonne et très aimable lettre du 7, qui m'est remise à l'instant[1]. Je venais, quoique tardivement, malgré mon désir, de vous envoÿer une caisse, contenant,

Deux peaux de renards ;

Neuf rouleaux de violettes des Hᵗᵉˢ Alpes & du mois dʳ

Quatre rouleaux de Tuçilage,   id.
& trois de Véronique de l'an passé, plus 5 chapelets de bons mousserons
   Cy-joint, un échantillon de la véronique de cette année, & que je vous réserverai quand elle sera sèche, & en assez bonne quantité. Puissent ces palliatifs vous être utiles & agréables pour l'amélioration de votre bien précieuse santé : c'est le vœu le plus pur & le plus ardent que je forme, & dont je vous prie d'agréer l'assurrance, toutefois avec le vif regret de ne pouvoir mieux, pour le moment, vous manifester mon très grand & sincère attachement, ainsi que ma gratitude.
   Vous m'avez fait espérer de vos nouvelles avant votre départ pour les Eaux que je souhaite vous être favorables : j'ose y compter. Je gémis dans l'absence & l'éloignement de Léonce : et ne crois pas avoir besoin de recommander à votre tendresse ce cher enfant que je plains bien ! Mais, plaignez moi plus encore… !
                                               Vale & ama
                                                  B. Des
F^t Q^s le 18 Juin 1827.
                                                  T.S.V.P

P. S. la caisse, & la lettre d'avis à votre addresse doit aussi partir demain d'Embrun p^r Paris.
   Je prends la confiançe de vous prier de m'envoÿer un abonnement de trois mois aux débats, ou *to* The Litterary Gazette [ ] street[2].
   Mes hommages les plus respectueux & empressés à Madame, & aux excellents et aimables enfans de feüe votre illustre amie[3], s. v. p.

A Monsieur / Monsieur B. Constant, / Député du dép^t de la Seine, / N° 15, Rue d'Anjou St Honoré / A Paris. / Port paÿé.

Manuscrit   *Lausanne, BCU, Fonds Constant I, Co 832 ; 4 pp., p. 3 bl., l'adresse p. 4 ; cachet postal : 24 Juin 1827 ; timbres : P. 4. P. / MONT-DAUPHIN ; Queiras / MONT-DAUPHIN ; orig. autogr.

Texte   28 [ ] Street] *nom de la rue illisible*

Notes
[1] Il l'avait déjà remercié dans sa lettre de la veille.
[2] L'abonnement pour trois mois au *Journal des débats* coûtait 18 F, et 17 F, l'abonnement à *The London literary Gazette* chez le libraire Sautelet, place de la Bourse à Paris (*Journal des débats* du 22 mars 1827, p. 3). Le nom de la rue indiquée par d'Estournelles est illisible, mais ne ressemble ni à celle de Sautelet, ni aux adresses indiquées dans la *Literary Gazette* elle-même, soit Wellington Street, South Moulton Street et Oxford Street.
[3] Les enfants de Germaine de Staël.

5030

Adrien Constant, dit Constant-Delessert à Benjamin Constant

avant le 19 juin 1827

Mon cher Cousin !
Je n'ai rien doñé à Mr Dubois pensant que vous auriez la bonté d'arranger cela puisqu'il devoit vous voir, je vous en tiendrai compte à la premiere occasion et vous me rendrez un très grand service puisque je ne saurais pas coment m'y prendre. – Je suis au lit assez souffrant moralement et attendant avec impatience les conseils de Mr Dubois, je compte sur vous pour les avoir le plustot possible.
Agreez mon Cousin l'assurance de mon profond respects
Votre devoué serviteur
A^{en} de Constant

Manuscrit *Paris, BnF, N.a.fr.18831, f. 3 ; 2 pp., p. 2 bl. ; orig. autogr.

Commentaire Sur Adrien, voir la lettre de son père, Auguste de Constant d'Hermenches du 8 janvier 1827. Le problème concernant Dubois semble réglé dans la lettre d'Adrien du 19 juin 1827, ci-dessous : celle-ci la précéderait donc.

5031

Benjamin Constant à Marc-Antoine Jullien ?

19 juin 1827 ?

Monsieur
En rangeant des livres que je n'avais pas eu le tems de mettre en ordre, j'ai trouvé qu'independamment de la collection de la Revue, jusqu'au mois de may inclus, j'avais sept ou huit n^{os} qui probablement m'ont été envoyés à double ou par mégarde. Come ils peuvent vous être necessaires pour completter quelqu'autre collection, je les tiens à votre disposition, si lorsqu'un de vos porteurs passera près d'ici vous voulez les faire prendre.
Agréez mille complimens
B. Constant

ce 19 juin

Manuscrit   *Paris, BnF, N.a.fr. 13627, f. 148 ; orig. autogr.

Commentaire   Le 26 janvier 1826, BC écrit à Marc-Antoine Jullien qu'il accepte son « offre d'un exemplaire complet de la Revue encyclopédique » (lettre 4674, *CG*, XIV, 284–285). À ce moment, paraissait le vingt-neuvième tome et BC dut recevoir la *Revue encyclopédique* depuis sa parution en 1819 (voir *OCBC, Documents*, I, n° 2317). Cette lettre fut donc écrite ultérieurement, peut-être en 1827 puisque la Chambre cessa ses travaux le 1er juin, ce qui laissait du temps pour *ranger des livres*.

5032

Adrien Constant, dit Constant-Delessert à Benjamin Constant

19 juin 1827

Versailles[1] le 19 Juin
Je viens mon cher Cousin vous remercier de la lettre de Monsieur Dubois qui m'a assez rassuré quoique je ne l'aye pas trouvé très claire, car il ne cessoit de se contredire, mais cela ne signifie rien pour le fond de la chose. Et je ne sauroit trop être recoñaissant des bontés dont vous me comblez. La visite de Madame vôtre epouse m'a fait un vif plaisir, et m'a profondement touché. Je suis toujours de même quoiqu'un peu eprouvé par les mocsa[2] qui agissent tres fortement. J'ai reçu hier de boñes nouvelles de mes parents qui ne sont heureusement pas trop inquiets, grace a un medecin de Lausañe qui coñoit celui du Regiment[3] et leur en a dit du bien. Ils me chargent pour vous de leurs compliments empressés.

L'adresse du cousin de Villars[4] est Rue de la Michodière N° 25
Agreez cher cousin l'assurance de mon profond respect.

Vôtre tres humble serviteur
A^{en} de Constant

Manuscrit   *Paris, BnF, N.a.fr.18831, f. 2 ; 2 pp., p. 2 bl. ; orig. autogr.

Notes
[1] Voir la lettre de Rosalie de Constant du 11 avril 1827.
[2] Plutôt *moxas*. Dans sa lettre du 23 novembre 1827, Rosalie évoquera les problèmes de santé d'Adrien.
[3] Adrien était sous-lieutenant dans le 7e régiment de la Garde royale (1er Suisse).
[4] Sur les Constant-Villars, voir la lettre à Louise du 27 février 1827.

5033
Émile Roques à Benjamin Constant
19 juin 1827

Monsieur,
J'ai l'honneur de vous remercier de votre aimable invitation à la quelle j'aurai le plaisir de me rendre.
    Daignez agréer, Monsieur, l'assurance de ma haute considération.
                                                 Émile Roques
Paris le 19 Juin 1827.

À Monsieur, / Monsieur Benjamin Constant, / membre de la ch. des députés, rue d'Anjou / St Honoré, N° 15 / Paris

---

Manuscrit *Lausanne, BCU, Co 3717 ; 4 pp., p. 2 (voir ci-dessous), p. 3 bl., l'adresse p. 4 ; cachet postal : 19 Juin 1827 ; orig. autogr.

Texte *De la main de BC, p. 2* : Suite d'idées du ch. 7,
p. 1. 1° même combinaison que chez d'autres peuples.
– 1 2° Chaldéens.
– 4. 3° Syriens.
– 6. 4° Etrusques.
– 7. 5° Perses
– 11. 6° Traits spéciaux de la Cosmogonie des Perses
– 12 7° Au milieu de tout cela, Polythéisme.

À faire demain
1° Corriger les épreuves de Pinard
2° id. de Didot.
3° Relire la partie faite du 7e Ch.
4° Relire pour matériaux de la 2de partie, Parallelle, Mone, Mallet, mes Scandinaves, mon 26e Livre, Meiners, & Davies.
5° Rédiger cette 2de partie[1].

Commentaire et Note Sur Émile Roques, voir l'échange de lettres le 19 et le 21 mai 1827.
[1] Sur cette page, voir *OCBC*, XIX, 571.

5034

Benjamin Constant à Jacques Lofficial

20 juin 1827

Vous m'avez habitué Monsieur à compter tellement sur votre amitié que je fais près de vous, une démarche que je ne ferais auprès de persoñe c'est de vous adresser sous bande[1] quelques prospectus relatifs à une publication dont je n'aurais pas concu l'idée, mais que beaucoup de personnes ont cru pouvoir etre utile. Je ne vous les aurais pas adressés, dis-je, parce que rédigés sans que j'y eusse aucune part, ces prospectus sont tellement flatteurs pour moi qu'en les distribuant je me donnerais un ridicule. Mais j'ai pensé que vous ne me sauriez pas mauvais gré de saisir cette occasion de me rappeler à votre souvenir, en vous priant de ne prendre d'autre peine, quant à ces prospectus, que de les faire connoître, si l'occasion se présente

Veuillez présenter mes hommages à Madame Lofficial[2], & agréer l'assurance de mon inviolable attachement

B Constant

Paris ce 20 Juin 1827

a Monsieur / Monsieur L'Official / à Baugé / Maine & Loire

Manuscrit   *La Roche-sur-Yon, AD de la Vendée, 316 J 43 – Papiers Lofficial, 22–24 ; 4 pp., p. 3 bl., l'adresse p. 4 ; cachet postal : 23 JUIN 1827 ; orig. autogr.

Commentaire et Notes   Sur Jacques Lofficial, voir *CG*, XI, 725.
[1] Comme il s'agissait d'imprimés, ils pouvaient être envoyés « sous bande ».
[2] Le 3 février 1807, à Baugé, Lofficial avait épousé Félicité Le Long, née en 1788.

5035

Benjamin Constant à Louise d'Estournelles

22 juin 1827

J'ai remis a un avocat très éclairé l'exposé de votre question ma chère Louïse. J'attends sa réponse depuis trois jours & je vais lui récrire pour le presser. En attendant, je vous écris, pour que vous ne vous impatientiez pas.

J'approche du moment de mon départ. Je voudrais recevoir par M. Reffay les détails relatifs à la demie-bourse dont il est question, pour voir ce que je puis faire avant de partir.

Mes yeux se fatiguent toujours davantage. On dit que les eaux où je vais les remettront. Tachez de m'envoyer de suite ce qui tient à l'affaire pour Léonce. Quant à l'autre, vous aurez la réponse de mon avocat incessamment.

Mille tendres amitiés.

BC.

ce 22 juin

Manuscrit   *Lausanne, BCU, Fonds Constant I, Co 364 ; 2 pp., p. 2 bl. ; orig. autogr.

Texte   1 éclairé] éclairé ⟨votre⟩   5 je] *ajouté dans l'interligne*

Commentaire   Louise a sans doute répondu à la lettre de BC du 7 juin, pour préciser le nom de Reffay dans l'affaire de la demi-bourse de Léonce. L'état des yeux de BC et les préparatifs de départ confirment le millésime.

5036

Benjamin Constant à Mlle Dumergues

22 juin 1827

[Lettre à la troisième personne, Paris, 22 juin 1825. « M. Benjamin Constant regrette infiniment... » d'être engagé « à un grand diner d'électeurs avec le général Lafayette. Si ce diner finit assez tôt pour qu'il puisse se rendre à l'obligeante invitation... dans la soirée. Il s'en fera un grand plaisir... ».]

Manuscrit   Le manuscrit (3/4 p. in-8) n'a pas été retrouvé. Les précisions que nous en donnons sont tirées du *catalogue Charavay 743 (décembre 1971), n° 34658.

Édition   Jean-Daniel Candaux, « Revue des autographes du Groupe de Coppet vendus en 1970–1975 », *Cahiers staëliens* 20 (1976), 27–70, p. 36.

Commentaire   Le millésime donné par le catalogue Charavay ne saurait être retenu : La Fayette est aux États-Unis le 22 juin 1825. Il faudrait plutôt penser à l'élection du général par le collège de Meaux le 23 juin 1827.

5037

Bellangé à Benjamin Constant

22 juin 1827

Monsieur

Je me ferai un devoir et un plaisir de me rendre a la soirée a laquelle vous m'avez fait l'honneur de m'inviter, mais auparavant je suis bien aise de vous dire que j'adhere pleinement a la lettre de félicitation et de remerciment qui vous a été adressée par un grand nombre d'electeurs de Paris[1] et qui ne se trouve pas révétue de ma signature. Je vous prie en mon particulier Monsieur d'agréer l'expression de mes sentimens d'admiration et de haute estime et suis

Votre très humble serviteur

Bellangé

Ce 22 Juin 1827.

Manuscrit   *Lausanne, BCU, Fonds Constant I, Co 1315 ; 2 pp. ; orig. autogr.

Commentaire et Note   Dans la lettre qu'il écrira à BC le 9 novembre 1827 (ci-dessous), Bellangé se dira fabricant de châles de laine (« schals de laine »). « Bellangé et Dumas Descombes » apparaissent effectivement jusqu'en 1822 parmi les filateurs et tisseurs de cachemire (*Almanach du commerce* (1822), pp. 351 et 526). Ils étaient installés 13, rue Sainte-Apolline dans le 6ᵉ arrondissement (qui entrait dans la 4ᵉ circonscription qui avait élu BC). Bellangé, qui figurait donc parmi les électeurs de BC, lui avait déjà écrit le 10 décembre 1825 (lettre 4636, *CG*, XIV, 246–247).

[1] Voir *Le Courrier français* du 22 juin, pp. 1–2.

5038

Jean-Chilon Ferrère-Laffitte à Benjamin Constant

22 juin 1827

Paris 22 juin 1827.

Monsieur

J'ai fait une absence de quelques jours et je ne suis revenu que hier au soir et j'ai trouvé les deux lettres que vous m'avez fait l'honneur de m'addresser, je suis désolé du retard qui cependant, comme vous le voyez, est bien involontaire. Je vous envoie ci-joint l'etat des souscriptions qui ont lieu jusqu'à ce jour des souscriptions pour l'ouvrage que vous allez publier. C'est un de mes employés Mʳ Batbedat qui a un bureau à part qui est chargé de recevoir ces souscriptions et je lui ai dit de vous en donner connaissance au fur et a mesure qu'elles seront effectuées.

Permettez moi, Monsieur, de saisir cette occasion pour vous présenter l'assurance & la consideration la plus distinguée avec laquelle j'ai l'honneur d'être
votre devoué serviteur
Ferrere Laffitte

Monsieur / Monsieur Benjamin Constant / Membre de la chambre des Députés / rue d'Anjou St Honoré N° 15

[Annexe :]
Souscriptions aux discours de Monsieur B^{in} de Constant

M. Le Baron Lambert[1] Rue S. George N° 7..........	1 Exempl.
M. L^{is} Bertrand[2] propriétaire à Chateauroux.......	1 "
M. J. J. Olmedo................	4 "
M. Luis Gordea de Mexico...............	3 "
M. J. Fagoaga...................	1 "
M. Murphy Ag^t G^{al} des Etats mexicains[3]..........	10 "
M. Pauchet[4] Rue S. George N° 28...........	1 "
M. Belleville rue des bons enfants 21.........	1 "
M. Seymour de Constant[5]...............	1 "

Nota M. Belleville a payé 14^f

Manuscrit *Lausanne, BCU, Fonds Constant I, Co 3861 ; 4 pp., pp. 2–3 bl., l'adresse p. 4 ; l'annexe 2 pp., p. 2 bl. ; orig. autogr.

Notes
[1] François Lambert (1755–1837), intendant militaire en retraite (*Almanach du commerce* (1827), p. CLXXX).
[2] Louis Bertrand-Boislarge (1774–1861), frère du général d'Empire.
[3] Sur Olmedo, Gordoa, Fagoaga et Murphy, voir la lettre de Tomás Murphy Porro du 16 juin.
[4] Un Pauchet, propriétaire, habitait 28, rue Saint-Georges (*Almanach du commerce* (1827), p. CCXLIII) ; sans doute, le même qui était éditeur du *Courrier français* et qui avait été poursuivi conjointement à Kératry.
[5] Belleville n'est pas identifié. Sur Seymour de Constant, voir la lettre de Charlotte-Josephe du 13 mai 1826 (lettre 4716, *CG*, XIV, 333–334).

5039

Félix Prévost à Benjamin Constant

28 juin 1827

Monsieur
Vos honorables collègues MM. Dupont & Petou[1] m'ont appris que vous aviez fait réunir vos ouvrages en une seule Collection.

Auriez-vous la bonté de me faire adresser plusieurs prospectus dont j'ai besoin – quelques amis m'ayant manifesté le désir de faire emplette de cette Collection.

Pardonnez-moi, Monsieur, la liberté que je prends & veuillez agréer l'assurance & l'expression de mes sentiments respectueux & distingués.

Felix Prevost

Elbeuf 28 Juin 1827

Felix Prevost
neg^t à Elbeuf

Manuscrit *Lausanne, BCU, Fonds Constant I, Co 3586 ; 2 pp., p. 2 bl. ; orig. autogr.

Commentaire et Note Félix Prévost était commissionnaire en laines à Elbeuf (*Almanach du commerce* (1827), p. 652).

[1] Voir ci-dessus la lettre de Petou du 15 juin. Jacques-Charles Dupont de l'Eure (1767–1855) était député de l'opposition libérale et voisin de Prévost.

5040

Benjamin Constant à Antoine-Léonard Chézy

29 juin 1827

J'ai l'honneur de renvoyer à Monsieur Chezy le volume du Ramayan qu'il a eu la bonté de me prêter[1]. Un mal d'yeux qui dure encore a retardé la lecture que je voulois en faire & m'a en même tems empeché de profiter de la permission que Monsieur Chézy m'avoit donnée d'aller le voir, permission dont je me serais prévalu avec tant de bonheur, & dont, si je ne l'incommode pas, je me prévaudrai encore avant mon départ. S'il peut me prêter le second volume du Ramayan, je lui en aurai beaucoup d'obligation. J'ai lu avec un bien vif plaisir son élégante traduction du touchant episode de Yadjnadatta[2]. Quel bonheur si tout le Ramayan etoit donné de la sorte.

Je prie Monsieur Chezy d'agréer l'hommage de ma reconnoissance & de ma haute considération

B Constant

Ce 29 Juin 1827

Manuscrit *Cracovie, Biblioteka Jagiellonska, Sammlung Varnhagen ; 2 pp., p. 2 bl. ; orig. autogr.

Notes
[1] Voir la lettre à Chézy du 5 juin.
[2] *Yajñadattabada, ou La mort d'Yadjnadatta, épisode extrait du Ramâyana* [...], Paris : Didot, 1826.

5041

Marcellin Cadiot à Benjamin Constant

1ᵉʳ juillet 1827

Paris, ce 1ᵉʳ Juillet *1827*.
M. *Marcellin Cadiot, éditeur de la Collection des principaux Discours prononcés à la Chambre des pairs et à la Chambre des députés.*
(Paris, rue des Mathurins Saint-Jacques, n° 6.)

Monsieur,
L'article que vous avez fait insérer dans le Courrier m'a vivement affligé. Seriez vous le seul, Monsieur, qui n'approuveriez pas ma modeste entreprise ? Cependant j'ai eu l'honneur de vous écrire et de vous faire part de cette publication. Je n'ai pas ôsé aller vous voir encore parce que vous etiez du petit nombre de ceux de ces Messieurs qui ne m'ont pas encore répondu.
J'ai préféré attendre quelques jours que de prendre l'initiative. En plaçant votre nom au rang des premiers orateurs dont je publie les discours et qui ne m'ont pas encore répondu je ne croyais pas faire une chôse qui pût exciter des réclamations. J'avais été enhardi par l'unanimité des suffrages dont M^{rs} les orateurs de la chambre des Pairs et de la chambre des députés ont bien voulu m'honorer. Je vous demande donc avec instance, Monsieur, de m'accorder une faveur égale à celle que j'ai déjà obtenu partout. Sans vos discours mon entreprise serait loin d'avoir le même prix. Je m'estimerai donc heureux si vous voulez me permettre de soumettre à votre examen ceux que j'insererai dans ma collection. Le jour ou vous voudrez bien m'accueillir ne sortira jamais de mon souvenir.

Je suis avec respect et avec la plus haute consideration votre tres humble serviteur.
Marcellin Cadiot

Manuscrit *Lausanne, BCU, Fonds Constant I, Co 3693 ; 2 pp. ; en-tête imprimé ; orig. autogr.

Texte *L'en-tête imprimé comporte les cinq premières lignes du texte en italique, et* : COLLECTION / DES PRINCIPAUX DISCOURS / ET / CHOIX DE RAPPORTS ET OPINIONS / PRONONCÉS A / LA CHAMBRE DES PAIRS ET A LA CHAMBRE / DES DÉPUTÉS, / Depuis la session de 1815 (7 octobre) / jusqu'à ce jour, / recueillis dans un ordre chronologique, / avec un Précis historique. / Il en paraît un ou deux volumes par mois, / imprimées / sur beau papier satiné. Prix 3 fr. 75 c. le volume. / Le premier volume est en vente. / Pour souscrire à cet ouvrage, il suffit d'écrire à / M. MARCELLIN CADIOT (*par lettre affranchie pour les / Départemens*), qui en fait immédiatement l'envoi (Paris, / rue des Mathurins Saint-Jacques, n° 6.)

De la main de BC, p. 2 (ce qui est entre soufflets a été barré) :
⟨Oracles. D. M. I. 149. ib. 159.
Usages religieux antiques, conservés en Beotie, près du Temple de Jupiter Laphystion. ib. 162⟩
Sacrifices humains ib. Substitution du Belier à Phryxus. 164
Le Culte des Graces fondé par Etéocle. 178
l'histoire est la transmission de certains faits positifs : la mythologie, l'expression de l'opinion populaire sur un ensemble de faits passés. 205.
Thebes en Bœotie la demeure d'ancieñes corporations sacerdotales. 235.
monumens Cyclopéens en [?] près d'Orchomène en Bœotie. 239.
Thamyris le Thrace un poète epique peut être antérieur à Homère. 388.
Thucydide s'appuyant du temoignage d'Homère. 394
Pélages d'Etrurie. 437.
la religion Phenicienne & Egyptieñe presqu'inconnue à la Grèce, inintelligible dans ses dogmes, ⟨*mot illisible*⟩ & repoussante dans ce qui n'étoit pas inintelligible. II. p. 14.
Les Doriens les véritables Hellènes, suivant Herodote
⟨Différence des Mythes Doriens sur Hercule & des autres mythes Grecs. 49
mais il dit aussi que les poètes epiques les ont confondus.⟩
Makaria, fille d'Hercule se sacrifie pour obtenir le passage de Scyron & la victoire sur Eurysthée. p. 54. une fontaine ainsi nommée près de Marathon. 56.
⟨L'ἐκεχειρια du Peloponèse la paix perpétuelle de l'Elide. 138 139.⟩
Peut-être Sacrifices humains d'Aristomène. 142.
⟨Les Argiens veulent ils former entreux une alliance favorable à la défense du pays & à la tranquillité intérieure. Ils créent une Amphictionie Argienne sous la protection d'Apollon Pythien. 153. Pausan. 18.5.1⟩

Commentaire Marcellin Cadiot (1803–1862) était avocat et éditeur. *Le Courrier français* du 29 juin 1827, p. 4, avait annoncé la parution de la « *Collection des principaux discours* [...] prononcées de 1815 jusqu'à ce jour ; recueillis [...] par M. Cadiot ; 25 volumes ». Le premier volume (session de 1815) était en vente (*Bibliographie de la France* du 13 juin 1827, p. 483), ainsi que le suivant (session de 1827) (*Bibliographie de la France* du 21 juillet 1827, p. 602). BC apparaissait parmi « les orateurs dont les discours sont recueillis ». Au moment où il projetait lui-même de faire éditer ses discours, on pouvait imaginer une réaction vive : elle ne tarda pas et dans *Le Courrier français* du 30 juin 1827, p. 2, s'adressant au rédacteur du journal :
« Monsieur,
En vertu de l'article 11 de la loi du 25 mars 1822, je vous prie et vous requiers en cas de besoin d'insérer dans votre plus prochain numéro l'article suivant :   Je trouve mon nom parmi ceux des orateurs dont on publie les discours dans une collection en 25 volumes annoncée dans le *Courrier français* de ce jour. Sans prétendre m'opposer à cette publication, je déclare que je n'y ai aucune part. Je crois cette déclaration nécessaire, parce que n'ayant point été consulté ni invité à revoir ceux

de mes discours que l'éditeur trouvera convenable d'y insérer, je suppose qu'ils seront copiés du *Moniteur*. Or le *Moniteur*, journal officiel, est souvent fautif, souvent il substitue aux discours entiers des extraits qui ne sont pas d'une exactitude complète ; enfin dans les improvisations qu'il sténographie, il y a inévitablement des fautes nombreuses. Je désavoue donc toute autre collection de mes discours que celle dont je m'occupe moi-même, qui a été annoncée dans votre journal, et dont le premier volume paraîtra du 1er au 5 juillet. Agréez, etc. BENJAMIN CONSTANT. » Cadiot répondit dans le même journal du 1er juillet, p. 4 : « [...] Cette réclamation [de BC] m'a affligé. Je m'empresse donc d'écrire à M. Benjamin pour lui donner toute satisfaction. J'espère qu'il voudra bien avoir la bonté de m'être favorable. [...] Quant aux opinions prononcées par M. Benjamin Constant dont je suis éditeur, je les garantis complètes comme celles des autres orateurs car il est de notoriété publique que celles qu'il n'a pas improvisées sont transmises au sténographe du *Moniteur* qui les imprime textuellement. Quant à celles qui sont improvisées, j'aurai recours aux feuilles de l'opposition qui les ont toujours données avec exactitude. » La présente lettre répond donc au vœu ici exprimé.

5042

Alexandre Cazin à Benjamin Constant

1er juillet 1827

Monsieur

J'ai vu ce matin le créancier influent, dans l'affaire dont nous avons parlés hier. Il m'a dit que le notaire pressenti sur un arrangement, le rejettait fort loin.

Je continuerai à vous tenir au courant.

J'ai l'honneur de vous saluer.

Cazin

ce 1er Juillet.

Manuscrit *Lausanne, BCU, Fonds Constant I, Co 1299 ; 2 pp., p. 2 bl. ; orig. autogr.

Commentaire Les lettres de Cazin de cet été 1827 nous incitent à placer la présente dans la série.

5043

Benjamin Constant à Claude d'Estournelles

2 juillet 1827

J'ai recu vos beaux présens[1], mon cher beau-frère. Je vous en remercierais plus longuement, si mes yeux me le permettaient. Mais ils sont si malades qu'ils me laissent à peine la faculté de vous adresser quelques lignes sur un autre objet.

Vous savez que Léonce est menacé d'une difformité à la taille. L'envoyer dans un collège avant sa guérison complette l'exposerait à n'être pas suffisamment soigné & à devenir tout à fait bossu. J'ai pensé qu'il seroit bon de retarder son entrée à la Flèche & pour diminuer les fraix Louise & moi lui avons obtenu une demie bourse à Poligny². J'espère que cette mesure qui n'est que provisoire aura votre assentiment. Vous savez qu'indépendamment de cette considération il manque deux mois à Léonce pour pouvoir être admis, puisqu'il faut avoir 10 ans, que l'admission a lieu au mois d'octobre, & qu'il n'est né qu'au mois de Décembre 1827. Mandez moi ce que vous pensez de cette idée, mais répondez-moi tout de suite, car je pars à la fin du mois.

Mille tendres amitiés
B Constant

ce 2 Juillet.

Monsieur / Monsieur le Chevalier d'Estournelles / Lieutenant du Roi / au fort Queyras / par Embrun / Hautes ou Basses Alpes

---

Manuscrit *Lausanne, BCU, Fonds Constant I, Co 489 ; 4 pp., p. 3 bl., l'adresse p. 4 ; cachet postal : 8 JUILLET 1827 ; timbre : P ; orig. autogr.

Texte *Note du destinataire en tête de la lettre* : 2 Juillet 1827. / Reçüe au Fort Queyras, H^(tes) Alpes, le 8 Juillet / 1827. / Répondüe le 9, N° 125.   **12** 1827] *lire* 1817

Notes
[1] Voir la lettre de d'Estournelles du 18 juin 1827.
[2] Voir ci-dessus la lettre à Louise du 22 juin.

5044

Benjamin Constant à Louis-François Bertin de Vaux

2 juillet 1827

Vous êtes les seuls qui, par les pages blanches que vous laissez dans les Débats, montriez du courage contre l'infame oppression de la censure, Mon cher collègue. Voulez vous avoir une occasion de devoiler toutes ses infamies ? Je crois que vous pouvez la trouver facilement & sans risques. Si, comme on l'assure, le Sieur Lourdoueix[1] veut vous punir en rayant chaque jour le journal entier, faites vous attaquer par un abonné qui se plaigne de ce qu'en lui livrant des pages blanches, vous ne remplissez votre engagement. Dans votre défense, vous constatez l'insolence arbitraire de cette misérable censure & votre avocat raconte judiciairement toutes ses infamies, le refus de laisser mettre les démissions², la menace de tout rayer &c^a enfin vous déroulez devant un public nombreux toutes les turpitudes³. Le bruit que fera ce plaidoyer lui donnera plus de vogue qu'à la meilleure brochure. Pesez cette idée je la crois bonne. Mille amitiés

B Constant

ce 2 Juillet

Monsieur / Monsieur Bertin de Vaux / Député / Rue Louis le grand / N° 11

Manuscrit   *Lausanne, BCU, IS 5872 ; 4 pp., p. 3 bl., l'adresse p. 4 ; orig. autogr.

Texte   7 ne] ne ⟨pou⟩

Commentaire et Notes   Louis-François Bertin de Vaux (1771–1842), député de Seine-et-Oise appartenant à l'opposition libérale, avait fondé le *Journal des débats* avec son frère, Bertin aîné, en 1789. Pour dénoncer la censure qui venait d'être rétablie, l'emplacement des articles refusés était laissé en blanc (voir le *Journal des débats* du 1ᵉʳ juillet 1827, p. [1]).

[1] Honoré de Lourdoueix (1787–1860) était chef de la « Division des Cultes non catholiques, des Sciences, Lettres et Beaux-Arts, des Journaux et Théâtres » (*Almanach royal* (1827), p. 179).
[2] Voir ci-dessous la lettre à Moureau du même jour.
[3] Chateaubriand ne dira pas autre chose : « La liberté que l'on veut comprimer échappera aux mains débiles qui essaieront de la retenir ; elle leur échappe déjà. Voilà les *blancs* revenus dans les journaux ; vous verrez qu'il faudra sévir contre les *blancs* : le délit des pages blanches seroit singulier à porter devant les tribunaux ! » (*Du rétablissement de la censure par l'ordonnance du 24 juin 1827*, Paris : Ladvocat, 1827, pp. 75–76).

5045

Benjamin Constant à Agricol Moureau

2 juillet 1827

J'ai appris par M Buchon¹, mon cher Concitoyen, le procès que vous fait un Sr Vrindt², je crois que c'est son nom. Je viens vous communiquer une idée qui m'avoit deja tellement frappé, avant ce procès, que je voulais en faire un au courrier d'accord avec lui, pour atteindre un but qui auroit une grande utilité. Cette idée, c'est de ne point vous défendre soit en alléguant que Vrindt n'est pas attaqué, soit en opposant purement & simplement l'obstacle provenant de la censure, mais en reconnoissant la validité de la demande de Vrindt fondée sur l'art. 11 de la loi du 25 Mars 1822, d'exposer dans le plaidoyer de votre avocat, comme raison de la non exécution de cette loi tout l'arbitraire que la censure apporte dans ses fonctions son refus de vous laisser mettre les faits les plus simples, les démissions de Cuvier³ &c^a, l'insolence de Lourdoueix qui menace de tout rayer si on laisse des blancs, enfin toutes les turpitudes de cet exécrable regime. Vous rendrez par là un service, vous replacerez le Constitutionnel au rang où il doit être, l'éclat d'un procès vaudra mieux que toutes les brochures du monde[4]

Je vous soumets cette idée que je crois excellente & digne de votre journal. Votre avocat mon collègue[5] en tirera un merveilleux parti l'impression que produira son plaidoyer vaudra mieux que toutes les brochures & il se vendra plus, & se repandra partout.

Voilà mon idée. Soumettez la à ces Messieurs & croyez à mon sincère attachement

B Constant

Ce 2 Juillet.

Monsieur / Monsieur Moureau / au Constitutionnel / Rue Montmartre / N° 121

Manuscrit *Lausanne, BCU, IS 5871 ; 4 pp., l'adresse p. 4 ; orig. autogr.

Commentaire et Notes Agricol Moureau (1766–1842), après une carrière sanglante comme révolutionnaire, était rédacteur au *Constitutionnel* (*Biographie indiscrète des Publicistes, Feuillistes* [...], Paris, 1826, p. 88). Le contenu permet de fixer le millésime.

[1] Jean-Alexandre Buchon (1791–1846), journaliste et homme de lettres, avait collaboré au *Censeur européen*, à *La Renommée*, et au *Constitutionnel*.

[2] Le « jésuite Vrinds » avait été attaqué dans *Le Constitutionnel* du 29 novembre 1826, p. 2 ; peut-être demandait-il à bénéficier de l'art. 11 de la loi du 25 mars 1822 (voir ci-dessus la lettre de Cadiot du 1er juillet). Ce droit lui fut donné par *L'Ami de la religion et du roi*, 1827, t. 50, p. 334.

[3] Aucune trace des démissions dans la presse, mais une ordonnance royale du 8 juillet 1827 : « sont nommés membres du conseil chargé de la surveillance de la censure, les sieurs de Blaire, conseiller-d'état, et Ollivier, conseiller à la cour de cassation, en remplacement des sieurs baron Cuvier et de Broë. » (*Le Constitutionnel* du 11 juillet 1827, p 2). Jacques-Nicolas de Broë (1790–1840) était alors « maître des requêtes au conseil-d'état, avocat-général à la cour royale de Paris » (*Le Moniteur universel* du 25 juin 1827, p. [993]).

[4] On retrouve, légèrement modifiée, « l'idée » exposée dans la lettre à Bertin du même jour.

[5] André Marie Jean-Jacques Dupin (1783–1865) venait d'être réélu comme député de la Sarthe le 21 mai 1827 ; il siégeait au centre gauche et défendait *Le Constitutionnel* (*Le Moniteur universel* du 28 mai 1827, p. [873]).

5046

Benjamin Constant à Jean-Pierre Pagès

2 juillet 1827

Je voulais vous écrire, mon cher Pagès, pour vous demander des nouvelles de la *France Chrétienne* comme du seul journal courageux depuis la censure[1] (le *Journal des Débats* depuis s'est mis du nombre). Je voulais, dis-je, vous écrire, quand j'ai appris la résolution où l'on était de ne plus rien approuver afin de vous punir de vos *blancs*. Il m'est venu là-dessus une idée qui me paraît vous fournir le moyen non seulement de gagner votre procès que vous ne gagnerez pas en suivant la route directe, mais encore de publier d'une manière assez efficace toutes les infamies de la censure[2]. Il serait long de l'écrire, j'aimerais mieux en causer avec vous. Si cependant vous n'avez pas le temps, je vous l'écrirai. Mille amitiés.

B. Constant.

Édition Jacques Lassaigne, « Lettres inédites de Benjamin Constant », *La Revue mondiale*, 46/9 (1935), p. 7.

Commentaire et Notes Sur Jean-Pierre Pagès, dit Pagès de l'Ariège, voir *CG*, XIII, 519. Il publiera quelques jours plus tard une brochure foudroyante : *De la Censure – Lettre à M. Lourdoueix*, Paris : Au bureau de la France chrétienne, juillet 1827 : « Des députés, créés pour cinq ans, nous ont octroyé la chambre septennale ; les trois comtes [Villèle, Peyronnet, Corbière] veulent aujourd'hui que ces députés se proclament septennaux ! Que les mandataires se délivrent eux-mêmes un nouveau mandat ! Or, ce nouvel abus sort du domaine politique et rentre dans le cercle plus étroit de la probité ; déjà MM. Benjamin Constant et Turkeim ont fait entendre le cri de la conscience ; ce cri eût été répété par plusieurs de leurs collègues ; quelques-uns se fussent retirés, et les autres se seraient vus contraints de suivre cet exemple dont l'honneur et la publicité faisaient un devoir. » (p. 17).

[1] *La France chrétienne* cessa de paraître du 28 juin au 7 novembre 1827. Le n° du 28 juin parut avec des *blancs*.

[2] Voir la lettre précédente.

5047

Joseph-Pierre Lafontaine et Nanteuil à Benjamin Constant

3 juillet 1827

Compagnie Française du Phénix.
Assurance Générale contre l'Incendie.
N°
Dijon, le 3 Juillet 1827.
Nanteuil Propriétaire à Dijon et
J. Lafontaine, Chevalier de la Légion d'honneur, Inspecteur Divisionnaire de la Compagnie Française du Phénix pour les Départ^s de la Côte-d'Or, Doubs, Jura, Haute-Saône et Saône-et-Loire.
A Monsieur Benjamin Constant, Membre de la Chambre des Députés.

Monsieur,
A la prière de l'honorable Monsieur Chauvelin[1], notre ancien député, nous nous sommes empressés d'ouvrir dans notre département une souscription aux discours que vous avez, si energiquement, prononcés à la chambre législative. Nous aurons l'honneur de vous transmettre directement les listes des souscripteurs, au fûr et à mesure, qu'elles nous parviendront. Nous sommes heureux, Monsieur, de pouvoir, dans cette circonstance, payer un juste tribut à vos talents et à vos efforts multipliés pour la conservation de nos libertés.
    Nous avons l'honneur d'être, avec une considération toute particulière et un devoûement sans borne,

Monsieur,
Vos très humbles serviteurs,
Nanteuil J. Lafontaine

Monsieur / Monsieur Benjamin Constant / Membre de la Chambre des Députés / à / *Paris*

Manuscrit *Grenoble, AD de l'Isère, 11 J 41, f. 8 ; 4 pp., pp. 2–3 bl., l'adresse p. 4 ; cachet postal : 6 Juillet 1827 ; timbre : F.6 ; orig. autogr.

Texte *Les caractères en italique ont été imprimés.*

Commentaire et Note   Joseph-Pierre Lafontaine (1792–1858), capitaine d'infanterie, avait été emprisonné et réformé sans traitement en 1822 après avoir voté pour des « candidats qui n'étaient pas ceux du ministère » (*Journal du Commerce* du 16 avril 1829, p. [1]). Il sera « rappelé du traitement de disponibilité par décision ministérielle du 29 janvier 1832 » (Léonore) et finira général

de division. Nanteuil est peut-être ce « nouveau directeur de la poste à Dijon », nommé en 1830 et « honoré d'une amitié toute particulière du général Lafayette » (*Le Spectateur* du 17 octobre 1830, p. [1]).
[1] Bernard-François de Chauvelin (1766–1832) avait été député de la Côte-d'Or de 1817 à 1823 ; il sera réélu en novembre 1827.

5048

Jules Alisse à Benjamin Constant

4 juillet 1827

Monsieur
Hier seulement nous avons appris la rentrée de votre effet de
752 Liv. de Suisse, M Silvius Dapples[1] en déduit
5– provision et ports de lettres
747 L. de Suisse[2] reste qui font
LF 1120.10– et F1106 68
Qui a 103 ne font plus que
F1073.48– que nous sommes prets à vous payer, sur quoi vous avez à nous tenir compte de F80– pour frais remboursés à Mons le D Delaharpe[3] & ports de lettres.
            Nous vous saluons sincèrem^t
            PP° de Mallet freres
            Alisse
4 Juillet 1827

Manuscrit *Lausanne, BCU, Co 4741/1 ; 2 pp., p. 2 bl. ; orig. autogr.

Notes
[1] Sur Silvius Dapples, voir *CG*, X, 217–218.
[2] Il s'agit de la rente viagère léguée à BC par Mme de Nassau. Voir à ce sujet la lettre 2543 du 6 novembre 1814.
[3] Sur Frédéric-César de La Harpe, voir *CG*, IV, 426.

5049

Benjamin Constant à Casimir Périer

vers le 6 juillet 1827

Voici, mon cher Casimir, une lettre que je recois de Dijon. Je réponds comme il convient, & je prie les ecrivains de cette lettre de s'adresser à vous, pour tout ce qui aura rapport à cette souscription. Ce sera bien à vous que je devrai son succès. N'oubliez pas d'en dire un mot à M. Laffitte[1]. Il m'en a parlé hier entre une tierce majeure & un quatorze[2] ; mais j'ai su dans ses bureaux que rien n'avoit été fait. Il n'y a que vous qui sachiez vous occuper de vos amis.

Croyez à ma reconnoissance & à mon inviolable attachement

B Constant

Manuscrit   *Grenoble, AD de l'Isère, 11 J 41, f. 7 ; 4 pp., pp. 2–4 bl. ; orig. autogr.

Commentaire et Notes   Ce billet fait suite à la lettre de Lafontaine du 3 juillet que BC dut recevoir deux ou trois jours après son envoi.
[1] Le prospectus du 4 avril indiquait que le seul Périer recevrait les souscriptions, mais celui du 9 juin lui avait adjoint Laffitte et Davillier (voir la lettre à celui-ci du 25 mai 1827).
[2] Au jeu de piquet.

5050

T. Ponteuil à Benjamin Constant

6 juillet 1827

Monsieur

J'ai l'honneur de vous remettre, ci-jointes et établies de manière à éviter tout inconvénient, les notes des exemplaires à adresser aux souscripteurs, tant de Paris que des départemens.

La première, qui porte à 593 le nombre des exemplaires à envoyer, comprend, *1°* les souscriptions déclarées et acquittées. 2° celles, au nombre de 76, annoncées comme recueillies, et pour lesquelles on demande l'envoi de l'ouvrage, sauf à en régulariser le montant par des remises à la maison, lorsque la souscription se trouvera portée à son compte probable ; *3°* enfin les 30 exemplaires[1] demandés par M^r le Gal Sebastiany et dont le recouvrement s'opérerait par la maison sur l'avis que vous auriez la bonté d'en donner à M^r le Gal Sebastiany.

La seconde note comprend 6 exemplaires pour lesquels la déclaration de souscription a été faite avec indication de l'adresse où les exemplaires devront être remis et acquittés.

Vous avez pensé, Monsieur, que le recouvrement du prix de cette sorte de souscription pourrait être effectué par les soins du libraire, mais seulement cette sorte.

Dans la première note ne se trouvent pas encore comprises les souscriptions de Lille, dont j'attends incessamment la note.

Si vous trouvez, Monsieur, que ce mode de communication entre les documens de la souscription chez Mr Casimir Perier et le libraire, pour l'envoi des exemplaires, soit, ainsi que je le pense d'ailleurs, propre à éviter toute erreur, toute confusion, je le suivrai exactement dans les notes postérieures.

Veuillez agréer l'expression des sentimens de respect et de haute considération avec lesquels j'ai l'honneur d'être,

Monsieur,

Votre très humble et très obéissant serviteur

T. Ponteuil

Paris le 6 juillet 1827.

Manuscrit *Lausanne, BCU, Fonds Constant I, Co 3792 ; 4 pp., p. 4 bl. ; orig. autogr.

Note

[1] Dans son *Carnet de notes*, au début de 1827, BC indique « Ponteuil p^r savoir le nom du souscripteur qui vouloit 30 exemplaires » parmi les « Lettres à écrire » (*OCBC*, XVII, 613).

5051

Noël à Benjamin Constant

7 juillet 1827

Le Constitutionnel,
journal du commerce,
politique et littéraire,
Rue Montmartre, N° 121.

Paris, le 7 juillet 1827.

Suivant le désir de Monsieur Benjamin Constant, dont la lettre vient de m'être communiquée, je me fais un vrai plaisir de lui adresser, sous ce pli, la liste exacte des souscripteurs qui se sont fait écrire à mon Bureau pour le recueil de ses discours à la Chambre des députés.

La nombre des souscripteurs jusqu'à ce jour compris est de 27, et celui des exemp^res de 30.

J'ai remis aujourd'hui à Mr Pinard les valeurs que j'avais reçues, *mandat et argent*, pour les souscriptions payées sous les N^os de l'État 10, 13, 18., dont j'ai reçu de lui.

Sont tout dévoué serviteur
Noël
Secrétaire de l'administration.

[Annexe :]
Le Constitutionnel,
Rue Montmartre, N° 121.

Paris, *le* 7 juillet *1827*.

Souscription pour les Discours de M. Benjamin Constant. 2 vol. in 8°, ouverte au Bureau du *Constitutionnel* le 9 juin 1827.

Liste des Souscripteurs

MM.

1	Patorni[1], avocat à la Cour Roy^le de Paris, rue Villedot N° 6 ——	1^ex
2	Guillaume Faucher[2], ag^t g^al de la Cie Roy^le d'assurance contre l'incendie Rue St Denis N° 290 ——	1^ex
3.	Saint-Albin[3], Vieille rue du Temple N° 122 ——	1^ex
4.	Charles Bailleul[4], rue des Martyrs N° 33 ——	1^ex
5.	C. P. Delaremanichère, rue St Marc Feydeau N° 21 (faire remettre à Mr Rosset, rue Beauregard, N° 23 – qui est chargé de payer)	1^ex
6	Evariste Dumoulin[5], rue de Ménars, N° 3 ——	1^ex
7	Guyard de Lalain[6], rue Montmartre, N° 137 ——	1^ex
8.	Couscher-Cailliau (à Saumur) —— (Remettre à Paris à Mr Couscher rue St Honoré N° 245 – qui payera)	1^ex
9	MM. Ecorcheville[7] et Levasseur, rue des Lombards N° 36 ——	2^ex
10.	Drot, M^d Quincailler, rue des Fonderies N° 60 à Rochefort (Charente-infér^re) – *a payé 14 fr*	1^ex
11.	Gémoud, propriétaire, rue de Rivoli N° 32 ——	1^ex
12.	Désiré Bertin, Propriétaire à Picauville par Carentan (Manche) – demande par lettre ——	1^ex
	MM. d'autre part	13^ex
13	Le Baron Martin (de Gray)[8] à Gray (H^te Saone) —— (il a envoyé un mandat de 28 fr.)	2^ex
14	Baudoin[9], rue N^ve St Augustin N° 28 ——	2^ex
15	Gaudon, Négociant à La Villette, N° 62 ——	1^ex
16	Roussel[10], propriétaire, rue St André des Arts N° 55 ——	1^ex

17 Pourrat[11], propriétaire, Rue des Petits Augustins N° 5 ———   1[ex]
18 Fain, Propriétaire, rue des Fossés M. le Prince N° 14 (il a payé 14 fr.) 1[ex]
19. Thiers[12], rue Cadet, N° 6 ———   1[ex]
20. Al. Baudoin[13], Rue de Vaugirard N° 17 ———   1[ex]
21. Jay[14], Rue du Battoir St André des Arts N° 19 ———   1[ex]
22. Chevassut[15], Propriétaire rue des Sts Pères N° 20 ———   1[ex]
23. Abram, rue N[ve] St Augustin N° 42 ———   1[ex]
24. Année[16], rue N[ve] des Mathurins N° 24, Chaussée d'Antin ———   1[ex]
25. Dufresnoy[17], ingénieur des mines, Rue du Battoir St André des Arts N° 19
    1[ex]
26. Léon-Thiessé[18], quai St Michel, N° 25 ———   1[ex]
27 Dumont[19], propriétaire, rue du Mail N° 29 ———   1[ex]
Total   30[ex]

Certifié ce 7 Juillet 1827
Par le secrétaire de l'administration
Noël

Manuscrit   *Lausanne, BCU, Fonds Constant I, Co 3869 ; 2 pp., p. 2 bl. ; l'annexe 2pp. ; orig. autogr.

Texte   *Les caractères en italique ont été imprimés.*

Commentaire et Notes   *Le Constitutionnel* du 5 juillet 1827, p. 3, avait rappelé que les souscriptions étaient ouvertes « au bureau » du journal. Noël n'a pu être identifié. À la présente liste, il convient d'ajouter les souscriptions reçues par Périer, Laffitte et Davillier.

[1] Sans doute François-Marie Patorni (1803–1852), avocat en 1825 (*Almanach royal* (1828), p. 309).
[2] Voir *Almanach du commerce* (1827), p. CXXVII.
[3] Sur Rousselin de Corbeau de Saint-Albin, voir *CG*, XII, 240.
[4] Sur Jacques-Charles Bailleul (1762–1843), voir *CG*, IV, 413.
[5] Sur Évariste Dumoulin (1786–1833), voir *CG*, XII, 160.
[6] Augustin Guyard-Delalain (1797–1881), avocat en 1818 (*Almanach du commerce* (1827), p. 293).
[7] « Ecorcheville, *droguiste* » (*Almanach du commerce* (1827), p. CXXIV).
[8] Alexandre François Joseph Martin de Gray (1773–1864) avait été député de Haute-Saône de tendance libérale (voir aussi *CG*, XI, 349).
[9] Peut-être, à la même adresse, ce « Baudouin, Lieutenant-Rapporteur » de la Garde nationale de Paris (*Almanach royal* (1840), p. 837).
[10] « Roussel aîné, *papiers et comm.* » (*Almanach du commerce* (1827), p. CCLXXIII).
[11] Pourrat frères était une maison de banque (*Almanach du commerce* (1829), p. 11).
[12] Adolphe Thiers (1797–1877) n'était encore qu'un jeune et brillant journaliste.
[13] Alexandre Baudouin (1791–1859 ?), libraire (*Almanach du commerce* (1827), p. 124).
[14] Sur Antoine Jay, voir la lettre que BC lui adresse le 21 novembre 1825 (lettre 4621, *CG*, XIV, 233).
[15] Sur Alexandre Chevassut, voir la lettre d'Étienne Aignan du 12 février 1824 (lettre 4198, *CG*, XIII, 246).
[16] Sans doute Antoine Année, « h. de lettres » (*Almanach du commerce* (1829), p. XXII) dont le nom apparaît dans une lettre de BC à Jean-Pierre Pagès, écrite peu après le 10 décembre 1825 (lettre 4638, *CG*, XIV, 248–249).

[17] Armand Dufrénoy (1792–1857) publiait au même moment son *Voyage métallurgique en Angleterre*, Paris : Bachelier, 1827.
[18] Léon Thiessé (1793–1854), journaliste, avait fondé les *Lettres normandes* en 1817.
[19] « Dumont, *avocat* » (*Almanach du commerce* (1827), p. CXVIII).

5052

Félicité Manche de Broval à Benjamin Constant

8 juillet 1827

Villiers 8 Juil^e 1827.
En partant pour l'Auvergne où l'appellent les ordres de Monseigneur et de Mademoiselle d'Orléans[1], désolé de n'avoir pû prendre congé de vous, Monsieur, ni même vous écrire avant son départ Mon frere a bien voulu me confier le soin de l'excuser près de vous et près de Madame de Constant, en offrant à tous deux ses regrets et ses hommages. Mon frere m'a chargée en même tems de vous dire qu'il a mis sous les yeux de Monseigneur votre lettre du 14 Juin ainsi que le prospectus qui y est joint et qu'il a trouvé S.A.R. disposée comme toujours à vous donner des marques de sa bienveillante estime.

J'espère, Monsieur, que la promenade extraord^{re} de dimanche dernier[2] ne vous aura pas causé d'indisposition, non plus qu'a Madame de Constant. Agréez, je vous prie et pour elle et pour vous les complimens bien empressés de votre très h servante,

F^{té} de Broval

Manuscrit   *Paris, BnF, N.a.fr.18831, f. 99 ; 2 pp., p. 2 bl. ; orig. autogr.

Commentaire et Notes   Cette lettre fait suite à celle que BC avait adressée à Nicolas Manche de Broval le 14 juin 1827 ; Félicité était sa sœur.
[1] Le château de Randan en Auvergne était propriété d'Adélaïde (1777–1847), sœur du duc d'Orléans ; elle s'y rendit le 12 juin (*Journal des débats* du 13 juin 1827, p. 4) ; le duc d'Orléans, son épouse et le duc de Chartres partirent la rejoindre le 21 juin (*La Quotidienne* du 20 juin, p. 3) pour revenir à Paris le 3 juillet (*Le Constitutionnel* du 3 juillet 1827, p. 3). Broval n'était donc pas revenu avec son maître et demeurait encore en Auvergne.
[2] Soit le 1er juillet.

5053

Benjamin Constant à Louise d'Estournelles

9 juillet 1827

Il y a bien longtems que je n'ai eu de vos nouvelles, ma chère Louïse. Je recois une lettre de M. d'Estournelles[1], qui me mande que vous devez m'envoyer les pièces nécessaires, pour la demande en admission de Léonce. Il m'annonce que sa petition me parviendra par le courier prochain. Hatez-vous, je vous prie, de me faire tenir les pièces qui doivent venir de Brévans. J'avais fixé mon depart pour les eaux au 15 : je l'ajourne a cause de l'intérêt de Leonce jusqu'au 20. Mais la saison est si avancée & ma femme surtout est si souffrante que je ne puis tarder davantage. J'ai renoncé aux eaux d'Aix en Savoye à cause de l'affluence des Princes qui s'y réunissent[2]. J'irai probablement à celles de Bade près de Strasbourg, ce qui m'empéchera de vous voir en allant, mais comme je reviendrai par Lausanne, je vous verrai surement en repassant par Paris. Adieu ma chère Louïse. Mille amitiés à Charles & à Léonce

B. C.

ce 9 Juillet

Manuscrit *Lausanne, BCU, Fonds Constant I, Co 365 ; 2 pp. ; orig. autogr.

Texte 11 repassant par] *lire sans doute* repartant pour

Notes
[1] Lettre non retrouvée.
[2] La famille de Savoie-Carignan se rend aux eaux de Courmayeur (*Gazette de France* du 19 juillet 1827, p. 2).

5054

Claude d'Estournelles à Benjamin Constant

9 et 19 juillet 1827

Mon cher Beau frère,
J'apprends avec peine que vous êtes souffrant, et empêché de lire & d'écrire à cause d'un mal d'ÿeux[1]. J'espère et je souhaite qu'il n'aura pas de suite ; et je me permets de vous engager à faire usage du *Collyre d'Helvétius*[2], persuadé qu'il vous sera salutaire. C'est aussi à regret que je me vois forcé, dans cette pénible circonstance, d'entrer avec vous, dans des détails, que j'aurais voulu, mais qu'il m'est impossible de supprimer. Encore une longue lettre à excuser.

Malgré la crainte de difformité dont Léonçe est menaçé, selon que vous me l'annonçez par votre lettre du 2 de ce mois, événement très douloureux pour un Pére, et qui m'afflige infiniment, j'aime encore à espérer qu'il n'aura pas des suites aussi graves, et que mon fils ne *deviendra pas tout-à-fait bossu*. Sa bonne constitution, et des soins analogues, sont suffisans pour prévenir l'effet des dispositions viçieuses dont il a pu contracter le trop funeste usage, depuis qu'il est au Collège de Poligny, et seront, je pense, capables d'obvier à un tel malheur. Ce n'est pas sans surprise, et sans une profonde affliction, que j'apprends qu'un enfant aussi heureusement constitué, aussi droit, et aussi libre dans l'exerciçe de ses membres a pu tomber dans un êtât aussi inquiétant.

Vous désirez de moi une prompte réponse, et je m'empresse de vous l'addresser. Je trouve la part de complaîsance, *très*, pour ne pas dire *trop* complette : or, je ne consens plus à le laisser à Poligny, Léonce y eût-il une bourse entière, et, je vous remercie, à ce sujet, mon cher Beau-frère, de votre bienveillançe, pour avoir sollicité, et obtenu, avec Louise, comme vous voulez bien m'en informer au commencement de ce mois de Juillet, une demi-bourse pour mon fils à Poligny. J'y ai paÿé, et paÿerai exactement, jusqu'à la fin, sa pension entière, jusqu'à ce qu'il soit admis, candidat, & elève du Roi, à l'Ecole de La Fléche. Tout ce que vous m'avez écrit, sur ce point, toutes les assurançes que j'ai reçües et de vous, & du Ministère de la Guerre, et que je conserve, jointe à mes titres personnels, qui ont bien leur droit, si on daigne y avoir égard, me font un devoir sacré de ne pas différer un seul jour, de solliciter la plus prompte admission à cet établissement public, de mon fils, et dans son plus grand intérêt. Vous m'avez écrit diverses fois, que l'on vous avait fait espérer, presque comme chose certaine, que la différence de deux mois, pour le complément de l'âge de Léonce cette année, ne serait pas un obstacle. Que s'il se trouve dans l'impossibilité, au moins qu'il ait son numéro d'admission, comme candidât : au moins je le verrai, car je le demande pendant les vacances ; et alors, je vous donne ma parole d'honneur, de ne pas le garder plus longtemps, & de le remettre, ou faire remettre, par la personne qui l'aura accompagné içi, à la rentrée des classes, cet automne à son collège.

Vous m'avez donné l'espoir d'obtenir, à cette époque, mon changement de résidençe : il m'est promis solennellement, et j'en ai le plus [pressant] besoïn, pour ma santé. Si vous avez égard à ma très pe[nible] position, à mes souffrances, aux cruelles privations que j'endure sans cesse, je ne doute pas que j'en ressente bientôt l'effet consolant : j'ose l'attendre de votre sensibilité, & de votre amitié pour moi, dont je vous supplie d'accorder la préçieuse continuation à mon fils. Ne me dites pas que vous ne pouvez rien pour moi ; vos amis vous attesteront le contraire ; et, ils seront heureux de vous montrer, en toute çirconstançe, soit directement, soit indirectement, la sincérité de leur attachement ; j'en juge d'après mes propres sentimens.

Que ne puis je vous posséder au moins quelques jours, et vous rendre grâces d'une réunion si longtemps & si vainement désirée à mon fils.

J'attendrai avec impatience des nouvelles de votre santé, de votre itinéraire et de plus consolantes que les précédentes. Agréez mes vœux pour votre satisfaction, ainsi que l'expression de mon inviolable attachement.
             Le Ch^{er} Balluet d'Estournelles
Fort Queyras, par Embrun, H^{tes} Alpes, le 9 Juillet 1827.

du 19 J^{et} 1827.
Une indisposition m'a empêché pendant plusieurs jours, de faire partir cette lettre, et j'ai demandé un congé de quelques jours, pour aller voir mon fils. Si je l'obtiens, et que je revienne avec Léonçe, je vous donne la plus sincère & la plus complette assurrance, pour Louise, de le reconduire, ou le faire reconduire le plus sûrement possible, à son collège, pour la rentrée des classes, cet automne, à moins qu'il ait, d'içi là, obtenu, par grâce spéciale, son admission à l'Ecole M^{re} de La Flèche : ce dont je doute trop malheureusement.

Cette lettre est la seconde que je vous addresse à ce sujet[3], pendant ce mois, depuis votre dernière du 2 courant.

J'ai écrit à Léonçe que j'avais le plus vif désir, & l'espoir de le revoir sous peu. Ecrivez moi donc trois lignes, et bientôt.
                   B. D.

Vous avez pu juger de mon affliction, par ma précédente ; et j'attends de votre amitié que vous y aurez égard.

A Monsieur / Monsieur Benjamin Constant, Député de la Seine, / N° 15, Rüe d'Anjou St Honoré, / *A Paris.*

Manuscrit *Lausanne, BCU, Fonds Constant I, Co 833 ; 4 pp., l'adresse p. 4 ; cachet postal : 5 Août [1827] ; timbre : 4 / Queiras / MONT-DAUPHIN ; orig. autogr.

Texte   40 [pressant]] *mot emporté par une déchirure*

Notes
[1] Voir ci-dessus la lettre de BC du 2 juillet.
[2] Il est « formé avec un gros de pierre divine pour quatre onces d'eau » (*Dictionnaire de médecine*, Paris : Béchet jeune, 1822, t. V, p. 468). Pierre divine, composé de sulfate de cuivre, d'azotate de potasse et de sulfate d'alumine, à parties égales, qu'on fait fondre dans un creuset en ajoutant du camphre à la masse fondue, et qu'on emploie en collyre (Littré).
[3] Comme nous l'avons constaté dans la lettre à Louise du 9 juillet, une *première* lettre de d'Estournelles a été perdue, et celle-ci, qui ne partira que le 5 août, sera en fait la troisième puisque d'Estournelles enverra le 20 juillet (cachet) la lettre qu'il rédigera le 10 juillet (ci-dessous).

5055

Jacques-Parfait Oudard à Benjamin Constant

9 juillet 1827

Monsieur,

En l'absence de Mr de Broval, qui est parti hier pour l'Auvergne, j'ai reçu la lettre que vous lui avez écrite[1]. Si Monseigneur n'eut pas été absent lui-même je me serais empressé de prendre ses ordres, ce que je ne manquerai pas de faire aussitôt son retour de la Ville d'Eu[2], à moins que vous ne préfériez que j'en réfère d'abord à Mr de Broval qui ne doit revenir que dans un mois. Ce sera un vrai plaisir pour moi de me conformer à vos ordres.

J'ai l'honneur d'être avec une haute considération,
Monsieur,

                            Votre très humble et très obéïssant serviteur.
                      Le Sécr^t du Cabinet de Madame la Duchesse d'Orléans.
                                                     Oudard

Palais Royal, 9. Juillet 1827.

Manuscrit   *Paris, BnF, N.a.fr.18831, f. 100 ; 2 pp., p. 2 bl. ; orig. autogr.

Commentaire et Notes   Jacques-Parfait Oudard (1791–1835) était secrétaire du cabinet de la duchesse d'Orléans (Léonore). En doublant la lettre précédente, la présente souligne l'importance de BC au Palais-Royal.

[1] Il semble que ce soit une autre lettre que celle du 14 juin à laquelle Félicité de Broval donne suite dans la lettre de la veille.

[2] Le duc d'Orléans était donc reparti pour la Normandie à la suite de son séjour en Auvergne.

DISCOURS

DE

M. BENJAMIN CONSTANT

A LA

CHAMBRE DES DÉPUTÉS.

TOME PREMIER.

PARIS.
AMBROISE DUPONT ET COMPAGNIE, LIBRAIRES,
RUE VIVIENNE, N° 16;
J. PINARD, IMPRIMEUR ET FONDEUR,
RUE D'ANJOU-DAUPHINE, N° 8.

1827.

2 Page de titre des *Discours de M. Benjamin Constant à la Chambre des Députés*, tome premier, Paris : Dupont, 1827.

5056

T. Ponteuil à Benjamin Constant

9 juillet 1827

Monsieur

J'ai l'honneur de vous adresser, ci-jointe, la deuxième note[1] destinée a faire connaitre au libraire les noms des souscripteurs, leur adresse et le nombre d'exemplaires à leur envoyer.

Vous voudriez bien, Monsieur, remarquer que cette note ne donne lieu à aucun recouvrement de la part du libraire.

Permettez-moi également de vous faire observer, inutilement d'ailleurs, que, dans la correspondance relative à la souscription, Mr Casimir Périer a annoncé que l'ouvrage serait envoyé franc de port.

J'ai lieu de penser, Monsieur, que vous donnez votre approbation au mode des documens que j'ai l'honneur de vous remettre et qui sont destinés à diriger le libraire dans l'envoi des exemplaires.

Veuillez agréer l'assurance de la haute considération avec laquelle j'ai l'honneur d'être,

Monsieur,

Votre très humble et très obéissant serviteur

T. Ponteuil

Paris le 9 Juillet 1827.

Manuscrit *Lausanne, BCU, Fonds Constant I, Co 3793 ; 2 pp. ; orig. autogr.

Note
[1] Elle est perdue, comme les suivantes.

5057

Benjamin Constant à Madame Thiebault

10 juillet 1827

Mes heures sont tellement prises, Madame, par la nécessité d'arranger quelques affaires avant mon depart qu'il m'est impossible de recevoir les personnes que je n'ai pas l'honneur de connoitre sans savoir si l'objet dont elles veulent me parler est de nature a ce que je puisse leur être bon à quelque chose. Je vous prie donc Madame de m'ecrire un mot sur l'affaire dont vous desirez m'entretenir.

Agréez tous mes hommages
B Constant

Paris ce 10 juillet
1827

Manuscrit L'orig. n'a pas été retrouvé ; les précisions que nous en donnons sont tirées du site de la Gazette Drouot, https://www.gazette-drouot.com/lots/2729600, consulté le 12 mars 2021.

Texte   4 vous prie] vous prie *surcharge* ⟨*mot illisible*⟩

Commentaire   Le site de la Gazette Drouot indique « Madame Thiebault 51, rue d'Anjou » comme destinataire du billet ; elle n'a pas été identifiée.

5058

Claude d'Estournelles à Benjamin Constant

10 juillet 1827

Mon cher Beau frère,
J'étais dans une affreuse souffrance, quand votre lettre du 2 de ce mois m'est parvenüe[1] ; et vous auriez peine à juger de l'impression douloureuse qu'elle me fait éprouver. Recevez, néanmoins, mes remerciemens de l'intérêt que vous portez à mon fils, et du succès que vous avez eu, avec Louise, à ce que vous m'apprenez. J'eûsse préféré payer la pension entière de Léonce, comme je l'ai fait exactement, malgré que M^r le principal de son Collège ne m'ait pas rendu tout accusé de reception. Léonçe si heureusement constitué, si droit, qu'il était admiré, deux ans de suite, à Pierre-Chatel, Léonçe loin de son père, enchaîné, aurait-il, comme vous me le dites par votre lettre du 2 de ce mois, le malheur de devenir, *tout à fait bossu* ? il faudra bien s'en consoler, si cela arrive Le M^{al} De Luxembourg[2] n'en a pas moins été grand homme de Guerre ; mais, je ne suis pas encore convaincu, & je brûle du désir de voir mon fils. Toutes vos lettres précédentes, toutes les assurances verbales & écrites, que vous & moi, avons reçües du Ministère de la Guerre, seraient loin de l'exclure pour cette année, voire même, *les deux mois de moins*, s'il avait, à Poligny, fait les progrès que j'avais espéré de cet enfant. Je pense, et j'entends bien, que le premier, le plus sûr préservatif contre la calamité dont vous m'assurez le premier qu'il est menacé, est de le déplacer et ne pas le laisser plus longtemps en un aussi fatal lieu, que celui où j'ai consenti qu'il fût : *Poligny*.

Il ne tiendra pas à moi de solliciter sa faveur, & de reclâmer pour lui celle du Gouvernement, quelle que part où il soit, car, c'est mon enfant, et mes vieux serviçes, mes droits acquis, auront j'espère, tôt-ou tard, quelque poids, si vous ne pouvez rien pour moi, comme vous me le mandez.

J'ai beaucoup à regretter que vous soÿez souffrant, et le sacrifice que je puis encore coûter à votre vüe ; et, personne ne désire plus sincèrement que moi, votre conservation, votre satisfaction & votre gloire.

Agréez, Mon cher Beau frère, l'assurance des sentimens d'attachement & de gratitude inviolables que vous porte un exilé dans la Sybérie française, et aÿez l'extrême bonté de continuer vos bontés à mon fils, & de m'écrire bientôt.

Le Ch^{er} Balluet D Estournelles

Fort Queyras, H^{tes} Alpes Le 10 Juillet 1827.

A Monsieur / Monsieur Benjamin Constant, / N° 15, rüe d'Anjou St Honoré, / A Paris.

Manuscrit *Lausanne, BCU, Fonds Constant I, Co 834 ; 4 pp., p. 3 bl., l'adresse p. 4 ; cachet postal : 20 Juillet 1827 ; timbre : 4 / MONT-DAUPHIN ; orig. autogr.

Notes
[1] Il faut sans doute comprendre qu'ayant reçu la lettre de BC du 2 juillet, d'Estournelles commence sa lettre du 9 (ci-dessus), l'interrompt, rédige la présente et la fait partir le 20 juillet (cachet), puis retrouve celle du 9 qu'il finit le 19 juillet et envoie le 5 août (cachet).
[2] Avec son goût des contrastes et sa finesse coutumière, Saint-Simon, à propos du maréchal de Luxembourg (1628–1695) : « Un grand nom, […] beaucoup de valeur, une ambition que rien ne contraignit, de l'esprit, mais un esprit d'intrigue, de débauche et du grand monde, lui fit surmonter le désagrément d'une figure d'abord fort rebutante, mais, ce qui ne se peut comprendre de qui ne l'a point vu, une figure à laquelle on s'accoutumait, et qui, malgré une bosse médiocre par devant, mais très grosse et fort pointue par derrière avec tout le reste de l'accompagnement ordinaire des bossus, avait un feu, une noblesse et des grâces naturelles, et qui brillaient dans ses plus simples actions. » (*Mémoires,* Paris : Gallimard, 8 vol., 1983, I, année 1694, pp. 128–129).

5059

Benjamin Constant à Ambroise Dupont

11 juillet 1827

Je prie Monsieur Dupont de remettre au porteur des prospectus. Il m'obligera beaucoup. Les listes sont prêtes. Il ne me manque que celle de M. Pinard que Monsieur Dupont me fera plaisir de m'envoyer. J'attends sa lettre pour demain.

Je lui présente tous mes complimens

B Constant

ce 11 Juillet.

a Monsieur / Monsieur Dupont / Rue Vivienne N° 16

Manuscrit *Coll. privée ; 4 pp., pp. 2–3 bl., l'adresse p. 4 ; orig. autogr.

Texte 3 Dupont] Dupont ⟨m'obli⟩ pour] pour ⟨quelques lettres biffées illisibles⟩

Commentaire « Prospectus » et « listes » sont à mettre en rapport avec la promotion de l'édition des *Discours*, donc l'année 1827.

5060

Alexandre Cazin à Benjamin Constant

11 juillet 1827

Monsieur

M. de Lescale se contentera de deux mille francs[1] sur l'ensemble des engagements & acceptera pour le surplus, un renouvelement au 1er X^{bre} prochain.

Nous ne pourrons aller consommer cela chez lui, que samedi prochain, vers deux heures, parce que d'ici là, il sera absent.

Je vois aujourdhuy l'autre porteur[2] & vous dirai de suite comment nous pourrons terminer avec lui.

Je vous renvoye votre lettre, selon vos desirs.

Veuillez agréer mes civilités.

Cazin

ce 11. Juillet 1827.

Manuscrit *Lausanne, BCU, Fonds Constant I, Co 1300 ; 2 pp., p. 2 bl. ; orig. autogr.

Texte 3 renouvelement] renouvelement ⟨pour le surplus⟩

Notes

[1] Le samedi 14 juillet 1827, BC paie « à M. de Lescale 2225. » et « à Cazin 100 » (*OCBC*, VII, 493).

[2] Peut-être Thirion à qui BC paie 3800 F, le 14 juillet également (*OCBC*, VII, 493).

5061

Benjamin Constant à Louise d'Estournelles

12 juillet 1827

Je suis désolé, ma chère Louïse, de ne pouvoir cette fois vous rendre le service que vous désirez. Géné moi même, par une circonstance qui finira par bien tourner, je traverse avec beaucoup de peine l'intervalle qui doit s'écouler jusqu'à la réussite. Vous aurez vu dans les journaux[1] les très bonnes intentions qu'on a eues pour moi relativement à mes discours. Elles promettent de se réaliser : mais j'ai du faire imprimer le 1er vol. qui paraît aujourdhuy, avant que les souscriptions ne fussent rentrées. Les fraix sont donc à ma charge jusqu'au payement des souscripteurs. Pour y subvenir, j'ai du emprunter, & le terme des remboursemens est venu[2]. Si je n'avois obtenu par des sacrifices des prolongations partielles, je n'aurais su que faire ; & je ne les ai obtenues qu'en payant une portion. Il en résulte que je réunis jusqu'aux plus petites sommes, encore est-ce avec peine que je parviens à avoir assez de fonds. Joignez à cela mon voyage qui me devient tous les jours plus nécessaire.

Je tiens tant à ce que vous soyez convaincue de mon impuissance que je vous envoye une lettre qui ne la constate que trop[3].

Je pars sous peu de jours : mon intinéraire tient toujours & je vous verrai sans faute dans le mois de 7bre.

Adieu ma chere Louïse, mille tendres amities

B. C.

Ce 12 Juillet

Manuscrit   *Lausanne, BCU, Fonds Constant I, Co 366 ; 2 pp., p. 2 bl. ; orig. autogr.

Commentaire et Notes   Le tome premier des *Discours* fut annoncé dans la *Bibliographie de la France* du 14 juillet 1827, p. 579, ce qui permet de fixer l'année de la lettre.
[1] En dernier lieu : *Le Constitutionnel* du 5 juillet 1827, p. 3.
[2] Ce qui explique les sommes signalées dans la lettre précédente.
[3] Lettre non retrouvée.

5062

Ulysse Tencé à Benjamin Constant

12 juillet 1827

Monsieur

M. Tissot etant obligé de sortir sur le champ, me charge de vous dire qu'il a reçu hier soir les bonnes feuilles de votre ouvrage, qu'il attend M. Dupont et qu'aussitôt qu'il l'aura vu, il fera tout ce qui peut vous faire plaisir pour les journaux. M. Tissot aura d'ailleurs l'avantage de vous voir très prochainement.
J'ai l'honneur d'etre, monsieur, votre très obeissant serviteur

Ulysse Tencé
Secret. de M. Tissot

12 juillet

P.S. M. Tissot ecrira demain dans le Midi pour annoncer que votre ouvrage a paru

---

Manuscrit *Lausanne, BCU, Fonds Constant I, Co 2729 ; 2 pp., p. 2 bl. ; orig. autogr.

Commentaire L'ouvrage en question est le premier tome des *Discours*, paru le 10 juillet 1827 chez Dupont, ce qui permet d'établir le millésime. Ulysse Tencé a publié *La Liberté, chant lyrique*, Paris : Bousquet, 1821 ; *L'Écot, folie en 1 acte, mêlée de couplets*, Paris, impr. de Sétier, 1824 et *Le Spectre de Missolonghi*, Paris : Delaunay, 1826. Il sera le rédacteur de l'*Annuaire historique universel* de 1831 à 1837.

5063

T. Ponteuil à Benjamin Constant

13 juillet 1827

Monsieur

J'ai l'honneur de vous remettre, ci-incluses, deux notes des souscriptions, tant recues et acquittées que déclarées et non acquittées, depuis la note du 9 juillet[1], savoir :

La note, N° 3, pour 5 exemplaires, ne donnant lieu à aucun recouvrement.

Celle, N° 4, pour deux exemplaires, dont le prix devra être recouvré par les soins du libraire.

Je crois être bien sûr, Monsieur, de ne pas vous avoir déjà adressé les noms portés sur cette dernière note N° 4.

J'aurai soin, d'après votre désir, de vous remettre des notes à mesure que de nouvelles souscriptions se feront connaître, en distinguant toujours celles acquittées, soit par crédits, soit par versemens des simples déclarations donnant lieu à recouvrement de la part de votre libraire.

D'après les renseignemens que j'ai pris, il est convenable, Monsieur, de ne confier la griffe d'une signature qu'a quelqu'un en qui on a une entière confiance.

J'ai l'honneur d'être avec une haute considération,
     Monsieur,
     Votre très humble et très obéissant serviteur
     T. Ponteuil.
Paris le 13 Juillet 1827.

P. S. La personne qui doit verser une quarantaine de souscriptions ne s'est pas encore présentée.
     P.

Manuscrit   *Lausanne, BCU, Fonds Constant I, Co 3794 ; 2 pp. ; orig. autogr.

Note
[1] Voir ci-dessus.

5064

Casimir Périer à Benjamin Constant

14 juillet 1827

Constamment occupé depuis mon retour, je n'ai pu, à mon vif regret, mon cher Benjamin Constant, trouver le moment d'aller vous voir. J'ai été très contrarié de ne pas avoir été chez moi lorsque vous avez pris la peine de venir me remettre le premier volume de vos discours.

Je pars en ce moment pour la campagne. J'y serai deux jours et, à mon retour, nous aviserons, par une nouvelle circulaire, d'examiner la chose. Si vous avez quelques nouveaux noms, vous voudrez bien me les donner et je ferais tout ce que vous pourrez désirer dans la vue de favoriser une affaire à laquelle je prends, vous le savez, le plus vif intérêt

Je vous renouvelle, mon cher Benjamin Constant, l'assurance de mon inviolable attachement

Casimir Perier

P. S. Ci-jointe une lettre de Mr Dutilloy¹ que je reçois à l'instant et qui recommande comme vous le verrez la plus grande exactitude à lui envoyer l'ouvrage.

Paris le 14 Juillet 1827.

Manuscrit *Lausanne, BCU, Fonds Constant I, Co 1097 ; 2 pp. ; orig., signature autogr.
Note
¹ Voir ci-dessus la lettre de Ponteuil du 4 juin, note 1.

5065

T. Ponteuil à Benjamin Constant

14 juillet 1827

Monsieur
J'ai l'honneur de vous remettre, ci-jointe, la note, N° 5, de 6 exemplaires à envoyer sans recouvrement à opérer.

Mr Tissot, en versant ce matin à la caisse le montant de 5 souscriptions, comprises d'ailleurs dans la note de ce jour, y a laissé des déclarations de souscriptions, qu'il a recueillies et qui sont au nombre de treize. Il a dit en même tems avoir donné au libraire connaissance, mais, à ce qu'il croit, imparfaitement de ces treize déclarations.

Cette circonstance et la crainte que l'insertion de ces déclarations dans mes notes n'y produisît quelque confusion, me déterminent, Monsieur, à vous transmettre ces déclarations dont le prix est à recouvrer, sans les faire entrer en aucune manière dans mes documens de la souscription.

Veuillez agréer l'expression des sentimens de haute considération avec lesquels j'ai l'honneur d'être,
Monsieur,
                        Votre très humble et très obéissant serviteur.
                                          T. Ponteuil

Paris le 14 juillet 1827.

Mʳ Casimir Perier est parti à une heure & demie pour la campagne : il doit être de retour Lundi.

P.

Manuscrit *Lausanne, BCU, Fonds Constant I, Co 3795 ; 2 pp. ; orig. autogr.

Texte 11 dont le prix est à recouvrir,] *porté en marge gauche*

5066

Jean-Charles-Léonard de Sismondi à Benjamin Constant

15 juillet 1827

Je saisis avec empressement cher ami une occasion de me rappeler à vous ; Mr Munier[1] le Pasteur de ma paroisse me demande de l'introduire auprès de vous. C'est un homme d'un beau talent et d'un noble caractère. C'est le Secretaire de notre Comité Philhellenique, un de nos plus eloquens prédicateurs, un des hommes dont l'esprit est le plus ouvert à toutes les vérités, dont le cœur est le plus dévoué à tout ce qui élève l'homme. – C'est au moment même où il va partir qu'il me demande d'ecrire. Je suis donc forcé à me borner à quelques lignes. Qu'elles servent du moins à vous rappeler combien mon attachement est inaltérable, et combien je me félicite de vous avoir retrouvé tout entier l'année passée dans les heures que je passais avec vous.

J. Ch. L. de Sismondi

Chênes[2] 15 Juillet 1827.

Manuscrit *Lausanne, BCU, Fonds Constant I, Co 1110 ; 2 pp. ; orig. autogr.

Édition 1. Pellegrini, *Epistolario*, III, 47. 2. *ABC*, n° 1 (1980), pp. 156–157.

Notes
[1] Sur David Munier (1798–1872), voisin et ami de Sismondi, voir Jean Gaberel, *David Munier, pasteur et professeur en théologie à Genève*, Lausanne : Lucien Vincent, 1873, p. 8.
[2] Commune située en périphérie est de Genève.

5067

Benjamin Constant à Casimir Périer

16 juillet 1827

J'ai reçu avec bien de la sensibilité, cher Casimir, la nouvelle preuve d'amitié que vous me donnez par votre lettre[1]. Je vous assure que je mets autant de prix à cette preuve qu'au succès même de l'entreprise. Quelqu'en soit le résultat, elle aura toujours été profitable pour moi, & c'est à vous seul que je le devrai. Je vous dirai quand nous nous verrons coment les autres se sont conduits[2]. Mais je ne m'en afflige ni ne m'en fache. Finalement je sens mieux ce que vous avez été pour moi.

J'ai soigné les envois de Lille, & ne pouvant, par le retard des brocheuses, faire arriver celui de M Dutilloy aussi tot que je l'aurais voulu (il doit être parvenu au plus tard hier soir) je lui ai écrit une lettre pour lui dire l'empressement que j'y mettais & lui exprimer ma reconnoissance.

J'irai vous voir demain, ne sachant pas si je vous trouverai aujourdhui[3]. Je voudrais savoir des nouvelles de votre santé[4]. Vous devriez suivre mon exemple, & aller cet été à quelques eaux. Voulez vous en attendant aller un jour chez le Baron Louis[5] ? Je suis engagé demain, mercredi, & samedi. Mais hors ces trois jours, je suis à vos ordres. Vous me direz cela demain

Que pensez-vous de la nomination de Lalot[6] ?

Mille tendres amitiés
B Constant

ce 16 Juillet 1827

Monsieur / Monsieur Casimir Perrier / Député / à Paris

Manuscrit *Grenoble, AD de l'Isère, 11 J 41, f. 9 ; 4 pp., pp. 2–3 bl., l'adresse p. 4 ; orig. autogr.

Notes
[1] Voir ci-dessus la lettre de Périer du 14 juillet 1827.
[2] Parmi ceux-là, songe-t-il à Laffitte dont la tiédeur transparaît dans sa lettre du 28 juillet ci-dessous ?
[3] Le 16 juillet était un lundi : c'était donc le jour prévu pour le retour de Périer (voir la lettre de Ponteuil du 14 juillet 1827), mais BC préfère remettre sa visite au mardi.
[4] « [S]a santé préoccupait trop sa vie [ ]. « Que voulez-vous faire d'un homme, me disait M. Decazes, qui regarde toujours sa langue dans une glace ? » » (Chateaubriand, *Mémoires d'Outre-Tombe*, livre 32, « Journée du 27 juillet », éd. J.-C. Berchet, Paris : Classiques Garnier, 1998, t. III, p. 384). Il « souffre de violentes douleurs à l'estomac provoquées par un ulcère » et, cet été 1827, ira prendre les eaux à Plombières (Madeleine Bourset, *Casimir Périer – un prince financier au temps du romantisme*, Paris : Publications de la Sorbonne, 1994, p. 116).
[5] Le baron Joseph-Dominique Louis (1755–1837) avait échoué aux élections de 1824 ; il résidait entre son hôtel de la rue de l'Échiquier et son château de Bry-sur-Marne.

⁶ Charles Delalot (1772–1842) venait d'être élu député de la Charente-Inférieure en ayant réuni les voix de l'extrême-droite et de l'extrême-gauche contre le candidat ministériel.

5068
T. Ponteuil à Benjamin Constant
16 juillet 1827

Monsieur

J'ai l'honneur de vous adresser, ci-jointes, deux notes, N° 6 et 7 ; la première, de 13 exemplaires à envoyer et dont le prix est à recouvrer par les soins du libraire, la seconde, de deux exemplaires, dont le versement a été fait à la maison.

Les souscriptions comprises dans la note N° 6 sont celles recueillies par Mr Tissot, comme simples déclarations. D'après ce que vous avez bien voulu me mander, je comprendrai dorénavant les notes de Mr Tissot, dans mes documens, d'ailleurs avec la distinction convenable pour les recouvremens faits et ceux à opérer.

Veuillez agréer l'expression des sentimens de respect et de haute considération avec lesquels j'ai l'honneur d'être,

    Monsieur,
    Votre très humble et très obéissant serviteur
    T. Ponteuil

Paris le 16 Juillet 1827.

P. S. Mr Casimir est de retour.

Manuscrit   *Lausanne, BCU, Fonds Constant I, Co 3796 ; 2 pp., p. 2 bl. ; orig. autogr.

5069

T. Ponteuil à Benjamin Constant

17 juillet 1827

Monsieur

J'ai l'honneur de vous adresser, ci-jointe, la note, N° 8, de trente-six exemplaires à envoyer et pour lesquels il n'y a aucun recouvrement à opérer.

L'apparition du 1er volume offre un à-propos tout naturel[1] et qu'il serait bon, sans doute, de ne pas laisser échapper, pour ranimer l'attention des personnes qui concourent, toutes, d'ailleurs, avec un vif intérêt, au but que se sont proposé les électeurs de Paris.

Veuillez agréer l'expression des sentimens de respect et de haute considération avec lesquels j'ai l'honneur d'être,
Monsieur,
                         Votre très humble et très obéissant serviteur
                                            T. Ponteuil

Paris le 17 Juillet 1827.

Manuscrit *Lausanne, BCU, Fonds Constant I, Co 2032 ; 2 pp., p. 2 bl. ; orig. autogr.

Note
[1] Le 10 juillet, et le 14 pour l'annonce dans la *Bibliographie de la France*.

5070

Benjamin Constant à Casimir Périer

18 juillet 1827

Il m'a été impossible, cher Casimir, d'aller vous voir hier matin[1]. Serez vous chez vous aujourdhui ? J'ai besoin de savoir comment vous vous portez, & il y a longtems que je n'ai causé avec vous. On dit la dissolution de la Chambre décidée pour le mois de 7bre ou d'Octobre[2]. Avertissez vos Electeurs de se faire inscrire avant le 10 Aoust. N'allez pas courir le monde sans me donner un moyen de vous voir & croyez à mon inviolable & sincere amitié
                                                   BConstant

ce 18 Juillet

Monsieur / Monsieur Casimir Perrier / *Paris*

Manuscrit *Grenoble, AD de l'Isère, 11 J 41, f. 55 ; 4 pp., pp. 2–3 bl., l'adresse p. 4 ; orig. autogr.

Notes
[1] Dans sa lettre du 16 juillet à Périer, BC prévoyait de lui rendre visite « demain », soit le mardi 17.
[2] L'ordonnance de dissolution paraîtra dans *Le Moniteur universel* du 6 novembre 1827, p. [1527].

5071

T. Ponteuil à Benjamin Constant

18 juillet 1827

Monsieur,
J'ai l'honneur de vous adresser, ci-jointe, la note, N° 9, de vingt-sept exemplaires à envoyer, et pour lesquels il n'y a aucun recouvrement à opérer.

Mr Cabanon[1], ancien député, à Rouen, est compris dans cette note pour 25 exemplaires qu'il a demandés, sauf à régler postérieurement avec la maison.

Veuillez agréer l'expression du respect et de la haute considération avec lesquels j'ai l'honneur d'être,

Monsieur,
Votre très humble et très obéissant serviteur
T. Ponteuil

Paris le 18 Juillet 1827.

Manuscrit *Lausanne, BCU, Fonds Constant I, Co 3797 ; 2 pp., p. 2 bl. ; orig. autogr.

Note
[1] Bernard Cabanon (1766–1839), député de Seine-Inférieure de 1819 à 1823, appartenant à la gauche libérale ; il sera réélu en novembre 1827.

5072

Un Correspondant non identifié à Benjamin Constant

19 juillet 1827

Je suis à la 69ᵉ page de vos discours et j'en interromps la lecture pour vous exprimer le plaisir qu'ils me font éprouver. Honneur à vous et à vos commettans.

Un ami de la Charte et de ses défenseurs

Ls

Le 19 juillet 1827

Manuscrit *Paris, BnF, N.a.fr. 18832, f. 52 ; 2 pp., p. 2 bl. ; orig. autogr.

Commentaire Le discours qu'on lit à la p. 69 du premier volume des *Discours* est celui « Sur le cautionnement demandé aux journalistes » prononcé à la séance du 3 mai 1819. On y trouve ceci : « Or, Messieurs, qu'est-ce qui empêche un écrivain de publier une brochure en deux feuilles sous le nom de *Propagateur*, par exemple ? Je prends ce nom, parce qu'il est en usage et en honneur dans deux ou trois départemens, et que les écrits ainsi désignés ont contribué, et, je l'espère, contribueront encore à obtenir le redressement de beaucoup d'injustices commises en 1815. » Il est donc possible que le correspondant de BC soit l'auteur d'un *Propagateur*. Les constantiens penseront tout de suite à Goyet et à son *Propagateur de la Sarthe*, mais la main de la présente lettre ne ressemble pas à la sienne.

5073

Benjamin Constant à un Correspondant non identifié

23 juillet 1827

Monsieur

Un Monsieur qui ne signe pas, mais qui dit être lié avec vous m'envoye un cahier sur la religion, que vous l'exhortez, dit-il, à publier, & qu'il m'invite à lire. Je n'ai malheureusement pas d'assez bons[1] & je suis accablé d'affaires surtout a present que je vais partir pour Paris[2] sous deux jours. Ne sachant adresser ce cahier que je voudrais rendre à son auteur, avant mon départ, je prends la liberté de vous l'envoyer & je profite de cette occasion pour vous offrir l'assurance de mon sincere attachement

B Constant

Paris ce 23 juillet 1827

Manuscrit   *Lausanne, BCU, IS 5721 ; 4 pp., pp. 2–4 bl. ; orig. autogr.

Texte   *Notes d'autres mains, p. 4 :* Benjamin Constant / Tribun, Député, Ecriv. Politique *et* 1767–1830

Notes
[1] Manquerait-il un mot, peut-être « yeux » ?
[2] Notons la contradiction avec la date. BC est en tout cas à Paris le lendemain : « 24 juillet. Courses. 1° Perrier. 2°. à la maison. 3°. Duveau. 4°. Dupont 5°. Orléans. 6°. Caquelard. » (Carnet de notes, *OCBC*, XVII, 614). Son départ de Paris attendra le 8 août (*OCBC*, VII, 494).

5074

Benjamin Constant à Claude d'Estournelles

24 juillet 1827

Mon cher beau-frère

Je vous écris presqu'en montant en voiture pour les eaux[1] où j'aurais du être depuis longtems, mais j'ai du finir d'ennuyeuses affaires.

Je serai de retour à la fin de 7bre. Je désirerais bien dans notre interet à tous, que vous ne fissiez rien relativement à Léonce jusqu'à mon retour. Je vous servirais alors, dans vos sollicitations auprès des Ministres, de tout mon pouvoir.

Je joins ici des prospectus d'une publication qu'on m'a demandée & dont les resultats peuvent m'être avantageux. Si par hazard vous pouviez repandre ces prospectus vous me feriez plaisir.

Je tiens beaucoup à ce que ceux qui voudroient s'inscrire le fissent chez Casimir Perrier mon collègue & non ailleurs.

Ne me répondez pas ici, car je n'y serai plus, mais aussitôt mon arrivée à Strasbourg, avant de partir pour Baden, je vous enverrai mon adresse. Mille amitiés

B. C.

Paris 24 Juillet

Manuscrit   *Lausanne, BCU, Fonds Constant I, Co 490 ; 2 pp., p. 2 bl. ; orig. autogr.

Texte   *Note du destinataire en tête de la lettre :* Reçüe le 31 Juillet 1827.

Note
[1] Il écrira encore de Paris à son beau-frère, le 6 août.

5075

T. Ponteuil à Benjamin Constant

24 juillet 1827

Monsieur,
J'ai l'honneur de vous remettre, ci-incluse, une note, n° 12[1], de vingt-cinq exemplaires à envoyer et qui ne donnent lieu à aucun recouvrement.
　Le total des exemplaires est donc, à ce jour, chez Mr Casimir Perier, de 941[2].
　Veuillez agréer l'expression des sentiments de respect et de haute considération avec lesquels j'ai l'honneur d'être,
　　　　　　　　　　　Monsieur,
　　　　　　　　　Votre très humble et très obéissant serviteur
　　　　　　　　　　　　　　T. Ponteuil.
Paris le 24 juillet 1827.

Manuscrit *Lausanne, BCU, Fonds Constant I, Co 2647 ; 2 pp., p. 2 bl. ; orig. autogr.

Notes
[1] Non retrouvée.
[2] Ces vingt-cinq exemplaires viennent s'ajouter aux 916 déjà envoyés, selon la situation de la souscription chez Casimir Perier du 23 juillet, donnée en appendice.

5076

Benjamin Constant à La Fayette

26 juillet 1827

Je vous transmets mon cher general une lettre qui vous intéressera peut etre[1]. Je fais mes paquets pour mon depart.
　Je voudrais bien vous voir avant. Ma femme vous embrasse comme elle vous aime. Je vous aime tout autant & je voudrais bien vous voir avant de partir.
　Mille hommages a la Grange entière.
　　　　　　　　　　　　　　B.C.
ce 26 Juillet

J'ai recu une lettre de M. Hervé, du Mans, qui est a Philadelphie. Seriez-vous assez bon pour inclure ma reponse[2] dans un de vos nombreux paquets ? Pardon mille fois

Manuscrit *Lausanne, BCU, Fonds Constant I, Co 3235 ; 2 pp., p. 2 bl. ; orig. autogr.

Texte D'une autre main, en tête de lettre : A Lafayette

Commentaire et Notes Cette lettre peut être datée par l'allusion à la lettre de Jean Hervé du 10 mai 1827, ci-dessus.
[1] Non identifiée.
[2] Non retrouvée.

5077

Benjamin Constant à Jean-Charles-Léonard Sismondi

26 juillet 1827

Votre lettre, & M Munier, m'ont trouvé[1], mon cher ami, fesant mes préparatifs pour aller aux eaux. Je n'en ai pas moins été charmé de les interrompre pour causer avec lui. J'ai eu beaucoup de plaisir à apprendre les divers motifs qui ont influé sur les délibérations genevoises relatives à la Presse, & tout en trouvant votre loi mauvaise, je conçois les raisons qui y ont rallié des hommes dont l'attachement à la liberté ne peut être douteux[2]. Au reste, le moment n'est pas favorable pour la Presse ; Dieu sait ce que nous en ferons ici, & en Belgique même, proh pudor[3] ! On propose dans le nouveau code, le pilori & la marque pour tout journaliste qui aurait *tenté* d'exciter au *trouble* & à la révolte[4]. Un mauvais vent souffle sur les meilleurs gouvernemens. Je crois que le ciel veut en finir. Mais il en finira de moi bien plutot encore. Je me porte mal. Cette session au milieu des orages de laquelle j'ai voulu continuer mon 3e vol. sur la religion, & le travail de 12 à 16 h. par jour que je me suis imposé ensuite ont abymé mon estomac ma poitrine & mes yeux. Il est enfin achevé ce 3e vol. & il va paraître[5]. Je ne suis pas content de toutes ses parties, & j'étois prêt à le jeter au feu pour recommencer, mais Gallois[6] que j'ai consulté l'a trouvé meilleur que je ne le pensais, & il va courir ses chances.

On dit que vous avancez aussi avec quelque peine dans votre histoire de France[7]. Son succès doit pourtant vous encourager.

Je m'amuse à causer avec vous, tandis que j'ai, non pas mieux, mais autre chose à faire, & comme ma femme qui fait ses paquets croit que si je ne fais pas les miens nous ne partirons jamais, je finis en vous remerciant de votre souvenir & en vous assurant de ma bien sincère & tendre amitié

B Constant

Paris
ce 26 Juillet 1827

Monsieur / Monsieur de Sismondi / Genève

Manuscrit *Pescia, Sezione di Archivio di Stato di Pescia, Fondo Sismondi, Epistolario secondo versamento A5.155 ; 4 pp., l'adresse p. 4 ; orig. autogr.

Éditions 1. Pellegrini : (1932), pp. 659–660 ; (1938), p. 220 ; (1974), pp. 274–275. 2. *ABC*, n° 1 (1980), pp. 157–158.

Texte *Note de Sismondi en tête de la lettre* : « Paris 26. Juillet 1827 B. Constant, Re 22 aout »

Notes
[1] Voir la lettre de Sismondi du 15 juillet, ci-dessus.
[2] « Loi contenant quelques dispositions pénales et de police relatives à la presse du 2 mai 1827 », *Recueil authentique des lois et actes du gouvernement de la République et Canton de Genève*, Genève : Fick, 1827, t. XIII, pp. 67–77. La presse genevoise s'était faite l'écho des débats sur le projet de loi dès le début de l'année 1827 ; voir par exemple le *Journal de Genève* du 15 mars 1827, pp. 2–3.
[3] Oh ! honte !
[4] En Belgique, l'arrêté du 20 avril 1815, toujours en vigueur en 1827, stipulait : « ceux qui chercheraient [...] à exciter du désordre ou une sédition [...] seront punis [...] de l'exposition pendant une heure à six, de la dégradation, de marque, de l'emprisonnement d'un an à dix, ou d'une amende de 100 à 10,000 francs. » (*Journal officiel du gouvernement de la Belgique*, Bruxelles : Weissenbruch, 1815, t. V, p. 149). Une nouvelle loi, moins répressive, sera votée en 1829.
[5] Voir la lettre à Antoine-Léonard Chézy du 4 août 1827.
[6] Sur Jean-Antoine Gallois, voir *CG*, XII, 105.
[7] *Histoire des Français*, Paris : Treuttel et Würtz, 1821–1844, 31 vol. Le neuvième tome avait paru en 1826 ; les trois suivants allaient sortir en 1828.

5078

Noël à Benjamin Constant

26 juillet 1827

Le Constitutionnel,
journal du commerce,
politique et littéraire,
Rue Montmartre, N° 121.

Paris, le 182

Depuis la première liste de souscripteurs que j'ai eu le plaisir d'envoyer, le 7 juillet à M. Benjamin Constant[1], j'en ai remis de nouvelles soit à M. Pinard, soit à M. Amb^e Dupont, avec la valeur, argent ou mandats, qui m'avaient été déposées, et dont j'ai *reçu* de ces Messieurs.

Rien de nouveau depuis ne m'est parvenu des Départemens ou de Paris a partir du 16 juillet.

Je m'empresserai, s'il vient des demandes, d'en transmettre la liste à la librairie d'Amb^e Dupont.

Je prie Monsieur Benjamin Constant d'être persuadé du plaisir et du zèle que je mettrai toujours à lui être agréable.

Son dévoué serviteur
Noël

Paris ce 26 J^{llet} 1827.

Manuscrit *Lausanne, BCU, Fonds Constant I, Co 3868 ; 2 pp., p. 2 bl. ; orig. autogr.
Texte *Les caractères en italique ont été imprimés.*
Note
[1] Voir ci-dessus.

5079

Benjamin Constant à Casimir Périer

27 juillet 1827

M. Laffitte m'a dit, mon cher Casimir, que vous lui aviez annoncé votre départ pour Plombières[1]. J'espère que vous ne partirez pas sans que nous nous voyons. Je suis cloué chez moi, pour ce matin, parceque ma femme est allée voir une voiture de voyage à Versailles. Mais demain j'irai vous voir, si vous ne me faites dire le contraire. Mille amitiés

B Constant

ce 27 Juillet.

à Monsieur / Monsieur Casimir Perrier / Paris

Manuscrit *Grenoble, AD de l'Isère, 11 J 41, f. 59 ; 4 pp., pp. 2–3 bl., l'adresse p. 4 ; orig. autogr.
Note
[1] Sur les séjours de Casimir Périer à la station thermale « libérale » des Vosges, voir Madeleine Bourset, *Casimir Perier – un prince financier au temps du romantisme*, Paris : Éditions de la Sorbonne, 1994, pp. 56–64.

5080

T. Ponteuil à Benjamin Constant
27 juillet 1827

Monsieur
Le département de Saône & Loire n'a encore offert que onze souscriptions : ce sont celles reçues par M.M. Coste père et fils de Châlons sur Saone[1]. J'aurai soin de vous faire connaître celles qui surviendront et que, d'après ce que vous me faites l'honneur de me marquer, nous ne pouvons tarder à recevoir.

Ci-joint, Monsieur, la note N° 13, de sept exemplaires à envoyer et pour lesquels il n'y a aucun recouvrement à faire. Total jusqu'à ce jour. 948 exemplaires.

Veuillez agréer l'assurance de la haute considération avec laquelle j'ai l'honneur d'être,

Monsieur,
Votre très humble et très obéissant serviteur
T. Ponteuil

Paris le 27 Juillet 1827.

Manuscrit *Lausanne, BCU, Fonds Constant I, Co 3798 ; 2 pp., p. 2 bl. ; orig. autogr.

Note
[1] Il existait des Coste père et fils, « Toiliers » à Chalon-sur-Saône (*Almanach du commerce* (1827), p. 617).

5081

Gilbert-Joseph-Gaspard Chabrol de Volvic à Benjamin Constant
28 juillet 1827

Paris ce 28 juillet 1827.

Cabinet
du
Préfet de la Seine.

Monsieur,
En réponse à la lettre que vous m'avez fait l'honneur de m'écrire, je m'empresse de vous prévenir que vous êtes inscrit d'office sur la liste des Electeurs, ainsi que des éligibles du Département de la Seine[1].

J'ai l'honneur de vous offrir, Monsieur, l'assurance de ma haute considération.

10

Le Conseiller d'Etat
Préfet de la Seine
Chabrol

Monsr Benj : Constant, membre de la chambre des Députés.

Manuscrit   *Lausanne, BCU, Fonds Constant I, Co 1425 ; 2 pp., p. 2 bl. ; orig. autogr.

Texte   *Les caractères en italique ont été imprimés.*

Commentaire et Note   Gilbert-Joseph-Gaspard Chabrol de Volvic (1773–1843), avec qui BC correspondait au moins depuis 1822, avait été nommé préfet de la Seine en 1812 et élu député du Puy-de-Dôme en 1824.

[1] Voir la lettre à Périer du 18 juillet 1827 : BC se souciait, pour son propre compte, de savoir s'il était bien électeur et éligible en vue des futures élections. Les libéraux se méfiaient d'ailleurs depuis longtemps des « oublis » et autres manipulations des autorités en matière d'établissement des listes électorales. Voir aussi la lettre de Randouin du 30 juillet, ci-dessous.

5082

Jacques Laffitte à Benjamin Constant

28 juillet 1827

Je réponds, mon cher collègue, à votre lettre d'hier[1]. J'espere que vous ne doutez pas de mon ardent désir de contribuer au succès de votre souscription[2]. Je n'ai manqué aucune occasion de la recommander à mes correspondants, mais je n'en connais que peu personnellement et surtout je ne suis pas instruit de leurs opinions en politique ; il est probable que beaucoup, très insoucians sur ce qui n'a pas rapport à leurs affaires, auront reçu cette annonce avec indifférence. M. Perrier a été plus heureux que moi, je regrette beaucoup de ne pouvoir vous offrir les mêmes résultats. Je continuerai cependant d'en parler dans mes lettres à mes amis.

Le renouvellement de société, me met en effet dans la nécessité de m'occuper activement de la rentrée des fonds disséminés, mais je suis loin d'avoir l'intention de rien faire qui puisse vous contrarier[3]. Il serait d'ailleurs très aisé à M. Aumont d'en substituer un autre à ma place, & je le lui demanderai pour vous.

Quant à la lettre de M. Blot et Lemonnier que vous joignez à la vôtre, il me serait impossible de consentir à ce qu'ils demandent, ma maison, depuis longtems, cherche à restreindre ses relations bien loin de vouloir les augmenter. Je pense donc qu'il vaudrait mieux que vous prévinssiez ces Messieurs que, bien instruit de ma résolution, vous avez préféré ne me point parler de leur proposition afin de nous éviter à tous un refus aussi pénible à prononcer qu'à recevoir.

Recevez, mon cher collègue, l'assurance de mon sincère attachement

J Laffitte

Paris 28. Juillet 1827

Monsieur B^{in} Constant

Manuscrit *Lausanne, BCU, Fonds Constant I, Co 1084 ; 2 pp., p. 2 bl. ; orig. autogr.

Texte 13 & je le lui demanderai pour vous.] *d'une autre main :* & je le lui demanderai pour vous.

Notes
[1] La lettre à Périer du 27 juillet montre que Laffitte et BC s'étaient vus ou écrit peu avant.
[2] Le nom de « J. Lafitte » figure sur le prospectus du 9 juin.
[3] Il était rendu compte de l'opération de renouvellement de la société Jacques Laffitte et compagnie dans le *Journal du Commerce* du 26 juillet 1827, p. [4]. Laffitte apportait sept millions sur quinze. Le contrat était passé devant Aumont, notaire. Ce dernier figure à plusieurs reprises, à partir de 1824, dans la correspondance de Constant autour de ses affaires financières, notamment par rapport à son emprunt à Laffitte.

5083

Benjamin Constant à Jacques Laffitte

28 juillet 1827

Je vous remercie, mon cher Collègue, de ce que vous avez bien voulu faire pour la publication de mes discours. Vous devez avoir vu dans ma lettre[1] que j'étais loin de rien vous demander qui pût vous disconvenir.

Quant à votre offre d'engager M. Aumont à substituer un autre à votre place, pour les fonds que vous avez bien voulu me prêter[2], permettez moi de m'y refuser. Il est de mon devoir de vous rembourser, dès que vous le désirez, & il est heureusement dans ma possibilité de le faire. Comme je vous le mandais, je puis sans inconvénient privé, m'acquitter envers vous, & les engagemens doivent passer avant les positions politiques. Je le ferai donc avec d'autant moins de répugnance que la cause de mon inéligibilité[3] n'aura rien de pénible pour moi aux yeux du public. Si, en payant exactement les intérêts, j'avais pu rester votre débiteur jusqu'à un moment où le remboursement ne m'aurait pas exclu de la

Chambre, je l'aurais préféré : mais la substitution d'un étranger à un Collègue aboutirait a ce que dans un an peut être, je me retrouverais dans la meme position.

Dès que je serai de retour des eaux, j'en confererai avec vous pour faire, sans délai, tout ce que vous voudrez. Agreez mon cher Collègue l'assurance d'un attachement qui est fondé sur la reconnoissance que rien n'affoiblira.

Benjamin Constant.

Paris ce 28 Juillet.

Manuscrit   *Leipzig, Universitätsbibliothek, Sammlung Kestner/II/C/III/399/Nr. 6 ; 2 pp., p. 2 bl. ; orig. autogr.

Commentaire et Notes   La présente lettre est une réponse à celle de Jacques Laffitte du 28 juillet 1827 (voir la lettre précédente), ce qui permet de confirmer l'année suggérée déjà par l'allusion à la publication des *Discours de M. B. Constant à la Chambre des Députés*.

[1] Non retrouvée.
[2] Selon la lettre de Laffitte du 24 février 1827, BC lui devait 95.788 F ; voir aussi l'Appendice 142 du 8 février 1826 (*CG*, XIV, 516–518).
[3] La nature de la difficulté ici n'est pas claire. Peut-être BC ne pouvait-il rembourser Laffitte sans vendre l'une de ses maisons et passer ainsi sous le seuil censitaire d'éligibilité. Ou faut-il comprendre qu'un député ne pouvant être débiteur d'un autre, BC deviendrait inéligible si Laffitte était réélu (il le sera), sauf à le rembourser ?

5084

Victor-Scipion Sauce à Benjamin Constant

28 juillet 1827

Monsieur & honorable Député

Il y a peut être beaucoup de témérité de la part d'un jeune avocat de province de demander une audience au plus courageux et à l'un des plus éloquents défenseurs de nos libertés publiques ; aussi, Monsieur, pour excuser ma démarche j'ai besoin de vous dire que MM Etienne et Jacqueminot[1] m'honnorent de leur amitié ainsi que l'exellent Mr St Aulaire[2] que nous ne cessons de regarder dans la Meuse comme notre Député.

Si nos représentants etoient encore à Paris je leur aurai demandé une lettre de recommandation ; M^r de St Aulaire m'eut présenté lui même à vous ; mais il est dans ce moment à la chambre des Pairs et vous partez cette nuit ; j'aurai bien désiré, Monsieur, avoir l'honneur de m'entretenir avec vous ; j'eûs été fier de dire dans ma province que j'avois vu l'infatigable défenseur des libertés de mon pays ; j'aurai dit avec orgueil que je lui avois parlé... Ce bonheur – me le refuserez vous ?... J'aime à espérer que vous écouterez que vous entendrez la prière d'un jeune électeur qui idolatre les institutions libérales de la France et les députés qui les defendent à la tribune nationale ; je crains cependant de retarder de quelques minutes le moment où vous devez recevoir les bénédictions des peuples que vous rencontrerez en vous rendant à Strasbourg.

Je me presenterai à 3 heures à 4 heures & ½ à 9 heures du soir pour connoître si vous me ferez l'honneur de m'accorder une courte audience.

Croyez, Monsieur & tres honorable Député, au profond respect de votre tout dévoué Serviteur,

V. Sauce
avocat
à St Mihiel, / Meuse.
chez M Deleau[3] medecin rue des Francs Bourgeois
N° 25 (au Marais).

Paris 28 Juillet à 3 heures.

Manuscrit *Paris, BnF, N.a.fr. 18832, f. 81 ; 2 pp. ; orig. autogr.

Texte   15 idolatre] e *écrit en surcharge sur* ant   17 quelques] quelques ⟨instants⟩
25 /Meuse.] /Meuse. ⟨rue⟩

Commentaire et Notes   Victor-Scipion Sauce (1798–1866) fut avocat à Saint-Mihiel (*Annuaire du département de la Meuse pour 1826*, Bar-le-Duc : Choppin, 1826, p. 197), substitut en 1830, puis juge en 1832 (*Annuaire de la magistrature*). Il était fils de Jean-Baptiste Sauce qui avait accueilli en 1791 à Varennes la famille royale en fuite.
[1] Sur Charles-Guillaume Étienne, voir la lettre 4689, *CG*, XIV, 301. Jean-François Jacqueminot (1787–1865), brillant officier sous l'Empire, industriel, sera élu député des Vosges dans l'opposition libérale en 1828.
[2] Saint-Aulaire (*CG*, XIII, 288) avait été député de la Meuse (1815–1816), puis du Gard (1818–1823) ; battu en 1824, il reviendra à la Chambre comme député de la Meuse en 1827.
[3] Nicolas Deleau (1797–1862), spécialiste de l'oreille (*Almanach du commerce* (1827), p. 16).

5085

Charles-Ignace, comte de Peyronnet à Benjamin Constant

29 juillet 1827

Paris, le 29 juillet 1827

Monsieur et cher Collègue, j'ai reçu avec la lettre que vous m'avez fait l'honneur de m'écrire le 26 de ce mois[1], la demande en grâce qui y était jointe. J'ai donné ordre qu'on en [ ] un rapport sur l'affaire dont elle est l'o[ ]. Je l'exa-

minerai avec soin, et je me félicite que si mon devoir me permet d'appeler sur [ ]
condamné les effets de la clémence Royale.

Recevez, Monsieur et cher Collègue, l'assurance de ma considération distinguée.

Le garde des Sceaux,
Ministre Secrétaire d'Etat de la Justice
Cte de Peyronnet

M. Benjamin Constant, membre de la Chambre des Députés

Manuscrit *Dole, Bibl. mun., ms. 539 ; signature autogr. En tête imprimé : « Ministère / de la Justice / Cabinet particulier. »

Texte *Plusieurs mots emportés par une déchirure.*

Note
[1] Non retrouvée.

5086

André Randouin à Benjamin Constant

30 juillet 1827

Monsieur et honorable député,
J'ai l'honneur de vous adresser un petit écrit que je viens de faire paraître ; c'est un avis aux électeurs sur la nécessité de leur prompte inscription aux nouvelles listes électorales[1] ; Au milieu de toutes les entraves que la Censure apporte aux communications entre les citoyens, j'ai tâché de payer mon faible tribut à la cause commune ; j'ai puisé mes inspirations à la source dans la collection nouvelle de vos discours que j'ai relus avec enthousiasme, et j'ai retrouvé avec tant [de] plaisir cette constance de principes, cette vigueur de raisonnement, et cette flèxibilité de style qui vous placent à la tête de l'opposition. J'ai eu plusieurs fois l'honneur de vous entretenir, quand j'étais principal Clerc de Me Cottenet[2] ; j'avais déjà l'ambition de faire quelque chose qui put me valoir votre suffrage, je serais bien heureux si j'avais enfin réussi ;

Je suis avec respect, Monsieur et honorable Député,

Votre dévoué serviteur
A. Randouin
rue Verdelet N° 8

Ce 30 Juillet

Manuscrit   *Lausanne, BCU, Fonds Constant I, Co 1181 ; 2 pp., 2 bl. ; orig. autogr.

Texte   **8** [de]] *mot oublié*

Commentaire et Notes   André (Androphile) Randouin (1795–1871) fera une brillante carrière préfectorale, propulsée par un article élogieux dans le *Journal des débats* du 11 novembre 1830, p. 2, puis par un beau mariage avec la nièce du maréchal Berthier.

[1] Il avait publié deux jours plus tôt : *Avis aux électeurs de 1827, sur la nécessité de leur prompte inscription aux listes électorales dressées en exécution de la nouvelle loi sur le jury*, Paris : Sautelet, 1827. BC n'avait pas cette brochure dans sa bibliothèque, mais *De l'agonie ministérielle*, Paris : chez tous les marchands de nouveautés, 1829 (*OCBC, Documents*, I, 481).

[2] BC avait été en relation avec Pierre-Eugène Cottenet dès 1820 (*CG*, XI, 530).

5087

Adrien Constant, dit Constant-Delessert à Benjamin Constant

juillet 1827

Mon cher Cousin !
Je viens de recevoir le billet que vous ecrivez à mon Pere. Fort indiscretement je l'ai ouvert le croyant à mon adresse. Je vous en demande un million de pardons Mon Pere est à Bruxelles dans ce moment. Il sera de retour Vendredi ou Samedi de cette semaine. Je suis bien persuadé qu'il agreera avec un grand plaisir à la charmante partie que vous avez la bonté de lui proposer[1], pour peu que son depart pour Lausanne le lui permette. Ma santé[2] s'améliore journellement et je crois que mon transport en Suisse sera bientôt possible.

Mon Pere est parti si précipitament qu'il n'a pas eu le temps d'aller vous remercier de l'envoi bien aimable du 1er tome de vos Discours à la Chambre. Je vous en fais pour ma part de bien sinceres remerciements. En ma qualité d'Avocat Vaudois ébauché ; je les ai lus avec un vif interet

Veuillez presenter mes respects à ma Cousine et recevoir l'assurance du profond devouement avec lequel !

J'ai l'honneur d'être !

Votre tres humble et très obeissant serviteur !

A^{en} de Constant

Manuscrit   *Paris, BnF, N.a.fr.18831, f. 4 ; 2 pp. ; orig. autogr.

Commentaire et Notes   Puisqu'Adrien a reçu le tome premier des *Discours*, la présente lettre a été écrite après le 14 juillet, date de parution du volume (*Bibliographie de la France* du 14 juillet 1827, p. 579).

[1] Comme BC se disposait à partir (il ne partira toutefois que le 8 août), il est possible que

l'invitation, et par conséquent la lettre d'Adrien aient été écrites peu après la parution du tome premier des *Discours*.
² Voir la lettre de Rosalie du 23 novembre 1827.

5088

Jean-Pierre Pagès à Benjamin Constant

juillet 1827

Mon Cher ami,
Je termine dans ce moment une *Lettre* à M. Lourdoueix¹, je la donnerai demain à l'impression, et je desirois vous la communiquer avant la publication. Votre billet² me prouve que nous nous entendions ; mais je ne puis vous voir aujourd'hui, j'écris comme un diable.

Si vous ne deviez pas être chez vous demain à midi soyez asses bon pour me le faire savoir ; si je n'ai pas de vos nouvelles, je serai chez vous à cette heure.

Mille tendresses.

J Pages

Monsieur / Monsieur Benjamin Constant deputé / *Paris*

Manuscrit *Paris, BnF, N.a.fr. 18831, f. 200 ; 4 pp., pp. 2–3 bl., l'adresse p. 4 ; orig. autogr.

Commentaire et Notes Pagès envoie à BC *De la Censure – Lettre à M. Lourdoueix*, Paris : Au bureau de la France chrétienne, juillet 1827, ce qui permet de dater la lettre.
¹ Sur Lourdoueix, voir la lettre à Bertin de Vaux du 2 juillet 1827.
² Il se peut que ce soit la lettre de BC du 2 juillet 1827.

5089

Benjamin Constant à T. Ponteuil

1ᵉʳ août 1827

Vous m'avez fait l'honneur de me dire hier, Monsieur, qu'un des souscripteurs de la première liste de M. Perrier¹, pour 15 exemplaires, n'avoit pas reçu l'envoi que le libraire avoit du lui expédier depuis longtems. J'ai eu la bêtise d'oublier le nom de ce Souscripteur, de sorte qu'arrivé chez Dupont je n'ai pu le lui dire. Pardon mille fois. Veuillez donc mettre sur un morceau de papier son nom & son adresse, & agréer mes excuses, ainsi que l'expression de ma reconnoissance & de ma haute considération

Benjamin Constant

Paris ce 1er Aoust 1827

à Monsieur / Monsieur Ponteuil / chez MM. Perrier / Rue Neuve du Luxembourg N° 27

Manuscrit *Grenoble, AD de l'Isère, 11 J 41, f. 10 ; 2 pp., l'adresse p. 2 ; photocopie de l'original.

Note
[1] Celle probablement qui accompagnait (et qui n'a pas été retrouvée) la lettre de Ponteuil du 6 juillet 1827.

5090

Benjamin Constant à T. Ponteuil

1er août 1827

Note oubliée dans la lettre ci jointe
Mr Casimir Perrier m'ayant demandé une note pour quelques nouvelles circulaires, voici deux noms auxquels je croirais utile d'en adresser.

M. Bédoch, ancien Député à Tulles, Corrèze.

M. de Catelan[1], Pair de France à Toulouse

S'il y avoit quelqu'un auquel on pût écrire à St Quentin, je pense qu'il y auroit succès[2]

Manuscrit *Grenoble, AD de l'Isère, 11 J 41, f. 60 ; 4 pp., pp. 2–4 bl. ; orig. autogr.

Texte 4 Corrèze.] *d'une autre main :* (2e circul.)

Commentaire et Notes Il est possible que « la lettre ci jointe » soit la lettre précédente.
[1] Pierre-Joseph Bédoch (1761–1837) avait été député de gauche de Corrèze en 1818–1822. Jean-Antoine, marquis de Catellan-Caumont (1759–1838) avait été nommé à la Chambre des pairs en 1819.
[2] BC se souvient peut-être que Saint-Quentin avait élu le général Foy en février 1824.

5091

Alexandre Cazin à Benjamin Constant
1er août 1827

Monsieur

J'accepte votre proposition très volontiers & par la remise de l'effet de 1500^f tous comptes seront appurés reglés & soldés entre nous[1].

J'ai l'honneur de vous saluer.

Cazin

ce 1er aout 1827.

Monsieur / Monsieur B. Constant, / *à Paris*.

Manuscrit   *Lausanne, BCU, Fonds Constant I, Co 1301 ; 4 pp., pp. 2–3 bl, l'adresse p. 4 ; orig. autogr.

Note

[1] Sur « l'effet », voir la lettre de Cazin du 16 août 1825 (lettre 4540, *CG*, XIV, 152).

5092

T. Ponteuil à Benjamin Constant
1er août 1827

Monsieur,

J'ai l'honneur de vous adresser, ci-jointe, la note, n° 14, de quinze exemplaires à envoyer et pour lesquels le libraire n'a aucun recouvrement à opérer.

Veuillez agréer l'expression des sentimens de haute considération avec lesquels j'ai l'honneur d'être,

Monsieur,
Votre très humble et très obéissant serviteur
T. Ponteuil.

Paris le 1er août 1827.

P.S. J'ouvre le paquet, qui allait, Monsieur, être porté chez vous, pour répondre à ce que vous me faites l'honneur de me mander.

Je ferai usage, Monsieur, de la note que vous voulez bien m'envoyer en écrivant la lettre que l'intention de M^r. Casimir Perier est encore d'adresser pour la souscription.

Je joins ici, Monsieur, une note séparée, relative à la réclamation de l'un des correspondants, en y joignant le nom d'une maison de Colmar, qui écrit aujourd'hui dans le même sens.

T. P.

Manuscrit *Lausanne, BCU, Fonds Constant I, Co 2648 ; 2 pp. ; orig. autogr.

Texte 13 adresser] *leçon incertaine*

5093

Mallet & Cie à Benjamin Constant

2 août 1827

Avoir Mons. Benjamin Henry Constant
 *Reçu du Trésor public les arrérages de 2 semestre*s *échu*s *le 22* Juin *1827 sur*
 f. 690 *rente viagère sur sa tête*   690
 A déduire :   *Timbre et légalisation de Certificat de vie*
 frais de s *Certificat* s *de vie*   6
 Provision de Recette p. o/o   13 80
 Quittance fournie au Trésor public   1 20   21
 Port de Lettres et Affranchissement
   Lui revient   669
Paris, le 2 Août *1827*

Manuscrit *Lausanne, BCU, Co 4741/2 ; 2 pp., p. 2 bl.

Texte *Les caractères en italique ont été imprimés*   **5** frais] frais *corrige Duplicatas*

Commentaire Ce document vient de Mallet frères comme le confirme le montant de la somme versée (la rente viagère héritée de Mme de Nassau), identique à celle qui apparaît dans la lettre du 11 avril 1823 (*CG*, XIII, 69).

5094

Benjamin Constant à Antoine-Léonard Chézy

4 août 1827

Forcé d'aller aux eaux, avant que le 3ᵉ volume de mon ouvrage sur la religion soit publié[1], j'ai laissé à mon libraire Mr Béchet des directions pour qu'il en adressât un exemplaire à Monsieur de Chezy. Si par hazard il ne le recevait pas, je le prie de l'envoyer prendre contre ce billet chez Mʳ Béchet, quai des Augustins N° 47.

B Constant

Paris ce 4 août 1827.

a Monsieur / Monsieur de Chezy / professeur au Collège / Royal &cᵃ &cᵃ &cᵃ / Paris

---

Manuscrit *Cracovie, Biblioteka Jagiellonska, Sammlung Varnhagen ; copie avec sign. et adresse autogr.

Texte 3 de Chezy.] *d'une autre main :* de Chezy.

Commentaire et Note Il est possible que BC ait fait écrire plusieurs billets comme celui-ci, se contentant d'ajouter nom et adresse du bénéficiaire, afin que son ouvrage soit distribué malgré son absence.

[1] Le tome III de *De la Religion* sera annoncé dans la *Bibliographie de la France* du 18 août 1827, p. 683.

5095

T. Ponteuil à Benjamin Constant

4 août 1827

Monsieur,

J'ai l'honneur de vous adresser, ci-jointe, la note, N° 15, de sept exemplaires à envoyer et pour lesquels il n'y a aucun recouvrement à faire.

Croyez, je vous prie, qu'il est impossible de mettre plus de plaisir que je le fais à concourir, bien faiblement d'ailleurs, aux soins de la souscription et veuillez agréer l'expression des sentimens de respect et de haute considération avec lesquels j'ai l'honneur d'être,

Monsieur,
Votre très humble et très obéissant serviteur
T. Ponteuil

P. S. Je vous réitère, Monsieur, la prière de vous reposer entièrement, de tout, sur mon empressement à seconder Mr Caquelard Laforge dans tout ce qui pourra intéresser la souscription et sa régularité[1].
Paris le 4 Août 1827.

Manuscrit   *Lausanne, BCU, Fonds Constant I, Co 3799 ; 2 pp., p. 2 bl. ; orig. autogr.

Commentaire et Note   Ce 4 août, BC prévoyait une longue liste d'activités avant son départ, dont « Ponteuil & la griffe » (*OCBC*, XVII, 614) ; sur la « griffe », voir la lettre de Ponteuil du 13 juillet 1827.

[1] La « prière » sera entendue : les « notes » suivantes seront adressées à Caquelard-Laforge, d'autant qu'étant éloigné de Paris pour plusieurs semaines, BC ne pouvait suivre aussi attentivement les souscriptions.

5096

Benjamin Constant à Claude d'Estournelles

6 août 1827

Je reçois, mon cher beau frère, votre dernière lettre, au moment où je monte enfin en voiture pour les eaux. Je n'ai donc que peu d'instans pour y répondre. Je serais très faché que vous fissiez quelque chose qui pût déranger votre situation. Je crois qu'il vaudrait mieux laisser Léonce achever sa cure & avancer dans son instruction. Je crois tout éclat fâcheux, surtout à présent, où la mort de l'homme[1] que vous soupçonniez à tort, selon moi, finit tout ce dont les apparences vous choquoient. Mais je vous ai ecrit si souvent à ce sujet que je ne pourrais que vous ennuyer & me fatiguer sans fruit, en vous renouvellant mes observations. D'ailleurs, mon absence, durant trois ou quatre mois, m'empéchera de me mêler de ce qui pourra arriver d'ici au mois de Décembre.

Agréez mes remercimens de tout ce que vous me dites d'amical & l'assurance de mon sincère & tendre attachement

B Constant

Paris ce 6 Aoust 1827

a Monsieur / le Chevalier / Balluet d'Estournelles / Lieutenant du Roi / à Queyras / Dep^t des Hautes Alpes

Manuscrit   *Lausanne, BCU, Fonds Constant I, Co 491 ; 2 pp., l'adresse p. 2 ; cachet postal : 14 AOUT 1827 ; timbre : P ; orig. autogr.

Texte   *Note du destinataire en tête de la lettre* : 6 aoust 1827. / Reçüe le 14 / Rép. le 15.

Note

[1] La mort de Bauduy (voir la lettre à d'Estournelles du 7 juin 1827).

5097

T. Ponteuil à Benjamin Constant

6 août 1827

Monsieur,

J'ai l'honneur de vous adresser, ci-jointe, la note, n° 16, de vingt-sept exemplaires à envoyer et pour lesquels il n'y a aucun recouvrement à faire.

Vous remarquerez, Monsieur, que Mr Blanc Pascal[1], à qui 60 exemplaires ont déjà été envoyés, en demande 20 autres.

J'ai pensé que votre départ, d'après ce que je crois que vous m'avez fait l'honneur de me dire, ne devant avoir lieu que ce soir, je ferais bien de vous transmettre encore la note n° 16.

Veuillez agréer l'assurance de la haute considération avec laquelle j'ai l'honneur d'être,

Monsieur,
Votre très humble et très obéissant serviteur
T. Ponteuil.

Paris le 6 août 1827.

Manuscrit   *Lausanne, BCU, Fonds Constant I, Co 2649 ; 2 pp., p. 2 bl. ; orig. autogr.

Note

[1] Pierre Blanc-Pascal, de Nîmes, était en correspondance avec BC depuis 1821. Dans ses lettres du 6 octobre et du 30 novembre 1822 (lettres 3954 et 3993, *CG*, XII, 542–543 et 589–590), il parle du vif intérêt des électeurs du Gard aux fortunes électorales de BC. Le fait qu'il commande autant d'exemplaires des *Discours* en 1827 n'est sans doute pas sans rapport avec l'approche des élections de 1827. Pensait-il même à une candidature de BC dans son département ?

DE
LA RELIGION,

CONSIDÉRÉE

DANS SA SOURCE,

SES FORMES ET SES DÉVELOPPEMENTS.

PAR M. BENJAMIN CONSTANT.

Μεμνημένον ὡς ὁ λέγων, ὑμεῖς τε οἱ κριταί,
φύσιν ἀνθρωπίνην ἔχομεν.

TOME III.

PARIS,
CHEZ BÉCHET AÎNÉ, LIBRAIRE,
QUAI DES AUGUSTINS, N° 47.
1827.

3 Page de titre de *De la Religion, considérée dans sa source, ses formes et ses développements*, vol. III, Paris : Béchet aîné, 1827.

5098

Benjamin Constant à Louis-François Bertin de Vaux

7 août 1827

Encore une recommandation¹ Mon cher Collègue, cette fois c'est pour mon ouvrage sur la religion dont le 3ᵉ vol. paraît cette semaine. Je pars à l'instant pour les eaux. En attendant, plus votre amitié me fera valoir, plus je serai fort pour vous soutenir la session prochaine, si session y a. Je crois du reste que vous trouverez dans mon livre de quoi vous satisfaire
Mille tendres Amitiés

BConstant

ce 7 Aoust 1827

Monsieur / Monsieur Bertin de Veaux / Député / Rue Louis le grand / n° 11

Manuscrit *Lausanne, BCU, IS 5787 ; 4 pp., pp. 2–3 bl., l'adresse p. 4 ; orig. autogr.

Note
¹ Plutôt que la lettre du 2 juillet qui n'est pas une « recommandation », BC dut adresser à Bertin une recommandation pour le premier volume des *Discours*.

5099

Benjamin Constant à Jean-Baptiste Teste ?

7 août 1827

« Je n'ai point essayé de convertir votre concitoyen à la peine de mort... indiquez-moi un moyen de ne pas soumettre ceux à qui vous ne voulez pas qu'on coupe le col, à un arbitraire plus facheux que la mort, arbitraire exercé par la classe la plus grossière et la plus infâme les geoliers, arbitraire... qui établit le principe qu'il y a des circonstances dans lesquelles une créature humaine peut légitimement être livrée au pouvoir discrétionnaire d'une autre, principe que je nie, quelque soit le crime, parce que le pouvoir discrétionnaire est de tous les crimes le plus grand... »

Édition *Catalogue Coulet et Faure 140 (1974), p. 37

Commentaire À M. Teste, selon le catalogue. Est-ce Jean-Baptiste Teste (1780–1852), avocat, alors exilé à Liège ? Sur le pouvoir discrétionnaire chez BC, voir Felipe Freller, *Quand il faut décider. Benjamin Constant et le problème de l'arbitraire*, Paris : Classiques Garnier, 2023.

5100

Benjamin Constant à François Béchet

8 août 1827

Monsieur / Monsieur Béchet Aine / Libraire / Quai des Augustins N° 47 / Paris

Manuscrit *Turin, BCRS, Nomis di Cossilla, cartella 10, fascicolo 5 ; 2 pp., p. 2 bl. ; cachet postal : 8 Ao[ût] 1827 ; orig. autogr.

Texte 1 Paris] *Dessous, quatre multiplications, et verticalement en marge gauche :* Ecriture de M. Benjamin Constant qui m'a été donnée par Mr Bechet ainé, éditeur de ses Œuvres. – Guérin

Commentaire Seule, l'adresse est conservée.

5101

Benjamin Constant à Jean-Jacques Coulmann

8 août 1827

Partis enfin de Paris, où nous avons été retenus deux jours par une opthalmie, nous voici en route & couchant ici. Nous partons avec l'aurore & j'espère que le 10 au soir ou le 11 au matin, nous serons à Brumath. Je crains bien que vos bontés pour nous ne vous aïent fort dérangé & n'ayent retardé votre voyage à Bade. Nous n'en avons que plus de reconnoissance avec beaucoup de regrets, & nous voilà sous votre protection pour Bade, sauf une course qu'il faut absolument que je fasse à Strasbourg avant d'y aller. Mais elle ne retardera point votre course ni celle de ma femme. A vendredi ou samedi matin au plutard & croyez à notre sincère & tendre amitié

B Constant

Epernay ce 8 Aoust 1827

a Monsieur / Monsieur Coulmann / a Brumath / Basrhin

Manuscrit *Paris, BnF, N.a.fr. 24914, ff. 55–56 ; 4 pp., pp. 2–3 bl., l'adresse p. 4 ; cachet postal : 12 AOUT [1827] ; timbre : 9/ÉPERNAY ; orig. autogr.

Édition Coulmann (1869), III, p. 96.

Texte **12** Brumath] Brumath ⟨près Saverne⟩

Commentaire Le grand voyage de cette année 1827 est commencé. Le 8 août était un mercredi et vu la distance parcourue de Paris à Épernay, il est probable que BC était parti tôt le matin. On apprend par la lettre suivante qu'il parcourt une distance à peu près égale le lendemain pour atteindre Verdun. Le chemin est bien plus long de Verdun à Brumath que d'Épernay à Verdun, ce qui laisse supposer qu'ils n'arriveront à Brumath que le 11.

5102

T. Ponteuil à Benjamin Constant

14 août 1827

Monsieur,

J'ai reçu la lettre que vous m'avez fait l'honneur de m'écrire le 9 de ce mois, à votre passage à Verdun.

M^r. Casimir Perier se trouvant encore à Paris, je lui ai fait part de l'opinion où vous me mandez que vous êtes de l'utilité qu'il y aura à adresser la circulaire relative à la souscription à quelques personnes dont vous me donnez les noms. M^r. Cas. Perier partage, Monsieur, cette opinion et je m'empresse de faire partir les circulaires

La souscription n'a pas fait de grands progrès, Monsieur, depuis votre départ.

Le départ de Mr. Casimir Perier n'étant pas encore définitivement fixé et, en son absence, les lettres à son adresse m'étant remises pour en prendre connaissance, vous jugerez sans doute qu'il ne saurait y avoir aucun inconvénient à ce que les lettres par lesquelles vous auriez à m'informer des dispositions à prendre pour la souscription fussent adressées à M^r. Casimir Perier pour la plus grande régularité des choses.

Comptez toujours, je vous prie, sur tous mes soins à assurer la régularité de la souscription et veuillez agréer l'expression des sentimens de haute considération avec lesquels j'ai l'honneur d'être,

Monsieur,

Votre très humble et très obéissant serviteur

T. Ponteuil.

Paris le 14 août 1827.

Manuscrit *Lausanne, BCU, Fonds Constant I, Co 2650 ; 2 pp., orig. autogr.

5103

Benjamin Constant à Louise d'Estournelles

15 août 1827

Brumath, près Strasbourg, ce 15 Aoust 1827.
Me voici presque arrivé, ma chère Louïse, & maintenant que je me crois sur de me trouver à Bade demain[1], je vous écris pour vous demander de vos nouvelles ; j'en ai été privé pendant plus longtems que je n'aurais voulu, mon départ de Paris ayant été retardé de jour en jour, & de manière à ne jamais me laisser croire que je serais encore à même de recevoir une réponse de vous. Mon voyage s'est passé sans accident, & si je disois les félicitations & les témoignages de bienveillance dont j'ai été entouré, j'aurais l'air d'inventer des choses fabuleuses.

Je suis impatient de savoir ce que vous faites, j'ai écrit avant de partir à M d'Estournelles, pour qu'il laisse toutes choses dans l'état où elles sont[2]. Il me mande toujours qu'il paye & qu'il a payé la pension de Léonce[3] : je ne sais comment concilier une assertion aussi positive & aussi facile à démentir avec les vôtres. Au reste je voudrais que la chose fut vraye, ce seroit autant de gagné pour vous.

Adieu ma chère Louise. Je vous ecrirai de Bade dès que vous m'aurez écrit a Bade. Croyez a ma sincère amitié

B Constant

Manuscrit   *Lausanne, BCU, Fonds Constant I, Co 367 ; 2 pp., p. 2 bl. ; orig. autogr.

Notes
[1] Le 14 août, BC quitte Strasbourg pour Brumath ; le 16, il part pour Bischwiller (Glachant (1906), pp. 373–374) où il est fêté (voir la lettre de Hauser du 19) et arrive à Baden le 17, ce que confirme la lettre suivante.
[2] Voir sa lettre du 6 août.
[3] Voir les lettres de d'Estournelles de juin et juillet, ci-dessus.

4 « Cathédrale de Strasbourg. Vue de la façade, prise du marché aux légumes », dessin de Chapuy, lithographie de Courtin, Strasbourg : F. G Levrault, 1827 (gallica.bnf.fr / BNU).

5104

Benjamin Constant à Casimir Périer

18 août 1827

Me voici à Bade, mon cher Casimir. J'y ai trouvé M. votre frère[1], qui m'a dit que vous étiez maintenant à Plombières[2], & je vous y écris. On vous aura rendu compte de mon passage en Alsace & de ma réception à Strasbourg[3], & je serais embarassé de vous en parler, tant on a porté loin les démonstrations de satisfaction & d'enthousiasme, non seulement dans la ville où tout étoit préparé depuis longtems, mais dans les villages ou j'ai passé, en venant îci. Toute la population sur pied, tous ceux qui pouvoient avoir des chevaux m'accompagnant avec de la musique, et se recrutant de manière à ce qu'il y avoit près de deux cent cavaliers devant & derrière ma voiture. Les communes protestantes réunïes avec les maires, leurs pasteurs en tête, chantant des pseaumes & priant pour moi, dans le plus gros bourg, les jeunes filles vétues de blanc & m'offrant des couronnes, & portant chacune un bouquet, & tout cela, par pure adhésion à nos opinions, car jamais individu ne fut plus étranger à l'Alsace jusqu'ici que moi. C'est l'opposition, c'est vous surtout, & moi, comme vous ayant secondé à qui toutes ces demonstrations s'adressaient. Elles n'étoient provoquées par personne, & toute la puissance Royale & tout l'or de la trésorerie n'auroient pu les obtenir : & remarquez que dans tous ces rassemblemens si nombreux, si spontanés, sur lesquels personne n'avoit d'autorité & que personne ne dirigeoit, il n'y a eu, parmi les vivats improvisés pas un cri inconstitutionnel ou inconvenant. L'autorité s'est très bien conduite ; pas un gendarme n'a paru, & six à huit mille personnes, reunies sur les Quais, se sont séparées après trois heures, sans qu'il y ait eu la moindre apparence de désordre. Il y avoit par hazard 5 Députés en même tems que moi à Strasbourg. Humann, Becquey Türkheim, Duperreux, & Castex[4] ; j'ai envoyé des cartes à Turkheim & à Humann. Ce dernier est entièrement dépopularisé à Strasbourg & s'il y a une dissolution cette année ou l'année prochaine[5], il ne sera certainement pas réélu.

Après vous avoir ainsi décrit mon itinéraire, je vous dirai quelques mots de l'affaire à laquelle vous avez bien voulu vous intéresser. D'après la bienveillance qu'on m'a témoignée, je crois qu'il serait facile de trouver beaucoup de personnes disposées à se procurer la collection de mes discours. Je n'en ai point parlé, comme vous pensez bien mais vous m'avez plusieurs fois demandé des noms, & en voici de gens auprès desquels je crois avec conviction qu'un mot de vous seroit fort utile.

MM   Chanoine[6], négociant à Epernay.

Houzel[7], Juge au Tribunal de Commerce, à Verdun
le Général Henri, à Verdun.
Hainglaise[8], prop^e à Chateau Salins, Meurthe.
Lorant[9] Notaire, à Chateau Salins, Meurthe.
Steiner[10] Nég^t à Strasbourg.
Scherz[11] Nég. à Strasbourg.
Blaesius[12] President du Consistoire reformé à Brumath près Strasbourg.
J. Bertrand[13], prop^e & fabricant à Bischweyler
Hydre[14], pasteur protestant, à Curtzenhausen.

Voyez cher Casimir s'il vous convient de faire usage de l'indication que je vous donne. Vous en avez certes tant fait déjà que je suis bien loin de rien vous proposer qui vous paraisse inutile ou déplacé.

J'ai vu hier quelqu'un qui arrive de chez le Duc de Dalberg[15] & qui assure que la dissolution de la Chambre est certaine après le 30 Septembre. Avec la disposition que j'ai vue partout, je ne sais comment le Ministère s'en tirera.

Je suis ici pour trois Semaines au moins. Bade est un peu deblayé d'Altesses & de Diplomates ce que je suis loin de regretter.

Adieu mon cher Casimir. J'espère que votre Santé va mieux. Mille tendres amitiés

B Constant

Mon adresse à Baden Baden / Grand Duché de Bade / Allemagne
Bade ce 18 Aoust.

à Monsieur / Monsieur Casimir Perrier / Membre de la Chambre des / Députés / à Plombières / *France*

Manuscrit   *Grenoble, AD de l'Isère, 11 J 41, f. 11 ; 4 pp., p. 3 bl., l'adresse p. 4 ; cachets postaux : 23 AOUT 1827 ; 25 Septembre 1827 ; [manuscrit :] N° 3 / Inconnu ; [barré :] PLOMBIERES ; 82 PLOMBIÈRES ; [manuscrit :] 21. 7bre 1827 ; BADEN ; orig. autogr.

Texte   **25** entièrement] entièrement ⟨dépy⟩   **34** MM] *devant chacune des trois premières lignes, d'une autre main :* 2e circul   **57** *Au-dessus de l'adresse, d'une autre main :* Au dos *Sous l'adresse, d'une autre main :* Paris Paris

Notes

[1] Amédée Auguste (1785–1851) dont la présence à Baden est attestée à cette époque (Coulmann 1869), t. III, p. 166 ; Sebastian Hensel, *Die Familie Mendelssohn 1729–1847*, Berlin : Behr, 1879, t. I, p. 162).

[2] Voir la lettre à Périer du 16 juillet 1827. La page d'adresse de la présente montre qu'elle a voyagé de Plombières à Paris, puis retour vers Plombières. C'est qu'à son arrivée, Périer n'était plus à Plombières : il rencontrait le roi à Valenciennes le 5 septembre (*Le Moniteur universel* du 7 septembre 1827, p. 1290).

³ Sur ces journées, voir Glachant (1906), pp. 377–385.
⁴ Georges Jean Humann (1780–1842), député libéral du Bas-Rhin depuis 1820 ; Jean Frédéric de Turckheim (1780–1850), député centre gauche du Bas-Rhin depuis 1824 ; Georges Millin Duperreux (1766–1852), député de la majorité ministérielle du Bas-Rhin depuis 1824 ; Bertrand Pierre Castex (1771–1842), député royaliste du Bas-Rhin depuis 1824. Louis Becquey (1760–1849), député de Haute-Marne, directeur général des ponts et chaussées, effectuait une tournée dans l'Est qui l'avait amené à Strasbourg (*La Quotidienne* du 19 août 1827, p. 2).
⁵ Sur la dissolution, voir la lettre à Périer du 18 juillet 1827. Après avoir été élu en Aveyron en 1828, Humann reviendra dans le Bas-Rhin en 1830 et y sera réélu jusqu'en 1837.
⁶ Chanoine développait plusieurs activités à Épernay : bouchons, fournitures pour le vin, fer et quincaillerie, vins (*Almanach du commerce* (1827), p. 521) ; la maison existe toujours.
⁷ Houzelle (*Almanach royal* (1828), p. 391).
⁸ Jean-François Hainglaise, conseiller de l'arrondissement de Château-Salins (*Annuaire du département de la Meurthe – 1830*, Nancy : Bontoux, s. d., p. 83)
⁹ J. Laurent, notaire à Château-Salins, conseiller de l'arrondissement comme Hainglaise (*Almanach royal et national* (1831), p. 503).
¹⁰ Sur Jean-Louis Steiner (1785–1762), soutien de BC, voir le *Courrier du Bas-Rhin* du 11 décembre 1862, p. [3].
¹¹ Voir la lettre à Schertz du 18 septembre 1827.
¹² Jean Blaesius (1760–1836), pasteur à Brumath depuis 1805.
¹³ Jean Bertrand (1781–1864), juge de paix à Bischwiller, à qui BC écrira le 2 avril 1828.
¹⁴ Il semble que BC ait mal compris : le « ministre protestant » de Kurtzenhausen (auj. Kurtzenhouse), canton de Brumath, se nommait Hüter (*Annuaire du Bas-Rhin*, pp. 134–135).
¹⁵ Emeric-Joseph, duc de Dalberg (1773–1833), nommé à la Chambre des pairs en 1815, résidait dans son château de Herrnsheim, à 120 km de Baden-Baden.

5105

Hauser à Benjamin Constant

19 août 1827

Strasbourg le 19 aout 1827

Monsieur,
Arrivé à Strasbourg pour me rendre aux eaux de Baden et forcé par des circonstances imprévues de revenir subitement sur mes pas, c'est avec douleur que je m'eloigne du lieu où vous vous trouvez, et où j'eusse été si heureux de vous rencontrer.

La lettre que vous m'avez fait l'honneur de m'ecrire m'est bien parvenue dans le tems ; combien j'ai été sensible Monsieur, à cette marque de souvenir de votre part ; je ne puis y songer sans en être emu jusqu'aux larmes, et je montrerai un jour avec orgueil à mes enfans les caractères cheris de l'immortel defenseur de nos libertés.

Que ne suis-je arrivé ici deux jours plus tôt¹, pour partager l'ivresse des braves Strasbourgeois ! avec quel plaisir j'ai recueilli les details que m'ont donné mes jeunes amis de cette ville ! J'etais hier à Bischwillers où tout est plein du souvenir de votre passage ; les habitans de cette commune m'ont raconté avec delices les plus petites circonstances de la fête de famille du 16 aout ; ah ! jamais cette journée ne sortira de leur mémoire.

   Pardonnez Monsieur, à l'indiscretion de ces épanchements ; forcé de partir de suite, c'est à la hâte que je trace ces mots Je n'ai pu me sentir aussi près de vous, et resister au besoin que j'éprouvais de vous ecrire quelques lignes. Dans quelques minutes j'aurai quitté cette ville, et c'est la seule idée consolante que j'emporte avec moi.

   Si j'etais heureux pour recevoir de vos nouvelles à Besançon, pour apprendre l'état d'une santé qui nous est si précieuse et si chère, j'y trouverais si non un dédommagement, du moins la seule consolation que je puisse recevoir, d'une privation qui m'affecte si péniblement.

   Veuillez agreer Monsieur, l'assurance du profond attachement avec le quel j'ai l'honneur d'être pour la vie, votre tout affectionné

Hauser J[ne]

de Besançon.

Manuscrit   *Lausanne, BCU, Fonds Constant I, Co 3885 ; 2 pp. ; orig. autogr.

Commentaire et Note   Hauser jeune n'a pu être identifié.
[1] BC avait quitté Strasbourg le 14 août.

5106

François Béchet à Benjamin Constant

20 août 1827

Paris, *le* 20 Aout *1827*
LIBRAIRIE DE PICHON-BÉCHET,
Successeur de Béchet ainé,
Éditeur des Œuvres de MM. de PRADT, *ancien archevêque de Malines ;*
BENJAMIN CONSTANT, GUIZOT, LEGRAVEREND, BIGNON, *madame* GUIZOT *; des Œuvres de* POTHIER, *publiées par M.* DUPIN AINÉ, *Avocat ; du nouveau Manuel des Notaires ; de la Collection des Mémoires relatifs à la Révolution d'Angleterre, du Rôdeur Français, des Romans de M. le vicomte d'Arlincourt, etc., etc.,*
Quai des Augustins, N° 47.

A Monsieur Benjamin Constant Deputé, à Bade

Monsieur

Nous venons de recevoir votre honorée lettre du 15 C^t Je vous dirai en reponse, que nous avons mis votre tome 3 en vente jeudi dernier, il à été annoncé avant hier dans le Journal de la Librairie[1], le Constitutionel, le Courrier, les Debats et le J^{al} du Commerce ont aussi annoncé le titre seulement. J'ignore si la censure permettra qu'on en rende compte, cependant je pense que vous ferez bien en ecrivant à vos amis à Paris, les prier de solliciter auprès des journaux liberaux de faire ou faire faire des articles et les insérer dans leur feuille le plutot possible, nous en avons besoin car la vente de ce volume ne va pas à beaucoup près aussi bien que celle du tome 2, je crois qu'on peut en attribuer la cause à l'etat deplorable ou se trouve presentement le commerce de la librairie. Il faut espérer, si nous avons des articles que ce volume et les deux premiers se vendront mieux vers la fin de cette année, jusqu'à present nous n'avons pas été troublés par la police dans notre vente, je lieu d'espérer qu'elle ne s'avisera pas de nous saisir.

C'est mardi dernier 14 de ce mois, que nous avons remis à la maison Levrault de Paris les 12 ex^{res} que vous nous avez chargé de vous faire parvenir à Strasbourg l'expédition en à été faite le même jour, ils doivent etre présentement à leur destination.

Nous avons aussi distribué la semaine passée, les ex^{res} aux personnes que vous avez designées, plus un à Mr de Senancourt[2] sur un bon de vous, il n'est pas porté sur votre note. Voulez vous bien avoir la bonté de présenter mon respect à Madame Constant,

Je suis avec considération
Monsieur, votre très humble serviteur
Bechet ainé

Manuscrit *Lausanne, BCU, Fonds Constant I, Co 3842 ; 2 pp. ; orig. autogr.

Texte *Les caractères en italique ont été imprimés.*

Notes
[1] Voir la *Bibliographie de la France* du 18 août 1827, p. 683.
[2] Est-ce Étienne Pivert de Senancour (1770–1846) ?

5107

Benjamin Constant au Rédacteur de la Gazette de France

21 août 1827

à M. le Redacteur de la Gazette de France

Monsieur, en vertu de l'article 11 de la loi du 25 Mars 1822[1], je vous requiers d'inserer ma réponse à un article qui se trouve dans un de vos derniers Numeros.

La Gazette de France du 18 Aoust, apres avoir cité un passage de M. Deluc, contre les écrivains qui nient les révélations, dit qu'elle a été bien aise de m'opposer un de mes compatriotes[2], ce qui signifie que je nie les révélations. Elle termine ses réflexions par ce vers : les Rois n'ont plus de trône où Dieu n'a plus de temple[3], ce qui implique que le but de mon ouvrage est que Dieu n'ait plus de temple. Je somme le Journaliste de citer une seule de mes phrases où les opinions qu'il m'attribue soient exprimées, directement ou indirectement. Je le somme d'en citer une qui ne soit pas conforme à cette religion protestante, qui a pour principe l'examen, pour maxime la tolérance, pour appui les lumières, & que je suis fier & heureux de professer. S'il ne repond pas à cette sommation, l'on ne pourra voir en lui que l'agent d'une faction bien connue, qui, trafiquant d'audacieux mensonges, se prépare par la délation à la violence, par la calomnie à la persécution, pour nous ravir les bienfaits de la charte & nous ramener aux rigueurs salutaires de la St Barthelemy & aux conversions par les Dragonades.

Benjamin Constant

Bains de Bade 21 Aoust 1827.

Manuscrit   1.*Paris, BnF, N.a.fr. 18830, f. 102 ; 2 pp., p. 2 bl. ; orig. autogr.   2. Lausanne, BCU, IS 5212/11 ; minute autogr.

Édition   *Gazette de France*, 29 août 1827, p. 3.

Texte   4 La] La Gazette : *le texte de la* Gazette *commence ici*   5 les révélations] *la* Gazette *imprime :* la révélation a été] *la* Gazette *imprime :* est   6 les révélations] *la* Gazette *imprime :* la révélation   9 somme le Journaliste] *la* Gazette *imprime :* prie M. le rédacteur   12 lumières] *le texte de la* Gazette *s'arrête après* lumières   14 en lui] *en interligne*

Commentaire et Notes   La *Gazette de France*, organe des royalistes, était alors dirigée par Antoine Eugène Genoud (1792–1849). Non content de supprimer la fin de la lettre, le « rédacteur » ajouta avec ironie : « Nous sommes charmés de voir que M. B. Constant croit à la révélation chrétienne et à la divinité de J. C. Nous persistons à penser cependant que son ouvrage contient des propositions qui sont contraires à ce qu'il dit dans sa lettre. Nous prenons l'engagement de le prouver dans l'article où nous devons examiner à fond son troisième volume. » Ce sera dans la *Gazette* du 26 septembre 1827, pp. 3–4.

[1]   BC avait récemment recouru au même article dans ses lettres à Cadiot du 1er juillet et à Moureau du 2 juillet 1827.

² « Nous sommes heureux d'avoir pu combattre d'abord M. Benjamin Constant avec un de ses compatriotes. » (*Gazette de France* du 18 août 1827, p. 4). L'article avait pour titre « Du troisième volume de M. Benjamin Constant, intitulé : de la Religion ! » et citait Jean-André de Luc, *Précis de la philosophie de Bacon*, Paris : Nyon, 1802, t. I, pp. 9 et suiv.

³ François-Joachim de Pierre de Bernis, *La Religion vengée*, Paris : Delalain, 1824, p. 2 ; le poème dont la première édition datait de 1795 n'avait pas été réédité depuis 1797.

5108

Pierre-Charles-François Dupin à Benjamin Constant

23 août 1827

Paris 23 Août 1827.

Monsieur

Permettez-moi de vous adresser le prospectus ci-joint[1] ; je désirerais beaucoup que votre nom vînt se placer à côté de celui des honorables députés qui souscrivent pour la liberté civile et religieuse dans tout l'univers : c'est le vœu de la civilisation.

J'ai l'honneur d'être avec la plus haute considération,

Monsieur

Votre très humble et très obéissant serviteur,

Charles Dupin

P. S. Permettez-moi de vous prier de recommander en Allemagne cette souscription, près de vos honorables amis.

Manuscrit *Lausanne, BCU, Fonds Constant I, Co 978 ; 2 pp. ; sign. et post-scriptum autogr.

Commentaire et Note Sur Charles Dupin (1784–1873), voir *CG*, X, 324.

[1] Dans le *Journal du Commerce* du 11 août 1827, p. [2], à la suite de la mort de George Canning, Charles Dupin avait lancé une souscription pour graver une médaille « où d'un côté nous inscrirons sa devise et la nôtre : *Liberté civile et religieuse dans tout l'univers*. L'autre côté portera son effigie, avec ces mots : *Au nom des peuples, les Français à George Canning.* » Le projet n'aboutit pas.

5109

Benjamin Constant à Louise d'Estournelles

25 août 1827

Bade ce 25 Aoust 1827

Vous pouvez compter, ma chère Louïse, que, de quelque manière que je retourne à Paris, j'irai vous voir & causer avec vous de toutes vos affaires. Je viens de commencer la cure des eaux, quoique la saison soit déjà avancée, & à moins que le tems ne s'y oppose, je la suivrai jusqu'à la fin de 7bre. J'en ai besoin, non seulement pour ma jambe, mais pour toute ma santé qui est assez ébranlée.

Je ne crois point avoir sauté dans vos lettres l'article qui concernoit les payemens faits par M d'Estournelles. Je suis sur, chère Louïse, que je lis vos lettres fort exactement. Quoiqu'il en soit, je suis bien aise qu'il aît effectué un payement qui contribue plus ou moins à votre aisance[1].

Je vous porterai les volumes de mon ouvrage que vous n'avez pas. Je me réjouïs de vous voir, & de causer avec vous, d'autant plus que mon médecin me défend de beaucoup écrire. Adieu ma chère Louïse. Dites mille tendresses à Charles & croyez à mon inaltérable amitié

B C.

Manuscrit *Lausanne, BCU, Fonds Constant I, Co 368 ; 2 pp., p. 2 bl. ; orig. autogr.

Note
[1] Voir la lettre à Louise du 15 août 1827 : il semble que BC et sa sœur divergeaient sur la participation de d'Estournelles aux frais de scolarité de Léonce.

5110

Therese Huber à Benjamin Constant

27 août 1827

Bayreuth (en visite auprès de ma fille Herder[1]) le 27.8.27

Mon bien chèr ami,

Les acclamations qui vo[u]s ont accueillis sur votre route à la frontière, ont retentis dans mon cœur. Non pas parceque l'homme, objet de la reconnoissance publique est mon ami, mais parceque celui qui gagnoit mon estime dans sa jeunesse merite les re[s]pects de la partie la plus estimable de sa nation dans son age mur.

Je regrette de ne plus demeurer à Stoutgardt, dont la proximité m'auroit peutetre offert la possibilité de vous révoir. Le sort me favorisoit cet eté de la rencontre d'un autre ancien ami de mon séjour de Mayence – de Wilhelm Humbold². Je ne l'ai jamais comparé à Benjamin Constant – de la manière que les 37 añees de notre separation ont agi sur lui, notre entrevue n'avoit d'interêt que le souvenir du passé. Il s'emervelloit de ma vivacité ; je sourios de l'enpois dont un siècle de diplomatie avoit roidi son ame. Si aujourdhui je fesois sa connoissance, il ne m'inspireroit aucun interêt et si je ne vous eus jamais connu, je vous réchercherois aujourdhui.

Puisse la déesse de la santé concentrer toutes ses forces mysterieuses dans les eaux de Bade, pour vous guerir ! Je sais que ces eaux ont operé des miracles. Je voudrois qu'après en avoir fait usage, vous alliez dans une contrée meridionale y echapper à l'hyver humide de Paris, et au contact imédiat de ce qui s'y passe.

J'ai fait mon possible pour distribuer le prospectus du recueil de vos discours. L'idée de les faire servir à un gage d'estime nationale est bien belle ! Cela est plus noble que les monuments projetté pour nos soit disant grands hommes, qui tombent dans l'oubli avant que d'etre réalisés. On va plaider dans ce moment sur le produit d'une *collecte* faite il y a dix ans pour un monument de Luther. Les sommes recueillies ont disparu, et le monument n'a pas eté construit. Heureusement, que vous y voyez plus clair en défendant les réformes, que Luther en provoquant la réformation ; nos proneurs de ce brave home se proposent de ramener les choses à l'état de l'Epoque ou il opéroit une revolution, qu'assurement, il n'avoit pas projetté. Je pense qu'il se trouvoit dans le cas de cet écolier de Goethe qui avoit aprit du magicien le mot qui lui accordoit le pouvoir de transformer un Ballay dans un porteur d'eau. Il le charge de lui préparer un bain, mais le but rempli l'écolier se trouve avoir oublié le mot mysterieux ; le balais menace de le noyer et le pauvre écolier crie pitoyablement après le Hexenmeister, pour le sauver³. Luther, à la fin de sa carrière, fut etourdie d'avoir ouvert le chemin à un torrent tandis qu'il n'avoit voulu que faire boire sobrement le calice sacré – Je pense que 3 siècles evolu⁴ depuis, nous ont avancé ? – Que votre livre sur la religion contient de belles verités ! N'aurons nous pas le second vol.⁵ ? Mais je comprends que vous préférez d'en renvoyer la publication.

Je voudrois que vous rencontriez à Bade des gens bien distingués bien capables, bien loyaux pour etre pleinement instruit des details de la situation de notre Allemagne. Personne ne vous dira la pure Verité ; mais en causant avec beaucoup de monde, vous vous formeriez une Idée plus ou moins parfaite, come toutes les choses humaines. Mon Dieu, si je vous voyois, come je causerois ! Mais je soumetterois toutes me[s] causeries à l'epuration de votre jugement. Cependant, je vous dirois beaucoup ! 30 années d'observations, et 30 années de constance dans le point de vue et dans les principes debarassent au moin von der

Menschenfürcht und dem Vorurtheil⁶. Quoi qu'il en soit, croyez moi, mon ami, que vos efforts ne sont pas perdus ; quand meme vous et moi et mes enfans ne vivroient pas pour voir éclore les bonnes graines que vous confiéz aux cœurs de vos contemporains, nous decendons dans la tombe glorieux de la conviction que l'avenir les fera prosperer, et *à la porte du reveil*, cette conviction sera le premier gage de l'imortalité.

Je rédige les lettres de Forster pour la publication⁷. Elle[s] comprennent l'époque de 1778 jusque 1792. Vous sentez bien que cet ouvrage m'offre des difficultés ; mais le resultat m'en dédomage. Elles sont de l'interêt le plus varié. Vu mes yeux obscurcies et souffrants et ma santé affoiblie cette occupation m'accable, mais je dois cet effort à la memoire de Forster. Cette occupation me sert à scrutiner⁸ sévèrement l'epoque la plus orageuse de ma vie. Le tems écoulé depuis l'a rendu historique à mon égard ; je me juge come un ètre etrangé et je m'absous come un juge equitable. Vous comprenez que mes relations personnelles avec Forster n'y sont touché que le plus discrètement possible.

Mon fils, qui vous présente ses respects, est maintenant établi a Goettingue, ou il trouve toutes les resources pour composer un ouvrage historique de longue halaine qu'il a projetté depuis longtems⁹. À coté de cela il doit composer des petits traités, faire des traductions – enfin gagner sa vie, sans se detourner de son but principal. J'espère qu'un séjour un peu prolongé le conciliera à l'idée de s'y fixer soit come Professeur et cet¹⁰. Il a du caractère, il a des connoissances, il a des mœurs – je ne lui prescris pas son chemin ; j'impose silence au cœur maternel.

Je vous salue avec l'amitié d'une ame sur laquelle les années n'ont aucune influence et que votre mérite ne fait qu'augmenter et ennoblir pour celle qui la ressent.

Thérèse Huber

Manuscrit   *Lausanne, BCU, Fonds Constant I, Co 980 ; 4 pp. ; orig. autogr.

Texte   **14** dont] *au-dessus de* ⟨qu'⟩   **35** Luther,] Luther, ⟨avoit⟩   **36** à] *corrige d'*   **39** je] je ⟨*mot illisible*⟩   **41** à Bade] *en interligne*

Notes
1. Louise Émilie Huber (1795–1831) avait épousé en 1822 Emil (1783–1855), fils de Johann Gottfried von Herder (1744–1803).
2. Wilhelm von Humboldt (1767–1835) avait été diplomate au service de la Prusse jusqu'en 1819.
3. Goethe, *Der Zauberlehrling*, 1797.
4. Lire *évolués* ?
5. Le tome III de *De la Religion* venait de paraître et Therese Huber l'avait reçu ; sans doute confond-elle ici avec « le second vol. » des *Discours* dont elle avait dû recevoir également le premier volume peu avant.
6. *de la peur des hommes et des préjugés*

7 Therese Huber, qui avait été mariée en premières noces à Forster (1754–1794), fit paraître *Johann Georg Forster's Briefwechsel. Nebst einigen Nachrichten von seinem Leben*, Leipzig : Brockhaus, 1829, 2 vol. L'édition était dans la bibliothèque de BC (*OCBC, Documents*, I, 258).
8 Dans le sens de scruter ; ce qui est un emploi ancien (Littré).
9 Sur Victor-Aimé Huber, voir *CG*, XIV, 396. L'« ouvrage historique de longue halaine » est sans doute le livre sur le Cid qu'il composait à Göttingen à cette époque : *Geschichte des Cid Ruy Diaz Campeador von Bivar. Nach den Quellen bearbeitet von Dr. V.A. Huber,* Bremen : Heyse, 1829 (*Allgemeine Deutsche Biographie*, Leipzig : Duncker & Humblot, 56 vol. (1875–1912), XIII (1881), 251).
10 *Et cætera*.

5111

Alexandre Cazin à Benjamin Constant

28 août 1827

Paris ce 28. aout 1827

Monsieur

Je vous écris à l'instant même de la réception de votre lettre.

Aussitot votre départ, je me suis occupé de faire insérer dans les petites affiches, l'avis de la location par bail, de votre hotel[1], sans désignation de N°.

Il s'est présenté diverses personnes & notament un j^e avocat de ma connaissance qui stipulait pour sa famille.

Il n'y a eu que des pourparlers & j'avais quelqu'espérance de finir au moment ou votre lettre m'est parvenue.

Je me conformerai à vos intentions en ne faisant aucun traité sans de nouvelles instructions de votre part.

J'attendais pour vous écrire, qu'il y eut quelque chose de positif à vous annoncer.

Je vous souhaite ainsi qu'à Madame, une bien bonne santé & vous offre à tous deux, mes civilités respectueuses

Cazin

Manuscrit   *Lausanne, BCU, Fonds Constant I, Co 1302 ; 2 pp. ; orig. autogr.

Note
1 BC possédait alors deux maisons (outre celle qu'il occupait) : l'une, rue Saint-André-des-Arts, l'autre, rue Saint-Denis. Par l'entremise de Cazin, il avait cherché à vendre la première en 1824 (voir la lettre 4353 de Cazin du 31 août 1824, *CG*, XIII, 408–409) et la seconde en 1825 (voir la lettre 4653 de Cazin du 21 septembre 1825, *CG*, XIV, 177–178). N'ayant pu y parvenir, sans doute cherchait-il à les louer.

5112

Alexandre Cazin à Benjamin Constant

30 août 1827

Paris ce 30. aout 1827.

Monsieur

J'ai porté à la préfecture du Département, votre lettre adressée à M. le préfet. Je l'avois laissée telle qu'elle m'etait parvenue, c'est à dire sans être complettement fermée. J'en ai fait prendre communication au chef de Bureau qui m'a dit que vous etiez parfaittement en règle, qu'il remettrait cependant la lettre dans les mains de M. le préfet & qu'il vous serait fait une réponse qu'on déposerait chez moi ; à l'effet de quoi, j'ai écrit mon adresse au bas même de votre lettre.

Je vous transmettrai bien éxactement la réponse qui me parviendra[1].

Je crois qu'on agit de bonne foi. En second lieu, ce ne serait pas vis à vis de vous qui êtes trop en évidence, qu'on oserait commettre une fraude.

Enfin vous êtes dans une position particulière & telle que rien au monde ne pourrait colorer[2] votre radiation, parce que les propriétés qui vous donnent le cens électoral sont situées à Paris, qu'un double de chaque matrice de role est déposé à la préfecture, que toutes les preuves y sont en évidence & qu'on ne pourrait pas se plaindre d'un défaut de justification.

J'attendrai de nouvelles instructions de vous, relativement à la location de votre hotel[3].

La nouvelle de l'accueil que vous recevez partout, me fait infiniment de plaisir mais ne m'étonne pas. J'aurais été même fort surpris qu'il en fut autrement.

Vous devez connaitre tous les détails relatifs à l'enterrement de M. Manuel[4]. Il s'en est bien peu fallu que de grands malheurs n'arrivassent. Tout etait porté à l'extrême. M. Lafitte a harangué les j^{es} gens, sa voix a été entendue, d'un autre coté, l'autorité a fait quelques concessions. Il y avait 40,000 âmes.

Si le moindre avertissement avait [pu] être donné par les journaux, il y en aurait eu plus de 200,000.

Je vous prie d'agréer mes civilités.

Cazin.

Monsieur / Monsieur Benjamin Constant / Député, en ce moment / à *Bade*, / grand duché de Bade. / Par Strasbourg / (bas Rhin)

Manuscrit   *Lausanne, BCU, Fonds Constant I, Co 1303 ; 4 pp., l'adresse p. 4 ; timbre : C.F.3.R ; orig. autogr.

Texte   **6** cependant] *ajouté dans l'interligne*   **15** sont] sont ⟨dépo⟩   **26** [pu]] *mot emporté par une déchirure*

Commentaire et Notes   Cazin, qui s'occupait des affaires immobilières et financières de BC, prend ici une nouvelle fonction : il s'occupe aussi de ses affaires civiles.

[1] Voir ci-dessous la lettre de Chabrol de Volvic du 1ᵉʳ septembre 1827 qui éclaire la démarche de BC et Cazin.

[2] Il signifie figurément, Donner une belle apparence à quelque chose de mauvais (*Dict. Acad. fr.*, 1798).

[3] Voir la lettre précédente.

[4] Sur les funérailles de Manuel, voir la lettre à Salvandy du 13 septembre 1827.

5113

Benjamin Constant à Wilhelm Ehlers

1ᵉʳ septembre 1827

Mʳ Benjamin Constant se souvient parfaitement des momens agréables qu'il a dus à Monsieur Ehlers, lors qu'il l'a rencontré cher Mʳ Goethe, & il sera charmé de renouveller connoissance. Ce sera malheureusement pour bien peu de tems, puis qu'il est forcé de retourner à Bade dans la journée. Il sort à l'instant pour aller faire une ou deux visites : mais il sera surement rentré à une heure. Il prie en attendant Monsieur Ehlers de recevoir l'assurance de sa considération très distinguée
Carlsruhe ce 1ᵉʳ 7ᵇʳᵉ 1827.

A Monsieur / Monsieur Ehlers / à Carlsruhe

Manuscrit   *Paris, Fondation Custodia, Collection Frits Lugt, 1978-A.2945 ; 4 pp., pp. 2–3 bl., l'adresse p. 4 ; orig. autogr.

Commentaire   Wilhelm Ehlers (1774–1845) était un ténor réputé, apprécié de Goethe et de Schiller. De 1796 à 1805, il se produisit sur le théâtre de Weimar où BC séjourna les premiers mois de 1804. Jusqu'en juin 1827, Ehlers était engagé par le théâtre de Mannheim.

5114

Gilbert-Joseph-Gaspard Chabrol de Volvic à Benjamin Constant

1ᵉʳ septembre 1827

Cabinet

Monsieur & cher Collègue,
J'ai reçu la lettre que vous m'avez fait l'honneur de m'ecrire au sujet de votre admission sur la liste du Jury[1]. Vous êtes inscrit sur la liste comme il suit :

Foncier	1101.40
Contᵒⁿ persᵉˡˡᵉ	96
Total	1197 40

Si je ne reçois de votre part aucune réclamation contre cette inscription, elle sera maintenue & vous n'avez à faire aucune démarche ni aucune justification nouvelle.

Je vous renouvelle, Monsieur & cher Collègue, l'assurance de ma haute considération

Le Conseiller d'Etat Préfet

Chabrol

Mr Benjamin Constant, Deputé.

Manuscrit *Lausanne, BCU, Fonds Constant I, Co 1053 ; 2 pp., p. 2 bl. ; orig. autogr.

Texte *Note de la main de Cazin, au bas de la lettre* : « Cette lettre a été remise chez Cazin, le samedi soir, 1ᵉʳ 7ᵇʳᵉ 1827. »

Commentaire et Note Cette lettre fait suite à celle de Cazin du 30 août 1827.

[1] La loi relative à l'organisation du jury du 2 mai 1827 stipulait dans son article 1ᵉʳ : « Les jurés seront pris parmi les membres des collèges électoraux » selon une liste dressée par le préfet au 1ᵉʳ août de chaque année (*BlRf*, VIIIᵉ série, août 1827, t. VI, p. 425). En vérifiant qu'il figurait bien « sur la liste du Jury », BC s'assurait donc de son inscription au collège électoral.

5115

Alexandre Cazin à Benjamin Constant

2 septembre 1827

Paris ce 2. 7bre 1827.

Monsieur

J'ai l'honneur de vous adresser la Réponse de M. le préfet de la Seine[1] qui m'est parvenue hier soir, sous une enveloppe timbrée à la préfecture, enveloppe que j'ai conservée par excès de précaution.

Il ne peut vous rester aucune incertitude.

J'ai l'honneur aussi de vous présenter mes civilités.

Cazin

Monsieur / Monsieur Benjamin Constant / député / à Bade, / grand duché de Bade / Par Strasbourg

Manuscrit *Lausanne, BCU, Fonds Constant I, Co 1304 ; 2 pp., l'adresse p. 2 ; timbres : C.F.3.R ; J / LEV. de 11.H ; orig. autogr.

Note
[1] Voir la lettre précédente.

5116

Benjamin Constant à Narcisse-Achille de Salvandy

13 septembre 1827

à Monsieur de Salvandy

Monsieur

Je m'adresse à vous avec confiance, pour vous soumettre une question qui me semble importante. Vous rendez à la France d'éminens services, en lui dénonçant les retranchemens exigés des journaux par l'absurde censure qui pèse sur eux. Vous êtes le dernier interprète d'une opinion, que des ministres qu'elle reprouve, veulent priver de tous ses organes. À ce titre, tous les regards se tournent vers vous, lorsqu'il s'agit, soit d'abus réintroduits à la faveur des ténèbres, soit de loix violées avec plus d'insolence, à la face de la Nation indignée.

Le sujet dont je me propose de vous entretenir est de ce dernier genre. Je viens vous demander si la Censure, non seulement a le droit d'étouffer tous les sentimens & toutes les pensées de trente deux millions d'hommes qui habitent la France, mais si elle peut effacer de nos codes les loix les plus formelles, ou autoriser les journaux qu'elle protège à les fouler aux pieds.

Voici le fait qui m'engage à vous soumettre cette question.

La Gazette de France a extrait de la compilation calomnieuse de Sir Walter Scott sur Napoléon[1] un article fort injurieux pour le Général Gourgaud. Le Général lui a adressé une réponse[2]. Je n'ai point à juger cette réponse. La question que je traite est purement légale, sans rapport avec les individus. L'article 11 de la loi sur la Presse du 25 Mars 1822 porte expressément que le journaliste qui aura nommé ou désigné dans sa feuille un individu quelconque sera tenu d'insérer sa réfutation[3]. Cependant la Gazette de France ne donne qu'une analyse très défigurée de celle du Général, en ajoutant qu'il se plaindra peut-être de ce qu'elle ne l'a pas fait connoître en entier, mais qu'elle a trouvé convenable, pour des motifs qu'elle détaille ensuite, d'en agir ainsi.

Je demande si c'est remplir le vœu de la loi. N'est-il pas évident que l'insertion incomplète d'une réponse peut être plus facheuse que sa suppression totale[4] ? La conviction qu'elle doit produire dépend de son ensemble. En rapporter isolément quelques phrases, c'est se réserver le droit de la dénaturer ou de l'affaiblir. La loi, dans l'article que je cite, a eu manifestement pour but de donner à tous ceux qu'un journaliste auroit calomniés, le moyen de réfuter le journaliste calomniateur. Mais si le calomniateur pouvoit à son gré retrancher les raisonnemens ou les faits propres à le confondre, si pour être impuni, il lui suffisoit d'etre faussaire, la loi ne serait-elle pas un piège, une dérision ?

Remarquez, Monsieur, que c'est dans la même loi que le ministère a puisé le droit d'imposer la censure. Il est vrai que cette loi ne l'y autorise qu'en lui prescrivant d'indiquer quelles circonstances graves l'y décident, & que sous ce rapport il l'a déjà violée : mais laissant de coté cette violation première & fondamentale, n'est-il pas étrange qu'il choisisse dans une loi les dispositions dont il s'appuye, & considère d'autres dispositions de la même loi comme non avenue ?

Forcez Monsieur les Ministres à nous dire si le rétablissement de la censure implique l'abrogation de nos codes, & l'anéantissement des garanties mêmes qui ne tiennent point à celle dont la censure nous a privés. Sans doute, par le fait seul de la publicité supprimée, toutes nos sauvegardes sont mises en péril. L'innocence, arrêtée injustement, ne peut dénoncer l'arbitraire qui la frappe. Le crime peut être couvert d'un voile officieux. Le sanctuaire de la justice est entouré lui-même de ténèbres, puisque la censure supprime ou mutile, au mépris de la Charte, & les plaidoyeries des défenseurs & les jugemens des Tribunaux.

Mais enfin, dans le cas particulier qui fait l'objet de ma lettre, une loi existe. La Gazette de France a-t-elle pu s'y soustraire ? La censure a-t-elle eu le droit de l'en affranchir ? En d'autres mots, depuis qu'il y a Censure, n'y a-t-il plus de loix ?

Si les Ministres refusent les éclaircissemens qu'ils nous doivent, les Citoyens peuvent se les procurer d'une autre manière. Que le premier, qui, nommé dans un journal, verra sa réponse mutilée traduise le journaliste falsificateur devant cette magistrature impartiale, notre recours & notre azyle ; & dont la courageuse & inflexible équité sanctionne nos résistances légales, comme elle séviroit contre d'illégales résistances.

Vous ferez, Monsieur, de ces réflexions l'usage qu'il vous plaira. Continuez du reste votre utile & noble entreprise. La reconnoissance des gens de bien vous environne & vous récompense. J'aurais voulu joindre mes efforts aux votres. Mais qu'aurais-je pu dire sur nos Ministres & sur leurs censeurs que je n'aye dit, il y a bien longtems, à la tribune ? Leur conduite passée éclairait ma prévoyance. Leur conduite actuelle confirme mes convictions, & si j'éprouve, avec plus d'amertume les mêmes sentimens, je ne trouverais, pour les exprimer, que les mêmes paroles.

Je ne terminerai pas cette lettre, sans vous remercier de ce que vous avez bien voulu dire sur la bienveillance que tant d'honorables habitans de l'Alsace m'ont témoignée. Certes, ce n'est pas à moi seul qu'elle s'adresse. J'ai fait bien peu de choses pour la mériter. Elle comprend tous ceux de mes collègues qui suivent la même ligne. Elle est l'expression du besoin qu'éprouve toute la population de la France, de protester contre le système désastreux d'une administration qui révolte toutes les opinions, se met en guerre avec tous les principes, froisse tous les intérêts. Assurément si l'Alsace ressent ce besoin, l'Alsace, province énergique, mais sage, industrieuse, éclairée, & qui ne veut que les bienfaits de la Charte, c'est que ce besoin est universel, & que chaque partie du Royaume saisit à son tour l'occasion de le manifester. Le Ministère croit-il remédier par le silence à cet état de choses ? Ce qui est dépend-il de ce qu'il permet qu'on dise ? La France peut-elle être longtems gouvernée par des hommes que les vivans importunent, que les morts epouvantent, pour qui les funérailles même ont quelque chose de trop animé, & dont l'ignoble escamotage veut les frauder des hommages populaires, dans l'espoir d'arriver plus vite au silence des tombeaux[5].

Agréez, Monsieur, l'assurance de ma profonde estime & de ma haute considération

Benjamin Constant

Ce 13 Septembre 1827

a Monsieur / Monsieur de Salvandy / Rue Cassette N° 30. / à Paris

Manuscrit *Paris, BnF, N.a.fr. 24839, ff. 75–77 ; 6 pp., l'adresse p. 6 ; cachet postal : 17 Septembre 1827 ; timbres : BADE PAR STRASBOURG ; BADEN ; orig. autogr.

Texte 57 verra sa réponse mutilée] *en interligne*

Commentaire et Notes Narcisse-Achille de Salvandy (1795–1856), que BC connaissait depuis plusieurs années (*CG*, XI, 371), n'occupait pas, en tant que maître des requêtes honoraire, de fonction particulière à cette époque, mais il publiait régulièrement des brochures dans lesquelles il attaquait vigoureusement la censure. Il exploitera l'information que BC lui donne ici dans *Insolences de la censure et considérations sur la politique en général du Ministère*, Paris : Sautelet, 1827, pp. 20–22.

[1] Walter Scott avait frôlé la faillite en 1826. Pour rembourser ses créanciers, il se lança dans la composition de nouveaux ouvrages, dont *The Life of Napoleon Buonaparte, Emperor of the French*, Edinburgh : Ballanyne & Co., 1827. Il rédigea les 9 volumes en moins d'un an. Les plus d'un million de mots furent aussitôt traduits en plusieurs langues, dont le français : *Vie de Napoléon Buonaparte*, Paris : Treuttel et Würtz, 1827, 9 vol. L'ouvrage se veut impartial ; le nom de Constant y figure à deux reprises, comme auteur de la célèbre dénonciation de Napoléon publiée dans le *Journal des débats* le 18 mars 1815, puis comme collaborateur à la rédaction de l'*Acte additionnel*. Scott évite de critiquer directement le comportement de Constant, mais juge sévèrement l'*Acte additionnel*.

[2] L'article incriminé (qui citait la *Vie de Napoléon*) figurait dans la *Gazette de France* du 2 septembre 1827, pp. 3–4 ; il laissait supposer que Gourgaud, revenu de Sainte-Hélène, avait trahi Napoléon. La réponse, qui peut être qualifiée d'« analyse très défigurée », parut le 6 septembre 1827, p. 3 ; elle portait en note que Gourgaud avait adressé sa lettre « en réclamant son insertion *textuelle* : c'était une condition à laquelle la *Gazette de France* ne pouvait souscrire. » Sur Gourgaud, voir *CG*, XI, 170.

[3] Voir ci-dessus la lettre du 21 août au Rédacteur de la *Gazette de France*.

[4] Rappelons que la *Gazette de France* avait publié une version raccourcie de la lettre du 21 août de Constant.

[5] BC évoque directement les funérailles de Manuel, le 24 août 1827. Les journaux qui en avaient rendu compte furent censurés – non sans malignité, *Le Constitutionnel* du 26 août, p. 3, cita ce qu'en disait *La Quotidienne*. François Auguste Mignet avait immédiatement publié une *Relation historique des obsèques de Manuel*, Bruxelles : chez tous les libraires, 1827, tout aussi immédiatement censurée.

5117

Benjamin Constant à Johann Wolfgang von Goethe

14 septembre 1827

Baden, 14 septembre 1827.
Monsieur, je ne sais si les bontés que vous avez eues pour moi, il y a bien longtemps, ont laissé dans votre esprit quelques traces ; ce que je sais, c'est qu'elles sont toujours gravées dans ma mémoire et que j'ai cherché toutes les occasions de m'en vanter. Je saisis de même celle de me rappeler à votre souvenir, en vous recommandant le porteur de cette lettre, jeune homme qui a de

commun avec toute la jeunesse européenne un vif désir de vous voir et de vous parler pendant quelques instants ; mais qui a de plus un esprit distingué, qui me fait espérer que vous ne trouverez pas ma recommandation indiscrète.

Son départ ne me laisse que le temps de vous réitérer l'hommage de mon admiration et de mon respect.

Benjamin Constant.

à Monsieur / Monsieur de Goethe / Ministre d'Etat &c^a / à Weymar

---

Éditions 1. *Coulmann (1869), III, p. 174. 2. Catalogue de la vente Drouot du 23 octobre 1987 (extrait et facsimile de la signature et de la page d'adresse).

Commentaire Coulmann explique que cette lettre fut écrite en sa faveur et ajoute : « Je ne pus, hélas ! en profiter et n'obtins du grand homme que l'envoi d'un autographe [...] Mon voyage ne put avoir lieu cette année et la lettre d'introduction de M. de Constant est restée en mes mains. » (p. 173).

5118

Émilie Cunier à Benjamin Constant

14 septembre 1827

Monsieur !
Une Alsacienne qui aprécie tout Votre mérite, chez laqu'elle, le profond respect et la haute estime, qu'elle a vouée au généreux défenseur de nos libertés, vont jusqu'a l'enthousiasme, qui a pour Vous, Monsieur, l'affection et la confiance d'une fille, ose Vous demander la faveur d'un entretien, il n'est pas toujours prudent de confier au papier tout ce que l'on aurait à dire ; néanmoin je Vous prie de croire, Monsieur, qu'il ne s'agit pas de politique ; la politique et les opinions, germes malheureux d'éternels discords[1], selon mes principes, ne regarde que les hommes, les femmes n'ont que des vœux à adresser à l'Etre Suprême pour que la bonne cause triomphe.

J'aurais l'honneur de Vous attendre à Strasbourg, Monsieur, si Votre intention est d'y passer à Votre retour des eaux ; dans le cas contraire j'aurais l'honneur d'aller Vous rendre mes devoirs à Bade, si Vous le permettez.

En attendant vos ordres, j'ai l'honneur d'être avec considération et le plus profond respect

Monsieur

Votre sincère admiratrice et toute dévouée

Emilie Cunier

Strasbourg le 15 7bre 1827.

P. S. Si vous voulez bien m'honorer d'un mot de reponse mon adresse
E C chez Mr Koenig Negociant / sur le vieux marché aux poissons N 78 / Strasbourg

---

Manuscrit *Paris, BnF, N.a.fr. 18832, f. 82 ; 2 pp. ; orig. autogr.

Commentaire et Note Émilie ou Ammalia, née en 1798 à Bischwiller, était la fille de David Charles Henri Cunier (1762–1828) qui, après avoir été pasteur, avait joué un rôle politique en Alsace pendant la Révolution et le Directoire ; il fut sous-préfet de Sélestat jusqu'en 1814 et était notaire à Bischwiller en 1827. Émilie Cunier est l'auteur d'une brochure *De Lezay dans le Ban de la Roche. Scènes de famille*, s. l. n. d., 7 pp., dont le seul exemplaire est conservé par la BNU de Strasbourg. Elle sera reçue par BC.

[1] Dissensions civiles (Littré).

5119

Benjamin Constant à Louise d'Estournelles

18 septembre 1827

Je vous envoye ma chère Louïse ma réponse a Léonce[1]. Ma santé est assez passable, & ma jambe assez forte pour que je puisse marcher avec une canne ; mais le fonds de la maladie n'est pas guéri, & le moindre faux pas me rejetterait dans l'etat ou vous m'avez vu. Je suis venu trop tard à Bade cette année. Si je vis, j'y reviendrai l'an prochain. Un voyage que ma femme a fait à Francfort pour voir sa famille me retient ici encore 10 à 12 jours. Je ne sai quelle route je prendrai pour mon retour, & si ce sera par Strasbourg ou Bâle. Mais vous pouvez compter que je passerai dans tous les cas par Brévans.

Mille tendres amitiés à vous a Charles & a Leonce.

B C.

Bade ce 18 7bre 1827

Manuscrit *Lausanne, BCU, Fonds Constant I, Co 369 ; 2 pp., p. 2 bl. ; orig. autogr.

Note

[1] Ni la réponse ni la lettre de Léonce n'ont été retrouvées.

5120

Benjamin Constant aux Électeurs de Strasbourg

18 septembre 1827

Messieurs,
C'est avec une profonde reconnoissance que je reçois & que je me fais un bonheur & un honneur d'accepter l'invitation flatteuse renfermée dans votre lettre. J'ai fait bien peu de choses, pour mériter l'approbation dont vous voulez bien me donner des marques inappréciables. Mais cette approbation restera gravée dans mon cœur, & donnera à mes paroles l'énergie qui résulte du sentiment d'une noble cause, & de la conviction que cette cause est celle de ce qu'il y a de meilleur & de plus éclairé dans la France constitutionnelle, dont votre Département est une portion si puissante par son industrie & ses lumières, & si distinguée par son amour de l'ordre & son dévouement à la liberté légale. Heureux de me réunir aux honorables collègues dont votre lettre fait mention, si je leur reste inférieur sous plusieurs rapports, je rivaliserai du moins toujours avec eux, dans le zèle & la gratitude bien sincère, dont je vous prie, Messieurs, d'agréer ici l'hommage respectueux.

Benjamin Constant

Bade ce 18 Septembre 1827

Manuscrit *Strasbourg, BNU, MS 1534, f. 18 ; 2 pp., p. 2 bl. ; orig. autogr.

Commentaire Même si la dissolution de la Chambre n'a pas encore été annoncée, ce n'est pas sans arrière-pensée que BC se rapproche des électeurs strasbourgeois : moins de deux mois plus tard, il sera candidat dans le Bas-Rhin.

5121

Benjamin Constant à Louis Schertz

18 septembre 1827

Je recois Monsieur votre lettre du 16 ; & je m'empresse de vous en remercier. Ce sera donc pour le 2 octobre[1]. Je ne vous exprime pas ici toute ma reconnoissance. J'espère que vous en êtes convaincu & j'aurai l'occasion à Strasbourg de vous en renouveller l'assurance

Mille graces de vos offres pour la Douane. Je n'avais nulle inquiétude pour moi. Ce que j'avais eu l'honneur de vous écrire ne se rapportait qu'à l'hypothèse ou ma femme, par mon voyage à Strasbourg le 25, auroit été obligée à traverser seule la frontière².

Agreez Monsieur l'expression réitérée de tous les sentimens que je vous ai voués pour la vie

Benjamin Constant

Bade ce 18 Septembre 1827

P. S. Ne sachant comment faire parvenir ma reponse³ à MM. les Electeurs qui m'ont honoré d'une lettre, je prends la liberté de la joindre à celle-ci.

Manuscrit   *Strasbourg, BNU, MS 1534, f. 20 ; 2 pp., p. 2 bl. ; orig. autogr.

Commentaire et Notes   Louis Schertz (né en 1786), négociant et ami du député Humann (« L'Alsacien Jean-Georges Humann », *Revue d'histoire moderne*, 12/28, 1937, p. 233). Voir aussi Glachant (1906), p. 455, et Coulmann (1869), p. 139. Il deviendra l'un des principaux correspondants de BC à Strasbourg (environ 80 lettres échangées, jusqu'en novembre 1830), malgré le sort de la présente lettre (voir la lettre suivante).

¹ BC songe sans doute au banquet qui sera organisé en son honneur à Strasbourg le même jour. À ce sujet, voir les manœuvres du préfet pour le faire échouer dans Glachant (1906), pp. 392 et suiv.
² Charlotte était à Francfort comme dit dans la lettre à Louise du même jour.
³ Voir la lettre précédente.

5122

Benjamin Constant à Louis Schertz

24 septembre 1827

Monsieur,

En rangeant mes papiers, pour me préparer à mon départ, je retrouve, à mon grand étonnement la lettre ci incluse que je vous avais écrite, en réponse à celle dont vous m'avez honoré en date du 16, & à laquelle j'avais joint mes remerciemens à Messieurs les électeurs, pour leur obligeante & flatteuse invitation : il faut que celle qui vous étoit adressée, Monsieur, soit restée par mégarde sur ma table, tandis que j'ai cru l'avoir mise avec l'autre dans l'enveloppe destinée à les contenir toutes les deux. Je tiens infiniment à ce que cette méprise ne me fasse point paraître à vos yeux coupable d'une négligence qui seroit inexcusable, & je vous prie en agréant mes excuses & la preuve qu'elle étoit involontaire, de recevoir aussi les assurances de mon inviolable attachement & de ma haute considération

B Constant

Ce 24 7bre 1827

Manuscrit *Strasbourg, BNU, MS 1534, ff. 26–27 ; 4 pp., pp. 3–4 bl. ; orig. autogr.

Commentaire Voir la lettre que BC avait adressée à Schertz le 18 septembre 1827.

5123

Chrétien-Théophile Stoeber à Benjamin Constant

24 septembre 1827

Strasbourg le 24. 7bre 1827.

Monsieur & très respectable ami,
Voilà quinze jours que je suis de retour des eaux de Baden sans vous avoir donné de mes nouvelles. C'est très mal direz Vous, et cependant je suis innocent, car d'avant-hier seulement Votre retour de Heydelberg[1] m'est connu. J'espère que votre santé sera bientôt entièrement rétablie et que nous aurons à nous réjouir de vous voir dans nos murs avec nouvelle force et vigueur. La famille Stoeber surtout compte sur la promesse que vous avez bien voulu lui faire de passer une soirée dans son sein avec votre estimable épouse, au souvenir de laquelle je vous prie de nous rappeler.

Pour ce qui regarde le service en crystal on m'avoit conseillé dans le tems à Keyl[2] de ne point l'exposer à la vigilance des douaniers et de le faire rentrer partiellement, car le crystal est contrebande, j'ai donc cru dans votre intérêt de laisser provisoirement la petite caisse à Keyl ; je me charge du reste.

Quant aux diverses campagnes qu'on vous a proposées nous les verrons ensemble si vous voulez bien le permettre, mais je crains fort que vous n'ayez que 4 au lieu de 5% d'après toutes les informations prises[3].

Veuillez me faire savoir, mon très cher et très digne pater patriæ quand et par quelle route vous arriverez à Strasbourg, il me tarde de vous embrasser ; j'ai plusieurs communications verbales à vous faire.

Présentez, s'il vous plait, mes civilités très empressées à Madame votre épouse et agréez l'assurance d'un attachement sans bornes de
Votre très obéissant serviteur
Th Stoeber jeune

Manuscrit *Paris, BnF, N.a.fr. 18832, f. 89 ; 2 pp. ; orig. autogr.

Commentaire et Notes Chrétien-Théophile Stoeber (né en 1787), notaire à Strasbourg de 1813 à 1837, franc-maçon, frère du poète Daniel Ehrenfried Stoeber.

[1] Heidelberg se trouve à une centaine de kilomètres au nord de Bade, à mi-chemin de Francfort, où Charlotte rend visite à sa famille (voir la lettre à Louise d'Estournelles du 18 septembre). BC aurait-il donc accompagné Charlotte au moins jusque-là ? L'on comprend parfaitement le pouvoir

d'attraction, pour l'auteur de *De la Religion*, de la bibliothèque et des savants de la célèbre ville universitaire. Le déplacement dont il est question ici n'a pas, cependant, laissé d'autre trace, et n'a peut-être pas eu lieu.
2 Kehl, ville située sur la berge allemande du Rhin, en face de Strasbourg.
3 Sans doute faut-il comprendre que BC cherchait plus un placement qu'une demeure.

5124

Benjamin Constant à Léonce d'Estournelles

26 septembre 1827

Mon cher Léonce,
J'ai recu ta bonne lettre & je me suis bien réjouï des prix que tu as remportés. J'étais bien sur qu'élevé par ta mère & en suivant ses conseils tu répondrais à ses soins & obtiendrais toutes sortes de succès. Continue à travailler la réussite doit t'encourager. J'espère te voir dans le courant du mois prochain & je m'en fais un vif plaisir. Dis à ta mère & à Charles mille tendresses de ma part & crois mon cher Léonce à ma sincère & inaltérable amitié

Benjamin Constant

Bade ce 26 Septembre 1827

Monsieur / Monsieur Léonce / d'Estournelles / à Brévans

Manuscrit *Collection privée ; 4 pp., p. 2–3 bl., l'adresse p. 4 ; orig. autogr.

Commentaire Afin de rendre la lecture de son neveu plus facile, BC a soigné son écriture.

5125

Pierre-Louis-Charles Dumont ? à Benjamin Constant

27 septembre 1827

À Monsieur Benjamin Constant, Député

Monsieur
J'éprouve en ce moment le besoin de soulager mon cœur… Je suis oppressé d'un sentiment d'admiration… Je dirai même, qu'il y a en moi quelque chose, que je ne saurais exprimer, mais qui me force à vous rendre hommage…

Dès l'instant où j'ai pu apprécier vos talents et les services que vous rendiez à l'Etat, j'ai eu pour vous toute la vénération que Démosthène aurait pu exiger de la part d'un athénien fidèle à sa patrie ; j'ai respecté vos paroles et j'ai admiré vos ouvrages...

Cependant il existait de vous un petit roman intitulé *Adolphe* ; je ne le connaissais pas, il y a deux jours... je le connais aujourd'hui, car il a effrayé mon cœur... il m'a bouleversé... Toutes les théories de Massillon, toutes les épigrammes de Labruyère, toutes les verités de Larochefoucauld n'auraient jamais produit sur moi une émotion semblable à celle que m'a fait éprouver la mort d'Eléonore. J'étais si fortement identifié avec Adolphe, que je croyais être dans la même situation... revenu de mon erreur, je tremblais, et je tremble encore pour mon avenir !...

Gloire à ce petit ouvrage qui renferme de si hautes pensées... de si terribles leçons !... honneur à l'homme qui a enfanté ce chef-d'œuvre de morale !

Pardonnez moi, Monsieur, la liberté que j'ai prise de vous écrire ; je sens qu'il faudrait être l'auteur de la *Nouvelle Heloïse* pour pouvoir vous donner des louanges, et je ne suis qu'un simple écolier... Je le répète encore, daignez pardonner à celui qui sera toujours, avec le plus profond respect,

Monsieur

Votre très humble et très obéissant serviteur

Charles *Dumont*

élève en médecine, rue et île St Louis N° 7.

Paris, ce 27 7bre 1827

Manuscrit *Lausanne, BCU, Fonds Constant I, Co 3401 ; 4 pp., p. 4 bl. ; orig. autogr.

Commentaire Sauf lecture erronée de la signature, il pourrait s'agir de Pierre-Louis-Charles Dumont (1802–1886) qui soutint sa thèse de médecine à Paris en 1833.

5126

Benjamin Constant à Louise d'Estournelles

29 septembre 1827

Je pars aujourdhui d'ici[1], ma chère Louïse. Je partirai de Strasbourg vers le 3 ou le 4. Je serai à Brévans vers le 7 ou le 8 pour le plutard, peut être le 6.

Mille amitiés

BC.

Bade 29 7bre 1827.

Manuscrit *Lausanne, BCU, Fonds Constant I, Co 370 ; 2 pp., p. 2 bl. ; orig. autogr.
Note
[1] Ce que confirme le préfet Esmangart (Glachant (1906), p. 391).

5127

Benjamin Constant à Julie-Marie-Pierrette Davillier

septembre 1827

Il y a bien longtems, Madame, que j'aurais voulu et dû vous écrire, mais la vie est arrangée de manière à ce qu'on n'a pas un moment à soi. On est dans l'eau jusqu'à midi, on dîne à une heure, on ne rentre chez soi que le soir, et mes yeux ne me permettent pas une ligne à la lumière... On dit que le pays est très beau. Je n'en juge que par la vue qu'on découvre de la promenade... Je suis arrivé trop tard pour juger de ce qu'étoit la société à son époque brillante. Les Ducs et les Duchesses et les Princes étoient repartis[1]. Ce que nous avons de plus historique c'est Mme de Serre[2], encore assez belle et libérale, comme les puissances déchues le sont toujours contre les puissances qui dominent ; avec elle le Baron d'Eckstein, connu à Rome par sa conversion[3], à Gand par ses actes, à Paris par ses écrits, homme d'esprit que la nature avoit fait amer, mais que des antécédens adoucissent, en défaveur près du Ministère parce qu'il a écrit contre la Censure[4], et se promenant sur les bords du Rhin soit pour expier sa faute, soit pour la réparer... Nous avons du reste beaucoup d'espions de tous grades. Un Prussien, connu en France pour avoir publié neuf volumes de diatribes contre l'Empereur[5]. Il a prospéré dans sa profession car il porte quatre ordres et pèse quatre quintaux. Plus la police Badoise qui me suit partout en me fesant des saluts jusqu'à terre et la Police de Strasbourg qui me suit de même, mais sans me saluer, de peur de destitution...

Manuscrit *Rudler ; copie ; Vente Cornuau, 25–26 mai 1934.
Édition *RHLF* (1935), n° 2, pp. 298–299.

Commentaire et Notes La destinataire de la lettre est indiquée par le catalogue de vente. Les soupçons que BC fait naître auprès des autorités permettent assez sûrement de dater cette lettre de 1827 (voir les lettres du préfet Esmangart dans Glachant (1906) en septembre-octobre 1827).
[1] Voir la lettre à Périer du 18 août 1827 : « Bade est un peu deblayé d'Altesses & de Diplomates ».
[2] Il s'agit sans doute d'Anne d'Huart (1794–1875), veuve du ministre, Hercule de Serre.

[3] Ferdinand d'Eckstein (1790–1861) avait abjuré le protestantisme à Rome vers 1808. Voir ci-dessous sa lettre du 8 novembre.
[4] « Pour ce qui est de la censure, nous la croyons dangereuse entre les mains du gouvernement, de quelques hommes qu'il se compose » (*Le Catholique* de janvier 1826, n° 1, pp. 166–167 ; rappelons que, dans le même numéro, d'Eckstein rendait compte du tome Ier de *De la Religion*).
[5] Serait-ce Maximilian Samson Friedrich Schöll (1766–1833), auteur d'un *Recueil de pièces officielles, destinées à détromper les François sur les événemens qui se sont passés depuis quelques années*, Paris : Librairie grecque-latine-allemande, 1814–1816, 9 vol., qui se présentait alors comme « Conseiller de Légation de S. M. le Roi de Prusse, à Paris » ?

5128

Émilie Cunier à Benjamin Constant

septembre ou octobre 1827

Monsieur !
Pardonnez la liberté que je prends de Vous importuner de nouveau ; mais je ne puis resister au désir de mon cœur, c'est un besoin pour moi de Vous exprimer la vive reconnaissance dont je suis pénétré en pensant à l'aceuil flatteur, que Vous Monsieur ainsi que Votre aimable Epouse, avez daignez me faire ; je Vous avoue, Monsieur que malgré la haute estime et l'admiration que je Vous porte, il a surpassés mon attente. Cela ne Vous etonnera plus quand j'aurais eu l'honneur de Vous confier la manière indigne avec laquelle j'ai été traité par Madame Matthieu Favier et Madame de Montigni sa fille aux eaux de Nederbronn en 1825[1]. Mon Père lorsqu'il étoit Sous-prefet à Séléstatt[2] a été a même de rendre quelques services à Mr Favier. Nous étions très liées avec cette Famille ; mais les tems sont changés et les personnes de même. Dans ce tems là Madame Favier nous faisait l'aceuil le plus gracieux, elle invitait toute notre famille a aller passer quelques jours à sa campagne à Kinsheim[3] ses deux Demoiselles étoient charmantes elles s'amusaient et courraient avec moi et ma sœur dans leurs beaux jardins ; c'est moi surtout, Monsieur, que Madame Favier honorait d'une preference par ce qu'elle connaissait l'amitié que Mr de Lezai[4] Préfet du Bas Rhin, me portait ; Ah ! grand Dieu ! Monsieur quel souvenir déchirant ce nom chéris éveille en moi la fin malheureuse[5] ! l'accident lui arriva pour ainsi dire sous mes yeux puisque nous habitions Haguenau ; on le déposa dans une mauvaise auberge ; il fit avertir mon Père, ce pauvre père quel chagrin il éprouva de voir son ami dans une position si affreuse, pas une âme dans l'auberge mon père se hâta de chercher le chirurgien dans la foule cela dura une heure ; quand Mr de Lezai fut pansé il voulut absolument partir pour Strasbourg pour que son Epouse n'appris pas par d'autres personnes son malheur ; nouvel em-

baras pas un cheval à trouver son Altesse avait besoin de tout ceux qui étoient disponible, on avoit pourtant averti le prince du malheur qui étoit arrivé au Prefet de son désir de retourner à Strasbourg mais il ne s'en embarassa guère et ne lui offrit pas de cheveaux, il avait sa destitution en poche celui lui suffisait : que Dieu lui pardonne sa dureté… mon père courut de nouveau et deux heure de recherche lui firent enfin trouver deux mauvais cheveaux de paysans à deux heure du matin il aida le chirurgien à déposer Mr de Lezai dans sa voiture le chirurgien l'accompagna.

Pardon, Monsieur, je reviens à Madame Favier, ma santé exiga en 1825 que j'aille prendre les eaux de Niederbronn mon exellent père ne pouvant quitter son Notariat Dieu m'ayant enlevé la meilleures des Mères en 1823 et c'est a la suite de cette grande douleur que ma santé ne pouvait plus se remettre ; mon père me confia a deux Dames de Bischviller et je partis accompagné d'une amie. Madame Favier et sa fille étoient aussi venus prendre les eaux, ma belle sœur et son Mari vinrent me joindre ; nous voyons tous les matins à la fontaine et sur la promenade Mad Favier et sa fille ; croyez Vous, Monsieur, qu'elles nous auraient honorés d'un simple salut que la politesse exige ? Non, Monsieur ! et pour qu'il ne me reste aucun doute que ces Dames ne nous ait reconnu, j'appris d'Eleonore Bertrand que ces Dames honoraient de leurs bontés : on sait pourquoi[6] ; Madame Favier lui dit, qu'elle avait été liée avec mon père qu'elle estimait beaucoup qu'il lui avait même rendu quelques légers services, qu'elle étoit étonnée que l'ancien sous-préfet permit à sa fille de paraitre aux eaux avec une si pauvre toillette ; et cela, Monsieur, par ce que je n'ai pas voulu que mon père m'achetta un second chapeau, par ce que mon père étoit forcé de se faire des privations je ne voyais pas la nécessité qu'il fit une dépense inutile, j'avais un chapeau d'étoffe, à la verité il n'étoit plus à la mode, mais cela ne fait rien, je n'allais pas à Niederbronn pour me faire voir, d'ailleur Madame Favier aurait pû se rappeller qu'a Séléstatt nous avons toujours été très simplement mises apparament qu'alors nous n'avions pas besoins de toilettes ; elle eut aussi la bonté de dire que Charles[7] étoit un charmant garçon, mais étoit étonnant que lui et sa femme se mettent d'une manière si ridicule ; ils étoient pourtant mis comme tout le monde qui ne veut pas affiger[8] un luxe à la campagne, mon frère ne juga pas a propos de se mettre en toilette à 6 heure du matin pour boire les eaux, il y allait en blouse avec un bonnet. Madame de Montigni qui se donnait des airs de princesse, alla encore plus loin et dit a une autre personne, cela n'est pas étonnant ils n'ont pas d'idees des convenances ils ne frequentent pas la bonne société où l'auraient-ils appris – avez Vous jamais rien entendu de plus impertinent, Monsieur, sa Mère eu la bonté de dire que mon père l'avait frequenté jadis et que son ton et ses manières étoient celles d'un homme bien élévé. « Oui, Maman, mais apresent qu'ils sont dans leur village ils n'en ont plus d'idées. Je ne puis pas rendre la même justice à Madame Favier qui a souvent choqué les habitans de Sélèstatt, qu'elle invitait a sa table par son ton et ses manières, comme j'ai eu l'honneur d'y figuré je puis en juger ; je lui ai vu faire des choses très inconvenantes, et qui certainement ne feraient pas honneur a la bonne compagnie. Je lisais dans ce tems la les ermites en libertés[9], et je pensais que si ces Dames étoient tombés entre les mains de Mr Jay il aurait pu leur consacrées un chapitre.

Je reclame Votre indulgence, Monsieur, et Vous promet bien de ne plus retomber dans la même faute. C'est Votre bonté, Monsieur, qui m'a rappellez trop vivement la conduite de ces Dames.

Permettez moi, Monsieur, de Vous dire que mon trouble dans le premier moment m'avait fait oublier je m'en rappellais bien avant de Vous quitter, mais je pensais qu'il n'étoit pas dans les convenances de finir par où l'on aurait du commencer. Mon Père m'avait chargé de Vous presenter ses respects ainsi qu'a Madame Votre Epouse et de Vous assurer du tendre intérêt qu'il prend a tout ce qui Vous concerne, je n'osais pas lui dire que je l'avais oubliée dans la crainte de le peiner.

Mon chèr Gustave[10], avait raison, Monsieur, lorsqu'il me disait, qu'il ne pouvait Vous comparé qu'a mon respectable instituteur Mr Oberlin père[11], Vous avez sa taille noble et majestueuse que l'âge n'a pas même courbée chez M[r] le Pasteur, votre coiffure est parfaitement la sienne en 1810, Vous joignez a cela, Monsieur, son air affable et bienveillant qu'il avait envers les personnes qui venait le voir, j'ai trouvé que Vous aviez aussi la douceur de son organe, je crois encore l'entendre me parler avec sa touchante bonte depuis l'age de 9 an, Monsieur, il a été mon guide et mon second père, je lui dois autant de reconnaissance qu'a l'auteur de mes jours, c'est a lui que je dois tout le bonheur dont je puis jouir, il m'a inspiré une Foi vive et pure une confiance sans bornes dans l'Etre Suprême, une charité et un amour pour tous les hommes sans faire aucunes distinctions dans leurs croyance. Mon Pere en me remettant entre ses mains lui abandonna l'entier soin de diriger mon éducation comme bon lui semblerait ; il lui dit, je ne Vous cache pas M[r] le Pasteur que cette petite qui n'a que 9 ans qui est si faible et si délicate, nous a déjà donnés plus de mal a ma femme et a moi que mes autres enfans elle a un esprit de fierté et d'indépendance dont Vous ne pouvez Vous faire une idée, avec cela elle a un entêtement que rien ne saurais vaincre elle est assez docile quand on veut bien lui expliquer pour quoi elle doit obeir mais encore faut-il pouvoir le lui faire comprendre autrement elle se laisserait mettre plutôt en pièces que de faire ce que l'on exige lorsqu'on veut lui faire violence la petite obstiné se livre a un désespoir qui lui donne la fièvre pour quinze jours, elle a une excessive sensibilité et c'est par là qu'on peut encore la gagner avec cela M[r] le Pasteur elle est d'une exaltation dont Vous ne sauriez Vous faire une idée, c'est elle qui a demandé a venir auprès de Vous d'après ce que ma femme lui a racontés de vos vertus des bienfaits que Vous repandes sur tout ce qui Vous entoure elle s'est passionée pour Vous, et dépuis trois mois elle ne rêve qu'au bonheur d'aller vivre auprès de Vous ce qui me fait penser, M^r le Pasteur, que si Vous voulez bien Vous charger d'elle, elle sera docile a vos leçons. Soyez tranquil, M^r le sous-prefet, lui repondit le chèr papa, je me charge avec plaisir d'Emilie, ce que Vous venez de me dire ne m'effraye pas j'espère que je saurais tirer parti de ce caractère, l'entêtement de votre fille se changera avec les années en fermeté et ce sera la plus sure garantie pour ses principes futurs, puisque Vous voulez bien Vous en rapporter a moi M^r, je Vous promets, que je mettrais tous mes soins a développer les dons que le Seigneur a accorder à Emilie, j'espère que Vous aurez lieu d'être satisfaits. Je restais quinze mois[12] chez Mr Oberlin ormis les leçons que M^r le Pasteur donnait aux pensionnaires j'avais encor trois heures a peu près par jour que le chèr papa consacrait a mon instruction particulière dont il n'a jamais parlé a mon père, je croyais que mes parens l'avaient demandé, et ce n'est que longtems après que j'ai appris que mon père n'avait pas payé daventage pour moi que les autres demoiselles. Jusqu'en 1814 j'allais visiter M^r le Pasteur deux fois par année, chaque fois j'y passais un mois six semaines et je reprennais mes études ; après notre éloignement de Séléstatt je ny allais plus aussi souvent, pour tant j'y suis retourné en 1816. 1818. et 1824, j'ai eu le bonheur de passer cinq semaines avec lui ; il étoit très souffrant il n'entendait et ne voyait presque plus son plaisir étoit toujours de faire la conversation pandant une heure après ses repas, malgré qu'il n'entendait guere on n'osais pas trop élever la voix il fallait seulement parler distinctement et se mettre tout près de lui ; lorsqu'il ne parlait pas il sortait un son plaintif de sa poitrine qui me faisait beaucoup souffrir je ne parvenais pas toujours a me dominer souvent des pleurs peignais mon visage mais par bonheur il ne les voyaient pas, lorsque ma voix me trahissait je lui disais que c'étoit la perte recente de ma bonne Mère qui m'affectoit si douloureusement, alors il employoit sa douce éloquence à me consoler ; et comme Vous pouvez bien le penser, Monsieur, cela ne faisait qu'augmenter ma douleur ; j'aitais, chaque fois, quand je quittais le cher Papa, vivement affligé, comme je partais ordinairement de grand matin, j'avais l'habitude d'aller la veille dans son cabinet prendre congé de lui, après l'avoir embrassé je me mettais à genoux devant lui et je lui demandais sa bénédiction, cette fois comme il étoit si souffrant de noirs pressentimens semblaient me dire que c'étoit pour la dernière fois, lui aussi cet Etre chéris parraissait le croire, il me dit a soupé, « ma chere enfant faites mes sincères remercimens à votre chèr papa pour le plaisir qu'il m'a procuré en Vous permettant de venir passer quelques jours avec nous, je crois bien ma bonne Emilie que ce seront les derniers, je suis trop vieux je commence à n'être plus bon à rien, il est tems que le Seigneur rappelle son serviteur il a besoin d'être occupé ailleurs » Ah ! Monsieur, je ne conçois pas encore comment je ne suis pas morte de douleur par la cruelle violence que j'ai été forcé de me faire pour ne pas m'y abandonner en sa presence comme c'étoit la dernière soirée je ne voulais pas me retiré avant lui...

J'ai pensé, Monsieur, comme Vous avez eu la bonté de me témoigner tant d'intérêt, que ces détails pourrais peut-être Vous intereser ; il se peut qu'il vous soit agreable de connaitre de plus près une personne qui Vous est entièrement dévouée ; si je me suis trompé, Monsieur, je Vous prie de me pardonner en faveur de la bonne intention.

Cette lettre, plus que la première, Monsieur, a besoin de toute votre indulgence j'ai été interompus quatre fois il est dix heure passée et tout repose autour de moi.

J'ai pensé que cette lettre pourrais encore Vous trouver à Brumath et je l'envoit à Mr Stoeber[13]. J'aurais encore beaucoup de choses à Vous dire, Monsieur, mais je crains d'abuser de Vôtre bonté, si Vous désiré savoir, Monsieur, ce qui se passe en alsace, l'opinion, que les differens partis ont et les jugements qu'ils portes sur les députés alsaciens cest a dire ceux des deux Dp^{ts} comme ceux sur les libereaux, par les nombreuses connaissances que nous avons dans les deux Dep^{ts} je suis a même de Vous rendre un compte fidel. Vous pouvez croire q[ue je] ne me permettrais pas de Vous repetter [les] *on dit* ce ne serait que les jugemens des personnes marquantes. Dans tous les cas, Monsieur, je ne toucherais jamais cette corde sans votre permission, moi je n'y vois aucun mal, mais je ne puis pas en juger, c'est a Vous, Monsieur, a décider je pourrais aussi Vous adresser mes lettres a un Ami.

Presentez je Vous prie, Monsieur, mes respects à Madame votre Epouse et reçevez l'expression de mon sincère attachement et de mon entier devouement

Emilie Cunier

A Monsieur / Monsieur Binjamin Constant / à *Brumath*

Manuscrit   *Paris, BnF, N.a.fr. 18832, ff. 83–88 ; 12 pp., l'adresse p. 12 ; orig. autogr.

Texte   7 attente] *elle écrit* attende   42 Monsieur] *elle écrit* Monsier   47 eaux] *elle écrit* eax   66 d'idées.] *les guillemets n'ont pas été fermés*   133 perte] *elle écrit* perde   152 peut-être] *elle écrit* peûtre   165 q[ue je]] q[ue je] *un trou dans le papier a enlevé la fin du mot*   169 décider] *elle écrit* déciter

Commentaire et Notes   Cette lettre a été écrite à la suite de celle qu'Émilie Cunier adresse à BC le 14 septembre 1827 et avant que celui-ci quitte Brumath, soit le 16 octobre 1827 selon le préfet du Bas-Rhin (Glachant (1906), p. 412).

[1] L'entrée abrupte de la question laisse penser qu'elle fait suite à la conversation de BC avec Émilie Cunier. Philippe Gaëtan Mathieu, dit baron Mathieu de Favier (1761–1833), commissaire ordonnateur en chef honoraire, conseiller général du Bas-Rhin depuis 1821, était l'époux d'Élisabeth Caroline Franck, nièce de Bernard-Frédéric de Turckheim. Leur fille, Fanny, avait épousé Louis Charles François Lévisse de Montigny de Jaucourt. Niederbronn-les-Bains est à 50 km au nord de Strasbourg.

[2] Sur David Charles Henri Cunier, voir la lettre de sa fille du 14 septembre 1827. Sélestat est à 44 km au sud-ouest de Strasbourg.

[3] Le château de Kintzheim avait été acheté par Mathieu de Favier en 1807. Il était situé à 5 km à l'ouest de Sélestat.

⁴ Sur Adrien de Lezay-Marnésia, voir *CG*, VIII, 308. Il était préfet du Bas-Rhin depuis 1810.
⁵ « Notre ville [Strasbourg] est plongée dans l'affliction par la mort de M. le baron Adrien Lezay de Marnésia, notre préfet. Ce magistrat avait accompagné S. A. R. Mgr le duc de Berry à Landau. Il revenait le soir et devançait le prince pour savoir si l'on avait suivi ses ordres pour le passage de S. A. Les pétards, les fusées, le son des cloches, des trompettes, les cris des paysans qui étaient accourus de toutes parts pour voir S. A. R., effrayèrent les chevaux de la voiture dans la forêt de Haguenau. Ils s'emportèrent, la voiture fut renversée, et M. le préfet mortellement blessé. Il fut transporté à Strasbourg ; mais tous les secours de l'art n'ont pu le rendre à la vie. » (*Gazette de France* du 14 octobre 1814, p. [1141]).
⁶ Sans doute, Julie Éléonore (1805–1866), fille de Jean Bertrand ; on ne sait pourquoi les dames Favier l'« honoraient de leurs bontés ».
⁷ David Charles Léonard Cunier, né en 1790, frère d'Émilie.
⁸ Pour *afficher*. C'est peut-être une déformation phonétique.
⁹ Étienne de Jouy, Antoine Jay, *Les hermites en liberté*, Paris : Ladvocat, 1824, 3 vol.
¹⁰ Gustave Cunier, né en 1795, frère d'Émilie.
¹¹ Sur Jean-Frédéric Oberlin (1740–1826), pasteur en 1767 des huit paroisses du Ban de la Roche, et ses relations avec les Cunier, voir Daniel Ehrenfried Stoeber, *Vie de J. F. Oberlin*, Paris : Treuttel et Würtz, 1831, pp. 498 et suiv. Émilie Cunier apparaît dans le *Compte rendu des souscriptions recueillies par les soussignés pour élever une pierre sépulcrale et fonder un monument vivant à la mémoire de feu M.ʳ J. F. Oberlin*, Strasbourg : Dannbach, 10 décembre 1827, p. 19.
¹² Donc en 1807–1808.
¹³ Voir ci-dessus la lettre de Stoeber du 24 septembre 1827 ; le frère de Stoeber, Daniel Ehrenfried, sera le biographe d'Oberlin.

5129

Un Correspondant non identifié à Benjamin Constant

1ᵉʳ octobre 1827

Strasbourg le 1^{8bre} 1827.

Monsieur,

Le deux du mois prochain¹ un grand nombre d'habitans de cette ville doivent avoir l'honneur de Vous offrir un banquet. Deux de nos Députés² devaient y assister également. Ils refusent, parce que l'on exclut de cette fête de famille les autres Députés du Departement ; et leur delicatesse ne leur permet point d'assister à une fête qui est en quelque sorte un affront pour leurs collegues.

Plusieurs des habitans qui participent à ce banquet regrettent cet état de choses et gémissent de ce qu'un banquet libéral donne l'exemple d'une intolérance politique et enleve par là le plus beau fleuron à cette fête. Cette circonstance mêle un sentiment penible à la joie et à la satisfaction qu'éprouveraient les convives de ce banquet et elle trouble le bonheur qu'ils ressentent de pouvoir offrir leurs hommages au plus intrépide défenseur des libertés publiques.

Quel remede propre à réparer cet inconvenient ? le voilà ; l'hyver approche, et je lis dans Votre cœur : que les fonds réunis pour ce banquêt soient employés à l'achat de bois pour les pauvres de la ville de Strasbourg et que cette fête soit célébrée dans le silence du cœur et par les bénédictions de toute une population. C'est ainsi qu'au lieu d'avoir jeté un brandon de discorde dans une population paisible, l'on aura fêté d'une manière noble et éminemment liberale la présence de l'apôtre du liberalisme.

J'ai eu l'honneur de Vous adresser cette lettre à Baden le 29 du courant mais craignant qu'elle ne vous soit point parvenue j'ai l'honneur de Vous l'adresser une seconde fois à Brumat

Un Liberal

Manuscrit *Paris, BnF, N.a.fr. 18832, f. 90 ; 2 pp. ; orig. autogr.

Texte 19 noble] noble ⟨la presence⟩

Commentaire et Notes Est-ce vraiment un « Liberal » qui écrit ? Au regard des manœuvres du préfet Charles Esmangart pour empêcher le banquet (Glachant (1906), pp. 392 et suiv.), il n'est pas interdit de poser la question.
[1] Même si la lettre est datée du 1er octobre, il s'agit bien du banquet qui sera donné le lendemain : l'explication est fournie à la fin de la lettre.
[2] Le préfet se félicitait d'avoir amené Humann et Turckeim à renoncer au banquet ; il est vrai que ceux-ci devinaient en BC un possible rival aux élections qui s'annonçaient.

5130
Firmin Didot à Benjamin Constant
3 octobre 1827

Paris, le 3 octobre 1827
Firmin Didot Père et Fils,
Imprimeurs du Roi, de l'Institut et de la Marine,
Fondeurs en Caractères, Libraires, Rue Jacob, N° 24.
A Mr Benjamin Constant,

Monsieur,
Nous vous envoyons une epreuve[1] et vous prions de la renvoyer avec votre signature, et le nombre determiné auquel vous voulez que votre ouvrage soit tiré, nous vous prierons aussi de nous dire si vous voulez du papier velin, et si le papier que vous avez choisi est celui de 13.50 ou de 15. Mr Auzou[2] l'ignore encore. Le prix de la feuille sera necessairement diminué puisqu'elle contiendra moins de lignes, et aussitot que nous aurons plusieurs feuilles en épreuves et que

nous pourrons juger de l'effet de l'ouvrage nous vous enverrons un petit traité que vous voudrez bien signer. Nous mettrons du reste toute la diligence possible, et ferons commencer des que nous aurons recu votre réponse au sujet du papier et du nombre.

Nous avons l'honneur, Monsieur, de vous presenter nos salutations
Fournier³ Jᵉ
Pour Firmin Didot Pere et fils

Manuscrit   *Lausanne, BCU, Fonds Constant I, Co 3875 ; 2 pp. ; orig. autogr.

Texte   *Les caractères en italique ont été imprimés.*

Notes
[1] Le tome III de *De la Religion* était composé et prêt pour le tirage.
[2] Charles Auzou qui avait déjà fourni le papier du premier tome (*CG*, XIII, 365).
[3] Il ne peut s'agir d'Henri Fournier à qui BC avait eu affaire en 1823 pour le premier tome (*CG*, XIII, 139), mais qui ne travaillait plus chez Didot ; peut-être son fils.

5131

Pierre-Louis-Pascal Jullian à Benjamin Constant

3 octobre 1827

Je profite, mon cher ami, de l'occasion que me presente le depart de M. Delpech[1], pour vous demander si vous avés recu la 1ᵉʳᵉ livraison du supplement de la *Galerie historique des Contemporains* que je vous ai envoyé et si vous en avés été satisfait. Je n'ai jamais recu un mot sur cela quoique j'eusse chargé les gens de la diligence de se presenter chès vous jusqu'à ce qu'ils vous eussent rencontré. J'arrive de Londres ou je viens de passer 6 semaines dans le bût de me procurer les renseignemens necessaires pour ecrire la vie de George Canning[2] ; j'ai pleinement réussi. Quelques ministres étrangers et Lord Clanricarde[3], gendre de l'illustre défunt, m'ont promis et quelques uns m'ont dejà envoyé des documens très curieux. Vous qui avés habité l'Angleterre et connu Canning, ne pourriés vous mon cher ami, m'envoyer quelques materiaux dont je m'efforce de recueillir le plus grand nombre possible. J'en ai plusieurs de contradictoires, ce qui s'explique parfaitement par les époques, et j'ai l'intention de les mettre tous également en œuvre, car c'est une histoire que je veux ecrire et non un panégyrique sans réserve. Ce qui me parait très positif, c'est que, tout esprit de parti mis de coté, la perte de ce ministre, dans les conjonctures actuelles, a été et sera longtems encore un grand malheur. Des raisons particulières, que mon séjour a Londres a pleinement confirmées, m'affermissent dans cette idée, alors meme que j'ai la conviction que jamais l'Angleterre n'a eu un ministère composé d'hommes plus respectables, plus éclairés, plus patriotes, plus dignes, en un mot, de recueillir l'heritage de Canning et de le conserver[4]. – M. Delpech vous donnera mon adresse a Bruxelles. J'apprendrai du reste, avec un vif interet que votre santé sur laquelle on m'a inquiété a Londres, est aussi bonne que je le desire. On a beaucoup parlé dans cette ville et chés de fort grands personnages, de l'accueil que vous aviés recu dans un des dep[ts] de l'est (celui du Haut ou Bas Rhin, je crois) et l'on s'en felicitait beaucoup comme d'un triomphe partiel d'une opinion que l'on regarde comme generale en France, mais comprimée.

Adieu, mon cher et ancien ami, jouissés longtems de votre gloire et de vos succès ; ils sont bien dûs a tant de travaux, de perseverance et de courage, et vous savés si quelqu'un peut y prendre une part plus franche et plus sincère que moi. Je vous embrasse de tout mon cœur.

LJ.

3 8bre 1827.

Manuscrit   *Lausanne, BCU, Fonds Constant I, Co 538 ; 2 pp. ; orig. autogr.

Texte   11 dont] *ajouté dans l'interligne*   29 succès ;] succès ; ⟨*mot illisible*⟩

Commentaire et Notes   Sur Jullian dont l'identité est révélée par l'écriture, voir sa lettre du 10 juin 1827.
[1] Non identifié.
[2] Jullian ne perdit pas son temps : son *Histoire du ministère de G. Canning*, Paris : Moutardier, 2 vol., était annoncé dans la *Bibliographie de la France* du 19 avril 1828, p. 286. Étrangement, l'ouvrage ne figure pas au catalogue de la BnF.
[3] Ulick John de Burgh, marquess of Clanricarde (1802–1874) avait épousé Harriet, fille de George Canning.
[4] Frederick John Robinson, vicomte Goderich hérita de Canning en août 1827 un ministère composé de Tories modérés et de Whigs, mais ne le conservera que quelques mois : il sera remplacé comme premier ministre en janvier 1828 par Wellington.

5132

Benjamin Constant à Louise d'Estournelles

6 octobre 1827

Je recois ici votre lettre, ma chere Louïse. Je partirai pour Colmar entre le 11 & le 14. Je suppose que j'en repartirai le 16 ou le 17. Ma femme n'aimant pas à voyager tard, nous mettrons bien trois jours à arriver à Dole. Je ne passe point par la Suisse ni par conséquent par Poligny[1]. C'est donc à Brévans que je vous prie de m'attendre : sauf des accidens que je ne prévois pas, j'y serai vers le 20 & certainement avant le 25.

Mille tendres amitiés
B Constant

Brumath près Strasbourg ce 6 octobre 1827

J'ai écrit qu'on m'adressat mes lettres chez vous. Ayez la bonté de les garder.

Manuscrit *Lausanne, BCU, Fonds Constant I, Co 371 ; 2 pp., p. 2 bl. ; orig. autogr.

Note
[1] On se souvient que Léonce y étudiait au collège.

5133

Claude d'Estournelles à Benjamin Constant

9 octobre 1827

Mon cher Benjamin,
Descendu de mes rudes & solitaires montagnes, à Brevans, pour vous y féliçiter de votre arrivée ardemment désirée, je ne viens pas seulement païer un juste tribut, et à l'amitié, & à la reconnaîssance que je vous porte avec tant de raisons, ni de célébrer vos vertus, vos talens éminens : ils sont connus de l'univers, autant que de votre extrême et constant amour de la Patrie & de la gloire. Tout homme doüé d'une âme noble & d'un esprit élevé aura toujours à cœur de les entretenir & de les vénérer surtout en vous lisant. Je redirai uniquement, et du fonds de mon âme, la profonde estime et le sincëre & vif attachement que je vous ai voüés, ainsi que mon vœu pour votre conservation & votre plus grande gloire ; Et j'ose espérer que cette expression d'un sentiment du cœur, sera justement appréciée par vous, à cette époque, ou en revoÿant des lieux chers par le plus pieux souvenir, vous recevez de ma femme, votre sœur, de mon fils & de Charles, les nouvelles assurances de tendresses auxquelles je vous prie de permettre que je joigne avec le regret de ne pouvoir vous l'exprimer de vive voix, vous aÿant attendu içi trois jours, & obligé de retourner à mon poste, le témoignage de mes sentimens inaltérables pour vous.

Le Ch[er] Balluet DEstournelles

Brevans le 9 Octobre 1827.

Manuscrit   *Lausanne, BCU, Fonds Constant I, Co 835 ; 2 pp., p. 2 bl. ; orig. autogr.

Texte   8 surtout] *ajouté dans l'interligne*

Commentaire   Le passage de BC, qui ne se produira que plus tard (voir la lettre précédente), dut servir de prétexte à d'Estournelles pour venir à Brevans. On se souviendra également que le 10 mai 1828, à Poligny, Louise donnera naissance à Arnold Léonce Emmanuel.

5134

Jean-Daniel Kammerer à Benjamin Constant

13 octobre 1827

Monsieur.
L'interêt que Vous avez bien voulu témoigner a l'ami Stoeber[1] l'orsqu'il eu l'honneur de Vous entretenir de la position dans la quelle se trouvent les fabricans de cordages pour la navigation & le flottage sur le Rhin, me porte à Vous soumettre en copie la correspondance qui a eû lieu a ce sujet, tant avec M^r le Directeur général des Douanes, qu'avec leurs excellences les Ministres des finances & de l'Interieur, & avec le Directeur des harras et de l'agriculture, enfin avec Mr Renouard de Bussières[2] l'un des députés du Bas-Rhin.
    Les Cordiers et Chanvriers de Bischwiller s'étaient adressé en 1823 à ce dernier sans en avoir j'amais obtenu une reponse quelconque. Je joins copie de leur reclamation.
    Protecteur et defenseur de l'industrie Nationale partout ou elle est a secourir je m'adresse a Vous, Monsieur, pour Vous prier de vouloir bien Vous interresser à la plus juste des reclamations. Si Vous desirés d'ulterieurs renseignemens je suis pret à les donner à Votre première demande.
    Je suis avec la plus haute consideration
    Monsieur
                        Votre très humble et très obeissant Serviteur
                        Jean-Daniel Kammerer
Strasbourg le 13. Octobre 1827.

Manuscrit   *Paris, BnF, N.a.fr. 18832, f. 91 ; 2 pp. ; orig. autogr.

Texte   12 a] a ⟨soutenir⟩

Commentaire et Notes   Jean-Daniel Kammerer comptait effectivement parmi les « cordiers » de Strasbourg (*Almanach du commerce* (1827), p. 601). Il appartenait aussi à la loge de la Vraie-Fraternité de Strasbourg (Riebesthal, *Rituel maçonnique pour tous les rites*, Strasbourg : Silbermann, s. d., p. 170). BC, parlant en faveur des cordiers, à la Chambre le 25 juillet 1828, exposera l'origine de leur « reclamation » (*Archives parlementaires*, LVI, p. 420).

[1] Voir ci-dessus sa lettre du 24 septembre 1827.
[2] Athanase Paul Renouard de Bussière (1776–1846), député du Bas-Rhin de 1820 à 1830, appartenant à la majorité ministérielle.

5135

Benjamin Constant à Jean-Jacques Coulmann

22 octobre 1827

Je voulais, mon cher ami, vous écrire à mon arrivée à Colmar[1] : mais je n'ai pas eu un moment à moi, & je prévois que j'en trouverais tout aussi peu le tems demain, de sorte que je me décide, malgré mes mauvais yeux, à vous adresser quelques lignes ce soir, sauf à vous renouveller de la route mes tendres remercimens, quand j'aurai eu la douleur de quitter l'excellente & admirable famille, au milieu de laquelle je me trouve depuis deux jours, & que je m'imagine souvent avoir connu & aimé toute ma vie[2].

Je n'essayerai pas de vous raconter ma réception depuis que je suis entré dans le Département du Haut Rhin. J'ai rencontré M. Fr. Hartman[3] avant d'arriver a Schlestadt[4], & depuis lui, ses deux frères, & toute la famille m'ont comblé de tant d'amitiés que je ne puis vous peindre la vie que je mène, ni ce que j'éprouve. Rien de pareil n'a été éprouvé par moi depuis que je me souviens d'avoir ressenti quelque chose.

J'ai interrompu ma lettre, comblé à chaque instant de nouveaux témoignages d'estime & d'affection. M. Stöber vous racontera la magnifique fete du Schlosswald[5]. Je défie un Souverain d'en recevoir une pareille, même en la commandant, & en mettant en requisition tous les salariés de son Royaume.

Paris me paraîtra bien sec, bien aride, bien malveillant après l'Alsace. Je ne sai comment je rapprendrai à respirer dans cet atmosphère[6] si différent de Brumath & de Münster. Je vous dois tout cela, car sans vous, je n'aurais pas été à Bade, je n'aurais pas traversé Bischweiler, je ne serais pas venu à Colmar. Brumath & Münster sont deux paradis.

Votre Préfet n'a pas trouvé dans celui du Bas rhïn un imitateur. Les autorités se sont conduites avec beaucoup de sagesse & je dirai plus avec coquetterie jusques dans les plus petits détails[7].

Je reprends ma lettre encore interrompue, mais pour cette fois je ne la recommence que pour la finir, car il faut qu'elle parte Mon silence me pèse, tout involontaire qu'il est. L'amitié, la bonté, les fetes, continuent à faire de ce séjour un lieu vraiment magique. Je trouve des amis dans les palais des uns, dans les cabanes des autres. En entrant ce matin pour échapper à la pluye, dans une forge au milieu des bois, dont le maître simple ouvrier ne m'attendait assurément pas, je me suis vu recu als von Gott gesandt[8]. Enfin je vous ecrirais cent pages que je ne vous dirais pas la millième partie de ce que je sens.

Il parait que votre Préfet[9] continue à m'honorer de ses hostilités. On vous a envoyé un article bien simple & bien innocent sur le banquet de Colmar, que la censure strasbourgeoise a rayé. On vous l'enverra pour le faire tenir à M. de Salvandy[10]. Puisque le Sieur Esmangard veut la guerre, il l'aura, je lui en réponds, de Paris. Je lui adresserai une lettre qui le fera repentir de tant d'impertinences[11]. J'ai envie de lui en envoyer 1000 ex. en les fesant vendre à son profit, il pourra dégager son argenterie.

Adieu, mon cher ami, croyez que je n'oublierai jamais le charmant été que vous nous avez fait passer & à qui je dois tout le bonheur dont j'ai joui ici.

Ma femme vous dit mille & mille tendresses. Présentez nos hommages à Mamselle Tante[12].

Mille & mille amitiés
B Constant

Munster ce 22 Octobre 1827

a Monsieur / Monsieur Coulmann / à Brumath / près Strasbourg / Bas-Rhin

---

Manuscrit *Paris, BnF, N.a.fr. 24914, ff. 57–58 ; 4 pp., p. 3 bl., l'adresse p. 4 ; cachet postal : 25 OCT 1827 ; orig. autogr.

Édition Coulmann (1869), III, pp. 96–98.

Notes
[1] BC avait quitté Brumath le 16 octobre (Glachant (1906), p. 412).
[2] Le séjour de BC à Munster est exactement décrit par le préfet Jordan ; il était logé chez Jacques Hartmann (Glachant (1906), pp. 432–435).
[3] André Frédéric Hartmann (1772–1861), Jacques (1774–1839) et Henry Nicolas (1782–1856), industriels de Munster. L'aîné mènera une brillante carrière politique sous la monarchie de Juillet.
[4] Sélestat entre Strasbourg et Colmar.
[5] Propriété des Hartmann, à proximité de Munster, où fut donnée une fête en l'honneur de BC le vendredi 19 octobre (Glachant (1906), p. 433). Voir aussi la lettre de Coulmann du 12 novembre 1827.
[6] Le masculin se rencontrait encore.
[7] Lire Haut-Rhin. Charles Antoine Hippolyte Jordan (1790–1840), préfet du Haut-Rhin (1824–1829).
[8] *comme si Dieu m'avait envoyé*.
[9] Charles Esmangart (1769–1837), préfet du Bas-Rhin (1824–1830). Il était criblé de dettes.
[10] Il ne semble pas que Salvandy (voir la lettre que BC lui adresse le 13 septembre 1827) ait cette fois donné suite.
[11] Sans doute le futur candidat aux élections dans le Bas-Rhin jugea-t-il préférable d'en rester là.
[12] Sophie Charlotte (1765–1832), sœur de Catherine Salomé Ulrich († 1804), la mère de Coulmann : voir Jean-Jacques Coulmann, *Réminiscences*, Paris : Michel Lévy, 1862, t. III, pp. 70–71.

5 « Fabrique d'Indiennes de Mrs Hartmann & Fils, à Munster, (du Coté du Couchant) », dessin de J. Mieg, lithographie d'Engelmann, 1823 (gallica.bnf.fr / BNU).

6 « Benjamin Constant. Dessiné d'après nature à Munster 21e Nov^bre 1827 par H. Lebert. », (Patrinum, Lausanne, BCU, IC CIV-IC PTN-282060)

5136

Jean-Baptiste Deyres à Benjamin Constant

27 octobre 1827

Monsieur,
Depuis que je n'ai eu l'honneur de vous écrire, ma position a changé d'une manière satisfaisante et propre à me faire oublier mes persécutions de cinq ans. En changeant de Département la fortune a changé pour moi : je suis NOTAIRE dans le lieu même où ma femme habitait, et je vis tranquille au milieu de ma jeune famille, qui se compose de deux enfans mâles, dont l'un est âgé de 8 ans l'autre de 6.

J'ai le bonheur d'être parvenu à cet état de tranquillité sans avoir employé la ruse ni l'artifice ; je suis ce que j'étais à Casteljaloux. Mais l'autorité étant ici meilleure, c'est elle qui a changé ma position.

Dans ma paisible solitude j'ai été aportée de goûter avec délices, Monsieur, les sublimes discours dont vous avez honoré la législature pendant cette session ; et, ce qui a le plus rempli mon ame d'enthousiasme, c'est l'effet magique qu'ont produit vos paroles sur des hommes si disposés à ne pas les écouter. La raison, cependant, semble avoir triomphé de toutes les préventions, et vous êtes resté seul debout à la tribune pour attester à la face du monde cette vérité qu'ils se soumettaient si difficilement à entendre de votre bouche, que sans l'exécution franche et loyale du pacte qui lie tout, il n'est ni sécurité ni repos.

J'aime a penser, Monsieur, que vos prophéties s'accompliront et que le jour n'est pas loin où chacun jouira du bonheur que lui prépare un retour sincère à des idées plus exactes du gouvernement représentatif.

La France vous devra, Monsieur, la plus grande partie du bonheur qu'elle est destinée à goûter, comme ayant été le premier qui lui ayez appris à connaître sa dignité et ses droits.

En me glorifiant d'être une partie quoi qu'imperceptible de cette France, je vous dois, Monsieur, un double tribut de reconnaissance, d'abord comme membre de cette grande famille, ensuite comme ayant éprouvé, il y aura bientôt *dix ans,* un bienfait de vous, dont les développemens quoiqu'arrêtés pendant plusieurs années, ne laissent pas que se faire sentir aujourdhui, par le bonheur dont je jouis loin de mes persécuteurs.

Agréez en donc, je vous prie, mes bien sincères remercimens, et l'assurance du désir que je ne cesserai d'avoir de vous en témoigner toute ma gratitude ; c'est sur quoi je vous prie de compter comme sur les sentimens pleins de vénération et de respect, avec lesquels

Je suis,
   Monsieur,
                    Votre très humble et très obéissant serviteur.
                                                              JDeyres.
Castets (Près Langon) le 27. 8bre 1827.
(Gironde)

P. S. Vous eutes la bonté de me faire cadeau, Monsieur, des deux livraisons de votre ouvrage sur la religion. Permettez-moi je vous prie, de réclamer le 3e volume. Je charge M. Guimard mon ami, d'être porteur de ma lettre, et de recevoir le complément de votre ouvrage, dont je vous remercie beaucoup.

Manuscrit *Lausanne, BCU, Fonds Constant I, Co 1455 ; 4 pp., p. 4 bl. ; orig. autogr.

Texte   11 été] été ⟨apporté⟩

Commentaire   Jean-Baptiste Deyres (1787–1844), notaire à Castets-en-Dorthe en 1826, avait épousé en 1818 Marie-Céleste Dubourg ; deux enfants étaient nés : Jérôme Joseph (1819) et Antoine (1822). Voir la lettre que BC lui avait envoyée le 21 juillet 1820 (*CG*, XI, 557).

5137

Benjamin Constant à Édouard Verny

31 octobre 1827

vous exprimer le plaisir que j'ai eu à vous connoitre, la reconnoissance que j'ai éprouvée de toute l'amitié que vous m'avez témoignée, & l'espoir que j'aime à nourrir que nous nous reverrons bientot & souvent. Mais par cela seul que nous causions sans cesse, ma femme & moi de vous & de vos excellens amis de Münster, notre tems s'est écoulé dans des conversations qui nous retracoient une époque si heureuse, & je suis arrivé jusqu'ici sans avoir eu le courage de les interrompre. J'ai pourtant un vif besoin de vous dire combien je vous suis attaché, & combien je désire pouvoir vous en convaincre & vous le prouver. À mesure que je redescends dans l'atmosphère de calcul, de sécheresse & d'envie, dans lequel je suis forcé de me débattre à Paris, je sens davantage la différence de tout ce que j'ai quitté & de ce que je retrouverai, & la perspective de Colmar & de Münster m'est bien nécessaire pour m'aider à traverser le long hyver qui m'attend.

J'ai écrit ce matin à M. Jacq. Hartmann & je lui ai mandé qu'on parlait beaucoup moins de la dissolution de la Chambre. On m'a assuré de nouveau ce soir que le dernière brochure de Salvandy annoncoit cette dissolution pour le 4 novembre, jour de naissance de S. M. C'est un beau présent que Charles X feroit à la France[1], mais je n'y croirai qu'après avoir lu de mes yeux l'ordonnance qui la délivrerait de ses prétendus représentans.

Présentez mes complimens empressés à M. votre père[2], auquel je demande de me conserver un bon souvenir ; croyez à ma gratitude & à mon affection bien sincère, & donnez moi, rue d'Anjou, St Honoré à Paris, des nouvelles de ceux auxquels j'ai voué une tendre & éternelle amitié. C'est vous demander des vôtres, car vous êtes presqu'un des membres de cette famille si chérie & si digne de l'être. Mille amitiés sincères & inalterables.

Benjamin Constant

Brévans près Dole ce 31 8bre 1827

P. S. Ma femme me charge de mille choses pour vous. Elle espère que vous ne l'oublierez pas.

Manuscrit *Paris, Bibliothèque de la Société de l'Histoire du Protestantisme français, Ms 832 ; 2 pp. ; orig. autogr.

Édition Armand Lods, « Benjamin Constant. En Alsace. Sa correspondance », *ICC*, n° 1606, vol. LXXXVII (10–30 août 1924), cols. 626–627.

Texte 1 vous] *le haut de la feuille a été découpé*

Commentaire et Notes Édouard Verny (1803–1854) était alors avocat à Colmar ; il deviendra pasteur de l'Église évangélique de Paris.
[1] *Que feront-ils ? ou Examen des questions du moment*, Paris : Sautelet, 16 octobre 1827, pp. 1–2. Comme le précise Salvandy, le 4 novembre est « le jour de la Saint-Charles », non la date de l'anniversaire du roi. Il avait de bons informateurs : la dissolution sera annoncée le 6 novembre (lettre à Périer du 18 juillet 1827).
[2] Sur son père (1776–1839), voir J. Viénot, « Edouard VERNY, pasteur de l'Eglise luthérienne », *Bulletin de la Société de l'histoire du Protestantisme Français*, Janvier-Mars 1925, p. 407.

5138

Alexandre Cazin à Benjamin Constant

31 octobre 1827

Paris ce 31. 8bre 1827.

Monsieur,

Votre retour à Paris est de la d^{re} urgence, il n'y a pas un instant à perdre. Votre absence ne refroidit pas le zèle de vos admirateurs, vous êtes porté en tête des candidats de Paris, mais la majorité des Electeurs de Paris, avec la certitude de vous replacer au poste que vous remplissez si bien, n'en desirent pas moins votre présence immédiate. La brusquerie avec laquelle l'ord^{ce} de dissolution[1], les mesures d'éxécution & les élections s'effectueront, fait redoubler de précautions & porte vos clients à désirer votre apparition subite.

J'ai l'honneur de vous saluer.

Cazin

Manuscrit *Lausanne, BCU, Fonds Constant I, Co 1305 ; 2 pp., p. 2 bl. ; orig. autogr.

Texte 9 apparition] *il a écrit* appiration

Note
[1] Sur l'ordonnance de dissolution, voir la lettre précédente.

5139

Alphonse Mahul à Benjamin Constant

31 octobre 1827

Carcassonne (Aude) 31 8bre 1827.

Monsieur
Le grand événement de la dissolution[1] ayant enfin pris un caractère de certitude qui ne semble plus permettre de le révoquer en doute, je me suis decidé a vous écrire pour vous prier de nous prêter dans ce département, l'assistance de votre puissante recommandation, afin qu'on ne nous néglige point dans tout ce qui pourra être fait pour obtenir des Elections constitutionnelles ; comme *envoi de brochures, transmissions de conseils etc.* Vous voudrez bien recommander qu'on transmette le tout a l'adresse de *M.M. Picard et Blanquart, rue de Pinel, a Carcassonne (Aude)* – j'aurais donné avec plaisir mon adresse personnelle, mais, comme je serai souvent absent, d'ici aux Elections, je donne l'adresse la plus certaine et la plus commode pour tous. – il y a dans notre Dep^t 1229 Electeurs[2], divisés en deux arrondissemens[3]. Il nous faudrait donc environ 400 brochures par arrondissement, en tout 800. – la liberté de la presse qui sera la conséquence immédiate de l'ordonnance de dissolution ne semble pas devoir dispenser de la distribution des brochures. Beaucoup d'Electeurs campagnards ne lisent pas les journaux et sont impressionnes des brochures qui s'en viennent les trouver gratuitement a leur domicile.

Nous avons une espérance que nous croyons certaine de réussir a l'arrondissement de Castelnaudary et Limoux réuni – L'arrondissement Electoral de Narbonne et Carcassonne, offre ainsi que le Grand Collège des chances favorables, mais avec possibilité de défaite[4].

Quand nous serons fixés sur les noms de nos candidats j'aurai l'honneur de vous les transmettre, en vous priant de me faire parvenir une lettre approbative, signée de vous et de ceux de vos anciens collègues qui voudraient se joindre a vous. Les noms de M.M. Casimir Perier et Ternaux ou encore Hyde de Neuville, Bertin ect seraient au nombre de ceux qu'il nous serait le plus précieux d'obtenir. Cette piece que nous destinerions a la publicité, serait d'un grand effet pour rallier les votes de tous ceux qui partagent nos principes et nos vœux.

Si les brochures de la contre opposition (les *Amis de la liberté de la presse*) peuvent nous être adressées, nous les apprécions aussi beaucoup, ainsi que tout ce qui viendrait de la même source[5].

Je ne pense point a faire porter par nos Electeurs aucune de nos celebrités externes. Ce serait aggraver les difficultés ; et je pense que chacun a deja sa place marquée. J'ecris par ce même courrier a votre voisin Bourgeois[6] et je lui recommande de vous dévouer personnellement toute son influence et son activité Je suis toujours sans nouvelle de Mr Coste.

Nos listes ont été rédigées avec assez d'impartialité. Elles sont a peu près completes. Quant à moi j'ai reussi sans la moindre difficulté, a me faire porter aux deux collèges ou j'ai droit ; et je vais employer tout ce que j'ai d'influence et d'activité, a vous donner des collègues amis – la cause me parait sublime et l'avenir plein d'emotion.

Alph. Mahul

N.B. mon adresse est. M. Alph. Mahul, grande rue Carcassonne. Aude.

Nous avons déja reçu quelq. brochures de la Societé de cotisation qui a pour devise *Aide toi Dieu t'aidera*[7]. On les adresse a M. Fages pharmacien, a Carcassonne. Ce dépositaire, bien que très fidele, serait remplacé avec beaucoup de convenance par ceux dont je vous ai donné l'adresse plus haut.

Manuscrit *Lausanne, BCU, Fonds Constant I, Co 1366 ; 4 pp. ; orig. autogr.

Texte 11 l'adresse] l'adresse ⟨l'adresse⟩ 25 anciens] *ajouté dans l'interligne* 26 ou encore Hyde de Neuville, Bertin ect] *ajouté dans l'interligne*

Commentaire et Notes Alphonse Mahul (1795–1871), secrétaire de la Société de la morale chrétienne, auteur de nombreux ouvrages politiques, sera élu député de l'Aude en 1831. Voir *CG*, XIV, 47.

[1] L'ordonnance prononçant la dissolution de la Chambre paraîtra le 5 novembre 1827.
[2] Comme le confirme *Le Constitutionnel* du 14 octobre 1827, p. 3.
[3] L'Aude comptait effectivement deux arrondissements : d'une part, Castelnaudary et Limoux, d'autre part, Carcassonne et Narbonne.
[4] L'arrondissement de Castelnaudary élira Antoine-François Andréossy, celui de Carcassonne, François Marie Sernin ; les deux siègeront à gauche. En revanche, le collège de département élira

Charles François de Fournas-Moussoulens et Charles Guillaume Laperrine d'Hautpoul, « candidats royalistes ».
[5] Chateaubriand (« la contre opposition ») venait de publier deux brochures sous l'égide des Amis de la liberté de la presse : *Marche et effets de la censure*, Paris : Le Normant, 1827, et *Dernier avis aux électeurs*, Paris : Le Normant, 1827.
[6] Il s'agit sans doute d'Adolphe Bourgeois (1795–1850) qui habitait 16, rue Anjou-Saint-Honoré ; il sera député de la Creuse en 1831 (*CG*, XIII, 247).
[7] La première publication de la « société de cotisation qui a pour devise : *Aide-toi, le ciel t'aidera* » s'intitulait : *Aide-toi, le ciel t'aidera. Brochure adressée aux Citoyens et aux Electeurs* (voir *Il faut semer pour recueillir. Aux Électeurs et aux Éligibles*, Paris : Barthelemy, septembre 1827, p. 2) ; nous n'avons pu la retrouver.

5140

Benjamin Constant à Frédéric Hartmann

3 novembre 1827

J'avais écrit l'incluse à Monsieur Verny fils[1], Monsieur & cher ami, par un sentiment de discrétion & pour ne pas vous accabler coup sur coup de lettres. Mais au moment où j'allais l'envoyer à la poste, j'ai réfléchi que vous préféreriez peut être etre informé de ce qu'elle contient sans intermédiaire, & je vous l'adresse ouverte, sauf a être communiquée à M. Verny, *si vous le trouvez bon*. Je ne puis laisser échapper cette occasion de vous réïtérer les sentimens dont je suis pénétré pour toute votre famille, mais je me refuse à les décrire pour ne pas vous fatiguer par une lettre interminable. Croyez que jamais ces sentimens n'éprouveront de diminution, & veuillez me conserver ceux qui me rendent si fier & si heureux. Soyez mon interprète auprès de Messieurs vos frères, faites agréer mes hommages à Madame Fritz dont les bontés sont gravées dans mon ame, à Madame Henry[2] que je supplie de ne pas m'oublier, & à votre aimable & charmante nièce.

Benjamin Constant

Dole ce 3 Novembre 1827

J'ai écrit, ainsi que ma femme, il y a trois jours à Monsieur Jacques, mais j'ai mis par mégarde à Münster près Colmar, au lieu de Colmar, tout court. J'espère que la lettre sera pourtant parvenue. J'en ai averti de suite M. Verny fils.

A Monsieur / Monsieur Frédéric Hartmann / chez Messieurs Hartmann frères / à Colmar / *Haut rhin*

Manuscrit *Lausanne, BCU, IS 5963 ; 4 pp., pp. 2–3 bl., l'adresse p. 4 ; cachet postal : 7 NOV 1827 ; timbre : 38/DÔLE ; orig. autogr.

Texte *Calcul sur la page d'adresse :* 10–70
2–
14–70

Notes
[1] Il s'agit probablement de la lettre à Verny du 31 octobre 1827.
[2] André Frédéric avait épousé Elisabeth Metzger (1777–1856) et Henry Nicolas, Louise Schouch (1795–1834).

5141

Benjamin Constant à Pierre-François Tissot

3 novembre 1827

J'apprends, d'une manière qui ne me permet guères de révoquer la nouvelle en doute, que l'ordonnance de dissolution a été signée ; qu'elle paraîtra le 5[1], & que les Collèges électoraux seront convoqués du 10 au 15. Je suis inquiet & faché de me trouver loin de Paris. Je sai par expérience quels bruits absurdes, impossibles à prévoir, le Ministère, ou des Concurrens inattendus répandent dans les occasions pareilles, & combien il peut être essentiel d'être là pour y répondre. Cependant, quoique je fasse, je ne pourrai être à Paris que le 7 ou le 8, & même le 10, si je passe à la Grange, comme je l'ai promis au Général Lafayette. Je viens donc invoquer votre amitié, mon cher collègue. D'après tous les renseignemens qui me sont venus de Paris durant mon voyage, j'ai tout lieu d'espérer que les électeurs qui m'ont donné des témoignages de satisfaction, me conserveront leur bienveillance : mais, dans le cas où l'on essayerait de me nuire, & de m'enlever leur confiance, je compte sur vous pour me défendre, & pour faire sentir à tous mes amis que ce n'est pas en mon absence qu'il faut écouter mes ennemis. Je crois avoir rempli ma mission avec fidélité & courage, & je sollicite franchement les suffrages de ceux qui sont satisfaits de moi. Soyez donc jusqu'à mon retour mon interprète & si besoin est mon avocat. Croyez à mon inviolable attachement & à ma sincère reconnoissance, & soyez persuadé mon cher collègue, que je me trouverai bien heureux, si je puis jamais vous prouver l'un & l'autre.

Benjamin Constant

Dole ce 3 Novembre 1827

a Monsieur / Monsieur Tissot / rue Bourbon-Villeneuve / N° 45 / à Paris

Manuscrit *Lausanne, BCU, IS 4294[5] ; 4 pp., pp. 2–3 bl., l'adresse p. 4 ; cachet postal : 6 Novembre 1827 ; timbre : 38/DOLE ; orig. autogr.

Texte 2 paraîtra] *corrige* paraîtrait

Note
[1] En fait le 6 : voir la lettre à Périer du 18 juillet 1827. Les collèges électoraux seront convoqués les 17 et 24 novembre.

5142

Benjamin Constant à Louise d'Estournelles

5 novembre 1827

Je me hate de vous écrire pour une chose essentielle, ma chere Louise. Nous avons oublié, vous en me demandant, moi en vous promettant une procuration, que rien ne devoit se faire en mon nom relativement au domaine de Brévans que l'acte notarié ne fut passé[1]. Si quoi que ce soit constatoit le sousseing privé, la régie s'en empareroit & nous poursuivroit de suite pour le double droit[2]. Il faut donc que le bail se fasse en votre nom, sans que j'y paraisse en rien ; dès qu'il aura été fait, je vous enverrai une approbation qui restera entre nous comme le sousseing privé. Mais prenez bien garde que personne ne soit informé de ce sousseing. Une seule ligne le constatant, l'amende est encourue & vous seriez poursuivis de suite. Cela est arrivé à l'homme qui avoit acheté ma maison rue neuve de Berry & il a payé le double des droits d'enrégistrement.
        Je suis si pressé que je ne puis que vous embrasser

B

Dijon[3] ce 5 Nov.

Manuscrit *Lausanne, BCU, Fonds Constant I, Co 372 ; 2 pp., p. 2 bl. ; orig. autogr.

Texte 7 une] une ⟨pro⟩

Notes
[1] Comme Louise va s'installer à Poligny, cette lettre ouvre une séquence de plusieurs mois concernant l'achat de Brévans par BC, achat qui n'aboutira pas.
[2] « Lorsqu'on prouve qu'une vente passée devant notaire existait plus de trois mois auparavant, par acte sous seing-privé, on est fondé à demander le double droit (arrêt de la Cour de cassation du 19 juillet 1815). »
[3] Première étape sur la route de Paris.

5143

Antoine-François-Eugène Merlin à Benjamin Constant

5 novembre 1827

Sillery charaintru près Longjumeau,
Le 5 9bre 1827.
Monsieur
J'etais Electeur dans le départ^t de l'Aisne, lors des differentes Nominations du Gal Foy[1]. Dépuis j'ai vendu, et transporté mon domicile politique a Paris[2]. Je voterai au Vauxale[3]. Si vous y etes Candidat ayez la bonté de me le faire dire, et de m'instruire s'il y à des reunions d'electeurs. Je presume qu'on doit se préparer pour ne porter a la chambre que les Députés de l'oposition.
   J'ai l'honneur d'etre
Monsieur
Votre très humble et tres obeissant serviteur
Le Lieut^t G^{al}
Merlin Eugene

Monsieur / Monsieur Benjamin De Constant / Député De L'opposition / *Paris*

Manuscrit   *Grenoble, AD de l'Isère, 11 J 41, f. 14 ; 4 pp., pp. 2–3 bl., l'adresse p. 4 ; orig. autogr.

Texte   **8** les] *corrige* des   **13** Eugene] *lecture incertaine*

Commentaire et Notes   L'adresse de l'épistolier permet de l'identifier : « [Le précédent propriétaire] vendit [le domaine de Sillery, situé à Charaintru], en 1824, à une société qui devait y établir une blanchisserie modèle ; le projet échoua, et le lieutenant-général comte MERLIN, fils de Merlin de Douai, en devint acquéreur. » Il garda Sillery jusqu'en 1838 (M. Pinard, *Histoire, archéologie, biographie du canton de Longjumeau*, Paris : Durand, 1864, pp. 139–140). Antoine François Eugène Merlin (1778–1854) avait fait une brillante carrière dans les armes sous l'Empire. Il était alors en disponibilité avec le grade de maréchal de camp (*Annuaire de l'état militaire* (1827), p. 19) et ne sera nommé lieutenant général qu'en 1832.

[1] Foy fut élu dans l'Aisne de 1819 à sa mort.
[2] Merlin habitait rue Saint-Lazare (*Almanach du commerce* (1827), p. CCXXII) qui n'était ni dans la circonscription de BC ni dans celle de Périer (voir la lettre à Périer du 9 novembre, ci-dessous). À noter qu'il donnait dans l'*Almanach* son grade officiel : maréchal de camp.
[3] Le « Wauxhall », rue Sanson (auj. rue Léon-Jouhaux), était alors dans le cinquième arrondissement (troisième circonscription électorale, celle où Périer avait été élu en 1824).

5144

François Béchet à Benjamin Constant

7 novembre 1827

Monsieur
Supposant que vous etes de retour des eaux, j'ai l'honneur de vous ecrire, pour vous demander si votre manuscrit du tome 4 de la Religion est bien avancé et si vous pourrez bientot nous donner le commencement pour le livrer à l'impression, vous nous rendrez un service bien important si vous pouvez vous mettre à même de faire paraître ce volume avant la fin de Decembre prochain ; la vente des trois premiers est très ralentie, il n'y aura que le 4ᵉ qui complettera l'ouvrage, qui la ranimera, vous devez juger combien nous avons besoin de ce volume pour nous procurer les fonds dont nous aurons besoin pour payer les billets[1] que nous vous avons fait, j'espère que vous voudrez bien prendre cela en considération.
    Je suis avec considération Monsieur, votre très humble serviteur
Bechet ainé
Paris 7 9ᵇʳᵉ 1827

A Monsieur / Monsieur Bⁱⁿ Constant / rue d'Anjou N° 15 / Paris

Manuscrit *Lausanne, BCU, Fonds Constant I, Co 3843 ; 2 pp., l'adresse p. 2 ; cachet postal : 8 Novembre 1827 ; orig. autogr.

Note
[1] S'agit-il des billets contre lesquels Béchet livrait un exemplaire de l'ouvrage (voir la lettre à Antoine-Léonard Chézy du 4 août 1827) ou des billets émis par Béchet comme à valoir sur les futurs bénéfices du « tome 4 » (qui ne paraîtra pas avant 1831) ?

5145

Philipp August Petri à Benjamin Constant

7 novembre 1827

Lüethorst, 7. Novbr. 1827.
Endlich, mein hochverehrter Herr von Constant, bin ich im Stande, Ihnen den zweiten Band der Deutschen Uebersetzung Ihres trefflichen Werkes zugehen zu lassen ; erst vor vier Wochen verliess er die Presse[1]. Eine Reise nach Göttingen,

wohin ich meinen Sohn brachte, verhinderte die frühere Absendung. Der ehrwürdige Planck, den ich noch wohlauf fand, wird die Anzeige in den dortigen gelehrten Anzeigen[2] besorgen.

Gleich nach der Vollendung des zweiten Bandes meiner Uebersetzung erhielt ich den dritten Band Ihrer Urschrift, wovon der Druck der Uebersetzung nun auch sogleich beginnt, um Ostern ausgegeben zu werden. Gern wüsste ich, ob auf die Erscheinung des IV. Bandes zu Anfang des naechsten Jahres mit Sicherheit gehofft werden darf, oder ob sich die Vollendung bis in den Sommer oder Herbst hineinziehen wird. Verleger und Drucker theilen meinen Wunsch nach bestimmer Auskunft darüber ; darf ich Sie darum bitten[3] ?

Ausser den Ihnen gemachten früheren Mittheilungen sind mir noch keine weiteren Kritiken in unseren Literatur-Zeitungen zu Gesichte gekommen ; wahrscheinlich wird man erst die Vollendung des Werkes abwarten wollen, und thut allerdings recht daran. Wüsste ich nun etwas von der Art und Weise, wie sich Ihre Kritiker, M. l'abbé de la Mennais[4] nicht zu vergessen, ausgesprochen haben mögen ! Auch erlaube ich mir, Sie auf ein Werk aufmerksam zu machen, das, nach einer eben davon gelesenen Anzeige, sich über Verwandtes in Ihrem Sinne auszusprechen scheint ; es heisst : Universalhistorische Uebersicht der Geschichte der alten Welt und ihrer Cultur. Von F.C. Schlosser[5]. 1. Th. Frankfurt 1826. – Herr v. Golbéry, conseiller à la Cour royale à Colmar, wird zugleich als künftiger Uebersetzer genannt[6].

Ich bin mit der hochachtungsvollsten Ergebenheit, mit der Verehrung, die jeder Freund der Freiheit und der Vernunft Ihnen zollt,

Ihr
ganz gehorsamster
Phil. Aug. Petri.

Nachschrift vom 6. Dezember.

Ich habe die Absendung absichtlich aufgeschoben, da ich von Ihrer fortdauernden Abwesenheit unterrichtet ward. Ich lese jetzt von Ihrer Rückehr, von Ihrer, freilich unbezweifelten, Wiedererwählung u.s.w., und sende nun das Päckchen sogleich, frei Darmstadt, ab. Eine Bitte füge ich hinzu. Es ist die, mich Ihrem Collegen Kératry zu empfehlen, und mir von ihm die Erlaubniss zu Uebersetzung des von ihm als bereits erschienen angekündigten Romans, Frédérick Styndall[7], zu erwirken.

Sie aber, Verehrtester, bitte ich um eine nähere Bezeichnung des Werks, sowohl in wissenschaftlicher, als in buchhändlerischer Hinsicht, und weiss, dass ich nicht vergebens bitten werde.

P.

Philipp August Petri à Benjamin Constant — 7 novembre 1827

Manuscrit   *Lausanne, BCU, Fonds Constant I, Co 4068 ; 4 pp., p. 4 bl. ; orig. autogr.

Notes
1   *Die Religion, nach ihrere Quelle, ihren Gestalten und ihren Entwickelungen [...]*, Zweiter Band, Berlin : G. Reimer, 1827.
2   Gottlieb Jacob Planck avait déjà rendu compte du premier tome de la traduction de Petri dans les *Göttingsche gelehrte Anzeigen*. Voir la lettre de celui-ci du 30 août 1825 (lettre 4548, *CG*, XIV, 157–159).
3   Le troisième tome de la traduction paraîtra en 1829. Il ne sera pas suivi par un quatrième.
4   Petri avait déjà évoqué Félicité de Lamennais dans ses lettres à BC en 1825 (*CG*, XIV, lettres 4508 et 4548).
5   Friedrich Christoph Schlosser (1776–1861), professeur d'histoire à l'université de Heidelberg aux opinions libérales.
6   Philippe de Golbéry (1786–1854), juriste et homme de lettres, ami d'Edgar Quinet, publiera ses écrits des deux côtés du Rhin ; en France, il collabore à la *Revue encyclopédique* et à la *Nouvelle Revue germanique*. Sa traduction de l'ouvrage de Schlosser paraîtra en effet : *Histoire universelle de l'antiquité*, par Fréd. Chrét. Schlosser,... Traduit de l'allemand par M. P.-A. de Golbéry, Paris : F. G. Levrault, 3 vol., 1828.
7   Le comte de Kératry, à côté de ses devoirs de député, se plaisait à publier des vers, des romans, des ouvrages d'histoire, de philosophie, et d'art. *Frédéric Styndall, ou la Fatale année*, par M. Kératry, Paris : Delaunay, 5 vol., 1827, sera bien traduit en allemand, mais par Ludwig Storch : *Friedrich Styndall, oder das verhängnisvolle Jahr* ; ein historisch-philosophischer Roman aus dem französischen übersetzt von L. Storch, Leipzig : A. Bossange, 1828.

Traduction   *Je suis enfin, mon très honoré Monsieur de Constant, en mesure de vous envoyer le deuxième volume de la traduction allemande de votre excellent ouvrage ; il est sorti des presses il y a quatre semaines. Un voyage à Goettingue, pour y emmener mon fils, a empêché de l'envoyer plus tôt. L'honorable Planck, que j'ai trouvé encore en bonne santé, va publier un compte rendu dans la gazette savante de cette ville.*

Aussitôt ma traduction du deuxième tome accomplie, j'ai reçu le troisième tome de l'original, dont l'impression de la traduction commencera immédiatement, pour être publié à Pâques. Je voudrais savoir, si l'on peut espérer avec certitude la parution du tome IV au début de l'an prochain, ou bien si son achèvement se prolongera jusu'à l'été ou l'automne. L'éditeur et l'imprimeur partagent mon désir de renseignements précis à ce sujet ; puis-je me permettre de vous en demander ?

En dehors des renseignements que je vous ai déjà transmis, je n'ai pris connaissance d'aucun nouveau compte rendu de votre ouvrage dans nos journaux littéraires ; on préfère sans doute attendre l'achèvement de l'ouvrage, et ils s'en sortent bien. J'aimerais savoir comment se sont exprimés vos critiques, sans oublier M. l'abbé de La Mennais. Je me permets aussi d'attirer votre attention sur un ouvrage qui, d'après ce que j'en apprends dans un compte rendu que je viens de lire, semble s'exprimer sur des question semblables dans le même sens que vous ; il s'intitule Aperçu historique universel du monde antique et de sa culture, de F. C. Schlosser, 1er tome Francfort 1826. M. de Golbéry, conseiller à la Cour royale à Colmar, est déjà annoncé comme futur traducteur.

Je suis avec le dévouement le plus respectueux, avec la vénération que tous les amis de la liberté et la raison vous témoignent, votre très obéissant Phil. Aug. Petri.

Post scriptum du 6 décembre. J'ai délibérément différé l'envoi de ma lettre, car j'avais été informé de votre absence prolongée. Je lis à présent les nouvelles de votre retour, de votre réélection, qui ne faisait pas de doute, etc., et j'enverrai de suite le petit colis, franco de Darmstadt. J'y ajoute une demande. C'est celle de me recommander à votre collègue Kératry, pour obtenir de lui la permission de traduire le roman qu'il annonce comme déjà publié, Frédérick Styndall.

5146

Ferdinand d'Eckstein à Benjamin Constant

8 novembre 1827

Monsieur !
Vivement provoqué, j'ai dû vivement répondre[1]. Vous m'aviez tout contesté : talent, réputation, savoir et jusqu'à l'honneur même : ma carrière littéraire commence, vous avez cueilli tous vos lauriers. Moi aussi j'aime la gloire : trouvez donc naturel si j'empêche un homme d'une grande renommée à me la faucher sous les pieds.

Mes véritables sentimens à votre égard, se trouvent dans le *Post Scriptum*. Le reste est une polémique que je n'ai pas ambitionnée. Ma critique de votre ouvrage sera sans amertume[2] : si le ton de mes précédens articles a dû vous paraitre dûr, cette dureté n'était pas dans l'intention de l'auteur.

Permettez à votre voisin de Baden[3] de vous instruire d'une grande nouvelle. La flotte turco-égyptienne est entièrement détruite ; c'est un des plus grands combats navaux dont parle l'histoire. Les vaissaux amiraux français et anglais ont beaucoup souffert.

Veuillez agréer l'expression de mes sentimens les plus distingués

bⁿ d'Eckstein

Jeudi soir

Manuscrit   *Lausanne, BCU, Fonds Constant I, Co 3649 ; 2 pp., p. 2 bl. ; orig. autogr.

Commentaire et Notes   La bataille de Navarin avait eu lieu le 20 octobre 1827 et la nouvelle n'en était arrivée à Paris que le 9 novembre ; Eckstein put donc en être informé au mieux le jeudi 8 novembre.

[1] Eckstein venait de publier dans la revue qu'il dirigeait une critique sévère du tome III de *De la Religion* (*Le Catholique* d'octobre 1827, n° 22, pp. 56–113) qu'il prit la peine d'éditer séparément : *Réponse de M. le baron d'Eckstein aux attaques dirigées contre lui par M. Benjamin Constant dans son ouvrage intitulé : De la Religion*, Paris : Sautelet (*Bibliographie de la France* du 10 novembre 1827, p. 920). Sur les attaques de BC, voir *OCBC*, XIX, *passim* ; voir aussi la réponse qu'il adresse à Eckstein ci-dessous.

[2] La suite promise « au numéro prochain » ne viendra pas.

[3] BC était à Baden en septembre : Eckstein lui avait-il parlé de l'article qu'il s'apprêtait à publier dans *Le Catholique* ?

5147

Benjamin Constant à Jean-Jacques Coulmann

9 novembre 1827

Monsieur & cher hôte, je vais commencer par répondre le plus clairement que je pourrai, à la portion de votre lettre qui regarde la bienveillance dont vous vous rendez l'organe d'une façon si aimable. Mais la précipitation qu'on a apportée à toutes les opérations qui concernent cette affaire rendra vraisemblablement ma lettre inutile. Enfin, vaille que vaille, je répons.

En arrivant ici[1], j'ai trouvé les chances décidées en ma faveur, sauf les intrigues & tout l'imprévu. Mais jusqu'à présent, la vraisemblance est pour moi. En même tems, j'ai trouvé dans beaucoup de personnes qui me sont favorables, le désir que dans le cas d'une option, j'optâsse pour le lieu où j'aurais aussi rencontré des amis, & que je leur laissasse ici la faculté de donner un second appui à la bonne cause. Il résulte de là que je suis moralement sur que si vos amis exécutoient leur projet, je pourrais remplir leur vœu : mais c'est une chose que je ne puis dire que confidentiellement, parce qu'il y a aussi d'autres personnes ici que je refroidirais, & que rien n'est plus funeste que des dissidences au dernier moment, surtout lorsqu'on a déjà eu si peu de tems pour se raccorder. Je ne puis donc prendre un engagement formel, parce qu'un engagement seroit un fait que je ne pourrais nier : mais la chose, en cas de double succès iroit de la manière suivante. J'assemblerais mes amis d'ici, & je leur dirais de décider. Or, un grand nombre d'entr'eux, aimant mieux deux athletes qu'un, & s'étant par la même déjà montrés favorables à ce que vous désirez, & tous mes collègues s'étant prononcés dans le même sens, il est presqu'infaillible, & c'est par scrupule que je dis presque, qu'on me dégagerait ici de mes obligations & que je serais tout entier à vous. Voyez si cet exposé satisfait ceux qui s'intéressent à moi avec tant de bonté. Qu'ils agissent dans leur sagesse & dans le plus grand interet public.

Quant à vous indiquer une autre personne, le rapprochement des deux opérations successives m'en empèche tout à fait. Vous aurez vu dans les journaux qu'ils ont proposé tous ceux qui leur ont paru avoir des chances ou en mériter. Toutes mes indications auroient donc le meme inconvénient, celui de la possibilité d'une nomination double, sans que je pusse même donner pour d'autres les garanties que je puis donner pour moi.

Vous aurez je pense été aussi surpris dans votre excellente Alsace que nous à Paris, je ne dis pas de la dissolution qui étoit prévue, mais de la convocation pour le 17 & du déluge de Pairs[2]. J'avoue que je regarde ces deux mesures comme les plus franches & les plus hardies que jamais Ministère aît pris. Il est impossible de dire plus clairement à un peuple qu'on veut faire de ses élections une moquerie. La chambre n'étant convoquée qu'au 5 février, rien ne motive la convocation au 17 Novembre, & je défie le plus exercé des sophistes du Moniteur ou de la Gazette d'inventer un argument en faveur de cette précipitation scandaleuse. Quant à MM les nouveaux Pairs, c'est bien à tort qu'on leur reproche d'être inconnus. J'en connais plusieurs, les uns qui ont travaillé sur les personnes en 1815, les autres sur les diligences, à une époque antérieure, & d'autres qui fesoient chez nous une police d'observation, dont tout le monde avoit le secret. Je n'ai rencontré encore qu'un seul Pair ancien. Sa fureur me fait beaucoup augurer des autres.

Nous sommes, comme vous pensez bien, dans tout le tracas électoral. Chaque concurrent assure que son compétiteur a renoncé, & une heure après le compétiteur arrive, déclarant que sa renonciation est un mensonge. Il est curieux d'observer l'espece humaine dans ses anxiétés & dans ses ruses.

Vous nous dites de bien aimables choses sur notre sejour à Brumath. Vous nous y avez rendus bien heureux ; mais vous nous avez gaté celui de Paris. Depuis que j'ai été l'objet d'une affection alsacienne, je ne puis me faire à l'indifférence de la Capitale, & ma femme regrette sans cesse ce qu'elle appelle l'Allemagne, ce qui est dans sa bouche un bien grand éloge. Vous & moi nous reclamons l'Alsace pour la France, & certes si elle a la solidité allemande, elle a aussi l'énergie Francaise. Mais pour en revenir a Brumath Brumath & Münster sont deux paradis à part. Le souvenir des jours que nous y avons passés, l'espoir d'y retourner des que la saison des fleurs reviendra, telles sont nos idées fixes, & nous comptons les jours & les heures.

J'ai trouvé tant de lettres auxquelles j'ai du répondre, que mes yeux sont tout abymés & me forcent à finir. Faites de bonnes élections, & revenez nous content de vos succès & brillant de santé. Rappelez moi à nos excellens amis d'Alsace, à ce bon Stöber qui nous a témoigné tant d'amitié, à M.M. Scherz & Steiner ; j'écrirai, des que je le pourrai à M. Bertrand de Bischweiler. Adieu. Mille tendres amitiés de ma part & de celle de ma femme
Paris 9 9bre 1827

a Monsieur / Monsieur Coulmann / Proprietaire / à Brumath / Strasbourg / Bas-Rhin

---

Manuscrit *Paris, BnF, N.a.fr. 24914, ff. 59–60 ; 4 pp., l'adresse p. 4 ; cachet postal : 13 Nov 1827 ; orig. autogr.

Édition Coulmann (1869), III, pp. 98–100.

Notes
[1] À Paris : tout le début de cette lettre concerne les élections et la double candidature de BC à Paris et à Strasbourg ; voir aussi la lettre à Coulmann du 23 novembre 1827.

² Pour la convocation, voir la lettre à Tissot du 3 novembre 1827. Pour le « déluge de Pairs », voir *Le Moniteur universel* du 6 novembre 1827, p. 1531, et Benoît Yvert, *Histoire de la Restauration*, Paris : Perrin, 2002, pp. 394–396.

5148

Benjamin Constant à Ferdinand d'Eckstein

9 novembre 1827

Monsieur
Personne moins que moi n'est sensible à la critique. Mais quand le Ciel m'auroit doué de la susceptibilité ombrageuse qui caractérise d'autres écrivains, les censures contenues dans la réponse que vous m'avez fait l'hoñeur de m'adresser, n'auroient pu me blesser. De quelque forme que le fond des idées soit revêtu, ces idées ne prévaudront jamais, je le pense, contre les doctrines que j'établis ou que je défens. L'intérêt que vous paraissez mettre à mon opinion, Monsieur, m'engage à vous donner l'assurance que cette conviction m'empêchera toujours de me jeter dans une polémique superflue.

J'ai l'honneur d'etre, Monsieur
       Votre très humble & très obéissant serviteur
              Benjamin Constant
Paris ce 9 9bre 1827

a Monsieur / [Monsieur] le Baron d'Eckstein / [Rue] basse du Rempart N° 44 / Paris

---

Manuscrit *Lausanne, BCU, Fonds Constant I, Co 4 ; 4 pp., pp. 2–3 bl., l'adresse p. 4 ; cachet postal : 10 Novembre 1827 ; orig. autogr.

Texte *Une partie de la p. d'adresse est déchirée.*

5149

Benjamin Constant à Casimir Périer

9 novembre 1827

Voici, mon cher Casimir, la lettre d'un Général Electeur, qui vote au Vauxhall, c'est à dire pour vous, mais dont je ne puis déchiffrer la signature. Je vous l'envoye, parce que vous n'avez pas trop le droit d'etre difficile en écriture Il serait bon qu'on lui fît savoir où sont les réunions. Quelque sur que soit le succès, une voix de plus est une voix de plus.
 Mille amitiés
 BC.
ce 9 9bre 1827

a Monsieur / Monsieur Casimir Perrier / Rue neuve du Luxembourg N° 27

Manuscrit *Grenoble, AD de l'Isère, 11 J 41, f. 13 ; 4 pp., pp. 2–3 bl., l'adresse p. 4 ; orig. autogr.

Commentaire La présente accompagnait la lettre de Merlin du 5 novembre 1827 (ci-dessus).

5150

Bellangé à Benjamin Constant

9 novembre 1827

Paris 9 9^{br} 1827

Monsieur
J'apprends aujourdhui par mon Journal le Constitutionnel, votre retour à Paris[1] que je pensois bien n'etre pas éloigné d'après la lettre que vous m'avez faît l'honneur de m'écrire[2]. Fidele aux principes que j'ai adoptés, ayant plusieurs fois rendu hommage je ne dirai pas au talent, c'est chose trop connue et qui vous est trop facile mais à la constance énergique avec laquelle vous avez défendu nos loix nos droits acquis, nos libertés, je n'ai pas dû hésiter a emettre mon vœu en faveur des principes constitutionnels en l'emettant pour la réelection de notre honorable député.

 J'ai peut etre en remplissant ce devoir un petit mérite de plus que d'autres c'est que venant d'etre choisi comme membre du jury central pour juger les productions de l'industrie[3], ayant reçu non a ce titre, mais comme fabricant, quoique j'aie cessé de l'etre, la décoration de la légion d'honneur, ayant du même écrire a cette occasion une lettre d'honneteté, je semblerois avoir en quelque sorte contracté une sorte d'obligation envers le gouvernement.

Mais j'ai reçu cette faveur sans l'avoir nullement demandée, devant a cette epoque surtout penser aux autres, j'etois bien éloigné de m'occuper de moi.

M^r le Directeur du commerce[4] en soulevant la poussiere d'un vieux dossier a trouvé qu'a l'epoque de 1823 tous mes anciens confrères moins un peut etre exposans[5], avoient écrit une lettre au Jury pour demander en ma faveur cette distinction, déclarant que ma maison de commerce avoit été créatrice de presque toutes les branches de l'industrie qu'ils exploitoient, dont l'une, les schals de laine figurent au tableau des exportations de 1825 pour 8 millions, cette demande etoit alors restée sans effet, on m'a rendu ; je dois le croire d'après cette lettre émanée de mes confrères ; une justice dont j'ai du toutefois etre satisfait, dont j'ai témoigné même de la reconnoissance, mais cela ne peut aller jusqu'à me faire devier des principes qui ont toujours été la regle de ma conduite, magis amica libertas, éxergue placée entete d'un nouvel ouvrage, récemment annoncé[6], qui paroit devoir interesser les vrais amis des principes libéraux qui n'excluent nullement l'attachement a la famille royales dont j'ai du en mon particulier renouveller l'assurance et qui sont au contraire très identiques avec ces sentimens que je professe. Il se trouve par circonstance que le président de notre arrondissement est Mr Héricard de Thury[7] qui etoit vice président du Jury central avec qui j'ai eu des rapports d'honneteté, j'aurois autant aimé à vous dire vrai que ce fut un autre, mais je vous ai donné ma parole, Monsieur et vous pouvez y compter, nihil prius fide[8], c'est dans ces sentimens que j'ai l'honneur de vous offrir l'hommage de ma haute considération et de mon sincere devouement.

Bellangé.

Manuscrit *Lausanne, BCU, Fonds Constant I, Co 3611 ; 4 pp ; orig. autogr.

Commentaire et Notes Pour l'auteur de cette lettre, voir ci-dessus la lettre du 22 juin 1827.
[1] *Le Constitutionnel* du 9 novembre 1827, p. 4.
[2] Non retrouvée.
[3] Dans l'ordonnance du 29 janvier 1823 qui « détermine l'époque à laquelle aura lieu, en 1823, l'Exposition publique des Produits de l'Industrie française », il était créé un « jury central, composé de quinze membres, […] à l'effet de juger les produits de l'industrie. » (*BlRf*, VIIe série, août 1823, t. XVI, p. 49). Bellanger (et non Bellangé) figure au jury comme « chevalier de l'ordre royal de la Légion d'honneur, conseiller du Roi au conseil général des manufactures » (*Exposition de 1827. Rapport sur les produits de l'industrie française présenté au nom du jury central*, Paris, Imprimerie royale, 1828, p. X). Sous le nom de Bellangé, il est effectivement conseiller du roi au conseil général des manufactures, domicilié 10, rue de Vendôme (*Almanach royal* (1827), p. 188) ; la rue de Vendôme (auj. rue Béranger) était dans le 6e arrondissement, appartenant à la circonscription électorale de BC.
[4] Jean Jacques Félix Sirieys de Mayrinhac (1775–1831) était directeur du Commerce depuis 1824 (*Almanach royal* (1827), p. 179).

⁵ Dans la longue liste des exposants en Laines et Lainages, ceux qui présentaient des « Tissus cachemire et façon cachemire » (les « confrères » de Bellangé) ne sont pas distingués par le *Catalogue des produits de l'industrie française*, Paris : Boucher, 24 août 1823, pp. 177–179.
⁶ Bellangé venait d'apprendre dans *Le Constitutionnel* du 6 novembre 1827, p. 3, la parution de l'ouvrage de Nicolas Jean-Baptiste Boyard, *Des Libertés garanties par la charte*, ayant « pour épigraphe *Magis amica libertas* » ; en fait, l'ouvrage ne parut jamais sous ce titre, mais réuni à un autre ouvrage, *De la Magistrature dans ses rapports avec la liberté des cultes*, sous le titre *De la Magistrature dans ses rapports avec la liberté de la presse et la liberté individuelle*, Toul : Carez, 1827 (*Bibliographie de la France* du 29 septembre 1827, p. 794).
⁷ Louis-Étienne Héricart de Thury (1776–1854), député de la Seine, se présentera aux élections comme candidat ministériel le 18 novembre et sera battu par Ternaux.
⁸ Rien avant la loyauté, au-dessus de la confiance.

5151

Alexandre Cazin à Benjamin Constant

10 novembre 1827

Paris ce 10. 9bre 1827.

Monsieur

Sur votre lettre datée de Dole & qui m'est parvenue posterieurement à celle¹ du 30. 8bre, je me suis occupé des deux renouvelements partiels que vous désiriez. Il vous convenait qu'ils fussent faits pour moitié & au taux de M. de Lescale². Il m'a paru fort simple d'obtenir le renouvelement integral de M. de Lescale, puisque le résultat est le même pour vous. M. de Lescale m'a donné sa parole hier, c'est une chose désormais irrévocable.

Ne vous ayant pas vu ce matin, chez moi, comme vous m'en aviez flatté, je m'empresse de vous donner cet avis. Je conçois qu'après une longue absence & dans les circonstances actuelles, vos moments soient encore plus précieux que de coutume.

Je me rendrai chez vous, aussi prochainement que cela pourra vous convenir. Je vous prie d'agréer mes civilités.

Cazin

Manuscrit *Lausanne, BCU, Fonds Constant I, Co 1306 ; 2 pp. ; orig. autogr.

Commentaire et Notes Cette lettre semble la dernière adressée par Cazin à BC.
¹ Aucune de ces lettres n'a été retrouvée.
² De Lescale était un créancier de BC (voir la lettre de Cazin du 11 juillet 1827) ; les « dernières traites » lui seront payées en juin 1829 (*OCBC*, VII, 515).

5152

Benjamin Constant à Jean-Jacques Coulmann

11 novembre 1827

Je sors mon cher ami d'une très grande réunion de mes amis Parisiens, & leur décision est comme je vous l'avais mandée. Détermination d'une part de me porter, & désir de l'autre qu'un double choix leur rende la liberté de me donner un bon auxiliaire. Ainsi je puis vous dire positivement que dans le cas dont vous parlez je ferai ce que vos amis désirent. Je n'ai que le tems de tracer ce peu ce lignes, qui peut être ne vous arriveront pas a tems.

Mille amitiés,
B.

Paris ce 11 9bre 1827.

a Monsieur / Monsieur Coulmann / à Brumath / Strasbourg / Bas Rhin

Manuscrit   *Paris, BnF, N.a.fr. 24914, ff. 61 ; 2 pp., l'adresse p. 2 ; cachet postal : 14 Nov 1827 ; timbre : P ; orig. autogr.

Édition   Coulmann (1869), III, pp. 100–101.

Commentaire   Suite de la lettre au même du 9 novembre.

5153

Benjamin Constant à Hartmann frères

11 novembre 1827

Je vous ai écrit de Melun[1], Messieurs et chers amis, qu'aussitôt que j'aurai pris des renseignemens un peu surs, je m'empresserais de vous les transmettre. Je n'ai pu le faire plutôt, mais je m'acquitte aujourdhuy de ma promesse, bien que probablement ma lettre ne puisse arriver que tard. Toutes les apparences sont favorables, & si j'en croyois mes amis, ce seroient des certitudes. L'inaction de nos adversaires paraît complète jusqu'ici. Est ce sentiment d'impuissance ? est ce volonté d'agir au dernier moment ? En résumé, personne ne semble plus sur que moi. J'ai du vous le mander, mais j'ajoute que plusieurs de mes amis d'ici, & l'immense majorité, se croyant invincibles, m'ont dit que dans le cas où j'obtiendrais du dehors la même faveur, ce seroit pour ce dehors qu'ils me prieroient de me décider, parce qu'ils se regardent comme assurés de me donner un bon auxiliaire[2].

Notre ami Coulmann m'a écrit pour me faire la même proposition de la part des siens, & j'ai répondu exactement ce que je vous écris. Il est bon que vous en soyez avertis, pour vous concerter, si c'est nécessaire avec vos voisins.

Vous croyez peut etre que l'objet de ma lettre est ma pensée dominante. Je vous assure que je suis encore bien plus occupé de l'amitié que vous m'avez témoignée, & du bonheur sans mélange dont ma femme & moi nous avons jouï dans votre excellente famille. Nous en parlons sans cesse, & rien n'effacera de notre souvenir les heureuses journées que nous avons passées à Münster. Notre plus doux espoir est d'aller le retrouver encore l'année prochaine. Je ne négligerai rien pour le mériter, comme par le passé, si j'y suis appelé. Je crois qu'il y aura des occasions, car ce qu'on vient de faire nous annonce tout ce qu'on essayera.

Croyez à ma reconnoissance, à l'amitié la plus tendre, au dévouement le plus inviolable, faites agréer à ces Dames les tendresses bien sincères & bien vives de ma femme, & conservez moi une affection qui est devenue pour moi d'un prix inestimable & dont je ne saurais me passer.

B. C.

Paris ce 11 9bre 1827

J'espère que vous avez reçu nos lettres de Dôle[3].

Messieurs / Messieurs Hartmann frères / à Colmar / Haut-*Rhin*

Manuscrit *Lausanne, BCU, IS 5963 ; 4 pp., p. 3 bl., l'adresse p. 4 ; cachet postal : 15 NOV ; orig. autogr.

Texte *D'une autre main, sur la page d'adresse :* Paris 11 9bre 1827 / Bⁿ. Constant

Notes
[1] Lettre non retrouvée.
[2] Le « dehors » désigne un collège de l'Alsace ; le choix entre le Haut-Rhin (Munster) et le Bas-Rhin n'est pas encore fait. Mais on voit qu'une semaine avant les élections, les « amis d'ici » (de Paris) ne doutent pas de conserver le siège de BC s'il opte pour le « dehors ».
[3] Une seule lettre de Dôle, en date du 3 novembre, a été retrouvée (ci-dessus).

5154

Benjamin Constant à Antoine-François-Eugène Merlin

11 novembre 1827

[Au reçu de sa lettre, il s'empresse de lui faire savoir que le candidat libéral du 3ᵉ arrondissment est M. Casimir Perrier. Les réunions se sont tenues chez M. Cadet Gassicourt[1] et chez M. Laffitte ; son absence l'a empêché d'y assister] vendredi, jour où les Electeurs se rassemblent pour s'entendre sur leur manière de remplir de leur mieux leurs devoirs du lendemain. Votre nom Monsieur et la juste considération dont vous jouissez vous garantissent que tout le monde sera enchanté de vous y voir.]

Manuscrit *Le manuscrit (4 pp., p. 3 bl., l'adresse p. 4) n'a pas été retrouvé ; les détails que nous en donnons sont tirés du catalogue Privat 302 (juin 1957), p. 52.

Commentaire et Note Suite de l'échange commencée par la lettre de Merlin du 5 novembre, transmise à Casimir Périer le 9 (voir ci-dessus).
[1] Sans doute Félix Cadet de Gassicourt (1789–1861), futur maire du IVᵉ arrondissement de Paris (1830–1833) ; moins probablement, son frère Louis Hercule (1795–1879). Ce sont les fils de Charles-Louis (1769–1821), à qui BC avait écrit dans le cadre des élections de septembre 1817 – voir la lettre 2940, *CG*, X, 255–256.

5155

Benjamin Constant à Pierre-Louis Roederer

11 novembre 1827

M. Benjamin Constant remercie bien sincèrement Monsieur Roederer de l'envoi de ses Comédies historiques[1]. Il en avoit deja lue une avec un bien vif plaisir : il a trouvé les autres à son arrivée, & les lira avec un non moins vif empressement, dès que ses devoirs électoraux qui absorbent tous ses momens lui laisseront un instant de libre. Il renouvelle à Monsieur Roederer l'hommage de sa reconnaissance & de sa haute considération

Paris ce 11 9ᵇʳᵉ 1827

Manuscrit *Paris, AN, 29 AP 10 ; 2 pp., p. 2 bl. ; orig. autogr.

Texte   6 considération] *il avait commencé à signer* BCon, *puis se souvenant que le mot était à la troisième personne, donc anonyme, il a biffé*

Note
[1] *Comédies historiques,* Paris : Lachevardière fils, 1827 ; la parution, anonyme, avait été signalée par la *Bibliographie de la France* du 25 avril 1827, p. 346.

5156

Édouard Verny à Benjamin Constant

11 novembre 1827

Colmar, ce 11 novembre 1827.
Monsieur,
Les deux lettres que vous m'avez fait l'honneur de m'écrire me sont successivement parvenues[1]. Il me serait impossible de vous dire combien la première de ces lettres m'a touché, combien je suis heureux et fier de vous connaitre, de pouvoir penser que j'ai obtenu une place dans vos souvenirs et dans votre amitié. Veuillez croire que je vous garde une reconnaissance sans bornes pour l'indulgente bonté que vous avez bien voulu me témoigner, et qu'un des beaux jours de ma vie sera celui où je pourrai vous en présenter l'expression de vive voix.

Je n'ai pas revu MM. Hartmann depuis qu'ils m'ont envoyé votre seconde lettre[2]. Mais comme vous aviez laissé cette lettre ouverte, ils en ont pris connaissance, et ce que M. Fritz nous écrit à cette occasion me dispense de rappeler à vos amis de Munster les assurances qu'ils vous ont données. On ne pourra pas songer à vous porter au collège d'arrondissement ; il n'y a de chances favorables à ce collège que pour un seul homme : M. André[3] (du Bas-Rhin.) Tout autre y échouerait. Mais si à la grande surprise de la France entière, vous deviez ne point être élu à Paris, écrivez aussitôt à MM. Hartmann. Ils ne négligeront rien pour vous faire nommer à Colmar, et sans doute le Haut-Rhin saisira avec empressement l'occasion de s'honorer en vous honorant. Je dis *sans doute* ; car jusqu'à présent aucune détermination n'est prise à l'égard du grand collège ; et il est même décidé qu'on n'en prendra aucune avant les élections d'arrondissement.

La nomination de M. André au collège d'arrondissement parait ne pas devoir souffrir beaucoup de difficulté. La Cour royale ayant été informée que c'était lui que portait l'opposition, les conseillers électeurs lui ont promis non seulement leurs voix, mais encore le secours de leur influence. L'on assure aussi que la Cour est bien décidée à mander devant elle et à censurer d'office tout officier de l'ordre judiciaire qui donnerait dans quelqu'un de ces excès de zèle dont le récit a soulevé l'indignation de la France il y a quatre ans, et même à enjoindre au Procureur général de poursuivre au correctionnel les individus qui à la faveur d'une inscription de complaisance se seraient permis de voter sans réunir les qualités requises. – Ne serait ce pas là une bonne réponse aux conflits ?

À Belfort, il y a peu d'espoir de succès. A Altkirch l'opposition porte M. de Reinach[4], propriétaire très riche, appartenant à l'une des plus anciennes familles nobles d'Alsace, homme d'opinions constitutionnelles modérées, mais inébranlables. Que je vous cite à ce sujet un petit exemple de la loyauté de ce brave homme de préfet[5]. Il sait qu'il n'empêchera pas M. de Reinach d'être élu. Que fait-il ? Pour le perdre dans l'opinion du parti constitutionnel il le proclame candidat du Ministère. Il ajoute que l'opposition se joue de M. Reinach ; qu'elle ne lui donnera pas ses voix, parce que M. de Reinach est royaliste constitutionnel, et que l'opposition veut la république. M. de Reinach n'en sera pas moins nommé ; mais il faudra que d'abord il déclare qu'il n'y a point de transaction possible entre lui et les hommes qui sont à la tête des affaires.

Somme toute, il s'en faut que dans ce département l'opinion publique se prononce contre les hommes du ministère avec le mépris, l'horreur à laquelle on devait s'attendre après les infamies de ces dernières années. Croiriez vous que des citoyens qui ne tiennent au Ministère ni de près ni de loin, et qui toujours ont passé pour les plus indépendants, les plus desintéressés, les plus courageux des hommes, sont tentés de mettre leur interêt particulier au-dessus de l'intérêt public, de refuser leurs voix à M. d'Argenson[6], parcequ'ils sont en contestation privée avec lui, et de les donner à Montmarie[7], qui leur promet de leur faire obtenir je ne sais quel petit avantage… ? Je ne veux pas vous affliger. Si l'avocat des marchés Ouvrard l'emporte sur le dénonciateur des massacres de Nismes, il sera temps de vous conter ces petitesses. Il faut conserver la foi en l'humanité aussi long temps que possible.

Veuillez présenter mes hommages à Madame Constant, et vous rendre l'interprète, auprès d'elle des sentimens de respect et d'affection que je lui ai voués. Je n'oublierai jamais, Monsieur, la bienveillance que vous m'avez témoignée, Vous et Madame Constant, et je mettrai toute mon ambition à m'en montrer digne.

Edouard Verny

Mon père me charge de présenter ses hommages à Madame et de se rappeler à votre souvenir.

Monsieur / Monsieur Benjamin Constant, / membre de la Chambre des députés, / rue d'Anjou St Honoré, n° 15, / à *Paris*.

Manuscrit   *Paris, BnF, N.a.fr. 18832, ff. 92–93 ; 4 pp., l'adresse p. 4 ; orig. autogr.

Texte   **7** je] je ⟨g⟩   **31** poursuivre] poursuivre ⟨d'office⟩   **37** petit] petit ⟨trait⟩

Commentaire et Notes   Pour bien comprendre cette lettre, il faut se souvenir que la loi sur les élections de 1820 avait instauré des collèges de département (pour les plus fortunés) qui élisaient 172 députés, et des collèges d'arrondissement qui élisaient 258 députés. Dans le Haut-Rhin, les collèges d'arrondissement (Altkirch, Colmar, Belfort) nommaient chacun un député ; le collège de département, réuni à Colmar, nommait deux députés. BC se présentera dans le Bas-Rhin.

[1] Seule, la lettre à Verny du 31 octobre 1827 a été retrouvée.
[2] Voir la lettre à Frédéric (« Fritz ») Hartmann du 3 novembre 1827.
[3] Jean-François André (1767–1848), conseiller de la cour royale, sera élu député du Haut-Rhin par le collège de département (et non d'arrondissement) : voir la *Gazette de France* du 30 novembre 1827, p. 3.
[4] Charles de Reinach (1785–1871) sera effectivement élu par le collège d'arrondissement d'Altkirch. Les collèges de Colmar et de Belfort n'iront pas à la gauche.
[5] Sur le préfet Jordan, voir la lettre à Coulmann du 22 octobre 1827.
[6] Le 23 octobre 1815, Marc René de Voyer de Paulmy d'Argenson (1771–1842), député libéral du Haut-Rhin, avait dénoncé les massacres de protestants dans le Midi (*Archives parlementaires*, XV, p. 99, et *OCBC*, XV, 701). Il ne sera pas réélu dans le Haut-Rhin en 1827.
[7] Le ravitaillement de l'armée française pendant la récente campagne d'Espagne avait été financé par Gabriel-Julien Ouvrard ; des soupçons de corruption avaient couru et Louis François Pelletier, comte de Montmarie (1771–1854), député du Haut-Rhin, avait cherché à défendre le gouvernement (Narcisse-Achille de Salvandy, *La vérité sur les Marchés Ouvrard*, Paris : Ponthieu, 1825, p. 95). Il ne sera pas réélu en 1827.

5157

Jean-Jacques Coulmann à Benjamin Constant

12 novembre 1827

Brumath 12. 9re 1827.
Je vous addresse, Monsieur, une lettre qui m'est parvenue [pou]r vous et un exemplaire du Courier ou se trouve votre discours de Strasbourg[1], celui de demain contiendra votre discours de Colmar avec une petite relation de la fête qui vous y a été donnée[2]. J'espère que vous avez reçu la lettre que j'ai eu l'honneur de vous addresser chez M. de Lafayette[3] en réponse à la votre de Munster[4]. J'attends avec impatience de vos nouvelles dont nous sommes tous egalement privés. Agréez ainsi que Madame de Constant mes plus tendres respects.

Coulmann

Manuscrit   *Paris, BnF, N.a.fr. 18831, f. 112 ; 2 pp., p. 2 bl. ; orig. autogr.

Texte   **2** [pou]r *un trou dans le papier a enlevé le début du mot*

Notes

1. « la réponse de l'honorable M. Benjamin Constant au toast qui lui a été porté, au banquet qu'on lui a offert à son passage à Strasbourg, le 2 octobre dernier » parut dans le *Courrier du Bas-Rhin* du 11 novembre 1827, pp. [2–3].
2. « Tandis que la censure nous avait permis de rapporter en partie les nombreux témoignages d'estime et d'admiration qu'une grande partie de la population strasbourgeoise donna à M. Benjamin Constant, pendant son séjour ici, elle nous biffa tout ce que nous disions du reste de son voyage. Ainsi elle nous empêcha de publier l'article suivant qui cependant avait été arrangé de manière à trouver grâce devant la faux censoriale : / "On nous écrit de Colmar, le 18 octobre, que M. Benjamin Constant y est arrivé le 16. Un grand nombre de personnes étaient allées à sa rencontre jusqu'à Ostheim. A Colmar, une foule immense est accourue au devant de l'honorable député et l'a salué de ses acclamations. Le 17, M. Kœchlin, accompagné de douze à quinze des premiers chefs de fabrique de Mülhausen et des environs, est venu à Colmar pour visiter son collègue et son ami ; une députation avait aussi été à sa rencontre jusqu'à Meyenheim. Le même jour, à 4 heures, un banquet a été offert à ces deux députés ; il était composé de 160 à 170 des premiers fabricans et électeurs du Haut-Rhin ; à la fin du repas on a fait une collecte pour les Grecs qui a produit 5 à 600 fr. Comme à Strasbourg, l'ordre le plus parfait n'a cessé de règner pendant toute cette fête ; comme à Strasbourg, la police a eu la sagesse de ne pas s'en mêler. M. Benj. Constant est reparti le 18 avec M. Kœchlin, pour se rendre à Münster, ou ils resteront quelques jours." » Suivait le discours prononcé par BC « au banquet de Colmar » (*Courrier du Bas-Rhin* du 13 novembre 1827, pp. [2–4]). *Le Constitutionnel* du 15 novembre 1827, p. 3, se fera l'écho de ces discours.
3. BC entendait rentrer à Paris en passant par La Grange-Bléneau chez La Fayette (voir sa lettre à Tissot du 3 novembre 1827).
4. La lettre de BC du 22 octobre 1827.

5158

Benjamin Constant à Claude d'Estournelles

14 novembre 1827

J'ai bien regretté, mon cher beaufrère, de n'être arrivé à Brévans qu'après votre départ¹. J'aurais eu bien du plaisir à vous embrasser. J'en ai eu beaucoup à voir votre fils que j'ai exhorté à bien travailler, ce qu'il m'a promis. C'est un bon & aimable enfant.

Je vous écris au milieu du tracas des elections, ce qui m'expose à tant d'interruptions que j'en ai la tête étourdie. Mais je n'en conserve pas moins le souvenir & le sentiment de notre amitié ; je fais mille vœux pour vous, & si vous le permettez je vous réitère mes conseils de tranquillité & de résignation sur votre place actuelle jusqu'à de meilleurs tems.

Adieu mon cher beaufrère, croyez a mon attachement vif & inviolable.

BConstant

Paris ce 14 9bre 1827.

a Monsieur / Monsieur le Chevalier / d'Estournelles / Lieutenant du Roi / a Queyras / Hautes ou Basses Alpes

---

Manuscrit   *Lausanne, BCU, Fonds Constant I, Co 492 ; 2 pp., l'adresse p. 2 ; cachet postal : 22 NOV 1827 ; timbre : P ; orig. autogr.

Texte   *Note du destinataire en tête de la lettre* : Reçüe le 22 9bre 1827 / Répondue le 22 [9bre 1827] partie le 23. ; *d'une autre main, sous l'adresse* : Montdauphin

Note
[1] Voir la lettre de d'Estournelles du 9 octobre 1827.

5159

Benjamin Constant à Jacques Lofficial

14 novembre 1827

J'ai reçu à Strasbourg, Monsieur, la lettre par laquelle vous avez bien voulu me recommander M. Méré ; malheureusement mon retour ayant été fort retardé, je ne sais si M. votre parent est encore à Paris. Je ne puis donc conférer avec lui sur votre protégé. Je suis fâché d'avoir à ajouter que M. Laffitte est tellement accablé de demandes que j'espère peu de son crédit [...]
Paris, 14 novembre 1827

Manuscrit   *L'original n'a pas été retrouvé ; nous en citons l'extrait donné par la Catalogue Cornouau : *Autographes, Premier Exemple*, 1930.

Commentaire   En l'absence de la lettre de Jacques Lofficial – si c'est bien à lui que s'adresse cette lettre, et non à un parent – il n'a pas été possible d'identifier ni le parent ni le protégé de Lofficial qui cherche sans doute un emploi dans la banque de Jacques Laffitte.

5160

Pierre-Louis-Pascal Jullian à Benjamin Constant

14 novembre 1827

14 9bre
La lettre ci jointe[1], était destinée a vous parvenir il y a plusieurs mois, mon cher et ancien ami, mais la personne qui devait vous la remettre, a cette epoque, n'ayant point quitté Bruxelles[2], elle m'est restée. Ce qu'elle contient pouvant vous etre mandé aujourdhui et le desir que j'avais de savoir si certaines choses vous etaient parvenues et si vous en aviés eté satisfait[3], etant le même, la lettre vous arrivera encore a propos.

C'est de mon lit ou je suis depuis quinze jours et ou j'ai eté saigné des quatre membres que je vous griffone ce peu de mots. Un abcès au rein gauche, qui m'a sauvé mais ne me permet pas de changer de position vous expliquera la cause de mon barbouillage. On attend ici avec grande impatience le resultat des elections. Je n'ose esperer une majorité constitutionelle. Mais il me semble que tout fait esperer une forte et respectable minorité. Un mot de vous sur l'objet de ma vieille lettre. Avés vous eté content

J.

Manuscrit *Lausanne, BCU, Fonds Constant I, Co 3951 ; 2 pp., p. 2 bl. ; orig. autogr.

Texte 1 14] 14 ⟨8bre⟩   6 la lettre vous arrivera] *en interligne, au-dessus de quelques mots barrés illisibles*   7 a propos] *en interligne, au-dessus d'un mot barré illisible*   10 mais] mais *en interligne, au-dessus d'*⟨et⟩

Commentaire et Notes L'écriture permet d'identifier l'auteur sans difficulté : Pierre-Louis-Pascal Jullian.
[1] Sans doute celle du 3 octobre 1827 (voir ci-dessus).
[2] « M. Delpech » selon la lettre du 3 octobre.
[3] « la 1ere livraison du supplement de la *Galerie historique des Contemporains* ».

5161

Charles de Brouckere à Benjamin Constant
15 novembre 1827

Monsieur !
Pendant mon séjour à Paris, j'ai vivement regretté que votre départ pour Bâle[1] m'ait privé de l'honneur de vous réitérer mes visites. J'eus volontiers entendu votre opinion sur plusieurs points, tous relatifs à la peine de mort[2]. Je sens d'avantage encore, en ce moment, combien l'avis d'un publiciste aussi profond m'eut été précieux ; car dans un ouvrage hollandais publié, à l'appui d'un mauvais projet de code pénal où la mort est au moins aussi prodiguée que dans le code de l'empire, où la marque et le fouet jouent un rôle important, par un fonctionnaire public qui a pris une part active à la rédaction, on s'étaye de votre opinion[3], Monsieur, audessus de toutes les autres pour argumenter en faveur de l'utilité et de la nécessité de la peine de mort.

L'arbitraire et la multiplication des geoliers sont des motifs, Monsieur, que vous émettez en faveur de la peine capitale[4] ; je déteste l'un et l'autre autant que vous ; mais par les nombreuses améliorations que notre gouvernement a introduites dans les prisons, l'arbitraire a disparu, les geoliers ont été remplacés par des commandans : des officiers recommandables, des colonels en retraite ont été substitués à des hommes grossiers à qui la brutalité tenait lieu de courage ou de force d'âme. Les condamnés ne traînent plus le boulet, ne sont plus mis à la chaîne ; ils exercent dans l'interieur des établissemens des professions utiles. Une partie du produit de leur travail leur est remis incontinent pour servir d'encouragement, une autre est conservée jusqu'à l'expiration de la peine. Des ministres des différens cultes sont attachés à ces prisons ; des commissions administratives, dont le service est actif, sont chargées de la surveillance, du controle, de la nourriture, de l'habillement des prisonniers. La peine consiste donc principalement et même uniquement dans la perte de la liberté, et bien que le travail ne soit ni plus doux ni plus dur que celui des ouvriers ordinaires, je pense que la privation de la liberté est plus que suffisante pour que l'on ne puisse dire qu'il y a récompense pour le crime.

Vous m'obligeriez beaucoup, Monsieur, si vous vouliez me dire franchement si, dans un tel état de choses, vous croyez que la peine de mort soit utile, nécessaire.

À ces considérations je pourrais en ajouter d'autres. Nous n'avons aucun espoir de voir rétablir le jury. Des juges permanens seront chargés à la fois des affaires civiles & criminelles. Ils siègeront au nombre de huit au criminel ; la simple majorité suffira pour déclarer la culpabilité de tous les délits & faire l'application de toutes les peines.

J'ose me flatter, Monsieur, qu'en faveur de la chose publique que je suis appelé à défendre vous m'excuserez d'oser recourir à un ami éclairé des libertés publiques, à un savant criminaliste. Votre opinion, Monsieur, ou rendra ma conviction pleine et entière, ou, si elle ne peut l'ébranler dans son principe, elle m'éclairera sur les conséquences. J'attends avec cette impatience que commande le devoir que vous vouliez m'honorer de quelques mots de réponse ; j'attends avec plus d'impatience encore que les papiers publics m'apprennent que de nouveau la tribune francaise retentira bientot de votre noble éloquence et vous prie d'agréer l'assurance de la profonde estime de celui qui a l'honneur d'être
                    Monsieur
                    Votre très humble & très obéissant [serviteur]
                                C De Brou[ckere]

La Haye le 15 novembre 1827
Mr C. De Brouckere
Membre des états généraux
à la Haye

Monsieur / Monsieur Benjamin Constant / rue d'Anjou St Honoré N° 15 / à / *Paris*. / France.

Manuscrit   *Lausanne, BCU, Fonds Constant I, Co 1199 ; 4 pp., l'adresse p. 4 ; cachet postal : 19 Novembre 1817 ; timbre : S'GRAVENHAGE / P.P. ; orig. autogr.

Texte   **34** Ils] *il a écrit* Il   **47** [serviteur]] *mot emporté par une déchirure*

Commentaire et Notes   Sur Charles de Brouckere (1796–1860), homme politique belge et philanthrope, voir Théodore Juste, *Charles de Brouckere*, Bruxelles, Muquardt, 1867. BC lui répondra le 28 avril 1828.
[1] Pour Bade.
[2] Charles de Brouckere et son frère Henri luttèrent vigoureusement contre la peine de mort.
[3] BC s'en émouvra dans une lettre à Jean-Jacques de Sellon du 3 août 1828.
[4] « j'aime mieux quelques bourreaux que beaucoup de geôliers » (*OCBC*, XXVI, 341).

5162

Jean-Louis Boigues à Benjamin Constant

17 novembre 1827

Monsieur
Je rentre à l'instant même de mon voyage, & je reviens avec la ferme resolution de donner ma voix à un candidat constitutionel, je suis bien heureux de savoir que c'est vous, Monsieur, qui êtes ce candidat, & mon faible suffrage vous est tout devolu, si j'ai quelque credit sur quelques uns de mes collegues, soyez sur qu'ils voteront comme moi, ou pourrions-nous en effet trouver un representant plus savant plus perseverant plus habile ? Je me rejouis d'une aussi grave circonstance à plusieurs titres, & surtout puisqu'elle me fournit l'occasion de vous exprimer toute ma haute consideration

Veuillez l'agréer, Monsieur, & me croire
Votre bien humble & bien obeïssant serviteur
L^s Boigues

Paris le 17 9bre 1827.

Veuillez offrir mes biens sinceres respects à Madame B. Constant. Ma femme[1] me charge de tous ses compliments.

Manuscrit *Lausanne, BCU, Fonds Constant I, Co 1200 ; 2 pp., p. 2 bl. ; orig. autogr.

Commentaire et Note L'auteur de cette lettre est très certainement Jean-Louis Boigues (1784–1838), domicilié 12, rue des Minimes dans le 8e arrondissement municipal, lequel entrait dans le quatrième collège électoral de la Seine qui avait élu BC en 1824. Boigues était maître de forges à Fourchambault ; il était allié à Claude Hochet et sera élu député de la Nièvre en 1828 dans l'opposition libérale.
[1] Il avait épousé en 1825 Claudine-Françoise Montanier (1785–1864), veuve d'Étienne Aignan.

5163

Griset à Benjamin Constant

17 novembre 1827

Pressé par le tems, je n'ai que celui de communiquer à Monsieur Benjamin Constant, que d'après notre travail d'hier soir, nous comptons avoir la majorité dans notre assemblée ; Je le prie d'ailleurs de compter sur le zèle de tous les électeurs qui, comme moi, savent apprecier le merite et les qualités de notre digne Représentant

Son très humble et dévoué serviteur
Griset

le 17 9ᵇʳᵉ

Manuscrit   *Lausanne, BCU, Fonds Constant I, Co 1618 ; 2 pp., p. 2 bl. ; orig. autogr.

Texte   1 celui] celui *surcharge* ⟨le tems⟩

Commentaire   Le 18 novembre 1827, BC fut élu député par le quatrième collège électoral de la Seine (6ᵉ et 8ᵉ arrondissements municipaux). Griset, qui avait signé la lettre collective du 11 juillet 1826 (lettre 4767, *CG*, XIV, 403–404), est probablement ce fondeur, installé 24, rue de la Perle, dans le 8ᵉ arrondissement (*Almanach du commerce* (1827), p. 99) ; à la veille du scrutin et comme tout militant politique, il s'était livré à un petit « travail » de calcul du nombre de voix espérées.

5164

L. Dubois à Benjamin Constant

19 novembre 1827

Paris le 19. 9ᵇʳᵉ 1827.

Monsieur et très honorable député,

Il y a quelques années que j'eus le bonheur de pouvoir vous féliciter sur votre nomination à la Chambre qui n'était que justice rendue à votre qualité de français[1]. Vous eûtes la bonté de me repondre en exprimant le désir que vous aviez de faire pʳ votre pays tout ce qu'on est en droit d'attendre d'un homme tel que vous. Vous avez tenu au-delà de vos promesses. La France reconnaissante s'en est ressentie. Tous les bons citoyens savent que votre voix éloquente a donné l'élan à plus d'un sentiment généreux et fait rougir souvent le *trio oppresseur*[2]. C'est en vous chargeant de travailler encore pour elle que la France reconnaît vos grands talens et votre dévouement. Cette recompense est la seule digne de vous. Puissiez vous être secondé… & si, chacun fait son devoir comme vous, nous pourrons nous écrier bientôt, – *la France est sauvée…* Pour moi obscur citoyen, je bénirai dans le silence ce jour si fortuné & je me rejouirai du bonheur commun en pensant que vous y avez puissamment coopéré.

J'ai l'honneur d'être avec un profond respect,
Monsieur & très honorable Député,
Votre dévoué serviteur

L. Dubois
quai Voltaire N° 11.

Manuscrit *Lausanne, BCU, Fonds Constant I, Co 1367 ; 2 pp., p. 2 bl. ; orig. autogr.

Texte *En bas de page, de la main de BC* : répondu   **7** de] de ⟨ce que vous aviez⟩

Commentaire et Notes   L'adresse donnée dans la présente sera celle de Paul-François Dubois (*CG*, XIV, 99) en 1832 (*Almanach des 25000 adresses des principaux habitans de Paris, pour l'année 1832*, Paris : Panckoucke, p. 27). Il s'agit peut-être de cet oncle qui a « reçu une éducation plus soignée [que le père de Dubois], un esprit cultivé, entretenu par la lecture » et qui « bien que patriote, se refuse à jouer un rôle actif dans la Révolution. » (Paul Gerbod, *Paul-François Dubois* [...] *1793–1874*, Paris : Klincksieck, 1967, pp. 14–15). Rien ne permet de le confondre avec celui qui apparaît dans la lettre de Constant-Delessert du 19 juin 1827.

[1] Lors de son élection en 1824, BC avait vu sa « qualité de français » mise en cause (*CG*, XIII, 269 et suiv.).

[2] Villèle certainement ; le choix ne manque pas pour les deux autres : Corbière, Peyronnet, Frayssinous, voire Charles X ?...

5165

P. Dumont à Benjamin Constant

19 novembre 1827

Monsieur

Je suis encore jeune ; mais tout jeune que je suis, j'ai assez d'âme pour sentir combien la nomination d'un député tel que vous importe au bonheur de la France. Dans le collège où je termine mes études, j'ai appris la nouvelle de votre élection avec transport ; et j'ai eu le plaisir de voir que mon émotion étoit unanimement partagée par mes camarades. Nous savons tous, Monsieur, qu'il n'y a point de circonstance où vous ne vous soyez montré le défenseur zèlé d'une jeunesse en but à tant de calomnies. Tandis que d'un coté une secte proscrite et puissante[1], redoutant ses lumieres, la poursuit par de sourds manèges ; que de l'autre, un ministère sali d'une éternelle flétrissure[2], effrayé de son patriotisme, la combat, l'irrite même pour la trouver coupable ; vous l'avez toujours défendue de votre éloquence, et éclairée de vos conseils. Nous le savons, Monsieur ; et c'est au moment même où notre avocat, notre ami, si vous voulez bien nous permettre ce nom, est appelé à de nouveaux triomphes, que nous saisissons l'occasion de lui adresser nos remerciements et nos félicitations. Permettez donc, Monsieur, à cette jeunesse que vous connaissez si bien, de se réjouir avec vous de la forte leçon qu'ont reçue hier les ennemis du repos public, et d'espérer avec la France entière, qu'enfin le temps est venu, où nos inviola-

bles libertés, protégées par le genereux appui de votre éloquence, nous ramèneront encore des jours de gloire et de prosperité.
Veuillez agréer,
Monsieur,
l'expression sincère des sentiments d'estime avec lesquels j'ai l'honneur d'etre,
Votre très humble et très obeissant serviteur
P. Dumont.
Ce 19 soir Novembre 1827.

Manuscrit   *Lausanne, BCU, Fonds Constant I, Co 1368 ; 2 pp. ; orig. autogr.

Commentaire et Notes   L'auteur de cette lettre n'a pu être identifié.
[1] Les jésuites.
[2] Allusion probable aux troubles de l'école de médecine (voir la lettre à Daniel-François-Désiré Leblond du 19 mai 1827).

5166

Benjamin Constant à Louise d'Estournelles

20 novembre 1827

Je n'ai pu vous écrire qu'après les élections, ma chère Louïse. Les journaux vous auront instruite, avant ma lettre, de leur résultat. J'ai tout lieu d'en être satisfait ainsi que des temoignages de confiance que l'on m'a donnés ; il paraît que dans les départemens l'opinion se fait jour comme à Paris, & que la Chambre future sera composée autrement que celle dont nous sommes enfin délivrés.

J'ai grand besoin que vous m'ecriviez relativement à notre convention pour Brévans[1]. Je n'ai fait tout cet arrangement que pour vous complaire, & j'ai sacrifié à ce désir mes convenances & mes intérêts. Car rien n'est plus onéreux pour moi qu'une propriété à 80 lieues de chez moi & qui peut exiger des réparations que je ne pourrai jamais vérifier & sur lesquelles je serai à la merci du fermier. Enfin la chose est faite. Seulement rappelez-vous bien, 1° que si vous trouvez à vendre Brevans à d'autres, je le préfère mille fois. 2° qu'avant que notre convention s'exécute, il faut que Brévans s'il me reste, soit affermé pour environ 700 fr. C'est vous même qui m'avez indiqué ce fermage, comme facile à trouver[2]. 3° que tout doit se faire en votre nom à tous deux & non au mien, car comme je vous l'ai mandé de Dijon, vous vous exposeriez à l'amende & au double droit. Arrangez donc cette affaire chère Louïse de manière à ce que vous vous en trouviez le mieux & moi le moins mal possible. Je suis tellement gêné que pour cet hyver même je renonce à ma voiture[3].

Le porteur de votre billet s'est presenté il y a trois jours, mais au moment où il falloit se rendre aux élections pour voter. Il m'a promis de repasser, je ne l'ai pas encore revu. M. Jobez, à qui Charles a donné un mandat de 100 fr. sur moi, m'a écrit pour me demander s'il pouvoit me le presenter[4]. Il y avoit environ un an qu'il en étoit porteur, je le payerai & reglerai la chose quand j'enverrai à Charles ce que je lui redois pour les 2000 fr. dont je lui paye le 6 au lieu de les avoir déposés à la caisse des consignations[5].

Je suis accablé d'affaires que mon absence a arriérées. Je n'ai presque pas le tems de vous dire que j'ai été profondément touché de l'amitié que vous & Charles m'avez témoignée & que le séjour trop court que j'ai fait à Brevans compte parmi les jours heureux de ma vie.

Mille tendres amitiés

B C.

Paris ce 20 9bre 1827.

à Madame / Madame D'Estournelles / à Brévans / près Dole / Dep^t du Jura.

Manuscrit   *Lausanne, BCU, Fonds Constant I, Co 373 ; 4 pp., l'adresse p. 4 ; cachet postal : [ ]1827 ; orig. autogr.

Notes
[1] Voir ci-dessus la lettre à Louise du 5 novembre.
[2] BC n'entendait pas occuper Brevans : la question du fermage sera récurrente dans les courriers suivants.
[3] Les frais de fiacres sont effectivement élevés à partir de novembre 1827 (*OCBC*, VII, 494 et suiv.).
[4] Jean-Emmanuel Jobez (1775–1828) était député du Jura et servait à ce titre d'intermédiaire entre BC et son frère. Selon les Livres de dépenses, la somme fut payée le 28 janvier 1828 (*OCBC*, VII, 498).
[5] Sur cette transaction, voir la lettre à Louise du 24 avril 1827 et celle à Charles du 25 janvier 1825 (lettre 4446, *CG*, XIV, 37–38). « le 6 », 6%, soit 120 F qui seront payés le 30 décembre (*OCBC*, VII, 496).

5167

Benjamin Constant à Louise d'Estournelles

21 novembre 1827

Ma chère Louïse, je vous ai écrit hier, mais je vous récris pour une chose à laquelle je ne comprends rien. On m'a présenté un billet de vous tirant sur moi pour 400 fr. au lieu de 300. Il m'a été impossible de le payer. Vous ne m'en aviez pas prévenu & même vous m'aviez dit que vous aviez tiré sur moi pour la somme ordinaire, de facon que j'ai été pris au dépourvu. Au reste il ne sera pas protesté, on vous en écrira & je payerai les 300 fr. sur une nouvelle traite[1]. J'ai fait tout ce que j'ai pu à Brévans pour vous prouver mon attachement. L'achat de Brévans est même une folie[2] a laquelle j'ai été poussé par mon amitié pour vous mais je suis si géné que je suis forcé de calculer mes moindres payemens. J'enverrai à Charles ce que je lui dois & ce que je lui ai promis : mais tant que les élections durent je ne suis pas à moi, me voilà nommé à Strasbourg, comme à Paris. Adieu chere Louïse. Je vous écris au milieu de l'agitation de la capitale que les ennemis de l'ordre constitutionel troublent depuis deux jours d'une maniere infâme[3], & ma chambre ne desemplit pas des personnes qui me racontent d'affreux details

   Adieu mille amitiés

             B. C.

ce 21 9bre 1827

à Madame / Madame d'Estournelles / à Brévans / près Dole / Jura

---

Manuscrit *Lausanne, BCU, Fonds Constant I, Co 374 ; 4 pp., p. 3 bl., l'adresse p. 4 ; cachet postal : 23 NOV 1827 ; orig. autogr.

Notes
[1] Le 11 décembre (voir la lettre à Louise du 7 décembre) ; le 9 novembre, il avait payé « à Louïse pour Leonce. 200 » (*OCBC*, VII, 494).
[2] « Folie » qui n'aboutira pas plus que l'achat de la Chablière en 1824 (*CG*, XIII, 464).
[3] Voir la lettre suivante.

5168

Benjamin Constant à Casimir Périer
21 novembre 1827

Le Baron Louïs[1] avoit hier une très bonne idée, mon cher Casimir ; il est clair que les troubles qui se sont renouvellés hier[2] plus fortement que jamais sont l'ouvrage de ceux dont les élections nouvelles présagent la chute[3]. Mais ces troubles retombent sur nous élus, & sur les électeurs, & nul ne peut savoir quel sera leur terme. Des détails que j'ai authentiques & signés me prouvent qu'on n'a pas voulu arrêter les perturbateurs, & que la force armée a refusé de secourir les citoyens assiégés dans leur maison[4]. Le Baron Louïs propose que les Députés de Paris invitent tous ceux qui auront des faits à dévoiler de s'adresser à eux, promettant leurs conseils, ceux de jurisconsultes qu'ils s'adjoindront, & toute leur assistance pour poursuivre & faire punir les coupables par les Tribunaux. De la sorte, nous répondrions à la confiance qu'on nous a témoignée, nous protegerions ceux qui se sont dévoués pour nous nommer, nous leur prouverions qu'ils n'ont pas a se repentir de leurs choix, ce qu'ils pourroient bien faire, si nous restons les bras croisés, à les voir menacés & assiégés dans leur domicile. D'ailleurs, il est clair que ces manœuvres ont un but, celui de ne pas assembler la chambre, ou de suspendre la charte, enfin l'humanité & l'honneur nous commandent de ne pas rester inactifs quand nos commettans sont livrés par la police à des brigands soudoyés. J'écris a M. Laffitte & au Bon Louis. Refléchissez à mon idée. Je ne sortirai pas de toute la matinée. Pensez à tout ceci & dites moi votre opinion.

Mille amitiés
B Constant

Monsieur / Monsieur Casimir Perrier / Député de Paris / Rue Neuve du Luxembourg / N° 27

Manuscrit *Lausanne, BCU, IS 4216 ; 4 pp., pp. 2–3 bl., l'adresse p. 4 ; orig. autogr.

Commentaire et Notes Cette lettre fait suite aux événements des 19 et 20 novembre 1827. Voir le *Courrier français* des 21 et 22 novembre 1827.

[1] Les élections parlementaires venaient de se tenir : pour les résultats, voir ci-dessous la lettre à Coulmann du 23 novembre.
[2] Les troubles éclatèrent le 19 novembre ; ils « se sont renouvellés hier [le 20] », la lettre date donc du 21.
[3] « Les résultats des collèges d'arrondissement sont catastrophiques pour le ministère. » (Benoît Yvert, *Histoire de la Restauration*, Paris : Perrin, 2002, p. 396).
[4] Le 20 novembre, « Les brigands à chandelles et à torches ont été de nouveau déchaînés ce soir par bandes armées de pierres : ils ont brisé les fenêtres d'un grand nombre de maisons, sous prétexte de forcer les habitans de ces maisons à illuminer. » (*Le Constitutionnel* du 21 novembre 1827, p. 2).

5169

Auxonne-Marie-Théodose Thiard de Bissy à Benjamin Constant

21 novembre 1827

Je ne doute pas mon cher collegue que demain a mon arrivée a Chalons ou je retourne pour me rendre au grand college je n'apprenne votre nomination et a une majorité aussi imposante que la mienne car les journaux vous auront appris que j'ai eu 310 suffrages et le g^{al} Brunet 104 seulement. Vous n'aurez pas compris grand chose à l'intervention de ce g^{al} Brunet[1] que vous avez certainement rencontré dans les salons. Cest un bon liberal qui a bien voulu se charger a Chalons du role de Tronchon[2] a Meaux et qui ne s'en est pas mieux acquité que lui.

Quelques temps avant votre apparition a Pierre[3] un Mr Masuyer professeur assez celebre de la faculté de Strasburg et qui etoit en vacances dans nos environs me remit un projet de constitution pour la Grece en me priant de le faire passer au comité. J'ai voulu vous attendre pour vous prier de vous en charger mais je l'ai totalement oublié. Faites moi donc le plaisir de le remettre au comité vous verrez a la premiere page a l'endroit marqué que le docteur s'attend a une reponse. Il est très susceptible et j'espere de votre complaisance que vous voudrez bien lui ecrire un petit mot a Strasburg en prenant les elections pour pretexte du retard[4].

Je vais vous expedier un tonneau du 1825 que je vous aurai au meilleur marché possible ce qui sera toujours le double du 1826 qui a un peu baissé[5]. Si cependant vous aviez changé d'avis faites le moi savoir courier par courier car je ne pourrai m'en occuper qu'a mon retour de Macon. Si je n'ai pas d'instruction contraire de vous il partira le 2 ou le 3 et moi mon cher collegue j'aurai le plaisir du 10 au 15 de vous renouveller mes remerciments de votre aimable visite.

Thiard

Pierre par Verdun sur Saone[6]
21. 9bre 1827.

Manuscrit *Lausanne, BCU, Fonds Constant I, Co 1198 ; 2 pp., p. 2 bl. ; orig. autogr.

Texte 10 assez] *en interligne* 15 j'espère] *surcharge un mot illisible*

Commentaire et Notes Auxonne-Marie-Théodose Thiard de Bissy (1772–1852), général, député libéral de Saône-et-Loire (*CG*, XIV, 519).

[1] Vivant-Jean Brunet-Denon (1778–1866) s'était présenté aux élections avec le soutien du ministère ; il finira par être élu en 1842.
[2] Nicolas Charles Tronchon (1759–1828) avait affronté La Fayette à Meaux ; il sera cependant élu à Compiègne.

³ Le château de Pierre-de-Bresse (Saône-et-Loire) appartenait à la famille de Thyard depuis le XVIᵉ siècle ; BC s'y était arrêté en rentrant sur Paris.
⁴ Voir la lettre à Marie-Gabriel Masuyer du 27 novembre.
⁵ Seule trace dans les Livres de dépenses à la date du 17 janvier 1828 : « à un Commissionaire de vin. 1.80. » (*OCBC*, VII, 494), mais rien à l'ordre de Thiard de Bissy.
⁶ Aujourd'hui Verdun-sur-le-Doubs.

5170

Claude d'Estournelles à Benjamin Constant

22 novembre 1827

Mon cher Beau frère,
Au moment où je reçois de vos nouvelles, depuis bien longtemps, je me hâte de vous en remercier, pour mon fils, ma femme & moi, en vous assurrant du plaisir que vous m'avez fait, et, qui seul, pouvait m'être un dédommagement de n'avoir pas eu celui de vous embrasser à Brevans. Aÿez l'extrême bonté, je vous en prie, d'accorder à mon fils, la continuation de votre tendresse : c'est le vœu le plus cher de mon cœur ; et soÿez persuadé, qu'il s'en rendra digne : du moins, ne négligerons nous rien, pour qu'il vous en manifeste de plus en plus, sa gratitude. J'ai osé, avec la plus grande confiance, surtout à la suite de mes revers, plaçer cet enfant, sous l'égide de votre tendre intérêt : c'est ce qui m'a fait, & me fait encore supporter avec une plus forte constance, la mauvaise fortune qui m'est échüe en partage, jusqu'à quand ? Je l'ignore ; mais je compte sur votre préçieuse bienveillance, soit pour Léonçe, soit pour sa mère, certain que je ne m'abuse point. Les années se succèdent rapidement, l'âge, le climât, les infirmités, les souçis, les travaux continuels, absorbent enfin, et très promptement, souvent, la frêle existence d'un militaire, *blanchi sous le harnois*, saturé d'amertumes, sans fortune, sans appui, que ses trop vieux services ; et si, une voix aussi sévère que véridique, telle que la vôtre, pouvait pour le bien être d'une infinité de citoÿens estimables & défavorisés, s'élever, et frapper de son accent, jusqu'au souverain, sans doute, je ne pâtirais pas longtemps dans mon affreux exil, au Queÿras, & environné de neiges, six mois de l'année.

C'est trop, peut-être, vous entretenir de moi ; cependant, vous le considérerez comme *non-hors de raison*, surtout, d'après ce que, de Poligny le 7, de ce mois m'a mandé Léonçe. En se loüant, en se féliçitant de Madame, sa Tante, et de vous, cet enfant ajoute ingénüement : « mon oncle, qui a été, ainsi que ma Tante, toute bonté pour moi, et pour Maman, me charge de vous dire qu'il vous écrira de Paris, où il sera le 10. »

Votre lettre¹ infiniment aimable du 14, a justifié l'assertion de mon cher enfant, et je vous en rends grâces.

J'ai placé les prospectus, et ils ont été accüeillis ; c'est ce que l'éditeur pourra remarquer.

Tout ce que je demande, tout ce que j'espère de vous, & que je ferai tous mes efforts pour mériter toujours, est votre estime & votre amitié. Jamais, je ne croirai avoir assez fait, à cet égard, dans l'intérêt d'un cœur plein de reconnaîssance pour vous, comme aussi dans l'intérêt de votre sœur & de mon fils que *je recommande pardessus tout*, à vos bontés, à tous vos sentimens généreux, & comme à un second Père, son plus grand protecteur & bienfaiteur.

Vous connaîssez ma position ; s'il vous est possible de l'améliorer, même d'obvier à ce qu'elle n'empire, je croirais manquer à la délicatesse & à la sensibilité qui vous caractérisent, que de vous addresser une prière à ce sujet.

C'est de tout cœur que je vous ai tracé ces lignes : vous les apprécierez sûrement, ainsi que mon inviolable attachement. « A happy and long life to you² ! »

Le Ch^{er} Balluet d Estournelles

F^t Queyras, H^{tes} Alpes, le 22. 9bre 1827.

Manuscrit   *Lausanne, BCU, Fonds Constant I, Co 836 ; 4 pp., p. 4 bl ; orig. autogr.

Texte   **23** de Poligny] *ajouté dans l'interligne*   **42** happy and] *ajouté dans l'interligne*

Notes
¹ Voir ci-dessus.
² *Que votre vie soit heureuse et longue !*

5171

Benjamin Constant à Louise d'Estournelles

23 novembre 1827

Ma lettre de hier¹, ma chère, Louise vous aura convaincue de l'impossibilité où je suis de faire ce que vous désirez. Je ne puis prendre aucun engagement pour l'année 1828 si je veux mettre de l'ordre dans mes affaires. J'ai fait tout ce que jai pu pour accéder à vos desirs : j'ai même fait une très grande folie en m'engageant à acheter Brévans. Je renonce à ma voiture pour économiser & payer mes dettes. J'ajouterai qu'un des motifs pour lesquels vous avez désiré que je prisse cet engagement de suite a été la possibilité où je vous mettais de vendre beaucoup de choses avec avantage. Or j'ai du croire que vous aviez calculé de manière à ce que cette vente pourvût à votre déplacement. J'ai fait pour Leonce ce que j'ai pu. Il m'est impossible d'aller au delà. L'amitié sincère que j'ai pour vous deux & que je me suis efforcé de vous prouver même dans ces dernières circonstances doit vous démontrer que l'impossibilité seule est la cause de mon refus, qui m'est aussi pénible qu'à vous.

   Nous sommes profondément sensibles, ma femme & moi, à tout ce que vous nous dites d'amical. Le sejour de Brevans nous a été bien doux, & nous comptons bien vous voir l'année prochaine. Ne me sachez pas mauvais gré de ne pas faire plus que je ne puis & rendez justice à mes sentimens & à mes actions

   Mille choses à Charles

                                                                        B Constant

Ce 23 9bre 1827

Manuscrit   *Collection particulière ; 2 pp., p. 2 bl. ; orig. autogr.

Texte   3 1828] *ajouté dans l'interligne*

Note
[1] Plutôt du 21 novembre.

5172

Benjamin Constant à Jean-Jacques Coulmann

23 novembre 1827

                                                         Paris, ce 23 novembre 1827.
Je n'ai pu vous écrire ces jours derniers, mon cher ami, parce que les troubles excités inopinément dans la capitale ont absorbé toute mon attention[1]. On a voulu les faire retomber sur les constitutionnels pour motiver peut-être une journée. Cette ruse grossière a été facilement éventée. Je puis donc saisir le moment de vous remercier de vos bons offices et de vous dire que je m'en rendrai digne et que Strasbourg n'aura, ni pour ses intérêts particuliers ni pour les droits que la Charte lui assure, à se repentir de son choix. Je dis Strasbourg, car je vous ai mandé avant les élections que les électeurs de Paris, tout en me comblant de leurs faveurs et se croyant sûrs d'une seconde victoire, veulent, tant pour moi que pour mes sept collègues, sauf un seul peut-être, que nous options pour les départements[2]. J'ai réitéré la même assurance à notre bon ami Stœber. Je ne comprends pas bien la portion de votre lettre dans laquelle vous me dites de ne prendre aucun engagement ; il est pris, et avec mes électeurs ici et par votre entremise même, avec l'excellente population électorale de Strasbourg.

Adieu, mon cher ami, je suis accablé de lettres à écrire et mes yeux sont abîmés. Faites de bonnes affaires au grand collége demain, nommez Türckheim[3] si vous pouvez, car je ne crois pas qu'il ait d'autres chances. Nous pensons être sûrs de nos quatre candidats[4]. Revenez-nous bientôt. Rappelez-nous à Mlle Tante[5], à qui ma femme dit mille tendresses. Je vous attends avec impatience et je vous embrasse.

B. Constant.

Édition   *Coulmann (1869), III, pp. 101–102.

Notes
[1] Voir ci-dessus la lettre à Périer 21 novembre.
[2] Dupont de l'Eure, Laffitte, Périer, Schonen, Ternaux, Royer-Collard, le baron Louis et BC furent tous élus à une écrasante majorité, à l'exception du baron Louis ; sans doute est-ce lui qui craignait que le siège fût perdu s'il optait pour un département : il restera à Paris avec Schonen, les autres choisissant la province (voir la lettre suivante).
[3] Jean-Frédéric de Turckheim sera élu le 26 novembre par le collège départemental du Bas-Rhin.
[4] Les quatre députés du collège départemental de la Seine, Vassal, Laborde, Lefebvre et Odier, appartiendront effectivement à l'opposition de gauche.
[5] Voir la lettre à Coulmann du 22 octobre 1827.

5173

Benjamin Constant à Louis Schertz

23 novembre 1827

Monsieur et cher Concitoyen,
Je sai par votre aimable lettre, & depuis trois jours, l'honneur que m'a fait l'un des plus beaux, des plus éclairés, des plus riches & industrieux[1] de la France, & je n'ai encore témoigné à aucun des amis qui ont voulu m'instruire de cette faveur inespérée la profonde reconnoissance dont elle me pénètre. Mon excuse est dans les troubles inattendus qui ont agité Paris[2], troubles qui n'ont pu être l'ouvrage que de la faction que les élections menacent de se voir privée de l'autorité que la faiblesse ou la complicité des ministres laisse tomber entre ses mains. Honoré simultanément de votre mandat & de celui de Paris, j'ai du m'unir à mes collègues pour recueillir les faits & faire les demarches que nous avons considérées comme utiles au rétablissement de l'ordre public. Aujourdhui qu'il est à espérer que les provocations à l'aide desquelles on méditoit peut être, la suspension de la Charte[3], je saisis le premier instant pour vous offrir & à tous ceux qui m'ont accordé un suffrage dont je tacherai de me rendre digne la gratitude que j'eprouve & l'assurance que je ne negligerai rien pour défendre les droits & les intérets qu'ils m'ont confiés.

J'ai écrit dans le tems à M. Stoeber jeune & à M. Coulman, que le vœu des électeurs de tous les Arrondissemens de Paris, sauf l'extra muros, trop faible pour recommencer une lutte, qui ne s'est terminée à l'avantage des Constitutionnels que par miracle, étoit que ceux de leurs députés qui auroient obtenu de doubles nominations, optâssent pour les départemens parce que les Parisiens sont surs d'une seconde victoire. Je n'ai donc nul mérite à vous donner l'assurance que si les habitans de Strasbourg le désirent, j'opterai pour eux. Vous avez bien le tems de m'en instruire, puisque l'option ne peut avoir lieu qu'à la Chambre, après la vérification des pouvoirs.

Je sens toute l'importance de la mission qui m'est confiée. Strasbourg a des intérêts de tout genre, indépendamment des droits constitutionnels qui concernent tous les Francais. Le monopole, le transit, la liberté religieuse, & mille autres questions reclameront mes soins & ma persévérance. On peut y compter. Je désire qu'on veuille bien m'instruire par avance de tous les objets qui pourront se présenter. Je n'ai que des notions générales & des notes assez vagues. J'invoque votre amitié pour me donner des connoissances complettes & précises[4]. Toutes mes forces & tous mes momens seront consacrés à mes devoirs.

Je n'ai pas besoin de vous dire avec quel empressement je profiterai des renseignemens & recevrai les habitans de Strasbourg qui voudront m'honorer de leurs visites. Tout ce qui sera en mon pouvoir est à leurs ordres, & je serai toujours heureux de les recevoir.

Veuillez être l'interprète de ma reconnoissance particulière envers MM. Nestler, Schreider, Schweighäuser, Steiner[5] & Stoeber auxquels j'écrirai, dès que j'aurai un autre moment à moi & croyez à mon sincère attachement & à mon devouement inviolable.

Benjamin Constant

Paris ce 23 Novembre 1827

a Monsieur / Monsieur Louïs Schertz / à Strasbourg / Bas-Rhin

---

Manuscrit *Strasbourg, BNU, MS 1534, ff. 33–34 ; 4 pp., p. 3 bl., l'adresse p. 4 ; cachet postal : 27 NOV 1827 ; timbre : P ; orig. autogr.

Texte 8 ministres] *il a écrit* ministre 25 vérification] *il a écrit* vérifications

Notes
[1] Il a oublié le nom : *département* sans doute.
[2] Voir ci-dessus la lettre à Périer du 21 novembre.
[3] Le verbe de la subordonnée a été oublié.
[4] Ces questions tiendront en effet une grande place dans la suite de la correspondance avec Schertz et le Bas-Rhin plus généralement. Voir par exemple sur le monopole et le transit la réponse de Schertz du 12 décembre.
[5] Ernest Auguste Nestler (né en 1787), pharmacien à Strasbourg. Frédéric Schreider, notaire de la place du Marché-aux-Herbes à Strasbourg (*Courrier du Bas-Rhin* du 23 octobre 1827, p. [4]). François Schweighaeuser (1785–1861) avec qui Charlotte correspondra en 1828. Sur Steiner, voir la lettre à Périer du 18 août 1827.

5174

Rosalie de Constant à Benjamin Constant

23 novembre 1827

Depuis que Benjamin existe je n'ai jamais eté si longtems sans savoir rien de lui, vous n'etes point venu parmi nous au retour des bains, le repos n'a encor aucun prix pour vous et l'amitié cede a des sentimens plus vifs, a peine delivré d'une chambre vous allés dit-on etre pris dans une autre ou votre voix sera plus eclatante que jamais sans que peut-etre on se rende mieux a vos raisons, allons il est beau de perseverer et de dire advienne que pourra, quoiqu'il me soit triste que vous m'oubliés je trouve que je ne merite pas mieux, je n'existe plus gueres il ne me reste que le cœur qui s'interesse toujours a vos destinées et a peine assés d'esprit pour avoir pu lire votre 3e volume dont la publication m'a fait grand plaisir, quelques morceaux quelques mots m'ont reposée de sa grande erudition, je regrette Homere ce beau vieillard aveugle dont la voix allait inspirer l'heroïsme et qui serait si utile aujourdhui aux Rois endormis, puisque vous aimés la verité avant tout et que vous la prouvés[1] il faut bien y consentir et le placer dans la meme region que ses heros[2], votre peinture si energique de la mort ne m'a point fait peur[3], vous n'y etiés pas vous ne pouvés dire ce qu'elle est pour celui qui l'eprouve ou va l'eprouver, j'en fais pour celui la un tableau tout different, tout ce qui vous semble muet me parle un langage consolant. D'ailleurs il y aurait plus de quoi s'etonner si une loi aussi universelle aussi inevitable aussi connue que celle de la succession des Etres de la metamorphose des corps et de leur fin ne faisait que des rebelles et des desesperés que de la soumission paisible lors meme que les lumieres de la raison et la securité de la foi ne viendraient pas a notre seccours, mais si la mort est bonne a envisager pour soi combien elle est affreuse pour les temoins, perdre ceux avec qui on a existé voila la vraie douleur, alors c'est de la vie que [je] dirai du mal et non de la mort, vous aurés eté douloureusement frappé de celle de Mr de Stael[4], une si bonne si utile si heureuse existence tranchée si rapidement ? Il m'a toujours paru que les enfans de Mde de Stael etaient encor ses meilleurs ouvrages. Elle avait donné a ses enfans toutes les vertus dont elle avait le sentiment et l'image dans son esprit superieur, comme un auteur de poeme anime ses heros a son gré, le deuil est general dans nos deux cantons, ceux qui ont vu de pres l'interieur de son menage disent que rien n'etait plus complet en rapports heureux en delicatesse en soins en bonheur enfin c'est une cruelle aggravation pour sa femme[5] que de n'avoir pû le soigner ni meme le voir depuis les 1ers jours de sa maladie que le delire commença et a duré jusqu'a la fin, occupé tour a tour de religion de politique et d'agriculture avec une grande agitation, il a peu souffert, sa femme aura plus de regrets mais moins de souvenirs dechirans ne l'ayant pas vu elle employe la force de son caractere a surmonter sa douleur pour sauver son enfant, partout il sera regretté il laisse des traces honorables de son existence. Je suis etonnée cher Benjamin que votre 4e vol. annoncé pour le commencement de l'année soit le dernier[6] je l'attends avec plus d'impatience encor que les autres, me voici a St Jean ou on aurait bien voulu vous voir et on vous esperait ainsi que ma cousine toute la belle saison. Je suis sure qu'elle faisait quelques vœux pour venir a nous je vous ai attendus a Lausanne jusqu'a la fin d'octobre. Auguste croyait que vous viendriés, vous aves eté tous les deux excellens pour le pauvre Adrien[7], on me dit qu'il commence a aller mieux a s'appuyer sur sa jambe, Adieu je voudrais bien avoir de vos nouvelles. Le beau projet sur vos discours a-t-il reussi ? Aurés vous un grand domaine ou un petit jardin[8] ? Mille vœux et amitiés

R

St Jean 23 novembre 1827

A Monsieur Benjamin Constant / rue d'anjou St Honoré / a Paris

---

Manuscrit *Lausanne, BCU, Ms. 326, n° 33 ; 4 pp., l'adresse p. 4 ; cachet postal : 27 Novembre 1827 ; timbres : GENEVE/23 9bre 18 [ ] ; SUISSE/PAR/FERNEY ; orig. autogr.

Édition Roulin (1955), n° 212, pp. 298–299.

Texte 13 la prouvés] *le ms. porte :* laprouves 24 [je]] *omis par inadvertance* 29 anime] *le texte porte :* conime

Notes
[1] Il faut comprendre, semble-t-il, plutôt « vous la prouvez » que « vous l'approuvez » qui est proche du truisme.
[2] « Homère est un nom générique, comme Hercule ou comme Buddha. » (*OCBC*, XIX, 411).
[3] En particulier, le livre VIII, chap. IX, « Des notions grecques sur l'autre vie » (*OCBC*, XIX, 359 et suiv.).
[4] « La maladie de M. le baron de Staël, qui avait excité un si grand intérêt public, s'est terminée fatalement le samedi 17, à dix heures du soir. C'était une fièvre maligne : les secours de l'art n'ont rien pu sur une constitution déjà affaiblie par une fièvre bilieuse qu'il eut à peu près à la même époque l'année dernière, un peu avant son mariage. Il avait trente-sept ans : il était tout près de jouir du bonheur d'être père. La naissance de cet enfant l'occupait beaucoup dans le délire de la fièvre. » (*Journal de Genève* du 22 novembre 1827, p. [1]).
[5] Auguste de Staël avait épousé Adèle Vernet (1803–1876) en 1826.
[6] L'annonce se trouvait dans la *Bibliographie de la France* du 18 août 1827, p. 683.
[7] Voir la lettre d'Auguste de Constant d'Hermenches du 8 janvier 1827. Adrien, jeune officier de la Garde royale, s'était-il blessé dans son service ?
[8] L'édition des *Discours* devait permettre l'achat d'un bien immobilier qui aurait mis BC à l'abri du besoin (voir la lettre à Périer du 19 mars 1827), mais c'est aussi en naturaliste que Rosalie, qui poursuivra son travail à son herbier jusqu'en 1832, pose la question.

5175
Jean-François Vial-Machurin à Benjamin Constant
24 novembre 1827

Paris 24 9bre 1827.

Monsieur

J'avais l'intention comme electeur du 4e arrondissement de Paris, 3e s^{on}, d'ajouter une clause à mon vote, mais Mr Daunou notre secretaire[1] m'ayant fait dire qu'il craignait que cette addition n'en entraînât la nullité, je me suis rangé à son avis. Cependant en remettant mon vote écrit à M^r le Président[2] j'ai crû devoir déclarer à haute et intelligible voix que mon intention etait de renfermer mon mandat dans les limites de la Charte.

M^r le Président qui n'avait pas d'abord saisi le sens de ma déclaration me l'a fait repéter et après avoir consulté le bureau m'a dit que c'etait bien.

Je n'ai certes pas la prétention de me mettre isolément en evidence, mais convaincu qu'aucune loi ne peut prévaloir contre la charte, j'ai expliqué ma pensée à un assez grand nombre de mes collègues qui tous se sont rangés à mon avis.

Je desirerais donc, Monsieur, que sur votre demande Mr Daunou que je n'ai pas l'honneur de connaitre voulût bien de concert avec nos scrutateurs, me donner acte de ma déclaration, afin qu'au besoin je puisse fournir la preuve que la majorité des electeurs de ma section n'a entendu donner de pouvoir à son mandataire que pour le laps de tems et sous les conditions voulues par la Charte.

Je n'ai pas besoin, Monsieur, de vous assurer que ce n'est point vis a vis de vous que de telles precautions me semblent nécessaires, défenseur des vrais principes, vous ne pouvez que jouir de leur triomphe.

Agréez je vous prie, Monsieur, l'expression des sentimens de consideration avec lesquels j'ai l'honneur d'etre.
Votre très humble et très obeissant serviteur
Vial-Machurin
Cons^{er} à la Cour des Comptes
Rue de la Roquette n° 51.

Manuscrit *Lausanne, BCU, Fonds Constant I, Co 1369 ; 2 pp. ; orig. autogr.

Commentaire et Notes Jean-François Vial-Machurin ou Vial de Machurin (1777–1864) était conseiller référendaire de 2e classe à la Cour des comptes depuis 1821 ; il avait certainement voulu suivre l'exemple de Ternaux : « M. Ternaux aîné s'est présenté ce matin au collège de son arrondissement pour déposer son vote. Au moment de prêter le serment d'usage, cet honorable citoyen n'a voulu remplir cette formalité qu'avec des restrictions expliquant qu'il n'entendait nommer de député que pour cinq ans, attendu que la Charte a fixé ce terme d'une manière péremptoire pour la durée des fonctions législatives. M. le président du collége a cru ne pas devoir admettre un serment ainsi motivé et M. Ternaux s'est abstenu de voter. » Une lettre suivait dans laquelle Ternaux expliquait « les motifs de sa démarche » (*Le Courrier français* du 19 novembre 1827, p. [1]).

[1] Voir dans *Le Constitutionnel* du 16 novembre 1827, p. 4, les scrutateurs et le secrétaire, portés par les « électeurs constitutionnels de Paris » au bureau du 4e collège électoral (celui de BC).

[2] Le président du 4e collège électoral était Ange Herménégilde Demautort (né en 1776), maire du 6e arrondissement en 1826.

5176

Benjamin Constant à Hyacinthe Caquelard-Laforge

25 novembre 1827

L'annonce de l'impression du Second Volume[1] est dans les Journaux. C'est donc le moment, mon cher ami, de nous concerter pour faire aller l'entreprise. Je serai chez moi demain toute la matinée jusques à trois heures, & je crois que j'ai concu quelques bonnes idées que je vous soumettrai, si vous pouvez venir. Mille amitiés.

B. Constant

La Censure va être rétablie[2], de sorte que si l'ami Tissot ne fait pas son article, il viendra trop tard[3].

J'attends pour parler à Casimir que vous ayez versé quelques Souscriptions[4] qui relèveront son courage.

à Monsieur / Monsieur Caquelard Laforge / Rue Grenéta N° 9 / Paris

---

Manuscrit *Lausanne, BCU, IS 5212/08 ; 4 pp., pp. 2–3 bl., l'adresse p. 4 ; cachet postal : 25 Novembre 1827 ; orig. autogr.

Édition *CG*, XII, 315.

Texte 2 pour] pour ⟨la⟩

Commentaire et Notes Un extrait de cette lettre a été publié en date du 25 novembre 1821, en suivant la date donnée par le catalogue de vente de la librairie de l'Abbaye, n° 77, p. 7 (*CG*, XII, 315). La consultation du manuscrit, et notamment le constat que le millésime du cachet postal est difficile à lire, a remis en question la date d'une lettre dont le contenu correspond bien mieux à 1827 qu'à 1821. Nous la publions donc de nouveau, à partir du manuscrit cette fois. Sur Caquelard, voir au Répertoire, ainsi que la lettre des Électeurs du 6e arrondissement en date du 11 juillet 1826 (lettre 4767, *CG*, XIV, 403–404).

[1] « MM. les souscripteurs sont prévenus que ce deuxième volume est sous presse et leur sera délivré dans les premiers jours de janvier. » (*Le Courrier français* du 23 novembre 1827, p. 3) ; il sera annoncé dans la *Bibliographie de la France* du 1er mars 1828, p. 156.

² La censure avait été supprimée par l'ordonnance du 5 novembre 1827.
³ Un long article sur les *Discours* paraîtra dans *Le Constitutionnel* du 24 janvier 1828, pp. 2–3, un autre dans le *Journal des débats* du même jour, pp. [1]–2 : Tissot fut-il l'auteur de l'un d'eux, des deux ?
⁴ Caquelard-Laforge recherchait activement de nouveaux souscripteurs pour l'édition des *Discours* (voir la lettre à Tissot d'avril-mai 1827).

5177

La Fayette à Benjamin Constant

25 novembre 1827

Melun 25 Novembre 1827

Je vous felicite de votre double election, mon cher Collegue ; tout le monde etait sur de l'une, je m'etais douté de l'autre, et je me rejouïs de toutes deux. J'ignore encore par quelles maneuvres, en Haute Loire, George a vu passer son sosie de nom[1] ; en attendant, nous aurons l'honneur de representer près de vous trois des cinq arrondissemens administratifs de Seine et Marne[2]. Me voici au grand college exerçant l'odieux privilege du double vote pour tâcher d'en tirer le moins mauvais parti que nous pourrons. J'espere qu'aujourdhui nous nommerons M. Eugene d'Harcourt, philhellene, adversaire du ministère, des pretensions du clergé, et partisan de l'entiere liberté de la presse ; là s'arrêtent, je crois, ses sympathies avec notre portion du coté gauche, mais c'est deja bien pour un grand college. L'autre candidat aujourdhui est M. Despatys, brave homme dans sa ville, mais si faible, si faible que nous aurons besoin d'etre tres forts pour avoir son vote ; les autres portent M. Roland d'Erceville et je ne sais qui[3]. J'avais esperé etre libre ce matin et retourner demain à la Grange ; je crains de ne pouvoir y etre que mercredi[4] : c'est ainsi que se passe le tems ou vous auriés pu venir nous voir. Nous entrons dans le mois de decembre qui va etre plein de sentiments et de devoirs bien variés. Vous vous rappellés le douloureux anniversaire ou vous avés été si tendre pour nous[5], mes chers amis. Nous nous enfermerons avec Virginie et ses enfans depuis le 1ᵉʳ decembre jusqu'au 8 qu'une partie de la famille ira faire à Paris ses preparatifs de mariage[6] : je dois etre le neuf à Lagny pour celui d'Auguste Petit avec Melle Chabanaut, deux familles qui me sont très cheres[7]. De là j'irai à Paris jusqu'à notre mariage, et je ramenerai immediatement après mes deux enfans Adolphe et Natalie. Vous savés ce qu'est pour moi et pour nous tous la fin du même mois[8]. Voila notre marche, mes chers amis ; elle contrarie le très grand plaisir que je me promettais depuis le commencement de l'été de passer à votre retour quelques semaines avec vous. Puissions nous en etre dedomagés par une bonne session. Recevés l'un et l'autre mes tendres amitiés.

Ma lettre n'etait pas partie lorsque j'apprends l'affreuse nouvelle de la mort d'Auguste Staël[9]. Je le savais malade, mais j'étais loin de croire à ce malheur : vous connaissés mon amitié pour lui, ma tendresse pour sa sœur. Vous en serés aussi bien affligé. On dit qu'Albertine est à Copet. Je suis bouleversé de cette nouvelle.

Manuscrit *Lausanne, BCU, Fonds Constant I, Co 1024 ; 2 pp. ; orig. autogr.

Notes
[1] Jean, François, Gabriel Calemard de Lafayette (1781–1829) venait d'être réélu député de Haute-Loire ; il appartenait à la majorité royaliste. Georges Washington du Motier de La Fayette (1779–1849) fut élu député de Seine-et-Marne.
[2] Les deux La Fayette et Claude Bailliot (1771–1836).
[3] François-Eugène-Gabriel d'Harcourt (1786–1865) et Pierre-Étienne Despatys de Courteille (1753–1841) furent élus ; Barthélemy-Louis-Charles Rolland-Chambaudoin d'Erceville (1772–1845), candidat ministériel, fut battu.
[4] Le 25 novembre était un dimanche.
[5] Louis de Lasteyrie du Saillant (1781–1826), époux de Virginie, fille de La Fayette, était mort l'année précédente (voir la lettre 4845 de Cassan du 7 décembre 1826, *CG*, XIV, 497–498).
[6] Le 9 janvier 1828, Natalie (1803–1878), fille de Georges, épousa Adolphe (1802–1862), neveu de Casimir Périer.
[7] Le 10 décembre 1827, à Lagny, Charles Auguste Petit épousa Adelphine Chabaneaux. La Fayette et son fils signèrent l'acte.
[8] La Fayette songe sans doute à la nouvelle session de la Chambre qui ouvrira le 2 février 1828.
[9] Voir la lettre de Rosalie du 23 novembre 1827.

5178

Benjamin Constant à Juliette Récamier

26 novembre 1827

Je me suis présenté chez vous, Madame, avec M^{de} B. Constant, mais vous étiez sortie. J'avais essayé deux fois de vous trouver, avant mon départ, sans être plus heureux. Si je sais quand on vous importune le moins, je renouvellerai mes tentatives.

Je voudrais aussi vous demander un petit éclaircissement sur un fait dont j'ai toujours oublié de vous parler. Quoiqu'il soit bien ancien, j'espère que vous n'en aurez pas perdu toute mémoire[1]. Avant mon retour à Paris, je pris, en 1817, la liberté de vous prier de retirer d'une malle de papiers, quelque chose que j'avais écrit, *dans un tems où j'étais bien malheureux* & que je ne voulais pas que d'autres vissent. Vous eutes cette bonté. Dans cette malle étoient des lettres de notre amie, qui ne devoient également être vues de personne Ne vous aurais-je pas prié de les retirer aussi ? Le fait est que je ne les ai pas retrouvées Depuis la déplorable mort du pauvre Auguste, j'aurais besoin de ces lettres pour en montrer quelques parties au Duc de Broglie & à sa femme : Soyez assez bonne pour me dire si vous les avez.

Je suis accablé de cette mort si inattendue Quelle noble carrière interrompue par un coup de foudre ! Auguste étoit de toute la famille celui dont j'avais le plus à me louer.

Je ne veux pas vous fatiguer de ma douleur. Dites moi quand je pourrai vous voir & un mot sur le sujet de ma lettre.

Agréez mille tendres & respectueux hommages

B. C.

ce 26 9bre

à Madame / Madame Récamier / à l'Abbaye aux Bois / Rue de Sèvres / Paris

Manuscrit   *Paris, BnF, N.a.fr. 13265, ff. 327–328 ; coté d'une main ancienne : « 177 » ; 4 pp., p. 3 bl., l'adresse p. 4 ; orig. autogr.

Éditions   1. Colet (1864), n° 60, pp. 165–166. 2. Lenormant (1882), n° 159, pp. 331–332. 3. Harpaz (1977), n° 177, pp. 280–281. 4. Harpaz (1992), n° 190, pp. 358–360.

Commentaire et Note   La mort d'Auguste de Staël permet de dater la présente (voir la lettre de Rosalie de Constant du 23 novembre 1827).

[1] Aucune trace de ce fait « bien ancien » dans la correspondance retrouvée. La mémoire de BC est infidèle puisqu'il revint à Paris le 7 octobre 1816. La période était celle de la passion de BC, « bien malheureux », pour Mme Récamier.

5179

Benjamin Constant à Pierre-Claude-François Daunou

27 novembre 1827

Mon cher Ancien Collègue,
Monsieur Vial Machurin, Conseiller à la Cour des Comtes*, et l'un des Electeurs de la Section où vous avez été Sécrétaire, désireroit avoir acte de la déclaration constitutionnelle qu'il a faite en votant, & qui a été recue par le Président & le bureau Sans pouvoir préjuger jusqu'à quel point vous pouvez remplir son vœu, je prends la liberté de lui envoyer cette lettre qu'il vous remettra. Je suis convaincu que vous ferez ce qui dépendra de vous pour satisfaire à une intention qui fait honneur à ses principes et à son attachement à la charte

Agréez mon cher ancien collegue mon sincère & inviolable attachement

B Constant

Paris ce 27 9ᵇʳᵉ 1827

*Rue de la Roquette n° 51

a Monsieur / Monsieur Daunou / a Paris.

Manuscrit *Paris, BN, N.a.fr. 21881, ff. 223–224 ; 4 pp. en 2 ff., p. 3 bl., l'adresse p. 4 ; orig. autogr.

Texte *En p. 2, à l'envers, d'une main hésitante* : M Le febvre Sᵗᵉ Marie / Rue Sᵗᵉ Anne n° 29 12 *Rue de la Roquette n° 51] *porté en tête de lettre*

Commentaire Comme suite à la lettre de Vial-Machurin du 24 novembre 1827. Le Febvre Sᵗᵉ Marie était advocat (*Almanach du commerce* (1827), p. CXCII).

5180

Benjamin Constant à Marie-Gabriel Masuyer

27 novembre 1827

Monsieur

J'ai remis au Comité Grec le projet de Constitution que M. de Thiard m'a envoyé de votre part[1]. Je suis avec bien du regret forcé de decliner l'honneur que vous me faites d'être un des Commissaires pour l'examen de ce projet. 1° Je ne suis pas du Comité. 2° Je suis, & serai, d'ici a 3 mois, tellement accablé d'affaires, que compliquent encore des travaux que je ne puis interrompre pour la publication d'un ouvrage qui doit paraître avant la Chambre, que je n'ai pas un moment de libre

Veuillez agréer Monsieur mes excuses & l'hommage de ma haute considération

B. Constant

Paris ce 27 9ᵇʳᵉ 1827

a Monsieur / Monsieur Mazuyer / Professeur de la faculté de / Strasbourg / à Strasbourg

Manuscrit *Lausanne, BCU, IS 5251 ; 4 pp., pp. 2–3 bl., l'adresse p. 4 ; cachet postal : 30 NOV 1827 ; timbre : P ; orig. autogr.

Commentaire et Note   Marie-Gabriel Masuyer (1761-1849) était professeur de chimie médicale à la faculté de médecine de Strasbourg depuis 1798.

[1] Voir la lettre de Thiard du 21 novembre 1827. Masuyer avait déjà donné un *Essai sur la nouvelle Constitution à donner à la Pologne*, Lons-le-Saunier, 1815 ; nous n'avons retrouvé aucun exemplaire de cet ouvrage. Sur le Comité grec, voir *CG*, XIV, 6 et 185 ; il était alors présidé par le duc de Broglie.

5181

Benjamin Constant à Richard

27 novembre 1827

[Il lui envoie le 3ᵉ volume de *De la Religion*]

Manuscrit   Non retrouvé. Les détails sont tirés de la **Revue des Autographes*, seconde série, nᵒ· 16, 1926, p. 7, 65.

Commentaire   D'après la *Revue des Autographes* le correspondant de BC serait huissier à Paris. En 1827, on ne trouve qu'un seul Richard, rue Comtesse-d'Artois, n° 33, dans la liste des huissiers de *l'Almanach du commerce* (p. 297).

5182

Benjamin Constant à Louise d'Estournelles

28 novembre 1827

Et moi aussi, ma chère Louïse, je voudrais que rien ne troublât notre amitié, & c'est en partie pour cela que je ne réponds pas en détail à votre lettre. À quoi bon contester, comme je le pourrais, plusieurs des choses que vous me dites, en leur opposant ce que vous m'avez dit à Brévans sur la facilité que je vous donnais, en m'engageant à acheter Brévans, sur les denrées, meubles &cᵃ qui vous procureroient des fonds pour votre déplacement, motif qui est entré pour beaucoup dans mon consentement à une proposition qui ne pouvoit me convenir d'aucune manière ? A quoi bon répondre à ce que vous me dites de ce qui, selon vous, car je suis loin de rien voir dans ma conduite qui puisse me nuire, de ce qui, dis-je, selon vous, pourrait me nuire dans l'opinion, en vous fesant remarquer que sans doute, quand deux personnes, quelles qu'elles soient s'attaquent, elles ne se font pas de bien, mais que chacune a des moyens de nuire à l'autre, & qu'on ne prévoit jamais où entrainerait une défense provoquée par une attaque imprévue & si peu méritée[1] ? Que servent toutes ces récriminations, quand elles ne changent rien aux deux faits décisifs, l'un que je suis dans l'impossibilité complette de faire plus que je n'ai fait, & promis, l'autre qu'il est dans mon cœur & dans toute la sincérité de mon ame de vous aider, tant que je le pourrai, quand je le pourrai ? Que si ces deux considérations ne l'emportaient pas sur l'idée qu'avec de l'insistance & des tentatives que je ne devine pas, vous surmonteriez cette impossibilité, j'en éprouverais sans doute un sentiment très douleureux qui ne serait mêlé d'aucune inquiétude sur le résultat, mais qui naitrait d'une confiance cruellement trompée, car j'en ai agi avec vous en toute amitié & en toute confiance. Mon desir, mon vœu est d'en agir toujours de même. J'en conserve l'espoir. Toutes vos lettres depuis que nous nous écrivons prouvent que vous avez cru souvent avoir à vous louer de moi. La marque de confiance que vous m'avez donnée ce printems, m'en a persuadé plus encore, & toute ma conduite, si vous n'y mettez pas d'obstacle, vous le démontrera

Laissons donc ces discussions & venons au fait. Vous m'aviez annoncé que si je m'engageois de suite à acheter Brevans, cet engagement facilitant votre établissement à Poligny, il n'y auroit plus d'obstacle à cet établissement. Vous dites maintenant que vous avez besoin de fonds pour l'effectuer. Vous ne m'aviez rien dit de pareil, sans cela je vous aurais répondu que je n'en avais pas & ne pouvois en trouver. Cela m'est impossible. Mais voici ce que je vous propose. Mettez Brévans en vente, vendez le à un prix même inférieur aux 18000 fr. convenus, pourvu que je n'y perde que 2000 fr. Prenez sur le prix de la vente les fonds dont vous avez besoin, vous dites que c'est 1000 fr. prenez en 2000. Faites moi tenir les 14000 autres que j'employerai à payer une dette qui est en 1ere hypothèque, & à la place de laquelle je vous céderai cette 1ere hypothèque, en vous payant l'interet au 5. Alors tout sera arrangé, vous serez en pleine sécurité, vous aurez les fonds dont vous avez besoin[2]. J'oublie d'ajouter qu'aux 14000 fr. ci dessus qui avec les 2 que vous garderiez ne feraient que 16000 ; j'ajouterai 2000 fr. nécessaires pour completter les 18000 aux quels je me suis engagé. Il me semble que c'est une proposition raisonnable. Elle atteint votre but ; j'y perds 2000 fr. d'un trait de plume, mais je m'y résigne. Tout autre expédient pour vous faciliter vos arrangemens m'est impossible. J'ai juste ce qu'il me faut pour faire honneur à des dettes exigibles, & je ne pourrais quand je remuerais ciel & terre ni en ajourner les payemens, ni trouver un sol de plus.

Vous avez l'air de me reprocher la dette de M. Jobez[3]. Mais Charles me disoit lui même de garder son sémestre pour payer cet autre créancier qui a formé entre mes mains une opposition. Il n'y comptait donc pas. Je l'ai refusé je lui ai payé ce sémestre, sauf à être obligé de payer deux fois : mais pour son honneur comme pour le mien, puisque c'est moi qui lui avais donné une lettre pour M. Jobez, je dois payer la traite qu'il a remise à ce dernier. Cependant mon intention n'a pas été de retenir cette traite sur ce que j'ai encore à lui envoyer. J'attends la traite pour l'acquitter & je la lui enverrai acquittée avec les 120 fr. de plus, parce qu'ayant donné 200 fr. à Léonce[4], je crois juste d'offrir à Charles un petit tribut d'amitié.

Je fais ce que je puis. Le reste ne dépend pas de moi. Il est dans mon cœur de conserver une amitié dont j'ai taché de vous donner des preuves, & qui s'est accrue par votre bonne réception à Brévans. Rien de ma part ne la troublera. Dieu veuille qu'il en soit de même de la vôtre. Je le crois, je l'espère, je compte sur l'attachement que vous m'avez souvent témoigné. Le mien est sincère & profond. Vous êtes, avec ma femme, les deux êtres que j'aime le mieux. Léonce & son avenir m'occupent & m'intéressent autant que chose au monde. Ainsi, chère Louïse, ne voyez dans ma lettre qu'un peu de tristesse sur quelques phrases de la vôtre & croyez que rien si vous le voulez n'altérera jamais ma tendre & inviolable affection.

B. C.

Paris Ce 28 9bre 1827

a Madame / Madame d'Estournelles / à Brevans / près Dole / Jura

---

Manuscrit *Lausanne, BCU, Fonds Constant I, Co 375 ; 4 pp., l'adresse p. 4 ; cachet postal : 30 NOV 1827 ; timbre : P ; orig. autogr.

Texte   46 en] *ajouté dans l'interligne*

Notes
[1] La menace est à peine dissimulée, mais sur quoi porte-t-elle ?
[2] Il faut comprendre que BC garderait soit Brevans soit le produit de la vente (14.000 F), devenant ainsi débiteur de sa sœur à qui il verserait les intérêts des 14.000 F, soit 700 F (« l'interet au 5 »).
[3] Voir la lettre à Louise du 20 novembre 1827.
[4] Sur ces versements, voir les lettres à Louise des 20 et 21 novembre.

5183

Benjamin Constant à Michel Berr

29 novembre 1827

J'ai recu, Monsieur, & lu avec intérêt le discours que vous m'avez envoyé[1]. Je m'empresse de vous faire tenir le 3e volume que j'ai publié il y a quelques mois. Occupé à mettre en ordre des affaires arriérées pendant mon absence, je suis forcé d'ici à quelque tems de ne pas sortir & de ne recevoir personne, dès que je

serai un peu débarassé de cette ennuyeuse occupation, je m'empresserai d'aller
vous chercher. Agréez l'assurance de mon sincère attachement.

B Constant

ce 29 9bre 1827

a Monsieur / Monsieur Michel Berr / Rue St Merry / N° 18.

Manuscrit   *Paris, Arsenal, Ms. 9317 ; 4 pp., pp. 2–3 bl., l'adresse p. 4 ; timbre : E ; orig. autogr.
Commentaire et Note   Sur Michel Berr, voir *CG*, XIII, 404.
[1] Sans doute le *Discours Prononcé le samedi 21 Juillet 1827, dans une séance publique du Comité des Écoles israélites de Nancy*, Nancy : Bontoux, s. d.

5184

Benjamin Constant à Rosalie de Constant

novembre 1827

J'ai bien des reproches à me faire, chère Rosalie ; j'ai eu cent fois envie de vous écrire ; l'espoir de vous voir m'en a toujours empêché. Sans la dissolution de la Chambre, je serais allé en Suisse de Brévans où j'ai appris cette dissolution qui m'a fait revenir à Paris. Vous aurez vu par les journaux que je suis réélu deux fois, à Paris & à Strasbourg. Nous aurons une session curieuse, si nous avons une session. La nouvelle Chambre, quelque soit l'esprit de la majorité qu'on ne peut encore prévoir, sera certainement plus indépendante & plus eclairée que celle où j'ai si péniblement lutté pendant quatre années.

Mes projets pour l'année prochaine me rapprocheront surement de vous. J'irai aux eaux qui m'ont fait quelque bien, à Strasbourg dont je suis député, & à Lausanne où il faut que je vous embrasse

La mort de ce pauvre Auguste de Staël m'a attéré. C'étoit une noble & excellente créature. J'ai peu connu sa femme, dont je n'aime pas trop la prudence, même motivée sur la conservation de son enfant, mais je frémis de la douleur de sa sœur, qui l'aura trouvé mort à son arrivée. La vie est rude, & quand je songe que j'ai 60 ans, je m'en réjouïs. Je n'ai conservé qu'une chimère, celle de laisser apres moi quelque célébrité, & je ne sai devant Dieu pas pourquoi. Mais c'est une habitude d'enfance. Du reste, l'avenir ne me tente pas : je n'ai gueres que des peines publiques & privées à y rencontrer.

Je vais profiter des deux mois qui précéderont la convocation de la Chambre pour mon 4e volume. Ce sera le dernier de cet ouvrage, mais cet ouvrage ne sera pas le dernier. Je n'ai pu, dans ces quatre volumes, aller aussi loin que j'aurais voulu. J'ai tracé la route & c'étoit mon but. J'y marcherai dans une seconde publication si je vis & si je ne suis pas devancé par d'autres, ce que je ne crains guères.

Ma femme qui vous est bien tendrement attachée s'etoit chargée de vous répondre : mais je n'ai pas voulu lui en laisser le soin, elle vous écrira surement de son coté.

Dites mille choses à Auguste ; je me réjouïs du rétablissement d'Adrien. Exprimez à Charles mes regrets pour cette année & mon espoir pour l'année prochaine, & croyez à ma tendre & inaltérable amitié.

Manuscrit   *Genève, BGE, Ms. Constant 36/2, f. 293 ; 2 pp. ; orig. autogr.

Éditions   1. Menos (1888), n° 248, pp. 575–576. 2. Roulin (1955), n° 213, pp. 300–301.

Texte   17 Dieu] *ajouté en interligne*

Commentaire   La mort d'Auguste de Staël permet de dater la présente : voir la lettre de Rosalie de Constant du 23 novembre 1827 à laquelle BC répond ici.

5185

Les Électeurs constitutionnels de Strasbourg à Benjamin Constant

1er décembre 1827

Monsieur Benjamin Constant Député de la Seine et du Bas Rhin à Paris

Monsieur le Député
Les electeurs constitutionnels de l'arrondissement de Strasbourg en réunissant leurs suffrages pour vous porter à la députation ont satisfait le vœu de tous les bons Français. Comme nous, la France admire en Vous le grand citoyen qui dans toute sa carrière s'est montré l'athlète infatigable des droits du peuple, l'intrépide et l'eloquent défenseur de nos libertés.

Sans doute le juste orgueil de voir notre cité représentée par l'un des premiers orateurs dont s'honore la tribune, justifie assez notre empressement à disputer à la capitale l'honneur de Vous compter au nombre des Députés de notre département ; mais ce motif si puissant pour nous serait sans force peut-être pour Vous déterminer à nous accorder une préférence que Messieurs les electeurs de Paris peuvent revendiquer à tant de titres.

Cependant le triomphe que l'opinion constitutionnelle vient d'obtenir dans la lutte improvisée par le ministère ne peut devenir complet, qu'en remplissant par le choix de citoyens dignes de siéger à vos cotés les lacunes que les doubles nominations laisseront quelque tems encore dans la représentation nationale.

Vainement des milliers de voix accusatrices se seraient élevées de tous les points de la France contre l'ennemi constant de nos immunités et de nos droits : il est debout encore, et pour l'abattre il n'est point d'effort que ne doive tenter, point de sacrifice que ne doive s'imposer le vrai patriotisme.

En en appelant à ce sentiment près de Vous, Monsieur, et près de Messieurs les électeurs du quatrième arrondissement de Paris, nous sommes assurés d'avance du succès : mieux que nous[1] ils sauront, par un choix digne de la patrie et de Vous, grossir les rangs de cette phalange constitutionnelle dont la devise sera toujours le maintien des droits de tous et la destruction des abus. Un tel résultat et les sentimens d'affection qu'en plus d'une occasion Vous avez temoigné aux Alsaciens, nous font espérer, Monsieur, que vous opterez en faveur de notre arrondissem^t, nous serons fiers de pouvoir désormais Vous compter au nombre de nos concitoyens.

Nous avons l'honneur d'être avec un profond respect

Monsieur le Député
Vos tout devoués concitoyens

Strasbourg le 1 Decemb 1827

C. Schoubart[2] A Nestler[3] Electeur Rieder[4] Electeur. Louis Schertz Electeur Windesheim[5] Electeur L. F. Walter[6] Electeur Hammerer[7] Electeur Louis Kob[8] electeur Ottmann[9] Elect. G^{me} Lauth[10] Electeur L. F. Ehrmann[11] Electeur L. Reuss père.[12] Electeur Gravelotte electeur J. J. Klimrath[13] Elect^r Schirmer[14] Electeur Weis[15] Electeur L. Steiner[16] electeur Sig^d L Steinheil[17] Electeur Fleischhauer[18] elect^r Mertz- [19] Electeur j. Bartholmé[20] Elect^r J. Lobstein[21] électeur Ziegenhagen[22] Electeur JT Metzger Electeur Lichtenberger[23] Electeur I. Fréd Schaaff électeur Ott[24] fils électeur. N J Mathys[25] Electeur Henri Th Helck[26] Electeur Pick[27] electeur Jean Speckel[28] électeur Grimmer[29] Notaire Electeur C Shraliger electeur J. J. Lauth[30] électeur J. J. Ott[31] père électeur Strohl[32] electeur Aubry[33] electeur J. J. Boersch[34] électeur Jean Michel Meckert[35] pere Electeur Barbenes[36] a La Maison Rouge Electeur J D Ott[37] Electeur L Hatt[38] J Ch Gloxin[39] Electeur J G Küss[40] Electeur Schmidt électeur Spielmann[41] Electeur L. Simon[42] electeur Arnold[43] El^r Fr Busch[44] Electeur Ant Grasselly[45] Electeur Ch H Stammler[46] Electeur Wieger[47] elect G Stoeber[48] électeur G. H. Wachter[49] électeur fred. Müller electeur M. Silvestre[50] Electeur A Renouf elect Abra. Jundt[51] Electeur Ostermann[52] Fr. Schweighaeuser[53] electeur

---

Manuscrit Manuscrit 1. *Paris, BnF, N.a.fr. 18832, ff. 37–38 ; 4 pp. ; orig. autogr. 2. Strasbourg, BNU, MS 1534, f. 35 ; 2 pp. ; brouillon autogr. 3-14. Lausanne, BCU, Co 4654, 2 pp., 12 ex. ; copies.

Les Électeurs constitutionnels de Strasbourg à Benjamin Constant – 1er décembre 1827

Texte   *De la main de Louis Schertz, en tête du ms. de Strasbourg* : Monsieur / a Monsieur Benjamin Constant député de la Seine & du Bas Rhin : à Paris [*en fin du ms.* :] Nous avons l'honneur d'être avêc un profond respect vos tout devoués concitoyens / Strasbourg ce 1er ⟨Novembre⟩ Decembre 1827. / 60 signataires
En marge du ms. de Strasbourg : L'adresse et la fin de cette lettre sont écrites par la main de Mr Louis Schertz, La lettre par Mr Lichtenberger, Avocat et plustard Prefet
27 d'affection qu'en plus d'une occasion Vous avez temoigné] *les copies portent :* d'affection que vous avez temoigné   **33** Vos tout dévoués concitoyens / Strasbourg le 1 Xbre 1827.] *les copies portent :* Vos tous dévoués concitoyens / Suivent les signatures. / Strasbourg, le [ ] X^{bre} 1827.
35 Rieder] *lecture incertaine*   **40** Mertz] *lecture incertaine*   **43** Shraliger] *lecture incertaine*   **50** Renouf] *lecture incertaine*

Commentaire et Notes   Cette lettre sera reproduite en au moins 12 douze exemplaires, sans doute afin d'être adressée aux futurs signataires. Sur le procédé de reproduction, voir *CG*, XIII, 294, note 4. Le nombre d'électeurs du 4e arrondissement de Strasbourg s'élevait à 243 ; BC recueillit 124 voix (*Courrier du Bas-Rhin* du 20 novembre 1827, p. [3]).

[1]   Là se trouve le point important : de Paris ou de Strasbourg, quel collège élira le plus sûrement, pour remplacer BC, un candidat de même couleur politique ?
[2]   Peut-être Jean-Charles Schoubart, fabricant d'étoffes de coton jusqu'en 1822 (*Almanach du commerce* (1822), p. 1058). Le *Courrier du Bas-Rhin* du 20 septembre 1829, p. [4], publiera les « Listes électorales et du jury du Bas-Rhin », dont le 4e arrondissement de Strasbourg ; ces listes devaient être assez proches de celles de 1827, mais Schoubart n'y figure pas.
[3]   Voir la lettre à Louis Schertz du 23 novembre.
[4]   Peut-être Daniel Rieder (*Courrier du Bas-Rhin* du 20 septembre 1829).
[5]   Jean Windesheim, négociant, apparaît dans la liste des participants à la « Souscription ouverte à Paris pour un don destiné aux enfans du général Foy, et pour élever un monument à sa mémoire » (Supplément au *Constitutionnel* du 23 février 1826, p. 6) ; cette liste dont les fonds furent réunis par Casimir Périer fut établie « à Strasbourg chez M. Frédéric Turckheim, député du Bas-Rhin ». S'y retrouvent tous les sympathisants de la cause libérale.
[6]   Voir sa lettre à BC du 20 février 1829 et le *Courrier du Bas-Rhin* du 20 septembre 1829.
[7]   Hammerer, joaillier (*Almanach du commerce* (1827), p. 602).
[8]   Le nom de Charles Frédéric Kob paraît dans le *Courrier du Bas-Rhin* du 20 septembre 1829, mais il est question de Louis Kob, négociant, dans la Commission de la garde nationale de Strasbourg en 1830 et dans un « cercle patriotique » fondé la même année (Charles Staehling, *Histoire contemporaine de Strasbourg et de l'Alsace, 1830–1852*, Paris : Fischbacher, 1884, pp. 5 et 80).
[9]   *Courrier du Bas-Rhin* du 20 septembre 1829.
[10]   Guillaume Lauth (1794–1865), juge au tribunal de commerce (*Annuaire du Bas-Rhin*, p. 238).
[11]   Louis Frédéric Ehrmann, négociant en laines et juge au tribunal de commerce (*Courrier du Bas-Rhin* du 30 décembre 1827, p. [4]).
[12]   Louis Chrétien Reuss, « négociant » compte parmi les souscripteurs de la *Relation du voyage de Sa Majesté Charles X en Alsace*, par P. J. Fargès-Méricourt, Strasbourg : Levrault, 1829, *in fine*. Il est aussi vénérable de la Loge symbolique (*Tableau général de la loge symbolique*, Dannbach : Strasbourg, 1834, p. 7).
[13]   Gravelotte et Klimrath (*Courrier du Bas-Rhin* du 20 septembre 1829).
[14]   Sans doute le fils de Dominique Schirmer (1740–1805), homme politique ; il est aussi membre honoraire de la Loge de Reuss (*Tableau général de la loge symbolique*, ouvr. cit., p. 14).
[15]   Peut-être Weis, fabricant de peignes (*Almanach du commerce* (1827), p. 602).
[16]   Sur Steiner, voir la lettre à Périer du 18 août 1827.
[17]   Sigismond Louis Steinheil, commissionnaire-expéditeur en chanvre (*Almanach du commerce* (1827), p. 602).
[18]   Peut-être Jean David Fleischhauer, négociant ; voir aussi l'*Annuaire du Bas-Rhin*, p. 185.
[19]   Si la lecture est bonne, Philippe Louis Mertz (*Courrier du Bas-Rhin* du 20 septembre 1829).
[20]   Chrétien-Jacques Bartholmé (né en 1788), marchand de vins, franc-maçon (*Tableau des frères réunis*, Dannbach : Strasbourg, 1841, p. 6).

[21] Jean Frédéric Lobstein (1777-1835), professeur de clinique interne à la faculté de médecine de Strasbourg (*Annuaire du Bas-Rhin*, p. 311).
[22] Charles Louis Ziegenhagen (*Tableau général de la loge symbolique*, ouvr. cit., p. 10) apparaît à côté de BC parmi les souscripteurs de la *Vie de J. F. Oberlin*, p. VI (voir la lettre d'Émilie Cunier d'octobre 1827).
[23] Louis Lichtenberger (1789-1879), avocat, auteur de la copie de Strasbourg, ou Jean-Daniel, électeur en 1829 (*Courrier du Bas-Rhin* du 20 septembre 1829).
[24] Schaaff (*Courrier du Bas-Rhin* du 20 septembre 1829). Sur quatre Ott dans la liste du *Courrier du Bas-Rhin*, le seul « fils » est Jean-Jacques.
[25] Nicolas Joseph Mathys, directeur de la société d'assurance mutuelle contre l'incendie (*Courrier du Bas-Rhin* du 26 août 1827, p. [6]).
[26] Henri Thiébaut Helck, brasseur.
[27] Charles Chrétien Pick, brasseur (M.-N. Hatt-Diener, *Strasbourg et Strasbourgeois à la croisée des chemins*, Presses Universitaires de Strasbourg, 2004, p. 61).
[28] Jean Speckel, tanneur (*Compte rendu par le comité central de la Société pour l'extinction de la mendicité*, Strasbourg : Levrault, 1833, p. 53).
[29] Georges ou Louis Grimmer, notaires à Strasbourg (*Annuaire du Bas-Rhin*, pp. 248-250).
[30] J. J. Lauth, brasseur (*Almanach du commerce* (1827), p. 602).
[31] Sans doute Jean-Jacques Ott, « le moyen » (*Courrier du Bas-Rhin* du 20 septembre 1829).
[32] Philippe Jacques Strohl, président du conseil des prud'hommes de Strasbourg (*Annuaire du Bas-Rhin*, p. 186).
[33] Charles Claude Aubry, commissaire de guerre (*Courrier du Bas-Rhin* du 20 septembre 1829).
[34] Jean-Jacques Boersch, meunier à Strasbourg, qui apparaît à côté de BC parmi les souscripteurs de la *Vie de J. F. Oberlin*, p. III (voir la lettre d'Émilie Cunier d'octobre 1827).
[35] « Meckert, père, propriétaire » (*Compte rendu par le comité central* […], ouvr. cit., p. 42).
[36] « Barbenès, à la Maison-Rouge » (*Relation du voyage de Sa Majesté Charles X en Alsace*, […], ouvr. cit.).
[37] Jean Daniel Ott-Winter, brasseur (A. Seyboth, « Brasseries et brasseurs de Strasbourg », *Bulletin de la Société des sciences, agriculture et arts de la Basse-Alsace*, XXXII, 1898, p. 307).
[38] Louis Hatt (*Courrier du Bas-Rhin* du 20 septembre 1829), brasseur dans une entreprise familiale dont les origines remontent à 1664.
[39] Jean-Christophe Gloxin, négociant en bonneterie, blouses, broderies etc. (*Courrier du Bas-Rhin* du 8 mai 1827, p. [4]).
[40] Jean-Georges Küss (1773-1842), officier, marchand, négociant.
[41] Charles Frédéric Spielmann (*Courrier du Bas-Rhin* du 20 septembre 1829).
[42] Louis Simon, cafetier participant à la « Souscription […] pour un don destiné aux enfans du général Foy » (ouvr. cit.).
[43] Jean Chrétien Arnold (*Courrier du Bas-Rhin* du 20 septembre 1829).
[44] Jean Frédéric Busch, adjoint au maire de Strasbourg (*Annuaire du Bas-Rhin*, p. 151).
[45] Antoine Grasselly (*Courrier du Bas-Rhin* du 20 septembre 1829).
[46] Christophe Henri Stammler, « Toile métallique » à Strasbourg (*Almanach du commerce* (1827), p. 602).
[47] Jean Frédéric Wieger (né en 1783), avocat.
[48] Gustave Stoeber, avoué (*Annuaire du Bas-Rhin*, p. 230).
[49] G. H. Wachter, droguiste (*Almanach du commerce* (1827), p. 601).
[50] Nicolas Michel Silvestre, « Négoc.-banq., commiss., expéd. » (*Almanach du commerce* (1827), p. 601).
[51] Abraham Jundt (*Courrier du Bas-Rhin* du 20 septembre 1829).
[52] Michel Ostermann, « propriétaire » (*Compte rendu par le comité central* […], ouvr. cit., p. 39).
[53] François Schweighaeuser, négociant, apparaît à côté de BC parmi les souscripteurs de la *Vie de J. F. Oberlin*, p. V (voir la lettre d'Émilie Cunier d'octobre 1827).

5186

François-André Isambert à Benjamin Constant

2 décembre 1827

Monsieur,

Madame Bartholet se trouve dans un cas bien extraordinaire. On a vendu son bien et celui des habitans de Bischoffsheim (Bas-Rhin) comme provenant de l'evêché de Strasbourg, par un acte clandestin en 1807. La dépossession a eu lieu par la force en 1817

Le conseil d'Etat, malgré de graves presomptions de fraudes a validé la vente comme nationale. Dès lors la conséquence qu'on doit selon *le droit commun*, indemniser les habitans depossedés.

On a voulu chercher des lois d'exception pour donner un prix fictif à la vente, & prier les habitans a accepter. Ils demandent selon la Charte & le code civil, la juste indemnité.

Si l'Etat a vendu leur bien en leur absence a vil prix que leur importe. M^r. de Villèle par une décision absolue les comprendra dans la loi d'indemnité. J'ai prouvé au conseil d'Etat que les habitans n'etaient ni emigrés ni déportés : J'ai gagné ce point. M^r. de Villèle persiste à dire qu'il ne peut donner que ce que l'Etat a reçu, sans parler des interets – nous soutenons qu'attendu qu'il n'y a pas de loi d'exception à nous opposer, nous sommes dans le droit commun et nous demandons l'expertise devant les tribunaux.

Monsieur Benjamin Constant, rue d'Anjou St Honoré n° 3

Le conseil d'Etat par décision du 9 novembre a éludé la question – il a rejetté les moyens préjudiciels, et nous *ordonne de plaider au fond*.

Cette forme inusitée de proceder a pour objet de nous fatiguer et de nous faire accepter l'offre de Mr. De Villèle.

Nous persistons a demander stricte justice mais nous sommes menacés de ne pas l'obtenir.

Dejà la chambre des Députés, le 11 Mars 1826, & 25 février 1827, a omis des opinions favorables. Mr. Humann votre prédécesseur en deputation défendait ces malheureux habitans[1].

Ils seront defendus cette année par Mr André[2]. Je vous prie, Monsieur, de vous intéresser à une affaire qui interesse beaucoup d'habitans & qui a fait grand bruit en Alsace. Elle est d'une justice si frappante, que dans toutes les opinions, il y a eu des défenseurs de la propriété si impunément violée.

Les habitans & Mad^e. Bartholet sont ruinés en frais ; depuis plus de 20 ans ils souffrent, attendant le prix de leur propriété .

Villèle veut les soumettre à son joug. Il veut créer pour eux une loi d'exception qui n'existe pas. Il se plaint de notre obstination, comme dans l'affaire de la Veloz Mariana[3]

Cette affaire sera portée à la Chambre par une nouvelle petition.

En attendant Madame Bartholet, vous remet cette petition prenez en connaissance & vous verrez que la question est digne de votre intérêt : qu'il s'agit d'un grand principe, & de malheureux à défendre.

Madame Bartholet, retourne a Strasbourg.

Recevez Monsieur, l'expression de ma considération & de mon devouement

Isambert

Paris, ce 2 Decembre 1827.

Monsieur / Monsieur Benjamin Constant, / rüe d'Anjou St. Honoré no. 15 / *Paris*

Manuscrit *Lausanne, BCU, Fonds Constant I, Co 1273 ; 4 pp., l'adresse p. 4 ; orig. autogr.

Texte 19 Monsieur Benjamin Constant, rue d'Anjou St Honoré n° 3] *en bas de la première page* Benjamin] ⟨Bartholet⟩ Benjamin 39 petition] *le manuscrit porte :* petion

Commentaire et Notes L'affaire Auguste-Élisabeth Badany, épouse de Joseph Bartholet, et héritière « du sieur Gail » concerne une réclamation de la part de plusieurs familles de Bischoffsheim dans le Bas-Rhin, dont les biens avaient été compris par erreur dans la vente de biens provenant de l'évêché de Strasbourg. Sur l'origine de cette affaire, la chronologie du parcours judiciaire et la conclusion de 1834, favorable à Badany et aux habitans de Bischoffsheim, voir *Archives parlementaires*, LXXXVI, pp. 542–544. Le 11 mars 1826, la Chambre des députés avait renvoyé leur pétition au ministre des Finances, en appuyant l'avis de la commission des pétitions, selon laquelle les familles étaient victimes d'une injustice et qu'il fallait les indemniser intégralement ; voir aussi les ordonnances du roi des 22 février 1826 et du 21 novembre 1827 (*Journal du Palais. Décisions du Conseil d'État*, Paris : Bureau du Journal du Palais, 1829, t. III, pp. 60–64). Mme Bartholet écrira à BC le 17 octobre 1828. L'affaire reviendra devant la Chambre des députés le 18 février 1834. Voir en appendices la lettre de Marie-Catherine de Gail à Charles X du 27 avril 1827.

[1] Humann était intervenu en leur faveur le 11 mars 1826 (*Archives parlementaires*, XLVI, pp. 275–276).

[2] Sur Jean-François André, voir ci-dessus la lettre d'Édouard Verny à BC du 11 novembre, note 3. Aucune trace d'une prise de parole sur cette affaire à la Chambre en 1828.

[3] La Nueva Veloz Mariana fut un navire marchand espagnol, chargé d'une cargaison d'une valeur estimée à 6 millions de francs, au moment où il fut pris par le vaisseau de guerre français Jean-Bart en 1823. Les propriétaires de la cargaison s'adressèrent au Conseil d'État français pour en obtenir la restitution. Le Conseil se déclara incompétent, et la cargaison fut vendue au profit de la France. L'affaire refit surface à la Chambre des députés en 1825 par une intervention de Casimir Périer, et Ternaux s'y intéressa par la suite, mais, selon le *Journal du Commerce* dans un article qui résume l'affaire, « la raison et l'équité [...] n'ont pu l'emporter sur la dextérité de M. de Villèle » (7 juillet 1826, p. 1).

5187

Claude d'Estournelles à Benjamin Constant

4 décembre 1827

Mon cher Beau-frère,

J'ai répondu le 22 9bre d^{er}, à votre très aimable lettre, du 14 du mois dernier[1], et j'attache le plus grand prix à l'acquisition de la certitude qu'elle vous est parvenüe, persuadé que vous n'y aurez vû, qu'une nouvelle marque de confiance très juste en vous, de ma sensibilité & de ma gratitude.

Recevez, je vous prie, mes très sincères félicitations, au sujet de votre réélection. Il m'est impossible d'exprimer la satisfaction que j'en ai éprouvé ; comme aussi, tout l'attachement que je vous porte à bon droit. Louise m'écrit du 25 du mois dernier, qu'elle éprouve de continuelles incommodités[2] ; et aussi quelque gêne pécuniaire. Je lui envoÿe tout ce que j'ai, une lettre de change de 309$^{f.}$ paÿable le 15 Janvier prochain, sans égard, que je suis moi-même très embarassé, et très urgemment pressé de finir de me liquider[3], et ainsi, d'obtenir plus de tranquilité, voire même plus de sécurité. Il ne tient qu'au succès d'un emprunt de 6 à 7 mille fr. pour six ans, en paÿant, mille à douze cent fr. par an, avec les intérêts à 5. p% ; mais, le succès est incertain ; et sa lenteur peut m'être très préjudiciable.

S'il dépend donc de vous, je n'hésite pas de reclâmer en [cet]te occasion l'assistance de votre amitié[4].

C'est avec une vive & profonde douleur, que je viens de lire la funeste et triste fin de Mr Auguste De Staël. L'amitié que je vous ai voüée, ainsi qu'une éternelle reconnaissance pour les bontés que ce digne & aimable citoÿen a eües pour moi, ainsi que feu son illustre & excellente Mère, m'imposent le devoir de vous prier d'agréer l'union de mes regrets, & l'expression de mon chagrin au vôtre, en apprenant une perte aussi grande.

Léonce vous assure, ainsi que Madame sa Tante, de son respect & vous addresse mille tendresses.

Croÿez à mon inviolable attachement & à mon plus tendre souvenir.

Le Ch^{er} B. D.

F^t Q^s Le 4 Décembre 1827.

A Monsieur / Monsieur De Constant / N° 15, rüe d'Anjou St Honoré, / A Paris.

Manuscrit *Lausanne, BCU, Fonds Constant I, Co 837 ; 4 pp., l'adresse p. 4 ; cachet postal : 11 Decembre 1827 ; timbre : 4 / Queiras / MONT-DAUPHIN ; orig. autogr.

Texte   2 9bre d^{er}] *ajouté dans l'interligne*   17 [cet]te] *lettres emportées par une déchirure ; nous les rétablissons entre* [ ]

Notes
[1] Voir les deux lettres ci-dessus.
[2] Voir le commentaire de la lettre de d'Estournelles du 9 octobre 1827.
[3] Se liquider. Éteindre ses dettes (Littré).
[4] Est-ce le « service » évoqué dans la réponse de BC, le 8 décembre ?

5188

T. Ponteuil à Benjamin Constant

4 décembre 1827

Monsieur
J'ai l'honneur de vous remettre, ci-joint conformément à votre desir, l'état de la situation, à ce jour, de la souscription.

Il résulte de cet état que la maison a reçu 13,509^{francs}, somme de laquelle il y a à déduire celle de 3,008^{francs}.

La maison a donc en caisse la somme de 10,501 francs.

Je crois, Monsieur, devoir vous donner en même tems le détail des sommes dont se forme celle totale de 2144. francs que la maison a à recevoir encore. Vous verrez dans ce détail que Mr Blanc Pascal à Nismes et Mr Lafontaine[1] à Dijon figurent pour des sommes assez importantes.

Douze exemplaires sont encore à envoyer ; mais j'ai pensé qu'il n'y avait pas d'inconvénient à attendre que le 2e volume ait paru, afin de ne pas multiplier les envois.

Veuillez agréer l'expression des sentimens de haute considération et de respect avec lesquels j'ai l'honneur d'être,
                    Monsieur,
                    Votre très humble et très obéissant serviteur
                                                    T. Ponteuil
Paris le 4 Décembre 1827.

Situation à ce jour 4 décembre 1827, de la Souscription aux discours de Monsieur Benjamin Constant, chez Mr Casimir Perier.

Le nombre d'exemplaires est de   1139.
Dans ce nombre, 12 n'ont pas été envoyés et le seront en même tems que les seconds volumes, afin de ne pas multiplier les envois.
1139 exemplaires a 14^f produisent   15946^{fran}

L'un des souscripteurs ayant envoyé un franc de plus, cette somme de 15,946^{fr} est au registre de 15947^{fran}
Cette somme de 15947^{franc} se divise savoir

1° en une somme reçue par la maison, de	13,509^{francs}
2° en une somme à recevoir par la maison, de	2,144
3° en celle à recevoir par le libraire, de	294
Total égal	15,947

N.B. Voir d'autre part de quels articles de la souscription se compose la somme de 2144^{fr} à recevoir par la maison.

La somme de 2144^{francs} à recevoir encore par la maison se compose savoir.

1° d'une somme due encore par Mr Blanc Pascal à Nismes sur 60 exemplaires à lui envoyés par suite à sa lettre du 21 juin 1827	240^{francs}
2° d'une autre somme due par le même pour prix de 20 exemplaires à lui envoyés sur sa demande du 1er août 1827	280
3° d'un exemplaire adressé à M^r De Barante	14
4° du prix de 62 exemplaires envoyés à Mr J. Lafontaine à Dijon	868
5° du prix de 18 exemplaires envoyés à M.M. Gastard[2] & Cie à Colmar *et dont ils esperent effectuer le placement*	252
6° du prix de l'exemplaire adressé à M. Hüter[3] pasteur à Gries, sur sa demande	14.
7° du prix de 4 exemplaires, d'après une note remise par Mr Benjamin Constant ; ces exemplaires seront payés par M^r le General Boissier[4] a St Hypolite dépt du Gard	56.
8° du prix de 30 exemplaires remis à M^r le Gal Sebastiani	420.
Total	2,144

Manuscrit *Lausanne, BCU, Fonds Constant I, Co 3804 ; 4 pp. en 2 ff. ; orig. autogr.

Notes
[1] Sur Lafontaine, voir sa lettre du 3 juillet 1827 ; sur Blanc-Pascal, voir la lettre de Ponteuil du 4 août, ci-dessus.
[2] Un D.-A. Gastard était épicier à Colmar (*Almanach du commerce* (1827), p. 606).
[3] Voir la lettre de Ponteuil à Caquelard-Laforge du 3 octobre 1827 (A151).
[4] Sur Boissier, voir la lettre à Périer écrite vers le 12 avril 1827.

5189

Benjamin Constant à Marc-Antoine Jullien

5 décembre 1827

Je vous envoye, Monsieur, un article fait tant bien que mal sur les Discours du Gal Foi. Il est convenu que vous n'y mettez pas mon Nom[1]. Je vous laisse de plus pleine liberté d'y changer ajouter ou retrancher, comme vous le voudrez. J'ai oublié que vous aviez désiré que je parlâsse aussi de C. Jordan[2] & il est trop tard pour y remédier d'autant plus que je n'ai pas un instant à moi. Il a fallu tout mon empressement à vous être agréable pour que je pusse me détourner de travaux pressés, que je dois achever avant la Chambre.

Agréez l'assurance de mon sincère attachement & de ma haute considération.

Benjamin Constant

Paris ce 5 Déc. 1827

Manuscrit   *Lausanne, BCU, IS 5902, f. 34 ; 4 pp., pp. 3–4 bl. ; orig. autogr.

Commentaire et Notes   Il est très probablement question ici du compte rendu des *Discours du général Foy*, Paris : Moutardier, 1826, que BC donnera à la *Revue encyclopédique* de janvier 1828, t. XXXVII, pp. 83–89. La lettre aurait donc été adressée à son directeur, Marc-Antoine Jullien. L'édition des *Discours* se trouvait dans la bibliothèque de BC (*OCBC, Documents*, I, 261).

[1] L'anonymat sera à peine voilé par les initiales « B. C. » portées à la fin de l'article, et levé par la note finale : « L'hommage rendu à l'un des orateurs les plus chers à la patrie est venu un peu trop tard ; ces discours auraient dû être publiés, avant la mort de l'illustre député. On a été plus équitable envers un autre défenseur zélé des libertés publiques, M. *Benjamin* CONSTANT. Le recueil de ses éloquens plaidoyers en faveur de la cause constitutionnelle paraît chez Gaultier-Laguionie [...] On souscrit à cette précieuse collection, chez M. *Casimir* PERRIER. Tous les exemplaires seront signés par l'auteur. (*N. du R.*) » (p. 89).

[2] BC pensait sans doute à l'édition des discours de son ami (1771–1821): *Discours de Camille Jordan, précédés de son éloge par M. Ballanche, d'une lettre de M. le Baron Degérando sur sa vie privée ; suivis de fragmens inédits et des discours qui ont été prononcés sur sa tombe par MM. Royer-Collard et de Saint-Aulaire ; et ornés de son portrait et d'un fac-simile de son écriture*, Paris : J. Renouard, 1826.

5190

Benjamin Constant à Benjamin Delessert

6 décembre 1827

Monsieur & cher Collègue,

Vous m'excuserez, je l'espère, si je prends la liberté de vous implorer pour la famille la plus malheureuse que j'aye rencontrée de ma vie, & j'en ai pourtant vu beaucoup. Une grand-mère aveugle, un mari malade & qui ne peut travailler, deux enfans, dont l'un a un ulcère au sein, l'autre la petite vérole, & pour tout soutien une mère épuisée, sans vêtemens souvent sans nourriture, tel est le tableau dont j'ai fait constater & dont je vous certifie la vérité. J'ai donné a ces infortunés ce que j'ai pu, je leur donnerais encore. Mais j'ai cru pouvoir vous les adresser. Peut-être, dans les établissemens de bienfaisance que vous dirigez si dignement, trouveront-ils un azyle. Peut être leur accorderez vous quelque secours. Dans tous les cas, vous ne me saurez pas mauvais gré de ma confiance en vous[1].

Agréez l'assurance de mon attachement & de ma haute considération.

B Constant

a Monsieur / Monsieur Benjamin de Lessert / Député / rue Montmartre N° 176 / Paris

Manuscrit *Lausanne, BCU, IS 4360 ; 4 pp., pp. 2–3 bl., l'adresse p. 4 ; orig. autogr.

Commentaire et Note Jules-Paul-Benjamin Delessert ou de Lessert (1773–1847), après une interruption de quatre ans, venait d'être réélu député dans le Maine-et-Loire.

[1] Pour la suite de cette affaire, voir la lettre à Delessert du 10 décembre 1827.

5191

Benjamin Constant à Casimir Périer

6 décembre 1827

Je suis allé avant hier chez vous mon cher Casimir. Comme j'ai fort à faire, mandez moi a quelle heure je pourrai vous voir, soit aujourdhui soit demain. J'ai a vous parler. Mille amitiés

B. Constant

ce 6 Déc. 1827.

Monsieur / Monsieur Casimir Perrier / Député / Rue neuve du Luxembourg / N° 27.

Manuscrit *Grenoble, AD de l'Isère, 11 J 41, f. 12 ; 4 pp., pp. 2–3 bl., l'adresse p. 4 ; orig. autogr.

5192

T. Ponteuil à Benjamin Constant

6 décembre 1827

Monsieur,
J'ai l'honneur de vous remettre, ci-joint, l'état, N° 24, des exemplaires à envoyer par suite de souscriptions déclarées et pour lesquels il n'y a point de recouvrement à opérer.

Vous verrez, Monsieur, qu'à l'occasion des 4 exemplaires destinés pour le département du Gard, j'ai épuisé les demandes et compris huit autres exemplaires, dont 7 pour Tarare & une pour les Domart[1] dép^t de la Somme. Toutes les souscriptions seront ainsi satisfaites jusqu'à ce moment.

J'ai l'honneur d'être avec une haute considération,
Monsieur,
Votre très humble et très obéissant serviteur
T. Ponteuil
Paris le 6 décembre 1827.

Manuscrit *Lausanne, BCU, Fonds Constant I, Co 3806 ; 2 pp., p. 2 bl. ; orig. autogr.

Note
[1] Sans doute Domart-en-Ponthieu ou l'un des villages « lès-Domart ».

5193

Benjamin Constant à Louise d'Estournelles

7 décembre 1827

Je n'ai pas pu payer un effet de 300 fr., ma chère Louïse, parce qu'on ne m'a pas présenté d'effet de 300 fr. Si l'effet qu'on m'a présenté eut été de cette somme, je l'aurais acquitté de suite. Si vous l'aviez voulu à Brévans, je vous aurais remis ces 300 fr. que je vous devois ; la preuve en est que je vous en ai remis pour Léonce 200 que je ne vous devais pas. Il me semble que je ne vous ai jamais fait attendre un instant, & que j'ai souvent devancé les epoques. Voici une traite à vue pour ces 300 fr. Priez Charles de tirer sur moi pour cent vingt[1].

Vous devez avoir recu de moi, après votre lettre du 3 du courant, une lettre de je ne sai quel jour. Je m'y réfère en vous répétant que je ferai tout ce qui sera en mon pouvoir pour vous faciliter vos arrangemens.

Adicu ma chère Louïse.

B. C.

Paris ce 7 Décembre 1827

à Madame / Madame d'Estournelles / à Brévans / près Dôle / Jura

---

Manuscrit *Lausanne, BCU, Fonds Constant I, Co 376 ; 2 pp., l'adresse p.4 ; cachet postal : [ ]DEC 1827 ; orig. autogr.

Note
[1] À la date du 11 décembre : « Sémestre de Louïse. 300. » (*OCBC*, VII, 495). Pour les sommes versées à Léonce et à Charles, voir les lettres à Louise des 20 et 21 novembre.

5194

Benjamin Constant à Claude d'Estournelles

8 décembre 1827

Enfin, je trouve, mon cher beau frère, un moment pour vous écrire, & je m'en prévaux sans retard. Louise m'avoit parlé à Brévans d'un service que vous désirez que je vous rende[1] : je ne suis malheureusement pas en position de le faire & je le regrette bien. Mais je conserve l'espoir de trouver dans le changement inespéré qui s'est fait[2] & qui doit être suivi de résultats d'une grande importance, des moyens de vous être utile. Si, comme on peut s'en flatter, le Gouv^t se pénètre enfin de la nécessité de se rallier aux opinions & aux hommes vraiment constitutionnels, & qui ne veulent que l'affermissement de la Monarchie & de la Dÿnastie actuelle, ma voix sera peut-être entendüe, & je ne negligerai rien pour faire valoir vos mérites & vos droits. Jusqu'alors & surtout durant cette crise ministérielle qui doit donner quelque humeur aux hommes qui voient le pouvoir leur echapper, tenez vous tranquille, & ne donnez aucun pretexte à vos ennemis. Comptez sur moi pour profiter de toutes les occasions de vous être bon à quelque chose. Donnez moi de vos nouvelles & croyez a ma sincère amitié.

B Constant

Paris ce 8 Decembre 1827.

Monsieur / Monsieur le Chevalier / d'Estournelles, / Lieutenant du Roi / au fort de Queyras / Hautes Alpes.

Manuscrit *Lausanne, BCU, Fonds Constant I, Co 493 ; 4 pp., p. 3 bl., l'adresse p. 4 ; cachet postal : 10 DEC 1827 ; timbre : P ; orig. autogr.

Texte 13 *le ms. porte, par inadvertance, en tournant la page* : de toutes les de toutes les
Note du destinataire en tête de la lettre : Reçüe le 13 & le 16 X^{bre} 1827 / Rép. le 17 [X^{bre} 1827].

Notes
[1] Voir la lettre de d'Estournelles du 4 décembre.
[2] Le résultat des récentes élections.

5195

Benjamin Constant à Benjamin Delessert ?

9 décembre 1827

Seriez-vous assez bon, mon cher Collègue, pour m'indiquer où l'on trouve des cartes pour vos soupes économiques[1]. J'en voudrais donner à une pauvre famille, qui est dans le dernier dégré du besoin.

Agréez l'assurance de tout mon attachement.

B Constant

Paris ce 9 Décembre 1827

Manuscrit *Paris, BHVP, Ms. 3044, f. 157 ; 2 pp., p. 2 bl. ; orig. autogr.

Commentaire et Note Ce billet s'adresse sans doute à Benjamin Delessert comme le laissent penser les lettres que BC lui écrit les 6 et 10 décembre 1827.
[1] Les soupes économiques étaient distribuées par la Société philanthropique dont Delessert était l'un des soutiens.

5196

Chrétien-Théophile Stoeber à Benjamin Constant

9 décembre 1827

Très cher et très vénérable ami, honorable Député du Bas-Rhin, quoiqu'en dise le Constitutionnel[1] !
Monsieur Coulmann vous aura probablement dit que je lui ai fait mes adieux dans mon lit que j'étois obligé de garder pendant quelque tems tourmenté par des coliques aussi violentes que celles qui travaillent en ce moment-ci le minis-

7 « Benjamin Constant, dessiné d'après nature à Strasbourg, 1827 », dessin de Beyer, lithographie d'Engelmann, Bibliothèque numérique patrimoniale de l'Université de Strasbourg.

tère. C'est là uniquement la cause légitime autant que facheuse de mon long silence[2].

La dernière partie de l'Article que vous avez fait insérer dans nos deux journaux de prédilection m'a rendu la respiration, aussi M. Silbermann (rédacteur de notre gazette de Strasbourg) se conformant à vos désirs ne fera-t-il aucune observation ultérieure[3]. Il est bien peiné de vous avoir un peu contrarié, il vous prie d'imputer cette petite indiscrétion à l'attachement qu'il vous porte ainsi qu'à celui de ses concitoyens.

Je croyois que M. Coulmann qui m'avoit promis de passer chez Bayer[4] au sujet de votre portrait s'étoit entièrement acquitté de la commission, autrement je me serois empressé de m'entretenir avec vous à ce sujet.

Voici ce que Bayer vient de me dire. Il se charge avec plaisir de dessiner votre portrait sur pierre avec la plus grande exactitude. Quant à la dimension il vous prie de la fixer par pouces et lignes, enfin de lui indiquer au juste la grandeur de la feuille. Il se charge de traiter avec M. Engelmann pour la lithographie[5], comme il est en relations journalières avec lui il espère l'obtenir à meilleur compte que tout autre. Il ne fait pas de prix pour son dessin il s'en remet à cet égard entièrement à vous mon cher Député. Comme M. Bayer suppose que vous aurez besoin de quelques mille exemplaires il dessineroit deux portraits sur une pierre ce qui diminuera de beaucoup les frais d'impression.

Veuillez par le retour du courrier faire réponse à ce que demande notre artiste.

Que pensez vous de la composition des chambres ? Les élections Départementales n'ont pas trop bien réussi. Et le ministère actuel que fera-t-il, M. de Villèle suivra-t-il le conseil que lui donne le Corsaire en lui adressant ces paroles de paix et de consolation :

«Lorsqu'on a tout perdu, lorsqu'enfin on se blouse,
«Vite on fait son paquet et l'on part pour T.......[6]

Rassurez moi mon digne et cher ami sur l'avenir. N'oublions pas toute fois le présent & rappelez moi donc ainsi que ma famille au souvenir de votre bonne épouse, et conservez votre précieuse amitié à

Votre bien dévoué
Th Stoeber jeune

Strasbourg le 9 Xbre 1827.

P. S. Je prens la liberté de relever une petite erreur qui se glisse chaque fois sur l'adresse des lettres dont vous m'honorez. Vous mettez à Strasbourg *Haut-Rhin*. Les souvenirs que vous en conservez excusent cette erreur, mais je n'aime pas non plus que vous oubliez le *Bas Rhin*.

Vous recevrez sous peu une adresse de la part des électeurs de l'Arrondissement de Strasbourg qui vous prieront d'opter dans le sens que vous connaissez[7].

Monsieur / Monsieur Benjamin Constant / Rue d'Anjou n° 15 / *Paris*.

Manuscrit *Lausanne, BCU, Fonds Constant I, Co 1370 ; 4 pp., l'adresse p. 4 ; cachet postal : 12 Décembre 1827 ; timbre : 67/STRASBOURG ; orig. autogr.

Notes
1. *Le Constitutionnel* du 3 décembre, p. 3, avait écrit : « Dans une lettre de M. Benjamin Constant, citée par le *Courrier du Bas-Rhin*, cet honorable citoyen, élu député à Paris et à Strasbourg, annonce qu'il a opté pour la députation de l'arrondissement de Strasbourg. » Stoeber veut-il souligner que BC est député du *Bas-Rhin*, et non de *Strasbourg* ?
2. La dernière lettre retrouvée de Stoeber date du 24 septembre 1827 (ci-dessus).
3. Depuis la mort de Jean Henri Silbermann en 1823, le *Courrier du Bas-Rhin* avait été repris par sa veuve, Frédérique, née Saltzmann, et son fils, Henri Rodolphe Gustave (1801–1876) ; c'est donc lui qui avait écrit que BC s'était « empressé d'opter pour la députation de l'arrondissement de Strasbourg. » (*Courrier du Bas-Rhin* du 29 novembre 1827, p. [4]). BC avait immédiatement deviné l'effet que le verbe « empressé » pouvait produire sur ses électeurs parisiens et avait corrigé le mot dans *Le Courrier français* du 4 décembre, p. 3 ; il avait également répondu dans *Le Constitutionnel* du 4 décembre, p. 4, mais sans revenir sur le verbe « empressé ».
4. Jean-Daniel Beyer (et non Bayer) (1785–1846), dessinateur et miniaturiste.
5. Godefroy Engelmann (1788–1839), lithographe.
6. *Le Corsaire* du 4 décembre 1827, p. 4. La lettre T et les sept points (pour Toulouse) ne sont pas dans le journal.
7. Sans doute la lettre des « electeurs constitutionnels de l'arrondissement de Strasbourg » du 1er décembre.

5197

Benjamin Constant à Benjamin Delessert

10 décembre 1827

Monsieur & cher Collègue,
Je suis désolé d'avoir à vous importuner encore une fois, pour prix de la bonne action que vous avez faite : mais il y a une erreur que je dois relever. Je croyais bien l'avoir remarquée en lisant votre première lettre, mais n'ayant pas par écrit le nom de la malheureuse femme que j'avais pris la liberté de vous adresser, j'avais pensé que c'étoit ma mémoire qui me trompoit. Je viens de verifier la chose avec la personne même. Elle ne se nomme point Villenx & n'est point de Grandson[1]. Elle se nomme Elie, & demeure rue Geoffroy l'angevin, N° 18. Il est probable que plusieurs lettres vous ayant été adressées en même tems, vous aurez supposé que la mienne se rapportoit a quelqu'autre individu mentionné dans quelqu'autre individu. Quoiquil en soit, il n'y a point de mal, car je ne me suis pas cru autorisé à remettre à la femme Elie ce que vous m'aviez envoyé & je dois rendre justice à sa probité : elle n'a pas cherché un instant à me tromper sur son nom ou sa patrie. Maintenant, en tenant cette petite somme à votre

disposition, Je me réfère à ma 1ere lettre². C'est une famille composée d'une
grand Mère aveugle, d'un mari souvent hors d'état de travailler faute d'alimens,
d'un enfant qui a une playe qu'on n'a pas de quoi panser, d'un autre qui a la
petite vérole, & d'une malheureuse mère qui [sans] vêtemens, sans pain, pour
elle ni pour les siens, sans feu, bientôt sans azyle, n'a plus de ressource, & plus
de moyens de salut. Si vous voulez bien faire prendre des informations à l'adresse indiquée, vous verrez que le tableau est fidèle. J'attends vos directions pour
disposer de la somme que vous m'avez fait tenir, elle les aidera beaucoup à
passer l'hyver, car avec les alimens que nous leur avons donnés & promis, il ne
leur faut a eux cinq que 10 a 15 Sols par jour pour leur nourriture.

J'attends votre réponse, Monsieur & cher Collegue & vous prie d'agréer
l'assurance de mon inviolable & sincère devouement

BConstant

Paris 10 X^{bre} 1827

à Monsieur / Monsieur le Baron / Benjamin Delessert / Rue Montmartre / N°
176.

Manuscrit *Lausanne, BCU, IS 5508 ; 4 pp., p. 3 bl., l'adresse p. 4 ; orig. autogr.

Texte 18 [sans]] *le mot a été oublié en tournant la page*

Notes
[1] Dans le pays de Vaud en Suisse.
[2] Celle du 6 décembre.

5198

Félix Desportes à Benjamin Constant

10 décembre 1827

Paris, ce 10 X^{bre} 1827.

Monsieur & honorable Député,
Je viens au nom de Monsieur Félix Desportes, mon oncle, & au mien, réclamer
de votre bienveillance une faveur que je regarderai comme récompense des bons
sentiments de notre jeunesse française ; je crois y avoir aussi doubles droits &
comme Alsacien, & comme avocat du barreau de Paris.

J'ai eu la pensée de célébrer, aussi modestement que le peut faire un avocat, &
le retour de Monsr Félix Desportes¹, & la nouvelle Ere constitutionnelle qui va
s'ouvrir grâce au bon esprit de nos Electeurs. C'est vendredi prochain, 14, que je

réunis chez moi quelques amis dont la plupart sont les vôtres : de ce nombre
M.M. Mauguin, votre collègue, M. Ferdinand Koechlin, de Mulhausen, frère de
l'ancien Député, M. Odilon Barrot[2], avocat à la Cour de cassation ; viennent
ensuite quelques jeunes avocats, parmi lesquels M.M. Montebello & Montalivet[3], Pairs de France.

Je serais bien flatté, Monsieur, que vous nous fissiez l'honneur de participer à
notre réunion : vous pouvez penser combien mes amis seront également honorés
de votre présence. J'ose espérer que vous voudrez vous rappeler le neveu de M.
F. Desportes, auquel vous avez témoigné, autrefois beaucoup de bienveillance,
soit chez vous-même rue St Honoré, soit dans la societé de Monsr Davillier.

Agréez l'hommage de ma respectueuse considération. Félix Desportes J^{ne}
av^t, Rue N^{ve} St Eustache N° 5.

Manuscrit *Lausanne, BCU, Fonds Constant I, Co 1316 ; 2 pp., p. 2 bl. ; orig. autogr.

Commentaire et Notes Félix Desportes est le fils de Benjamin (1766–1840) et le neveu de Nicolas-Félix Desportes (voir au Répertoire). Desportes le neveu était défenseur agréé près le tribunal de commerce de la Seine (*Almanach du commerce* (1827), p. 290).

[1] Qui venait de rentrer à Paris après avoir perdu l'élection du Haut-Rhin.
[2] François Mauguin (1785–1854), député de Côte-d'Or dans l'opposition constitutionnelle ; Ferdinand Koechlin (1786–1854), frère de Jacques (1776–1834), député du Haut-Rhin jusqu'en 1827 ; sur Odilon Barrot (1791–1873), voir *CG*, X et XI.
[3] Louis Napoléon Lannes, duc de Montebello (1801–1874) et Camille de Montalivet (1801–1880).

5199

Johann Baptist Friedreich à Benjamin Constant

10 décembre 1827

DER
SECRETAIR
DER
PHILOSOPHISCH-MEDICINISCHEN
GESELLSCHAFT
ZU
WÜRZBURG.

Monsieur !
J'ai l'honneur de vous annoncer, qu'il s'est formé en cette Ville une reunion
sous le titre : « Société philosophique et médicale », dont S.M. notre Roi[1] a bien
voulu se déclarer Protecteur.

Le but de cette réunion consistant à traiter & à cultiver la philosophie, l'histoire naturelle et la médecine dans toute son étendue et dans toutes ses parties, il importe infiniment à la Societé de compter parmi ses membres des hommes éclairés et d'un mérite litteraire reconnu. En conséquence j'ose me flatter, Monsieur ! que Vous ne refuserez pas l'invitation que j'ai l'honneur de Vous faire, d'être de la Société et de l'enrichir de vos lumières en prenant part à ses travaux.

En vous priant de m'honorer d'une réponse par M^r le Dr. Jules, qui vous présente cette lettre, j'ai l'honneur d'etre avec la plus haute considération,
Monsieur,

Votre dévoué
J.-B. Friedreich
Doct. en Phil. & Med. Prof. en Med. Memb. de plus. Soc. et. et.
Würzbourg le 10 Decemb 1827.

A Monsieur / Monsieur Benjamin Constant / Membre de la Chambre des Députés / Rue d'anjou st honoré N° 15 / *Paris*

Manuscrit *Paris, BnF, N.a.fr. 18835, ff. 59–60 ; 4 pp., pp. 2–3 bl., l'adresse p. 4 ; orig. autogr.

Texte *Les caractères en petites capitales ont été imprimés.* **10** médicale] *les guillemets n'ont pas été fermés* **16** ne] *en interligne*

Commentaire et Note Johann Baptist Friedreich (1796–1862), médecin et écrivain, habilité en 1820 par l'université de Würzburg. La jeune Société produira *Jahrbücher der Philosophisch-Medicinischen Gesellschaft zu Würzburg*, Würzburg, 1828.
[1] Würzburg appartenait alors au Royaume de Bavière sur lequel régnait Louis Ier (1786–1868) depuis 1825.

5200

Benjamin Constant à Louise d'Estournelles

12 décembre 1827

Je me hâte de vous écrire, ma chère Louïse, que j'ai payé à l'instant votre mandat de 300 fr[1] ; je n'ai pas voulu vous exposer au désagrément de le voir renvoyé une seconde fois, mais il en résulte que celui que je vous ai envoyé le 7 est non avenu. Je m'en fie à votre délicatesse & probité, pour ne pas le faire présenter, & je vous prie de me le renvoyer de suite, car je serais hors d'état de le payer & cela vous causeroit des désagrémens, plus qu'à moi, qui prouverais facilement par votre dernière que j'ai déjà payé la même somme pour le même objet.

Je tiens les cent vingt francs à la disposition de Charles & j'attends votre réponse sur ma proposition relative à la vente de Brévans², à laquelle, d'après mon désir de faciliter vos arrangemens & mon impossibilité de le faire d'une autre maniere je tiens toujours.
Mille amitiés
B Constant
Paris ce 12 Decembre 1825

a Madame / Madame d'Estournelles / a Brevans / près Dole / Jura

---

Manuscrit   *Lausanne, BCU, Fonds Constant I, Co 377 ; 2 pp., l'adresse p. 2 ; cachet postal : 13 DEC 1827 ; orig. autogr.

Commentaire et Notes   Le millésime (1825) est erroné comme le confirme le cachet postal.
[1] Voir la lettre à Louise du 7 décembre 1827.
[2] Voir la lettre à Louise du 28 novembre 1827.

5201

Louis Schertz à Benjamin Constant

12 décembre 1827

Monsieur et venerable Deputé !
Je ne sais vraiment pas comment j'ai laissé passer les jours & les semaines sans avoir eu l'honneur de vous ecrire depuis le 19 & la reception de votre si obligeante lettre du 23 du mois de la regeneration française[1], trop cruellement cimentée par le deuil & le sang ! La tribune nationale & la magistrature en feront justice exemplaire, cõme le collêge d'arrondissement l'a faite à Strasbourg².

Excusez cette digression, excusez aussi cette lettre tardive, Mʳ Coulmann aura eu l'honneur, de vous assurer entre tems que nous soɱes toujours avêc vous, qu'une adresse circule parmi les electeurs pour vous prier de vouloir bien opter pour nous & celà par des considerations plus majeures qu'une affection personnelle ou locale[3] ; enfin par la copie que j'ai l'honneur de vous en faire passer sous ce pli, vous vous convaincrêz Monsieur que nous nous soɱes tout à fait identifiés avêc vous & selon la lettre que l'article inconvenant & indiscret du Courrier du Bas Rhin vous a fait adresser aux journaux constitutioñels de la capitale[4], Mʳ Coulmann vous aura fait coñoître les mauvais tours que son proprietaire feminin nous a joué au moment des elections ; il ne faut donc pas s'etonner de son malencontreux *empressement* & il nous doit seulement faire desirer qu'un nouveau ministère nous met à même de pouvoir faire imprimer en Alsace un journal vraiment constitutionel.

J'oubliois de vous annoncer que notre adresse ne pourra partir que dans la 8^{ne} par une occasion d'ami, puisque je ne veux m'en desaisir que lorsque la moitié des electeurs qui ont contribués à Notre nomination l'aura signé ; coṁme elle passe de proche en proche qu'on veut lire & lire aussi la lettre dont vous m'avez favorisé & qui est sensée être pour tous & que pour *de bons motifs on n'a fait l'adresse que dans* les derniers jours de Novembre le nombre voulu n'y est pas encore. En attendant on compte sur vous et je n'ai pas encore entendu un seul elècteur ou particulier de notre bord qui eut manifesté un autre desir. On dit que Mr Humann compte sur Mr Royer Collard ; mais je pense que celui-ci ne pouvant pas plus sur les differents collêges qui l'ont noṁés que Mr Türckheim pouvoit ici sur ses amis en faveur de Mr Humann & que d'ailleurs Mr Royer Collard ne voudra pas presenter dans d'autres departements pr candidat constitutioñel, un candidat repoussé dans son propre departement[5].

Nous avons bien desiré porter au grand collêge Mr Voyer d'Argenson[6], et l'on *verroit* avec une *vive* satisfaction qu'il put être candidat par les doubles nominations, nous avons du renoncer à nos vœux, parce que nous étions pas assuré de la reussite & que Saglio & Türckheim auroient poussé de hauts cris ; chez nous l'egoisme est encore toujours pour quelque chose dans la deputation & ces Mess ne savent pas ce que c'est l'abnegation de soi même ; je voulais le leur apprendre en 1824 en faveur de notre iṁortel General Foy, mais ils ont fait la sourde oreille et ils sont les mêmes en 1827. Peut être que les electeurs du 4me arrondissement de Paris – n'oublieront pas le pêre de l'opposition & le courageux defenseur des protestans persecutés & trestaillonés[7].

Si vous voulêz bien faire le sacrifice de representer à la chambre la France allemande, pour la capitale ; les documents pour nos doleances ne vous manqueront pas, Monsieur ; certes que nous aurions grand besoin d'un representant aussi puissant que vous & pour faire valoir nos droits & pour aiguilloner vos collêgues du pays. La grande question de l'entrepot de Paris sera sandoute discutée dans la session prochaine, nos interêts sont identiques en ce point avèc ceux de la capitale[8]. Si contre le monopole vous pensez pouvoir agir avant 1832[9] des *nottes* exactes vous parviendront, toujours pourra-t-on dire quelque chose sur la fabrication actuêlle ainsi que sur la culture, et la justice que le ministêre a exercé en *eliminant* de toutes les places dans cette partie les Alsaciens auxquelles elles appartenaient de droit ; on vous prepare aussi des doñées sur toutes les autres branches. Vous pourrez dejà prendre conoissance des griefs que nous avons contre notre chambre de coṁerce[10] même (dont Saglio & Türckheim, Humann sont membre & ce dernier vice president) par les pièces du dossier que j'adresse à Mr Coulmann pour reclamer une consultation ou avis d'un avocat au conseil d'Etat &c, c'est une contribution illegale qu'on veut prelever ou plutot qu'on a dejà prêlevé sur nous & qu'on veut perpetuer, cette contribution frappe une grande partie des electeurs qui ont voté pour Nous elle touche des persoñes qui n'ont aucun rapport avèc le coṁerce ni avèc la chambre & pour une chose ideale qui n'existe pas ; c'est une operation Humannienne dont nous avons été assez delicat de n'en seulement pas parler aux elêctions. Nous avons fait un fond coṁun pour nous opposer à un acte qui nous paroit illegal & je ne doute nullement qu'examen fait des pièces vous en jugerez de même ; coṁe notre conseil ici Mr Raspieler[11] qui ne passe pas pour se charger d'une affaire lorqu'il ne la recoñoit pas pour bonne & soutenable. Dans une prochaine je pourrai avoir l'hoñeur de m'etendre d'avantage la dessus si vous le jugez convenable et si le dossier ne vous donne pas tous les eclaircissements necessaires.

Pour ne pas abuser de vos moments & vous fatiguer plus longtemps je dois terminer en vous reiterant Monsieur mes vœux, ceux que j'ai fait le jour des elections de vous voir à la tête de notre deputation, veuillez agrêer Monsieur l'expression de mon profond respêct & de mon devouement

Louis Schertz

Strasbourg ce 12 Decembre 1827

P. S. J'oubliais de vous dire Monsieur que j'ai repêté à Mr Türckheim & à ses freres que c'étoit Mr Casimir Perrier qui s'est empressé à vous añoncer votre nomination ici & qu'il avoit même devancé la remise de ma lettre pour laquelle on a fait tant dilligence.

Manuscrit *Lausanne, BCU, Fonds Constant I, Co 1327 ; 6 pp. ; orig. autogr.

Texte 25 *l'adresse*] *ajouté en interligne*

Notes

[1] Voir ci-dessus la lettre à Schertz du 23 novembre ; celle du « 19 » de ce dernier n'a pas été retrouvée.

[2] Allusion aux événements signalés dans la lettre à Périer du 21 novembre 1827. Les deux sièges du collège d'arrondissement de Strasbourg étaient allés à deux candidats constitutionnels : Türckheim et Saglio (*Le Constitutionnel* du 29 novembre 1827, p. 3).

[3] Voir ci-dessus la lettre des « electeurs constitutionnels de l'arrondissement de Strasbourg » du 1er décembre, qui sera signée par Schertz. L'argument avancé pour convaincre BC d'opter pour le Bas-Rhin était qu'un suppléant constitutionnel se trouverait plus sûrement à Paris qu'à Strasbourg. La « copie » est assurément celle qui fut réalisée par Louis Lichtenberger et Schertz (voir la lettre du 1er décembre).

[4] Voir la lettre de Stoeber du 9 décembre 1827, lequel était moins bien informé que Schertz : la direction effective du *Courrier du Bas-Rhin* revenait à Frédérique Silbermann (« propriétaire feminin ») ; son fils, Henri Rodolphe Gustave, ne prendrait les rênes qu'en 1828.

[5] Le verbe de la subordonnée complétive ne viendra pas. BC avait battu Georges-Jean Humann aux élections ; bien que Schertz fût son ami (voir la lettre à Schertz du 18 septembre 1827), il ne balance pas à lui préférer BC. Sur les relations de Royer-Collard et Humann, voir la lettre de Schertz du 27 mars 1828.

[6] Paulmy d'Argenson (1771–1842) était député libéral du Haut-Rhin depuis 1815 ; il sera réélu en 1828 dans l'Eure.

⁷ Voir la lettre de Verny du 11 novembre 1827. « trestaillonés », formé sur Trestaillon, surnom d'un nommé Jacques Dupont, qui avait massacré des protestants dans le Gard pendant la Terreur blanche (*OCBC*, XII, 557 et 559).
⁸ Dans cette première lettre (retrouvée) de Schertz, apparaissent des thèmes commerciaux qui seront repris invariablement dans les suivantes. L'Entrepôt de Paris était au centre de vives discussions : il s'agissait de créer une espèce de zone franche pour les marchandises transitant en France (D.-L. Rodet, *Du Commerce extérieur et de la question d'un entrepôt à Paris*, Paris : 1825, pp. 113 et suiv.).
⁹ Thème qui reparaîtra souvent : le monopole du tabac. La discussion « sur le projet de loi relatif au monopole du tabac » s'était déroulée à la Chambre des députés du 8 au 14 mai 1824 et avait conclu à proroger le monopole jusqu'au 1ᵉʳ janvier 1831.
¹⁰ *Annuaire du Bas-Rhin*, p. 185. Schertz précisera sa plainte dans sa lettre du 19 mai 1828.
¹¹ Pierre Joseph Dagobert Raspieler (1772–1848), avocat à Colmar. Dans sa lettre du 15 mars 1828, Schertz évoquera ses démêlés avec le maire de Strasbourg.

5202
Thirion-Montauban à Benjamin Constant
13 décembre 1827

13. Xᵇʳᵉ 1827

Monsieur,

Vos explications m'ont causé une vive satisfaction.

Demain je ne viens pas à Paris ; Je vous attendrai de 2. à 4. heures, devant sortir le matin. Si cela vous dérangeoit, je passerois sans faute chez vous après demain Samedi vers midi. Ne vous donnez pas la peine de m'écrire, il suffira que je ne vous aie pas vu demain.

Agréez, je vous prie, Monsieur, l'assurance de ma haute considération

Votre t. h. Serviteur
Thirion-Montauban

P. S. Il y a 2. numeros *19.* ; le mien est vis-à-vis le N° 26, sur la route.

Manuscrit *Paris, BnF, N.a.fr. 18835, f. 203 ; 2 pp., p. 2 bl. ; orig. autogr.

Commentaire Le correspondant de BC est peut-être cet agent d'affaires qui exerçait en 1825 (*Almanach du commerce* (1825), p. CCLXXVII). Le 30 novembre 1827, BC avait payé 1750 F « à Thirion pour une traite. », et de nouveau, le 12 décembre (*OCBC*, VII, 494–495).

5203

Claude d'Estournelles à Benjamin Constant

13–17 décembre 1827

F^t Q^s Le 13 Décembre 1827.
Vous avez eu enfin le vif plaisir de revoir vos amis. Mon cher et bien Bon Beau frère. J'admire avec eux, sans étonnement, et avec une satisfaction égale au moins à la leur, depuis votre départ de Paris, l'été dernier, jusqu'à votre retour ; que chaque jour, chaque pas, ont été marqués et remarqués, par les plus vives & les plus constantes acclâmations de la population, témoin de votre présençe.

Viole le secret des lettres qui pourra ! ils ne doivent retirer d'un aussi vil service, quand il n'y a lieu, ni a aucune suspicion ni, moins encore a aucune accusation, qu'indignation & pitié !... !

Croirait-t-on pouvoir limiter la pensée, éteindre les sentimens les plus vifs, parce qu'ils sont les plus naturels : les plus recommandables & les plus respectables ? parce qu'ils sont, par leur essençe, indestructibles ? Tant pis pour les pauvres d'esprit, ou de corps, qui s'y méprendraient. « *Rira bien qui rira le dernier* »

Vous imaginez bien, sans doute, parce que vous ne laissez ni le temps, ni la faculté qu'on vous le permette : vous imaginez bien, dis-je, quel désappointement a été le mien, quand, aÿant passé outre, sur plusieurs petits sacrifices nécessairement existans, j'ai voulu, *à tout prix, être quelques heures près de vous*. Et où ? Je m'abstiendrai de le répéter[1] : Votre cœur sentira & appréciera cette réticençe… ! Trop de douloureux souvenirs me le prescrivent.

Entre mille & un objets, sur lesquels il eût été possible que votre attention se reposât, je voulais vous entretenir de l'avenir de votre sœur, & de celui de mon fils ; de vos vües à ce sujet : de celles que vous pourriez arrêter, sur un lieu de retraite personnelle quelle que soit (et jamais elle ne sera aussi grande que je le souhaite) la part actuelle des succés qui vous appartient déjà de droit & qui sera, infailliblement, confirmée par un juge impassible, la *Postérité*. Combien n'a-t-on pas à se dire, après une longue absence ? J'avais, malheureusement, omis, (c'est le mot,) vû mon court séjour à Paris, à la fin de l'an dernier, & votre séjour à la campagne, de vous prier d'entrer en explication sur divers objets.

Ils se réduisent à ma position actuelle, & à la confiance que j'ai en votre amitié – je ne fais que répéter ce que j'aurais dû vous dire de prime-abord ; mais, il vous souviendra que l'intervention inattendüe d'un tiers (*m^r C^r Perier*), votre ami, m'empêcha alors, pour le moment, de parler sur ces objets.

Du 17 X^bre au matin.

J'ai reçu hier soir, votre inestimable lettre du 8 de ce mois², et, je m'empresse de vous remercier des sages conseils qu'elle contient, et que je suis heureux de recevoir en même temps de votre précieuse amitié.

Ce n'est point aujourdhuy que je pourrai être accusé d'encenser l'idole du jour : je ne brule d'encens que pour la raison, et c'est une vieille & injuste pratique, jusqu'à ce jour ; mais, la plus certaine, sans doute. S'il m'eût été possible, *j'aurais* déploÿé en faveur d'amis absents ou peu heureux, persécutés même, toute l'intervention de mes faibles moÿens, & sans restriction : je l'ai fait pour un des hommes les plus estimables que vous connaîssez, et qui habite, depuis ses longues et cruelles infortunes, un quartier voisin du vôtre, Place Beauveau. 8. Jugez de ce dont je suis capable !

Une ère nouvelle semble promettre d'heureux avenirs ! Puissent-ils être conformes aux vœux de la France & de Son Auguste Souverain qui verra sans doute votre appel aux conseils du Monarque, couronné par les plus brillans succès, et l'accomplissement des souhaits des français !

Vous êtes bien excellent, mon cher Beau frère, d'entrer dans les détails d'intérêt personnel et de famille, contenus dans votre obligeante et digne de gratitude, lettre du 8 de ce mois.

Je vous prie d'en agréer mes tres sinceres remerciemens, et de me permettre de vous représenter, que l'unique côté faible duquel il serait possible qu'on se prévalût contre moi, est précisément, l'objet pour lequel je vous ai écrit, et vous me répondez si judicieusement, comme vous le faites toujours.

A m^r Coutanceaux³, & m^me Martinez près, & avec lesquels, si vous me rendiez le service d'intervenir, pour mon compte, & un acquit définitif, je dois vous déclarer, et vous protester, qu'après les longues retenues qui m'ont été faites, & se perpetuent encore, je puis être liquidé envers et contre tous, avec moins de 9 à dix mille f^r. Mr Coutanceaux, transigera facilement pour trois mille Madame Martinez sûrement aussi, pour la même somme. Ainsi, tout ce bruit, tout cet échaffaudage de plaintes, de reproches, de poursuites peut être anéanti, pour moins de *Dix huit mille francs* : je vous jure qu'il m'en est dû trois fois plus. Voilà tout le secret, toute la vérité de mon *avoir* & *doit* – C'est un budjet facile à liquider : mais, je le répète, j'ai besoin d'aide ; le plus prompt sera le meilleur.

Je ne comprends pas les 2000^f : je dis deux mille francs, pour Dole & Brevans⁴.

C'est un effet de ma confiance en vous, qui m'induit à une semblable communication : A quel autre pourrais-je l'addresser, moi, presque sexagenaire, courbé sous le poids des ans, des blessures, des campagnes, des serviçes, depuis 1792, sans fortune, sans appui, que le vôtre, & oublié, sinon exilé dans le climat le plus rigoureux,

tout à vous d'un cœur sincère
Le Ch^{er} B d'es

P. S. Je n'ai point encore de nouvelles de Louise, ni de mon fils, depuis que j'ai envoÿé, comme je vous l'ai dit, à Louise un mandat de 309^f p^{ble} 15 Janvier prochain[5], on se meurt içi, d'ennui, de froid & de désir du complettement[6] de l'espérançe la plus juste.

A Monsieur / Monsieur Benjamin Constant, / Membre de la Chambre des Députés, / N° 15. Rüe d'Anjou St Honoré, / A Paris.

Manuscrit *Lausanne, BCU, Fonds Constant I, Co 838 ; 4 pp., l'adresse p. 4 ; orig. autogr.

Texte *Le P. S. a été porté sur la page de l'adresse.*   **2** le vif plaisir] *ajouté dans l'interligne*   **5** que] *ajouté dans l'interligne*   **10** vifs] *surcharge* forts   **21** sur lesquels] *surligne* dont   **45** 8] *lecture incertaine, peut-être* &

Notes
[1] D'Estournelles avait espéré rencontrer BC à Brevans (voir sa lettre du 9 octobre 1827).
[2] Voir ci-dessus.
[3] Voir la lettre à Louise du 24 octobre 1826 (lettre 4809, *CG*, XIV, 456–457).
[4] Sans doute Louise avait-elle informé d'Estournelles de ses besoins (voir la lettre de BC du 28 novembre 1827).
[5] Voir la lettre de d'Estournelles du 4 décembre 1827.
[6] *Compléter* et *complément* ont-ils produit ce mot ?

5204

Benjamin Constant à Louis-Saturnin Brissot-Thivars

14 décembre 1827

Vous vous rappelez peut etre Monsieur que l'arrangement fait entre nous pour votre reimpression d'Adolphe expiroit au bout de trois ans. Ils sont écoulés. Un libraire qui m'assure qu'on le lui demande me sollicite pour une 4e édition. Vous ayant promis la préférence je crois devoir vous en prévenir & vous prie de me répondre aussitôt que vous le pourrez

Agréez tous mes complimens
B Constant

Ce 14 Déc. 1827

rue d'Anjou n° 15 S^t. Honoré

Manuscrit   Collection particulière ; orig. autogr., l'adresse d'une autre main.

Éditions   1. *RHLF*, 45 (1938), 287. 2. *Catalogue en ligne de la vente Sothebys PF1313, Paris, 26 novembre 2013, https://www.sothebys.com/en/auctions/ecatalogue/2013/livres-manuscrits-pf1313/lot.22.html, consulté le 13 octobre 2021.

Commentaire   Louis-Saturnin Brissot-Thivars (1792–1850) avait publié la troisième édition d'*Adolphe* ; voir sa réponse ci-dessous, datée du 14 décembre. La quatrième édition paraîtra à Paris, chez Dauthereau, en 1828.

5205

Aide de Camp du duc d'Orléans à Benjamin Constant

14 décembre 1827

au Palais Royal ce 14, X^{bre} 1827
L'Aide-de-Camp de service près de Mgr le Duc d'Orléans a l'honneur d'inviter
Monsieur Benjamin Constant
de la part de S. A. R. à venir dîner au Palais-Royal le lundi 17. courant à 6 heures précises

R.S.V.P.

Manuscrit   *Lausanne, BCU, Fonds Constant I, Co 3884 ; 2 pp., p. 2 bl. ; orig. autogr.

Texte   *Les caractères en italique ont été imprimés.*

Commentaire   Trois aides de camp titulaires et un honoraire étaient attachés au duc d'Orléans (*Annuaire de l'état militaire* (1827), p. 29).

5206

Brissot-Thivars et Cie à Benjamin Constant

14 décembre 1827

Paris, le 14 X^{re} 1827
Monsieur Benjamin Constant, Député.
Monsieur–Nous nous empressons de répondre à la lettre que vous nous faites l'honneur de nous écrire ce jour, et d'abord nous vous remercions de l'avis que vous nous donnez de l'intention où vous êtes de faire une édition nouvelle de votre *Adolphe*. Sans contester d'ailleurs le droit que vous pouvez avoir de faire

une réimpression de cet ouvrage, nous croyons devoir vous rappeler qu'une des conditions de notre marché était que vous feriez deux volumes, que nous avions annoncé votre roman d'*Adolphe* sous cette forme et que la non-exécution de cette clause nous a porté un grave préjudice. Vous n'avez point oublié, Monsieur, que vos importants travaux ne vous laissant aucun loisir pour les additions que vous aviez consenties, nous nous sommes fait un devoir de vous être agréables, en prenant l'ouvrage tel que vous l'aviez publié dans l'origine.

Au moment actuel, il nous reste en magasin 700 exemplaires d'*Adolphe*. Jugez combien une édition nouvelle nous serait préjudiciable et si nous pouvons en traiter pour notre compte.

Dans cette position nous osons vous prier de tenir secret et de différer de quelque temps votre projet ; nous allons nous mettre en mesure de tirer le plus prompte parti du restant de notre édition. Au surplus N.Sr Brissot-Thivars aura l'avantage de vous voir très prochainement à ce sujet : nous serions très flattés de reprendre avec vous nos relations premières et que vous voulussiez bien nous accorder la préférence pour toute autre publication que vous seriez dans l'intention de faire, ainsi que pour l'*Adolphe* dont, nous vous le répétons, nous allons faire en sorte de tirer le parti le plus prompte possible.–Veuillez agréer, Monsieur, l'assurance de notre respectueux dévouement.

Brissot-Thivars et Cie

Édition   *Rudler, *Adolphe* (1919), pp. lxvi-lxvii.

5207

Benjamin Constant à Casimir Périer

15 décembre 1827

Je vous envoye, mon cher Casimir, les Prospectus destinés à accompagner vos circulaires. L'intérêt que vous mettez à cette entreprise me touche beaucoup. Je crois que si vous ecrivez à Strasbourg aux deux personnes que je vous indique, Savoir à Mr Stoeber jeune, Notaire, & à M. Ratisbonne banquier[1], qui se sont très vivement intéressés à mon élection, à Hernoux ancien Député & à Lafontaine[2] a Dijon, & enfin un peu confidentiellement aux Hartmann de Münster à Colmar, sans préjudice de toutes les bonnes idées que votre amitié vous suggérera & de vos autres correspondans, Vous me ferez un grand bien. J'ai fait hier un diner d'Alsaciens qui m'a rendu tout à fait malade quoique j'y aye observé le plus strict régime. Je ne sais si je pourrai diner chez le Baron Louis & si même je suis un peu mieux, je ferais bien de n'y aller qu'apres diner, car les diners me tuent. Mille amitiés

B Constant

ce 15 Déc. 1827

à Monsieur / Monsieur Casimir Perrier / Rue neuve du Luxembourg / N° 27

Manuscrit *Grenoble, AD de l'Isère, 11 J 41, f. 15 ; 2 pp., l'adresse p. 2 ; orig. autogr.

Notes
[1] Louis Wolff, dit Ratisbonne (1779–1855), banquier à Strasbourg. Voir aussi Jean Daltroff, *Les Ratisbonne à Strasbourg, Paris et Jérusalem au XIXe siècle – Regards croisés au début du XXIe siècle*, Bernardswiller : I. D. l'Édition, 2017.
[2] Étienne Nicolas Philibert Hernoux (1777–1858) avait été député de la Côte-d'Or (minorité libérale) de 1817 à 1823 ; il sera réélu en 1829. Sur Joseph-Pierre Lafontaine, voir sa lettre du 3 juillet 1827.

5208

Jacques Hartmann à Benjamin Constant

15 décembre 1827

Munster 15. X^r 1827.

Monsieur & Ami –

Par une inadvertance impardonnable, je vous ai envoyé hier soir fort tard quand je vous écrivais[1], la liste des Deputés sortans que j'avois fait faire, au lieu de la copie de notre Protestation que voiçi. Je vous en fais bien mes excuses, car vous n'aurez pas scû, ce que signifiait cette notte. Il est bien entendû que vous ne me renverrez pas cette liste des lâches Deputés sortants, car elle ne vaut le port. C'est cependant ma fille Caroline[2] qui me l'avoit copiée – Quant à la Protestation, vous me la retournerez que dans le cas où vous le jugeriez necessaire, ainsy que j'ay eû le plaisir de vous en entretenir dans ma lettre d'hier, que je vous confirme du reste dans tout son contenû.

Très à la hate, mais toujours tout à vous cher & respectable ami.

J Hartmann

Manuscrit *Paris, BnF, N.a.fr. 18831, f. 145 ; 2 pp., p. 2 bl. ; orig. autogr.

Notes
[1] Lettre non retrouvée.
[2] Caroline Hartmann (1807–1834), brillante pianiste, sera l'élève de Chopin et de Liszt.

5209

Claude d'Estournelles à Benjamin Constant

17 décembre 1827

Le 17-X^{bre} 4^h du matin. 1827.
Ma lettre d'hier fermée, j'ajoute ce pli, pour vous prier de faire agréer à qui de droit, mes féliçitations, sur l'heureux accouchement de Madame la Baronne De Staël, et la naîssance de l'héritier d'un nom célebre[1], et que ma reconnaîssance applaudit.

J'ai lu cette nouvelle, hier soir, dans le Journal des débâts du 8 courant[2] ; mais au lieu de celui du 9, avec le 10, il y avait deux journaux de ce dernier.

Nous sommes içi, comme dans les limbes ; cependant, on pourrait présumer que l'auteur du *Christianisme*, est au moins bien recommandé[3].

Que sera celui de Wallstein, &^{a} &^{a} &^{a} ?

Videbimus infrà. « Let us hope much ! »

A propos d'arrangemens particuliers ; et de l'emprunt de 7^m fr. p^r 5 ans[4], voudriez vous charger un de vos amis, M. C^r Perier, par exemple, de faire percevoir à Grenoble 200^f par mois, sur mon traitement ? J'enverrais, de suite, mon livret de solde p^r 1828, & que je vais recevoir, s'il m'était fourni le crédit, à 90 jours, et que je demande ; et, j'y joindrais ponctuellement, ma revüe de solde, acquittée, et mensuellement ? Je ne me réserverais que 174^f 79^c par mois.

A Monsieur / Monsieur De Constant / N° 15 Rüe d'Anjou St Honoré, / A Paris.

Manuscrit *Lausanne, BCU, Fonds Constant I, Co 839 ; 2 p., l'adresse p. 2 ; cachet postal : 23 Décembre 1827 ; timbre : 4 / Queiras / MONT-DAUPHIN ; orig. autogr.

Notes
[1] Adèle de Staël, veuve d'Auguste, donna le jour à un fils, Victor Auguste, le 1er décembre 1827 à Coppet. L'enfant mourut moins de deux ans plus tard, le 7 novembre 1829.
[2] *Journal des débats* du 8 décembre 1827, p. 2.
[3] BC lui-même, auteur de l'article publié sous ce titre dans *l'Encyclopédie moderne* en 1825, de *Wallstein*, etc. La nature de la recommandation reste obscure.
[4] Voir sa lettre du 4 décembre 1827.

5210

François Béchet à Benjamin Constant

17 décembre 1827

Monsieur

Lorsque j'eu l'honneur de vous voir chez vous le mois dernier[1], vous me promites de nous donner sous peu de jours le commencement de la copie du tome 4 de votre ouvrage. Ne l'ayant pas encore reçue, je viens de nouveau vous la demander car il est très urgent que nous puissions mettre ce volume en vente avant l'ouverture des chambres. Je le crois possible d'autant plus que nous avons deja environ trois feuilles de ce volume qui sont composées, et si vous ne nous faites pas attendre plus longtemps la suite de la copie que vous devez avoir disponible. Veuillez je vous prie me dire par un mot de réponse, le jour que vous nous la donnerez afin que je puisse prevenir M Didot[2] de faire ses dispositions pour commencer de suite.

Je suis avec consideration Monsieur, votre très humble Serviteur
Bechet ainé

Paris le 17 X^{bre} 1827

A Monsieur / Monsieur Benjamin Constant / Deputé de la Seine rue / danjou St Honoré n° 15 / Paris

---

Manuscrit *Lausanne, BCU, Fonds Constant I, Co 3844 ; 2 pp., l'adresse p. 2 ; orig. autogr.

Notes

[1] Après sa lettre du 7 novembre 1827, Béchet avait donc rencontré BC.
[2] Firmin Didot avait imprimé le tome III ; le tome IV ne sera publié qu'après la mort de son auteur, l'édition en ayant été confiée à Pichon et Didier.

5211

Un Correspondant non identifié à Benjamin Constant

19 décembre 1827

J'ai reçu les Prospectus de la Publication de ses Discours que Mr Benjamin Constant a bien voulu m'envoyer et certainement ce sera avec un plaisir bien vif, que je m'associerai, par mes efforts, à une entreprise, par laquelle un si beau talent sera dignement apprécié.

Dès que j'aurai rassemblé quelques signatures j'en enverrai la note a Mr B
Constant.

Je le prie, en attendant d'agréer l'expression de mes sentiments dévoués, et les complimens empressés de ma famille.

[ ]

ce 19 Dec

Manuscrit *Lausanne, BCU, Fonds Constant I, Co 3967 ; 2 pp., p. 2 bl. ; orig. autogr.

Texte   9 [ ]] *signature illisible*

5212

Casimir Périer à Benjamin Constant

20 décembre 1827

Mr Casimir Perier s'empresse d'informer son collègue, Monsieur Benjamin Constant, qu'il a écrit aux différentes personnes désignées dans sa lettre du 15 de ce mois[1].

La circulaire s'envoie, accompagnée de l'avis imprimé.

Il desire bien vivement que cette nouvelle démarche ait un résultat heureux et prie son collègue de vouloir bien agréer ses amitiés empressées.

                                        Paris le 19 Décembre 1827.

Manuscrit *Lausanne, BCU, Fonds Constant I, Co 3807 ; 2 pp., p. 2 bl. ; orig.

Texte *La lettre est de la main de Ponteuil.*

Note
[1] Voir ci-dessus.

5213

Nicolas-Félix Desportes à Benjamin Constant

20 décembre 1827

Je ne veux pas que vous veniez me chercher, comme vous me le promettez par votre petit billet d'hier, parce que vous avez autre chose à faire que de perdre votre tems à rendre des visites, même à vos meilleurs amis : c'est à moi d'aller, pour mon plaisir ou pour mon utilité, interrompre quelquefois vos occupations, en votre qualité de chef de la Députation de l'Alsace, puisque vous êtes *l'Elu de prédilection* de tous mes compatriotes, et que je suis, moi, un de ceux qui se sont le plus sincèrement réjoui de votre nomination.

Vous m'avez envoyé neuf Prospectus ; vous pouvez compter sur neuf souscripteurs nouveaux, et parmi eux vous aurez la satisfaction de voir figurer quelques Alsaciens du 18. Novembre 1827. Cette époque-là sera, je l'espère, si Dieu me prête vie, une des plus cheres & des plus agréables de la vôtre, car la reconnaissance d'un grand peuple, quelque minimes que soient ses effets comparés aux services rendus à la patrie par un grand citoyen, est toujours pour son cœur la plus douce des récompenses.

Votre admirateur & votre ami
Felix DesPortes

Paris, ce 20 X^{bre} 1827.

P. S. Je mets mon respect aux pieds de Madame B. Constant.

Manuscrit   *Lausanne, BCU, Fonds Constant I, Co 1145 ; 2 pp. ; orig. autogr.

Commentaire   Sur Nicolas-Félix Desportes, voir la lettre de son neveu, Félix Desportes, du 10 décembre 1827.

5214

Charlotte-Josephe Seymour de Constant à Benjamin Constant

21 décembre 1827

J'ai bien reçu, Monsieur, une lettre de mon fils, (Arthur de Constant) qui me dit que vous avez eu la bonté de bien l'accueillir et de lui faire espérer, que de concert avec Mr Alex de Lameth, vous voudriez bien faire quelques démarches pour lui auprès de Mr Lafitte. Veuillez penser, Monsieur, qu'en lui rendant ce service, vous comblerez les vœux de toute une famille et que nous vous en conserverons une éternelle reconnoissance si même mon fils doit être le 30eme surnuméraire, je vous supplie de le faire admettre dans les bureaux de Mr Lafitte. Je vous prie d'agréer l'expression de toute ma gratitude, et de croire, Monsieur, à ma haute considération

Seymour de Constant
née D'Hodicq

La Garenne du Titre par Abbeville ce 21 10bre 1827

Manuscrit *Paris, BnF, N.a.fr. 18831, f. 20 ; 2 pp., p. 2 bl. ; orig. autogr.

Commentaire Sur ces lointains parents de BC, voir la lettre que la même lui adresse le 13 mai 1826 (lettre 4716, *CG*, XIV, 333–334).

5215

John Cam Hobhouse à Benjamin Constant

22 décembre 1827

Whitton Park. Dec. 22

My dear Sir,

I beg to congratulate you and the city of Paris on your reelection for that department.

I trust you & your friends will be too much for the ministre du regne and that I shall live to see you with one of the portfolios.

Whatever little politics are stirring here you know as well as I do – if you should not – my brother[1] who is the bearer of this note and who is also ambitious of making your acquaintance will answer any questions you may think it worth while to put to him.

My best compliments to Me de Constant.
Your very obliged sert.
John C. Hobhouse

Manuscrit *Lausanne, BCU, Fonds Constant I, Co 1188 ; orig. autogr.

Commentaire et Note Sur John Cam Hobhouse, voir au Répertoire.
[1] Sans doute Henry William Hobhouse (1791–1868), qui sera plus tard député libéral, mais la famille était nombreuse. Un autre frère, Benjamin, avait été tué à Waterloo, mais John Cam Hobhouse avait aussi des demi-frères : Edward Isaac (1804–1854) et Thomas Benjamin (1807–1876), lui aussi plus tard député libéral.

Traduction   Cher Monsieur, Je me permets de vous féliciter, ainsi que la ville de Paris, de votre réélection dans ce département. J'ai toute confiance que vous et vos amis seront trop forts pour le ministre du règne et que je vivrai assez longtemps pour vous voir obtenir l'un des portefeuilles. Vous connaissez aussi bien que moi le peu qu'il se passe en ce moment dans la vie politique ici. Si ce n'est pas le cas, mon frère, porteur du présent billet, et qui a l'ambition de faire votre connaissance, répondra à toutes les questions que vous trouverez utiles de lui poser. Mes meilleurs compliments à Mme de Constant. Votre serviteur John Cam Hobhouse

5216

Benjamin Constant à Casimir Périer

24 décembre 1827

Pour que tout soit bien entendu, mon cher Casimir, je vous rappelle ce que vous m'avez promis hier.

Ma femme a à reclamer 1° la prolongation des 180,000 fr, comme nous en sommes convenus, jusqu'au 1er juin, ou elle vous debarassera de cette somme, & prendra son remboursement. 2° les intérêts de la d^e somme depuis cinq mois, & 3° le montant d'une traite recue par votre maison, de la somme de 4357 fr. à ce que je crois, cette traite vient d'Allemagne, votre maison m'en a donné avis à Bade. Ces 2 derniers objets se montent à 7357 francs[1], & vous avez bien voulu me promettre qu'ils seront payés en argent.

Quant à moi je vous dois d'ancien compte 6837 fr. sur lesquels il y a à déduire 680 fr. recus postérieurement par votre Caissier ce qui réduit la dette à 5957 fr.[2] & 2000 fr. que j'ai recus avant hier. Total 7957 fr. Vous avez bien voulu consentir à prendre mon billet, que nous ferons à aussi courte échéance que vous le voudrez, car grace à votre intervention mes affaires seront arrangées sous peu de jours. Mais je tiens par une délicatesse que la votre appréciera & aussi pour ne pas créer des préventions qui rendroient la négociation dont vous voulez bien vous charger plus facile[3], a remettre intact ce qu'on m'a confié.

Si pourtant vous ne vouliez pas vous en remettre à moi pour un tems quelconque comme je viens d'acquitter des engagemens pris avant mon départ, il m'est très aisé de retrouver sous 8 jours une somme égale à ce que je vous dois, à un taux onereux a la vérité, mais enfin je puis prendre avec vous l'engagement d'honneur de vous remettre les 7957 fr. la semaine prochaine.

Faites donc arranger tout cela comme nous en sommes convenus hier & croyez que j'apprécie toute votre amitié.

B Constant

Paris 24 Déc.

Monsieur / Casimir Perrier / Député / Paris

Manuscrit *Grenoble, AD de l'Isère, 11 J 41, f. 37 ; 4 pp., p. 3 bl., l'adresse p. 4 ; orig. autogr.

Commentaire et Notes À l'aide des Livres de dépenses, la date de cette lettre peut être fixée ainsi : le 15 avril et le 15 mai 1828, BC verse chaque fois 550 F « à ma femme avancé les intérêts Perrier », sommes que Charlotte pouvait rembourser sur les 3.000 F d'intérêts calculés ci-dessus et payables fin juin ; en outre, le 24 juin 1828, apparaît « Dette payée à C. Perrier 9257.75 », ce qui correspond au « billet » de 7.957 F (si Périer n'a pas corrigé l'erreur de 200 F), plus 1.100 F que BC dut ajouter à sa dette dans le courant du premier semestre 1828 – ladite somme correspond cependant à ce que BC a versé à Charlotte sur « les intérêts Perrier » : les 1.100 F auraient-ils été prêtés par Périer avant d'être remis à Charlotte (*OCBC*, VII, 500 et suiv.) ?
[1] 3.000 F d'intérêts pour cinq mois font 7.200 F à l'année, soit 4% pour la somme de 180.000 F.
[2] Erreur : 6.837 – 680 = 6.157.
[3] N'attendrait-on pas « difficile » ?

5217

Nicolas-Félix Desportes à Benjamin Constant

24 décembre 1827

Sur les neuf Prospectus que m'avez fait l'amitié de me communiquer[1], mon très cher Député, j'en ai déjà placé trois :

1. pour moi, que j'ai payé au caissier de Mr Casimir Perrier ;
1. pour le cercle de la Rue de Grammont[2], aussi payé à Idem ;
et 1. à mon neveu, Mr DesPortes.

Les six autres sont partis pour le Haut-Rhin dès le 19. de ce mois, et sous peu de jours je pourrai vous annoncer quels sont les noms des souscripteurs.

Si j'avais eu d'avance les imprimés que vous m'avez adressés hier soir, la chose eut été bien plus facile : les souscriptions eussent marché plus rondement. Mais ce que la forme pourra faire différer de quelques jours, ne sera pas perdu pour le fond : je vais, ce matin, faire partir pour l'Alsace ce que j'ai de projets de souscription ; et dans ma partie, du moins, elle sera bientôt remplie.

Mille amitiés bien sincères.
Felix DesPortes

Ce 24 Décembre 1827.

Manuscrit *Lausanne, BCU, Fonds Constant I, Co 3863 ; 2 pp., p. 2 bl. ; orig. autogr.

Notes
[1] Voir la lettre de Desportes du 20 décembre 1827.
[2] « Le *Cercle de la rue de Grammont* était composé de l'élite de la société : on y comptait des pairs de France, des députés, des officiers des gardes-du-corps, des généraux, des banquiers, et d'autres

personnes également distinguées. Des hommes de toutes les opinions s'y trouvaient et se rapprochaient par des communications habituelles et amicales. On n'y connaissait point l'amertume de l'esprit de parti. » (*Le Constitutionnel* du 9 février 1826, p. 2). Il avait été fermé en 1826, mais continuait d'exister comme le prouve Desportes.

5218

Benjamin Constant à Louise d'Estournelles

26 décembre 1827

Si ma lettre[1] vous a fait de la peine, ma chere Louïse, c'est bien contre mon intention. J'aime à croire à votre amitié, j'ai besoin d'y croire. Depuis 15 ans je fais ce que je puis pour me la concilier, & tant que je le pourrai, j'agirai de même.

Ma situation est génée. J'ai fait pour rester éligible des sacrifices en conservant des maisons qui exigent des réparations fréquentes & des dettes qui me coutent des intérêts dont le taux est supérieur à ce que rapportent des propriétés foncières. Aujourdhui que les chances sont favorables à mon opinion, je voudrais moins que jamais renoncer à l'éligibilité. Il est même de votre intérêt que je n'y renonce pas. Mais il en résulte que devant payer régulièrement les intérêts que je dois pour n'être pas forcé de vendre, je suis contraint à me restreindre dans tous mes déboursés & que je ne puis rien faire qui depasse la ligne que je me suis tracée. J'ai renoncé à ma voiture, & comme je ne puis aller à pied le soir, je vis très solitaire. Tout cela n'aura qu'un tems, surtout si l'entreprise de la publication de mes discours tourne bien. Je vous envoye des prospectus. Si vous pouvez m'avoir des souscripteurs vous avancerez mes affaires & par là les votres.

Je suis charmé du bail, bien que 640 fr. ne représentent que 16000 fr. au 4. Mais je n'ai jamais évalué Brevans plus haut, & ce que j'ai fait à cet égard n'a été que pour vous faire plaisir. Envoyez moi copie du bail. Si vous pouvez vendre Brévans, aux conditions énoncées dans ma grande lettre[2] je le désire fort : car une propriété à 80 lieues est un inconvénient.

Adieu chère Louïse ne doutez jamais de mon amitié, & croyez que je tiens à l'arrangement de mes affaires autant pour vous & Léonce que pour moi.

Mille tendresses à Charles.

B C.

ce 26 Déc.

Manuscrit   *Lausanne, BCU, Fonds Constant I, Co 378 ; 2 pp. ; orig. autogr.

Texte   18 ne représentent] ne ⟨rapp[...]⟩   21 ma] *en interligne, au-dessus de* ⟨votre⟩   27 26] peut-être 20

Notes
[1] La lettre du 28 novembre 1827.
[2] Toujours la lettre du 28 novembre.

5219

Benjamin Constant à Camille-Hyacinthe-Odilon Barrot

26 décembre 1827

Je voudrais savoir, mon cher Collègue en morale & en politique, quand a lieu la réunion prochaine. Quoique ce soit le 1er de chaque mois, je suppose que ce ne sera pas le 1er de l'an. Je voudrais soumettre à la réunion une reclamation de beaucoup d'électeurs du haut Rhin contre une élection[1]. Favorisez-moi comme disent les Anglais d'un mot de reponse & croyez moi tout à vous

B Constant

ce 26 X^{bre} 1827

Manuscrit   *Paris, AN 271 AP, C1–12 ; 2 pp., p. 2 bl. ; orig. autogr.

Commentaire et Note   Depuis 1819, s'était formée, à l'initiative de Charles Renouard, et se réunissait régulièrement une Société des sciences morales et politiques à laquelle appartenaient parmi d'autres BC, Odilon Barrot, Broglie, Guizot (qui sera à l'origine de la création de l'Académie en 1832), Roederer, Dunoyer, Daunou. C'est dans ce cadre que BC souhaitait sans doute obtenir conseil et soutien pour discuter l'élection du baron d'Anthès.
[1] L'élection de Joseph Conrad d'Anthès (1773–1852), député ultra, était contestée (*Le Moniteur universel* du 17 février 1828, p. 198).

5220

Nicolas-Thomas-François Manche de Broval à Benjamin Constant

27 décembre 1827

Monsieur,
J'espère que le retard de la réponse au billet que vous m'avez fait l'honneur de m'écrire ne vous a causé aucune inquiétude. Quant à moi, j'étais assuré

d'avance que je recevrais l'ordre de vous prier d'avoir l'esprit parfaitement en repos sur l'objet que vous avez bien voulu rappeller. J'ai crû pourtant que pour votre satisfaction, je devrais chercher une occasion de communiquer votre billet[1] avant d'y répondre, et elle ne s'est présentée qu'aujourd'hui, je suis chargé de vous exprimer ce que je viens de dire, et d'y ajoûter de sincères complimens.

Veuillez bien agréer mes hommages à jamais fidèles.

De Broval

Ce 27 Déc^r 1827.

Manuscrit *Lausanne, BCU, Fonds Constant I, Co 1010 ; 2 pp., p. 2 bl. ; orig. autogr.

Note

[1] Le « billet » de BC devait sans doute être communiqué au duc d'Orléans, mais faute d'en connaître le contenu, rien ne peut être ajouté.

5221

Nicolas-Félix Desportes à Benjamin Constant

29 décembre 1827

29. Décembre 1827.

J'irai vous porter aujourd'hui moi-même, mon très cher Député, les vingt-huit francs formant le montant des deux abonnemens de mon neveu & du cercle de la Rue de Grammont[1], puisqu'ils n'ont pas été acquittés, en même tems que le mien, chez Mr Casimir Perrier. Je fais partir ce matin pour le Hâvre, où je ne sais si vous avez des correspondans, six modèles de souscription dont j'espère vous rendre bon compte : j'en avais déja envoyé six prospectus en Alsace sur lesquels j'attends incessamment une réponse : j'en adresserai encore ailleurs par toutes les occasions que ma bonne fortune me présentera. Avec le tems, je m'en flatte, nous obtiendrons de vos Discours le brillant débit que leur célébrité, les principes & le beau caractère de leur auteur ne peuvent manquer de leur mériter.

Tout à vous d'esprit & de cœur.

Félix DesPortes

Manuscrit *Lausanne, BCU, Fonds Constant I, Co 1317 ; 2 pp., p. 2 bl. ; orig. autogr.

Note

[1] Voir sa lettre du 24 décembre 1827.

5222

Louis Schertz à Benjamin Constant

29 décembre 1827

Cher & venerable Deputé.
N'ayant que tous les quinze jours une occasion sure, je ne me suis pas pressé d'après le contenu de votre amicale lettre du 17^{crt} de vous faire passer l'adresse des electeurs d'ici[1]. Celle du 23[2] m'engage à vous la faire passer de suite. Il sera neamoins bon qu'en laissant prendre des copies ou en la faisant paraitre dans le tems dans les journaux que les noms des signataires n'y soient pas ajoutés, puisqu'il y en a parmi qui ont des menagemens à garder. Il n'y a aucun inconvenient qu'elle repasse en original dans les mains de tous les élècteurs de votre arrondissement.

A propos d'election je crois devoir encore vous faire savoir que Mr Worms de Romilly fils & gendre de Mr Ratisbonne[3] d'ici, doit avoir dit que Mr Casimir Perrier s'interessait fortement à la nomination de Mr Humann à Paris. Je pense que Mr Casimir Perrier est un liberal d'assez bon aloy, pour apprecier l'home d'après la touche d'essai que nous lui avons donné, pour ne pas courir le risque de meler l'or pure avèc de l'alliage, dailleurs sa lettre relative au banquet du 2, 8bre & dont vous avez copie[4] doit suffire p^r faire revenir d'un engoument qu'on auroit pu avoir pour lui ; au fond il paroit se distraire de son échêc par les bals qu'il donne a ceux qu'il reçoit chez Mr Wangen[5] & Cie m'en font juger abusé[6]. Il faut laisser ces regrêts à Mrs Saglio & Turckheim & je ne dois pas vous cacher venerable deputé, qu'il sera difficile de faire naitre en eux les dispositions que vous desirez leur trouver, il faudra que vous les y entrainiéz malgré eux. Ni moi ni mes amis ne les voient et personellement je ne veux rien leur demander en faveur de l'Alsace, ils desespêrent de notre cause avant de l'avoir defendue et toutes les fois que je suis revenu de chêz ces Mesr mon thermomètre étoit descendu à zero. Voyez en effêt le discours Türckheim, Douanes, Moniteur 6 Avril 1826 f° 448. (1er supplement[7] ; jugêz – qu'a-t-il dit pour nous ? Voyez ce qu'un député alsacien pouvoit dire ; dans ma petition. Peut être conoissez vous actuellement le contenu des pièces que j'ai adressé à Mr Coulmann ; eh bien ! coment Mrs Türckheim & Saglio pourroient ils se reunir à vous pour appuyer au besoin notre reclamation lorsqu'à l'œuvre contre lequel nous nous opposons ils ont pris part come membres de la chambre de comerce de cette ville ; œuvre humanien qui exite l'indignation de tout le comerce & qui est une veritable concussion de la part de l'administration[8]. D'après celà & d'après tous les precedents je sens qu'il vous seroit bien plus agreable de vous tenir à votre élèction de Paris, au moins vous seriêz toujours avec des collègues qui n'ont qu'une seule & même pensée avèc vous. Aussi voudrois je que vous n'y renonciéz que pour la forme & que du reste vous soyêz toujours le Député de Paris, tout en nous defendant com̄e Deputé alsacien[9]. Avèc votre qualité et les pièces en mains vous serêz tout à fait à couvert contre la susceptibilité de ces Mesr : d'ici, c'est à vous qu'on s'adresse, c'est donc en vous Monsieur qu'on à confiance. Il y aura de la generosité de votre part en leur demandant des informations sur des points de localités qui ne vous paroitroient pas assez clairs, vous les obligerez de suivre vos traces. C'est là la seule manière dont il faut agir pour se premunir de regrèts d'avoir été trop bon, trop franc & trop genereux à leur égard. En attendant que je puisse vous faire passer un nouveau memoire sur notre com̄erce & un sur le monopole, pour ne pas vous laisser sans nouveaux documents, je prends la liberté de vous faire passer copie d'une petition que j'ai adressé le printems passé à la chambre des pairs sur les *Postes* : on a passé à l'ordre du jour puisqu'elle est parvenue après l'adoption de la loi[10]. (Dans une prochaine je reviendrai sur ces ordres du jour en pareille matière & autres). Les faits y relatés pourront peut être servir à une épisode dans la proch^e discussion du budgêt. Il y a apparence qu'avèc l'organisation du nouveau service, dont tout le bienfait consistera à être plus couteux pour nous, qu'on agira de nouveau avèc plus de rigueur.

Il est bien à craindre que si Mr de Villèle affronte l'accusation[11] & que par suite de l'adresse[12] de la chambre qu'il trouvera sans doute outrageante à la royauté, il suspendra la charte, où du moins qu'il provoquera une nouvelle dissolution ; cependant que pourroit il esperer d'y gagner, la nouvelle generation aurait encore poussée d'un cran et les vieux elécteurs plus rassuré par nos d^{res} elections : voteroient encore mieux qu'ils ont voté. L'idée que le cens electoral pourroit vous manquer ne peut se classer dans ma tête, un cri d'alarme devroit partir de Paris, il seroit à la fois le cri de la reconoissance. Il me semble que l'añonce de vos œuvres complettes & de vos discours a été confondue : & com̄e elle n'avoit d'abord que pour patronage les libraires ou imprimeurs qui se proposoient de les faire paroitre, on y a trouvé plus une simple añonce de librairie. &c sans qu'on croioit seulement que l'entreprise étoit aussi bien avouée par vous Monsieur ; pour atteindre le but que nous devons nous proposer il faut attendre actuellement l'ouverture des chambres, alors l'on pourra agir avèc espoir de succès, comptèz que je ne perdrai pas cet objèt de vue, dans ce moment je craindrais de vous faire plus de mal que du bien, il est facheux que la 1ere souscription n'ait pas été confiée en de meilleures mains ici, je me rappelle d'avoir vu trainer une pareille liste à notre casino[13] avant que nous scumes que nous aurions la satisfaction de vous voir en Alsace, je n'ai moi même pas signé considerant la chose que ton & speculation d'un libraire de Paris. Je garde vos prospectus d'après l'avis de quelques amis pour en faire usage en tems.

Je ne coñais de l'affaire Bartholet[14] autre chose que si non qu'on les a expulsé administrativement ou judiciairement de leur propriété par une meprise ou disposition generale d'une loi qui leur a été applicable ; coɱe nous avons des exemples qu'on a assasiné judiciairement depuis 1814. M[r]. Humann a parlé pour eux dans la d[re] session lors du rapport de leur petition. Mr de Villêle voulait les faire comprendre dans l'indemnité des emigrés pour les dedoɱager ; mais il n'en furent pas contents & ils reclament le dedoɱagement integral ; voilà ou en est leur affaire ; ils sont dans leurs droits au fond, mais je crois qu'ils auroient bien fait de prendre ce qu'on leur offroit.

Mad[e] Bartholet m'a chargé d'une lettre pr Mr Hartmann[15] en disant qu'elle venoit de vous, & elle a exigé un reçu de moi, ce que j'ai fait par égard pour votre nom & de l'adresse de la lettre. Et je l'ai remis à bon enseigne pourqu'elle parvienne bien.

Je vous prie d'agréer mon cher Monsieur Constant l'expression de mon entier devouement & de mes respêcts

L Schertz

Manuscrit *Lausanne, BCU, Fonds Constant I, Co 1328 ; 6 pp., p. 6 bl. ; orig. autogr.

Texte **6** pas] *en interligne* **22** voient] voient ⟨pas⟩ **56** de la chambre] *en interligne* **82** ils] *en interligne*

Notes
[1] La lettre des « electeurs constitutionnels de l'arrondissement de Strasbourg » du 1er décembre.
[2] La lettre du 17 courant n'a pas été retrouvée ; pour celle du 23 novembre, voir ci-dessus.
[3] Zélie Caroline (1804–1826), fille de Jean Auguste Ratisbonne (1770–1830), banquier, avait épousé en 1821 Emmanuel (1793–1865), fils d'Olry Worms de Romilly (1759–1849), banquier également et président du Consistoire central israélite de France. Emmanuel était officier et venait de traduire les *Odes d'Horace*, Paris : Bossange, 1826.
[4] Un banquet en l'honneur de BC s'était tenu le 2 octobre à Strasbourg (voir la lettre à Schertz du 18 septembre 1827) ; la lettre de Humann refusant d'y participer est signalée dans Glachant (1906), p. 394, mais n'a pas été retrouvée.
[5] Sans doute Louis Wangen de Géroldseck (1760–1836), député du Bas-Rhin depuis 1824, siégeant au centre.
[6] Ce groupe verbal de lecture incertaine et qui a été ajouté doit avoir pour sujet Wangen et les invités de Humann. La syntaxe de Schertz est souvent heurtée.
[7] La référence est exacte.
[8] Plainte déjà formulée dans sa lettre du 12 décembre 1827.
[9] Renoncer « pour la forme » au siège parisien ? Évidemment inconcevable, mais les craintes de Schertz percent : il ne faudrait pas décourager le nouveau député.
[10] La pétition de Schertz « contenant des observations relatives au projet de loi sur le tarif de la poste aux lettres » avait été présentée à la Chambre des pairs le 6 avril 1827 (*Archives parlementaires*, LI, p. 27).
[11] Le 14 juin 1828, Labbey de Pompierres présentera à la Chambre la résolution suivante : « La Chambre des députés accuse MM. les membres du dernier ministère, des crimes de trahison et de concussion. » (*Archives parlementaires*, LIV, p. 727). Était-il déjà question de cette « accusation » dans la pensée de Schertz ?

[12] L'Adresse sera présentée au roi le 9 mars 1828. Villèle aura démissionné deux mois plus tôt.
[13] Le Casino commercial et littéraire de Strasbourg existait depuis 1814 (voir *Règlement pour le salon de lecture et la Bibliothèque du Casino littéraire de Strasbourg suivi du Catalogue systématique des ouvrages composant cette bibliothèque*, Strasbourg : Schuler, 1828).
[14] Voir la lettre d'Isambert à BC du 2 décembre, ci-dessus, celle de Marie-Catherine de Gail au roi du 27 avril 1827 en appendices et la suite de l'affaire dans la correspondance d'octobre 1828.
[15] Sans doute Frédéric, mais Jacques ne peut pas être écarté.

5223

Benjamin Constant à Charles de Rebecque

30 décembre 1827

Depuis quelque tems, mon cher Charles, je ne sais ce qui se passe pour nos traites, je ne puis parvenir à les payer, lorsque j'y suis le plus disposé. Il y a 8 jours qu'un jeune homme m'a présenté celle que je vous avais prié de tirer sur moi, pour la valeur de 120 fr. ; elle était à vue. Je lui ai dit que je voulais la payer de suite ; mais comme je ne me trouvais qu'un billet de 500 fr., il n'a pas voulu attendre que ce billet fût changé et m'a dit qu'il préférait revenir. Dès lors je ne l'ai plus revu. J'espère qu'il ne vous a pas renvoyé la traite, ce dont, comme vous voyez, je serais bien innocent. J'ai conservé la mémoire de son nom ; il s'appelle Plaisiot, mais j'ignore son adresse.

Votre sœur a-t-elle reçu une lettre de moi, avec des prospectus pour une publication dont je m'occupe et dont le succès m'importe beaucoup[1]. Je vous le demande, parce que j'ai fait affranchir la lettre et que je voudrais être sûr qu'on ne m'a pas attrapé.

Je suppose que le déménagement de Louise est commencé ou même achevé. J'attends la copie du bail[2].

Mille amitiés.
BC.

ce 30 Décembre 1827

Au moment où je ferme cette lettre la traite arrive et je la paie[3]. Ainsi tout est en règle.

Manuscrit *Archives Rudler (copie)

Notes
[1] La lettre du 26 décembre, ci-dessus.
[2] BC écrira à Louise à Poligny, le 16 janvier 1828, pour accuser réception de la copie du bail de Brevans.
[3] Livres de dépenses, 30 décembre 1827 : « à Charles Rebeque. 120. » (*OCBC*, VII, 496).

5224

Benjamin Constant à Casimir Périer

30 décembre 1827

Plusieurs personnes, qui vouloient souscrire à mes discours, mon cher Casimir, sont venues me dire que, s'étant présentées chez vous a votre caissier, il leur avoit repondu que ce n'étoit pas là, mais au libraire Dupont, qu'il falloit s'adresser. J'attribue cette erreur à l'absence de M. Ponteuil, qui étoit retenu chez lui, par une circonstance affligeante. Mais je recours à votre amitié pour que vous empechiez que l'erreur ne se prolonge. J'ai la certitude que beaucoup de souscripteurs se présenteront & je vous devrai tout le succès d'une affaire qui sera fort importante pour moi & à laquelle le prix que vous voulez bien mettre à me voir avec vous à la Chambre me fait espérer que vous attachez quelqu'intérêt. L'arrangement que j'ai fait avec Dupont est totalement séparé des souscriptions que vous voulez bien consentir à recevoir chez vous. Chaque exemplaire que Dupont place lui procure & aux autres libraires une remise considérable, qui [est] autant de perte pour moi, aulieu qu'il n'y a point de remise, pour les souscriptions qui viennent chez vous. Soyez donc assez bon pour dire a votre Caissier de ne renvoyer personne. C'est d'autant plus important que d'après votre consentement j'ai annoncé dans les nouveaux prospectus que vous avez eu la bonté d'envoyer tout récemment avec des circulaires, que vous feriez recevoir les souscriptions chez vous[1]. Le refus de votre Caissier me feroit donc un tort non seulement pécuniaire, mais moral.

J'irai vous voir ce soir.

Mille amitiés

B Constant

ce 30 Déc.

Monsieur / Monsieur Casimir Perrier / Député / rue neuve du Luxembourg / N° 27

Manuscrit *Grenoble, AD de l'Isère, 11 J 41, f. 27 ; 4 pp., pp. 2–3 bl., l'adresse p. 4 ; photocopie de l'original.

Texte 13 [est]] *il a oublié le verbe en tournant la page* 18 Caissier] *il a écrit* Caissiers

Note
[1] Aucun « nouveau prospectus » depuis celui qui avait été signalé dans la lettre à Pinard du 9 juin 1827 ; peut-être un retirage avait-il été effectué. Il s'achevait sur ces lignes : « Le montant de la souscription sera versé au fur et à mesure des recettes, chez l'honorable M. Casimir Périer, qui

s'empresse de concourir lui-même à l'exécution d'un projet si digne des bons citoyens qui en ont conçu la généreuse idée. » (p. 6).

5225

Les Électeurs du 4e arrondissement de la Seine à Benjamin Constant

début décembre 1827

Les Electeurs du 4e Arrondissement Electoral du Departement de la Seine.
A Monsieur Benjamin Constant Elu par eux membre de la Chambre des Députés.

Monsieur
Il serait permis à ceux dont les suffrages Vous ont appellé deux fois à la tribune nationale, de s'énorgueillir des services éminents que vous y rendez à la liberté publique, et de ne vouloir céder un nom tel que le vôtre à aucun autre collège d'Electeurs ; mais ils savent que par le caractère même dont ils vous ont revêtu, comme par l'éclat de vos talents vous appartenez en effet à la France entière.

    Quand nous vous avons elu, c'est l'interêt général des Français que nous avons consulté. S'il est vrai qu'aujourd'hui cet interêt sacré vous conseille de prendre dans la nouvelle chambre la qualité de Député par les électeurs de Strasbourg, nous devons les en féliciter, sans nous en plaindre. Ce n'est cependant pas sans reserve que nous consentons à ce sacrifice. Nous vous déclarons, Monsieur, que nous n'en verrons pas moins en vous le premier dépositaire et l'éloquent organe de nos vœux ardents pour le maintien ou le rétablissement de toutes les Garanties Constitutionnelles ; et que nos regards continueront de se porter vers vous, toutes les fois que nos droits civils et politiques auront besoin d'être défendus, Nous n'entendons faire qu'un simple pret de votre honorable nom à nos Concitoyens du Bas-Rhin ; les liens qui vous attachent au 4e arrondissement électoral de la Seine, et que nous avons resserrés au mois de novembre dernier, s'ils deviennent moins apparents dans la prochaine liste des députés, n'en seront que plus étroits.

    C'est à ces conditions, Monsieur, que Nous donnons une pleine adhésion à la demande que les électeurs de Strasbourg vont ont adressée et que vous avez bien voulu nous communiquer.

    Nos suffrages ont exprimé les sentiments que vous nous avez inspirés ; Veuillez en agréer la persévérance.

Manuscrit   *Paris, BnF, N.a.fr. 18832, f. 94 ; 2 pp. ; orig. autogr.

Commentaire   Cette lettre fut écrite à la suite des élections de novembre 1827 par lesquelles BC fut élu à Paris et à Strasbourg ; comme il y est question de « novembre dernier », elle date des premiers jours de décembre après que BC eut opté pour Strasbourg (voir *Le Constitutionnel* du 3 décembre 1827, p. 3). Claude Tircuy de Corcelle (1768–1843) sera élu sur le siège de BC à Paris le 21 avril 1828.

5226

Jean Dauthereau à Benjamin Constant

Après le 25 juillet 1827

Paris le 27 [ ]

Monsieur,
Je vous envoie aujourd'hui la collection des Romans dont notre traité fait mention¹, il y manque Ollivier et les Mémoires de Grammont que je vous porterai dans quelques jours, ces deux ouvrages me manquent en ce moment, et plusieurs autres dans le même cas ont causé le retard que je mets à vous livrer.
Je suis
Monsieur
Votre très humble serviteur
Dauthereau

a Monsieur / Monsieur B. Constant, / membre de la Chambre des / Deputés / rue D'Anjou St Honoré 15.

Manuscrit   *Lausanne, BCU, Fonds Constant I, Co 3608 ; 2 pp., l'adresse p. 2 ; orig. autogr.

Texte   1   [ ]] *la suite de la date est emportée par une déchirure*

Commentaire et Note   Jean Dauthereau (né en 1799), breveté libraire à Paris en 1823, avait lancé en 1826 une Collection des meilleurs romans français et étrangers. *Les Mémoires du comte de Grammont* furent annoncés dans la *Bibliographie de la France* du 25 juillet 1827, p. 612 ; *Ollivier*, le roman de Cazotte, peu avant. La présente fut donc rédigée après le 25 juillet, et sans doute plus tard : en effet, dans sa lettre à Louis-Saturnin Brissot-Thivars du 14 décembre (ci-dessus), BC projetait encore de lui confier la quatrième édition d'*Adolphe*, or le « traité » ici évoqué fait nécessairement suite au refus de Brissot-Thivars. Aucun de ces deux « romans » ne figurait dans la bibliothèque de BC.

¹ Dauthereau publiera la quatrième édition d'*Adolphe* en 1828.

5227

Henri-Philippe-Auguste Dutrône à Benjamin Constant

1827

J'ai l'honneur de presenter la nouvelle expression de mes respects à Monsieur de Constant – Je desirerais savoir à quelle heure je pourrai la réitérer verbalement

Dutrône

D^{tr} en Droit

Manuscrit *Lausanne, BCU, Fonds Constant I, Co 2311 ; 2 pp., p. 2 bl. ; orig. autogr.

Commentaire Henri-Philippe-Auguste Dutrône (1796–1866) figure dans la liste des avocats à la cour royale à partir de 1825 – la licence seule étant alors nécessaire pour exercer. En 1827, il signe « docteur en droit » comme membre du conseil d'administration de la Société de la morale chrétienne aux côtés de BC (Assemblée générale annuelle de la Société de la morale chrétienne, Séance du 26 avril 1827, Paris : Crapelet, 1827, p. 72). Dès 1827, il part pour la Grèce (« Un philanthrope oublié », *Journal des débats*, 3 septembre 1933, 3). C'est donc entre la soutenance de sa thèse (probablement en 1827) et son départ qu'il demande à rencontrer BC. Il reviendra en France après la révolution de Juillet.

5228

Pierre-Alexandre Fleury de Chaboulon à Benjamin Constant

1827 ou après

Compagnie Royale d'Assurances contre l'Incendie.

Paris, le

M Fleury à l'honneur de présenter ses devoirs a Monsieur Benjamin Constant et de le prévenir que M. Ollivier demeure rue St André des arcs N° 45.

Manuscrit *Lausanne, BCU, Fonds Constant I, Co 2078 ; 2 pp., p. 2 bl. ; orig. autogr.

Texte *Les caractères en italique sont imprimés.*

Commentaire La Compagnie Royale d'Assurances contre l'Incendie avait été « autorisée » par le roi le 11 février 1820. Elle était installée 104, rue de Richelieu. Jacques Laffitte était président du conseil d'administration, et Pierre-Alexandre Fleury de Chaboulon (1779–1835), directeur. Elle apparaît dans l'*Almanach royal* à partir de 1824 (p. 894). C'est probablement l'adresse d'un médecin que Fleury donne à BC : Charles Prosper Ollivier d'Angers (1796–1845) soutient sa thèse en 1823 et s'installe rue Saint-André-des-Arts à partir de 1827 (Frédéric Dubas, « Charles Prosper Ollivier d'Angers (1796–1846), un précurseur de la neurologie », *Médecine et hôpitaux en Anjou*, Jacques-Guy Petit et Jean-Paul Saint-André, dir., Presses universitaires de Rennes, 2009, 171–180 ; *Almanach royal* (1827), p. 878).

5229

Horeau à Benjamin Constant

fin 1827-début 1828

Monsieur,
Par la lettre que j'eus l'honneur de vous adresser au mois d'avril ou de mai 1820[1], en vous envoyant un plan pour la réorganisation de l'ad^{on} des D^{nes}, je vous disais que tant que la chambre conserverait quelques députés loyaux et courageux, pour défendre les libertés publiques, la France ne devait pas désespérer de son salut. Grâces soient rendues au petit nombre et à vous, Monsieur, particulièrement ! Vous avez entretenu le feu sacré, vous l'avez répandu dans les départemens[2] : le droit a triomphé ! *les élections de 1827* ont porté à la faction anti-nationale un coup dont, il faut espérer, qu'elle ne se relevera pas.

Vous continuez, Monsieur, votre glorieuse carrière, chacun de vos discours est un nouveau fleuron à ajouter à la couronne que la patrie reconnaissante vous prépare.

Après avoir rendu hommage à vos nobles sentimens et à votre sublime talent, je prends, Monsieur, la liberté de vous prier de vouloir bien employer votre éloquence, soit auprès du Ministre des finances[3], soit à la chambre, en faveur des employés des douanes auxquels une ordonnance, contresignée Villele, a enlevé une grande partie de leur plus consolante espérance.

Je ne vous fatiguerai pas par de nouveaux détails, le petit travail[4], que j'ai l'honneur de joindre à ma lettre, suffira, j'aime à le croire, pour vous mettre au fait de ma réclamation, qui a pour objet de faire remettre en vigueur une loi que l'ordonnance Villele a annulée.

Si vous daignez, Monsieur, vous occuper du sort de mes nombreux confrères, je suis persuadé que vous parviendrez à les remettre en possession de leurs droits. Leurs cœurs conserveront à jamais le souvenir de votre bienveillante bonté.

Je suis, Monsieur, avec la plus haute considération,
Votre très respectueux serviteur.

S'il etait necessaire de plus amples renseignements ; ils pourraient être demandés à Mr Capron rue St Guillaume N° 15 – qui s'empresserait de fournir tous ceux qu'il seroit en son pouvoir de donner.

Manuscrit *Lausanne, BCU, Fonds Constant I, Co 1691 ; 4 pp., p. 4 bl. ; orig. autogr. (le post-scriptum d'une autre main).

Texte   **16** Villele,] Villele, ⟨leur⟩

Commentaire et Notes   La lettre du mois d'avril ou de mai 1820 correspond à la lettre 3438 de la présente édition, ce qui permet de fixer le nom de l'auteur de la présente. La date est suggérée par l'allusion au résultat – récent, semble-t-il – des élections de 1827, qui se déroulent du 17 au 24 novembre 1827. La seule ordonnance, qui concerne les « employés des douanes » après l'élection de BC, ne s'accorde pas exactement à la « réclamation » évoquée, elle date du 25 octobre 1829 (*Ordonnance du Roi concernant le service des douanes dans les colonies de la Martinique et de la Guadeloupe*). Villèle avait démissionné le 3 janvier 1828, mais l'ordonnance avait pu être préparée sous sa responsabilité, puis discutée les mois suivants. Il ne semble pas que BC soit intervenu à la Chambre à propos des douanes.

[1] Voir la lettre 3438 (*CG*, XI, 509).
[2] BC était député du Bas-Rhin.
[3] Antoine Roy (1764–1847) avait succédé à Villèle.
[4] Il n'est pas joint.

Appendices

A145

Marie-Catherine de Gail à Charles X

27 avril 1827

Paris le 27 avril 1827 *au roi*

Sire

C'est pitié disait le President de Harlais quand le valet chasse le Maitre[1] &. &. &.

C'est pitié aussi quand le sujet fidel est pillé par les fonctionnaires publique, et que la veuve d'une déffenseur de la Patrie mort au champ d'honneur végette dans une Province dépense son dernier So[l pou]r venir a Paris reclamer justice depuis [ ] sans pouvoir l'obtenir. Si votre Majesté avait le bonheur d'avoir un Sully[2], j'aurai déjà touché depuis longtems l'argent qui me revient pour mon bien arbitrairement enlevé par les gendarmes en 1817. Sous la restauration oprimés par l'autorité, qui devait nous protéger ; c'est malheur que me voila pour la 4eme foi au Conseil d'etat pour reclamer ma fortune qui a été redemandé a Son Excellence le Ministre des finances par l'organe de nos députés (Dep du Bas Rhin.) et la chambre législatif toute entiere. Elle a reconnu nos droits cette chambre et ceux de 400 malheureux le 11 mars 1826. J'ai autant de confiance en votre Majesté qui elle était Henry quatre[3] elle-même. C'est pour quoi que je prends la liberté de m'adrésser a votre Majesté persuadé que la verité ne pénètre pas souvent dans le Palais des [ ] rois.

Je ne viens point reclamer de votre Majesté Sa munifisance royal pour reparer mes générosités, mes prodigalités, de couvrir les dépenses de mes caprices. Je croirai manquer à la dignité royal. Mais je profite du jubilé politique que votre Majesté vient de donner a la France, pour la supplier très respectu[euseme]nt de Presider en *pérsonne* son *Conseil* [ ] le jour que l'on y jugera la catastrophe arrivé en 1817 (a Bichofsheim 5 lieux de Strasbourg dépt. du Bas Rhin).

Je ne citerai pour dernier Protecteur de notre infortune que M.^{r} le marquis de Volchier[4] directeur géneral des Postes, il connait cette odieuse affaire il a été notre Préfet je le regrette… il connait le crime administratif qui nous a ôté notre patrimoine.

Gail

Repondu le 3. Mais renvoyé au ministre de la justice : qu'ils tremblent les coupables

Manuscrit *Lausanne, BCU, Fonds Constant I, Co 4027 ; 2 pp. ; orig. autogr.

Texte *d'une autre main, après la date : au roi.* **6** So[l pou]r] *plusieurs lettres emportées par une déchirure ; nous les rétablissons entre* [ ] **7** [ ]] *mot ou mots emportés par une déchirure* **17** [ ]] *mot couvert par une tache d'encre* **18** mais] *ajouté en interligne* **21** de donner] *en interligne, au-dessus de* ⟨[illisible]⟩ respectu[euseme]nt] *lettres emportées par une déchirure ; nous les rétablissons entre* [ ] **22** [ ]] *mot emporté par une déchirure* y jugera] *ces mots oubliés ont été insérés après la fin de l'alinea ; leur emplacement est marqué par une croix*

Commentaire et Notes   Cette minute de lettre au roi a pour auteur Marie Catherine Walburge de Badany, veuve de Denis Joseph André de Gail, et doit être mise en relation avec les lettres d'Isambert du 2 décembre et de Schertz du 29 décembre 1827.

[1] Achille de Harlay (1536–1616), président du Parlement de Paris, dit au duc de Guise en 1588 : « C'est grand pitié quand le valet chasse le maistre ! Au reste mon ame est à Dieu, mon cœur est à mon Roy, & mon corps est entre les mains des meschants & à la violence. » (Jacques de La Valée, *Discours sur la vie, actions et mort de tres-illustre Seigneur, Messire Achilles de Harlay*, Paris : Corozet, 1616, pp. 48–49).

[2] Maximilien de Béthune, duc de Sully (1560–1641), le célèbre ministre d'Henri IV.

[3] Le « bon roi Henri » était, selon la légende, particulièrement soucieux du bien de ses sujets.

[4] Louis-René-Simon, marquis du Vaulchier du Deschaux (1780–1861) fut préfet du Bas-Rhin de mai 1822 à avril 1824, avant d'être nommé directeur général des Postes, rôle qu'il exercera jusqu'en 1828.

A146

B. Cadenet aux membres de la Chambre des Députés

5 mai 1827

A Messieurs
Les Membres de la Chambre des Députés.

Messieurs
Lorsqu'il y a quelques années la Chambre des Députés passa à l'ordre du jour une pétition du Consistoire de l'Eglise réformée de Bordeaux, qui demandait l'établissement de collèges séparés pour les protestans du royaume[1], mes co-religionnaires applaudirent à cette décision et partagèrent l'opinion de l'honorable Monsieur Royer-Collard, alors président du Conseil de l'instruction publique[2], qui exposa avec beaucoup de raison et de sagesse les inconvéniens de la mesure reclamée. Les choses ont bien changé depuis et si une pareille demande était aujourd'hui reproduite, elle ne serait pas accueillie avec la même défaveur, parce que tout en gémissant d'être obligés de faire instruire séparément nos enfans, nous sentons que de jour en jour un changement à cet égard devient plus nécessaire et plus urgent. Il n'y a, Messieurs, ladessus qu'une voix parmi les

protestans du royaume. Nous souffrons, comme tous les Français, de l'arbitraire et du despotisme des lois et réglemens de l'université impériale, qui n'ont pas été adoucis par la restauration, et contre lesquels il s'est plus d'une fois élevé de vives réclamations au sein de la chambre. Mais comme protestans, notre position est doublement facheuse. Ce pouvoir arbitraire dont la loi arme l'université, il est entre les mains d'un clergé qui dans ses discours et dans ses écrits manifeste un esprit d'intolérance, bien capable de nous effrayer ; et déjà un assez grand nombre d'actes nous ont fait sentir ses intentions persécutrices. A l'exception de nos facultés de théologie[3], tous nos établissemens d'instruction, tant publics que particuliers, sont dans la dépendance de ce clergé ; les collèges royaux sont entièrement sous son influence, le nombre des prêtres s'y accroit journellement, tant parmi les chefs, que parmi les professeurs et les maîtres d'études ; la discipline et l'enseignement y prennent une couleur de plus en plus catholique. Aussi par une conséquence nécessaire le nombre des élèves protestans diminue-t-il progressivement dans les collèges royaux. Témoin de l'embarras où se trouvent mes coreligionnaires pour faire instruire leurs enfans, de leurs plaintes sur le présent et de leurs craintes pour l'avenir, j'ose me faire leur interprète et réclamer l'intervention de la Chambre pour obtenir un changement à ce facheux état de choses. Je ne sollicite point l'établissement de collèges particuliers ; nous ne voulons point nous soustraire aux lois qui régissent l'Université, quoique nous fassions les vœux les plus ardens pour que l'instruction publique devienne libre ; nous ne prétendons point soustraire l'instruction de nos enfans à la surveillance du gouvernement. Je demande que tous les établissemens d'instruction protestans, soient placés, comme les facultés de théologie, sous la direction d'un fonctionnaire de notre communion et que nos consistoires dirigent nos écoles primaires sous sa surveillance. Je demande que les instituteurs protestans n'aient à recevoir que de ce fonctionnaire l'autorisation d'ouvrir des pensionnats et qu'on ne leur défende pas d'admettre dans leur pension des élèves catholiques, comme le Ministre de l'instruction publique l'a fait plusieurs fois. On n'impose pas la condition réciproque aux maitres de pension catholiques ; nous ne demandons pas qu'on la leur impose. Mais nous désirons jouir du même droit et on ne peut nous le refuser sans violer manifestement l'article 5 de la Charte qui accorde à tous les cultes chrétiens la même liberté et la même protection[4].

Daignez, Messieurs, donner une attention bienveillante à l'un de vos plus chers intérêts et prendre en considération cette humble requête. Plein de confiance de votre justice, je demeure,

Messieurs

Avec un profond respect
Votre très humble et obéissant serviteur,

B. Cadenet

Paris ce 5 Mai 1827

Manuscrit *Lausanne, BCU, Fonds Constant I, Co 1325 ; 4 pp. ; orig. autogr.
Commentaire et Notes L'auteur de cette lettre n'a pu être identifié, mais son argumentation sera reprise par BC à la Chambre le 18 mai 1827 (*Archives parlementaires*, LII, pp. 130–131).
[1] La pétition fut examinée le 15 février 1819 (*Archives parlementaires*, XXIII, pp. 3 et suiv., l'intervention de Royer-Collard en p. 7).
[2] Royer-Collard fut président de la commission de l'Instruction publique du 15 août 1815 au 13 septembre 1819.
[3] Il existait alors deux facultés de théologie protestante : l'une à Strasbourg, l'autre à Montauban.
[4] « Chacun professe sa religion avec une égale liberté, et obtient pour son culte la même protection. »

A147

Situation de la souscription chez Casimir Périer

23 juillet 1827

Situation, à ce jour, 23 juillet 1827, de la souscription chez M^r. Casimir Perier.

Le nombre des exemplaires qui ont dû être envoyés, d'après les notes fournies jusqu'à ce jour 23 juillet 1827, y comprise celle de ce jour, n° 11, s'élève à.......916 exemplaires

916 exemplaires à 14 ^{fr}. produisent   12,824,– ^{fr}.
Cette somme de 12,824 ^{fr}. se décompose ainsi qu'il suit :

                                                                                       fr.

1°. Recette effective chez Mr. Casimir Perier,   11,270,–
2°. Recette à opérer chez Mr. Casimir Perier   ,260,–
      (cette somme de 1260 ^{fr}. est relative aux 60 exemplaires envoyés à M^r. Blanc Pascal à Nismes & aux 30 exemplaires envoyés à M^r. Le G^{al}. Sebastiany)
3°. Recouvremens à opérer par le libraire, d'après les notes fournies   294,–
                Total égal   12,824
N.B Il n'y a de frais que 8 francs, retenus par un correspondant.

                                                                                        fr.

Recette effective jusqu'à ce jour   11,270,–
                Frais   8–
                En caisse,   11, 262^{francs}.

Manuscrit *Lausanne, BCU, Fonds Constant I, Co 2646 ; 2 pp., p. 2 bl. ; orig., de la main de T. Ponteuil.

A148

T. Ponteuil à Hyacinthe Caquelard-Laforge

21 août 1827

Paris le 21 août 1827.

N° 18
8 exemplaires
Monsieur
J'ai l'honneur de vous adresser, ci-joint, l'état, N° 18, de huit exemplaires des discours de Mr Benjamin Constant, dont l'envoi est demandé, d'ailleurs avec instances, par les souscripteurs.
    Cet état ne donne lieu à aucun recouvrement à opérer.
    J'ai l'honneur d'être avec les sentimens les plus distingués[1],
Monsieur,
                  Votre très humble et très obéissant serviteur
                                        T. Ponteuil.

    N° 18 = 8 exemplaires

Thury a Honfleur	3
de Geronte à Orange	1
Millet ainé d°	1
Renard p^{er} à Avignon	1
A^{te} Gaspary Orange	1
V. Debelleosy[2] a Jonquieres près Orange	1
	8 exemplaires

    A Monsieur Caquelard-Laforge, à Paris.

Manuscrit *Lausanne, BCU, Fonds Constant I, Co 3800 ; 2 pp., p. 2 bl. ; orig. autogr.

Notes
[1] La formule de politesse est différente de celle qui terminait les lettres à BC.
[2] Faute de renseignements plus précis ou même d'une lecture plus certaine, aucun de ces « souscripteurs » n'a pu être identifié.

A149

T. Ponteuil à Hyacinthe Caquelard-Laforge

8 septembre 1827

Paris le 8 7bre 1827.

N° 21
8 exemplaires
Monsieur,
J'ai l'honneur de vous adresser, ci-jointe, la note, N° 21, de huit exemplaires des discours de Mr Benjamin Constant à envoyer et pour lesquels il n'y a point de recouvrement à opérer.

Veuillez agréer l'expression des sentimens les plus distingués avec lesquels j'ai l'honneur d'être,

Monsieur,
Votre très humble et très obéissant serviteur
T. Ponteuil

Monsieur Caquelard-Laforge, Paris.

Liste N° 21
Gauthier rue de la Monnaye N° 11	1 exemplaire
Souhait[1] chez Dumont N^{re} rue St Denis 47	1
Auguste Favre	1
Guebin[2] Bourges	5
	8

Ce 8 7bre 1827

Manuscrit *Lausanne, BCU, Fonds Constant I, Co 3801 ; 4 pp., pp. 2–3 bl. ; orig. autogr.

Notes

[1] Peut-être Joseph Julien Souhait (1759–1842), homme politique que BC avait connu jadis (*CG*, III, 348).

[2] Un V. Guébin était juge au tribunal de commerce de Bourges et un Guébin fils, banquier (*Almanach du commerce* (1827), p. 407).

A150

T. Ponteuil à Hyacinthe Caquelard-Laforge

17 septembre 1827

Paris le 17 7bre 1827.

N° 22
5 exemplaires
Monsieur

J'ai l'honneur de vous adresser, ci-joint, l'état, N° 22, de cinq exemplaires des discours de Mr Benjamin Constant à envoyer et pour lesquels il n'y a aucun recouvrement à opérer.

Veuillez agréer l'assurance des sentimens les plus distingués avec lesquels j'ai l'honneur d'être,

Monsieur,
Votre très humble et très obéissant serviteur
T. Ponteuil

Archdéacon[1] Boulevard Poissonniere N° 10

A Monsieur Caquelard Laforge, Paris

Manuscrit *Lausanne, BCU, Fonds Constant I, Co 3802 ; 2 pp., p. 2 bl. ; orig. autogr.

Note
[1] Archdeacon aîné, agent de change honoraire, à l'adresse indiquée (*Almanach royal* (1829), p. 830).

A151

T. Ponteuil à Hyacinthe Caquelard-Laforge

3 octobre 1827

Paris le 3 octobre 1827.

N 23
1 exemplaire
Monsieur,

J'ai l'honneur de vous adresser ci-joint l'état, N° 23, de la souscription aux discours de Mr Benjamin Constant.

Dans l'état N° 21. est compris pour un exemplaire Mr Gauthier[1], rue de la Monnaie N° 11 : il a fait réclamer, il y a quelques jours, la remise de cet exemplaire qui ne lui aurait pas été envoyé. Avez-vous, Monsieur, la bonté d'éclaircir, à l'occasion, cette nouvelle réclamation ?

Agréez, je vous prie, l'assurance des sentimens les plus distingués avec lesquels j'ai l'honneur d'être,

Monsieur,
Votre très humble et très obéissant serviteur
T. Ponteuil

N° 23 1 exemplaire à Mr Huter[2] pasteur a Gries pres Bischweller Bas-Rhin

Monsieur Caquelard-Laforge, Paris.

Manuscrit *Lausanne, BCU, Fonds Constant I, Co 3803 ; 2 pp., p. 2 bl. ; orig. autogr.

Notes
[1] Voir la lettre de Ponteuil à Caquelard-Laforge du 8 septembre 1827.
[2] Jean-Jacques Hüter était pasteur à Gries, canton de Brumath (*Annuaire du Bas-Rhin*, p. 129).

Répertoire

ALISSE, Jules, associé de Mallet frères, banquiers de BC, sera très impliqué, comme BC, dans les activités de la Société de la morale chrétienne, fondée en 1821. Son nom figure notamment dans la liste des membres du Comité des Grecs au début de la réimpression de l'*Appel aux nations chrétiennes en faveur des Grecs, rédigé par Benjamin Constant ; et adopté par le Comité des Grecs de la Société de la morale chrétienne*, Paris : chez les marchands de nouveautés ; chez Treuttel et Würtz... et à l'agence du comité..., 1825.

BARROT, Camille-Hyacinthe-Odilon (1791–1873), avocat et homme politique français, fut un royaliste modéré à la première Restauration, mais la Terreur blanche de 1815–1816 le vit s'associer aux libéraux. Il se forgea une réputation de défenseur des causes libérales et des victimes d'affaires judiciaires, notamment Wilfrid Regnault, cause qui l'associa pour la première fois à BC. Barrot prononça l'un des éloges funèbres de Constant au Père Lachaise en 1830. Il fit partie de l'opposition constitutionnelle sous la Restauration, et fut actif dans les associations comme le célèbre Aide-toi, le Ciel t'aidera dont il sera le président. Au moment de la Révolution de Juillet, nommé premier secrétaire de la commission du gouvernement, il réussit à détourner Lafayette de l'idée de proclamer la république. Nommé préfet de la Seine, puis élu député de l'Eure après la Révolution, il s'opposa au régime de la résistance inspiré par Guizot et, quoique toujours monarchiste, s'aligna avec la gauche. Sa méfiance à l'égard de la république le vit se mettre à la droite de la Constituante de 1848 avant d'être ministre sous le président Bonaparte, qui le déposa fin 1849. Barrot protesta contre le coup d'État, puis se retira de la vie politique pour se consacrer à ses études. Il fit partie de l'Académie des Sciences morales et politiques à partir de 1855, et sous la IIIe République, on le nomma membre, puis président du Conseil d'État.

BÉCHET, Charles (1794–1829), nom pris par Pierre Charlot lorsqu'il s'associa à son beau-père François Béchet dans sa librairie parisienne.

BÉCHET, François († 1844), dit Béchet l'aîné, libraire à Paris.

BLANC-PASCAL ou BLANCPASCAL, Pierre (dates inconnues), homme de loi nîmois, accusateur public du Gard sous la Révolution, catholique qui avait tenté de protéger les protestants du Gard contre la persécution.

BROVAL, Nicolas-Thomas-François Manche, chevalier de (1756–1832) avait été commis sous Necker ; chambellan au service du duc d'Orléans en 1801, il logeait au Palais-

Royal depuis 1817 comme secrétaire des commandements. Il était en relation avec les opposants libéraux.

CAQUELARD ou CAQUELARD-LAFORGE, Hyacinthe, marchand de toiles et électeur parisien, avait joint à son nom celui de son épouse et demeurait 9, rue Greneta (*Almanach du commerce* (1827), p. XV).

CAZIN, Alexandre († 1832), avoué au tribunal de première instance de la Seine qui s'occupe d'une partie des affaires immobilières de BC de 1824 à 1827.

CHATEAUBRIAND, François-Auguste-René, vicomte de, né le 4 septembre 1768 à Saint-Malo, mort à Paris le 4 juillet 1848. Le célèbre écrivain est nommé ministre au début de la Seconde Restauration, mais s'oppose à la dissolution de la Chambre introuvable et entre dans l'opposition ultraroyaliste, notamment comme rédacteur du *Conservateur*. En 1817 il se lie d'une amitié durable avec Juliette Récamier, et dès lors fréquente son salon avec assiduité. Il occupe successivement à partir de 1821 les postes de ministre français à Berlin et d'ambassadeur à Londres, avant de représenter la France au congrès de Vérone qui décide fin 1822 l'intervention française en Espagne de 1823. Il est nommé ministre des Affaires étrangères en décembre 1822 dans le ministère Villèle. Congédié sans ménagements le 4 août 1824, il entre dans l'opposition et fait cause commune avec les libéraux sur la liberté de la presse et l'indépendance de la Grèce. Il est ambassadeur à Rome en 1828 et 1829, mais se retire définitivement de la vie politique active au début du ministère Polignac.

CHÉZY, Antoine-Léonard (1773–1832), membre de l'Académie des Inscriptions et Belles-Lettres, professeur de sanscrit au Collège royal de France depuis 1815.

CONSTANT, *Charles*-Samuel, dit le *Chinois*, cousin germain de BC, né le 3 octobre 1762 à Genève, mort à Londres le 15 juillet 1835, fils de Samuel de Constant et de Charlotte Pictet et donc frère de Rosalie et Lisette de Constant. Tout jeune, il se lance dans les affaires et, après trois voyages en Chine (1778–1782, 1783–1786, 1789–1793), se fixe à Londres, où il épouse, le 4 août 1798, Anne-Louise-Renée, dite Ninette, fille du banquier genevois Jacques Achard et d'Anne-Renée Bontems ; ils ont deux enfants : Anne-Rosalie, née en 1799, qui épouse, en 1819, Frédéric-Jacques-Louis Rilliet, et Henriette-Anne-Louise, née en 1800, qui épouse, en 1819, Édouard-Pierre-Paul Rigaud. En 1810, Charles revient à Genève, où, dès 1813, il joue un certain rôle politique. (*Généalogies vaudoises*, III, 223–224 ; Louis Dermigny, *Les Mémoires de Charles de Constant sur le commerce à la Chine*, Paris : SEVPEN, 1964).

CONSTANT, Charlotte Georgine Auguste de, née von Hardenberg (Londres, 29 mars 1769-Paris, 22 juillet 1845), fille de Hans Ernst, comte von Hardenberg et d'Eleonore, née von Wangenheim. En 1787, la comtesse Charlotte von Hardenberg épouse en premières noces Wilhelm Albrecht Christian, baron von Marenholtz et lui donne un fils en 1789. Le 11 janvier 1793, elle rencontre BC pour la première fois, tombe amoureuse de lui et divorce d'avec le baron von Marenholz le 15 août 1794. Le 14 juin 1798, à Brunswick, elle épouse en secondes noces le vicomte Alexandre Maximilien Du Tertre, Français et catholique. En octobre 1806, Charlotte revoit BC et une liaison s'engage. À la demande de Du Tertre, son mariage avec Charlotte est déclaré nul par le diocèse catholique de Paris, le 11 avril 1808. Chez Juste de Constant à Brevans, près de Dole, le 5 juin 1808, Charlotte épouse en troisièmes noces BC. La cérémonie religieuse qui les unit est célébrée suivant le rite de l'Église réformée par le pasteur Jean-Henry Ébray de Besançon.

CONSTANT, *Rosalie*-Marguerite de (Genève, 31 juillet 1758-Genève, 27 novembre 1834), cousine germaine de BC, fille aînée de Samuel de Constant et de Charlotte Pictet (*Généalogies vaudoises*, III, p. 223).

CONSTANT DE REBECQUE, Anne-Marie-*Louise*, voir Estournelles.

CONSTANT DE REBECQUE, *Charles*-Louis (1784–1864), fils de Juste de Constant et Marianne Magnin. Il voulait faire carrière dans la marine. Malgré une jeunesse dissipée, il aurait pu devenir officier lorsque, en 1809, un accident l'oblige à changer d'orientation. Grâce à l'appui de Germaine de Staël, il entre dans l'administration au service du préfet du Léman. Il finit par rentrer en France, s'installant à Poligny où il épouse en 1828 Émilie Pillot et devient président de la Société d'agriculture, science et arts.

COULMANN, Jean-Jacques (1796–1870), avocat et homme politique français. Il fit la connaissance de BC à Paris et l'accueillit dans sa maison de Brumath lors des séjours du député dans le Bas-Rhin. Il devient maître des requêtes au Conseil d'État après la révolution de 1830, et sera élu député du Bas-Rhin à son tour, en juillet 1831.

COUSIN, Victor (1792–1867), philosophe et homme politique français. Fils d'un ouvrier, il fait de brillantes études qui lui permettent de se lier avec François Guizot. Professeur suppléant à la chaire d'histoire de la philosophie de la Sorbonne entre 1815 et 1821. Rencontre Germaine de Staël et August Wilhelm Schlegel pendant l'hiver 1816–1817, fait des voyages en Allemagne en 1817, puis en 1823–1824. Pendant ce deuxième voyage, il est arrêté, soupçonné de carbonarisme, mais est libéré grâce à l'intervention de Hegel. La philosophie éclectique de Cousin n'aura pas en elle-même d'influence durable, mais son ouverture aux différents courants philosophiques et son influence considérable sur le système de l'éducation sous la Monarchie de Juillet – d'abord sous Guizot, en 1840 comme ministre de l'Instruction publique, et surtout peut-être comme président du jury de l'agrégation de philosophie – lui permettent de placer l'enseignement de la philosophie au centre des programmes. Il est élu à l'Académie française en novembre 1830, devant BC, candidat pour la dernière fois de sa vie.

CUVIER, *Rodolphe* Eberhard Nicolas (1785–1867), président de l'Église réformée de Metz à partir de 1824. Cuvier perdit son poste de professeur à Nancy en juillet 1826 dans une affaire qui fit du bruit dans les journaux.

DAVILLIER, Jean-Antoine-Joseph (1754-1831), banquier français, est le frère aîné de Jean-Charles-Joachim, baron Davillier (1758-1846), régent de la Banque de France (1801). La femme de Davillier l'aîné, Julie-Marie-Pierrette Anthoine (1771-1849), tient un salon littéraire et politique, à tendance libérale et bonapartiste, sous la Restauration.

DEGÉRANDO, Joseph-Marie (*de Gérando* jusqu'à la Révolution) (1772-1842), juriste, philosophe et philanthrope. Né à Lyon, fils d'un architecte d'origine italienne, Antoine de Gérando (1739-1785), il participe en 1793 à l'insurrection lyonnaise contre la Convention, évite de justesse l'exécution, et se réfugie en Suisse, puis à Naples. De retour en France, il s'engage dans l'armée comme chasseur à cheval. Il épouse en 1798 Marie-Anne de Rathsamhausen, dite Annette (1774-1824). En 1800, il publie à Paris l'essai *Des signes et de l'art de penser, considérés dans leurs rapports naturels* qui a remporté le prix de l'Institut en 1799, puis *De la génération des connaissances humaines* (Berlin, 1802) pour lequel l'Académie de Berlin lui décerne un prix, et l'*Histoire comparée des systèmes de philosophie considérés, relativement aux principes des connaissances humaines* (Paris, 1804, 3 vol.). En 1804, il entre à l'Institut et devient secrétaire général du ministère de l'Intérieur. Napoléon lui confie d'importantes missions en Italie et en récompense, le 11 mars 1811, l'empereur le fait baron de Rathsamhausen. Il est nommé à la chaire de droit administratif à la faculté de droit de Paris en 1819. Ami de Germaine de Staël, de Juliette Récamier et de BC, Degérando s'intéresse à des questions sociales et, en 1815, fonde la Société pour l'instruction élémentaire. Considéré aujourd'hui comme l'un des précurseurs du catholicisme social, il s'intéresse à l'éducation des pauvres, notamment à l'enseignement mutuel, et aux institutions de bienfaisance. Il publie une *Education des sourds-muets de naissance* (1827) et un *Cours normal des instituteurs primaires* (1832). Pair de France en 1837, Degérando s'éteint à Paris, le 12 novembre 1842. Ses œuvres complètes ne comportent pas moins de 25 volumes.

DELESSERT, Jules-Paul-Benjamin (1773-1847), banquier et naturaliste français, né à Lyon dans une famille protestante établie dans le canton de Vaud. Il reçoit des leçons de botanique de Jean-Jacques Rousseau et suit lors d'un séjour à Édimbourg des cours d'Adam Smith et de Dugald-Stewart. Delessert est député libéral de la Seine de 1815 à 1823, puis de Maine-et-Loire de 1827 à 1842.

DESPORTES, Nicolas-Félix, (1763-1849), après une carrière diplomatique, puis préfectorale, fut élu par le Haut-Rhin à la Chambre des représentants lors des Cent-Jours. Exilé en Allemagne, il rentra en France en 1820 et chercha vainement à se faire réélire dans le Haut-Rhin en 1827. Il entre en relation avec BC en 1814. Le fils de son frère Benjamin (1766-1840), également prénommé Félix, était défenseur agréé près le tribunal de commerce de la Seine (*Almanach du commerce* (1827), p. 290).

DUPONT, Ambroise (1793-1840), libraire à Paris à partir de 1824.

ECKSTEIN ou d'Eckstein, Ferdinand (1790–1861), homme de lettres et orientaliste danois, étudia la philosophie à Heidelberg avant de se convertir du judaïsme au catholicisme en 1808. Il s'établit en France sous la Restauration et se donna le titre de baron. Il dirige de 1826 à 1829 son propre journal, *Le Catholique*, et deviendra l'un des orientalistes les plus connus de la France de la Monarchie de Juillet.

ESTOURNELLES, Anne-Marie Louise d', née de Constant (1792–1860), fille de Juste et de Marianne Magnin. Elle épouse, le 17 janvier 1817, le chevalier Claude-Louis Balluet d'Estournelles ; ils auront deux fils, Léonce (1817–1859), dont Benjamin sera le parrain et Arnold (1828–1830). Louise, qui fait une carrière honorable dans les lettres, publiant plusieurs romans (*Alphonse et Mathilde*, 1819, *Pascaline*, 1821 et *Deux femmes*, 1845), obtient grâce à Benjamin, en 1830, la direction des postes de La Flèche, dans la Sarthe. Quant à Léonce, qui sera au service des Eaux et forêts, il mourra un an avant sa mère, laissant six orphelins, dont l'un, Paul-Henri-Benjamin d'Estournelles de Constant, fera une grande carrière politique, sera député, puis sénateur et recevra le Prix Nobel de la Paix en 1909.

ESTOURNELLES, Claude-Louis-François-Marie Balluet d' (1772–1837), officier français. Il commence sa carrière militaire comme garde à cheval du roi en 1792 et la poursuit dans la Légion de la Reine en Espagne entre 1793 et 1796. Dès 1797, on le trouve en exil aux États-Unis, aux Antilles, en Angleterre et en Allemagne ; il ne rentre en France que vers 1800 pour y intégrer les armées napoléoniennes. Ayant fait la connaissance de Christine-Catherine-Dorothée Mantzel (1772–1811) à Hambourg en 1796, il l'épouse en 1804. Après la mort de son épouse, Estournelles participe aux campagnes de 1813 en Allemagne, puis à celle des Cent-Jours avec l'empereur. Mis en demi-solde fin 1815, il rentre en Franche-Comté où il rencontre, vers le printemps 1816, Louise, demi-sœur de BC. Le mariage a lieu le 15 janvier 1817 et un fils, Léonce, naît le 29 décembre 1817. Bien qu'ayant passé plusieurs semaines à Paris fin 1816 à solliciter un retour au service actif, avec l'appui de BC et surtout d'Auguste de Staël, d'Estournelles doit cependant attendre l'été 1818 pour être nommé major de place à Perpignan. Quand les Rebecque l'y rejoignent à l'automne, les rapports entre d'Estournelles d'un côté, Louise et sa famille de l'autre se dégradent très rapidement, et les Rebecque retournent à Brevans. Malgré quelques périodes de rapprochement, (c'est ainsi que naîtra un second fils, Arnold, en 1828), le couple ne saura se réunir durablement.

FIRMIN-DIDOT, Hyacinthe (1794–1880), éditeur-libraire parisien, fils de Firmin Didot (1764–1836) et frère d'Ambroise Firmin-Didot (1790–1876). Les frères Didot s'associent en 1827 dans la direction de l'imprimerie-librairie établie par leur père, sous la raison « Firmin-Didot frères ».

GUIGNIAUT, Joseph-Daniel (1794–1876), helléniste français et traducteur du *Symbolik* de Georg Friedrich Creuzer, sous le titre *Religions de l'antiquité considérées principalement dans leurs formes symboliques et mythologiques* (10 volumes, 1825–1851).

HARTMANN, André-Frédéric ou Fritz (1772–1861), manufacturier à Munster dans le Haut-Rhin et député de ce département de 1830 à 1845, est le fils aîné d'André Hartmann (1746–1837). La maison de toiles peintes fondée par le père en 1782 devient « Hartmann & fils » en 1818, puis « Hartmann frères » en 1826, année ou André laisse le contrôle à deux de ses fils, Fritz et Henry.

HARTMANN, Jacques (1774–1839), troisième fils d'André Hartmann, fondateur de la filature du Hammer, près de Munster, en 1819.

HARTMANN, Henry Nicolas (1782–1856), associé à son frère aîné dans la direction de la maison Hartmann frères.

HOBHOUSE, John Cam (1786–1869), homme politique anglais. Hobhouse se fit remarquer en 1816 des deux côtés de la Manche par son ouvrage *The Substance of some letters written by an Englishman resident in Paris during the last reign of the emperor Napoleon*, au ton plutoût favorable à l'Empereur, ouvrage qu'il discuta avec BC lors du séjour de ce dernier à Londres en 1816. Grand ami de Byron, Hobhouse accompagna le poète à Genève en 1816, et ils dînèrent à plusieurs reprises à Coppet. Il commença une carrière parlementaire en 1820, dans les rangs des libéraux, et servira dans divers postes ministériels à partir de 1832. Anobli Baron Broughton en 1851.

HUBER, Maria *Therese* Wilhelmina (Göttingue, 7 mai 1764-Augsbourg, 15 juin 1829), femme de lettres allemande, fille du célèbre professeur et humaniste Christian Gottlob Heyne. Elle épouse, en premières noces en 1785, Johann *Georg* Adam Forster et lui donne quatre enfants. En secondes noces en 1794, elle épouse Ludwig Ferdinand Huber dont elle aura six enfants. Romancière et traductrice, elle écrit une continuation en allemand des *Lettres trouvées dans des porte-feuilles d'émigrés* d'Isabelle de Charrière et traduit ses *Ruines de Yedburg*. Pionnière dans le journalisme, elle est entre 1817 et 1823 la première femme à diriger un quotidien de prestige, la *Morgenblatt für gebildete Stände* de Stuttgart.

JULLIAN, Pierre-Louis-Pascal (1769–1836), à ne pas confondre avec le directeur de la *Revue encyclopédique* Marc-Antoine Jullien, était une relation commune de Julie Talma et BC ; il dirigeait l'édition de la *Galerie historique des contemporains*, Mons : Le Roux, 1827.

JULLIEN, Marc-Antoine (1775–1848), directeur de la *Revue encyclopédique*.

KÉRATRY, Auguste-Hilarion, comte de (1769–1859), écrivain et député libéral du Finistère de 1818 à 1824, puis de la Vendée de 1827 à 1831, avant d'être de nouveau député du Finistère de 1831 à 1837 et de 1849 à 1851 comme pair de France et représentant. On le soupçonna de participer avec BC à la conspiration militaire de Saumur en 1820 ; sa collaboration avec BC au *Courrier français*, dont il était l'un des fondateurs en 1824, ne fait pas de doute.

LA FAYETTE, Marie-Joseph Paul Yves Roch Gilbert du Motier, marquis de, né le 6 septembre 1757, au château de Chavaniac (Haute-Loire), mort à Paris le 20 mai 1834, général et homme politique. Fils d'un colonel aux grenadiers de France tué à la bataille de Minden et orphelin à l'âge de 13 ans, le jeune marquis de La Fayette fait ses études au collège du Plessis à Paris et entre dans l'armée. En 1774, il épouse Marie Adrienne Françoise de Noailles (1759–1807) qui lui donnera trois filles et un fils, George Washington de La Fayette (1779–1849). Sa participation à la guerre d'Indépendance des États-Unis (1775–1783) le rend célèbre et lui vaut le surnom de « héros des deux mondes ». Dès l'âge de 19 ans, il décide de donner son soutien aux insurgés américains et part sans l'autorisation du roi pour les aider. George Washington, avec qui il se lie d'amitié, lui donne le commandement des troupes de Virginie. Il participe à la bataille de Yorktown qui conduit à la capitulation décisive de l'armée anglaise sous le général Cornwallis, le 17 octobre 1781. De retour en France, La Fayette médite l'émancipation des esclaves et s'enthousiasme pour les réformes politiques inspirées par son séjour en Amérique. Il est membre des États-Généraux de 1789, devient chef de la Garde nationale, et fait démolir la Bastille. Mais soupçonné par les révolutionnaires de connivence avec la cour lors de la fuite et l'arrestation du roi, il finit par s'attirer l'hostilité des deux partis. Placé à la tête de l'armée du Nord, La Fayette est déclaré « traître à la nation » le 19 août 1792, en raison de son opposition au club des Jacobins. Il cherche asile à l'étranger, mais est arrêté par les Autrichiens et incarcéré dans la forteresse d'Olmutz. Libéré en 1797, grâce à l'intervention de Bonaparte, il se retire dans son château de la Grange-Bléneau (Seine-et-Marne). Toujours libéral dans ses opinions, il n'apprécie guère le régime impérial, reste à l'écart de la vie publique et refuse d'entrer au Sénat. En 1814, il se rallie aux Bourbons qui, à leur tour, ne tardent pas à lui montrer leur antipathie. Lors des Cent-Jours, La Fayette met en garde son ami BC contre Napoléon, mais ce dernier accepte néanmoins le titre de conseiller d'État. Fin juin 1815, après la bataille de Waterloo, La Fayette fait partie d'une commission chargée des négociations avec les puissances étrangères à Haguenau, tout comme BC. En 1818, La Fayette est élu à la Chambre par le collège électoral de la Sarthe et s'oppose avec acharnement aux mesures prises par les ministres de la deuxième Restauration qu'il juge rétrogrades. Il retourne en Amérique en 1824–1825 et y fait une tournée triomphale. De retour en France et toujours sur les bancs de l'opposition libérale, il harcèle de ses discours les ministres de Charles X. Il est actif à Paris aux côtés des insurgés de la Révolution de juillet 1830 et soutient Louis-Philippe. Durant les premiers mois du nouveau régime, il réorganise la Garde nationale avant de reprendre à la Chambre son rôle traditionnel de chef de l'opposition libérale. Il assiste pour la dernière fois aux débats parlementaires en janvier 1834 et meurt quelques mois plus tard. Voir sur lui *Mémoires, correspondance et manuscrits du général Lafayette, publiés par sa famille*, Paris : H. Fournier aîné ; Leipzig, Brockhaus & Avenarius, 1837–1838, 6 vol.

LAFFITTE, Jacques (1767–1844), né à Bayonne et mort à Maisons, aujourd'hui Maisons-Laffitte ; banquier et homme politique français. D'origine modeste, il fait l'une des plus grandes fortunes de France, et n'hésite jamais à y puiser pour venir en aide à son pays ou à des individus dans le besoin, dont BC. En politique, il est toujours libéral et plutôt à gauche, mais sa réussite commerciale fait de sa voix l'une des plus écoutées sur les questions de haute finance. Il est député de la Seine de 1815 à 1822, de ses Basses-Pyrénées natales de 1827 à 1834, et de la Seine-Inférieure à partir de 1837. Il joue un grand rôle pendant la Révolution de Juillet et les mois qui suivent, d'abord pour imposer la monarchie sous Louis-Philippe, ensuite comme président de la Chambre, puis, comme chef du gouvernement entre le 2 novembre 1830 et le 12 mars 1831.

LOFFICIAL, Jacques (1777–1855) arrêta sa carrière judiciaire lors des Cent-Jours pour devenir sous-préfet de Baugé. Exilé à la Seconde Restauration, il revint à Baugé en 1818 pour y fonder une école gratuite d'enseignement mutuel. Il redeviendra sous-préfet de Baugé sous la Seconde République (Christophe Aubert, *Le temps des conspirations : la répression politique en Maine-et-Loire entre 1814 et 1870*, Le Coudray-Macouard : Éditions Cheminements, 2006, p. 382).

PAGÈS, Jean-Pierre, dit Pagès de l'Ariège (Seix, Ariège, 1784-Banières, Tarn, 1866), homme politique, écrivain, journaliste, fait son droit à la faculté de Toulouse et, à l'âge de 20 ans, est reçu avocat au barreau. Membre de l'Académie de Toulouse, il s'intéresse à la géologie et à l'archéologie. Procureur impérial à Saint-Girons (1811–1815), Pagès donne sa démission après Waterloo et, à Paris en 1816, se lie avec BC, La Fayette et Laffitte. Il collabore à *La Minerve*. Après la Révolution de 1830, Pagès fait partie de l'opposition constitutionnelle et mène une brillante carrière politique.

PÉRIER, Casimir-Pierre (1777–1832), né à Grenoble et fils de Claude Périer, industriel et banquier. Héritier d'une grande fortune qu'il sait arrondir, député de la Seine en 1817–1827, puis de l'Aube jusqu'à sa mort, régent de la Banque de France en 1822, Casimir Périer appartient au groupe des libéraux et s'oppose vigoureusement au ministère Villèle. Il se rallie au ministère Martignac, signe l'adresse des 221 et devient ministre et président du Conseil sous la monarchie de Juillet.

PEYRONNET, Charles-Ignace, comte de (1778–1854), député du Cher, puis de la Gironde entre 1820 à 1827, garde des Sceaux qui présenta les lois répressives sur la presse de 1822 (loi dite de tendance) et de 1827 (dite de justice et d'amour). Il n'est pas réélu en novembre 1827 mais sera fait pair de France et revient au ministère comme ministre de l'Intérieur le 19 mai 1830. Il contresigne les « quatre ordonnances » de juillet 1830.

PONTEUIL, T., secrétaire de Casimir Périer.

RABBE, Alphonse (1784–1929), journaliste qui collabora au *Courrier français* et directeur de la *Bibliographie des contemporains*.

RÉCAMIER, Jeanne-Françoise-Julie-Adélaïde, dite Juliette, *née* Bernard (1777–1849). Sa naissance reste mystérieuse, car, bien que son acte de baptême indique que ses parents étaient le notaire Jean Bernard et sa femme Marie-Julie Matton, le bruit se répandra de son vivant qu'elle est la fille de Mme Bernard et de son amant Jacques-Rose Récamier (1751–1830), régent de la Banque de France, que Juliette (prénom qu'elle portera toujours) épousera à Paris le 24 avril 1793. Il est de 27 ans son aîné. Ce mariage, conclu par les parents dans le but d'assurer la sécurité matérielle de Juliette pendant la Terreur, restera un mariage blanc, peut-être parce que l'époux aura peur de commettre un inceste. En 1796, Jacques-Rose Récamier loue le château de Clichy pour sa femme dont la beauté, la grâce et un air d'ingénuité attirent de nombreux admirateurs et lui valent d'être peinte par David en 1800 et Gérard en 1802. En 1798, elle s'installe avec son mari à l'hôtel de la rue du Mont-Blanc qui devient un lieu de rencontre de la haute société, et l'année suivante, Lucien Bonaparte lui fait la cour. Mais Juliette sait repousser les avances de ses soupirants sans les réduire au désespoir. D'ailleurs, elle est souvent chaperonnée par sa mère. Un voyage en Angleterre en 1802 l'y rend célèbre. Le premier consul, soupçonnant Juliette d'être hostile à son régime, ferme son salon en 1803. Ces soupçons se confirment lorsqu'elle séjourne à Coppet chez Germaine de Staël en 1807 et en 1809. À Coppet, Juliette promet d'épouser le prince Auguste de Prusse, mais son mari refuse de divorcer. Exilée à Lyon par le régime impérial, elle y a pour confident le philosophe Pierre-Simon Ballanche (1776–1847), et lors d'un voyage en Italie en 1813, elle rencontre les Murat à Naples. Il est possible que BC ait rencontré Juliette chez Germaine de Staël dont elle est devenue l'amie à la fin du Directoire. Il la voit à Paris, à Coppet et ailleurs pendant plus de quinze ans et ne paraît pas être particulièrement sensible à son charme, mais il se prend pour elle, en septembre 1814, d'une passion dévorante. Juliette se servira de sa séduction pour amener BC à se rallier à la cause des Murat qui cherchent à assurer leur défense devant le congrès de Vienne (sur cet épisode et sur les écrits de BC relatifs à Juliette, voir *OCBC*, IX, 189–361). BC adressera à Juliette des épîtres enflammées pendant plusieurs mois, mais n'obtiendra jamais ce qu'il désire. C'est Chateaubriand, que Juliette rencontre chez Germaine de Staël le 18 mai 1817, qui gagne son cœur et qui restera son compagnon jusqu'à la mort de celui-ci en 1848. Leur salon de l'Abbaye-aux-Bois deviendra l'un des foyers de la vie intellectuelle en France. Juliette survit moins d'un an à Chateaubriand et meurt le 11 mai 1849.

SCHERTZ, Louis (né en 1876), négociant à Strasbourg qui sera l'un des principaux correspondants de BC dans le Bas-Rhin. Il est l'auteur de diverses « lettres » à des ministres ou aux Chambres, dont *À MM. les membres de la Chambre des Députés. (Deux lettres à M. de St. Criq,... sur la situation du commerce de Strasbourg et de l'Alsace)*, Strasbourg, impr. de J.-H. Heitz, 1826 et *Lettre à MM. les membres de la Chambre de commerce de Strasbourg, sur l'association proposée pour la navigation à la vapeur sur le Rhin et le Mein*, Strasbourg, impr. de J.-H. Heitz, 1826.

SEBASTIANI, Horace-François-Bastien, comte de la Porta (1772–1851), maréchal de France et homme politique. Après s'être illustré dans les campagnes de Napoléon, il rallie Louis XVIII après les derniers combats de 1814, et ensuite Napoléon le 20 mars 1815 pendant les Cent-Jours. Après Waterloo, il est membre avec BC de la commission chargée de négocier avec les souverains étrangers. S'étant rallié de nouveau aux Bourbons, il se rend en Angleterre en octobre 1815 et y reste jusqu'en mai 1816. En septembre 1819, il est élu député au grand collège de sa Corse natale et soutiendra l'opposition libérale.

SISMONDI, Jean-*Charles*-Léonard Simonde, dit (1773–1842), historien et économiste genevois, auteur célèbre de l'*Histoire des républiques italiennes du moyen âge* (1817), de *De la littérature du midi de l'Europe* (1813) et d'une *Histoire des Français* (1821–1835). Lors des troubles révolutionnaires de 1792 à Genève, la famille Simonde (Charles adoptera le nom *Sismondi* à partir de 1806) décide de se réfugier en Angleterre, et ensuite achète une métairie à Pescia, près de Lucques. De retour d'Italie, Charles publie à Genève au début de 1801 son premier ouvrage, *Tableau de l'agriculture toscane* qui soutient que la liberté de l'individu permet à un pays de prospérer, alors que le despotisme est porteur de mort – thèse qui ne pourra que plaire à BC à cette époque. En 1803, il combat le protectionnisme et l'intervention de l'État dans les deux volumes de son ouvrage *De la Richesse commerciale ou Principes d'économie politique appliqués à la législation du commerce*. Cependant il s'écarte plus tard des idées d'Adam Smith dans ses *Nouveaux Principes d'économie politique* (1819). Ami de BC, de Charles-Victor de Bonstetten, du critique allemand Schlegel et de Germaine de Staël, il accompagnera celle-ci dans son voyage en Italie en 1804.

STAËL-HOLSTEIN, Auguste-Louis de (1790–1827), fils aîné de Germaine de Staël. Il consacre son temps et sa fortune à des œuvres philanthropiques, militant notamment pour la tolérance religieuse, l'indépendance de la Grèce, l'abolition de la traite et de l'esclavage. En 1818, il est membre, puis secrétaire de la Société Biblique de Paris ; en 1821, il adhère à la Société des missions évangéliques de Paris et à la Société des traités religieux dont il devient trésorier ; en 1823, il est secrétaire général, puis président de la Société de la morale chrétienne. Membre du consistoire de Ferney-Voltaire, il participe activement à la construction du temple en 1824. Peut-être est-ce par ses relations dans les réseaux du Réveil protestant qu'il pouvait aider Claude d'Estournelles. Il donne une édition des œuvres de sa mère (1820–1821) et de son grand-père Necker (1820–1821). Anglophile, il séjourne régulièrement en Angleterre où il rencontre le roi George IV en 1822 par l'entremise de Chateaubriand ; il publie en 1825 des *Lettres sur l'Angleterre*. À sa mort, il laisse des *Œuvres diverses* dont l'édition (1829) sera préfacée par sa sœur Albertine.

STOEBER, Chrétien-Théophile (né en 1787), notaire à Strasbourg de 1813 à 1837, franc-maçon, est le frère du poète Daniel Ehrenfried Stoeber.

TERNAUX, Louis-Guillaume (1763–1833), manufacturier et député libéral de la Seine de 1818 à 1824 (où il fut élu devant BC) et de la Haute-Vienne de 1827 à 1831.

TISSOT, Pierre-François (1768–1854), homme de lettres français, collaborateur du *Constitutionnel*, de *La Minerve* et du *Pilote*, occupa une chaire au Collège de France de

1813 jusqu'à sa destitution en 1821 pour avoir écrit que la Convention avait sauvé la France, puis de nouveau à partir de 1830. Il fut élu à l'Académie française en 1833.

VILLÈLE, Jean-Baptiste-Guillaume-Marie-Anne-Séraphin-Joseph de (1773-1854), homme politique français. Ultra-royaliste, il critique les tendances libérales de la Charte de 1814. Il est élu à la Chambre introuvable par la Haute-Garonne. Il participe en 1818 à la fondation du *Conservateur*. Ministre sans portefeuille dans le deuxième ministère Richelieu en 1820, il le juge trop modéré et démissionne un an plus tard. Ministre des Finances la même année, il devient président du Conseil en 1822 et reste à la tête des affaires jusqu'en 1828. Nommé à la pairie en 1828, il se retire de la vie politique après la Révolution de 1830, gardant sa fidélité pour les Bourbons.

Tables et Index

Table chronologique des lettres

4862. Guillaume Bellon à Benjamin Constant, 2 janvier 1827
4863. Benjamin Constant à Guillaume Bellon, 3 janvier 1827
4864. Jules Alisse à Benjamin Constant, 3 janvier 1827
4865. Louis-Jean-Baptiste-Cézaire Plinguet à Benjamin Constant, 3 janvier 1827
4866. Jean-Gabriel-Martin Suriray Delarue à Benjamin Constant, 3 janvier 1827
4867. Rosalie de Constant à Benjamin Constant, 6 janvier 1827
4868. Benjamin Constant à Marc-Antoine Jullien, 7 janvier 1827
4869. Auguste de Constant d'Hermenches à Benjamin Constant, 8 janvier 1827
4870. Georges-Louis Rouge à Benjamin Constant, 8 janvier 1827
4871. Rodolphe Cuvier à Benjamin Constant, 12 janvier 1827
4872. Alexandre Provost et Bruant fils à Benjamin Constant, 12 janvier 1827
4873. Benjamin Constant à un Correspondant non identifié, 15 janvier 1827
4874. Johann Friedrich Benzenberg à Benjamin Constant, 16 janvier 1827
4875. Les ouvriers-relieurs de plusieurs ateliers parisiens à Benjamin Constant, 16 janvier 1827
4876. Benjamin Constant à Rosalie de Constant, 19 janvier 1827
4877. Benjamin Constant à Jacques-Frédéric Lecointe et Étienne Durey, 19 janvier 1827
4878. Benjamin Constant à Georg Friedrich Sartorius, 19 janvier 1827
4879. Benjamin Constant à un Correspondant non identifié, 19 janvier 1827
4880. Benjamin Constant à Louis-Guillaume Ternaux, 20 janvier 1827
4881. Nicolas-Thomas-François Manche de Broval à Benjamin Constant, 25 janvier 1827
4882. Benjamin Constant à Firmin Didot, avant février 1827
4883. Charles de Rebecque à Benjamin Constant, 4 février 1827
4884. Dehors à Benjamin Constant, 5 février 1827
4885. Benjamin Constant à Firmin Didot, 8 février 1827
4886. M. Cochois à Benjamin Constant, 8 février 1827
4887. Benjamin Constant à Louis-Ferdinand Bonnet, 9 février 1827
4888. Benjamin Constant à Juliette Récamier, 10 février 1827

4889. Pierre Gueffier à Benjamin Constant, 11 février 1827
4890. Jean-Baptiste Thomine à Benjamin Constant, vers le 12 février 1827
4891. Picard à Benjamin Constant, 13 février 1827
4892. Benjamin Constant à Charles Constant de Rebecque, 14 février 1827
4893. Benjamin Constant à Eugène Cassin, 14 février 1827
4894. Charles-Philippe Marchand à Benjamin Constant, 14 février 1827
4895. Henry Ritter à Benjamin Constant, 14 février 1827
4896. Georges-Louis Rouge à Benjamin Constant, 14 février 1827
4897. Jean-Baptiste-Louis de Hompesch-Rurich à Benjamin Constant, 17 février 1827
4898. Benjamin Constant à Nicolas-Thomas-François Manche de Broval, 20 février 1827
4899. Benjamin Constant à Victor-Joseph-Étienne de Jouy, 20 février 1827
4900. Le Roux à Benjamin Constant, 21 février 1827
4901. Alphonse Rabbe à Benjamin Constant, 21 février 1827
4902. Nicolas-Thomas-François Manche de Broval à Benjamin Constant, 22 février 1827
4903. Aimé Paris à Benjamin Constant, 22 février 1827
4904. Jean-Baptiste Thomine à Benjamin Constant, 22 février 1827
4905. Claude d'Estournelles à Benjamin Constant, 23 février 1827
4906. Jacques Laffitte à Benjamin Constant, 24 février 1827
4907. Jacques-Frédéric Lecointe et Étienne Durey à Benjamin Constant, 25 février 1827
4908. Cyrille-Jules Patu de Saint-Vincent à Benjamin Constant, 26 février 1827
4909. Benjamin Constant à Louise d'Estournelles, 27 février 1827
4910. Benjamin Constant à Claude d'Estournelles, 2 mars 1827
4911. Désachy à Benjamin Constant, 2 mars 1827
4912. Magnan (?) à Benjamin Constant, 6 mars 1827
4913. Claude d'Estournelles à Benjamin Constant, 11 mars 1827
4914. Edgar Quinet à Benjamin Constant, 11 mars 1827
4915. Alphonse Rabbe à Benjamin Constant, 12 mars 1827
4916. Benjamin Constant à Alphonse Rabbe, 12 mars 1827
4917. François Béchet à Benjamin Constant, 13 mars 1827
4918. Benjamin Constant à Louis-Guillaume Ternaux, 14 mars 1827
4919. Therese Huber à Benjamin Constant, 15 mars 1827
4920. Benjamin Constant à M. de Holten ?, 17 mars 1827
4921. Benjamin Constant à Casimir Périer, 19 mars 1827
4922. Benjamin Constant à Pierre-François Tissot, 19 mars 1827
4923. Joseph de Verneilh-Puyraseau à Benjamin Constant, 19 mars 1827

4924. Benjamin Constant à Rodolphe Cuvier, 20 mars 1827
4925. Benjamin Constant à Casimir Périer, 20 mars 1827
4926. Benjamin Constant à Casimir Périer, 20 mars 1827
4927. Benjamin Constant à Laurent-François Feuillet, 23 mars 1827
4928. Claude d'Estournelles à Benjamin Constant, 24 mars 1827
4929. Laurent-François Feuillet à Benjamin Constant, 24 mars 1827
4930. Benjamin Constant à Casimir Périer, 25 mars 1827
4931. Benjamin Constant à Casimir Périer, 27 mars 1827
4932. Benjamin Constant à Juliette Récamier, 27 mars 1827
4933. Léonce d'Estournelle à Benjamin Constant, 27 mars 1827
4934. Charles Béchet à Benjamin Constant, 31 mars 1827
4935. Lebas, frères à Benjamin Constant, mars 1827
4936. Fortuné Pinet à Benjamin Constant, mars 1827
4937. Benjamin Constant à Casimir Périer, 1er avril 1827
4938. Benjamin Constant à Pierre-François Tissot, 1er avril 1827
4939. Béchet aîné et Jean-Armand Pichon : circulaire, 1er avril 1827
4940. Benjamin Laroche à Benjamin Constant, 1er avril 1827
4941. A. Lecourt à Benjamin Constant, 4 avril 1827
4942. Benjamin Constant à Pierre-François Tissot, 5 avril 1827
4943. Benjamin Constant à Casimir Périer, 7 avril 1827 ?
4944. M. Perrier à Benjamin Constant, 8 avril 1827
4945. Alexandre Cazin à Benjamin Constant, 9 avril 1827
4946. Jean-Élysée Devillas à Benjamin Constant, 9 avril 1827
4947. Rosalie de Constant à Benjamin Constant, 11 avril 1827
4948. Benjamin Constant à Casimir Périer, vers le 12 avril 1827
4949. Benjamin Constant à Casimir Périer, 12 avril 1827
4950. Benjamin Constant à Casimir Périer, avant le 15 avril 1827
4951. Benjamin Constant à Claude d'Estournelles, 15 avril 1827
4952. Alphonse Rabbe à Benjamin Constant, 22 avril 1827
4953. Benjamin Constant à Alphonse Rabbe, 23 avril 1827
4954. Benjamin Constant à Louise d'Estournelles, 24 avril 1827
4955. Claude d'Estournelles à Benjamin Constant, 24 avril 1827
4956. Jean-Baptiste Magenc à Benjamin Constant, 24 avril 1827
4957. Rodolphe Cuvier à Benjamin Constant, 25 avril 1827
4958. Duprévost à Benjamin Constant, 25 avril 1827
4959. Benjamin Constant à Ferdinand d'Eckstein, 28 avril 1827
4960. Pierre-Louis-Pascal Jullian à Benjamin Constant, 28 avril 1827
4961. Ferdinand d'Eckstein à Benjamin Constant, 29 avril 1827
4962. Benjamin Constant à Ferdinand d'Eckstein, 30 avril 1827
4963. Benjamin Constant à Jean-Pierre Henry, 30 avril 1827

4964. Louis-Benoît-Édouard Capuran à Benjamin Constant, fin avril 1827
4965. Benjamin Constant à Pierre-François Tissot, avril-mai 1827
4966. Pierre-Alexandre Bonfils à Benjamin Constant, 2 mai 1827
4967. Benjamin Constant à Casimir Périer, 5 mai 1827
4968. Pierre-François Tissot à Benjamin Constant, 5 mai 1827
4969. Benjamin Constant à Casimir Périer, 8 mai 1827
4970. Jean-Armand Pichon à Benjamin Constant, 8 mai 1827
4971. Jaureguiberry à Benjamin Constant, 9 mai 1827
4972. Thomas W. Stonow à Benjamin Constant, 9 mai 1827
4973. Benjamin Constant à Achille-Joseph Sevestre de la Metterie, 10 mai 1827
4974. Jean Hervé à Benjamin Constant, 10 mai 1827
4975. Auguste-Hilarion de Kératry à Benjamin Constant, 10 mai 1827
4976. Helen Maria Williams à Benjamin Constant, 10 mai 1827
4977. Jean-Armand Pichon à Benjamin Constant, 11 mai 1827
4978. Benjamin Constant à Auguste-Hilarion de Kératry, 12 mai 1827
4979. Benjamin Constant à Helen Maria Williams, 14 mai 1827
4980. Benjamin Constant à Casimir Périer, 15 mai 1827
4981. Guillois de Fontenais à Benjamin Constant, 16 mai 1827
4982. Jean-Jacques Coulmann à Benjamin Constant, 18 mai 1827
4983. Benjamin Constant à Daniel-François-Désiré Leblond, 19 mai 1827
4984. Daniel-François-Désiré Leblond à Benjamin Constant, 19 mai 1827
4985. Émile Roques à Benjamin Constant, 19 mai 1827
4986. Benjamin Constant à François-René de Chateaubriand, 21 mai 1827
4987. Benjamin Constant à Émile Roques, 21 mai 1827
4988. Léonard Moûlade à Benjamin Constant, 23 mai 1827
4989. Benjamin Constant à Jean-Antoine-Joseph Davillier, 25 mai 1827
4990. Le Directeur de la Police à Benjamin Constant, 26 mai 1827
4991. Benjamin Constant à Léonce d'Estournelles, 27 mai 1827
4992. François-René de Chateaubriand à Benjamin Constant, 27 mai 1827
4993. Joseph-Daniel Guigniaut à Benjamin Constant, 27 mai 1827
4994. Benjamin Constant à Victor Cousin, 28 mai 1827
4995. Joseph-Daniel Guigniaut à Benjamin Constant, 28 mai 1827
4996. Étudiants de Strasbourg à Benjamin Constant, 28 mai 1827
4997. Benjamin Constant à un Correspondant non identifié, 29 mai 1827
4998. Aimé Mallevergne à Benjamin Constant, 29 mai 1827
4999. Charles Béchet à Benjamin Constant, 31 mai 1827
5000. Alphonse Varnier à Benjamin Constant, 31 mai 1827
5001. Benjamin Constant à Louise d'Estournelles, mai 1827
5002. Benjamin Constant à Casimir Périer, mai 1827

5003. Charles-Antoine Jean à Benjamin Constant, mai 1827
5004. François Rittiez à Benjamin Constant, mai 1827
5005. Gilbert Villeneuve à Benjamin Constant, mai 1827
5006. Benjamin Constant à Antoine-Léonard Chézy, 1er juin 1827
5007. Johann Karl Nehrlich à Benjamin Constant, 2 juin 1827
5008. T. Ponteuil à Benjamin Constant, 4 juin 1827
5009. Benjamin Constant à Antoine-Léonard Chézy, 5 juin 1827
5010. Benjamin Constant à Claude d'Estournelles, 7 juin 1827
5011. Benjamin Constant à Louise d'Estournelles, 7 juin 1827
5012. Benjamin Constant à Casimir Périer, 7 juin 1827 ?
5013. Jean Pinard à Benjamin Constant, 9 juin 1827
5014. Pierre-Louis-Pascal Jullian à Benjamin Constant, 10 juin 1827
5015. Benjamin Constant à Victor-Joseph-Étienne de Jouy, 11 juin 1827
5016. Benjamin Constant à un Correspondant non identifié, 11 juin 1827
5017. Benjamin Constant à Juliette Récamier, 13 juin 1827
5018. Benjamin Constant à Charles-Maurice de Talleyrand-Périgord, 13 juin 1827
5019. Benjamin Constant à Charles de Constant, 14 juin 1827
5020. Benjamin Constant à Nicolas-Thomas-François Manche de Broval ?, 14 juin 1827
5021. Benjamin Constant à Jean Pinard, 14 juin 1827
5022. Émile Roques à Benjamin Constant, 14 juin 1827
5023. Benjamin Constant à Pierre Thoré-Cohendet, 15 juin 1827
5024. Georges-Paul Petou à Benjamin Constant, 15 juin 1827
5025. Tomás Murphy Porro à Benjamin Constant, avant le 16 juin 1827
5026. Tomás Murphy Porro à Benjamin Constant, 16 juin 1827
5027. Claude d'Estournelles à Benjamin Constant, 17 juin 1827
5028. Isidore d'Eymar de Montmeyan à Benjamin Constant, 17 juin 1827
5029. Claude d'Estournelles à Benjamin Constant, 18 juin 1827
5030. Adrien Constant, dit Constant-Delessert à Benjamin Constant, avant le 19 juin 1827
5031. Benjamin Constant à Marc-Antoine Jullien ?, 19 juin 1827 ?
5032. Adrien Constant, dit Constant-Delessert à Benjamin Constant, 19 juin 1827
5033. Émile Roques à Benjamin Constant, 19 juin 1827
5034. Benjamin Constant à Jacques Lofficial, 20 juin 1827
5035. Benjamin Constant à Louise d'Estournelles, 22 juin 1827
5036. Benjamin Constant à Mlle Dumergues, 22 juin 1827
5037. Bellangé à Benjamin Constant, 22 juin 1827
5038. Jean-Chilon Ferrère-Laffitte à Benjamin Constant, 22 juin 1827

5039. Félix Prévost à Benjamin Constant, 28 juin 1827
5040. Benjamin Constant à Antoine-Léonard Chézy, 29 juin 1827
5041. Marcellin Cadiot à Benjamin Constant, 1er juillet 1827
5042. Alexandre Cazin à Benjamin Constant, 1er juillet 1827
5043. Benjamin Constant à Claude d'Estournelles, 2 juillet 1827
5044. Benjamin Constant à Louis-François Bertin de Vaux, 2 juillet 1827
5045. Benjamin Constant à Agricol Moureau, 2 juillet 1827
5046. Benjamin Constant à Jean-Pierre Pagès, 2 juillet 1827
5047. Joseph-Pierre Lafontaine et Nanteuil à Benjamin Constant, 3 juillet 1827
5048. Jules Alisse à Benjamin Constant, 4 juillet 1827
5049. Benjamin Constant à Casimir Périer, vers le 6 juillet 1827
5050. T. Ponteuil à Benjamin Constant, 6 juillet 1827
5051. Noël à Benjamin Constant, 7 juillet 1827
5052. Félicité Manche de Broval à Benjamin Constant, 8 juillet 1827
5053. Benjamin Constant à Louise d'Estournelles, 9 juillet 1827
5054. Claude d'Estournelles à Benjamin Constant, 9 et 19 juillet 1827
5055. Jacques-Parfait Oudard à Benjamin Constant, 9 juillet 1827
5056. T. Ponteuil à Benjamin Constant, 9 juillet 1827
5057. Benjamin Constant à Madame Thiebault, 10 juillet 1827
5058. Claude d'Estournelles à Benjamin Constant, 10 juillet 1827
5059. Benjamin Constant à Ambroise Dupont, 11 juillet 1827
5060. Alexandre Cazin à Benjamin Constant, 11 juillet 1827
5061. Benjamin Constant à Louise d'Estournelles, 12 juillet 1827
5062. Ulysse Tencé à Benjamin Constant, 12 juillet 1827
5063. T. Ponteuil à Benjamin Constant, 13 juillet 1827
5064. Casimir Périer à Benjamin Constant, 14 juillet 1827
5065. T. Ponteuil à Benjamin Constant, 14 juillet 1827
5066. Jean-Charles-Léonard de Sismondi à Benjamin Constant, 15 juillet 1827
5067. Benjamin Constant à Casimir Périer, 16 juillet 1827
5068. T. Ponteuil à Benjamin Constant, 16 juillet 1827
5069. T. Ponteuil à Benjamin Constant, 17 juillet 1827
5070. Benjamin Constant à Casimir Périer, 18 juillet 1827
5071. T. Ponteuil à Benjamin Constant, 18 juillet 1827
5072. Un Correspondant non identifié à Benjamin Constant, 19 juillet 1827
5073. Benjamin Constant à un Correspondant non identifié, 23 juillet 1827
5074. Benjamin Constant à Claude d'Estournelles, 24 juillet 1827
5075. T. Ponteuil à Benjamin Constant, 24 juillet 1827
5076. Benjamin Constant à La Fayette, 26 juillet 1827
5077. Benjamin Constant à Jean-Charles-Léonard Sismondi, 26 juillet 1827
5078. Noël à Benjamin Constant, 26 juillet 1827

5079. Benjamin Constant à Casimir Périer, 27 juillet 1827
5080. T. Ponteuil à Benjamin Constant, 27 juillet 1827
5081. Gilbert-Joseph-Gaspard Chabrol de Volvic à Benjamin Constant, 28 juillet 1827
5082. Jacques Laffitte à Benjamin Constant, 28 juillet 1827
5083. Benjamin Constant à Jacques Laffitte, 28 juillet 1827
5084. Victor-Scipion Sauce à Benjamin Constant, 28 juillet 1827
5085. Charles-Ignace, comte de Peyronnet à Benjamin Constant, 29 juillet 1827
5086. André Randouin à Benjamin Constant, 30 juillet 1827
5087. Adrien Constant, dit Constant-Delessert à Benjamin Constant, juillet 1827
5088. Jean-Pierre Pagès à Benjamin Constant, juillet 1827
5089. Benjamin Constant à T. Ponteuil, 1er août 1827
5090. Benjamin Constant à T. Ponteuil, 1er août 1827
5091. Alexandre Cazin à Benjamin Constant, 1er août 1827
5092. T. Ponteuil à Benjamin Constant, 1er août 1827
5093. Mallet frères & Cie à Benjamin Constant, 2 août 1827
5094. Benjamin Constant à Antoine-Léonard Chézy, 4 août 1827
5095. T. Ponteuil à Benjamin Constant, 4 août 1827
5096. Benjamin Constant à Claude d'Estournelles, 6 août 1827
5097. T. Ponteuil à Benjamin Constant, 6 août 1827
5098. Benjamin Constant à Louis-François Bertin de Vaux, 7 août 1827
5099. Benjamin Constant à Jean-Baptiste Teste ?, 7 août 1827
5100. Benjamin Constant à François Béchet, 8 août 1827
5101. Benjamin Constant à Jean-Jacques Coulmann, 8 août 1827
5102. T. Ponteuil à Benjamin Constant, 14 août 1827
5103. Benjamin Constant à Louise d'Estournelles, 15 août 1827
5104. Benjamin Constant à Casimir Périer, 18 août 1827
5105. Hauser à Benjamin Constant, 19 août 1827
5106. François Béchet à Benjamin Constant, 20 août 1827
5107. Benjamin Constant au Rédacteur de la *Gazette de France*, 21 août 1827
5108. Pierre-Charles-François Dupin à Benjamin Constant, 23 août 1827
5109. Benjamin Constant à Louise d'Estournelles, 25 août 1827
5110. Therese Huber à Benjamin Constant, 27 août 1827
5111. Alexandre Cazin à Benjamin Constant, 28 août 1827
5112. Alexandre Cazin à Benjamin Constant, 30 août 1827
5113. Benjamin Constant à Wilhelm Ehlers, 1er septembre 1827
5114. Gilbert-Joseph-Gaspard Chabrol de Volvic à Benjamin Constant, 1er septembre 1827

5115. Alexandre Cazin à Benjamin Constant, 2 septembre 1827
5116. Benjamin Constant à Narcisse-Achille de Salvandy, 13 septembre 1827
5117. Benjamin Constant à Johann Wolfgang von Goethe, 14 septembre 1827
5118. Émilie Cunier à Benjamin Constant, 14 septembre 1827
5119. Benjamin Constant à Louise d'Estournelles, 18 septembre 1827
5120. Benjamin Constant aux Électeurs de Strasbourg, 18 septembre 1827
5121. Benjamin Constant à Louis Schertz, 18 septembre 1827
5122. Benjamin Constant à Louis Schertz, 24 septembre 1827
5123. Chrétien-Théophile Stoeber à Benjamin Constant, 24 septembre 1827
5124. Benjamin Constant à Léonce d'Estournelles, 26 septembre 1827
5125. Pierre-Louis-Charles Dumont ? à Benjamin Constant, 27 septembre 1827
5126. Benjamin Constant à Louise d'Estournelles, 29 septembre 1827
5127. Benjamin Constant à Julie-Marie-Pierrette Davillier, septembre 1827
5128. Émilie Cunier à Benjamin Constant, septembre ou octobre 1827
5129. Un Correspondant non identifié à Benjamin Constant, 1er octobre 1827
5130. Firmin Didot à Benjamin Constant, 3 octobre 1827
5131. Pierre-Louis-Pascal Jullian à Benjamin Constant, 3 octobre 1827
5132. Benjamin Constant à Louise d'Estournelles, 6 octobre 1827
5133. Claude d'Estournelles à Benjamin Constant, 9 octobre 1827
5134. Jean-Daniel Kammerer à Benjamin Constant, 13 octobre 1827
5135. Benjamin Constant à Jean-Jacques Coulmann, 22 octobre 1827
5136. Jean-Baptiste Deyres à Benjamin Constant, 27 octobre 1827
5137. Benjamin Constant à Édouard Verny, 31 octobre 1827
5138. Alexandre Cazin à Benjamin Constant, 31 octobre 1827
5139. Alphonse Mahul à Benjamin Constant, 31 octobre 1827
5140. Benjamin Constant à Frédéric Hartmann, 3 novembre 1827
5141. Benjamin Constant à Pierre-François Tissot, 3 novembre 1827
5142. Benjamin Constant à Louise d'Estournelles, 5 novembre 1827
5143. Antoine-François-Eugène Merlin à Benjamin Constant, 5 novembre 1827
5144. François Béchet à Benjamin Constant, 7 novembre 1827
5145. Philipp August Petri à Benjamin Constant, 7 novembre 1827
5146. Ferdinand d'Eckstein à Benjamin Constant, 8 novembre 1827
5147. Benjamin Constant à Jean-Jacques Coulmann, 9 novembre 1827
5148. Benjamin Constant à Ferdinand d'Eckstein, 9 novembre 1827
5149. Benjamin Constant à Casimir Périer, 9 novembre 1827
5150. Bellangé à Benjamin Constant, 9 novembre 1827
5151. Alexandre Cazin à Benjamin Constant, 10 novembre 1827
5152. Benjamin Constant à Jean-Jacques Coulmann, 11 novembre 1827
5153. Benjamin Constant à Hartmann frères, 11 novembre 1827

Table chronologique des lettres 469

5154. Benjamin Constant à Antoine-François-Eugène Merlin, 11 novembre 1827
5155. Benjamin Constant à Pierre-Louis Roederer, 11 novembre 1827
5156. Édouard Verny à Benjamin Constant, 11 novembre 1827
5157. Jean-Jacques Coulmann à Benjamin Constant, 12 novembre 1827
5158. Benjamin Constant à Claude d'Estournelles, 14 novembre 1827
5159. Benjamin Constant à Jacques Lofficial, 14 novembre 1827
5160. Pierre-Louis-Pascal Jullian à Benjamin Constant, 14 novembre 1827
5161. Charles de Brouckere à Benjamin Constant, 15 novembre 1827
5162. Jean-Louis Boigues à Benjamin Constant, 17 novembre 1827
5163. Griset à Benjamin Constant, 17 novembre 1827
5164. L. Dubois à Benjamin Constant, 19 novembre 1827
5165. P. Dumont à Benjamin Constant, 19 novembre 1827
5166. Benjamin Constant à Louise d'Estournelles, 20 novembre 1827
5167. Benjamin Constant à Louise d'Estournelles, 21 novembre 1827
5168. Benjamin Constant à Casimir Périer, 21 novembre 1827
5169. Auxonne-Marie-Théodose Thiard de Bissy à Benjamin Constant, 21 novembre 1827
5170. Claude d'Estournelles à Benjamin Constant, 22 novembre 1827
5171. Benjamin Constant à Louise d'Estournelles, 23 novembre 1827
5172. Benjamin Constant à Jean-Jacques Coulmann, 23 novembre 1827
5173. Benjamin Constant à Louis Schertz, 23 novembre 1827
5174. Rosalie de Constant à Benjamin Constant, 23 novembre 1827
5175. Jean-François Vial-Machurin à Benjamin Constant, 24 novembre 1827
5176. Benjamin Constant à Hyacinthe Caquelard-Laforge, 25 novembre 1827
5177. La Fayette à Benjamin Constant, 25 novembre 1827
5178. Benjamin Constant à Juliette Récamier, 26 novembre 1827
5179. Benjamin Constant à Pierre-Claude-François Daunou, 27 novembre 1827
5180. Benjamin Constant à Marie-Gabriel Masuyer, 27 novembre 1827
5181. Benjamin Constant à Richard, 27 novembre 1827
5182. Benjamin Constant à Louise d'Estournelles, 28 novembre 1827
5183. Benjamin Constant à Michel Berr, 29 novembre 1827
5184. Benjamin Constant à Rosalie de Constant, novembre 1827
5185. Les Électeurs constitutionnels de Strasbourg à Benjamin Constant, 1er décembre 1827
5186. François-André Isambert à Benjamin Constant, 2 décembre 1827
5187. Claude d'Estournelles à Benjamin Constant, 4 décembre 1827
5188. T. Ponteuil à Benjamin Constant, 4 décembre 1827
5189. Benjamin Constant à Marc-Antoine Jullien, 5 décembre 1827
5190. Benjamin Constant à Benjamin Delessert, 6 décembre 1827

5191. Benjamin Constant à Casimir Périer, 6 décembre 1827
5192. T. Ponteuil à Benjamin Constant, 6 décembre 1827
5193. Benjamin Constant à Louise d'Estournelles, 7 décembre 1827
5194. Benjamin Constant à Claude d'Estournelles, 8 décembre 1827
5195. Benjamin Constant à Benjamin Delessert ?, 9 décembre 1827
5196. Chrétien-Théophile Stoeber à Benjamin Constant, 9 décembre 1827
5197. Benjamin Constant à Benjamin Delessert, 10 décembre 1827
5198. Félix Desportes à Benjamin Constant, 10 décembre 1827
5199. Johann Baptist Friedreich à Benjamin Constant, 10 décembre 1827
5200. Benjamin Constant à Louise d'Estournelles, 12 décembre 1827
5201. Louis Schertz à Benjamin Constant, 12 décembre 1827
5202. Thirion-Montauban à Benjamin Constant, 13 décembre 1827
5203. Claude d'Estournelles à Benjamin Constant, 13–17 décembre 1827
5204. Benjamin Constant à Louis-Saturnin Brissot-Thivars, 14 décembre 1827
5205. Aide de Camp du duc d'Orléans à Benjamin Constant, 14 décembre 1827
5206. Brissot-Thivars et Cie à Benjamin Constant, 14 décembre 1827
5207. Benjamin Constant à Casimir Périer, 15 décembre 1827
5208. Jacques Hartmann à Benjamin Constant, 15 décembre 1827
5209. Claude d'Estournelles à Benjamin Constant, 17 décembre 1827
5210. François Béchet à Benjamin Constant, 17 décembre 1827
5211. Un Correspondant non identifié à Benjamin Constant, 19 décembre 1827
5212. Casimir Périer à Benjamin Constant, 20 décembre 1827
5213. Nicolas-Félix Desportes à Benjamin Constant, 20 décembre 1827
5214. Charlotte-Josephe Seymour de Constant à Benjamin Constant, 21 décembre 1827
5215. John Cam Hobhouse à Benjamin Constant, 22 décembre 1827
5216. Benjamin Constant à Casimir Périer, 24 décembre 1827
5217. Nicolas-Félix Desportes à Benjamin Constant, 24 décembre 1827
5218. Benjamin Constant à Louise d'Estournelles, 26 décembre 1827
5219. Benjamin Constant à Camille-Hyacinthe-Odilon Barrot, 26 décembre 1827
5220. Nicolas-Thomas-François Manche de Broval à Benjamin Constant, 27 décembre 1827
5221. Nicolas-Félix Desportes à Benjamin Constant, 29 décembre 1827
5222. Louis Schertz à Benjamin Constant, 29 décembre 1827
5223. Benjamin Constant à Charles de Rebecque, 30 décembre 1827
5224. Benjamin Constant à Casimir Périer, 30 décembre 1827
5225. Les Électeurs du 4e arrondissement de la Seine à Benjamin Constant, début décembre 1827

5226. Jean Dauthereau à Benjamin Constant, après le 25 juillet 1827
5227. Henri-Philippe-Auguste Dutrône à Benjamin Constant, 1827
5228. Pierre-Alexandre Fleury de Chaboulon à Benjamin Constant, 1827 ou après
5229. Horeau à Benjamin Constant, fin 1827-début 1828

Table alphabétique des correspondants

Aide de camp du duc d'Orléans
5205. Aide de Camp du duc d'Orléans à Benjamin Constant, 14 décembre 1827

Alisse, Jules
4864. Jules Alisse à Benjamin Constant, 3 janvier 1827
5048. Jules Alisse à Benjamin Constant, 4 juillet 1827

Barrot, Camille-Hyacinthe-Odilon
5219. Benjamin Constant à Camille-Hyacinthe-Odilon Barrot, 26 décembre 1827

Béchet, Charles
4934. Charles Béchet à Benjamin Constant, 31 mars 1827
4999. Charles Béchet à Benjamin Constant, 31 mai 1827

Béchet, François, *dit* Béchet aîné
4917. François Béchet à Benjamin Constant, 13 mars 1827
5100. Benjamin Constant à François Béchet, 8 août 1827
5106. François Béchet à Benjamin Constant, 20 août 1827
5144. François Béchet à Benjamin Constant, 7 novembre 1827
5210. François Béchet à Benjamin Constant, 17 décembre 1827

Béchet, François, *dit* Béchet aîné; Pichon, Jean-Armand
4939. Béchet aîné et Jean-Armand Pichon : circulaire, 1er avril 1827

Bellangé
5037. Bellangé à Benjamin Constant, 22 juin 1827
5150. Bellangé à Benjamin Constant, 9 novembre 1827

Bellon, Guillaume
4862. Guillaume Bellon à Benjamin Constant, 2 janvier 1827
4863. Benjamin Constant à Guillaume Bellon, 3 janvier 1827

Benzenberg, Johann Friedrich
4874. Johann Friedrich Benzenberg à Benjamin Constant, 16 janvier 1827

Berr, Michel
5183. Benjamin Constant à Michel Berr, 29 novembre 1827

Bertin de Vaux, Louis-François
5044. Benjamin Constant à Louis-François Bertin de Vaux, 2 juillet 1827
5098. Benjamin Constant à Louis-François Bertin de Vaux, 7 août 1827

Boigues, Jean-Louis
5162. Jean-Louis Boigues à Benjamin Constant, 17 novembre 1827

Bonfils, Pierre-Alexandre
4966. Pierre-Alexandre Bonfils à Benjamin Constant, 2 mai 1827

Bonnet, Louis-Ferdinand
4887. Benjamin Constant à Louis-Ferdinand Bonnet, 9 février 1827

Brissot-Thivars et Cie
5206. Brissot-Thivars et Cie à Benjamin Constant, 14 décembre 1827

Brissot-Thivars, Louis-Saturnin
5204. Benjamin Constant à Louis-Saturnin Brissot-Thivars, 14 décembre 1827

Brouckere, Charles de
5161. Charles de Brouckere à Benjamin Constant, 15 novembre 1827

Broval, Félicité Manche de
5052. Félicité Manche de Broval à Benjamin Constant, 8 juillet 1827

Broval, Nicolas-Thomas-François Manche de
4881. Nicolas-Thomas-François Manche de Broval à Benjamin Constant, 25 janvier 1827
4898. Benjamin Constant à Nicolas-Thomas-François Manche de Broval, 20 février 1827
4902. Nicolas-Thomas-François Manche de Broval à Benjamin Constant, 22 février 1827
5020. Benjamin Constant à Nicolas-Thomas-François Manche de Broval ?, 14 juin 1827
5220. Nicolas-Thomas-François Manche de Broval à Benjamin Constant, 27 décembre 1827

Cadiot, Marcellin
5041. Marcellin Cadiot à Benjamin Constant, 1er juillet 1827

Capuran, Louis-Benoît-Édouard
4964. Louis-Benoît-Édouard Capuran à Benjamin Constant, fin avril 1827

Caquelard-Laforge, Hyacinthe
5176. Benjamin Constant à Hyacinthe Caquelard-Laforge, 25 novembre 1827

Cassin, Eugène
4893. Benjamin Constant à Eugène Cassin, 14 février 1827

Cazin, Alexandre
4945. Alexandre Cazin à Benjamin Constant, 9 avril 1827
5042. Alexandre Cazin à Benjamin Constant, 1er juillet 1827
5060. Alexandre Cazin à Benjamin Constant, 11 juillet 1827
5091. Alexandre Cazin à Benjamin Constant, 1er août 1827
5111. Alexandre Cazin à Benjamin Constant, 28 août 1827
5112. Alexandre Cazin à Benjamin Constant, 30 août 1827
5115. Alexandre Cazin à Benjamin Constant, 2 septembre 1827
5138. Alexandre Cazin à Benjamin Constant, 31 octobre 1827
5151. Alexandre Cazin à Benjamin Constant, 10 novembre 1827

Chabrol de Volvic, Gilbert-Joseph-Gaspard
5081. Gilbert-Joseph-Gaspard Chabrol de Volvic à Benjamin Constant, 28 juillet 1827
5114. Gilbert-Joseph-Gaspard Chabrol de Volvic à Benjamin Constant, 1er septembre 1827

Chateaubriand, François-René de
4986. Benjamin Constant à François-René de Chateaubriand, 21 mai 1827
4992. François-René de Chateaubriand à Benjamin Constant, 27 mai 1827

Chézy, Antoine-Léonard
5006. Benjamin Constant à Antoine-Léonard Chézy, 1er juin 1827
5009. Benjamin Constant à Antoine-Léonard Chézy, 5 juin 1827
5040. Benjamin Constant à Antoine-Léonard Chézy, 29 juin 1827
5094. Benjamin Constant à Antoine-Léonard Chézy, 4 août 1827

Constant d'Hermenches, Auguste de
4869. Auguste de Constant d'Hermenches à Benjamin Constant, 8 janvier 1827

Constant de Rebecque, Charles-Louis de
4883. Charles de Rebecque à Benjamin Constant, 4 février 1827
4892. Benjamin Constant à Charles de Rebecque, 14 février 1827
5223. Benjamin Constant à Charles de Rebecque, 30 décembre 1827

Constant, Adrien, dit Constant-Delessert
5030. Adrien Constant, dit Constant-Delessert à Benjamin Constant, avant le 19 juin 1827
5032. Adrien Constant, dit Constant-Delessert à Benjamin Constant, 19 juin 1827
5087. Adrien Constant, dit Constant-Delessert à Benjamin Constant, juillet 1827

Constant, Charles-Samuel de, dit le Chinois
5019. Benjamin Constant à Charles de Constant, 14 juin 1827

Constant, Rosalie-Marguerite de
4867. Rosalie de Constant à Benjamin Constant, 6 janvier 1827
4876. Benjamin Constant à Rosalie de Constant, 19 janvier 1827
4947. Rosalie de Constant à Benjamin Constant, 11 avril 1827
5174. Rosalie de Constant à Benjamin Constant, 23 novembre 1827
5184. Benjamin Constant à Rosalie de Constant, novembre 1827

Correspondant non identifié
4873. Benjamin Constant à un Correspondant non identifié, 15 janvier 1827
4879. Benjamin Constant à un Correspondant non identifié, 19 janvier 1827
4997. Benjamin Constant à un Correspondant non identifié, 29 mai 1827
5016. Benjamin Constant à un Correspondant non identifié, 11 juin 1827
5072. Un Correspondant non identifié à Benjamin Constant, 19 juillet 1827
5073. Benjamin Constant à un Correspondant non identifié, 23 juillet 1827
5129. Un Correspondant non identifié à Benjamin Constant, 1er octobre 1827

Coulmann, Jean-Jacques
4982. Jean-Jacques Coulmann à Benjamin Constant, 18 mai 1827
5101. Benjamin Constant à Jean-Jacques Coulmann, 8 août 1827
5135. Benjamin Constant à Jean-Jacques Coulmann, 22 octobre 1827
5147. Benjamin Constant à Jean-Jacques Coulmann, 9 novembre 1827
5152. Benjamin Constant à Jean-Jacques Coulmann, 11 novembre 1827
5157. Jean-Jacques Coulmann à Benjamin Constant, 12 novembre 1827
5172. Benjamin Constant à Jean-Jacques Coulmann, 23 novembre 1827

Cousin, Victor
4994. Benjamin Constant à Victor Cousin, 28 mai 1827

Cunier, Émilie
5118. Émilie Cunier à Benjamin Constant, 14 septembre 1827
5128. Émilie Cunier à Benjamin Constant, septembre ou octobre 1827

Cuvier, Rodolphe
4871. Rodolphe Cuvier à Benjamin Constant, 12 janvier 1827
4924. Benjamin Constant à Rodolphe Cuvier, 20 mars 1827
4957. Rodolphe Cuvier à Benjamin Constant, 25 avril 1827

Daunou, Pierre-Claude-François
5179. Benjamin Constant à Pierre-Claude-François Daunou, 27 novembre 1827

Dauthereau, Jean
5226. Jean Dauthereau à Benjamin Constant, après le 25 juillet 1827

Davillier, Jean-Antoine-Joseph
4989. Benjamin Constant à Jean-Antoine-Joseph Davillier, 25 mai 1827

Davillier, Julie-Marie-Pierrette, née Anthoine
5127. Benjamin Constant à Julie-Marie-Pierrette Davillier, septembre 1827

Dehors
4884. Dehors à Benjamin Constant, 5 février 1827

Delessert, Benjamin
5190. Benjamin Constant à Benjamin Delessert, 6 décembre 1827
5195. Benjamin Constant à Benjamin Delessert ?, 9 décembre 1827
5197. Benjamin Constant à Benjamin Delessert, 10 décembre 1827

Désachy
4911. Désachy à Benjamin Constant, 2 mars 1827

Desportes, Félix
5198. Félix Desportes à Benjamin Constant, 10 décembre 1827

Desportes, Nicolas-Félix
5213. Nicolas-Félix Desportes à Benjamin Constant, 20 décembre 1827
5217. Nicolas-Félix Desportes à Benjamin Constant, 24 décembre 1827
5221. Nicolas-Félix Desportes à Benjamin Constant, 29 décembre 1827

Devillas, Jean-Élysée
4946. Jean-Élysée Devillas à Benjamin Constant, 9 avril 1827

Deyres, Jean-Baptiste
5136. Jean-Baptiste Deyres à Benjamin Constant, 27 octobre 1827

Directeur de la Police
4990. Le Directeur de la Police à Benjamin Constant, 26 mai 1827

Dubois, L.
5164. L. Dubois à Benjamin Constant, 19 novembre 1827

Dumergues, Mlle
5036. Benjamin Constant à Mlle Dumergues, 22 juin 1827

Dumont, P.
5165. P. Dumont à Benjamin Constant, 19 novembre 1827

Dumont, Pierre-Louis-Charles ?
5125. Pierre-Louis-Charles Dumont ? à Benjamin Constant, 27 septembre 1827

Dupin, Pierre-Charles-François
5108. Pierre-Charles-François Dupin à Benjamin Constant, 23 août 1827

Dupont, Ambroise
5059. Benjamin Constant à Ambroise Dupont, 11 juillet 1827

Duprévost, J.
4958. Duprévost à Benjamin Constant, 25 avril 1827

Dutrône, Henri-Philippe-Auguste
5227. Henri-Philippe-Auguste Dutrône à Benjamin Constant, 1827

Eckstein, Ferdinand d'
4959. Benjamin Constant à Ferdinand d'Eckstein, 28 avril 1827
4961. Ferdinand d'Eckstein à Benjamin Constant, 29 avril 1827
4962. Benjamin Constant à Ferdinand d'Eckstein, 30 avril 1827
5146. Ferdinand d'Eckstein à Benjamin Constant, 8 novembre 1827
5148. Benjamin Constant à Ferdinand d'Eckstein, 9 novembre 1827

Ehlers, Wilhelm
5113. Benjamin Constant à Wilhelm Ehlers, 1ᵉʳ septembre 1827

Électeurs constitutionnels de Strasbourg
5185. Les Électeurs constitutionnels de Strasbourg à Benjamin Constant, 1ᵉʳ décembre 1827

Électeurs de Strasbourg
5120. Benjamin Constant aux Électeurs de Strasbourg, 18 septembre 1827

Électeurs du 4ᵉ arrondissement de la Seine
5225. Les Électeurs du 4ᵉ arrondissement de la Seine à Benjamin Constant, début décembre 1827

Estournelles, Claude-Louis-François-Marie Balluet d'
4905. Claude d'Estournelles à Benjamin Constant, 23 février 1827
4910. Benjamin Constant à Claude d'Estournelles, 2 mars 1827
4913. Claude d'Estournelles à Benjamin Constant, 11 mars 1827
4928. Claude d'Estournelles à Benjamin Constant, 24 mars 1827
4951. Benjamin Constant à Claude d'Estournelles, 15 avril 1827
4955. Claude d'Estournelles à Benjamin Constant, 24 avril 1827
5010. Benjamin Constant à Claude d'Estournelles, 7 juin 1827
5027. Claude d'Estournelles à Benjamin Constant, 17 juin 1827
5029. Claude d'Estournelles à Benjamin Constant, 18 juin 1827
5043. Benjamin Constant à Claude d'Estournelles, 2 juillet 1827
5054. Claude d'Estournelles à Benjamin Constant, 9 et 19 juillet 1827
5058. Claude d'Estournelles à Benjamin Constant, 10 juillet 1827
5074. Benjamin Constant à Claude d'Estournelles, 24 juillet 1827
5096. Benjamin Constant à Claude d'Estournelles, 6 août 1827
5133. Claude d'Estournelles à Benjamin Constant, 9 octobre 1827
5158. Benjamin Constant à Claude d'Estournelles, 14 novembre 1827
5170. Claude d'Estournelles à Benjamin Constant, 22 novembre 1827
5187. Claude d'Estournelles à Benjamin Constant, 4 décembre 1827
5194. Benjamin Constant à Claude d'Estournelles, 8 décembre 1827
5203. Claude d'Estournelles à Benjamin Constant, 13–17 décembre 1827
5209. Claude d'Estournelles à Benjamin Constant, 17 décembre 1827

Estournelles, Léonce d'
4933. Léonce d'Estournelle à Benjamin Constant, 27 mars 1827
4991. Benjamin Constant à Léonce d'Estournelles, 27 mai 1827
5124. Benjamin Constant à Léonce d'Estournelles, 26 septembre 1827

Estournelles, Louise d', née de Constant
4909. Benjamin Constant à Louise d'Estournelles, 27 février 1827
4954. Benjamin Constant à Louise d'Estournelles, 24 avril 1827
5001. Benjamin Constant à Louise d'Estournelles, mai 1827
5011. Benjamin Constant à Louise d'Estournelles, 7 juin 1827
5035. Benjamin Constant à Louise d'Estournelles, 22 juin 1827
5053. Benjamin Constant à Louise d'Estournelles, 9 juillet 1827
5061. Benjamin Constant à Louise d'Estournelles, 12 juillet 1827
5103. Benjamin Constant à Louise d'Estournelles, 15 août 1827
5109. Benjamin Constant à Louise d'Estournelles, 25 août 1827
5119. Benjamin Constant à Louise d'Estournelles, 18 septembre 1827
5126. Benjamin Constant à Louise d'Estournelles, 29 septembre 1827
5132. Benjamin Constant à Louise d'Estournelles, 6 octobre 1827
5142. Benjamin Constant à Louise d'Estournelles, 5 novembre 1827
5166. Benjamin Constant à Louise d'Estournelles, 20 novembre 1827
5167. Benjamin Constant à Louise d'Estournelles, 21 novembre 1827
5171. Benjamin Constant à Louise d'Estournelles, 23 novembre 1827
5182. Benjamin Constant à Louise d'Estournelles, 28 novembre 1827
5193. Benjamin Constant à Louise d'Estournelles, 7 décembre 1827
5200. Benjamin Constant à Louise d'Estournelles, 12 décembre 1827
5218. Benjamin Constant à Louise d'Estournelles, 26 décembre 1827

Étudiants de Strasbourg
4996. Étudiants de Strasbourg à Benjamin Constant, 28 mai 1827

Ferrère-Laffitte, Jean-Chilon
5038. Jean-Chilon Ferrère-Laffitte à Benjamin Constant, 22 juin 1827

Feuillet, Laurent-François
4927. Benjamin Constant à Laurent-François Feuillet, 23 mars 1827
4929. Laurent-François Feuillet à Benjamin Constant, 24 mars 1827

Firmin Didot
4882. Benjamin Constant à Firmin Didot, avant février 1827
4885. Benjamin Constant à Firmin Didot, 8 février 1827
5130. Firmin Didot à Benjamin Constant, 3 octobre 1827

Fleury de Chaboulon, Pierre-Alexandre
5228. Pierre-Alexandre Fleury de Chaboulon à Benjamin Constant, 1827 ou après

Friedreich, Johann Baptist
5199. Johann Baptist Friedreich à Benjamin Constant, 10 décembre 1827

Goethe, Johann Wolfgang von
5117. Benjamin Constant à Johann Wolfgang von Goethe, 14 septembre 1827

Griset
5163. Griset à Benjamin Constant, 17 novembre 1827

Gueffier, Pierre
4889. Pierre Gueffier à Benjamin Constant, 11 février 1827

Guigniaut, Joseph-Daniel
4993. Joseph-Daniel Guigniaut à Benjamin Constant, 27 mai 1827
4995. Joseph-Daniel Guigniaut à Benjamin Constant, 28 mai 1827

Guillois de Fontenais
4981. Guillois de Fontenais à Benjamin Constant, 16 mai 1827

Hartmann frères
5153. Benjamin Constant à Hartmann frères, 11 novembre 1827

Hartmann, Frédéric
5140. Benjamin Constant à Frédéric Hartmann, 3 novembre 1827

Hartmann, Jacques
5208. Jacques Hartmann à Benjamin Constant, 15 décembre 1827

Hauser
5105. Hauser à Benjamin Constant, 19 août 1827

Henry, Jean-Pierre
4963. Benjamin Constant à Jean-Pierre Henry, 30 avril 1827

Hervé, Jean
4974. Jean Hervé à Benjamin Constant, 10 mai 1827

Hobhouse, John Cam
5215. John Cam Hobhouse à Benjamin Constant, 22 décembre 1827

Holten, M. de
4920. Benjamin Constant à M. de Holten ?, 17 mars 1827

Hompesch-Rurich, Jean-Baptiste-Louis de
4897. Jean-Baptiste-Louis de Hompesch-Rurich à Benjamin Constant, 17 février 1827

Horeau
5229. Horeau à Benjamin Constant, fin 1827-début 1828

Huber, Maria Therese Wilhelmina
4919. Therese Huber à Benjamin Constant, 15 mars 1827
5110. Therese Huber à Benjamin Constant, 27 août 1827

Isambert, François-André
5186. François-André Isambert à Benjamin Constant, 2 décembre 1827

Jaureguiberry
4971. Jaureguiberry à Benjamin Constant, 9 mai 1827

Jean, Charles-Antoine
5003. Charles-Antoine Jean à Benjamin Constant, mai 1827

Joseph-Pierre Lafontaine et Nanteuil
5047. Joseph-Pierre Lafontaine et Nanteuil à Benjamin Constant, 3 juillet 1827

Jouy, Victor-Joseph-Étienne de
4899. Benjamin Constant à Victor-Joseph-Étienne de Jouy, 20 février 1827
5015. Benjamin Constant à Victor-Joseph-Étienne de Jouy, 11 juin 1827

Jullian, Pierre-Louis-Pascal
4960. Pierre-Louis-Pascal Jullian à Benjamin Constant, 28 avril 1827
5014. Pierre-Louis-Pascal Jullian à Benjamin Constant, 10 juin 1827
5131. Pierre-Louis-Pascal Jullian à Benjamin Constant, 3 octobre 1827
5160. Pierre-Louis-Pascal Jullian à Benjamin Constant, 14 novembre 1827

Jullien, Marc-Antoine
4868. Benjamin Constant à Marc-Antoine Jullien, 7 janvier 1827
5031. Benjamin Constant à Marc-Antoine Jullien ?, 19 juin 1827 ?
5189. Benjamin Constant à Marc-Antoine Jullien, 5 décembre 1827

Kammerer, Jean-Daniel
5134. Jean-Daniel Kammerer à Benjamin Constant, 13 octobre 1827

Kératry, Auguste-Hilarion, comte de
4975. Auguste-Hilarion de Kératry à Benjamin Constant, 10 mai 1827
4978. Benjamin Constant à Auguste-Hilarion de Kératry, 12 mai 1827

La Fayette, Marie-Joseph-Paul-Yves-Roch-Gilbert du Motier, marquis de
5076. Benjamin Constant à La Fayette, 26 juillet 1827
5177. La Fayette à Benjamin Constant, 25 novembre 1827

Laffitte, Jacques
4906. Jacques Laffitte à Benjamin Constant, 24 février 1827
5082. Jacques Laffitte à Benjamin Constant, 28 juillet 1827
5083. Benjamin Constant à Jacques Laffitte, 28 juillet 1827

Laroche, Benjamin
4940. Benjamin Laroche à Benjamin Constant, 1er avril 1827

Lebas, frères
4935. Lebas, frères à Benjamin Constant, mars 1827

Leblond, Daniel-François-Désiré
4983. Benjamin Constant à Daniel-François-Désiré Leblond, 19 mai 1827
4984. Daniel-François-Désiré Leblond à Benjamin Constant, 19 mai 1827

Lecointe, Jacques-Frédéric; Durey, Étienne
4877. Benjamin Constant à Jacques-Frédéric Lecointe et Étienne Durey, 19 janvier 1827
4907. Jacques-Frédéric Lecointe et Étienne Durey à Benjamin Constant, 25 février 1827

Lecourt, A.
4941. A. Lecourt à Benjamin Constant, 4 avril 1827

Leroux, M.
4900. Le Roux à Benjamin Constant, 21 février 1827

Lofficial, Jacques
5034. Benjamin Constant à Jacques Lofficial, 20 juin 1827
5159. Benjamin Constant à Jacques Lofficial, 14 novembre 1827

M. Cochois
4886. M. Cochois à Benjamin Constant, 8 février 1827

Magenc, Jean-Baptiste
4956. Jean-Baptiste Magenc à Benjamin Constant, 24 avril 1827

Magnan ?
4912. Magnan (?) à Benjamin Constant, 6 mars 1827

Mahul, Alphonse
5139. Alphonse Mahul à Benjamin Constant, 31 octobre 1827

Mallet frères
5093. Mallet frères & Cie à Benjamin Constant, 2 août 1827

Mallevergne, Aimé-Michel-Fabien
4998. Aimé Mallevergne à Benjamin Constant, 29 mai 1827

Marchand, Charles-Philippe
4894. Charles-Philippe Marchand à Benjamin Constant, 14 février 1827

Masuyer, Marie-Gabriel
5180. Benjamin Constant à Marie-Gabriel Masuyer, 27 novembre 1827

Merlin, Antoine-François-Eugène
5143. Antoine-François-Eugène Merlin à Benjamin Constant, 5 novembre 1827
5154. Benjamin Constant à Antoine-François-Eugène Merlin, 11 novembre 1827

Moûlade, Léonard
4988. Léonard Moûlade à Benjamin Constant, 23 mai 1827

Montmeyan, Isidore d'Eymar de
5028. Isidore d'Eymar de Montmeyan à Benjamin Constant, 17 juin 1827

Moureau, Agricol
5045. Benjamin Constant à Agricol Moureau, 2 juillet 1827

Murphy Porro, Tomás
5025. Tomás Murphy Porro à Benjamin Constant, avant le 16 juin 1827
5026. Tomás Murphy Porro à Benjamin Constant, 16 juin 1827

Nehrlich, Johann Karl
5007. Johann Karl Nehrlich à Benjamin Constant, 2 juin 1827

Noël
5051. Noël à Benjamin Constant, 7 juillet 1827
5078. Noël à Benjamin Constant, 26 juillet 1827

Ouvriers-relieurs de Paris
4875. Les ouvriers-relieurs de plusieurs ateliers parisiens à Benjamin Constant, 16 janvier 1827

Oudard, Jacques-Parfait
5055. Jacques-Parfait Oudard à Benjamin Constant, 9 juillet 1827

Paris, Aimé
4903. Aimé Paris à Benjamin Constant, 22 février 1827

Pagès, Jean-Pierre
5046. Benjamin Constant à Jean-Pierre Pagès, 2 juillet 1827
5088. Jean-Pierre Pagès à Benjamin Constant, juillet 1827

Périer, Casimir-Pierre
4921. Benjamin Constant à Casimir Périer, 19 mars 1827
4925. Benjamin Constant à Casimir Périer, 20 mars 1827
4926. Benjamin Constant à Casimir Périer, 20 mars 1827
4930. Benjamin Constant à Casimir Périer, 25 mars 1827
4931. Benjamin Constant à Casimir Périer, 27 mars 1827
4937. Benjamin Constant à Casimir Périer, 1er avril 1827
4943. Benjamin Constant à Casimir Périer, 7 avril 1827 ?
4948. Benjamin Constant à Casimir Périer, vers le 12 avril 1827
4949. Benjamin Constant à Casimir Périer, 12 avril 1827
4950. Benjamin Constant à Casimir Périer, avant le 15 avril 1827
4967. Benjamin Constant à Casimir Périer, 5 mai 1827
4969. Benjamin Constant à Casimir Périer, 8 mai 1827
4980. Benjamin Constant à Casimir Périer, 15 mai 1827
5002. Benjamin Constant à Casimir Périer, mai 1827
5012. Benjamin Constant à Casimir Périer, 7 juin 1827 ?
5049. Benjamin Constant à Casimir Périer, vers le 6 juillet 1827
5064. Casimir Périer à Benjamin Constant, 14 juillet 1827
5067. Benjamin Constant à Casimir Périer, 16 juillet 1827
5070. Benjamin Constant à Casimir Périer, 18 juillet 1827

5079. Benjamin Constant à Casimir Périer, 27 juillet 1827
5149. Benjamin Constant à Casimir Périer, 9 novembre 1827
5104. Benjamin Constant à Casimir Périer, 18 août 1827
5168. Benjamin Constant à Casimir Périer, 21 novembre 1827
5191. Benjamin Constant à Casimir Périer, 6 décembre 1827
5207. Benjamin Constant à Casimir Périer, 15 décembre 1827
5212. Casimir Périer à Benjamin Constant, 20 décembre 1827
5216. Benjamin Constant à Casimir Périer, 24 décembre 1827
5224. Benjamin Constant à Casimir Périer, 30 décembre 1827

Perrier, M.
4944. M. Perrier à Benjamin Constant, 8 avril 1827

Petou, Georges-Paul
5024. Georges-Paul Petou à Benjamin Constant, 15 juin 1827

Petri, Philipp August
5145. Philipp August Petri à Benjamin Constant, 7 novembre 1827

Peyronnet, Charles-Ignace, comte de
5085. Charles-Ignace, comte de Peyronnet à Benjamin Constant, 29 juillet 1827

Picard
4891. Picard à Benjamin Constant, 13 février 1827

Pichon, Jean-Armand
4970. Jean-Armand Pichon à Benjamin Constant, 8 mai 1827
4977. Jean-Armand Pichon à Benjamin Constant, 11 mai 1827

Pinard, Jean
5013. Jean Pinard à Benjamin Constant, 9 juin 1827
5021. Benjamin Constant à Jean Pinard, 14 juin 1827

Pinet, Fortuné
4936. Fortuné Pinet à Benjamin Constant, mars 1827

Plinguet, Louis-Jean-Baptiste-Cézaire
4865. Louis-Jean-Baptiste-Cézaire Plinguet à Benjamin Constant, 3 janvier 1827

Ponteuil, T.
5008. T. Ponteuil à Benjamin Constant, 4 juin 1827
5050. T. Ponteuil à Benjamin Constant, 6 juillet 1827
5056. T. Ponteuil à Benjamin Constant, 9 juillet 1827
5063. T. Ponteuil à Benjamin Constant, 13 juillet 1827
5065. T. Ponteuil à Benjamin Constant, 14 juillet 1827
5068. T. Ponteuil à Benjamin Constant, 16 juillet 1827
5069. T. Ponteuil à Benjamin Constant, 17 juillet 1827
5071. T. Ponteuil à Benjamin Constant, 18 juillet 1827
5075. T. Ponteuil à Benjamin Constant, 24 juillet 1827
5080. T. Ponteuil à Benjamin Constant, 27 juillet 1827
5089. Benjamin Constant à T. Ponteuil, 1er août 1827
5090. Benjamin Constant à T. Ponteuil, 1er août 1827
5092. T. Ponteuil à Benjamin Constant, 1er août 1827
5095. T. Ponteuil à Benjamin Constant, 4 août 1827
5097. T. Ponteuil à Benjamin Constant, 6 août 1827
5102. T. Ponteuil à Benjamin Constant, 14 août 1827
5188. T. Ponteuil à Benjamin Constant, 4 décembre 1827
5192. T. Ponteuil à Benjamin Constant, 6 décembre 1827

Prévost, Félix
5039. Félix Prévost à Benjamin Constant, 28 juin 1827

Provost, Alexandre; Bruant fils
4872. Alexandre Provost et Bruant fils à Benjamin Constant, 12 janvier 1827

Quinet, Edgar
4914. Edgar Quinet à Benjamin Constant, 11 mars 1827

Rabbe, Alphonse
4901. Alphonse Rabbe à Benjamin Constant, 21 février 1827
4915. Alphonse Rabbe à Benjamin Constant, 12 mars 1827
4916. Benjamin Constant à Alphonse Rabbe, 12 mars 1827
4952. Alphonse Rabbe à Benjamin Constant, 22 avril 1827
4953. Benjamin Constant à Alphonse Rabbe, 23 avril 1827

Randouin, André
5086. André Randouin à Benjamin Constant, 30 juillet 1827

Récamier, Juliette
4888. Benjamin Constant à Juliette Récamier, 10 février 1827

4932. Benjamin Constant à Juliette Récamier, 27 mars 1827
5017. Benjamin Constant à Juliette Récamier, 13 juin 1827
5178. Benjamin Constant à Juliette Récamier, 26 novembre 1827

Rédacteur de la *Gazette de France*
5107. Benjamin Constant au Rédacteur de la *Gazette de France*, 21 août 1827

Richard
5181. Benjamin Constant à Richard, 27 novembre 1827

Ritter, Henry
4895. Henry Ritter à Benjamin Constant, 14 février 1827

Rittiez, François
5004. François Rittiez à Benjamin Constant, mai 1827

Roederer, Pierre-Louis
5155. Benjamin Constant à Pierre-Louis Roederer, 11 novembre 1827

Roques, Émile
4985. Émile Roques à Benjamin Constant, 19 mai 1827
4987. Benjamin Constant à Émile Roques, 21 mai 1827
5022. Émile Roques à Benjamin Constant, 14 juin 1827
5033. Émile Roques à Benjamin Constant, 19 juin 1827

Rouge, Georges-Louis
4870. Georges-Louis Rouge à Benjamin Constant, 8 janvier 1827
4896. Georges-Louis Rouge à Benjamin Constant, 14 février 1827

Saint-Vincent, Cyrille-Jules Patu de
4908. Cyrille-Jules Patu de Saint-Vincent à Benjamin Constant, 26 février 1827

Salvandy, Narcisse-Achille de
5116. Benjamin Constant à Narcisse-Achille de Salvandy, 13 septembre 1827

Sartorius von Waltershausen, Georg Friedrich Christoph, Freiherr von
4878. Benjamin Constant à Georg Friedrich Sartorius, 19 janvier 1827

Sauce, Victor-Scipion
5084. Victor-Scipion Sauce à Benjamin Constant, 28 juillet 1827

Schertz, Louis
5121. Benjamin Constant à Louis Schertz, 18 septembre 1827
5122. Benjamin Constant à Louis Schertz, 24 septembre 1827
5173. Benjamin Constant à Louis Schertz, 23 novembre 1827
5201. Louis Schertz à Benjamin Constant, 12 décembre 1827
5222. Louis Schertz à Benjamin Constant, 29 décembre 1827

Sevestre de la Metterie, Achille-Joseph
4973. Benjamin Constant à Achille-Joseph Sevestre de la Metterie, 10 mai 1827

Seymour de Constant, Charlotte-Josephe
5214. Charlotte-Josephe Seymour de Constant à Benjamin Constant, 21 décembre 1827

Sismondi, Jean-Charles-Léonard Simonde de
5066. Jean-Charles-Léonard de Sismondi à Benjamin Constant, 15 juillet 1827
5077. Benjamin Constant à Jean-Charles-Léonard Sismondi, 26 juillet 1827

Stoeber, Chrétien-Théophile
5123. Chrétien-Théophile Stoeber à Benjamin Constant, 24 septembre 1827
5196. Chrétien-Théophile Stoeber à Benjamin Constant, 9 décembre 1827

Stonow, Thomas W.
4972. Thomas W. Stonow à Benjamin Constant, 9 mai 1827

Suriray Delarue, Jean-Gabriel-Martin
4866. Jean-Gabriel-Martin Suriray Delarue à Benjamin Constant, 3 janvier 1827

Talleyrand-Périgord, Charles-Maurice de
5018. Benjamin Constant à Charles-Maurice de Talleyrand-Périgord, 13 juin 1827

Tencé, Ulysse
5062. Ulysse Tencé à Benjamin Constant, 12 juillet 1827

Ternaux, Louis-Guillaume
4880. Benjamin Constant à Louis-Guillaume Ternaux, 20 janvier 1827
4918. Benjamin Constant à Louis-Guillaume Ternaux, 14 mars 1827

Teste, Jean-Baptiste
5099. Benjamin Constant à Jean-Baptiste Teste ?, 7 août 1827

Thiard de Bissy, Auxonne-Marie-Théodose
5169. Auxonne-Marie-Théodose Thiard de Bissy à Benjamin Constant, 21 novembre 1827

Thiebault, Mme
5057. Benjamin Constant à Madame Thiebault, 10 juillet 1827

Thirion-Montauban
5202. Thirion-Montauban à Benjamin Constant, 13 décembre 1827

Thomine, Jean-Baptiste
4890. Jean-Baptiste Thomine à Benjamin Constant, vers le 12 février 1827
4904. Jean-Baptiste Thomine à Benjamin Constant, 22 février 1827

Thoré-Cohendet, Pierre
5023. Benjamin Constant à Pierre Thoré-Cohendet, 15 juin 1827

Tissot, Pierre-François
4922. Benjamin Constant à Pierre-François Tissot, 19 mars 1827
4938. Benjamin Constant à Pierre-François Tissot, 1er avril 1827
4942. Benjamin Constant à Pierre-François Tissot, 5 avril 1827
4965. Benjamin Constant à Pierre-François Tissot, avril-mai 1827
4968. Pierre-François Tissot à Benjamin Constant, 5 mai 1827
5141. Benjamin Constant à Pierre-François Tissot, 3 novembre 1827

Un Correspondant non identifié
5211. Un Correspondant non identifié à Benjamin Constant, 19 décembre 1827

Varnier, Alphonse
5000. Alphonse Varnier à Benjamin Constant, 31 mai 1827

Verneilh-Puyraseau, Joseph de
4923. Joseph de Verneilh-Puyraseau à Benjamin Constant, 19 mars 1827

Verny, Édouard
5137. Benjamin Constant à Édouard Verny, 31 octobre 1827
5156. Édouard Verny à Benjamin Constant, 11 novembre 1827

Vial-Machurin, Jean-François
5175. Jean-François Vial-Machurin à Benjamin Constant, 24 novembre 1827

Villeneuve, Gilbert
5005. Gilbert Villeneuve à Benjamin Constant, mai 1827

Williams, Helen Maria
4976. Helen Maria Williams à Benjamin Constant, 10 mai 1827
4979. Benjamin Constant à Helen Maria Williams, 14 mai 1827

INDEX DES NOMS PROPRES

Achard, Anne-Renée, née Bontems 450
Achard, Jacques 450
Agier, François-Marie 64
Aguinet, M. 123
Aignan, Étienne 366
Albrecht, Daniel Ludwig 37
Alisse, Jules 23, 245, 449
Ancelon, Étienne-Auguste 178
Ancelon, François 178
André, Dominique 162
André, Jean-François 358, 395
Andréossy, Antoine-François, comte d' 340
Andrieux, François-Guillaume-Jean-Stanislas 187
Angoulême, Louis-Antoine d'Artois, duc d' 49
Année, Antoine 249
Anthès, Joseph-Conrad d' 429
Apartado, José Francisco Fagoaga Villaurrutia, marquis d' 213, 235
Aragonès d'Orcet, Gilbert Paul 186
Archdeacon aîné, agent de change 447
Argenson, Marc-René de Voyer de Paulmy, marquis d' 359, 412
Arnim, Achim von 196
Arnold, Jean-Chrétien 392
Aronhirth, L. 178
Aubry, Charles-Claude 392
Aubry, Charles-Marie-Barbe-Antoine 178
Audin, Jean-Marie-Vincent 70
Auguste, prince de Prusse 457
Augustin, saint 216
Aumont, Michel 166, 276–277
Auzou, Charles 327

Bach, H. 178
Bacot de Romand, Claude-René 64
Baillargeau 105
Bailleul, Jacques-Charles 249
Ballanche, Pierre-Simon 457
Balzac, Honoré de 38
Barante, Amable-Guillaume-Prosper Brugière, baron de 112–113, 399
Barbenes, électeur à Strasbourg 392
Bardin, C. 178
Barrot, Camille-Hyacinthe-Odilon 409, 429, 449
Bartholet, Auguste-Élisabeth, née Badany 395–396, 433

Bartholmé, Chrétien-Jacques 392
Batbedat, M., employé 234
Baudouin, Alexandre 249
Baudouin, frères 111
Bauduy, Louis-Alexandre-Amélie 199, 215, 288
Bauer 178
Bauer, Frédéric 180
Baulu 178
Baumgartner 178
Baumgartner, André-Gustave-Adolphe 180
Becays de la Caussade, Timothée 26
Béchet, Charles 104, 109, 111–112, 182, 449
Béchet, François, dit Béchet aîné 7, 89, 110–111, 159, 183, 286, 291, 298, 345, 422, 449
Bécourt, Gustave 178
Becquey de Beaupré, François-Louis 295
Bédoch, Pierre-Joseph 283
Bellangé, filateur 234, 352
Belleville, M. 235
Bellon, Guillaume 21–22
Belly, L. 178
Benzenberg, Johann Friedrich 6, 37
Berger 108
Bernard, Jean 457
Bernard, Victor (?) 106
Bernis, François-Joachim de Pierre de 301
Bérot 178
Bérot, Auguste 178
Berr, Michel 389–390
Berry, Charles-Ferdinand de Bourbon, duc de 322
Bert, C. 178
Bertin de Vaux, Louis-François 240, 290, 340
Bertrand, Jean 296, 326, 350
Bertrand, Julie-Éléonore 322
Bertrand-Boislarge, Louis 235
Beyer, Jean-Daniel 406
Beyo, Lucien 178
Bian 178
Bibolet 39
Bigeu, Narcisse 121
Bignon, Louis-Pierre-Édouard, baron 211
Blaesius, Jean 296
Blanc-Pascal, Pierre 121, 288, 398, 449
Blanche, étudiant 192
Blot, M. 276

Bodin, Félix 77
Boersch, Jean-Jacques 392
Bogner, Jean-Frédéric 178
Boigues, Jean-Louis 366
Boissard 178
Boissier, Henry 121, 399
Boissy d'Anglas, François-Antoine de 135
Bonaparte, Lucien 457
Bonfils, Pierre-Alexandre 147
Bonnet, Louis-Ferdinand 51, 77
Bonnin, M. 122
Bonstetten, Charles-Victor de 458
Boode, Augustus Deodatus 42
Boode, Catharina, née Bourda 42
Boode, Eduard Gustaaf 42
Bossange, frères 97, 100
Bossuet, Jacques-Bénigne 226
Boucher, Anthelme 114
Boudet-Fenouillet, Jean 178
Boulatignier, Sébastien-Joseph 192
Bourbonne 106
Bourcier, Barthélemy 85
Bourdeau, Pierre-Alpinien-Bertrand 64
Bourgeois, Adolphe 341
Bourgeois, Pierre-Gabriel 74
Boyard, Nicolas-Jean-Baptiste 354
Branges de Bourcia, Jean-Joseph-Armand de 131
Braun, A. 178
Brentano, Clemens 196
Bricker 178
Brissot-Thivars, Louis-Saturnin 417, 437
Broë, Jacques-Nicolas de 242
Broglie, Achille-Léonce-Victor-Charles, duc de 93–94
Broglie, Albertine de, née de Staël-Holstein 94, 384–385, 390, 458
Broglie, Victor, duc de 112–113, 385, 429
Brossard, Joseph 178
Brouckere, Charles de 364
Brouckere, Henri de 365
Brouzet, M. 119
Broval, Félicité Manche de 250
Broval, Nicolas-Thomas-François Manche de 44, 66, 70, 206, 250, 254, 429, 449
Bruant fils 35
Brunet-Denon, Vivant-Jean 373
Buchon, Jean-Alexandre 241

Burckhardt, Gustave 178
Busch, Jean-Frédéric 392
Bussy-Castelnau, Charles Patissier de 63
Byron, George Gordon, Lord 454

Cabanon, Bernard 268
Cadenet, B. 442
Cadet de Gassicourt, Charles-Louis 357
Cadet de Gassicourt, Félix 357
Cadet de Gassicourt, Louis-Hercule 357
Cadiot, Marcellin 237–238
Calvin, Jean 217
Canning, George 202, 301, 328
Capuran, Louis-Benoît-Édouard 144
Caquelard-Laforge, Hyacinthe 93, 102, 110, 114, 146, 150, 208, 287, 382, 445–447, 447, 450
Caravelle 106
Cassin, Eugène 58
Castex, Bertrand-Pierre 295
Catellan-Caumont, Jean-Antoine, marquis de 283
Caumont, père & fils 121
Cazaux, Jean-Joseph 178
Cazin, Alexandre 118, 125, 239, 259, 284, 305–306, 308–309, 338, 354, 450
Cazotte, Jacques 437
Cellérier, Jacob-Élisée 28
Cellérier, Jean-Isaac-Samuel 28
Chabrol de Volvic, Gilbert-Joseph-Gaspard 275, 308
Chandieu, Antoine de 95
Chanoine 295
Charassier, Frédéric 187
Charles X, roi de France 39, 64, 296, 338, 455
Charrière, Isabelle Agneta Élisabeth de, née van Tuyll van Serooskerken 454
Chateaubriand, François-Auguste-René, vicomte de 5, 168, 174, 241, 341, 450, 457–458
Chauvelin, Bernard-François, marquis de 244
Chevassut, Alexandre 249
Chézy, Antoine-Léonard 194, 198, 236, 286, 450
Clanricarde, Ulick John de Burgh, marquess of 328
Clarke, Samuel 216
Claude, Jean 226

Clément, étudiant 193
Clermont-Tonnerre, Aimé-Marie-Gaspard, duc de 98
Clermont-Tonnerre, Amédée de 135
Clogenson, Jean 206
Cochois, M. 50
Coëtlosquet, Charles-Yves-César Cyr du 98
Collin-Lacombe, Antoine 149
Collot d'Herbois, Jean-Marie 69
Comier, M. 99
Comte 178
Constant de Rebecque, Charles-Louis de 9, 45, 57, 80, 130, 174, 185, 200, 214, 251, 302, 314, 318, 330, 370–371, 376, 388–389, 411, 428, 434, 451
Constant de Rebecque, Émilie de, née Pillot 174, 451
Constant de Villars, Guillaume-Anne de 80
Constant de Villars, Jules-Thierry-Nicolas de 80
Constant de Villars, Juste-Thierry de 80
Constant d'Hermenches, Auguste de 27, 29, 40, 120, 229, 281, 380, 391
Constant, Adrien, dit Constant-Delessert 27, 29, 40, 120, 229–230, 281, 380, 391
Constant, Anne-Louise-Renée, dite Ninette de, née Achard 450
Constant, Charles-Samuel de, dit le Chinois 30, 40, 206, 391, 450
Constant, Charlotte de, née Pictet 450–451
Constant, Charlotte Georgine Auguste de, née von Hardenberg 7, 9, 27, 29, 40, 66, 70, 120, 124, 173, 206, 210, 228, 230, 250, 272, 281, 314, 316–317, 321, 329, 333, 338, 350, 359–360, 374, 376, 380, 384, 389, 391, 397, 406, 424–426, 450
Constant, François-Marc-Samuel de 129, 450–451
Constant, Jeanne-Suzanne-Marie de, dite Marianne Magnin 451, 453
Constant, Louis-Arnold-Juste de 451, 453
Constant, Rosalie-Marguerite de 9, 27, 40, 120, 230, 379, 390, 451
Constant-Villars, Adolphe de 80
Coquerel, Charles 158
Corbière, Jacques-Joseph 164, 243, 368
Corcelle, Claude Tircuy de 437
Cornwallis, Charles 455

Coste père et fils 275
Coste, Jacques 340
Cottenet, Pierre-Eugène 280
Cottier, François 162
Couderc, Jean 119
Coulmann, Catherine-Salomé, née Ulrich 333
Coulmann, Jean-Jacques 6–8, 163, 291, 313, 332, 349, 355, 360, 376, 378, 404, 411–412, 431, 451
Couscher-Cailliau 248
Cousin, Victor 87, 176, 451
Coutanceau, Godefroy-Barthélemy-Ange ? 416
Coutel 106
Crawford, William Harris 128
Creuzer, Georg Friedrich 175, 453
Cunier, David-Charles-Henri 314, 321
Cunier, David-Charles-Léonard 322
Cunier, Émilie 313, 321
Cunier, Gustave 323
Curé, Henri-Hyacinthe 178
Cuvier, Charles-Christian-Léopold 136
Cuvier, Georges 34, 241
Cuvier, Rodolphe-Eberhard-Nicolas 5, 32, 95, 121, 133, 136, 451

Dalberg, Emeric-Joseph, duc de 296
Damas, Ange-Hyacinthe-Maxence de 139
Dapples, Silvius 245
Daunou, Pierre-Claude-François 385, 429
Dauthereau, Jean 437
Dautheville, Jean-Louis-Isidore 178
David, Jacques-Louis 457
Davillier, Jean-Antoine-Joseph 162, 172, 203, 409, 452
Davillier, Jean-Charles-Joachim, baron 452
Davillier, Julie-Marie-Pierrette, née Anthoine 8–9, 320, 452
Debelleosy 445
Defontenay, Augustin-Félix 211
Defontenay, Jacques 211
Degérando, Antoine 452
Degérando, Joseph-Marie 59, 452
Dehors 47
Delalot, Charles 265
Delaremanichère, C. P. 248
Delaroche, Michel 185
Deleau, Nicolas 279
Delessert, Jules-Paul-Benjamin 400, 404, 407, 452

Delpech, M. 328
Démosthène 319
Désachy, épicier 82, 122
Desgodins de Souhesmes, Louis 193
Despatys de Courteille, Pierre-Étienne 383
Desportes, Benjamin 452
Desportes, Félix 408–409, 424, 427, 452
Desportes, Nicolas-Félix 408, 424, 427, 430, 452
Devillas, Jean-Élysée 115, 119, 123
Deyres, Jean-Baptiste 336
Didot, Firmin 44–45, 49, 89, 109, 115, 151, 327, 422, 453
Dobrée, Thomas 61
Dolomieu, Christine-Zoé de, née Montjoie 66, 70
Dominique, saint 40
Drouilhet de Sigalas, Étienne-Sylvestre 26
Dubay, Louis-Balthazar 107
Ducreux 178
Dudon, Jean-François-Pierre-Cécile 157
Dufrénoy, Armand 250
Duhamel, frères 121
Dumergues, Mlle 233
Dumont, avocat 250
Dumont, notaire 446
Dumont, P. 368
Dumont, Pierre-Louis-Charles ? 318
Dumoulin, Évariste 249
Dunoyer, Charles 429
Duperreux, Georges Millin 295
Dupin, André-Marie-Jean-Jacques 242
Dupin, Pierre-Charles-François 301
Duplanil 39
Duplat, Pierre-Louis 79
Dupont, Jacques-Charles, dit Dupont de l'Eure 236, 377
Dupont, Ambroise 258, 261, 273, 282, 435, 452
Duprévost, J. 138
Durand, Charles-Étienne, fils 106, 115, 119
Dureau de La Malle, Adolphe 79
Durey, Étienne 41, 77
Dussaut, Claude-Frédélan 178
Du Tertre, Alexandre-Maximilien 451
Dutilloy, Louis-François-Alexis 197, 265
Dutrône, Henri-Philippe-Auguste 438

Ébray, Jean-Henry 451
Eckstein, Ferdinand 7, 139, 142–143, 175, 320, 348, 351, 453
Ecorcheville, droguiste 249
Ehlers, Wilhelm 6, 307
Ehrmann, Louis-Frédéric 392
Électeurs de Strasbourg 315
Elie, famille 407
Engelmann, Godefroy 406
Ermolov, Aleksej Petrovič (1777–1861) 140
Esmangart, Charles 327, 332
Estournelles de Constant, Paul-Henri-Benjamin d' 453
Estournelles, Arnold-Léonce-Emmanuel Balluet d' 9, 331, 453
Estournelles, Claude-Louis-François-Marie Balluet d' 9, 74, 81, 84, 98, 125, 130, 199–200, 213, 227, 239, 251, 257, 270, 287, 293, 302, 330, 361, 374, 397, 403, 415, 421, 453, 458
Estournelles, Louis-Benjamin-Léon Balluet d', dit Léonce d' 9, 46, 75, 80–81, 84, 98, 103, 131, 173, 214, 228, 233, 240, 251–253, 257, 270, 287, 293, 302, 314, 318, 330, 374–376, 389, 397, 402, 417, 428, 453
Estournelles, Louise-Marie-Anne Balluet d', née de Constant 7–9, 58, 80–81, 98, 103, 130, 173, 185, 200, 214, 232, 251, 260, 293, 302, 314, 318–319, 329–330, 343, 369, 371, 374–375, 387, 389, 397, 402–403, 410, 417, 428, 434, 453
Étienne, Charles-Guillaume 141, 278
Eunape 176
Éverat, Adolphe-Auguste 114

Fagedel 105
Fages, M. 340
Fain, propriétaire 249
Fallot, Georges-Frédéric 178
Faucher, Guillaume 249
Favier, Élisabeth-Caroline, née Franck 321
Favier, Philippe-Gaëtan-Mathieu, dit baron Mathieu de 325
Favre, Auguste 446
Ferrère-Laffitte, Jean-Chilon 234
Feuillet, Laurent-François 97, 100
Firmin-Didot, Ambroise 45, 453
Firmin-Didot, Hyacinthe 45, 453

Fischer, Henri 62
Flandin, Mme 108
Flaubert, Gustave 38
Fleck, F. Joseph 178
Fleischhauer, Jean-David 392
Fleury de Chaboulon, Pierre-Alexandre 438
Fonck, Peter Anton 37–38
Fontaine, G., instituteur 135
Forbin-Janson, Charles de 136
Forster, Johann Georg Adam 304, 454
Fouché, Joseph 128
Fournas-Moussoulens, Charles-François de 341
Fournier, jeune 328
Foy, Maximilien-Sébastien 6, 283, 400, 412
Franchet d'Esperey, François 173
Frayssinous, Denis-Antoine-Luc 34, 134–135, 368
Frédéric-Guillaume III, roi de Prusse 66
Friedreich, Johann Baptist 409
Fualdès, Joseph-Bernardin 37–38

Gail, Marie-Catherine de, née Walburge de Badany 434, 441
Galabert, Louis 131
Gallois, Jean-Antoine 272
Gant 178
Gaspary 445
Gastard & comp., Colmar 399
Gaudon, négociant 248
Gauthier, M. 446, 448
Gautier, Jean-Élie 193
Genoud, Antoine-Eugène 300
George IV, roi d'Angleterre 458
Gérard, François 457
Gerardin 178
Gérold, Louis-Emmanuel-Théodore 178
Geronte, de 445
Gillet 178
Gilliot 178
Ginain 39
Gissy, F. 178
Gloxin, Jean-Christophe 392
Goderich, Frederick John Robinson, 1er vicomte 329
Görres, Joseph von 175
Goethe, Johann Wolfgang von 6, 303, 307, 312
Goguel, Georges Frédéric 178
Golbéry, Marie-Philippe-Aimé de 346

Gordoa, Luis Gonzaga 213, 235
Gourgaud, Gaspard 310
Goyet, Charles-Louis-François 5, 8, 128, 269
Grasselly, Antoine 392
Gravelotte, Jean-Guillaume 392
Grimmer, notaire 392
Grinchon, Mme 95
Griset 366
Grosse, C. 178
Grosse, H. 178
Guadalupe Victoria 7, 153
Guébin, Bourges 446
Gueffier, Pierre 53
Guigniaut, Joseph-Daniel 175–176, 453
Guilhem, Jean-Pierre-Olivier 185
Guillois de Fontenais 163
Guizot, François-Pierre-Guillaume 176, 429, 451
Guyard-Delalain, Augustin 249
Guyon, étudiant 188

Haag 178
Haag, Eugène 180
Hacquard, Joseph-François 178
Hainglaise, Jean-François 296
Haller, Albrecht von 143
Haller, Charles-Louis de 142–143
Hammerer, électeur à Strasbourg 392
Hanriot ou Henriot, François 87, 89
Harcourt, François-Eugène-Gabriel d' 383
Hardenberg, Eleonore von, née von Wangenheim 450
Hardenberg, Ernst Christian Georg August von 42
Hardenberg, Hans Ernst, comte von 450
Hardenberg, Karl August von 37
Hartmann frères 355
Hartmann, André 454
Hartmann, André-Frédéric, dit Fritz 332, 341, 358, 434, 454
Hartmann, Caroline 341, 420
Hartmann, Elisabeth, née Metzger 341
Hartmann, famille 8
Hartmann, Henry-Nicolas 333, 454
Hartmann, Jacques 333, 337, 341, 420, 434, 454
Hartmann, Louise, née Schouch 341
Hatt, Louis 392

Hauser, jeune 297
Helck, Henri-Thiébaut 392
Henri, général 296
Henry, Jean-Pierre 144
Herder, Emil von 304
Herder, Johann Gottfried 86, 304
Herder, Louise Émilie von, née Huber 302
Héricart de Thury, Louis-Étienne 354
Hermann, Ferdinand 178
Hernoux, Étienne-Nicolas-Philibert 419
Hervé, Jean 155, 271
Hésiode 97, 100
Heyne, Christian Gottlob 454
Hobhouse, Benjamin 425
Hobhouse, Edward Isaac 425
Hobhouse, Henry William 425
Hobhouse, John Cam 7, 425, 454
Hobhouse, Thomas Benjamin 425
Hochet, Claude 366
Holten, Andreas Eberhard von 92
Holten, Carl Peter von 92
Holten, de 92
Homère 379
Hompesch-Rurich, Jean-Baptiste-Louis de 63
Houzelle 296
Huber, Ludwig Ferdinand 454
Huber, Maria Therese Wilhelmina 6, 91, 302, 454
Huber, Victor-Aimé 304
Huder, Nestor 178
Hüter, Jean-Jacques 399, 448
Hugo, Victor 38
Hugues 121
Humann, Georges-Jean 295, 327, 395, 412–413, 431
Humboldt, Wilhelm von 303
Huot, Servais 45
Hyde de Neuville, Jean-Guillaume 340

Isabey, Jean-Baptiste 196
Isambert, François-André 395

Jacqueminot, Jean-François 278
Jardin Pepin, M. 122
Jaureguiberry, colonel 7, 153
Jaust 178
Jay, Antoine 249, 323
Jean, Charles-Antoine 186

Jefferson, Thomas 83
Jellé 178
Jénin 39
Jobez, Jean-Emmanuel 370, 388
Jolicler, avocat 122
Jordan, Camille 400
Jordan, Charles-Antoine-Hippolyte 332, 359
Jordy, E. 178
Jouy, Victor-Joseph-Étienne de 67, 203, 211
Jules, docteur 410
Jullian, Pierre-Louis-Pascal 140, 202, 328, 363, 454
Jullien, Marc-Antoine 29, 230, 400, 454
Jundt, Abraham 392

Kammerer, Jean-Daniel 331
Kératry, Auguste-Hilarion, comte de 157, 160, 235, 346, 454
Kircheisen, Friedrich Leopold von 37
Klimrath, Jean-Henri-Daniel 178
Klimrath, Jean-Jacques 392
Kob, Louis 392
Koechlin, Ferdinand 409
Koechlin, Jacques 409
Koehler 178
Koehler, Georges 179
Koeller 178
Koenig, M. 314
Koreff, David Ferdinand 37, 70
Küss, Jean Georges 392

Labbey de Pompierres, Guillaume-Xavier 433
La Borde, Louis-Joseph-Alexandre de 377
La Bruyère, Jean de 319
Lachave, A. 106
Lacombelle 178
Ladvocat, Pierre-François 114, 150, 159, 162
La Fayette, George-Washington-Louis-Gilbert du Motier 383, 455
Lafayette, Jean-François-Gabriel Calemard de 383
La Fayette, Marie-Joseph-Paul-Yves-Roch-Gilbert du Motier, marquis de 6, 18, 28, 63, 233, 271, 342, 360, 383, 455–456
Laffitte, Jacques 76, 172, 212–213, 246, 274, 276–278, 357, 362, 372, 377, 425, 438, 455–456
Lafont de Cavagnac, André-Jacques-Elisabeth 25

La Fontaine, Jean de 121
Lafontaine, Joseph-Pierre 244, 398, 419
Lagarmitte, Henri 178
La Harpe, Frédéric-César de 61, 245
Lambert, François 235
Lamennais, Hugues-Félicité-Robert de 226, 346
Lameth, Alexandre de 424
Landré-Beauvais, Augustin-Jacob 191
Langallerie, Jean-Frédéric-Philippe de Gentils de 30
Laperrine d'Hautpoul, Charles-Guillaume 341
Laresche, Henri 114
Laroche, Benjamin 112
La Roche, René 155
La Rochefoucauld, François-Alexandre-Frédéric de 109, 132
La Rochefoucauld, François VI, duc de 319
Lasteyrie du Saillant, Virginie, née La Fayette 383
Lasteyrie, Charles-Philibert de 58–59
Laurent, J. 296
Laurent, Paul-Mathieu 69
Lauth, Guillaume 392
Lauth, J. J. 392
Laverrerie, M. 106, 116
Lebas, frères 105
Le Bas, père 105
Leblond, Daniel-François-Désiré 164–165
Lecointe, Jacques-Frédéric 41, 77
Lecourt, A. 113
Lefebvre, François-Gilbert-Jacques 377
Lefebvre-Sainte-Marie, avocat 386
Leiris, Calixte 178
Lemonnier, M. 276
Lemp 178
Lereboullet, Dominique-Auguste 178
Leroux, M. 67
Lesage, frères 121, 197
Lesbroussart, Philippe 203
Lescale, M. de 118, 259, 354
Levesque, Louis-Hyacinthe 147
Lévi, Mme, libraire 70
Leyris 108
Lezay-Marnésia, Adrien de 321
Lichtenberger, Jean-Daniel 394
Lichtenberger, Louis 392–393, 413
Lienhart 178

Lienhart, François-Joseph 180
Liosard, M. 58
Lobstein, Jean-Frédéric 392
Lofficial, Jacques 232, 362, 456
Lombard 178
Lonchamps, Charles Delaulne de 211
Longueruë, Gabriel-François Dehatte de 131, 199
Louis Ier, roi de Bavière 409
Louis XIV, roi de France 32, 77, 100, 135
Louis XVI, roi de France 63
Louis XVIII, roi de France 457
Louis, Joseph-Dominique, baron 265, 372, 377, 419
Lourdoueix, Honoré de 240–241, 282
Louvet, Florent 156
Loys, Antoinette-Pauline de, née de Chandieu 31
Loys, François-Jean-Antoine de 31, 62
Loys, Jean-Louis de 31, 62
Luc, Jean-André de 300
Luther, Martin 217, 303
Luxembourg, François-Henri de Montmorency-Bouteville, maréchal de 257

MacDonald, Étienne-Jacques-Joseph-Alexandre 135
Magenc, Jean-Baptiste 132
Mahmoud 40
Mahul, Alphonse 339–340
Mallet 108
Mallet frères et Cie 108, 285, 449
Mallevergne, Aimé-Michel-Fabien 181–182
Manne, Louis-Charles-Joseph de 79
Mantzel, Christine-Catherine-Dorothée 453
Manuel, Jacques-Antoine 6, 307, 312
Marchand, Charles-Philippe 59
Marenholtz, Wilhelm Albrecht Christian, baron von 450
Marlier, Eugène 178
Martignac, Jean-Baptiste Sylvère Gaye de 6, 25, 456
Martin de Boisville, Jean-François 135
Martin de Gray, Alexandre-François-Joseph 249
Martin, Étienne 178
Martinez, Augustine, née Balluet d'Estournelles 416

Massillon, Jean-Baptiste 319
Masuyer, Marie-Gabriel 373, 386
Mathieu, Hippolyte 193
Mathys, Nicolas-Joseph 392
Matton, Marie-Julie 457
Maugin, Jules 178
Mauguin, François 409
Méchin, Alexandre-Edme 60, 193, 202
Meckert, Jean-Michel 392
Meirma 178
Menjaud, Alexis-Basile-Alexandre 135
Meny 178
Meny, Ch. 178
Méré 362
Mérilhou, Joseph 157, 160
Merlet, Charles-Ferdinand-Pierre 122
Merlin, Antoine-François-Eugène 352, 357
Mertz, Philippe-Louis 392
Messier 39
Mestmann, A. 178
Metzger, électeur à Strasbourg 392
Meunier 121
Meyer, Louis 178, 180
Michard, M. 178
Mignet, François-Auguste 312
Milius, Freiherr von 37
Millet, aîné 445
Mirabal 108
Montalivet, Camille de 409
Montebello, Louis-Napoléon Lannes, duc de 409
Montigny de Jaucourt, Fanny Lévisse de, née Favier 321
Montmarie, Louis-François Pelletier, comte de 359
Montmeyan, Isidore d'Eymar de 7, 215
Morel, J. 178
Morel, Jacques-Charles 179
Morin, Aimé 116
Moûlade, Léonard 170
Moureau, Agricol 241
Müller, Frédéric 392
Munier, David 264, 272
Munstins, J. 178
Murphy Porro, Tomás 7, 212, 235

Nanteuil, M. 244
Napoléon Ier 8, 69, 128, 310, 452, 454–455, 457
Nassau, Anne-Marie-Pauline-Andrienne, comtesse de 23, 61, 245, 285
Necker, Jacques 449, 458
Nehrlich, Gustav 195–196
Nehrlich, Johann Karl 6
Nesselrode, Franz Bertram, Graf von 38
Nestler, Ernest-Auguste 378, 392
Noailles, Louis-Marie-Antoine de 63
Noailles, Marie-Adrienne-Françoise de 455
Noël, M., secrétaire 247, 273

Oberlin, Jean-Frédéric 323
Odier, Antoine 377
Ollivier d'Angers, Charles-Prosper 438
Olmedo y Maruri, José Joaquín Eufrasio de 213, 235
Orléans, Eugénie-Adélaïde-Louise d' 250
Orléans, Louis-Philippe, duc d' 44, 206, 250, 254, 418, 430, 449, 455
Orléans, Marie-Amélie, duchesse d' 254
Ostermann, Michel 392
Osterrieth, H. 178
Ott, Jean-Daniel 392
Ott, Jean-Jacques 392
Ottmann, Philippe-Daniel 392
Oudard, Jacques-Parfait 254
Ouvrard, Gabriel-Julien 359

Pagel 178
Pagès, Jean-Pierre, dit Pagès de l'Ariège 243, 282, 456
Paris, Aimé 70
Paschoud, Jean-Jacques 183
Patorni, François-Marie 249
Pauchet, M. 235
Paul, saint 218
Pélicier, André-Benoît 71
Pélissier, commissionnaire à Embrun 213
Pellerin 105
Périer, Adolphe 383
Périer, Amédée-Auguste 295
Périer, Casimir-Pierre 6–7, 60, 92, 94, 96, 101–102, 108–110, 114–115, 121, 123–124, 138, 146, 149–150, 162, 172, 183, 185, 193, 196, 201, 211, 246–247, 256, 262, 264–267, 270, 274, 276, 292, 295, 340, 352, 357, 372, 377, 382, 384, 396, 398, 401, 413, 415, 419, 421, 423, 426–427, 430–431, 435, 456

Périer, Claude 456
Périer, Natalie, née La Fayette 383
Perrier, M. 106, 115, 119
Perruche 178
Petit, Adelphine, née Chabaneaux 383
Petit, Charles-Auguste 383
Petou, Georges-Paul 210, 236
Petri, Philipp August 6, 345–346
Peyronnet, Charles-Ignace, comte de 21, 59, 64, 87, 147–148, 243, 279, 368, 456
Pflug 178
Picard 57
Pichon, Jean-Armand 110, 112, 151, 159
Pick, Charles-Chrétien 392
Pick, Frédéric-Alphonse 178
Pinard, Jean 109, 114, 162, 201, 207, 248, 258, 273
Pinet, Fortuné 106, 119
Pistoye, Alphonse-Charles de 192
Planche, Joseph 43
Planck, Gottfried Jacob 346
Plinguet, Jean-Baptiste-Gabriel 24
Plinguet, Louis-Jean-Baptiste-Cézaire 23–24
Polti 178
Pontécoulant, Marie-Anne-Élisabeth de 67
Ponteuil, T. 6, 196, 246–247, 256, 261–263, 266, 268, 271, 275, 282–284, 286–288, 292, 398, 402, 423, 435, 445–448, 456
Ponthieu, Ulfrand 112
Pourrat, propriétaire 249
Prévost, Félix 236
Prieur, Louis 178
Provost, Alexandre 35
Purgold 39
Puy, Simon 131, 214

Quatrefages, Armand de 178
Quentin, Jean 115
Quinet, Edgar 86
Quiroga, Antonio 140

Rabbe, Alphonse 68, 87, 89, 126–127
Randouin, André 280
Raspieler, Pierre-Joseph-Dagobert 413
Ratisbonne, Jean-Auguste 431
Ratisbonne, Louis Wolff, dit 419
Récamier, Jacques-Rose 457
Récamier, Juliette 9, 52, 102, 204, 384, 450, 452, 456

Reffay de Sulignan, Emmanuel 85, 98, 131, 200, 232
Reinach, Charles de 359
Remy, famille 105
Renard 445
Renaudin, Louis-François-Émile 178
Renouard de Bussière, Athanase-Paul 331
Renouard, Augustin-Charles 429
Reuss, Louis 392
Richoux, N. J. 178
Rieder, Daniel ? 392
Rigaud, Édouard-Pierre-Paul 450
Rigaud, Henriette-Anne-Louise, née de Constant 450
Rilliet, Anne-Rosalie, née de Constant 450
Rilliet, Frédéric-Jacques-Louis 450
Ritter, Henry 6, 60
Ritter, J. G. 178
Rittiez, François 187
Roederer, Pierre-Louis 357, 429
Rohan-Chabot, Louis-François de 135
Rolland-Chambaudoin d'Erceville, Barthélemy-Louis-Charles 383
Rongier, M. 43
Roques, Émile 6, 166, 169, 208, 231
Rosselloty, Jacques-Paul 135
Rouge, Georges-Louis 30, 61
Rousseau, Jean-Jacques 319
Roussel 178
Roussel, Claude-François 179
Roussel, propriétaire 248
Rousselin de Corbeau Saint-Albin, Alexandre-Charles-Omer 106, 249
Royer-Collard, Pierre-Paul 193, 377, 412, 442

Saglio, Mathias-Florent-Antoine 412, 431
Saint-Vincent, Cyrille-Jules Patu de 78
Salaberry d'Irumberry, Charles-Marie de 58, 77
Salle, M. 99
Sallet, J. 178
Salm, Constance, princesse de 38
Salm-Reifferscheidt-Dyck, Joseph zu 37–38
Salvandy, Narcisse-Achille de 309, 333, 338
Sartorius von Waltershausen, Georg Friedrich Christoph, Freiherr von 6, 41–42
Sartorius, Caroline, née von Voigt 42
Sauce, Victor-Scipion 278
Sayn-Wittgenstein und Hohenstein, Wilhelm Ludwig, Fürst zu 37

Schaaff, Isaac-Frédéric 392
Schaeffer, J. 178
Schertz, Louis 8, 296, 315–316, 350, 377, 392, 411, 431, 457
Schiller, Johann Christoph Friedrich von 307
Schilling, Edouard 178
Schirmer, Dominique 392
Schlegel, August Wilhelm von 451, 458
Schlosser, Friedrich Christoph 346
Schmidt, Charles-Frédéric 178
Schmidt, électeur à Strasbourg 392
Scholten, Peter Carl Frederik von 92
Schonen, Augustin-Jean-Marie de 377
Schoubart, Jean-Charles 392
Schreider, Frédéric 378
Schützenberger, Charles 178
Schuller 178
Schwab, Gustav Benjamin 91
Schweighaeuser, François 378, 392
Scott, Walter 310
Sebastiani, Horace-François-Bastien, comte de la Porta 246, 399, 457
Second, M. 190
Secretan, Charles-Marc 61
Sellon, Jean-Jacques de 365
Senancour, Étienne Pivert de 299
Sénéchal, Louis-Joseph 178
Sernin, François-Marie 340
Serre, Anne de, née d'Huart 320
Sevestre de la Metterie, Achille-Joseph 155
Seymour de Constant, Arthur-Édouard-Georges-Adelbert 424
Seymour de Constant, Charlotte-Josephe 235, 424
Silbermann, Frédérique, née Saltzmann 407, 413
Silbermann, Henri-Rodolphe-Gustave 406–407, 413
Silvestre, Nicolas-Michel 392
Simier 39
Simon, Louis 392
Sireguy, M. 45
Sireguy, Mlle 45
Sirieys de Mayrinhac, Jean-Jacques-Félix 353
Sismondi, Jean-Charles-Léonard Simonde, dit 9, 264, 272, 458
Smith, Adam 452, 458
Sommervogel, Marie-Max. Jos. 178

Souhait, Joseph-Julien 446
Souquet, Jean-Jacques 178
Spach, Frédéric-Gustave 178
Spach, Louis-Adolphe 180
Speckel, Jean 392
Spielmann, Charles-Frédéric 392
Staël-Holstein, Adèle de, née Vernet 380, 421
Staël-Holstein, Anne-Louise-Germaine de 9, 28, 91, 94, 155, 228, 379, 397, 451–452, 457–458
Staël-Holstein, Auguste de 9, 379, 384–385, 390, 397,458
Staël-Holstein, Victor-Auguste de 421
Stammler, Christophe-Henri 392
Steiner, Jean-Louis 296, 350, 378, 392
Steinheil, Sigismond-Louis 392
Stewart, Dugald 452
Stoeber, Chrétien-Théophile 8, 317, 325, 331–332, 350, 376, 378, 404, 419, 458
Stoeber, Daniel-Ehrenfried 458
Stoeber, Gustave 392
Storch, Ludwig 347
Strohl, Philippe-Jacques 392
Suriray Delarue, Jean-Gabriel-Martin 24

Talleyrand-Périgord, Charles-Maurice de 39, 128, 205
Talma, Julie, née Careau 454
Tastu, Joseph 104
Tastu, Mme Amable, née Sabine-Casimire-Amable Voïart 104
Teisseire, Camille-Hyacinthe 185
Tencé, Ulysse 261
Ternaux, Louis-Guillaume 43, 90, 340, 354, 377, 381, 396, 458
Tertullien 217
Teste, Jean-Baptiste 290–291
Tezénas, aîné 197
Tézenas, M. 71
Théron, Antoine 178
Thiard de Bissy, Auxonne-Marie-Théodose 373, 386
Thiebault, Mme 256
Thiers, Adolphe 71, 249
Thiessé, Léon 250
Thirion 178
Thirion, Charles 179
Thirion-Montauban 259, 414

Thomas, M. 114
Thomine, Jean-Baptiste 55, 73, 122
Thoré-Cohendet, Pierre 210
Thouvenin 39
Thury 445
Tiouttchev, Fiodor Ivanovitch 176
Tissot, Pierre-François 92, 101–102, 110, 114, 123, 146, 150, 263, 266, 342, 382, 458
Trestaillon, Jacques Dupont, dit 414
Treuttel, Jean-Georges 183
Triponel 178
Tronchon, Nicolas-Charles 373
Turckheim, Bernard-Frédéric de 325
Turckheim, Jean-Frédéric de 243, 295, 327, 377, 412–413, 431

Valentin de La Pelouze, Jean-Baptiste 123
Van Halen, Juan 140, 202
Van Praet, Joseph 79
Varnier, Alphonse 184
Vassal de Montviel, Jean-Baptiste-François de 25
Vassal, Jacques-Claude-Roman 377
Vauban, Sébastien le Prestre de 100
Verdière, Charles-Hippolyte 71
Verenet, L. 178
Verneilh-Puyraseau, Joseph de 94
Verny, Édouard 337, 341, 358
Verny, père 338

Veysset, Auguste 122
Vial-Machurin, Jean-François 381, 385
Viala, G. 178
Videlange, Charles de 178
Villèle, Jean-Baptiste-Guillaume-Marie-Anne-Séraphin-Joseph de 6, 28, 77, 95, 181, 243, 368, 395, 406, 432, 439–440, 450, 456, 459
Villeneuve, Gilbert 193
Voltaire, François-Marie Arouet, dit 40, 77, 206

Wachter, G.-H. 392
Wack, G. 178
Walter, Louis-Ferdinand 392
Wangen de Géroldseck, Louis 433
Washington, George 455
Weis, électeur à Strasbourg 392
Wellington, Arthur Wellesley, 1er duc de 329
Wendling, Jean-Michel 178
Wieger, Jean-Frédéric 392
Williams, Helen Maria 6, 158, 161
Windesheim, Jean 392
Wittmann, E. 178
Worms de Romilly, Emmanuel de 431
Würtz 44

Zeys, Daniel-Frédéric 178
Ziegenhagen, Charles-Louis 392
Zolver 105